毛主義

紅星照耀全世界

一部完整解讀毛澤東思想的全球史

A GLOBAL HISTORY

MAOISM

Julia Lovell 藍詩玲——著　洪慧芳——譯

目錄

前言

一九三六年的秋天，美國記者海倫（Helen）與愛德加・史諾（Edgar Snow）住在北京一座寬敞的四合院裡。海倫年近三十，體態纖瘦，容貌姣好如好萊塢明星。她靜下心來，開始晨間的寫作。這時，前門突然打開，愛德加走了進來，她四個月沒見到丈夫了。六月以來，愛德加前往中國西北部的中國共產黨黨部後，幾乎音訊全無。如今，套用海倫一貫犀利的描述，他「那灰白的鬍鬚後面，露出傻乎乎的笑容，儼然就像一隻吞下金絲雀的貓」。他戴著一頂「褪色的灰帽，帽子前方有顆紅星」，興高采烈地在家裡手舞足蹈，並向家裡的中國廚師點了一份豐盛的美式早餐（蛋、咖啡、牛奶）[1]。他的行李裝滿了筆記本、底片以及兩萬字的毛澤東訪談筆錄。接下來那幾個月，他會根據這些資料寫成《紅星照耀中國》（*Red Star Over China*）一書。那本書將暢銷全球，不僅奠定了史諾的職涯，也將使他成為中國共產黨革命的記錄者，以及中國共產黨和國際輿論之間的橋梁，也一舉把毛澤東推向國際，變成政治名人。那本書將把毛澤東的思想以及他的革命傳播給印度的民族主義者、中國的知識分子、蘇聯的游擊隊、美國總統、馬來亞的叛亂分子、反種族隔離的戰士、西方的激進分子、尼泊爾的叛軍，以及許許多多的其他人。《紅星照耀中國》可說是全球毛主義的濫觴。

一九四〇年代末期，在馬來亞霹靂州（Perak）的一處叢林。英國殖民軍的士兵（包括英人、馬來人、澳人、廓爾喀人）在馬來亞共產黨（MCP）的廢棄營地裡搜羅殘留物，發現數十本《紅星照耀中國》的中譯本。一九四八年，以華人為主的MCP發動了一場反英叛亂，馬來亞的殖民統治者稱此叛亂為「緊急狀態」（Emergency），那是二戰後最早針對舊歐洲帝國所展開的反殖民叛亂之一。毛澤東與他的革命是這些叛軍的靈感來源：因為他致力投入長期的游擊戰，創建了中心思想明確的政黨和軍隊，而且英勇地反抗歐美日的帝國主義。

一九五〇年十一月在華盛頓特區，美國國務院的大樓裡瀰漫著冷戰的緊張氣氛。中國共產黨干預韓戰的消息已獲得證實，眼看著毛派叛亂恐在全球興起，恐懼逐漸蔓延開來。人稱「超級國家恐嚇者」[2]的參議員喬・麥卡錫（Joe McCarthy）利用民眾對共產主義滲入美國的恐慌情緒，指控兩名自由派參議員「染紅」而罷免了那兩人。對美國的領導者來說，馬來亞的「緊急狀態」是冷戰的一部分，而不是反殖民主義抗爭。他們宣稱，那起事件的根本原因是跨國的中國顛覆，必須加以擊敗，才能阻止共產主義稱霸全球。於是，「多米諾骨牌理論」（domino theory）——美國不介入干預的話，東南亞的領土將逐一落入共產黨手中，遭到赤化——就此應運而生。那年冬天，隨著韓戰局勢的惡化，中國士兵突破防線、進入首爾（當時的漢城），俘虜了約七千名美國大兵。一場新型的毛派心理戰在這些戰俘身上測試，相關的故事引起了美國的關注。美國記者（有時可能是中情局的特務）愛德華・亨特（Edward Hunter）發文指控毛澤東用來對付人類的可怕新武器：洗腦。於是，整個一九五〇年代，中情局的官員、記者、行為科學家、小說家、電影製片人都在想像一個強大的毛派思想控制機制。這種對中國「洗腦」的恐懼，是建立在原本就對蘇聯的思維操弄所抱持的恐懼上。而且，從此以後，這將使美國的「祕密圈」（covert sphere）持續膨脹，並為國內有「祕密國家」以及中情局的龐大心理行動計畫提供合理的論據。一九五〇年代和六〇年代，中情局透過一系列以代號命名的計畫（藍鳥計畫、洋薊計畫、MK-Ultra），試圖逆向打造蘇聯與中國的洗腦技術。最終，這項專案演變成對當前反恐戰爭的「強化審訊」，破壞美國民主的基礎。

*

一九六九年，在紐約的布朗克斯區（The Bronx），年輕的美國激進分子丹尼斯・奧尼爾（Dennis O'Neil）和友人起了爭執。奧尼爾就像他那個世代的許多人一樣，是毛澤東及其文化大革命的狂熱崇拜者。他的朋友支持蘇聯的托洛斯基（Trotsky）。他們設計了一個科學化的試驗，以決定誰的政治策略比較優越。在一段固定的時間內，他們每天都在十四樓公寓的陽台上，為他們各自栽種的大麻朗讀偶像的精選作品。奧尼爾後來回憶道：「我的植物成長茁壯，他的植物枯萎了，可見我是對的。」與此同時，舊金山一家書店裡正上演著更怪誕的戲碼。中國書刊社（China Books And Periodicals）是美國西岸傳播毛思想的主要管道。在成堆的小紅書（《毛語錄》）中，坐著一群名為「七掘客」（Seven Diggers）的人。他們以「極端民主派」自居，盤腿坐在地上，因吃了摻有大麻的布朗尼顯得精力旺盛，讀著毛澤東對中國革命和游擊戰的看法。兩名身穿風衣的聯邦調查局（FBI）特務站在書店的另一側，一邊瀏覽中國郵票，一邊觀察現場的情況[3]。

中情局在設計心智掌控計畫時，是以致幻劑做實驗。這件事對一九六〇年代與七〇年代由毒品引發的青年叛逆風潮，有很重要的影響。到了一九六九年，中情局資助大學研究室所使用的致幻劑流出研究室，淪為學生的消遣性毒品。這個蓬勃發展的毒品情境促成了喧鬧的抗議文化，而此抗議文化在文化大革命中找到了共鳴，造就了毛派嬉皮（如奧尼爾的陽台實驗以及「七掘客」的聚會）。毛澤東熱潮席捲整個西方：法國校園裡貼著「大字報」，西德學生的外套翻領上別著毛澤東的徽章，義大利講堂的牆上塗寫著小紅書的語錄。毛派的無政府主義者匆匆爬上西柏林一座教堂的頂端，對著路人狂灑數百本小紅書。不過，這些毛粉有的剛烈，有的薄弱。充滿抱負的革命分子前往中國或阿爾巴尼亞，接受由中華人民共和國（PRC）設計及資助的政治與軍事訓練。一九六八年後，文革毛主義的好戰特質激發了西德紅軍派（Red Army Faction）和義大利赤軍旅（Red Brigades）的都市恐怖主義，他們攻擊那些在法西斯主義之後，苦苦爭取正統地位的歐洲脆弱民主政體。

一九六五年在南京，隨著毛派革命的熱潮席捲全球的左派政治圈，一名祕魯的哲學教授來到南京的一所軍校接受訓練。後來有人猜測，他在那裡遇到了沙洛特紹（Saloth Sar）——亦即一手主導赤棉種族滅絕的波布（Pol Pot）。同年，波布也在北京的亞非拉培訓中心（就在圓明園的大理石院內）接受革命訓練。阿維馬埃爾．古斯曼（Abimael Guzman）後來憶起一堂炸藥訓練課時說道：「我們拿起一枝筆，筆就爆炸了。我們坐下來，座位也爆炸了，簡直就像煙火秀……巧妙地讓我們知道，只要你懂得怎麼做，任何東西都可以爆炸……那所學校對我的成長貢獻良多，我因此開始景仰毛主席。」[4]一九七九年，古斯曼身為祕魯共產黨「光明之路」（Shining Path）的領袖，展開毛派的人民戰爭——那是一場殘酷的戰爭，在往後的二十年間奪走約七萬人的性命，也對祕魯造成價值約一百億英鎊的經濟損失。經過長達十二年曠日持久的游擊戰後，古斯曼身為毛派的最後一道烈火，決定把毛澤東的九十九歲冥誕（一九九二年十二月二十六日）訂為他最終奪權進攻的日子[5]。他預測，那場革命將造成「一百萬人死亡」[6]。一些人預測，光明之路要是革命成功（在一九九〇年代初期的祕魯，確實有那種可能），後果可能令赤棉大屠殺相形見絀。

除了波布以外，古斯曼在南京可能也遇到了另一個充滿抱負的革命者：高大、熱情、嚴謹的南羅德西亞人*（Southern Rhodesian），幾近平頭，淺棕色的麻臉上配著碧綠深邃的雙眼，

* 譯註：南羅德西亞是英國在非洲南部的一個殖民地，即現今的辛巴威共和國。

名叫約西亞·通格加拉（Josiah Tongogara）。他常若有所思，一心想著把南羅德西亞從白人的統治中解放出來。有人刻意找他閒聊時，他只會談到他願意死在槍桿下（事實上，他是在高速公路上不當超車而車禍身亡）。通格加拉就像古斯曼，待在中國期間變成了虔誠的毛派分子。在南京的軍校裡，他視中國人為「道德、軍事技能、戰略的導師」[7]。一九六〇年代末期，通格加拉回到南羅德西亞的邊境，辛巴威民族聯盟（ZANU）的武裝分支「辛巴威非洲民族解放軍」（ZANLA）正在那裡準備對南羅德西亞展開游擊戰。他拋棄了ZANLA以往的失敗招數（突襲後迅速撤離），改以耐心持久的毛派路線來整頓軍隊。他把毛澤東思想翻譯成紹納語（Shona）：他的游擊隊必須依靠人民，才能simba rehove riri mumvura（即如魚得水）。與此同時，中國的教官在附近的坦尚尼亞訓練ZANLA的新兵。一九七〇年代末期，五千名軍校學員接受名為Sasa tunamaliza（勝利在望）的進攻訓練[8]。南羅德西亞的白人統治者不堪ZANU的持久抗爭，被迫談判。通格加拉年幼時曾打零工，幫一個名叫伊恩·史密斯（Ian Smith）的白人男孩揀網球。一九七九年，通格加拉身為ZANLA的和平談判代表，來到倫敦的蘭開斯特府（Lancaster House），與史密斯（現為白人占多數的南羅德西亞政府的總理）一起喝咖啡[9]。

如今在印度中部的叢林深處，身穿軍綠色軍裝及鮮豔紗麗的納薩爾派（Naxalite）游擊隊，在毛主席的照片前列隊跳舞，向政府的「制服無賴」宣戰。那些政府無賴為了獲得寶貴的鋁土礦藏，沒收當地的土地。在這片美麗又殘酷的叢林裡，依然好戰的印度毛派運動，其源頭可追溯到一九六七年：受到文化大革命啟發的化身。當時，此運動的領導人在北京，而同時在北京的，還包括古斯曼和通格加拉等人。二〇〇六年，印度的統治者認為，這次毛派叛亂是「對印度邦最大的安全威脅」[10]。當新德里的知識分子仍在爭論那些叛亂分子究竟是由高種姓的操縱者所領導的部落恐怖分子，抑或是抱持特定理念的絕望叛軍之際，毛派叛亂分子和警方已經對彼此大開殺戒：短短一週內，毛派埋設的地雷便將十幾名警察炸得粉身碎骨。隔週，警方強姦並殺害那些據稱與毛派有關連的平民。印度的毛派叛軍和尼泊爾的毛派叛軍不同。尼泊爾的叛軍在二〇〇六年放棄叛亂，參與議會民主。而印度的叛軍則是純粹毛主義教條的堅定擁護者，拒絕參與選舉。納薩爾派讓印度最著名的作家兼公共知識分子阿蘭達蒂．羅伊（Arundhati Roy）獨家報導他們的故事，並護送她參觀他們的祕密基地。羅伊回到文明的新德里後，發表文章讚揚他們充滿活力與同志情懷的簡樸文化[11]。難道羅伊是愛上兇殘革命理想的浪漫知識分子嗎？要是納薩爾派真掌控了印度，那套兇殘的理想會「像雪貂和農民對待兔子般，自然地摧毀她」嗎？（作家納博科夫（Nabokov）曾如此形容那些早期崇拜蘇聯的外國人。）或是說，她只是凸顯出一個現象：下層階級遭到殘酷腐敗的政府迫害後，別無選擇，因而深受無政府的毛派解放所吸引？

在榮登「中國最幸福城市」的重慶、長江沿岸的一處大都會，數千名身穿紅襯衫的市民聚在公共廣場上載歌載舞，歌詠著毛派思想：「沒有共產黨就沒有新中國」、「天大地大不如黨的恩情大」、「共產黨好，共產黨好，共產黨是人民的好領導」[12]。媒體上充斥著這些頌歌展現神奇療效的故事，例如一個婦女聽了這些歌曲後，擺脫了嚴重的憂鬱症；精神病患加入革命合唱團後，症狀「突然消失了」；囚犯唱過「紅歌」後，便改邪歸正[13]。學生被送到農村向農民學習；穿著藍色制服的黨幹部一臉嚴肅地前往中國東南部一處與世隔絕的山地，「去深入了解並體驗」革命及提高「紅色道德」[14]。一名資深的解放軍指出，那些政權批評者被關進共產監獄，消聲匿跡後，「目前周遭仍有些令人厭惡的酸臭文人，他們攻擊毛主席，實行去毛化。我們必須努力擊退這股反動的逆流。[15]」一個年輕人向政府請願，起訴那些批評「偉大舵手」*的作家，並要求社區向警方舉報任何涉嫌對毛主席不忠的人[16]。

這不是一九六六年——亦即毛澤東發動文化大革命的那一年，他的烏托邦狂熱達到顛峰，一群群紅衛兵走上中國城市的街道，數百萬受過教育的都市人被逼到偏遠的農村，造成至少一百五十萬人死亡。而不久前的一九六〇年代初期，人為饑荒才剛造成三千萬人死亡——這是二〇一一年，所以這些歌曲在KTV也聽得到，中國的手機因此頻頻收到毛語錄的轟炸——一次廣傳一千三百萬支手機——毛澤東思想因而得以透過那些經常播放經典革命電影的電視台來鎖定觀眾，而政府也才能夠推出「紅色推特」（Red Twitter），透過這個非常二十一世紀的微媒體來傳遞一九六〇年代的名言錦句[17]。薄熙來是打造這場新毛派復興的總策畫，他於二〇一二年春天因腐敗及其妻毒死哈羅公學的老校友尼爾．海伍德（Neil Heywood）而失勢下台。然而，二〇一二年十一月就任中共中央總書記的習近平，承接了薄熙來的新毛派復興並在全國落實。習近平上台才幾個月，就推出「群眾路線網」（群眾路線是毛澤東最愛的口號之一）以打擊腐敗，加強共產黨與基層之間的聯繫，並在全中國的官僚機構重新導入毛派的「批評與自我批評」。自一九七六年毛澤東逝世以來，習近平首度把毛派策略重新融入中國的民族以及大眾文化中。

以上八個情境，時序從一九三〇年代開始，延續到現代；場景橫跨亞洲、非洲、歐洲、美洲。由此可見，毛主義在時間上和地理上橫跨的範圍，可說是現代世界中最重要、最複雜的政治力量之一。毛主義是建黨紀律、反殖民的叛亂、「持續革命」的有力結合，嫁接在蘇聯馬克思主義的世俗信仰上。不僅揭開了中國的當代史，也在過去八十年間對全球叛亂、不服從、不寬容的風潮產生重大影響。不過，在中國之外，尤其是在西方，人們對於毛澤東及其思想的全球傳播，以及在當代激進主義史上的重要性，幾近無感。隨著冷戰的結束，新自由資本主義在全球的明顯勝利，以及宗教極端主義的死灰復燃，毛澤東及其思想也遭到抹除。本書的目的，是把毛澤東及其思想重新攤在檯面上，重塑毛主義，成為二十世紀與二十一世紀的主要故事之一。

一九三五年，毛澤東設法在中國共產黨取得領導地位。當時，那個領導權威其實不值得擁有。那年約八千名精疲力竭的革命者，在執政黨國民黨領導的圍剿行動中逃至延安（坐落在中國西北山坡上的貧困小鎮）。但在十年內——而且那十年間中國經歷了洪災、饑荒、日本侵略的各

---

* 譯註：亦即毛澤東。

種磨難——共產黨黨員激增至一百二十萬人，軍隊增至九十萬人以上[18]。又過了四年，中國共產黨在毛澤東的領導下，對手蔣介石領導的國民黨從大陸被逼退到台灣。中華人民共和國自一九四九年創立以來，即便經歷了大規模的人為饑荒及內戰（文化大革命）的動盪，導致數千萬中國人喪生，民不聊生，卻設法比之前的任何革命政權存活了更長的時間。

如今中華人民共和國靠毛主義的遺教凝聚在一起。儘管中國共產黨早就放棄了毛主義的烏托邦動盪，轉而支持重視繁榮穩定的威權資本主義，但這位偉大舵手在政治與社會上都留下深刻的印記。他那長六米、寬四點五米的肖像，如今仍懸掛在中國政治權力的核心「天安門廣場」上。在廣場的中央，他的蠟化防腐遺體仍躺在那裡，像個睡美人，等待著歷史之吻將他喚醒。「毛那隻看不見的手」（誠如最近一本書所述）在中國的政體中依然無處不在：你可以在司法的深度政治化、一黨專政凌駕所有利益、絕不寬容任何異議等現象中，看到那隻手的蹤影[19]。

毛主義是由一組相互矛盾的思想所組成。在幾個重要的面向上，毛主義有別於早期一些馬克思主義的化身。毛澤東是以非西方、反殖民的理念為主軸，向開發中國家的激進分子宣稱，他們應該根據各國的國情來調整俄式共產主義，而且蘇聯也可能出錯。他和史達林不同的是，他鼓勵革命者把抗爭帶出城市，深入農村。雖然他跟列寧與史達林一樣，決心以軍事紀律來建立一黨專政，然他也主張無政府主義的民主（尤其是他生前的最後十年），並告訴中國人民「造反有理」，「天下大亂，形勢大好」。他鼓吹「唯意志論」：憑著大膽的信念，中國人——以及其他有必要意志的人——就能改變自己的國家；決定因素是革命熱情，而不是武器。或許毛澤東最創新的思想是，他宣稱「婦女能頂半邊天」。儘管他說一套做一套，追逐女色，玩弄女性，但在同時代的全球領袖中，沒有人提過這種平等的理念。

在中國遭到國際體系藐視的時代，毛澤東彙整了一套兼具理論與實務的錦囊，把一個難以駕馭、分崩離析的帝國，轉變成一股大膽無畏的全球勢力。他創造出一種雅俗共賞、男女皆懂的語言，一套被譽為「史上最狂的人類操縱嘗試之一」的宣傳與思想控制體系，以及一支紀律嚴明的軍隊。他把一群才華橫溢、冷酷無情的同志匯聚在身邊。他的思想激起了廣大的熱情，數百萬人為了政治利益而結婚，拋棄子女，投身烏托邦實驗。那些遭到拋棄的孩子在一九六〇年代與七〇年代，則是反過來以其偉大領導人的名義，譴責、羞辱，甚至在極端情況下殺害自己的父母。

本書第一章將探討毛主義的定義，幾十年來這個詞在使用上有褒、有貶，由此可見其所代表的多元政治行為：從無政府主義的大眾民主，到用來對付政敵的陰險暴行。毛主義者（Maoist）和毛主義（Maoism）這兩個字在美國冷戰時期的中國分析中廣為流傳，目的是為了對「紅色中國」（本質上是一種外來威脅）進行歸納並定型。毛澤東過世後，這兩字變成包羅萬象的詞彙，泛指一九四九年到一九七六年間中國的集權壓迫狂潮。然而，本書不是以這種僵化的形式來看待「毛主義」一詞，而是將其視為一籠統的詞，泛指過去八十年來可歸因於毛澤東及其影響的廣泛理論及實務。換句話說，這個詞所描述的思想與經驗是活的，不斷變化，而且在毛澤東的生前和生後，這些思想與經驗持續在中國的境內、境外流傳，有翻譯也有誤譯——唯有接受這樣的想法，這個詞才有意義。

隨著中國自毛時代以來首次重申其全球野心，理解這個團結起中國的政治遺教變得越來越迫切。不過，現在也急需評估毛主義在中國以外的力量和吸引力。在海外的革命運動中，毛主義是以毛的階級鬥爭和游擊戰理論為基礎，且盛行多時。毛主義的思想有驚人的黏著力及傳播力，已經在文化上及地理上與中國相去甚遠的地方扎根：印度北部的茶園、安第斯山脈、巴黎的第五區、坦尚尼亞的田野、柬埔寨的稻田、布里斯頓的排屋等地都可見其蹤跡。這本書既是描述這場中國運動的歷史，也是描述這場歷史在全球留下的遺跡。書中分析了毛主義的矛盾歷史，及其對世界各地渴望權力的夢想家和被剝奪權利的叛軍所展現的持久魅力。

然而，全球毛主義依然是二十世紀與二十一世紀所遺漏——或誤解——的故事。市面上有許多書籍談論希特勒和史達林，連同他們對全世界造成的影響，卻看不到整合並解釋毛主義全球遺跡的研究。為什麼我們不太會注意到遍及全球的毛主義？為什麼還未有這類書目？[20]

歐系語言向來在國際出版業占主導地位，尤其是英語。一九八〇年代以來，歐系語言的讀者已能讀到數十本中國毛澤東時代的第一手描述，那些書大多是文革受害者撰寫的回憶錄，呈現出驚心動魄的恐怖敘事：毛澤東濫用個人崇拜所造成的暴力與迫害，以及愚蠢的仇外心理。一方面，我們從這些書中得知毛派中國是一個異常又悲慘的地方。另一方面，當代中國給我們的印象卻又是一個正常運作的強國，充斥著務實的消費主義。這兩者之間的鮮明對比似乎顯示，毛主義已然走入歷史。此外，媚俗化更是平添了一種超然感。如今許多西方的讀者把毛澤東的政策所造成的破壞，拿來和史達林或希特勒相提並論，但前往中國的遊客仍搶購紅色膠皮的《毛語錄》，或是可播放毛派頌歌〈東方紅〉的打火機。遊客造訪當代德國時，作夢也不會想要買希特勒的自傳《我的奮鬥》（*Mein Kampf*），或是顯示希特勒青年團（Hitler Young）行納粹禮的新奇鬧鐘。為英國兒童寫的笑話大全裡，隨性地收錄了牽強附會的雙關語。例如，問：「誰是中國最強大的貓？」（Who was the most powerful cat in China?）答：「喵（毛）主席。」（Chairman Miaow）同樣的，我們作夢也不會想要拿史達林或希特勒開類似的玩笑。

由此可見，在西方人的眼中，毛澤東已安然地歸屬於「過去」，不會有理念或後繼者捲土重來的風險。關於共產主義，尤其是一九六〇年代與七〇年代毛主義鼎盛時期的共產主義，如今似乎變得既陌生又過時，尤其是其教義詞彙和縮寫（這裡僅列舉幾個那個年代的西德毛派團體為例：MLPD、KBW，KPD/ML、KABD……）然而，事實是，如今困擾非洲、亞洲、拉丁美洲、中東的許多開發不足與衝突悲劇，都是冷戰時期那些超級大國——美國、蘇聯以及毛澤東領導的中國——之間的衝突所留下的後遺症。而毛主義的意識形態更是有助於塑造那些地區的冷戰。

不過，全球毛主義之所以遭到邊緣化，不單只是因為我們不關注，也是因為後毛時代的中國成功地為其過往包裝了一種特殊的敘事。一九七八年，毛澤東的繼任者鄧小平告訴世界，中國「永不稱霸」，此後幾乎所有的外交政策公關活動都努力宣稱中國在國際政治上是受害者，而不是活動分子或侵略者。過去十年來，隨著中國崛起成為超級大國，其統治者提出了中國「和平崛起」的理論，堅稱其新勢力與影響力將是一股促進國際和諧的力量，而不是好戰的民族主義。撰寫歷史是鞏固這套敘事的一大要務：政府的宣傳一再重申，中國從未干涉其他國家的主權事務。因此，「中國是道德中立」的概念與西方鷹派的行動形成鮮明的對比。中國在一八三九年至一九四五年間成了帝國主義國家的犧牲品，那段歷史促使大家認同這個觀點。

中國共產黨最近用來發揮全球影響力的運動是鼓吹「中國夢」，目的是向國際市場推銷「中國強大又成功」的概念。那份厚如書籍的宣言主張：「中國的傳統向來珍惜和平與和諧，從來不掠奪他人或尋求建立勢力範圍。[21]」我為第一本著作進行研究時（那本書是探究後毛時代中國對諾貝爾文學獎的痴迷），一再從檔案及訪談中看到一堵否認的高牆，他們一再否認中國在一九四九年至一九七六年間與外部世界有任何形式的接觸。一九九〇年代與二〇〇〇年代，一般普遍認為，中國是在一九七八年鄧小平握有最高權力時，首度隆重地跨進國際世界。因此，那個版本的歷史也主張，毛澤東時代的中國沒有外交政策：中國遭到國際社會的孤立。

在這種情況下，中國並不想揭露自身在毛主義時期想要領導世界革命的渴望。在毛主義時期，中國不僅大量輸出意識形態（成千上百萬本的《毛語錄》在海外流通），也輸出更為實質的革命通貨（金錢、武器以及為全球叛亂提供培訓，尤其是開發中國家）。當然，相較於毛主義，美國中情局（CIA）或蘇聯國安會（KGB）干預海外的故事也是不遑多讓，但至少那些歷史比較廣為人知。中國一名資深的外交史家表示，過去這段歷史令中國當代的統治者感到尷尬。「今天的中國共產黨不想讓大家談論那段歷史……當時他們對外國的干涉實在太過分了。[22]」由於當代中國極其渴望全球影響力，那段歷史卻因政治因素而不得不「消失」，這點說來頗為諷刺，畢竟，那段期間可說是中國在整個歷史上享有最強大全球軟實力的時期。共產黨對這個問題的處理，體現了當今中國政治的矛盾。當代的一黨專政渴望國際「面子」，而這個一黨專政的合法性與政治穩定都要歸功於毛澤東。然而，由於毛澤東時代的歷史和遺跡如此的不穩定（尤其是文化大革命，那是全球毛主義的主要動力），而且當代的中國共產黨對政治與經濟穩定的渴望，凌駕在其他的政府目標之上，所以這個一黨專政也拒絕承認那個年代所促成的全球影響力（包括印度和尼泊爾的當代毛派運動）。

由於這些問題在當代中國相當敏感，許多史料皆難以取得。二〇〇三年，中國外交部（MFA）逐步向研究人員開放一九四九年到一九六五年的檔案，那是共產黨史無前例的檔案公開（以前從來沒有共產國家在執政期間開放政府檔案）。只是那次開放只及於關鍵的文化大革命之前，而且外交部的多數史料在二〇一二至二〇一三年的IT「系統升級」期間又回歸保密狀態。總之，有兩個組織主要負責中國革命理論與實務的輸出：中央對外聯絡部（簡稱中聯部，International Liaison Department，簡稱ILD）和軍事情報局。前者處理黨對黨的關係，因此是面對緬甸、柬埔寨、馬來西亞、法國、西德、祕魯等國那些野心勃勃的共產團體（他們對本國政府構成的威脅程度不一）。在中國境內，這個組織從以前至今都非常神祕，以至於一九五〇年代到一九七〇年代，沒有人知道其確切位置。不用說，除非中國共產黨下台，否則這兩個組織都不可能開放他們的檔案。因此，全球毛主義並不是一個容易研究的主題：這個主題沒有統一的檔案，主要的資料散布在演講、電報、會議紀錄（許多依然是機密文件），以及多種語言的回憶錄和口述歷史中。隨著第一代革命領袖習仲勳之子習近平上台，這個議題在中國境內又變得更敏感了。習近平的政治聲望主要歸功於革命形象的神聖，所以隱藏毛澤東時代那些尷尬的歷史細節，尤其是那些與「中國不干涉外交事務」的原則互相矛盾的細節，變得比以往更重要。

由於人們普遍覺得毛主義是一套只跟中國有關的思想與實務體系，以致一直處於全球史的邊緣。一般的冷戰史往往低估了毛澤東時期的中國，不過是為蘇聯的共產主義提供了一種真正的替代方案。當時的中國為世界各地的叛軍提供智識與實務上的支援。最近的學術研究日益承認亞洲的影響力，尤其是中國的影響。文安立（Odd Arne Westad）自二〇〇五年以來發表的兩部重要冷戰史，把這個矛盾的研究加以全球化。中國海內外也有一批優秀的史家——文安立、陳兼（Chen Jian）、李丹慧（Li Danhui）、呂德量（Lorenz Luthi）、謝爾蓋·拉欽科（Sergey Radchenko）、沈志華（Shen Zhihua）、楊奎松（Yang Kuisong）、夏亞峰（Yafeng Xia）等人——把握二〇〇〇年代中國擴大檔案解密的機會（二〇一一年起，又回歸保密狀態[23]），並進行研究。或許是因為專家以外的人普遍忽視中國二十世紀在全球扮演的角色，毛主義在一九六〇年代與七〇年代期間對激進政治熱潮的影響，在那個時期的歐美史上仍然遭到令人難以理解的邊緣化。例如，沒有英文書籍談論毛主義的概念在戰後義大利或西德的傳播及影響。當然，中國參與二戰以來在亞洲、非洲、美洲、歐洲、中東爆發的多起衝突與動亂的歷史，也沒有全面的詳實紀錄。

約翰·勒卡雷（John Le Carré）的小說中，描述「莫斯科—柏林—布拉格—倫敦—華盛頓」的五角情節，所以英語系讀者視冷戰的大危機為以美國、蘇聯、歐洲為主的故事。但那並非一九六〇年代與七〇年代的情況，當時中共積極傳播激進的叛亂資訊，導致亞洲各地的政權近乎垮台；歐美澳的政治人物也指控中國「以毛派思想統治世界的計畫」令人想起「（希特勒的）《我的奮鬥》」，他們亦指控中國領導「世界各地的顛覆運動……足跡遍及拉丁美洲、非洲、亞洲」。澳洲一名評論者冷冷說道：「萬一澳洲終將淪陷，史學家不會停下來深思那一小撮白人的命運，那些白人認為他們可以活在崇拜中國的陰影下。[24]」中國浮誇的國際聲音——中國當局出版的《北京周報》（*Peking Review*）雜誌——也以數十種語言的版本鼓吹這種驚恐感：「毛主席……是全球革命人士的偉大領袖……照亮了全球革命人士的心，指引出革命的勝利之道。[25]」共產黨內部的文件顯示，毛澤東宣稱「中國不僅在政治上是全球革命的中心，在軍事與技術上也必須是全球革命的中心[26]」。毛澤東針對核戰的可能結果，一派輕鬆地做出以下估計，也令西方人和蘇聯人為之畏懼：「萬一出現最壞的情況，全球一半人口死亡，另一半留下來，帝國主義將會遭到剷除，全世界都會變成社會主義者。[27]」

若不思及中國，就不可能了解美國冷戰期間在亞洲的行動，因為當時美國總統扶持了一些政府來阻撓毛澤東。一九七一年，美國國防部發布的「五角大廈文件」（Pentagon Papers）顯示，美國參與越戰不是為了「幫助朋友（南越）」，而是為了「遏制中國」。重新審視毛派中國在全球扮演的角色，也有助於重新思考一個套用在冷戰時期亞洲的決定性分析：美國當局的「多米諾骨牌理論」（其邏輯決定了美國對東南亞的政治與軍事干預）。分析家基於充分的理由，至少從一九七〇年代起，就一直嚴詞痛批這套假設，因為它導致美軍在一九六五年至一九七三年間在越南鑄下大錯；以及展開公開和祕密的行動，破壞新獨立國家的穩定，並助長或扶持了獨裁政權（如印尼、緬甸、柬埔寨）。從智識上來看，多米諾骨牌理論的概念也無法令人信服，因為它顯示東南亞那些國家在毛派中國的顛覆之前，都是無助的被動行為者。但可以理解的是，大家因為對美國多米諾骨牌理論所促成的外交政策結果產生反感與抗拒，因此忽視了（尤其是一九八〇年代以來）毛派中國對冷戰時期東南亞的影響。本書建議大家重新審視並修正這些想法，並主張多米諾骨牌理論在現實中確實有一些立論依據：毛澤東與其黨羽確實想把他們的革命藍圖擴展到東南亞及其他地區。東南亞幾乎每個國家——越南、菲律賓、印尼、馬來亞／馬來西亞、柬埔寨和緬甸——皆可見強大、精明的共產主義運動（通常是發生在中華人民共和國成立以前），並於一九四九年後受到毛派中國的影響，而且獲得不少物質上的支持。由於這些國家長期受制於殖民的掠奪式政權，這也難怪列寧與毛澤東對帝國主義的激進攻擊，先後吸引了東南亞一些有識之士。要不是英國和美國浥注大量的軍備及部隊到那些土地上，東南亞當地的共產主義反對者也許能以他們自身的作法來抵禦那些叛亂也說不定。

研究毛主義的全球蔓延，不僅需要從過往意識形態的角度（亦即共產主義學說支配及影響許多人類的時候）來重新考慮這套思想，也需要從非常不同的地理觀點來思考。對一九五〇年代至七〇年代在開發中國家成長的許多人來說，毛澤東主政時期的中國並不是（至今依然不是）一無可取，而是一種可取的、有別於美蘇政治模式的獨立選擇[28]。它提供一個貧窮的農業國家在西方或日本的擴張主義迫害下，在世界上奮鬥以站穩腳跟的例子。在今日的尼泊爾，許多消費者把中國神化成經濟天堂，並認為中國發展之所以如此蓬勃，就是拜毛澤東所賜，而不是視毛澤東為阻礙其發展的絆腳石。從巴黎到金邊，從北京到柏林，從利馬到倫敦，從坦尚尼亞的三蘭港到澳洲的德比，毛澤東不止提供思想上的反抗，也提出務實的戰略，為那些遭到世界強權邊緣化或主宰的貧國賦予力量，也訓練低技術的農村叛亂分子對抗國家資助的殖民軍隊。

在冷戰期間與結束之後，毛主義對坦尚尼亞、尼泊爾、印度、柬埔寨、印尼等開發不足、遭到殖民或最近才擺脫殖民的國家特別深具吸引力，那些國家至少在表面上看起來很像一九四九年以前的中國。毛主義往往不太需要靠中國的物質援助，便足以展現這樣的魅力。至少，相較於蘇聯在一九二〇年代與三〇年代贊助共產國際（Comintern）的預算，中國不太需要提供太多的援助。毛澤東的思想及言論也以真正的游擊風格席捲已開發國家，滲透到法國精英匯集的區域以及美國的精英校園——一九七〇年代，激進的哈佛學生也大喊：「深挖洞、廣積糧*。」——毛主義也在一些和革命前的中國毫無相似之處的開發中國家扎根，例如祕魯。若對毛主義在全球的號召力和影響力沒有適切的了解，便很難理解馬來亞的緊急狀態、一九六五年的印尼大屠殺、一九六八年西歐與美國的文化革命、越戰和赤棉的種族滅絕、南羅德西亞的白人統治結束以及羅伯·

---

* 譯註：「深挖洞、廣積糧、不稱霸」是中華人民共和國在一九六〇年代末至七〇年代初採取的防空策略口號，由時任中共中央主席的毛澤東提出，意為使全國各地群眾構築防空工事，增加糧食儲備，提升綜合國力，準備「早打、大打、打核戰爭」，奉行獨立自主外交政策，不實施霸權主義，並反對超級大國採取霸權主義。

穆加比（Robert Mugabe）領導的ZANU崛起、祕魯共產黨「光明之路」的叛亂、結束數百年君主制的尼泊爾內戰以及當代印度叢林裡的叛亂等事件。受到毛澤東影響的衝突與危機不僅是重大的歷史事件，有一些至今仍是現在進行式，例如印度、祕魯、尼泊爾、辛巴威的一些事件。

毛澤東的國際主義本身便值得寫成一本書，因為其中告訴我們中國外交政策的多樣性，而不是同質性。毛澤東結合了世界革命的夢想、民族主義的野心及更古老的中國帝國主義。他時而展現專橫的占有欲——重申中國對蘇聯部分地區的主權——時而對稱兄道弟的黨派慷慨大方，因為他認為那些黨派是親中／親毛文明的一部分。他不慎把中韓邊境的一塊帶狀土地送給兄弟盟友金日成，並在會見激進的親中印度共產黨成員時承諾，把中印兩國一九六〇年代血腥爭執的所有邊境領土，移交給未來的共產派印度政府[29]。毛澤東雖然對越南展現崇高的社會主義相互扶持——並提供大量金援——但那些舉動都帶有霸道帝國主義的色彩。他過世兩年後，中越的緊張局勢升級成一場邪惡的邊境戰爭。毛澤東沉浸在一種古老的「中原」心態中：在試圖領導全球革命時，也想重申中國位居世界中心的主張[30]。強調中國的全球使命，在中國境內也發揮著重要的效用。毛澤東認為，中國作為革命的總部，特別容易受到反動世界的攻擊。他不斷強調中國在國際上的不安全感，以鼓吹國內運動，打擊潛在的反對者，把那些反對者抹黑成「間諜」及「革命群眾的敵人」。

毛主義在全球造成的諸多後果都是出乎意料的。例如，毛澤東執政時期的中國對非洲投入許多金錢、時間、專業知識，希望非洲認同並改信其政治理念，但沒有一個類似毛主義的政體上台掌權。坦尚尼亞和南羅德西亞是非洲最狂熱毛派分子的故鄉，但是當地人只對毛澤東的策略及理念有著零碎的理解。反之，中國在尼泊爾、印度、祕魯等地的投資較為柔性，僅止於雜誌、翻譯、以當地語言廣播，以及偶爾邀請當地人到中國。然而，在這些國家，毛澤東的思想找到了熱情的追隨者，他們在戰爭中部署他的戰略，因此改變了那些國家的當代歷史。全球毛主義的故事可說是共產中國不斷追求軟實力的過程，而且過程往往出乎意料。無論這個一黨專政多麼積極地塑造並掌控其全球形象，該計畫總是朝著意想不到、無法控制的方向發展。由於毛主義是一種不穩定的政治信條，同時崇尚「集權中央的黨」和「群眾領導」，也同時崇尚「集體服從」和「反國家的叛亂」。在毛主義的全球化歷程中，它支持那些質疑或攻擊現有政府的運動；而在其發源國，它打造了一個無所不能的一黨專政，不但推崇農民革命，同時也吸引許多精英的追隨或認同〔例如路易・阿圖塞（Louis Althusser）、尚—保羅・沙特（Jean-Paul Sartre）、米歇爾・傅柯（Michel Foucault）、巴布拉姆・巴特拉伊（Baburam Bhattarai）、古斯曼〕，這是一場透過書籍傳播的革命。全球的毛派知識分子常把理想化的「群眾」變成他們教義革命的炮灰，對社會底層的受苦者既同情又殘忍。

冷戰結束後，美國與蘇聯各自的舊聯盟解體，更具流動性的全球旅行及傳播文化崛起，那反而強化了毛派游擊戰的計策和戰略的效果。達伊沙*（Daesh）的分析人士聲稱，該組織是利

---

* 譯註：亦即伊斯蘭國（IS）。

用毛澤東的概念掌權，亦即對存在已久的國家發動不對稱的戰爭；中東的叛亂肯定是受到文化大革命的教義「人民戰爭」所影響。套用某個巴勒斯坦人的說法，中國給了巴勒斯坦解放組織（PLO）「我們要求的一切」，於是一些巴勒斯坦的激進分子在一九八〇年代從毛主義的信徒晉升成聖戰主義者[31]。

此外，一旦你把毛主義寫進二十世紀的全球史中，就會開始看到一種與正史（即蘇聯在冷戰中輸給新自由主義）截然不同的敘事。共產主義在歐洲與蘇聯相繼垮台二十五年後，中國共產黨似乎依然蓬勃發展。中國在中國共產黨的執政下，搖身變成一股世界經濟與政治的力量。中國共產黨——其正統性與實務仍由毛澤東主導——成功地將自身重塑成市場經濟的捍衛者，同時本質上仍是一個行事隱密的列寧主義組織。如果中國共產黨在二〇二四年仍掌權，中國的共產革命將超過蘇聯老大哥存續七十四年的壽命。中國領導人對此前景感到既緊張又自豪：一九九一年蘇聯解體的原因，引起過去和現在的政治局（politburo）成員關注。如果中國共產黨存續的時間超越那個時點，史學家可能把一九四九年十月視為上個世紀扭轉時局的關鍵革命，而不是一九一七年的十月。

研究全球毛主義的歷史和餘波，對世界各地的當代挑戰有非常重要的寓意。本書主張，探索全球毛主義不僅對於了解中國史極其重要，對於了解世界許多地區的激進政治——剝奪公民權、不滿、貧困的政治——也非常重要。在當今的印度，承襲毛澤東思想的納薩爾派運動，從社會最劣勢的底層招募最激烈的新血。毛主義在去殖民化（decolonisation）的時代成為一股國際力量。

在開發中國家，毛主義所散播的「反帝國主義」訊息，吸引了那些經濟、政治、文化上受到壓制的人民。他們渴望西方工業化國家的生活水準與國際尊嚴。儘管冷戰已結束，貧困和貧富不均的問題卻依然存在。在歐洲努力解決貧困與政治動盪所造成的移民危機之際，全球毛主義的過去和現在不禁讓人回想起源自於物質與政治絕望的激進主義及其後果。

過去兩年間，川普當選美國總統及歐洲民粹主義政治的崛起，主權問題因而受到全新的檢視。例如在英國，主權究竟是屬於「人民」（誠如煽動民意的政客奈傑・法拉吉（Nigel Farage）所主張），還是屬於議會？「民意」與立法的專業精英之間有什麼關係？這些都是毛主義在「民主集中制」（列寧推崇無所不能、行事隱密的黨中央）、「群眾路線」（毛澤東主張由基層思想塑造黨政策）、文化大革命的「群眾民主」（實際上是由黨一手操刀的毛澤東崇拜所操縱）之間擺盪時努力解決的問題，而且往往造成慘烈的後果。理論上，毛澤東與毛主義所鼓動的，是給邊緣人話語權，並阻止權力無可避免地流向都市的技術精英（儘管現實情況截然不同）。有趣的是，列寧主義與毛主義的叛逆戲碼，似乎吸引了川普政治的打造者。史帝夫・班農（Steve Bannon）自認為是「煽動沙皇」，是一個密謀推翻政治體系的列寧主義者（他自己的說法）[32]。澳洲的漢學家白傑明（Geremie Barmé）把川普（「大破壞者」）和毛澤東相提並論：因為他的民粹主義反覆無常，蔑視官僚體制，偏好簡短粗俗的聲明（雖然是寫在清晨的推文中，而不是寫成類似《毛語錄》的「川普語錄」），老是愛把國家經濟獨立掛在嘴邊[33]。二〇一七年八月，一起事件的發展可說是典型美國另類右派的政治混亂（及毛主義的延展）。當時有一份備忘錄在國家安全委員會

（National Security Council）的川普支持者之間流傳，後來流入媒體手中，導致川普政府面臨更多的動盪。那份備忘錄描述「深層政府」＊（deep state）以「毛派叛亂模式」的策略及戰術來對付總統[34]。

全球毛主義的歷史也為「激進化」——當代社會學關注的焦點之一——提供重要、卻遭到忽視的個案研究。這個主題的分析文獻目前幾乎完全集中在宗教上（尤其是伊斯蘭教），忽略了東南亞、西歐、拉丁美洲那些毛主義煽動的政治暴力與教化灌輸的例子。最近，一九七〇年代布里斯頓毛黨（Brixton Maoist Party）領導人阿拉文丹．巴拉克利什曼（Aravindan Balakrishnan）因「洗腦」及囚禁幾名女性數十年而在英國入獄一案，不禁讓我們深刻想起這種教條灌輸的強勁力道（而且離我們那麼近）。反恐戰爭期間，FBI觀察名單上的資深激進分子，在一九六〇年代與七〇年代便是加入受到毛主義影響的團體，他們對美國政府的反對是接觸毛主義之後才形成的。如今依然存在的國際叛軍，是從毛派文本中學到顛覆手法[35]。在政治光譜的另一端，美國軍隊依舊非常關注毛派軍事戰略，那仍是他們的反叛亂手冊中需要破解的典型叛亂模式。儘管政治意識形態的激進化（尤其是共產意識形態）在後冷戰世界中似乎顯得過時，然其過程猶如宗教的激進化——利用緊密的關係來招募新血、使用簡單自信的解釋、利用社會經濟危機。事實上，毛主義的全球史，在中國海內外都是以充滿宗教色彩的領袖崇拜而聞名。在中國，毛澤東被描繪成照亮人民的太陽，人民跳「忠字舞」來表達他們對毛澤東的崇敬。祕魯的共產黨領袖古斯曼（又化名Gonzalo）在「光明之路」的海報上也是圍著閃亮的金色光芒，幹部強迫他們統治的農民高呼「噢！剛薩羅」（Ay, Gonzalo），而不是「噢！耶　」（Ay, Jesús）。全球毛主義的過往與現況所造成的激進化問題，依然和當今的境況息息相關。什麼樣的社經環境、信仰體系、社會結構孕育出政治暴力？那些團體爭權並掌權的過程中發生了什麼？飽受叛亂與反叛亂重創的社會如何自我修復？

最後，關於本書涵蓋的範圍。本書的目的是講述毛主義的全球史，但不可能涵蓋每個故事，其他未收錄的例子比比皆是，諸如加勒比海、冰島、墨西哥、瑞士的毛派；菲律賓和緬甸共產黨的毛主義；巴勒斯坦解放組織的成員拿獎學金到中國學習中國現代文學。此外，與這段歷史相關的每一幕也不可詳細講述，如南羅德西亞戰爭、祕魯土地改革、印尼獨立、第二波女權主義、西德綠色運動等，都只能寫下梗概。我挑選了那些描寫全球毛主義的軌跡、多樣性、以及（在我看來）最重要遺跡的情節。在研究及撰寫的過程中，我找不到一本書將這些歷史並列，以統一呈現出毛主義的多樣性與重要性。這本書則試圖填補那個空缺。

我講述的毛主義全球史，一如諸多現代亞洲的傳奇故事，始於一九三〇年代的上海。那是一個由黑幫、革命者、知識分子、貴夫人交織而成的世界。一九三六年，來自美國中西部的記者愛

＊　譯註：川普的支持者使用這個詞，意指情報機構的官員和行政部門的官員透過消息洩露或其他內部手段，干預並抵制國家政策。

德加·史諾（Edgar Snow），經宋慶齡的介紹，在中共地下組織的幫助下，前往塵土飛揚的中國西北地方，造訪毛澤東的新總部。宋慶齡是中華民國第一任總統孫中山的美麗遺孀，也是蔣介石（中國左派眼中的禍害）的大姨子，以及毛澤東那幫共產黨人的支持者。史諾則是充滿抱負的記者，一心想獵取國際獨家新聞。他在共產黨的根據地待了幾週，毛澤東和他最親近的黨羽給了史諾一個世界大獨家，他因此沉浸在一份篡改過的過往及現況的描述中。那些內容刪除了暴力及整肅，並描繪自身為遭到迫害的愛國者和民主人士。史諾在這趟西北行結束之際，撰寫了兩萬字的採訪筆錄，內容都經過毛主席的校對與更正。

毛澤東及其黨羽算是選對了人，史諾是個媒體人脈亨通的外國人，而且又不是共產主義者，正好是把他們的故事宣揚到國際世界的理想代言人。在《紅星照耀中國》一書中，毛澤東化身為舉世聞名的政治領袖。這本書的中文版在中國共產主義瀕臨滅亡之際，吸引受過教育的都市年輕人支持毛澤東的革命。一九三七年以來，這本書培養出叛軍與游擊隊：從馬來西亞的叢林到俄羅斯西部的冰凍田野，從西德一九六〇年代反主流文化的另類生活方式，到尼泊爾高種姓毛派的訓練營，都可見其遺跡。

我透過那些在中國及全球各地傳播毛派信條的人物、文字、實物——《紅星照耀中國》、譯成數十種語言的《毛語錄》、〈東方紅〉——按時間順序回顧了國際毛主義的政治、外交、文化史。從一九三〇年代談到今天，這本書的每一頁都充斥著政治人物、教授、詩人、革命者、譯者、社會邊緣人、權謀者、狂人以及瘋子，其中有些人最終統治世界強國。共產主義把自己塑造成一門客觀的政治學，要求個人服從抽象的意識形態權威。然而，毛主義的全球史卻充滿戲劇性，很難找到比毛澤東更不墨守成規的人：他是憎恨父親的叛逆者，三十四歲時對中國政府宣戰，性好女色，穿著補丁的睡衣參加國家活動，經常在凌晨召見中外領導人，整肅了多數最親近的同志（通常是整肅到死），向來不肯刷牙。毛澤東的親信及仿效者中也充斥著類似的怪人及社會邊緣人，例如孟買一個冰淇淋大亨的兄弟對印度政府宣戰之前，原本正接受會計師培訓；一名只會紙上談兵的哥倫比亞游擊隊員，最後選擇了威士忌，而不是革命；一名祕魯的哲學教授，和毛澤東一樣崇拜貝多芬；著名官僚機構「歐盟」的未來總理。宣揚「持久戰」的毛主義似乎特別適合行徑怪誕的人，尤其是那些決心與社會發生衝突又想控制社會的人。

我將會描述冷戰早期的末日恐懼，當時（一九五〇年）中國與蘇聯簽訂的條約令西方政府不寒而慄。文安立*寫道，這個中蘇聯盟是「十六世紀鄂圖曼帝國最終擴張以來，挑戰西方政治霸權的最大勢力」[36]。然而，十年後，中國和蘇聯原本可能一起稱霸世界的友誼迅速瓦解。毛澤東及其黨羽譴責蘇聯人是急於安撫美國人的「修正主義者」，並把握每個機會公開抨擊蘇聯，聲稱中國才是世界革命的真正領導者。一九六〇年代與七〇年代，毛主義在世界各地的傳播是本書的核心，毛澤東也在那幾十年間爭取全球共產主義的霸主地位。我將在書中追蹤毛主義熊熊大火般的熱潮，例如毛徽章穿過中國邊境，滲入尼泊爾、印度、柬埔寨，在加德滿都、加爾各答、

* 譯註：文安立（Odd Arne Westad, 1960-），挪威歷史學者，主要研究冷戰和當代東亞。曾出版《躁動的帝國》等書。

金邊成為年輕人追逐的潮流；流傳甚廣的《北京周報》宣稱，毛澤東是「世界革命的偉大舵手」和「永不落日」；北京廣播電台（Peking Radio）充滿雜訊的廣播開始在非洲大草原播送；從遠方崇拜毛派中國的歐美人士，包括嬉皮、民權活動者、哲學家、恐怖分子、女星莎莉．麥克琳（Shirley MacLaine）等人[37]。

毛主義在冷戰的激烈衝突中占有重要的地位，與印尼、柬埔寨、越南的共產主義運動混雜在一起——這些運動改變了這些國家的命運。毛派中國為越共提供了精神與物質上的支援：鋪路、彈藥、制服、醬油、乒乓球、口琴、香皂。毛主義也培育了波布，並提供他逾十億美元的金援、免費的軍援以及醫檢。在即將展開種族滅絕之際，波布懶洋洋地躺在毛澤東的泳池邊，聽行將就木的毛主席稱讚柬埔寨人清空城市，把人逼到鄉下勞動及殺戮戰場：「你們的經歷比我們的好……你們基本上是對的。[38]」

最後幾章將描述毛主義的陰魂不散，在祕魯、尼泊爾、印度散布漫長又血腥的遺毒，以及他們對那些社會底層的受苦者既同情又無情的矛盾情感。一九九六年，距離古斯曼在利馬的一個村鎮領導革命被捕僅四年，尼泊爾的毛派宣布了一場由復甦的印度納薩爾派所訓練的「人民戰爭」（People's War）——藉此抗議政府長期忽視該國占多數的農村人口。二〇〇六年衝突結束時，約一萬七千名尼泊爾人喪命。諷刺的是，尼泊爾人借用的毛澤東游擊戰術不僅是一種安全威脅，對中國當代的統治者來說更是極度尷尬（而中國統治者則聲稱，毛澤東的思想遭到嚴重曲解）。印度與尼泊爾的毛主義並非冷戰的餘波，而是當前全球激進主義崛起的一部分。毛主義在南亞掀起的熱潮引發了有關發展、社會正義、環保主義、國際剝削的根本問題。

這個故事的結局就像開端一樣，是發生在中國。儘管中國政府努力壓抑人們對文革浩劫的記憶，中國政府卻也把毛澤東時代的歌曲、電影、語言重新搬上檯面，試圖喚起大眾對那個長久以來，已更為資本而非共產的政權的懷舊之情。憤怒的年輕人譴責當前的共產黨是貪得無厭的買辦，呼籲大家回歸毛澤東的激進平等主義。遭到解雇的工人揮著《毛語錄》，向他們的有錢老闆示威抗議。在中國各地的村莊裡，農民拿著刀子、磚頭、棍棒來對付腐敗的地方官員。他們都承襲了毛澤東在黨紀、政治觀、人民戰爭方面的奇怪遺教。為了了解這個如今仍塑造政治實務的多變遺教，我們需要追蹤毛主義在中國的歷史，也需要追蹤其在中國境外的運用與重新詮釋。

一、何謂毛主義

二〇一六年一月的第一週，一尊巨大的毛澤東金色雕像在中國河南省的農村揭幕了。這尊雕像在灰色的蒼穹下，龐然地聳立在冰冰的棕色田野中。雕像高三十六公尺，耗資三十一萬兩千英鎊，由當地居民和商賈共同出資建造的。四十八小時內，遊客湧入當地，跟這尊莫名所以的雕像自拍（雕像除了頭髮往後梳，髮際線後退以外，其餘幾乎不像毛澤東）。據傳，這座雕像是當地食品加工業的老闆孫慶新的創意，他是毛澤東的狂熱粉絲。一個在當地栽種馬鈴薯的農民證實：「他的工廠裡到處都是毛澤東的雕像。[1]」中國網民對這件事的評論分歧：「毛主席萬歲！」、「他是我們的傳奇，我們的神——我們應該崇拜他！」、「瘋了」、「拆了吧」、「看起來不像他……他應該是坐在沙發上」。有些人則認為，那些錢應該拿去鋪路或是建造診所[2]。後來，一月七日，一塊黑布罩住雕像的頭，公安拆除了整尊雕像，只留下一堆殘骸和謠傳，據傳是違反了土地規畫條例。連官媒《人民日報》也對整起事件的始末感到困惑，坦言「拆除原因不明」[3]。幾個當地人眼見雕像拆除，竟哭了起來。他們之中可能有些人的長輩，正是一九六〇年代毛澤東的政策導致饑荒而不幸餓死的群眾——一名分析師估計，當年的饑荒造成約七百八十萬人死亡[4]。

巨型毛澤東雕像的神祕出現又拆除，讓人想起毛澤東及其思想在中國海內外流傳時也是難以捉摸。「毛主義」（Maoism）一詞從一九五〇年代開始流行，英美以這個詞來泛指新中國所建立的政治思想與實務體系。從那時起，毛主義就有一段難以駕馭的歷史。共產黨的理論家從未認可過其中文譯名「毛主義」，他們覺得那只是貶意詞。自由主義者用來形容當代中國的另類左派對毛澤東的崇拜；官方分析師則是用來形容及否定如今印度或尼泊爾出現的「毛派」政治。中國外交部抗議尼泊爾的共產黨（毛派）使用這個稱呼時，竟嗤之以鼻地說：「這個組織與中國無關，我們對於他們盜用中國人民的偉大領袖毛澤東的名字感到憤慨。[5]」正統的中國分析人士是使用相對理性的術語「毛澤東思想」。

「毛主義」這個詞雖有諸多的不完美，但本書仍選擇使用，因為人們最常以毛主義來稱呼一九三〇年代至今中國共產黨所推動的成功計畫。儘管毛主義有堅實的象徵核心，並以毛澤東本人的形式呈現，但唯有了解毛主義過去幾十年來在各大洲因脈絡不同而出現的不同形式（而且往往相互矛盾），這個詞才有意義。這個詞在一九四〇年代初期才正式出現，卻是以毛澤東以前的生活和思想為基礎。本章闡述毛主義的核心特色，一如毛澤東及其後繼者在中國和其他地方所想的，並以《毛語錄》的風格（一九六〇年代毛主義無處不在的象徵），透過一系列關鍵語錄來組織這些特色。這裡毛主義大致可分成兩類：毛派思想的原創概念與衍生概念，並說明兩者和更早之前的蘇聯概念有何異同[6]。有些差異是本質上的不同，有些是程度上的不同。前者的例子包括毛澤東推崇農民是革命的力量，以及畢生偏好以無政府主義對抗權威。後者的例子包括列寧—史達林主義計畫的核心要素：崇尚政治暴力，主張反殖民的抗爭，使用思想控制技術來打造有紀律且日益壓抑的政黨與社會[7]。

1.「槍桿子裡面出政權」

一九二七年四月十二日*清晨四點的上海，在法租界最南端的祁齊路†上，國民黨總部傳出軍號聲，停泊在該市東側的砲艇響起了汽笛回應。上海最強三合會「青幫」的成員以藍色工裝掩護身分，戴著白色臂章，聚集在共產黨的據點——這類據點散布在上海市低矮的華人區。距離黎明破曉還有一個半小時，夜幕中響起了機關槍的聲響。反抗的工人全倒了下來，其他人被綁在一起，接著被帶去處決。有人號召翌日大罷工，但那些參加抗議示威的人都被國民黨的機關槍、槍托、刺刀打倒了。抗議者把婦女、兒童放在遊行隊伍的最前面，以為國民黨的軍隊不會開火。據目擊者估計，當天有三百多人喪命，更多人受傷，還有一些人跟著遇難者一起慘遭活埋。

早在三週前，共產黨在這座城市的前景截然不同。三月的最後十天，上海的軍閥領袖向年輕

* 譯註：四一二事件，是中國國民黨「清黨」第一期中的指標事件。
† 譯註：今岳陽路。

的中國共產黨（CCP）所組織的武裝聯盟投降。罷工者先讓這座城市陷入癱瘓，接著開始為占領船塢、警局、鐵路而戰——一開始他們只有一百支步槍、兩百五十支手槍、兩百枚手榴彈，外加宣傳傳單、海報以及報紙[8]。占領城市對一九二六年發起的「北伐」非常重要。那是中國十五年來的第二次革命，目的是剷除在中國各地占地為王的軍閥。

一九一一年的辛亥革命結束了中國兩千多年的王朝統治，卻在五年內，中央政權隨著「軍閥」的崛起而瓦解。成立不久的民國政府在首都北京仍有總統，但他對地方只握有名義上的虛權。儘管如此，統一中國的信念依然存在。尤其，中國城市不時爆發對新現狀的不滿，因為軍事統治下的政治癱瘓導致中國海內外的局勢都非常脆弱。一九一九年五月四日，中國的軍閥領袖在凡爾賽會議上同意把中國東北的一大片土地割讓給日本後，北京和上海便爆發了愛國抗議活動。一九二三年，孫中山——一九一二年初就任為中華民國的第一任總統，任期短暫，對中國的統一大業充滿執念——促成由他領導的國民黨與共產黨結盟，一起接受蘇聯及其共產國際（Comintern）的金援、訓練與軍火。儘管孫中山於一九二五年過世，但接替他領導國民黨的蔣介石在翌年發動北伐——一場再次統一中國的軍事行動。受過蘇聯訓練的中國軍隊從南方逐步推進，與軍閥交戰或賄賂他們投降。北伐的軍力是由保守的國民黨和較為激進的共產黨所組成的統一戰線：國民黨掌控正規的常備軍，但無論他們打到哪裡，罷工的工人與農民自衛軍（由共產黨號召）都促使他們的北伐任務變得更容易，廣大的工農群眾破壞了舊政權的通訊、物資以及權威。

不過，這是不穩定的聯盟。兩黨的目標與權力基礎迥異：國民黨一直是依賴有錢階層的金援，共產黨則是致力號召中國的城市工人與貧農出來叛亂。國民黨的領導人蔣介石於一九二七年三月底進軍上海，表面上向工會和上海的外國人做出公開保證，但私底下與上海的青幫頭目杜月笙祕密協議，以擊潰上海的共產黨。接著，四月十一日，杜月笙邀請上海總工會的共產黨領導人汪壽華到他的法國別墅共進晚餐。汪壽華一進門，就被杜月笙的手下勒死。幾小時後，四月十二日的清晨，杜月笙的青幫成員——由中外商人出資並提供武裝——消滅了全城毫無防備、毫無準備的共產黨據點。

上海共產黨此番受到的重創，預示著那些被證實或懷疑是共產黨支持者的人都將面臨數月乃至數年的可怕暴力事件。有人估計數百萬人因此死亡：他們被開膛破肚，砍頭，潑灑汽油後點燃，被熱鐵烙死，綁在樹上，肢解的部位被塗上沙粒。女性同志更是遭到特別殘忍的虐待，例如在某省鎮壓農民自衛軍的國民黨軍隊「割開女性同志的乳房，用鐵絲垂直地刺穿她們的身體，任她們赤身裸體地遊街示眾」[9]。

在中國共產黨記取的歷史教訓中，一九二七年那個血腥的春天在他們心中留下最難以磨滅的印象。為了生存，共產黨需要一支軍隊。一九二七年，毛澤東身為政黨領導人之一，把這個事件的寓意轉化為他最著名的格言：「槍桿子裡面出政權。」這句格言後來從中國的宣傳海報轉到黑豹黨（Black Panther）傳單上，從手抄的巴黎學生小報轉到印度的叢林集會上。十一年後，他為這句話做了重要的補充：「我們的原則是黨指揮槍，決不容許槍指揮黨。[10]」這種對政治暴力的熱愛，支撐了毛澤東在接下來半世紀所創造的偶像崇拜。在現代政治運動的脈絡中，這種對槍枝威力的推崇絕非特例。事實上，法西斯主義比共產主義更熱中於頌揚暴力。不過，在中國的共產主義中，毛澤東的言詞介入是決定性的關鍵。

一九二七年發生那場災難後，在事後的相互指責中，中國共產黨指責共產國際堅持要他們繼續與國民黨合作，逼他們淪為統一戰線的從屬伙伴，也禁止他們組建獨立的軍隊。然而，事實上，他們從來沒想過，除了武裝那些支持國民黨常備軍的工農民兵以外，他們可能也需要認真地武裝自己。共產主義在中國的頭七年——共產國際的代表自一九二〇年起，開始在中國工作——是由知識分子與書呆子主導，他們向來拒絕承認共產主義的理論與實踐中本來就有暴力。毛澤東雖然出身農家，但他也是書呆子，不過他熱愛暴力，後來他在全球的許多追隨者也是如此。

當時，共產主義只是處理中國弊病——包括政治混亂、長期貧困、不公不義及性別不平等——的政治解方之一，是一九一〇年代末期年輕激進分子玩弄的把戲。他們對列寧在俄國的勝利所展現出來的軍事殘酷不感興趣，比較喜歡十月革命的模糊浪漫形象，認為那是一場自發的民族革命，而非如現實所示是一場殘酷又曠日持久的內戰。一九二一年，被派往中國的共產國際代表召集起中國這些不同的反叛者，在上海的一座別墅裡召開中國共產黨的第一次代表大會。然而，早期的中國共產黨並不是一個嚴密的列寧主義政黨結構，而是鬆散的組織，由熱忱卻往往是半調子的基層所組成。

時年二十七歲的毛澤東出席了第一次代表大會，但他還不是共產黨的重要人物或蘇聯的狂熱支持者。一九二〇年十二月，他第一次接觸共產主義時，他的觀點是「我看俄國式的革命，是無可如何的山窮水盡諸路皆走不通了的一個變計」[11]。他在十幾、二十出頭的時候，竭盡所能地擺脫農家出身，在家鄉湖南省會長沙生活了幾年，廣泛地學習與閱讀，培養了哲學的抽象能力，也喜歡和朋友沉浸在漫長的思辯討論中。新民學會——毛澤東與一些人在湖南共創的激進組織——有一次在會議中花了很多時間討論，該研究會的目標究竟應該是「改變世界」，還是「改變中國與世界」。會員隨後提出一連串令人啞口無言的方法以實現他們的目標：「研究；宣傳；儲蓄會；菜園」。做出那些重要的決定後，新民學會的注意力轉向最重要的「娛樂活動」計畫：搭船遊河、登山遠足、春遊掃墓、晚宴會議、雪中嬉戲（只要下雪就安排）[12]。中國早期的共產黨人在實務上很難致力投入列寧在《怎麼辦？》（*What Is to be Done?*）中所構思的那種「所有成員聚焦在同一理念上的軍事組織」[13]。他們散布在中國與歐洲的一些小組及研究團體中，吸收許多崇尚無政府主義的叛逆者，他們顯然是不服從的。一九二三年，陳獨秀——一九二一至一九二七年，擔任中國共產黨的第一任領導人——悲嘆道：「黨員對黨往往沒有完全的信心。」[14]

經歷了一九二七年的恐怖鎮壓，再加上毛澤東這種不屬於第一代知識分子領袖的人崛起之後，才確立軍隊與暴力在共產黨內的首要地位。一九二七年，毛澤東首次干預這個議題，後來他終其一生都非常關注這件事。他在一九三〇年代寫道：「整個世界只有用槍桿子才能改造。」[15]一九四〇年代，戰爭使他獲得絕對的權力。一九五〇年代，他對中國社會與農業實行軍事紀律，以實現速成的工業化並為他的核能計畫提供資金。他領導一場革命，並把用政治暴力對付「反革命分子」的作法完全常態化。一九六八年，在經歷了文化大革命頭兩年的無政府狀態後，他把中國變成軍事獨裁政權。這時，從加州到加爾各答，那些志在叛亂的人無不奉他為革命的軍事巨人。

毛澤東對政治暴力的熱中，並不是全球共產主義的原創。列寧與史達林也很推崇政治暴力：甚至寫進馬克思混亂的世界革命願景中，而且也很適合那兩位蘇聯領導人的無情性格。然而，儘管列寧與史達林都推崇暴力（內戰期間對許多布爾什維克來說都是一段重要的養成經歷，史達林投入很多時間指揮前線），但兩人先天愛談理論，擅長組織，不是軍事至上。反觀毛澤東，則是在一九二〇年代末期徹底變成軍事派。無論是在戰場上、還是在戰場下，毛澤東都是卓越的戰略家，他在黨內的大部分權力及聲望都是源自於軍隊。他的思想逐漸走向全球後，「出於政治目的的暴力合法化」與毛澤東密切相關：這有部分要歸功於毛澤東擅長喊口號，有部分要歸功於中共在一九六〇年代、七〇年代的公關操縱。數十年來，毛澤東及其黨羽描述赫魯雪夫及蘇聯為姑息資本主義的資產階級，而自己則是在全球人民戰爭中的英勇步兵。毛澤東與毛主義的這種願景傳遍各大洲，把他化身為游擊戰的設計師，擅長設計持久的游擊戰，以及對抗超級強國的核武庫及老牌國家的專業軍隊。例如一九六〇年代初期，南非一反種族隔離的民兵組織自稱「游擊戰」（Yu Chin Chan，其組織名稱誤拼中文「游擊戰」三字）[16]。毛澤東視為首選的戰爭風格，與蘇聯模式截然不同。在蘇聯，儘管游擊隊在二戰中曾抵抗納粹，但紅軍才是蘇聯作戰的典型工具，而不是打游擊戰。（不過，值得一提的是，實務上，毛澤東的游擊戰術在一九三〇年代和四〇年代的中國革命戰爭中，戰略位置極其有限。二戰期間，抵抗日本主要是由國民黨的軍隊負責。中國共產黨在內戰最後幾年到一九四九年的勝利，是靠蘇聯教他們怎麼打野戰才獲勝的。[17]）

2.「很短的時間內，將有幾萬萬農民從中國中部、南部和北部各省起來，其勢如暴風驟雨，迅猛異常，無論什麼大的力量都將壓抑不住……革命不是請客吃飯。」

一九二五年五月以後，中國共產黨日常的組織強度變了。那年夏天，錫克教的警察對著那些抗議英國逮捕六名中國學生的人群開火，導致十一名中國人喪生，至少二十人受傷。此後，上海開始出現多起示威與罷工，抗議外國人待在上海。上海的行動分子在上海、廣州、香港等地組織了團結罷工。中國共產黨的黨員人數急劇增加：從一九二五年的九百九十四人，到一九二七年四月已逼近六萬人[18]。這波招募熱潮造就了工人民兵組織，他們在一九二七年三月代表北伐軍隊癱瘓城市。

與此同時，毛澤東對農村更感興趣了。在一九二五年至一九二七年激進反抗期間，共產黨經營的農會也增加了。國民黨最初為了成為一個擁有大批追隨者的政黨，而容忍共產黨設立農會。隨著北伐向全國推進，共產黨的幹部把握機會改造農村社會：他們重新分配土地，羞辱並驅逐富有的地主。一九二七年一月，毛澤東回湖南完成一份考察報告。光是他自己的家鄉湖南省，農會的會員在短短一年內就從三十萬人暴增至一千萬人[19]。此處值得詳細引述那份報告的內容，因為那份報告的修辭風格，將使毛澤東成為全球共產主義的名人——不久後，那份文件的文字深受義大利的工廠工人及印度大學生的青睞。

「（農民）將衝決一切束縛他們的羅網，朝著解放的路上迅跑。一切帝國主義、軍閥、貪官污吏、土豪劣紳，都將被他們葬入墳墓。一切革命的黨派、革命的同志，都將在他們面前受他們的檢驗而決定棄取。站在他們的前頭領導他們呢？還是站在他們的後頭指手畫腳地批評他們呢？還是站在他們的對面反對他們呢？……順之者存，違之者滅……革命不是請客吃飯，不是做文章，不是繪畫繡花，不能那樣雅緻，那樣從容不迫，文質彬彬，那樣溫良恭儉讓。革命是暴動，是一個階級推翻一個階級的暴烈行動……他們站在一切人之上，從前站在一切人之下。」[20]

對毛澤東的中國版共產主義來說，這無疑是一座分水嶺。馬克思曾比農民比作「一袋馬鈴薯」，他認為革命要靠城市的無產階級，而不是靠農村的無產階級。列寧與史達林亦採行此觀點，只把農民變成「資本原始積累」的關鍵來源，是快速工業化和現代化以趕上歐洲的跳板。半個多世紀以來，剝削農民是蘇聯共產主義的常態——從殘酷的內戰徵用（透過一九二〇年代末期史達林殘酷的農業集體化），到赫魯雪夫長期爭搶私人土地都是如此。農村一直承受著嚴重的不平等，直到一九七四年才結束，此時，以前被迫加入集體農場的農民獲得國內護照，理論上獲得了行動自由。一九五〇年代與一九七〇年代之間，毛澤東證明了他能夠對中國農民實施類似的殘酷政策：他對工業化的追求是造成約三千萬人死於饑荒的主因。但蘇聯對農民的不信任並沒有直接轉化為毛主義：儘管共產黨在這兩個國家都決心維持鐵腕控制，而毛澤東領導的共產黨強調並達到農村基層的飽和，那是蘇聯從未達到的。比較布爾什維克與毛派政黨分別在一九一七年和一九四九年掌權前夕的權力基礎：蘇聯在一九一七年取得政權之前，控制的村莊數量屈指可數；相反的，農民兵則是幫中國共產黨於一九四九年取得內戰勝利的後勤骨幹。

當然，毛澤東本身就是農家出身。他的言談、衣著、飲食都像農民。他常做一些粗俗、有時令人反感的類比，一再強調他拒絕被塑造成圓滑的建制派政治家。冗長的文章讓他想起「懶婆娘的裹腳布，又長又臭」。儘管一九五〇年代到六〇年代，毛澤東周圍興起了對他永不犯錯的崇拜，但他因為有自學成才的率直，無懼於展現無知。有一次他接見巴西代表團時，他說他不知道巴西在哪裡。他穿著補丁的睡衣和襪子（有時甚至穿浴袍）會見世界各國的領導人，最愛的料理是紅燒肉，搭配一整碗的辣椒，再就著一大杯茶全部吞下肚（為了幫助消化，每在餐後，毛澤東會咀嚼杯底泡過的茶葉，而且嚼得嘖嘖作響）。從一九三〇年代至今，毛主義一直是以農村宗教的形式自居，塑造出一種代表勞苦的農民、為農民拚搏的形象。

毛澤東在《湖南農民運動考察報告》中，特別頌揚農村的流氓無產階級對當地地主施展的暴行。「這樣的大土豪劣紳，各縣多的有幾十個，少的也有幾個，每縣至少要把幾個罪大惡極的處決了，才是鎮壓反動派的有效方法……每個農村都必須造成一個短時期的恐怖現象，非如此決不能鎮壓農村反革命派的活動……矯枉必須過正。[21]」報告的某些部分似乎對目睹的暴行感到欣喜若狂。「好得很！好得很！[22]」陳獨秀等黨內的知識分子領導者出於恐懼，對毛澤東在湖南認同並鼓吹的暴力深感不滿。及至一九二七年，毛澤東同時支持軍隊及農村抗爭，由此改變了中國共產黨的歷史。

接下來的七年間，國民黨對共產黨展開猛烈的會剿，毛澤東轉往湖南和江西交界處的一個貧窮偏遠山區——井岡山。他在那裡精進游擊戰術，為了他手下不識字的農民部隊，他濃縮游擊戰的原則成十六字真言：「敵進我退，敵駐我擾，敵疲我打，敵退我追。[23]」軍隊制定了嚴格的紀律規定：「行動聽指揮」；「不拿老百姓一個紅薯」；「打土豪要歸公」。軍事勝利可為共產黨在農村偏遠地區建立紅色基地做好準備。在提倡並進行游擊戰時，毛澤東首次開始制定政策，而不是只依循政策。一九二九年，上海的中共中央命令他解散軍隊，他悍然拒絕，說那命令「不真實」，是「取消主義」。對此，中共中央反而指控他有「流氓意識」。但這不打緊，一九三〇年十月四日，毛澤東領導的共軍拿下他們在江西的第一個主要城市：吉安，那是該省的第三大城[24]。

3.「實踐是檢驗真理的唯一標準。」

一九三〇年春天，毛澤東參觀了位於江西南部腹地的尋烏縣，他對那裡的一切都很感興趣，諸如水路、郵政、雨傘製造業的沒落、海帶交易、八種不同的糖及不同的銷量、一種名叫「暹羅柚」的流行髮型等，當然，還有不同的經濟階級——地主（大、中、小）、農民（富農及貧農）、土地重分配的進展。這時的毛澤東與渾身因湖南的革命大屠殺而熱血沸騰的毛澤東截然不同。這時的他是條理分明又細膩的分析師及革命規畫者，專注於實證觀察，認為「實踐」凌駕在一切政治公式之上。這是一份複雜詳細的報告，長達數百頁[25]。

一九三〇年五月，毛澤東也發表了〈反對本本主義〉一文，內容幾乎和〈尋烏調查〉相輔相成。他寫道：「許多的同志成天地閉著眼睛在那裡瞎說，這是共產黨員的恥辱……你對於那個問題不能解決嗎？那麼，你就去調查那個問題的現狀和它的歷史吧！[26]」到了一九三〇年代末期，談到那些對理論過於熱中的人時，他的修辭及傳達的訊息是一致的。他告訴他們：「你們的教條比狗屎還沒有用！……書是不會走路的，也可以隨便把它打開或者關起。這是世界上最容易的事，這比大師傅煮飯容易多了，比他殺豬更容易。你要抓豬，豬會跑，殺牠，牠會叫，一本書擺在桌上，既不會跑，也不會叫，隨你怎樣擺布都可以。世界上哪有這樣容易辦的事呀！[27]」

隨著年齡的增長，毛澤東日益把自己塑造成世界革命的聖人，但真正吸引數百萬非華人崇拜者的，是更早期的毛澤東，那個通情達理的共產黨人毛澤東。在一九六〇年代末期與一九七〇年代初期，數千名受過教育的法國毛派人士致力在工廠或農村工作，以「為人民服務」（毛澤東最愛的另一句口號）。有些人為了更了解法國無產階級的狀況，而到鄉下「長征」（仿效一九三四年至一九三五年間，中國共產黨的西北長途跋涉）。他們反覆地喊著毛澤東的精簡格言：「沒有調查就沒有發言權。」如同念禱文一般。二〇〇八年，曾就讀高等師範學院（École Normale

Supérieure）的傑出毛派人士蒂耶諾・格呂巴克（Tiennot Grumbach）回憶道：「我一直牢記著毛主席的一句話，至今我仍欣賞，也經常說的：『有的人沒看到玫瑰就穿過田野，有的人會停下來看玫瑰，有的人會下馬聞玫瑰。』我們就是那樣想的：聞一聞玫瑰的味道。對我們來說，玫瑰就是那些無產階級的勞動者。[28]」

毛澤東對實踐的重視，得以從另一面向解釋其魅力：他呼籲大家配合中國的現實來調整蘇聯的共產主義。自一九三〇年代起，毛澤東成為靈活調整共產主義以因應國情的活廣告。一九三六年，他寫道：「中國的革命戰爭是在中國的特殊環境內進行的，有它的特殊情形和特殊性質，也有它的特殊規律。有一種人的意見是不對的，他們說：只要研究一般戰爭的規律就得了，具體地說，只要照著反動的中國政府或反動的中國軍事學校出版的那些軍事條令去做就得了。他們不知道：這些條令僅僅是一般戰爭的規律，並且全是抄外國的，如果我們一模一樣地照抄來用，絲毫也不變更其形式和內容，就一定是削足適履，要打敗仗。[29]」或者，誠如展現農家本色的毛澤東所說的：「以中國做中心，把屁股坐在中國身上。[30]」在日本粗暴地占領中國期間，他巧妙地站在愛國的制高點，提醒所有願意聆聽的人：「我們要組成民族解放陣線，勝利是指抗日勝利，最終意味著世界和平……我們最緊迫的問題是民族解放。目前，我們的目標不能是共產主義，甚至不能是社會主義。我們要求及希望的是建立一個全國人民的民主共和國。[31]」毛澤東把馬克思主義「中國化」，所以人們常把創造——或至少孕育——共產化的民族主義歸功於毛澤東。他自信地和蘇聯的全球革命願景（一九五〇年代後明顯充滿敵意）決裂，此舉啟發了東歐與東南亞的許多共產化民族主義。這種民族主義在「中國—柬埔寨—越南」的中南半島三角衝突中達到顛峰。

4.「婦女能頂半邊天」

一九三五年二月，在中國西南部的貴州省，一個留著黑色長髮的纖瘦美女躺在一間深山的茅屋裡。屋外下著傾盆大雨，屋內漏著水。經過幾小時分娩，她產下一名女嬰，那是她的第四個孩子。嫂子陪在她身邊，讓她看看女嬰，並問她該取什麼名字，那女人搖了搖頭。她是被部隊帶來這裡的，明天部隊就要啟程，她必須跟他們一起走，嬰兒不能跟著她。於是，嫂子把女嬰、一些錢和鴉片交給當地一戶人家。這個產婦的丈夫就在那附近，但他還有別的事情要處理，不克前來。兩個月後，這個產婦身陷敵人的空襲中，彈片劃破她的頭骨脊椎。一個月後，女嬰夭折，因為那個收留女嬰的婦女沒有奶可以餵養女嬰。

這個產婦是賀子珍，她是毛澤東法定的第二任妻子*。後來，她又為毛澤東生了兩個孩子，

* 譯註：毛澤東一生共有四任妻子，分別為羅一秀、楊開慧、賀子珍及江青。其中，羅一秀是在一九〇七年父母訂立的婚約，當時羅一秀十八歲，毛澤東才十三歲。兩人成婚後，毛澤東即離家，羅一秀也在一九一〇去世。所以，毛澤東從不承認這段婚姻。是故，法定的妻子共三任，依序為楊開慧、賀子珍及江青。

但只有一個活到成年（第五個孩子，是女兒），其餘的都因病早夭或出生後就送人，下落不明。毛澤東曾對其他的女性開玩笑說：「為什麼女人怕生孩子呢？你看看賀子珍，她生孩子就像母雞下蛋那麼容易。」[32]毛澤東對生育的漫不經心，在共產黨中並非特例。早在一九二〇年代，中國的女權運動剛萌芽時，就有一些激進的女性要求黨把節育列為前線問題，以至少解決一些生理決定的不平等問題，因為這些不平等阻礙了她們參與革命。可惜男性同志對她們的呼籲置之不理：男人讓她們懷孕時，她們就應該生下孩子，並且盡可能把精力投注在政治上[33]。

賀子珍在貴州產下女嬰，是發生在中共長征的途中。前一年的秋天，共產黨的軍隊從江西的西南角突圍，以躲避蔣介石的軍事殲滅行動。長征是沿著一個巨大的倒L路線行進，穿越中國一些最荒涼的地區——包括西藏冰天雪地的山峰，遙遠的西北沼澤平原，最後落腳在陝西荒涼易碎的土地上——逃竄的同時，他們也和追擊的國民黨軍隊不斷奮戰。長征之初共有八萬人，據傳最終僅八千人倖存，他們最後定居在延安附近的一個新基地。但毛澤東在長征之初只是政治局中級別最低的成員，卻在磨難中崛起。在長征的軍事危機中，毛澤東接管了軍隊的領導權。這個轉變是毛澤東在中國共產黨內掌權的關鍵轉捩點。共產黨在中國的西北建國，以延安作為首都長達十二年。那段期間，毛澤東獲得最高的政治及軍事權力。中國共產黨的那段建國經驗，為未來的共產黨治理帶來深刻的影響。

儘管賀子珍身心受創，一九三七年，毛澤東開始向美麗的女演員吳莉莉半公開調情。吳莉莉是那一帶唯一燙髮、塗口紅的中國女性，她是不久前剛從中國西北部招募來的都市新成員。某個夏夜，賀子珍逮到毛澤東偷偷溜進吳莉莉的房間後，與他們兩人及美國的左派記者艾格尼絲·史沫特萊（Agnes Smedley）起了口角（史沫特萊舉辦舞會，促成毛、吳之間的曖昧關係）。當年，吳莉莉離開延安後不久，賀子珍再次懷孕，她選擇去蘇聯治療彈片傷。毛澤東很快又和另一個背景更可疑的女演員交往：一個曾演出上海B級電影的女演員，藝名藍蘋。她重新塑造自己成江青同志（一九六六年，她變成文化大革命的主要復仇鬥士，套用她自己的說法：「我是毛主席的一條狗，叫我咬誰就咬誰。」也報自己的新仇舊恨。）在莫斯科，賀子珍的新生兒在六個月大時死於肺炎，她因而精神崩潰，毛澤東似乎對此毫無反應。兩年後，賀子珍從蘇聯媒體的報導中看到內容提及「毛澤東與妻子」，才知道自己被迫草草離婚，江青取代了她的地位[34]。

毛澤東對待賀子珍的方式，不是他對女性不負責任的唯一例子。他法定的第一任妻子是恩師楊昌濟的女兒楊開慧，是一名受過教育的政治行動分子，並為毛澤東生下三個兒子。一九三〇年十一月，她因為與毛澤東有關係，在湖南被國民黨的指揮官逮捕並遭到槍殺。當時，她只要肯聲明她和毛澤東斷絕關係，其實是可以倖免於難的。然毛澤東卻以不忠來回報她的忠誠，在她遭到處決近兩年前，毛澤東在江西與賀子珍交往，甚至沒讓楊開慧知情。楊開慧聽到他發展新戀情的傳言時，內心深受折磨。

然而，一九一〇年代，年輕的毛澤東在字裡行間確實是女權主義者。他痛斥傳統的媒妁之言是「間接強姦」，並宣稱肇事者——父母——應該為此入獄[35]。他也控訴女性在社會中缺乏公共地位：不能進入商店，不能入住旅館，不能經商。他呼籲「打破父母安排」，「打破媒妁之言」[36]。很久以後的一九六八年，他說出那句名言「婦女能頂半邊天」，「男人和女人是一樣的。男人能做的，女人也能做。[37]」一九五〇年，新的人民共和國所實施的第二部法律就是婚姻法，允許婦女和丈夫離婚並擁有土地。

把女權主義歸因於毛澤東，有助於他的思想推向世界各地。丹尼斯・奧尼爾（Dennis O'Neil）認為：「婦女能頂半邊天的概念也是毛澤東影響力的一部分。」奧尼爾在一九六〇年代是深受美國反主流文化影響的激進學生，後來他畢生致力研究受到毛主義影響的政治。「古巴革命非常陽剛……毛主義革命則有一種截然不同的感覺：感覺社會關係正在改變，不是透過強制命令，而是由參與者主動由下而上地改變。婦女仿效中國的『訴苦大會』，組成許多提升意識的團體，譴責老舊的方式，直言不諱地談論她們受到的壓迫。[38]」然而，到了一九六〇年代末期，毛澤東已沉迷年輕女色多年，在中南海（紫禁城西側的古老皇宮，一九四九年後是共產黨領導層的隱密官邸）的巨大木板床上，充分利用了她們對英雄的崇拜。他的醫生指出，他刻意把性病傳給那些情人，還說：「我在年輕女人的體內清洗自己。[39]」毛澤東對待女性的方式反覆無常，由此可見他的虛偽及人格分裂，言行不一。或者，講得更白一點，他有根深柢固的實用主義。

這種實用主義也體現在他的經濟政策上。一九二九年二月，他雖然告誡軍隊不要沒收老百姓的財產，卻寫了「募款信」致贛南商人：「特函前來，請代籌軍餉大洋五千元，草鞋、襪子各七千雙，白布三百匹，伕子二百名。務於本日下午八時以前送來本部，即希查照辦理，切勿玩延。如坐視不理，即證明寧都商人顯系與寧都反動派勾結一氣，故意與紅軍為難，本軍惟有將寧都反動商店進行焚毀，以警奸頑，勿謂言之不早也。[40]」

一九四〇年代初期，在中國的西北部，毛澤東的政府再次陷入緊迫的經濟危機，這一次，是在一個主要產業是鴉片的省分裡。一九四一年，一篇共產黨的社論嚴詞解釋：「鴉片進入中國以來，已成為中國人民的最大禍根，與帝國主義的侵略及中國淪為半殖民地的過程密不可分。帝國主義用鴉片奴役及壓迫中國人民。隨著中國人民日益虛弱與貧窮，鴉片扮演著最可憎、最惡毒的破壞角色。[41]」但是，那個時期共產黨的國家帳簿上隨處可見「特殊品」的標記，那個特殊品為共產黨消除了貿易逆差，而且到了一九四五年，該產品更創造了百分之四十以上國家預算。那「特殊品」就是鴉片，是在「特殊工廠」加工後，向南及向西運輸，為共軍創造出口收入。一九四五年，一個美國代表團飛來中國視察，卻只看到搖曳的高粱和小麥。原來，在他們抵達前，鴉片罌粟已連根拔起，以維護中國共產黨戰時形象的適切性（至少後續四十年是如此）[42]。

暴力、愛國主義，尤其是實用主義——這是有志稱王者的強大錦囊。但是，如果沒有意識形態的控制——亦即凝聚及主張單一權威政黨路線的能力（即使誇誇其談和現實之間總是有落差）——這一切都無法維繫在一起。一九三六年至一九四五年間，這就是毛澤東和他的代筆者在西北地方捏造的假象。

5.「揭發錯誤、批判缺點。」

一九四二年初夏，在延安的中央研究院，中國共產黨的卓越分子聚在一起，舉行名為「黨內民主與紀律」的座談會。這場座談會的形式是介於集會和公審之間，不是在沉悶的會議室裡召開，而是在運動場上舉行，持續十六天。現場觀眾注視著年約三十五歲、一臉蒼白的作家王實味。他罹患肺結核，病得站不起來，癱坐在帆布躺椅上。毛澤東的祕書兼代筆者陳伯達是個戴眼鏡的文弱書生，有明顯的口吃，但他克服了語言障礙，上台慷慨陳詞。「像這樣的人絕不是『硬骨頭』，他正像水裡的螞蝗一樣，是沒有骨頭的東西！……他渺小得像一個白蛉子，這白蛉子悄悄從紗窗飛進來咬人，是必須嚴防的。」他拿王實味的名字開低級的諧音玩笑，說那叫「屎味」。艾未未的父親艾青是二十世紀中國最著名的詩人，他也加入批判，說王實味的「立場是反動的，手段是毒辣的，這樣的『人』，實在夠不上『人』這個稱號，更不應該稱他為『同志』。」在研討會的最後一天，延安最耀眼的文人丁玲（曾是活躍的個人主義者，一九二〇年代因大膽揭露現代女性性幻想的小說而一舉成名）也加入批評王實味，譴責他對文藝界來說是一種「侮辱」[43]。王實味後來在牢裡度過餘生。一九四七年的春天，有人把他拖出牢房，叫他跪在陝西的黃棕土上。一名年輕的共產黨員拿出斧頭，砍下他的頭。

王實味的審判後來變成一九四二年到一九四三年「整風運動」中最惡名昭彰的事件之一。這絕對不是毛澤東第一次試圖整肅黨內。早在一九三〇年初，在軍事災難及國民黨可能滲透的情況下，毛澤東就發現「贛西贛南黨內有一嚴重危機，即地主富農充塞黨的各級地方主導機關」。在史達林著手大肅清的六年前，毛澤東便已展開嚴厲制裁措施。他下令以「最殘酷的折磨」逼出「AB團」（Anti-Bolshevik，亦即「反布爾什維克」）的陰謀者：用香灼燒皮膚，毆打至骨折，把手掌釘在桌上，在手指頭及指甲蓋之間的縫裡打下竹籤（俗稱「打地雷公」）。嫌犯的妻子遭到的酷刑更慘烈：線香燒身，燒陰戶，用小刀割乳。僅一週內，就有兩千名軍人遭到槍殺。一九三一年，整肅行動擴大，包括「甚至夜間說夢話，不挑禾草，不去開會，因家中有困難，不願意出席全蘇會的」。最後，總計有成千上萬人死亡。即使整肅行動在一九三二年到一九三四年間逐漸趨緩，每個月仍有一百人遭到槍殺[44]。「同志們，」一些江西的共產黨人沉痛呼籲：「黨內永遠永遠就這樣暗無天日嗎？[45]」

不過，一九四二年的「整風運動」是毛澤東一九四一年成為共產黨最高領導人以來，首次對黨展開紀律處分，所以這次的行動更縝密、更徹底，也更複雜。舉凡是從共產恐怖的組織架構內、或是組織外，都有多種方式足以描述並解釋這場運動。誠如王實味遭到的處置所示，可見結合了史達林式政治迫害的經典成分：孤立目標；「勸說」昔日盟友加入攻擊；批鬥大會（整肅變成眾人圍觀的場面）；公開羞辱「敵人」（警告他人不要做出類似行為）；強迫觀眾集體嘲弄批鬥目標。「整風運動」因此變成「史上野心最大的人類操弄嘗試之一」的起始[46]。一九五〇年代，美國稱這場運動為洗腦，中國稱之為「思想改革」，是毛澤東政權的思想合法性與權威性所依賴的組織及紀律基礎。如同毛主義公式中的其他成分一樣，思想改革不是原創的概念——蘇聯與納粹都用過類似的技巧——但其全面性可以說是原創的。在毛主義傳播全球的過程中，各地複製其技巧的程度不一。祕魯共產黨「光明之路」和日本極左翼的連合赤軍（United Red Army）和革命左派（Revolutionary Left Faction）特別致力於批評／自我批評。一九七一年至一九七二年的冬天，連合赤軍與革命左派在日本中部山區的隱匿地點訓練時，私刑處死了十二名他們覺得沒有致力於革命反省的同志。

而王實味究竟做了什麼，導致毛澤東用盡全力如此批鬥他？一九四二年的二月和三月，王實味在延安的報紙上發表了幾篇文章，批評共產國家的組織方式。他提到延安的共產青年抱怨過度的等級制度：幹部們口口聲聲說著「階級友愛」，卻只關心自己能吃多少雞肉。「我並非平均主義者，但衣分三色，食分五等，卻實在不見得必要與合理……如果一方面害病的同志喝不到一口麵湯……另一方面有些頗為健康的『大人物』，作非常不必要不合理的『享受』……這是教人想來不能不有些『不安』的。」他坦言：「延安比『外面』好得多，但延安可能而且必須更好一點。」[47]王實味的主張很簡單：個人有權獨立批評共產政治。據傳，毛澤東讀了那些文章後，當下決定整肅他。

毛澤東整肅王實味的方式，顯現出毛澤東和黨精心結合操弄及蠻力以達到思想統一。一九四二年，在經歷了長征這種人禍之後，共產黨大幅成長——黨員大增，尤其是受過教育、充滿理想的城市青年，他們沉醉於史諾在《紅星照耀中國》中，對一九三七年共產黨在西北地方發展的熱情描繪。這些人充滿熱情，可惜大多是缺乏紀律的共黨新人。他們是五四時代的孩子：受過自由主義教育，質疑一九一〇年代與二〇年代初期中國啟蒙運動的價值觀（愛國卻抱持世界主義），厭惡國民黨或軍閥的專橫暴行。王實味因初戀情人（一個勇敢無畏的年輕共產黨員）於一九二八年遭到國民軍隊殺害而加入共產黨。王未來的抨擊者丁玲於一九三二年暗地裡加入共產黨，一九三三年遭到國民黨逮捕，軟禁關押了三年，一九三六年逃到延安。她之所以被捕，是因為她從事左派文學創作，又和共產激進分子胡也頻結婚（胡也頻於一九三一年遭到國民黨處決）。但是，王實味和丁玲抵達延安時，都無法即刻停止批判性思維。丁玲在散文與悲情故事中，指出她在延安普遍看到的無能及偏見：不稱職的幹部濫用人才；傳統的性別歧視與革命的性別歧視結合，既攻擊那些不結婚的婦女，也攻擊那些待在家裡照顧孩子的婦女[48]。

毛澤東對王實味發起猛烈抨擊時，他對那些意見相左的文學批評者提出他的觀點，闡明文化在革命戰爭中扮演的角色。文藝工作者必須堅持「黨的立場」，因為「我們是站在無產階級和人民大眾的立場」。「文藝作品在根據地的接受者，是工農兵以及革命的幹部」，作家必須到鄉村、工廠去，跟農民、工人待在一起：「儘管工人農民的手是黑的，腳上有牛屎，還是比資產階級和小資產階級知識分子都乾淨……沒有這個變化，沒有這個改造，什麼事情都是做不好的，文藝工作者都是格格不入的。」他寫道，延安不需要批評或諷刺，「你是無產階級文藝家，你就不歌頌資產階級，而是歌頌無產階級和勞動人民」。作家「必須和新的群眾相結合」，否則「要發生困難的」[49]。

整風運動除了界定文化與「思想」工作的界限以外，也藉由強迫研究及「討論」正統文章、正統演講、正統思想來落實——採用分組及個別審問等方式。那些疑似偏離毛澤東路線的人，都會遭到逮捕並「篩除」：事實上，一九四三年七月，百分之七十的新人已被認定不可靠[50]。酷刑及恐嚇變得稀鬆平常；諷刺是非法的。從這項運動對一些最明顯受害者的影響，即可看出其成果。王實味公開受辱不到一年，就徹底變了。一九四三年的夏末，毛澤東邀請一群中外記者來參觀延安。他們要求見王實味，一名目擊者被他那「槁木死灰的樣子」嚇到，「他反覆地說：『我是個托派，我攻擊毛主席應該處死。我應該被處死一千次。但毛主席寬宏大量，他不希望我死。他讓我工作。我勤奮地工作，這才了解到勞工神聖的偉大。我對他的仁慈感激不盡。』[51]」一九四二年夏天，「黨內民主與紀律座談會」召開幾天後，王實味以前的著名盟友（最著名的是丁玲和艾青）就拋棄他了，他們低聲下氣地進行自我批評，並嚴詞抨擊王實味的「托洛斯基主義」。知名文人丁玲以前容易喜怒無常，習慣肩膀披著皮草、燙鬈髮。一九四二年五月的事件發生後，她裹著大棉襖，到村子裡自我放逐，致力上演一些加入共產宣傳內容的民間戲劇。

整風運動導致數百人、甚至數千人被監禁在延安山坡上的黃土窯洞裡。那成了毛澤東後來發起每場思想改革運動的原型：先舉行羞辱及孤立批鬥目標的批鬥大會；反覆撰寫供詞；討論小組不得沉默不語；精進自我批評。在中國，後來人們普遍視整風運動為文化大革命的預演。毛澤東也把整風運動的關鍵推動者康生（又稱為「毛的槍手」）帶回政治舞台的中心，以發動文化大革命。康生扮演毛澤東的祕密警察局局長，全身穿著及配飾都是黑的：蘇聯式漆皮皮衣、馬褲、靴子、鬍子、馬、馬鞭、德國狼犬。他有兩大嗜好：宋朝鍋具和美食（他在延安的私人廚師，曾為滿清末代皇帝溥儀烹飪）。除此之外，他「對權力痴迷，但完全缺乏信念」。康生的工作使毛主義得以在一九六〇年代與七〇年代初期全球化。身為中國共產黨祕密中聯部（負責與外國共產黨的關係，因此比外交部更重要）的負責人，康生負責向信奉共產主義的叛亂分子輸出革命思想、策略、資金及武器。他在北京接待重要的西方毛派分子，並向柬埔寨的赤棉輸送資金與情報[52]。

如果你是受過高等教育的自由派知識分子，又想質疑絕對黨紀的必要性，整風運動及一九四〇年代初期共產黨統治下的西北地方確實相當可怕。相反的，如果你是在地的農民，你可能會有不同的看法，因為整風運動與「合作化運動」的時間約莫同時，亦即在各地村莊展開新一輪的社會經濟平權運動。農民常發現他們的租金降低了，貸款利率減少了。他們也因為動物、工具、種子的共享計畫而受惠，有些人甚至可以在地方選舉中投票選村長。由於士兵與共產黨的幹部都來幫忙農務及工藝，許多農家生產力亦獲得提升。而且，隨著城市知識分子下鄉來傳播教育，農村居民也有了學習閱讀與寫作的機會[53]。一九八〇年代，出身貧困的延安共產黨新人說，他們之所以欣賞毛澤東，是因為毛澤東深諳中國社會並籌畫政治活動[54]。整風運動既是一場可怕的磨難，也是毛澤東打造一個紀律嚴明的政黨和官僚機構的過程——這與國民黨的腐敗及懶散形成了鮮明的對比。

一九四三年，毛澤東在康生的協助下，整風運動自此升級成「搶救運動」，那是一場對「特務」及「叛徒」的政治迫害。這場運動逮捕的人數眾多，多到「連窯洞都容納不了全部的人」，其中多達百分之九十以上的指控後來發現是毫無根據的[55]。此外，毛澤東也提出另一個他自創的重要政策理念：「群眾路線」。

凡屬正確的領導，必須是從群眾中來，到群眾中去。這就是說，將群眾的意見（分散的無系統的意見）集中起來（經過研究，化為集中的系統的意見），又到群眾中去做宣傳解釋，化為群眾的意見，使群眾堅持下去，見之於行動，並在群眾行動中考驗這些意見是否正確。然後再從群眾中集中起來，再到群眾中堅持下去。如此無限循環，一次比一次更正確、更生動、更豐富。[56]

這個政策理念把獨裁與民主之間難以捉摸的易變關係，放在毛澤東政體的核心。毛澤東因出身農村，盛讚（農村）群眾的聰明才智，因為只有他們的想法是「正確的」（翌年，他敦促追隨者要「為人民服務」，進一步宣揚他的政權造福人民。這個口號在文化大革命期間傳播到世界各地，為毛澤東在美國黑人與亞裔社群中吸引了特別狂熱的追隨者）。然而，只有他（和黨）可以集中、系統化、應用其理念的巧妙之處。一名曾在毛澤東的政策下（大躍進的飢餓及文革的暴力迫害）差點喪命兩次的學者，也是當代中國最直言不諱批評毛澤東的人指出：「毛澤東的最大天分，在於把中國人民變成奴隸，同時讓他們覺得他是國家的主人……全世界的獨裁者都研究過毛澤東。」整風運動與群眾路線為毛澤東政黨的思想統一和「思想工作」提供了架構。它構成了大規模動員的基礎，也為共產黨聲稱其方法是「民主的」提供了理論依據。後來馬來亞的叢林、加州的黑人社區、祕魯的山脈、尼泊爾山區的毛派信徒也依循這種方式。

6.「東方紅，太陽升，
中國出了個毛澤東。
他為人民謀幸福，
他是人民大救星！」

一九四〇年代初期，毛澤東在延安被封為中國共產主義的哲學王，有人為他譜寫了頌歌〈東方紅〉[57]。一九三〇年代末期以前，毛澤東仍以軍人身分著稱：他在馬—列思想的教義技能方面，遠遠落後於掌權的對手——最近甫從莫斯科學習史達林主義暗黑藝術歸來的黨員。當時他們的領導人是一臉福態的理論家王明，他精通理論與實務。在史達林大整肅期間，他派了幾個同志前往古拉格（Gulag）*。相較之下，一九三〇年代末期，毛澤東信奉共產主義已近二十年，但對馬克思主義依然了解不多。他幾乎沒有時間更進一步的研究馬克思的歷史與經濟分析，反而直接濃縮簡化《共產黨宣言》的訊息，成為：「階級鬥爭、階級鬥爭、階級鬥爭！」[58]一些他較為親近的同志每每聽他演講，總對他愚蠢又公然抄襲馬克思中譯文本的行為感到尷尬。或許正

* 譯註：勞改營管理總局，簡稱古拉格，負責管理全國的勞改營。

因為這些原因，毛澤東對知識分子一直抱有自卑感，那無疑造就了他在掌權後對知識分子的苛刻態度。

不過，自一九三〇年代末期起，毛澤東逐漸主張其教義的原創性和領導崇拜。一九三七年六月二十二日，中共的重要刊物《解放》首次刊出毛澤東肖像。那幅肖像傳達的訊息很明確：背景中行進的縱隊為肖像增添了動感與活力；陽光照得毛澤東的臉龐熠熠生輝；頭像下方的空白處還引用了一段毛澤東的語錄[59]。有人著手集結毛澤東的文章及講稿，並奉為圭臬。他的祕書陳伯達曾是古代史的教授，不但編撰新版的中共歷史，把毛澤東捧成主導共產黨的天才，甚至毛澤東多數重要論文皆由他構思而成：〈論游擊戰〉（1937）、〈矛盾論〉（1937）、〈實踐論〉（1937）、〈論持久戰〉（1938）、〈新民主主義論〉（1940）[60]。一九三九年，《解放》讚譽毛澤東為「海內外眾所仰慕的人民領袖」[61]。一九四一年，一個年輕的理論家熱情說道：「說到創造性馬克思主義在中國問題上的發展，最主要、最典型的代表，是我們黨的領袖毛澤東同志。他是我們黨偉大的革命家，天才的理論家，戰略家，中國最好的創造性馬克思、列寧主義者。[62]」一九四二年一月，在延安即將啟動整風運動之際，官方推薦大家優先研讀毛澤東的著作，其地位超越馬克思、恩格斯、列寧、史達林的著作[63]。在這個毛派邪教的巔峰期——亦即文化大革命的初期——海外的中國人在海關申報中文版的毛語錄時，還會激動落淚[64]。

一九四二年至一九四三年，毛澤東主導的整風運動，排擠了那些依然懷疑他是否有理論家實力的黨內同志。當時與毛澤東實力最接近的對手王明指出，毛澤東之所以發動整風運動，是為了「以毛澤東主義取代列寧主義，以毛澤東個人的歷史來書寫中國共產黨的歷史，把毛澤東個人抬高到黨中央和全黨之上，以便在黨的領導集團中占得主要的領導地位，並將黨的所有權力集中於他一人之手。[65]」艾青以詩歌〈毛澤東〉來推崇他；黨報上的一幅漫畫把毛澤東的肖像和馬克思、恩格斯、列寧、史達林的並列在一起[66]。紅軍創始人朱德曾在黨內與毛澤東平起平坐，如今則是對他讚譽有加：「我們黨已經有了自己最英明的領袖，毛澤東同志。他真正精通了馬列主義的理論，並且善於把這種理論用來指導中國革命步步走向勝利。他不但在我們全黨是最有威望的，在全國人民中也享有最高的政治信仰。並且在他的教育與培植之下，為黨和革命創造了大批富有鬥爭經驗、與群眾有密切聯繫、忠誠勇敢的黨幹部。[67]」毛澤東從善於權謀的軍閥，逐漸轉變成革命聖人。

除了史達林式的恐怖策略〔毛澤東非常喜歡史達林於一九三八年推出的布爾什維克管理指南《全聯盟共產黨歷史：簡明教程》（*History of the Communist Party of the Soviet Union: Short Course*），並列為中國共產黨領導高層的必讀讀物〕，延安顯現出一種對文化的崇敬。毛澤東抵達當地不久，這個窮鄉僻壤就開始蓋滿了學校、大學、研究機構——魯迅學院、抗戰大學、中央研究院等。延安的共產黨人致力於學習：每個窯洞裡都擠滿熱忱的革命者——每個窯洞裡有八人——每天早上六點就被叫醒，從清晨上課到午餐時間，接著自習或從事生產工作，直到九點就寢。基本上，當地除了閱讀和交談以外，幾乎沒什麼事情可做：沒有私人收音機，也沒有幾台電影放映機。週日才准大家自由到河裡換洗[68]。在這個「窯洞共和國」裡，毛澤東是蘇格拉底、柏拉圖，以及實踐派的浪漫主義詩人拜倫——軍營在他手中轉變成「中國革命的密宗中心」[69]。前往延安可說是一場棘手的朝聖之旅——因為突破國民黨的封鎖可說是危機四伏——那裡的革命大業充滿宗教熱情。也許，宣傳活動中心重蓋在延安的最高點「萬佛洞」上並非巧合（長征的過程中，士兵揹著一台印刷機翻山越嶺來到這裡）。在無數佛像的簇擁下，那裡成了毛澤東權威的文字擴音器[70]。自從延安成為共產黨的大本營後，領導高層占領的窯洞，便可見毛澤東、朱德、劉少奇、周恩來等人聚在一起，以體現這種意識形態社群的緊密凝聚力。

一名延安的老兵回憶道，「毛澤東穿著簡單，說話像農民，但他其實是老師。我一看就知道他氣宇非凡，不只是老師而已。」[71]當然，毛澤東有經驗豐富的代筆者及祕書從旁協助，但他於一九三〇年代末期和一九四〇年代初期寫的文章，對中國的過去與現在幾乎無所不談。他的權力確實不是靠滔滔雄辯而來的。一九四九年，他在天安門廣場的講台上宣布創立中華人民共和國時，語調幾近刺耳，湖南腔濃到幾乎沒人聽得懂。但他行文嚴謹，尤其撰寫中國近代史時，擅長把上世紀那些雜亂無章的無政府狀態，編寫成因果關係清楚的目的論，並把他的革命界定成中華民族的合理救星。他堅稱，十九世紀以來中國的外敵都充滿惡意，藉此合理化他對帝國主義者及他們所謂的中國盟友——國民黨、資本家、買辦、地主、任何可能支持他們的人——使用暴力的行為。毛澤東寫道：「面對這樣的敵人，中國的革命只能是持久戰且殘酷無情的……面對這樣的敵人，中國革命的主要手段和形式必須是武裝鬥爭。」[72]毛澤東擅長為人類歷史（包括古代與現代史）塑造引人入勝、通俗易懂的敘事，這種能力深受全球各地毛派的推崇，尤其是祕魯共產黨「光明之路」的古斯曼。古斯曼的追隨者稱他為「洗髮精」，因為他擅長以簡潔易懂的哲理來「洗腦」。

更何況，毛澤東的故事遠比馬克思主義的宣傳手冊有效多了。毛澤東的故事裡穿插著令人意想不到的粗俗幽默以及過往軼事——證明毛澤東是自學成才的農家子弟。一般認為整風運動既是一場可怕的整肅，也是一種類似邪教的儀式，拉近了參與者的關係。在這種儀式中，約兩萬人分成小組，受到監控，開始研究同樣的文本，討論同樣的問題[73]。在延安，毛澤東不再只是軍人，他轉而成為人們推崇的詩人、理論家、書法家，也是政治哲學家，能夠把中國上個世紀爭論的那些令人困惑的因素、力量、理念置入成功的藍圖中[74]。二〇一四年，一名毛澤東紀念品的收藏家告訴我（他的措詞可能是我進行過數千次毛澤東訪談中，我最喜歡的）：「毛澤東比成吉思汗好，因為他是詩人。」正因為他擅長多工並行，一心多用，又常用淺顯易懂的語言，所以才會吸引那麼多的海外信徒，從西德的大學生到印度的農民都是他的崇拜者。

一九四四年，延安關閉多年後，重新對外界的記者開放。延安當地的智識同質性令記者深為震撼。一名記者說：「以同一個問題，問過二三十個人，從知識分子到工人，他們的答語，幾乎是一致的。即使是關於愛情的問題，似乎都有開會決定的觀點。」「延安的緊繃空氣幾乎令人窒息……延安人大多是正正經經的臉孔，鄭重的表情，要人之中，除了毛澤東先生時有幽默的語調，周恩來先生頗善談天之外，其餘的人就很少能說一兩個笑話來調換空氣。[75]」美國記者賈安娜（Annalee Jacoby）與白修德（Theodore White）是國民黨腐敗及審查制度的大敵*。當年，他們在延安親眼目睹毛澤東的手下對他們敬愛的領導人展現出一種令人匪夷所思的阿諛諂媚：「近乎誇張地記錄著毛澤東自由發揮的演說，好像吮吸著知識的甘泉。人們也可以經常聽到極度誇張的頌揚之詞，簡直就是盲目的花言。」[76]

一九四〇年，劉少奇說中國共產主義尚未寫出「偉大的著作」[77]（這話無疑使毛澤東相當惱火）。三年後，劉少奇改觀了，他說：中共黨史的發展是「以毛澤東同志為中心……一切幹部，一切黨員……都應該用心研究與學習毛澤東同志關於中國革命及其他方面的學說，應該用毛澤東同志的思想來武裝自己」[78]。一九四三年七月六日發表的這篇文章，催生毛主義這個宗教——毛澤東思想（原稱「毛澤東同志的思想」）。一九四五年，劉少奇在第七次黨代表大會上，神格化毛澤東思想，並奉為中國共產黨一切工作的「指引」，他總結道：「我們的毛澤東同志，不僅是中國有史以來最偉大的革命家和政治家，而且是中國有史以來最偉大的理論家和科學家。」[79]在一個絕對正確的專制舵手領導下，這種把黨的控制加以神聖化的作法也激勵了其他「敬愛的領袖」，例如祕魯的古斯曼，他親眼目睹毛澤東邪教在文化大革命時期達到巔峰。

7.「帝國主義是紙老虎」

一九一七年，列寧認定帝國主義是「資本主義的最高階段」，並開始帶領非歐洲的社會主義者前往莫斯科。兩年後，在布爾什維克的權力尚未在俄羅斯站穩腳跟之際，列寧主持了「共產國際」的成立大會：有五十幾名代表出席，代表約二十五個國家。其中，羅伊（M.N.Roy）是周遊世界的印度共產主義者，他已協助建立墨西哥共產黨（那是俄羅斯以外率先成立的首批共產黨之一）。他建議列寧贊助殖民世界的共產黨及叛亂，列寧欣然接納了他的建議。因此，一九二〇年代初期，中國、印度、印尼、土耳其、伊朗相繼成立了共產黨。一九二一年，列寧推斷：「現在，所有西方文明的命運，大多有賴吸引東方群眾參與政治活動了。[80]」共產國際為那些獲選擔任高階職務的年輕人，提供軍事或政治培訓。東方勞動者共產主義大學（The Communist University for the Toilers of the East）於一九二三年歸屬共產國際管理，培訓了來自中國、印度、印尼、韓國、中南半島的活動分子（胡志明是其中最亮眼的東南亞校友），以及後來擔任要職的數十名非洲人與阿拉伯人，例如南非的共產黨書記阿爾伯特·恩蘇拉（Albert Nzula）、肯亞的第一任總統喬莫·甘耶達（Jomo Kenyatta）、迦納總統恩克魯瑪（Nkrumah）的顧問、極有影響力的泛非主義者喬治·帕德莫爾（George Padmore）[81]。

基於兩個原因，毛澤東及其副手似乎比蘇聯人更堅決地推動反帝國主義計畫。首先，毛澤東

---

* 譯註：白修德在中國對日抗戰時期，以《時代》週刊特派記者的身分訪華，並與賈安娜合作寫下《中國驚雷》（*Thunder Out of China*）一書。書中描寫他觀察到的中國現況，並洞悉潛藏在中國內部的問題。他與國民黨及共產黨都有深入的了解和直接接觸，在書中表現出對國民政府的失望並對共產黨的期望，深入探討共產黨的崛起與國民黨的沒落。

擅長創造朗朗上口的口號。一九四六年，他邀請另一個精心挑選的美國人來延安的窯洞共餐：激進記者安娜．路易絲．斯特朗（Anna Louise Strong）。斯特朗接觸蘇聯二十年後，已經對蘇聯失去興致，如今迷上毛澤東與中國共產黨。毛澤東乘機發表了另一句最著名的格言，他斷言道，美國的「反動派都是紙老虎。」[82]他顯然對這個意象很滿意，因為一九五六年和一九五七年，他對一些拉丁美洲人及莫斯科一個共產黨人的國際聚會演講時，以更明確的反殖民措詞，再次提到這個意象：「美洲國家、亞洲非洲國家只有一直同美國吵下去，吵到底，直到風吹雨打把紙老虎打破。[83]」

再者，毛澤東的反帝國主義狂熱也是一種歷史的偶然性。中華人民共和國的建立，適逢二戰後非洲、亞洲、中東的去殖民化在全球掀起熱潮。一九二〇年代，蘇聯推動反帝國大業時，並沒有這樣的背景。儘管印尼的民族主義者早在一九二〇年代與三〇年代便發起強烈的反殖民運動，儘管中國共產黨在歷史上從未像蘇聯那樣，對全球反殖民叛亂做過那麼大的貢獻——光是一九二〇年代，蘇聯每年除了提供軍援與培訓外，還為中國革命提供了數百萬盧布——但歷史的巧合使毛澤東領導下的中華人民共和國得以塑造自身成反帝國主義的全球總部。一九五〇年代，毛澤東領導的中國，透過一九五四年的日內瓦會議（Geneva Conference，協議後殖民時代的柬埔寨、寮國、越南的地位）及一九五五年萬隆會議（Bandung Conference）上的明顯干預，爭取在去殖民化世界中的領導地位。一九六五年，國防部長林彪在全球發表的〈人民戰爭勝利萬歲！〉一文中宣揚毛派革命，該文的發表可說是毛澤東反殖民聲望的巔峰時刻。

毛澤東同志關於建立農村革命根據地、以農村包圍城市的理論，對於今天世界上一切被壓迫民族和被壓迫人民的革命鬥爭，特別是對於亞洲、非洲、拉丁美洲被壓迫民族和被壓迫人民反對帝國主義及其走狗的革命鬥爭，更是突出地具有普遍的現實意義……如果說北美、西歐是「世界的都市」，那麼，亞洲、非洲、拉丁美洲就是「世界的農村」……今天的世界革命，從某種意義上說，也是一種農村包圍城市的形勢[84]。

這種透過「人民戰爭」來反抗殖民主義的方式，為毛澤東及其計畫帶來了全球道德魅力。貫穿整個一九六〇年代，中國國內外的啦啦隊都在宣傳：毛澤東的理論是發動反美帝革命戰爭的關鍵。西德的激進分子甚至自以為是的主張，他們和被壓迫的第三世界站在同一陣線。美國那些反越戰的抗議者稱讚毛澤東是越共獨立抗爭背後的理論天才。印度與拉丁美洲的叛亂分子堅持毛澤東對一九三〇年代中國所做的分析（「半殖民、半封建」），並套用在他們的社會上，也堅持他對政府和人民的不妥協鬥爭態度。

8.「造反有理」

毛澤東花了一年的時間準備文化大革命（一九六六年的夏天），在遠離北京的地方休養生息。他正在策畫共產史上史無前例（且從未重演）的事件：最高領導人對自己的政黨發動攻擊。

從一九六六年到一九七六年他去世為止，毛澤東讓中國共產黨經歷了一波又一波的整肅及蓄意的理論淨化。國際政治——尤其是蘇聯不再鼓吹暴力革命——為他提供了一個全球性的理由。但毛澤東的直接目標是推翻國內那些批評其激進政治與經濟的人：劉少奇、鄧小平等人已逐漸廢除集體化。

在策畫這場對共產黨當權派的攻擊時，他轉向他最喜歡的中國通俗名著之一《西遊記》。《西遊記》是中國古典文學的一大傑作，講述西元七世紀一名唐僧取經的故事。陪伴唐僧去西方取經的是世界文學中最令人難忘的無賴角色之一：精通十八般武藝、武功高強的猴王孫悟空。這部小說為中國的叛逆精神奠定根基，以長達七章的生動開頭，敘述孫悟空藐視人間與天庭的權威，對搗亂有無限的欲望。在玉皇大帝的天府擔任官職後，他偷吃蟠桃，暢飲玉液瓊漿，偷吃仙丹，大鬧天宮，大戰玉皇大帝的人馬，還在佛祖的手上撒尿。毛澤東二十出頭時就是無政府主義者，對他來說，孫悟空極盡破壞的本能是他一生的靈感來源。在他擔任中國最高領導人期間，他多次提到孫悟空。一九六一年，他把一首詩的最後一節獻給了這個無法自拔的麻煩製造者：

金猴奮起千鈞棒，
玉宇澄清萬里埃。
今日歡呼孫大聖，
只緣妖霧又重來。[85]

在文化大革命的初期，毛澤東為了煽動紅衛兵攻擊共產黨的建制派，他又再次提到孫悟空：「各地要多出些孫悟空，大鬧天宮。[86]」紅衛兵馬上在他們的抗議海報上，傳遞他的訊息：「革命者就像孫悟空：他們的金箍棒法力無邊，他們的超能力所向無敵……我們用法力來顛覆舊世界，粉碎它，把它化成灰，製造混沌與大亂，越大越好！[87]」一九六七年，毛澤東重新提出「繼續革命」的理念：對政治體制進行無休止、暴力的改組——文化大革命只是開始[88]。這個概念源自於他對蘇聯的鄙視（一九五〇年代末期開始，他就鄙視蘇聯追求經濟成長更勝於激進革命動盪的作法），同時，他也擔心自己的同志是蘇聯的追隨者（《西遊記》的情節可能助長了這種恐懼，因為書中充斥著吃人的妖怪，那些妖怪往往偽裝成善良的老人、漂亮的年輕女子、可愛的孩子）。

雖然毛澤東對共產黨及軍隊都極其專制，而且在他人生最後的三十年裡，他對共產黨和軍隊都握有權力，但他始終覺得自己是局外人。隨著年齡增長，他日益斷絕他與政黨結構及同志的關係（其實不止斷絕，更努力破壞）。儘管同年代的赫魯雪夫敢於做出毫無政治家風度的行為——在紐約的聯合國大會上揮舞鞋子；在外交宴會上喝得酩酊大醉，公開稱毛澤東是「老套鞋」——毛澤東在驚世駭俗方面仍輕易贏過任何人。他不止一次對私人醫生說：「我念的是綠林大學。*[89]」與外國知名人士交談時，毛澤東一直把自己描繪成永遠的局外人，一個反抗當權派的

---

* 譯註：意指綠林大盜（聚集山林間反抗官府或搶劫財物的集團）。

叛逆者，「無法無天」：「我們其實是少數人……我們不怕批評……我們中國人搏鬥時就像公雞一樣……我們中國人是好戰分子，尤其是我。[90]」毛澤東的好戰性格進而激發他對一場暴力世界革命的渴望。一九六五年，他對蘇聯總理亞歷克賽．柯西金（Aleksei Kosygin）說：「我們贊成以推翻帝國主義及其追隨者為目標的革命戰爭。我們必須創造革命戰爭的局面……確切地說，真相的出現有賴刀刃相向。[91]」在一九七〇年代初期兩次日見詭異的交流中，他鼓吹尼古拉．希奧塞古（Nicolae Ceaușescu）*與當時的日本首相田中角榮跟他的副手周恩來打一架[92]。一九六六年，毛澤東推動文化大革命以攻擊黨和政府當局時，他甚至改變這種世界觀而成國家政策。不過，在他身上，他一輩子都體現這種不顧一切的反叛精神。年輕時，他與父親爭吵；文化大革命期間，他掀起混亂：「炮打司令部……別怕惹麻煩。我們製造的麻煩越大越好。天下大亂，形勢大好。[93]」

世界各地的叛軍及叛亂分子都在學習文革毛主義的激進言論（值得注意的是，執政成熟的共產黨——越南、北韓，當然還有蘇聯——對此感到震驚）。在一九六〇年代末期的抗議活動中，世界各地的叛逆學生模仿文化大革命的政治行為，反抗他們的國家體制。他們複製中文大字報的翻譯版，也寫下他們自己的口號。他們在占領大學的大樓期間，朗誦文化大革命的演講。一九六六年十一月，學生代表戴著毛澤東的徽章，自稱「紅衛兵」，匆匆地去跟西柏林自由大學（Freie Universität）的校長開會[94]。一九六七年，在西柏林社會主義學生會（SDS）的一次會議上，有人在學生後方的黑板上潦草寫下毛派格言：「造反有理。[95]」在文化大革命期間，毛澤東支持

「全球農民」挑戰已開發國家，鼓勵年輕人反抗。這些鼓吹使他在那些叛亂分子與抗議學生的眼中，成了革命的救世主。

毛澤東對反叛的熱愛，也助長了他對「唯意志論」的深切信念：只要你相信你能做某事，你就能完成它，無論有多大的障礙。他的著作與政策中隨處可見這種信念，例如一九二七年至一九四九年，他堅定反抗國民政府的時候；他透過大躍進，動員中國人民日以繼夜地工作，以實現農業與工業成長的「人造衛星目標」——全憑自我信念，只靠熔化鐵鍋、用碎玻璃施肥。世界各地的毛派追隨者——頑固的反叛者，他們都是局外人——熱切地吸收毛澤東傳播的訊息，相信個人只要有膽量或意志力就能成功：「星星之火，可以燎原」；「敢於鬥爭，敢於勝利」；「捨得一身剮，敢把皇帝拉下馬」；「弱國能打敗強國，小國能打敗大國。小國人民只要敢於起來鬥爭，敢於拿起武器，掌握自己國家的命運，就一定能夠戰勝大國的侵略。這是一條歷史規律」。一九六八年以後，挪威的年輕毛派——其中有些人是狂熱的科幻小說讀者——認為，閱讀毛澤東的著作為他們以及他們對國家的反抗帶來超能力。西方世界最強大的毛派運動，就是基於這種信念在一九七〇年代發展起來的。

同樣的，這裡也沒有什麼純粹原創的內容：例如史達林在一九二八年到一九三二年的「大轉變」（Great Break）中，對自己的官僚機構發動攻擊；鼓吹工人反抗老闆也是其整肅運動的一個

---

* 譯註：一九六五年至一九八九年任羅馬尼亞共產黨總書記，一九七四年起出任羅馬尼亞總統，為該國首任總統。

要件。毛澤東與蘇聯的先例不同之處在於，他願意推行這個政策的程度以及時間年表的差異。文化大革命是毛澤東的最後一次運動，因此變成他的政治遺囑。史達林的「大恐怖」之後，接著出現約十五年的「大撤退」，重新鞏固「黨管幹部」（nomenklatura）。而且，毛澤東做事一如既往，幾乎沒有一致性。他迅速結束上海人民公社（那是從文化大革命最初八個月的暴力及混亂中衍生出來的實驗性政治模式），並問道：「如果都改公社，黨怎麼辦呢？黨放在哪裡？……總該有個黨嘛！要有一個核心嘛！不管叫什麼，叫共產黨也好，叫社會民主黨也好，叫國民黨也好，它總得有個黨。[96]」

9.「矛盾論：矛盾的鬥爭是不斷的」

思考毛澤東及其思想時，我們主要面臨的是前後不一的問題。毛澤東是軍人，是位階最高的政治操縱者與中央集權者，是個人崇拜的策畫者，是政黨紀律的沉迷者。他頌揚大規模的反叛，卻一直以局外人自居。他是口頭上的女權主義者，卻接二連三地讓女性懷孕，始亂終棄，對女性構成性虐待，也傳染性病給她們。他有一個朋友從延安時期到他過世以前，都與他私交甚篤。那個好友的妻子回憶起毛澤東時說道：「我真的佩服他，他太聰明了，非常幽默。我很怕他，迴避他。他話不多，他會問你的看法……你問他怎麼想，他不會說的。」這段中肯、一貫的評語，一語道盡毛澤東的善變無常：他的隨性、他的謹慎、他激起的敬畏與恐懼、他的精明操弄。

一九三七年，在延安的滾滾黃塵中，毛澤東針對他最愛的一大主題，發表了一場演講：「矛盾」。他滔滔不絕地闡述其文字及思想，說他花了十五年的時間才加以精簡那些內容，編寫成對《毛澤東選集》來說夠簡潔的形式[97]。當他終於完成時，裡面充斥著用來自抬身價的人名和專有名詞，例如馬克思、恩格斯、列寧、辯證法等。但結論非常簡單——也是毛澤東身體力行的——「事物矛盾的法則，即對立統一的法則，是自然和社會的根本法則……矛盾的鬥爭是不斷的，不管在它們共居的時候，或者在它們互相轉化的時候，都有鬥爭的存在，尤其是在它們互相轉化的時候，鬥爭的表現更為顯著，這又是矛盾的普遍性和絕對性。[98]」馬克思認為，歷史最終會把一切矛盾昇華為綜合、有鐵一般的邏輯、方向和終點。毛澤東則是在矛盾相互作用的分析中，導入並擁抱更大的不穩定性；不同的力量與因素可以在不同的時代和環境中，扮演及交換主導角色。毛澤東有設計政治理論的天賦——那些理論包覆著馬克思主義以為虛飾——他定義混亂的不一致為動力。反覆無常變成一種合理化的教義，是推動毛澤東思想在世界各地傳播的最後一個因素：他告訴那些急於改變的反叛者及顛覆者，不要害怕思想與行動的內部矛盾，那種矛盾正是能量的泉源。毛澤東鞏固他對黨的絕對個人權威後，便發表「群眾路線」策略。他利用大眾對其獨裁形象的崇拜來告訴紅衛兵，造反是對的，並以「持續革命」對抗權威的理論，激勵了世界各地的叛亂分子。

或許正是這種令人困惑又矛盾的多變性，再加上人們只記得毛澤東在政治與軍事上的成功，為那個以他的名字命名的政治路線帶來效力、說服力、流動性。於是，毛主義不明所以的，成了贏家與局內人、輸家與局外人、領導者與弱勢者、絕對統治者、紀律嚴明的龐大官僚、受壓迫大眾的信條。克里斯多夫・布塞耶（Christophe Bourseiller）是研究毛主義傳到歐洲的權威，毛主義的矛盾及紛亂無序令他忍不住大嘆：「毛主義根本不存在，而且從來沒存在過，這無疑就是其成功的原因。[99]」

二、紅星——樣板革命

一九三六年夏夜，可見兩個人在中國西北部某個黃土峭壁的窯洞裡交談，其一是中國人，另一是美國人。那個美國人身型清瘦，頂著黑髮，蓄著鬍子，坐在凳子上。那個中國人則是高個兒，略顯憔悴，頂著蓬亂的黑髮，看來心情愉悅，懶洋洋地躺在磚床上，偶爾脫下褲子以求一時的涼快，或抓褲襠裡的蝨子[1]。

對那個中國人——毛澤東——來說，恰如其分地展現自我，事關重大。時年四十四歲的毛澤東才剛在中國共產黨取得權力較高的職位，但依然面臨諸多對手的挑戰，其所掌握的軍隊人馬比他多，也比他更熟悉馬克思主義的經典之作。當時共產黨在中國西北部，面臨著遭到國民政府殲滅的危機。蔣介石正準備發動最後一次進攻以消滅毛澤東及其黨羽之際，其部下正在延安周圍築軍事封鎖線。那年秋天，蔣介石自信地對他的軍隊說：「共黨餘孽已被包圍在少數邊區，要殲滅並不困難。現在，共產主義對中國不再是真正的威脅了。[2]」遭到軍事封鎖後，新聞封鎖也隨之而來：共產黨動態資訊已經連續數月無法突破國民黨審查，傳到外界。國民黨利用這個真空狀態到處散布謠言，聲稱共產黨領袖在一九三四年至一九三五年的「長征」途中已經遇害。

因此，這個美國人的到訪，為毛澤東提供了一個向外界發表談話的重要機會。該男子正是愛德加．史諾，來自堪薩斯城的年輕記者，充滿雄心抱負，正在尋找獨家新聞，以確立自己的名聲，同時創造個人財富。史諾是和善的外國人，不是共產主義者，有擴及中國海內外的媒體影響力。他是地下共產黨精心挑選的完美代言人，以便把毛澤東的故事傳播到共產基地之外，吸引更多人的青睞。因此，毛澤東努力營造平易近人的形象，多次接受史諾的私下專訪，而且多數專訪持續到深夜[3]。

毛澤東那副漫不經心的樣子，可能會讓人誤以為他不在意。實際上，每次訪談都不容許出任何差錯。史諾每一次和毛澤東進行訪談，都有另一名中國人在場，為兩人口譯，以確定史諾記下毛澤東故事的正確版本。史諾一完成英文的談話紀錄，那些書面資料會再翻譯成中文，由毛澤東檢查並修改，然後再譯回英文[4]。史諾從西北地方帶走的兩萬字訪談內容，無不經過這道編輯程序。關於中國共產黨針對史諾訪問所做的具體規畫及回應，相關細節如今仍深鎖在北京市中心的中共中央檔案館中，外人無法取得細節，除了該黨最信任的黨務人員以外，其他人都不得進入。但我們可以從史諾抵達共產黨總部之前，毛澤東為這次訪問提出的四條簡明指示，約略猜到毛澤東展現平易近人的形象背後，其實有著相當嚴密的準備：「安全、保密、熱鬧、隆重」[5]。

這些煞費苦心的事前安排可說是相當值得。翌年，對毛澤東深為敬佩的史諾費心編輯了他對共產黨的想法以及對其領導人的採訪內容，並完成《紅星照耀中國》，書中把毛澤東及其黨羽描寫成充滿理想的愛國人士，是有幽默感又主張平等的民主愛好者。史諾宣稱，毛澤東的目標是「喚醒數百萬人民的人權意識，對抗儒道兩教的膽小怕事、消極無為、靜止不變的思想，教育他們，說服他們……為正義、平等、自由、有尊嚴的生活而奮鬥」[6]。該書出版後，意外成為暢銷書。光是在英國，短短幾週的銷量就突破十萬冊，而且廣受好評。在書寫中國方面，賽珍珠（Pearl S. Buck）可能是當時美國最具影響力的作家，她說那本書「非常值得一讀……精采……每一頁都很重要」[7]。哈佛大學現代中國研究的開創者費正清（John K.Fairbank）後來評論，該書是「現代中國史上的一件大事」[8]。《紅星照耀中國》的熱賣，使史諾變成中國政治的權威。五年後，羅斯福總統制定對華政策時，甚至徵詢了他的意見。一九四〇年代中期，美國國務院一名官員因全盤接受史諾所描述的毛主義，而向共產黨的支持者洩露蔣介石的作戰計畫。

但《紅星照耀中國》的影響不僅於此。譯成中文後，說服了中國海內外大批受過教育的年輕自由派和愛國者，他們因此放棄都市的資產階級，長途跋涉到西北地方去協助毛澤東革命，擔任組織者、管理者、宣傳者。該書的中文譯者兼編輯是才華洋溢的年輕語言學家，名叫胡愈之，二戰期間被派到東南亞擔任中共的臥底特務。在那裡，馬來亞共產黨的未來領導人讀了那本書。在馬來亞緊急狀態的十二年間——約八千名馬來亞和英國士兵及平民喪生——在當地共產黨的訓練營中就找出數百本《紅星照耀中國》[9]。史諾描寫的中國游擊戰，變成俄羅斯反納粹的游擊隊、菲律賓的虎克軍（Huk guerrillas）*、印度的反英革命者所拜讀的指導手冊[10]。毛澤東與史諾的

* 譯註：抗日人民軍，簡稱虎克軍，是呂宋島中部農民組成的共產主義游擊運動的軍隊。

關係，是第一個凸顯出國際因素對毛澤東的政治願景有多麼重要的典型例子。後來，只要時機一到，毛澤東便持續利用兩人的關係以獲得國際的關注，直到史諾六十七歲死於胰臟癌為止。

史諾是這部全球毛主義歷史的第一個要角，因為沒有他的話，中國海內外對毛澤東的崇拜都難以成形。《紅星照耀中國》擁有跨越時空、難以衡量的影響力，被譽為二十世紀美國最卓越的新聞報導之一，創造出一個名義上的領袖（毛澤東），中國的共產運動及毛澤東周圍的眾多原則及追隨者因此變得人性化。史諾在塑造毛主義的過程中所扮演的要角，從一開始就凸顯出這個教義有跨越邊界的特質，即便一般普遍咸認為，毛主義是最中國化、最鄉土化的政治宗教。史諾闡明了中國共產黨自早期便是處理國際公關的天才，也說明了毛澤東的思想及形象如何跨越領土、語言、階級，傳播到世界各地，吸引國際的支持者。史諾在這個過程中所扮演的角色，預示了毛澤東及其副手從一九三〇年代至今如何建立並操弄國際的支持網絡——那些網絡改變了中國內戰和冷戰的進程，也影響了毛澤東自己的政治思想與實踐。

想要了解一個來自密蘇里州的前兄弟會成員為什麼會變成毛派信條的國際傳播媒介，我們必須先遠離中國西北部那片貧窮的沙塵暴地區，來到一九三〇年代上海和北京的上流社會。

在史諾的成長背景中，幾乎沒有跡象顯示，他將在一場改變世界的革命運動中（例如毛主義）扮演重要的角色。反之，他成長於美國的中西部，是個隨遇而安的孩子，對當權派充滿信心。在麥卡錫主義*導致他在美國的職涯難以持續以前，他一直受到好運的眷顧及普遍的認可。

小時候，他是鷹級童軍†；大學時，他是兄弟會會長。他個性和善，外貌俊俏——五官精緻，深色鬈髮，笑臉迎人。二十出頭時，他和哥哥霍華德一起搬到紐約，展開廣告業的職涯。史諾後來回憶道：「我去紐約最重要的企圖，是想在三十歲以前賺十萬美元。」這樣一來，他就有閒暇「撰寫我覺得整個文學界都在等待的傑作」[11]。一兩年後，他決定在成家立業以前，先去環遊世界，順利轉換跑道至新聞業。在抵達夏威夷後，他設法賣掉一篇旅遊文章，以資助他在當地的假期。接著，他偷偷躲進一艘郵輪，偷渡到日本。他以愉悅的筆觸寫了一篇文章，描述那次偷渡的始末。那篇文章賣得很好，卻害了那個沒把他揪出來的船艙服務員：他慘遭航運公司解雇，後來淪為乞丐[12]。

一九二八年，史諾抵達上海，從此在中國待了十三年。他從一家地方報紙的廣告主管開始做起，後來變成完全獲得認可的駐外記者，有機會搭中國的火車四處旅遊，接觸新國民政府的高官顯要，包括總司令兼總統蔣介石。他開心地寫信給身在美國的霍華德：「你的小弟進入遠東新聞業，萬歲，萬萬歲！」在一九三〇年代的上海，奢侈品對身上僅有點小錢的美國人來說，便宜得離譜。他在寫給母親的信中提到：「在這裡，只要花一丁點錢，就可以過得非常舒服。比方說，

* 譯註：一九五〇年代，美國共和黨參議員麥卡錫認為，共產黨滲透了美國政府的一些部門及其他機構。為了阻止國家遭到顛覆，他用大規模的宣傳和指控，製造許多調查和聽證去揭發這些滲透。遭到指控者往往被列入黑名單或失去工作。

† 譯註：美國童軍中的最高成就。

雇用一台日夜待命的人力車，每個月只要花二十四元，折合十二美元……這就是東方的魅力。」他雇用了一名出色的私人廚師兼雜工，每個月僅需十元，是紐約花費的十分之一[13]。

然而，史諾依舊感到焦躁不安，他放棄了傳統的功成名就之路（他渴望在紐約的公司裡升任合夥人，早點結婚、生子），從事不穩定的自由撰稿工作，而且還離鄉背井，遠在半個地球之外。在中國，經常有人聘請他從事體面的辦公室工作，諸如編輯、廣告總監、領事員。但為了旅行與寫作的自由，他婉謝了一切邀約。一九三〇年，他抵達上海不久，寫了一篇尖銳的文章，諷刺上海那些關在商埠裡得意洋洋的外派人士，那篇文章惹毛了許多跟他一樣旅居上海的老外。上海的西方人大多生活富足，天天錦衣玉食，華服美饌，但是對現實中國的了解很少。相反的，史諾在中國各地旅行時，目睹的貧困與饑荒令他震驚不已。儘管每次走訪中國的荒野後，他都很樂於回到上海以享受文明（極需刮鬍刀、咖啡與牛奶），但在一九三〇年代初期，他渴望的不單只是上海那片外國享有特權的世界。幸運的是，向他介紹「真實中國」的理想中介者，就住在他家附近：宋慶齡，她是中國共產黨最迷人聰慧的同路人。

宋慶齡是個結合特權和堅毅的奇妙組合，她是宋嘉澍的女兒。宋嘉澍曾是美南監理公會（如今的衛理公會）的牧師，後來成為上海的買辦商人，為上海那些極需物資的西方外商供應物資，因而得以致富。宋慶齡拜父親擁有過人的世界觀所賜，享有特別富足又自由的童年，即使是當代同樣出生富貴世家的中國女子，也罕見有這樣的機會。宋嘉澍與眾不同之處在於，他決心讓女兒像兒子一樣接受良好的教育。宋慶齡最初是就讀上海最好的外國教會學校，之後赴美國留學，就讀喬治亞州的衛斯理安學院（Wesleyan College）。她與兩姊妹（宋靄齡和宋美玲）因此成為第一批赴美留學的中國女孩。宋氏三姊妹從小就被灌輸權利意識，享有特殊待遇，但也學會獨立與自立自強。她們刻意從記憶中抹除思鄉的情緒，回憶中只有在美國求學的成就及樂趣：三姊妹不僅以最優異的成績畢業，也積極參與午夜派對及學生新聞等課外活動。宋慶玲曾以熱切的筆觸，撰文呼籲中國需要改革（「幾百年來，中國政治一直充斥著裙帶關係與不實。」）。她的妹妹宋美齡（後來嫁給蔣介石）求學期間曾在校內發行一份通訊刊物，刊物的獲利全花在冰淇淋和鹹酥花生上[14]。

一九一三年，民國革命結束一年後，宋慶齡回到亞洲，那場革命結束了約兩千年的王朝歷史。宋家在多方面都成了革命中的貴族。宋嘉澍是革命領袖孫中山的長期支持者。一八九五年至一九一一年，孫中山在漫長又艱辛的政治流放期間，起義一再失敗，但過程中宋嘉澍始終是孫中山的支持者兼秘書：他傾家捐輸鉅款，贊助孫中山的革命組織；為起義者主持午夜會議。一九一二年革命成功並建立民國後，宋慶齡成為孫中山的私人祕書，結果如老生常談。兩人墜入愛河，女方家長拒絕女兒嫁給孫中山（比宋慶齡大二十六歲）。宋慶齡靠著同情她的女傭為她擺放的梯子，逃出房間，到東京與愛人私奔。當時孫中山與同鄉的女子已婚近三十年，元配為他生下一子二女。為了與宋慶齡結婚，他草草辦了離婚，並在宋慶齡抵達日本的翌日和她結婚。

這樁婚姻使宋慶齡成為關鍵的政治人物。一九二五年孫中山死於癌症之前，她一直致力協助他的理念，擔任他的譯者兼祕書，孜孜不倦地支持他。她在躲避暗殺孫中山的叛變時，不幸流產。守寡後，她仍致力捍衛孫中山的遺志。一九二五年至一九二七年那兩年間，自詡為孫中山繼任者的蔣介石與中國共產黨組成革命聯盟，所以宋慶齡與蔣介石共事了兩年。一九二七年初，蔣介石冷血地清除黨內的中國共產黨之後（所謂的「清黨」），她明顯的左傾，隨後出走莫斯科一年。一九二八年她從莫斯科返回中國後，便傾注一切心力與才能——運用她的世界觀、魅力、美貌、堅不可摧的政治地位（她是蔣介石不敢恫嚇的少數左派人物之一，蔣介石要是敢動宋慶齡、宋美齡這令人疼愛的妹妹一根汗毛，那無疑是自討苦吃）——來美化共產主義的形象。宋慶齡可說是共產黨的活廣告，為共產黨吸引了許多才貌過人的人才，但她本身也善於招募才俊。當時共產黨的發展急需受過良好教育的中國人，她一再把這類人才介紹給共產黨。而且，她始終放眼國際，聚焦在易受到影響且可以發揮實質幫助的外國人上，史諾便是她發掘的最佳傳聲筒之一，另一人是李敦白（Sidney Rittenberg）。李敦白曾是美國大兵，一九四九年後在中國待了三十年。他在中國負責策畫中國的英語宣傳廣播，並翻譯毛澤東的作品。不過，在中國期間，他曾兩度遭到單獨監禁（分別是六年、十年），兩次都是毛澤東下令的。至今，他在國際上仍是深具影響力的中國宣導者*。

史諾第一次見到宋慶齡是一九三二年，報社派他去專訪她。當時宋慶齡年近四十歲，但依然維持二十出頭女性的身材及膚質，智識與社交方面都處於巔峰狀態。宋慶齡年輕時極其害羞，但嫁給孫中山後，她在後續的十年間培養出落落大方的社交自信。儘管她支持共產主義，她依然充滿國際觀，熱愛生活中的種種樂趣：位於上海租界的房子她打理得一塵不染，以油畫、卷軸、鮮花來妝點居家。直到一九四九年，基於政治不正確，否則她偏好用英語溝通，甚至跟中國友人也是如此。她收藏大量的唱片（特別喜歡歐洲歌劇），也常主辦舞會。她喜歡大家叫她蘇西（Suzy，學校同學幫她取的小名），而不是慶齡或是令人敬畏的「孫夫人」。她舉辦的午宴及晚宴上，常聚集一些中國的知識分子、訪中的外國名人、傳說中著名的左派支持者。一張一九三三年的照片就是拍攝這樣的餐宴，照片中可以看出她是長袖善舞的女主人。作家魯迅（中國現代主義的開創者）、林語堂（數十年來翻譯中國文學並引介至西方的知名文人）、教育家蔡元培（中國第一所現代大學「北大」的校長；一九一〇年代中國文化復興「新文化運動」的倡導者）、路過上海的蕭伯納（George Bernard Shaw）、左傾的美國記者伊羅生（Harold Isaacs）、放蕩不羈又激進的美國小說家兼共產主義的特務艾格尼絲．史沫特萊（Agnes Smedley）等人，都是她的座上賓。史沫特萊後來在宋慶齡的影響下，前往毛澤東統治地，成為致力為中共作傳的作家。紐西蘭的教育家路威．艾黎（Luwi Alley）隨後在一九四九年成為最積極對外宣傳毛派中國的外國人之一[15]，也在和宋慶齡會面不久，便答應在住處裝設一祕密無線電接收器，由此，宋慶齡便可在必要時與毛澤東的中央委員會聯繫。然而，在溫文儒雅的背後，宋慶齡格外剛強，有些人甚至聲稱，她是遭到收買的共產國際間諜。

＊譯註：二〇一九年八月二十四日過世，享年九十八歲。

史諾與宋慶齡第一次見面，是在上海公共租界最熱門的餐廳沙利文（Chocolate Shop），位在靜安寺路（今南京西路）八八三號，是外籍人士喜歡聚集的地方。他們一開始只是共進午餐，但後來史諾對她越來越感興趣，他們又繼續享用下午茶，一直聊到晚餐時間。史諾欣賞她的「謙虛」、「良知」、「道德與勇氣」、「痛恨虛偽」、「年輕貌美」[16]。史諾在寫給妹妹的信中總結，宋慶齡是個「性格開朗……非凡的女人，充滿熱情，非常真誠，才智出眾，痛恨欺騙與虛偽，但是像甘地一樣寬仁大度」[17]。她是理想主義者，也很風趣，刻意拿蔣介石的頭銜「軍事委員會委員長」（Generalissimo）開玩笑，發音成Gen-eral-issssimo。她致力改善中國，但也對中國所有的政治角色充滿懷疑。她說：「除了孫中山先生以外，我從來不信任中國的任何政客……我對毛澤東的不信任比其他人少一些。[18]」她以一種母性的光輝吸引著史諾——兩年前，他的母親過世——而宋慶齡後來就像他的乾媽兼政治導師。一九三二年，史諾決定娶美麗又充滿抱負的美國女子海倫．福斯特（Helen Foster）時，宋慶齡是第一個知道消息的人。她像家長那樣，為他們舉辦了一場婚宴，送他們一台銀色的美國咖啡濾壺（他們始終不懂怎麼使用那台機器）。史諾回憶道，宋慶齡告訴他有關「國民黨、孫中山及其未竟夢想的一切……還有許多我從書本上永遠學不到的事實」。在接下來那幾年，「她介紹我認識一些即將創造歷史的年輕作家、藝術家以及鬥士。[19]」這些人脈中，有些人與毛澤東有直接的關係。

換句話說，宋慶齡是中國共產黨的一大資產：不止對其內部發展很重要，對外部亦復如是。為了維持她作為同路人的價值，中國共產黨直到她臨終前才允許她入黨，有如一種終極的臨終祝禱。她擅長塑造自己成一個人道又客觀的民主人士，讓深受其魅力吸引的人相信，她支持的政治理念——中國共產黨——肯定也支持同樣的目標。事實上，她並不是走那種中立又無私的路線。儘管她告訴史諾，她不信任所有的政客，包括毛澤東，但在一九三七年，她已經暗中成為毛澤東革命的利害關係人，自掏腰包贊助毛澤東五萬美元——換算成現今的幣值，將近七十五萬美元。[20]

一九三三年，史諾自峇里島等地度完蜜月之後，從上海搬到北京，展開他的婚後生活。這對新婚夫婦抵達北京時，生活依然時髦雅緻——即使美國正經歷經濟大蕭條後最糟的那幾年，他們在北京依然過著中產階級那種放蕩不羈的奢侈生活。他們租下一處小三合院（有房間供三個傭人住宿，每個月的雇傭總開支是四十元），配有「正宗的紅色宅門、月門、高聳的院牆……小院子裡鮮花盛開，果樹也開花了」[21]。海倫結識了達科他州一家名牌服飾及珠寶店的老闆海倫・伯頓（Helen Burton），她為伯頓的皮草、舞會禮服、珠寶當兼職的模特兒，藉此滿足她對奢侈品的渴望。她隨著維也納的曲子在北京的舞廳裡翩然起舞（「每次我出現，現場的管弦樂隊都會演奏華爾滋。」），以吸引那些豔羨的旁觀者訂購類似的禮服。她忍不住也買了幾件衣服：一件豹皮大衣、一件精緻的貂皮披肩。後來她遺憾地回憶道，一九三〇年代的北京，兩個最出色的華爾滋舞者（碰巧也是最帥的）分別是義大利的法西斯主義者及貴族納粹。海倫別無選擇，只能暫時拋開政治原則：「維也納華爾滋的旋律一響起，就搭起了一座非關政治的橋梁。我們在音樂結束以前，維持默默休戰的狀態。[22]」史諾夫婦的愛犬是一隻白色的格力犬，名叫戈壁（Gobi），那是瑞典的探險家斯文・赫定（Sven Hedin）送給他們的禮物。赫定也是納粹支持者，而史諾本身的政治主張無疑是反納粹、反法西斯的。為了進一步消遣，這對夫婦也買了一匹「英挺的蒙古賽馬」，成為北京賽馬會上的常客。社交茶會、晚宴、馬球活動填滿了剩餘的所有時間。當北京變得太熱或塵土飛揚時，史諾夫婦便利用週末前往較為涼爽的西部山區，造訪寺廟（如今這些地方仍是喜愛香檳的外籍人士週末野餐的首選）。

與此同時，史諾夫婦也冒險涉足左派政治（他們有時以賽馬贏得的獎金來資助那些活動）：他們的小三合院變成激進的藝術家及鄰近的燕京大學（史諾在此教授新聞學）示威學生的避風港。史諾夫婦並不知道，其中幾名學生其實是有黨證的共產黨人，他們讓史諾夫婦以為，身為美國人的自己，是在支持一九三五年末的愛國學生抗議熱潮。其中一個神祕人士是二十五歲的黨員俞啟威，他於一九三六年離開北京，一身Edgar品牌量身訂製的英式花呢西裝——據說這樣的裝扮是為了避免引起關注，但這說法頗為可疑——在中國的東北繼續從事地下工作[24]。俞啟威對中國共產革命有意想不到的長期影響，他的第一任妻子是圖書館員李雲鶴。兩人結婚一兩年後就離異了，但李雲鶴多多少少受到俞啟威*的影響，之後也搬到共產黨所在的西北地方。不過，在前往延安之前，她曾在上海短暫加入演藝圈，擔任B級電影的女演員，藝名是藍蘋。到了延安，她再次改名為江青，成為毛澤東名義上第四任、也是最後一任妻子。一九六六年，她為毛澤東發動最後一次大整肅：文化大革命。

史諾表示他很想造訪中國西北部共產黨的新基地時，俞啟威與宋慶齡便開始幫他實現這個目標。正好，毛澤東早些時候才向上海的黨部發出一份請求，希望他們派一名外國私人醫生及友好的記者協助進行國際公關的任務。一九三六年五月初，史諾造訪上海時，宋慶齡指派他填補第二個空缺，黎巴嫩裔的美國醫生馬海德（George Hatem）將會跟他一起去延安[25]。東北地區共產黨的地下領導劉少奇是俞啟威的直屬上級，他立即批准了兩人的行程，而劉少奇也將在一九四〇年代初期成為毛澤東的副手，並在創造毛澤東個人崇拜的過程中扮演核心要角。一名北京的教授（也是共產黨的祕密特務）提供史諾前往西北地區的通行證：一封以隱形墨水寫給毛澤東的介紹信[26]。

六月十五日，史諾因在最後一刻打了幾針預防針而發燒不止——天花、傷寒、斑疹傷寒、霍亂等——他拖著發燙的身子，暫時揮別了舒適的北京生活，前往西北地方冒險。海倫如此描述那次令人雀躍的告別：

> 愛德加撫摸著蹦蹦跳跳的小狗……我們的蒙古長工小陳把行李放上第三輛人力車，戈壁一如既往和我一起坐在座位上……我們差點就錯過了開往西安的火車。愛德加上車時，我在他的口袋裡放了鼻腔保護油。他站在台階上，咧嘴而笑，像凱撒慶祝勝利一樣，並敬禮喊道：「希特勒萬歲！」[27]

---

* 編註：後改名為黃敬，為中國共產黨高層領導人之一。

史諾離開後，幾乎音訊全無，直到九月海倫才收到他從共產黨基地寄來的家書，請她寄牛奶巧克力、咖啡、《讀者文摘》給他。一個月後，史諾出現在家門口，興高采烈地說：「嗨，別來無恙*？[28]」

《紅星照耀中國》的成功該如何解釋呢？首先，那是一個經典的冒險故事，從兩個層面展開：史諾冒險深入共產黨的基地，以及中國共產黨為了求生而奮戰的故事。不過，其巧妙之處，遠不止於此。中國共產黨在這故事中，變得人性化，並為那些遙遠的革命分子冠上英美讀者熟悉的特徵：幽默、坦率、平易近人、政治才能、愛國精神[29]。

整本書都是精采的獨家新聞，史諾是首位獲得此等級採訪權限的記者（不分中外記者都是第一人），而且採訪的是二十世紀亞洲最重大的主題：中國共產國家。他在該書一開頭便提到自己大膽冒險的行為：「在一個新聞像義大利或德國那樣受到嚴格監管的國家，經年累月的反共宣傳是如此的強大，我們可能找不到比紅色中國更神祕的國度，也找不到比紅色中國更令人困惑的磅礴史詩了……新聞封鎖如銅牆鐵壁般嚴密，使當地與世隔絕，比西藏還難以進入。[30]」他對一名編輯說，「我不知道，在現代新聞史上是否有其他地方發生過類似的事情，因為這種情況極不尋常，幾乎不可能找到類似的情況。[31]」

光是去程就充滿了刺激與危險，史諾必須先穿越國民黨政府的種種不法不義，才能報導「真正的」紅色中國。此外，通過共黨特務網的過程更是一段戲劇性的驚險過程——可笑的自我意識更是平添了危機感——加劇了行程的危險。在中共組織最強的上海，黨的地下活動特別殘暴：中共的暗殺小組「紅隊」（有時稱為「打狗隊」）謀殺了數十名「叛徒」，並把他們埋在上海住宅區一片宜人的草地下[32]。不過，史諾遇到的那些共產黨人士相對活潑，也比較有國際觀。史諾是從西安出發，再前往共產地區。在西安，他的聯絡人是王牧師。五短身材的他，是個共產神學家，曾就讀上海的聖約翰大學（中國名校之一，以英語授課）。他們兩人相認的方式，是拿出一張寫有英語詩句的卡片，湊在一起，便是一首完整的詩。接著，史諾遇到老愛戴著高爾夫球帽的地下特務劉丁（他說：「叫我查理斯就好了」）。後來，史諾去參觀一些古老廢墟時，一個扮成國民黨官員的人對他糾纏不休，不斷說：「瞧瞧我！瞧瞧我！」他得意地笑，對史諾眨了眨眼，後來才透露他是共產黨祕密警察的頭子鄧發——有人懸賞五萬美元要他的人頭。鄧發「高興得跳了起來……他按捺不住自己……一再地擁抱我」，他還問史諾要不要他的照片、馬匹、日記。史諾不禁內心驚呼：「真是個意想不到的中國人！意想不到的赤匪！[33]」（鄧發在中共的圈子裡，因一九三〇年發起中共的第一次內部血腥整肅而惡名昭彰。在那場整肅中，數千人被指控為「反布爾什維克分子」並遭到虐待，至少有數百人遭到處決。）

---

* 譯註：原文「Mrs. Livingstone, I presume?」是模仿「Dr. Livingstone, I presume?」。英裔美國記者兼探險家亨利．莫頓．史坦利（Henry Morton Stanley）遠征中非，去尋找英國傳教士大衛．李文斯頓（David Livingstone）。當他終於找到李文斯頓時，就是講出這句話：「我想，你就是李文斯頓醫生吧？」後來這句話變成幽默的問候語。

當地的風景也增添了史諾的冒險感，他說地景的詭異有如月球表面，「這在景色上造成了變化無窮的奇特、森嚴景象——有的山丘像巨大的城堡，有的像成隊的猛獁象，有的像渾圓的大饅頭，有的像巨手撕裂的崗巒，上面還留著粗暴的指痕。那些奇形怪狀、不可思議、有時甚至嚇人的景象，彷彿是個瘋神揑造出來的世界，但有時又覺得那是個超現實的奇美世界。[34]」政治上與地理上，史諾都感受到如同第一批太空人的興奮之情。

旅居共產地區的四個月裡，史諾顯然可以自由地接觸領導層、一般成員以及相關檔案。最先令他著迷的是毛澤東的副手周恩來（他的英語還不錯）：「一個純粹的知識分子……是個書生出身的造反者。」史諾也提到周恩來近乎女性化的俊秀樣貌，說他「身材苗條，像個女孩」，「又大又深邃的眼睛，充滿了熱情」，而他說話溫和，給人「頭腦冷靜，善於分析推理，講究實際經驗」的印象，毫無政治狂熱感。共產黨的最高將領之一彭德懷（之後負責中國對韓戰的干預，一九五〇年代因批評引發饑荒的大躍進而遭到整肅，並在文革期間遭虐待致死）「是個樂天愛笑的人，身體非常健康」，很喜歡小孩。另一名將軍朱德「乒乓球打得好，也愛打籃球」。史諾為教育委員徐特立取了「聖誕老人」的綽號[35]。史諾覺得，階級較低的人「都很棒……我不曾在中國兒童的身上看到這種自信……他們開朗愉悅、精神飽滿，忠心耿耿，那是一種令人驚訝的青年運動所展現的蓬勃精神。[36]」他們紀律嚴明（史諾估計，一半以上的紅軍是童男），吃苦耐勞、自制自律、自給自足（史諾提到，當地只有少數幾枝俄國制的步槍，而且那些步槍都是一九一七年革命時期留下來的）[37]，深受當地的非共產黨人所喜愛。彭德懷說：「戰術固然重要，但是如果人民大多不支持我們，我們就無法生存，我們只不過是人民打擊壓迫者的拳頭！[38]」他們告訴史諾，紅軍「是革命的軍隊……是抗日的……幫助農民……我們在這裡人人平等……白軍（國民黨）把士兵當成奴隸看待。[39]」這些非正式但律己甚嚴的愛國者，為自由、平等、自主權而奮鬥，就像美國夢的中國化身。

史諾這本書的核心，是對毛澤東本人的描寫。那也是未來毛派運動中，生平敘事的主要來源：他筆下的毛澤東看來一派輕鬆，平易近人（儘管蔣介石懸賞二十五萬銀元，不論死活都要緝拿到他），也很莊嚴：

他是個面容瘦削、貌似林肯的人物，看起來是個非常精明的知識分子……不可否認，你會覺得他身上有一種天命的力量……一種實實在在的根本活力……但他們沒有在他身上塑造英雄崇拜那一套。我沒碰過一個中國共產黨人開口閉口老是說「我們的偉大領袖」……他有中國農民質樸純真的性格，頗有幽默感，喜歡哈哈大笑……然而，毛澤東精通中國經典，學識淵博，飽覽群書，對哲學與歷史都有深入的研究。他擅長演講，記憶力與專注力異乎常人，精通寫作，不在乎個人習慣，不修邊幅，但是對職責的細節一絲不苟，精力過人，孜孜不倦，是個天賦過人的軍事與政治策略家……你會覺得這個人的身上無論有什麼不同凡響的特質，都是因為他深刻洞察了千百萬的中國民眾，尤其是農民的迫切需求，並竭力為他們發聲……如果這些迫切需求以及推動他們前進的運動是可以復興中國的動力，那麼，

> 從這個深刻的歷史意義上來看，毛澤東也許可能成為一位非常偉大的人物。[40]

史諾覺得毛澤東毫無暴戾之氣——只有理性、深思熟慮的紀律：「對他來說，階級仇恨大概是其哲理中的一種機制，而不是本能的衝動……毛澤東給我的印象是一個情感豐富的人。我記得有一兩次，他講到死去的同志，或憶起年少時期家鄉湖南因饑荒而引發暴動時，他的眼眶濕了。在那次暴動中，饑餓的農民到衙門要求開倉放糧，卻慘遭砍頭。[41]」他們告訴史諾：「我們不殺俘虜的民團*。我們教育他們，給他們悔過的機會。[42]」史諾更是細心地提醒讀者，毛氏夫婦剛生下一個女嬰，他唯一的奢侈品是一頂蚊帳。他幾乎不在乎吃什麼，只要裡面有辣椒就好。他也不在乎穿著，褲子上滿是香菸燒灼的痕跡。

在《紅星照耀中國》中，史諾似乎相信毛澤東說的每句話。「他絲毫沒有妄自尊大……個性真摯、誠實，坦率。[43]」連續幾個夜晚，史諾蹲坐在毛澤東窯洞裡的凳子上，逐字寫下他的故事：他對教育的渴望，他迷人的叛逆精神，他對健身的熱愛，他為馬克思主義所做的創意貢獻（肯定農民是一股革命的力量）。毛澤東把自己描述成激情的愛國者（「中國人民今天面對的根本問題，是反抗日本帝國主義」）及富有同情心的國際主義者（「如果中國真正贏得了獨立，外國人在中國的合法貿易將比以往享有更多的機會」）[44]。毛澤東針對中國與中國共產黨的近代史，為史諾提出一套簡潔的目的論：中間經歷了一九一一年的辛亥革命、一九一九年的五四運動、一九二一年的共產黨成立、一九二七年的白色恐怖、一九二〇年代末期共產基地的建立，以及驚心動魄的長征——包括最著名的勇渡四川大渡河，一名紅軍勇士爬過一座鐵鏈橋，拉開手榴彈，精準地丟向敵軍，擊退了敵人，其餘的部隊因而得以安全上岸。史諾以第三人稱敘事重新講述毛澤東的故事，結合了歷史的權威性及小說的色彩。「四川人大概從未見過這樣的戰士——這些人當兵不只是為了混碗飯吃，他們隨時都準備好為了革命而犧牲性命！……突然間，他們在南岸的同志開始興高采烈地高呼：『紅軍萬歲！革命萬歲！大渡河的三十名英雄萬歲！』原來白軍已經倉皇撤退！」[45]近十年的口述歷史發展，讓人對毛澤東／史諾描述的英勇故事產生了懷疑。但數十年來，這段故事透過英文和中文的敘述，長征成為共產黨戰勝逆境的空前勝利。在史諾最後的生花妙筆之下，毛澤東成了知識分子兼詩人：「他是一個既能領導遠征，又能寫詩的叛逆者。」史諾不禁反問：「這樣的人會真的想要作戰嗎？」藉此暗指毛澤東的身上看不出任何想要發展無情極權主義的跡象[46]。

在毛澤東及其同志的巧妙引導下，史諾筆下的中共，成為遭到迫害的無辜者、令人同情的弱勢者：他們先是愛國者，接著才是共產黨人；願意、也有能力對抗日本人，只是受到國民黨的壓迫。旅居西北地方的整個過程中，史諾沒遇到任何不友善的人：無論走到哪裡，大家都是「面帶微笑」、「眼神親切」地歡迎他。共產地區可說是最完美和諧的社群：居民翩然跳舞、表演戲曲、唱歌，有時還會唱一些滑稽的小調，例如有關革命的〈紅辣椒〉，「他們展現的任何紀律，

＊　譯註：民團是國民黨為了鎮壓農民起義所組織的團體，是由地主及鄉紳負責挑選、組織、指揮的。

似乎都是自動自發的」。他唯一聽到的抱怨，是來自一名共產黨工程師，他抱怨當地產業的工人「花在唱歌上的時間實在太多了！」史諾不禁想到：「我置身在紅軍之中，常有一種異樣的感覺。彷彿我身處在一群學生之間，他們因為奇怪的歷史造化，置身在暴力的生活中，覺得這種生活遠比踢足球、教科書、談戀愛，或其他國家的青少年所關切的事情還要重要……他們真誠且迫切的宣傳目標，始終是為了震撼共喚醒中國農村的億萬民眾，使他們意識到自己的社會責任。」[47]多虧了共產黨人帶來教育、電力、退稅，農民如今「在沉睡兩千年後，終於覺醒，並且逐漸站了起來」[48]。史諾想在延安看到毛澤東領導的全新中國，他也確實看到了。

一項分析說得好，毛澤東原本是一個令人難以捉摸的共產主義者。但是經過史諾的粉飾後，他頓時顯得「人性化」又「超凡脫俗」，可說是領導崇拜的理想跳板[49]。史諾似乎有點迷戀毛澤東，從他在信中為毛澤東取的一些暱稱即可見得：Maussy、Mausie、Mauzzie（海倫則是把他女性化成Maizie）[50]。最後，史諾總結道：「我的生活像在度假一樣，平時騎馬，游泳，打網球。」他形容那些跟他一起打球的政委「有趣、討喜、帥氣」，綿羊與山羊把草地球場的草啃得短短的。夜幕降臨時，他會教政治局的人和他們的夫人玩拉密牌（rummy）及打牌，當作娛樂消遣。那裡的人讓他吃得很好：儘管那裡是中國最貧窮的地區之一，但史諾旅居當地期間甚至變胖了。史諾總結道：「紅軍直截了當、坦率簡樸、不拐彎抹角、有科學思維。他們幾乎摒棄了一切古老的中國哲學，那些哲學曾是所謂中華文明的基礎……我與他們在一起時，大多覺得很自在，就像跟自己的同胞相處一樣。」這也難怪史諾離開延安時，心情低落，「我覺得我不是要回家，而是離家。[51]」

史諾的作品無疑是開創性的，他是第一個冒險長途跋涉、深入「紅色」禁區的外國記者。他投入大量的時間與精力，把一個不為人知的故事公諸於世。其他人的見聞也證實了史諾刻劃的毛澤東形象。毛澤東掌權期間，他的訪談以隨性著稱：召喚對談者到他的床邊或游泳池；穿著補丁的衣服或褲子，上面滿是香菸燒灼的痕跡；穿著睡衣或泳褲見客。毛澤東與周恩來過世多年後，以前為他們口譯的年輕口譯員仍懷念道，他們會叫緊張的工作人員放輕鬆。史諾身為一名記者，親身接觸過國民黨的腐敗、無紀律及殘暴，所以對國民黨深懷反感。他在西北地方看到井然有序的理想主義，因此反應熱烈是可以理解的。

只是《紅星照耀中國》的可信度，因作者和書中主角的既得利益而受到損害。雙方基於不同的原因，都急欲讓這本書在全球引起轟動。一九三六年，史諾需要完成一本書以確保其財務前景，不但為他賺進版稅，同時確立「遠東事務頂尖評論家」的聲譽。為此，這本書必須既聳動又討喜，他因此刪除一些麻煩的細節，例如略而不提毛澤東、周恩來及其他領導人對其寫法的嚴格控管。首先是就地審查：史諾先以英文書寫毛澤東的話，接著又譯成中文，再由毛澤東訂正，然後再譯回英文。之後，整個一九三六年冬天，史諾費盡心力地整理他的筆記而成書稿，這期間受訪者持續發給他連串的修改內容：要求他消除對共產國際政策的異議；刪除對失勢中國知識分子的讚揚；淡化對轉化為盟友的政敵的批評；鼓吹抗日愛國主義[52]。

為了透過《紅星照耀中國》獲得國際公關效果，中國共產黨也需要盡可能地展現和善可親的形象。史諾對中國西北地區的描述，深深塑造了未來數十年國際社會對戰時共產主義及毛澤東的有利看法。這種對特定歷史時刻的共產黨人所產生的正面印象，後來融入人們對毛澤東的革命與國家所抱持的更長遠假設中。史諾的觀點似乎深深影響了馬克·塞爾登（Mark Selden）所寫的《革命中的中國：延安道路》（*The Yenan Way, 1971*），一部一九六〇年代末期和一九七〇年代初期美國左派學者所寫的經典著作。該書（在人們普遍厭惡美國在越南及中國的外交政策之下）大力主張中國共產黨戰時國家的民主、合作性質，也暗暗延伸到毛澤東於一九四九年創立的政權。

這裡，大家需要記得一點：史諾造訪西北地區是一九三六年，幾年後才發生一些令中共的「黃金時代」黯然失色的事件：一九四〇年代初期，共產地區開始依賴祕密的鴉片種植和貿易，到了一九四五年，那些鴉片為中國提供超過百分之四十的國家收入；一九四二年的「整風運動」是第一次中央利用公開的恐怖和羞辱，來鎮壓異議分子。在那次運動中，毛澤東展現出他擅長史達林那套操弄黨內鬥爭的技巧。儘管如此，史諾那些引人入勝的生動描述，全然刪除或掩蓋了中國共產黨後來發生的那些殘酷或殘暴事件。史諾把毛澤東描寫成關愛妻小的丈夫與父親（然而，別忘了，他與賀子珍的關係是始於一九二八年，而當時他和法定的第一任妻子楊開慧仍有婚姻關係）。此外，史諾也對以下事件隻字未提：一九三〇年，毛澤東在中國東南部策畫的血腥「反布爾什維克」肅清；一九三二年至一九三六年間，中國共產黨虐待無辜的外國人，至少有三名外國傳教士遭到殺害或虐待致死，還有更多人遭逮之後，被公開詆毀為「大鼻子的帝國主義者」並勒索贖金[53]。

另一個奇妙的轉折是，在《紅星照耀中國》的塑造下，毛澤東成了全國性及全球性的政治人物，當時中共黨內還沒有所謂的「毛主義」（或者，套用中共偏好的說法，當時還沒有「毛澤東思想」）。史諾造訪延安時，毛澤東才剛獲任為重要的領導人，但他還不是領導高層中的首要人物。他是擅長軍事策略的務實者，但意識形態上顯然不如那些在蘇聯受過教育的理論家，屬於弱勢、非主流、僅聽命行事。一九三七年，亦即史諾造訪西北地方的隔年，蘇聯屬意的領導人王明來到延安，對毛澤東的掌權之路構成了更大的挑戰。

一九四九年至一九七六年間，中國共產黨打造了一套慷慨大方、精心設計的招待機制，目的是為了分散或掩蓋不和諧的現實，以及迎合那些精心挑選的外國訪客，希望他們離開中國後，能夠宣傳中國共產黨及其政府的美德。這個機制是以蘇聯於一九二〇年代到三〇年代打造的機制為樣本，再進一步發揚光大。雖然在西北地區的共產黨無法推出像一九四九年以後中華人民共和國那樣的奢華活動——例如在北京機場以花海迎接嘉賓，邀請賓客到天安門廣場的城樓主席台、觀賞煙火表演、住五星級飯店——但他們仍盡最大的努力。史諾抵達關卡重重的共產黨基地時，獲得國家元首級的款待，有歡迎橫幅、軍樂隊、駐地的最高階領導人出來迎接他。史諾回憶道：「那是我第一次受到政府全體閣員的歡迎，也是第一次看到整個城市都出來迎接我，這讓我非常感動。」[54]儘管史諾在當地的飲食主要是一般的小米配給，但他們同時提供他剛出爐的麵包、乾淨的毛巾、熱水與肥皂，而且當他極度渴望咖啡因時，他還得到「濃郁的咖啡與白糖」。史諾公開承認，那個幫他張羅一切的人「博得我的好感」[55]。在西北地區，史諾幾乎不需要自掏腰包。後來他向一家報社請款時，他說那四個月他花不到一百美元。有一次，史諾在當地吃了豐盛的一餐，包含炒蛋、蒸卷、小米飯、白菜、烤豬肉。他想付錢，廚師卻對他說：「你是外國客人，而且你是來找我們毛主席的。[56]」

此外，策畫史諾此行的人員與一九四九年後在中國處理外賓的人員之間，有顯著的延續性。參謀長周恩來在一九三〇年代經歷了顯著的形象轉變，從地下政黨的打手變成「統一戰線」的負責人，接觸過他的外賓幾乎都會對他深深著迷，如亨利・季辛吉（Henry Kissinger）、理查・尼克森（Richard Nixon）、胡志明（Ho Chi Minh）、柬埔寨的諾羅敦・施亞努親王（Norodom Sihanouk）。戰地記者瑪莎・蓋爾霍恩（Martha Gellhorn）在國民黨的戰時首都重慶，見到當時身為中共代表的周恩來。她坦言，「要是周恩來召喚她，她會跟著他到天涯海角。」（她的丈夫海明威則抱持比較懷疑的態度，但他也說：「周恩來善於在各方面推銷共產黨的立場。」）二戰結束後，馬歇爾將軍（Marshall）到中國調停共產黨、國民黨以及美國之間的關係，但最終協調失敗。協調期間，一向平易近人的周恩來——美國大使館中最受歡迎的雞尾酒會嘉賓——說服美國人相信，他跟他們是「一夥的」：毛澤東想要美式民主，如果可以選擇的話，毛會選美國而不是莫斯科作為度假地點。周恩來不斷地對馬歇爾發動魅力攻勢，最後馬歇爾對周恩來洩露了大量情報，並揚言停止資助蔣介石對毛澤東發動內戰[57]。一九五五年，在劃時代的萬隆會議上，周恩來趁午休期間構思了一份安撫人心的演講（以取代他原本準備的生硬講稿）。後來，他在近三十個來自亞洲、非洲、中東國家的政要面前，發表那篇講稿，平息了各國對中共發展帝國主義的恐懼。這場成功的演說大幅提升了中華人民共和國在不結盟運動（Non-Aligned Movement）及去殖民世界中的聲望。一九五〇年代與一九七〇年代之間，外賓訪問中國時，都渴望與曾到巴黎留學的帥氣周恩來見面。尼克森更是對他著迷不已，滿心希望自己就是周恩來：一九七二年，中美重修舊好的前夕，他告訴季辛吉，他覺得自己和周恩來非常相似，他們「都有堅定的信念，都在逆境中崛起，都很冷靜，從容不迫……強硬且大膽……願意冒險，敏銳細膩。[58]」

這些成果的背後，是軍事紀律般的運作（雖然體制的運作仍不透明，但共產中國有許多最受信賴的外交官和外交人員是由軍隊培養出來的）。周恩來對外交的精確性非常講究，也自創了一些朗朗上口的說法來反映他對精確性的重視。他曾說過一句名言：「外交無小事。」並敦促底下的幹部要保持「五勤」：眼勤、耳勤、嘴勤、手勤、腿勤。「與外國媒體建立友好關係，與他們之中的每個人交朋友，培養密切的友誼……知己知彼，循序漸進，充分利用每一點時間與空間。[59]」早在一九三〇年代末期，周恩來就在中國與亞洲的政治及文化圈中，經營複雜的特務網絡。他栽培的一大成功傳奇，便是胡愈之。一九三七年秋冬之際，胡愈之完成《紅星照耀中國》中譯。在周恩來的指示下，胡愈之隱瞞其地下黨員的身分，直到一九八六年臨終前才曝光，而數十年來，他一直以「無黨派知名文人」的身分作為掩護，並運用這個文化資本，向黨外人士介紹充滿毛派思想的關鍵文本（除了《紅星照耀中國》以外，還有毛澤東的《論持久戰》）[60]。此外，胡愈之（一名英國殖民官員形容胡愈之「個頭很小，雙眼晶亮如絨猴」）也在周恩來的指示下，在中國的國民黨宣傳局擔任共產黨的內線。之後，他前往新加坡，向富裕又有影響力的海外華人（華僑及其後裔）宣傳中共的愛國主義，例如左派的鳳梨大亨陳嘉庚[61]。陳嘉庚的支持，大幅提升了一九四九年以前及之後共產黨在海外華僑之間的公信力。更實際的是，他的支持也大幅增加了海外華僑匯回祖國的外匯。

史諾之所以轉為支持共產黨，不僅有宋慶齡推了一把，也受到他在燕京大學的學生友人黃華所影響。一九三〇年代，他是學生政治的活動分子——也是地下共產黨員——並開始在北京與史諾夫婦交好。某次發起學生示威的前夕，史諾送他一盒巧克力，並開玩笑說，萬一學生需要閃避警察攻擊，他們已準備好催淚瓦斯。一九三六年，宋慶齡策畫那次關鍵的西北之行時，史諾旋即邀請黃華擔任隨行翻譯，陪他一起去。樂天又隨和的黃華因此成了《紅星照耀中國》問世的關鍵合作者，即便後來成書時並未提及他參與一事。在延安及隨後數十年的公職生涯所留下的大量照片中，他的燦爛笑容始終很容易辨識。史諾的性格較為拘謹，所以《紅星照耀中國》中許多令人莞爾的對話，很可能是平易近人的黃華翻譯所致。史諾帶著一袋編輯過的筆記回到北京後，黃華繼續留在西北地方，成為中共國際公關運作中不可或缺的一員。他擔任領導人和ＶＩＰＰ（非常重要的潛在宣傳人員）會面時的首席翻譯員，這些ＶＩＰＰ包括記者、學者，以及一九四四年美國前往延安的軍事觀察小組。他的角色——忠貞愛國者，以平易近人、充滿世界觀的形象包裝——所擔負的任務，是隨時隨地以不著痕跡的方式推銷共產黨的理念，而他始終執行得非常稱職。一九四九年五月，他受命執行中共史上最敏感的任務之一：與美國駐民國政府的大使司徒雷登（John Leighton Stuart）接觸，以討論中共與美國之間可能的關係，以及美國對未來中國共產地區的援助方案。黃華充分利用他身為燕京校友的人脈，因為司徒雷登是燕京大學的首任校長（不過，當毛澤東要求美方徹底放棄蔣介石及國民政府、美方竟拒絕時，黃華的提議便宣告失敗）[62]。後來，在文化大革命期間，黃華是唯一留在崗位上的中國大使，當時他在開羅擔任駐埃及大使。他非凡的職涯，貫穿了七十年動盪的中共歷史。這中間，他始終盡忠職守地傳達資訊，從未偏離他正在執行的共黨使命。

因此，在一九三六年的共產中國，史諾可說是遇到中國一些最聰明、最堅定、必要時也最有魅力的政治家及戰略家。歷史將證明，他們在政治上比史諾在上海時所熟悉的國民黨政客犀利好幾倍。

上海左傾的電影演員周蘇菲是出色的美女，讀了很多當代的經典進步文學。一九三八年她離開上海前往延安時，已經很熟悉史諾在畫報上描寫西北地區的文章：「關於窯洞、課程、學習等等，史諾的宣傳效果非常強大。後來我發現，延安比我從史諾的報導所產生的預期還要困苦。毛澤東與史諾及馬海德相處得很好（她後來嫁給馬海德。毛澤東與周恩來積極促成他們結婚，藉此留下對他們有幫助的醫生），是因為他需要他們。他之所以信任他們，是因為他們是宋慶齡派來的。」

周蘇菲對史諾那本書的宣傳價值所做的評論，其實低估了其重要性。中國有一個蓬勃發展的紀念產業，專門保存並傳播像史諾這種「國際友人」的記憶。例如一九八〇年代成立的3S研究會（Three S Society）是為了紀念史諾、史沫特萊、斯特朗這三名在海外宣傳共產中國方面成就斐然的美國人。《紅星照耀中國》如今在中國依舊魅力不減，大量文章探討該書對於「國際社會對中共的觀感」有多大的影響。二〇一四年，我在北京參觀毛時代紀念品的跳蚤市場時，我才一到現場，就有一個興奮的中國男子拿著《紅星照耀中國》的中譯本初版朝我走來，急欲跟我合照——我顯然是附近唯一的白人——作為中西友誼的象徵。

《紅星照耀中國》出版以來連帶著所引發的影響，可說是再明確不過了。史諾因為這本書，而有機會與羅斯福總統直接溝通（史諾把訪問毛澤東的紀錄寄給美國駐華大使，因此引起美國政府對這本書的關注）[63]。一九五〇年代、六〇年代、七〇年代期間，在日本、南韓、印度、尼泊爾、西歐、美國的反叛分子中，這本書仍是了解中國及中國革命的主要讀物。一九六〇年代和七〇年代，「研究中國」這門專業呈兩極化發展：一邊是以哈佛大學極具影響力的第一名中國現代史教授費正清等人為代表的「建制派」，另一邊是以梅兆贊（Jonathan Mirsky）、塞爾登等年輕的激進分子為代表。後者抨擊美國在東南亞與中國的外交政策，他們認為老一輩的學者支撐著美國對這些地區的假設，導致越戰發生及美國拒絕承認中華人民共和國。《紅星照耀中國》是少數對這兩個迥異的派別都有公信力的書之一。費正清肯定這是「經典」；一九七一年，塞爾登在分析一九四〇年代延安的作品《革命中的中國：延安道路》（The Yenan Way）中，也引用了這本書[64]。一九六八年，《紅星照耀中國》改變了年輕的華裔美國人艾力克斯．邢（Alex Hing）的生活，當時他二十二歲，是舊金山唐人街的輕罪犯及空手道的愛好者。

美國的年輕人普遍愈趨成熟，開始反對美國那種缺乏思想的枯燥文化，但唐人街的情況又比其他地方更糟：我們在國民黨與儒家掌控的壓抑氛圍中成長。我讀了《麥爾坎X的自傳》（*The Autobiography of Malcolm X*）和《紅星照耀中國》，可能是兩本接連讀下來的……讀完之後，我就變成革命分子了……有趣的是，一股相信更美好的社會、社會主義的極小力量，能在毛澤東的領導下，與國民黨抗衡。他有十足的信心，在這個人的心中，他一定會贏，毋庸置疑。我認為，只要以科學的方式進行革命，不僅可以解放國家，也可以使整個世界從美國的壓迫中解放出來。

對邢來說，閱讀《紅星照耀中國》啟動了亞裔美國的激進黨派長達二十年的政治騷動，而這些騷動無疑是以毛澤東的革命理論和實踐為基礎。儘管他現在致力投入沒那麼激進的領域——他是專業廚師及太極拳教練——但他仍是毛派技巧的信徒。二〇一五年他告訴我：「一年前我搬進一棟公寓，我已經是管委會一員了。我可以馬上分析矛盾，那是毛主義教我的。」[65]

從緬甸，到馬來亞、印度、俄羅斯，再到南非，叛亂分子、民族主義者、革命者在在從史諾那本書中獲得有關黨派戰爭與愛國主義的啟示。一九四二年，一群被英國人囚禁在印度阿格拉（Agra）的印度共產叛軍，走私夾帶了一本《紅星照耀中國》到拘留所內，每天開會討論那本書。其中一人在近半個世紀後回憶道，史諾筆下的毛澤東是個有血有肉的凡人，但也是「全人類最閃耀的一顆星」[66]。一九六〇年代和七〇年代，數千名受過教育的印度人加入地下組織，參與毛派叛亂，史諾的《紅星照耀中國》是他們參考的核心文本。該書在一九七〇年代至九〇年代的尼泊爾也扮演同樣的角色。如今，印度和尼泊爾的部分左派人士很自然而然地支持毛澤東及他的革命，這多多少少是受到史諾一九三七年那本著作中所讚揚的事蹟所影響。一九三九年，泰國一名小學教師受到《紅星照耀中國》的鼓舞，拋棄家人，獨自前往延安（透過香港危機四伏的祕密網絡），餘生都獻給了中國革命，他回憶道：「《紅星照耀中國》指引我來延安。[67]」一九四三年，史諾在蘇聯西部採訪時，遇到三名十幾歲的女性游擊隊隊員。他問她們是如何學習對抗納粹的，她們回答：「我們在斯摩稜斯克（Smolensk）買了一本叫《紅星照耀中國》的書，我們隊裡幾乎每個人都讀過了。[68]」一九六一年，納爾遜·曼德拉（Nelson Mandela）準備加入反抗種族隔離的武裝鬥爭時，在史諾那本「精采」的著作做了大量的筆記，最後他認為：「毛澤東的決心與非傳統思維是他成功的原因。[69]」史諾的描述不止說服了馬海德，也說服了其他醫生前往共產中國去提供醫療服務，例如白求恩（Norman Bethune）。那本書也得到歐文·拉鐵摩爾（Owen Lattimore）、西默·托平（Seymour Topping）等學者及作家的共鳴，吸引他們前往延安，並啟發大量的報導文學，包括傑克·貝爾登（Jack Belden）的《中國震撼世界》[70]（*China Shakes the World*）。

然而，那本書最具體的影響是在中國境內。當初胡愈之可能是冒著生命危險，為該書翻譯、出版。在一群翻譯團隊的協助下，一九三七年年底，當國民黨和日軍為了爭奪城市的控制權而爆發第一場衝突（後來演變成二戰）時，他在戰爭的熊熊戰火中，中譯本加速出版[71]。一九三七年，中譯本的目標讀者群是受過教育的城市愛國青年。後來一本接一本的回憶錄證明，該書在日軍占據上海的危險政治背景下，發揮了很大的影響力。學生政治團體為《紅星照耀中國》及其作者痴迷不已，在上海的大學和高中裡暗地傳播，光是上海就印了五萬本。盜版書也在中國和講中文的亞洲傳播開來。讀者非常狂熱，甚至把書本拆分成獨立章節，好讓史諾的文字可以更快傳播開來。一九三七年，陳奕名年僅十七歲，是上海教師之子。「年輕人喜歡這本談紅色中國的書，那本書促使他們踏上反抗與革命的道路……它深植了我的共產主義觀點，讓我投身革命……《紅星照耀中國》是地下黨員必備的教科書。[72]」

記者也擴大了其影響力：一九三八年，上海最大文化報之一的編輯以筆名發表了一篇文章，呼籲年輕人去延安。接著，他搖身變成旅行仲介，為許多響應其號召的年輕人打理前往延安的行程[73]。作家、藝術家、記者、演員似乎特別容易受到這本書的影響，他們說該書生動地喚起歡樂的烏托邦，可作為典範，帶給他們啟發。華君武後來成為二十世紀中國最著名的漫畫家之一。一九三八年，好友送他《紅星照耀中國》的中譯本時，他正在上海擔任銀行職員。他回憶道：「我一翻開就讀得欲罷不能。西北地區是一片淨土，與我憎恨的國民政府老舊社會完全不同……那裡空氣清新，人人平等，可以自由呼吸，中國共產黨與紅軍大聲疾呼愛國主義與抗日……上海被日軍占領時，史諾與《紅星照耀中國》就像黑暗中的火炬。我沒有告訴家人、朋友或親戚，就離開上海，開啟了為期三個月的西北旅程，那是《紅星照耀中國》給我的力量。[74]」在延安，華君武為中共的主要黨報《解放日報》繪製時事漫畫。一九四九年後，他成為《人民日報》的文藝部主任（文化大革命期間，他因溫和的諷刺漫畫，在集體批鬥會上遭到譴責）。千里達出生的舞蹈家戴愛蓮後來成為中國現代芭蕾舞的奠基者之一。一九三〇年代末期，她在倫敦留學時，讀了《紅星照耀中國》。儘管她不會說中文，那本書說服她在共產革命後移民到中國（她與華君武一樣，為愛國的決定付出了代價：在文化大革命期間，她因外國背景而遭到排斥，被流放到農村勞動，丈夫因此與她離婚）。

《紅星照耀中國》為中國共產黨在中國各地贏得支持者，有些人因此前往延安，有些人加入地下黨。那本書是共產黨爭取民心的重要武器。一些讀者說，那本書比毛澤東自己的作品還要重要。[75]誠如一名忠實讀者所言：「我讀過毛主席與其他領導人的作品，但從來沒讀過像《紅星照耀中國》那樣生動……有系統地描述中國革命的書。[76]」共產黨掌權後，再次運用這本書來堅定人民解放軍的決心：一九四九年，他們派遣人民解放軍前往遙遠的西南地區，以便把當地收歸共產黨的掌控[77]。

在中國各方的回憶錄中，可見些許自相矛盾地讚揚這本書講述的真相（首次報導真正的中國共產黨），以及描繪一個未來社會的理想模式。於是，《紅星照耀中國》脫離了史諾的掌握，成為一部理想化的社會主義現實派作品。一名讀者回憶道，這本書激勵了「熱血青年世代……延安是什麼樣子？那裡真的有一個新世界嗎？那裡的人如何為未來的中國規畫及創造一個模式？在

《紅星照耀中國》出版以前，我們對這些問題沒有生動、具體的答案……《紅星照耀中國》有如一道強光，為那些在黑暗中掙扎的年輕人照亮了前進的道路。」這本書的影響遠遠超越毛澤東時代，變成一本自助手冊：一九八九年，一個年輕人寫了一篇文章，說《紅星照耀中國》如何幫他對抗結腸癌，實現他想要成為作家的夢想[78]。

《紅星照耀中國》中所刻畫的堅強女性，對一九三〇年代掀起的第二次中國女權浪潮尤其有所啟發，內容鼓勵年輕女性放棄傳統家務，前往西北地方。一名來自上海父權家族的年輕女子提到，某個愛國的老師送了這本書給她及幾個被沒出息的男人拋棄的姊妹，「我反覆閱讀，不忍釋卷。那本書描寫中國的蘇區*，在那裡，男女生活平等。它為我打開了新的視野……由於史諾是國際友人，我們相信他的報導是真實的。多虧了這本書，我和姊妹們的思想才得以掙脫封建主義的非政治牢獄。我們成了愛國者及中共黨員。[79]」

一九四九年後，這本書所帶來的啟發在全世界繞了一大圈之後，又回到原點。儘管毛澤東本人從未表示，他想再回毛主義的象徵性發源地：延安，但他非常喜歡書中呈現的理想願景——西北地方一個採軍事路線的共產烏托邦，人們合作無間，自給自足——所以他試圖強行套用此一模式到全國各地[80]。中國的共產主義原本是一個多中心的現象，隨著扎根的每個地區，做務實的調

* 譯註：蘇區是指中國共產黨控制的區域，又稱紅區、解放區。「蘇」字源於俄文的「蘇維埃」，在俄文中是「代表會議」的意思。相對的，白區是指國統區，亦即中國國民黨統治區。

整，但這時卻變得極其武斷僵化。這種靈活性的喪失——不分差異，「一體適用」的作法——導致一九五〇年代以來的多起悲劇：包括大躍進與隨之而來的饑荒，以及毛澤東試圖在文化大革命中復興這個模式。因此，毛澤東在構思他的國際公關時，也定義了自己和他的政治。毛澤東的革命吞噬了許多最初被《紅星照耀中國》說服的人：許多被書中的民主與愛國主義的美好氛圍所吸引的人，在文化大革命期間幾乎都遭到迫害並監禁[81]。

儘管如此，毛澤東並沒有就此結束他與史諾的關係：一九四九年中華人民共和國成立後，到一九七二年他過世以前，史諾獲准經常造訪中國，但訪問期間受到嚴格的監管。這些訪問又催生了更多有影響力的書籍（其中一本駁斥饑荒的報導，而如今，我們知道那場饑荒導致數千萬人死亡）[82]。由於中國共產黨嚴格控管外人的造訪，海外對中國的報導非常有限，史諾那些文字在這種背景下產生了特別大的影響。一九七〇年，毛澤東安排史諾作為他與季辛吉及尼克森之間的中介者（但後來證明無效），同時規畫一九七二年轟動一時的美中關係緩和——短短幾年前，兩國才差點爆發核戰。至少在公開場合，史諾是典型的「國際友人」，亦即當權者努力迎合的外國人，以期他回國後，能為毛派革命的功績說好話。後來麥卡錫主義盛行，導致史諾無法在美國繼續謀生，轉往瑞士避難。一九七二年二月十五日，史諾因胰腺癌在瑞士過世，享年六十六歲。臨終前，毛澤東與周恩來派了一個醫生與官員組成的代表團——包括他的老友黃華——待在他身邊，親眼見證他陷入昏迷後離世。

基於我們現今對中國革命的了解，儘管《紅星照耀中國》作為特定歷史時刻的文字有重大的意義，但史諾及他的著作在過去幾十年間或許應該受到更多的懷疑。從當代的角度來看，史諾無疑是個尷尬的妥協人物，既是隨遇而安、冒險犯難的探險家，也是頑固革命分子的捍衛者。他最著名的著作常被解讀成對簡單、純粹理想主義的頌歌，卻包夾著更隱晦的動機：他想打造全球暢銷書的渴望、他的左派傾向，以及招待他的那些人所暗藏的野心及操弄。儘管如此，中國與西方評論家依然盛讚他「文筆過人」，說他的著作「可能是二十世紀美國駐外記者的最卓越報導」[83]。

《紅星照耀中國》是國際毛澤東崇拜的強大象徵：無論是在中國境內、中國周邊、或是遠在中國之外，都充分展現出毛澤東及其思想的可譯性。對那些遭到強勢敵人暴力占領的人來說（例如蘇聯游擊隊或二戰期間的馬來亞華人），這本書提供了一種民粹的軍事與政治策略，也是一個白手起家者（毛澤東）的勵志實例。一九六〇年代，年輕的歐洲、美國、印度學生以及顛覆分子愛上叛逆的毛澤東——兼具質樸、詩意、政治家風範等特質。《紅星照耀中國》及其後來的發展證明，毛主義一直以來都是透過其自身的全球傳播所定義而成的。

三、洗腦——一九五〇年代的中國與世界

一九五一年，駐外記者兼中情局特約撰稿人愛德華．亨特（Edward Hunter）出版《紅色中國的洗腦》（*Brain-washing in Red China: The Calculated Destruction of Men's Minds*）[1]。這本書有望揭露「針對自由世界與『自由』這個概念所發動的心理戰中，那些可怕的新極端行為」。亨特聲稱，一九四九年中共執政後，便對世界發動一種全新的思想控制形式。那是反美的，具高度強制性，而且意圖徹底改變精神狀態——有時稱為「精神殺害」（menticide）[2]。亨特宣稱，中國人已經實現了「心理戰，而且規模遠比過去任何軍事家所想像的還大」[3]。一九五六年，他又出版續集以賺取版稅，即《洗腦》（*Brainwashing: The Story of Men Who Defied It*）。

其目的是徹底改變一個人的想法，使那個人變成活生生的傀儡——一個人類機器人——但外表完全看不出這種暴行。這樣做是為了在血肉之軀中創造一種機制，把新的信念與思維流程灌輸到一個遭到俘虜的身體中。那相當於尋找一個奴隸種族，但與舊時代的奴隸所不同

的是，這種奴隸永遠不會反抗，總是服從命令，就像昆蟲的順從本能一樣[4]。

亨特找到了使命：宣傳中國共產黨的全球陰謀，他們想對任何落入其勢力的人「洗腦」。於是，整個一九五〇年代，這些想法重又包裝成書籍、演講、文章、國會證詞。及至一九五〇年代末期，美國政府和情報單位總計將投入數十億美元及無數小時，以研究這些洗腦技術，並試圖逆向打造這些技術，以供美國軍事工業集團使用。

表面上，亨特在美國新聞業的職涯發展得很成功。然而，事後看來，他畢生的工作簡直是慘烈的失敗——在緊張不安的美國，以卑劣的業餘手段與無知來影響冷戰決策最高層的意見。亨特既不是精神學家，也不是心理學家；既不會說中文，也不會讀中文。他身為「記者兼特務」的身分——委婉地說——是有一些道德疑慮的。然而，短短幾年內，他針對「中國」以及「中國對自由世界發動的心理戰」所提出的觀點，導致人們覺得毛澤東領導的中國共產主義是一種無法抗拒的擴張主義。在政府官員、一些投機的精神學家、易受影響的媒體推波助瀾下，亨特提出的洗腦論成了正統觀點。美國可能擁有最先進的軍事武器——至少當下是如此——但毛澤東領導的中國有威脅性更大的東西：讓人類心智乖乖就範的能力。而且，中國捲入冷戰初期的兩場激烈衝突——韓戰與馬來亞的緊急狀態——導致毛派革命和英美兩國於明於暗皆相互抵觸之後，這些推測看來似乎非常可信。

困惑、恐懼、厭惡，有時是敬畏——這些都是共產中國在一九五〇年代的美國所激發的情緒。因為一九四〇年代的大部分時間，美國政府向國民黨掌權的中國政府浥注了數十億美元，最後卻得到政治與軍事上的潰敗。蔣介石一直拒絕先整肅國民黨惡名昭彰的腐敗，除非他先擊敗爭奪中國控制權的對手：日本與共產黨。一九四五年八月，在國民黨頑強抵抗多年及兩顆原子彈的洗禮後，日本終於投降。然而，國民政府與共產黨最後對決之際——幾乎是緊接在日本投降之後——蔣介石的指揮官和軍隊根本難以勝任眼前的軍事任務。他們要不是陷入守勢，就是攻勢頻出紕漏，內部爭論不休，自亂陣腳。相反的，毛澤東的指揮官（一九四〇年代初期前往蘇聯的軍事學校接受短暫的訓練，使他們從打游擊戰晉升為打定位野戰）把他們的部隊訓練成紀律嚴明的戰鬥單位，大舉南下追捕蔣介石。一九四九年十二月，蔣介石逃往台灣，他一邊唱著國歌，一邊驅車前往他的逃生飛機[5]。

共產黨接管中國，在冷戰初期對美國構成一大創傷。一九四九年春天的那幾週，毛澤東似乎仍在思考和美國交好的可能。但六月三十日，在勾勒未來中華人民共和國的第一份重要文檔中，他宣布革命中國將「偏向」蘇聯[6]。此舉讓新中國正式認同蘇聯的擴張意圖，誠如一九四六年喬治·凱南（George Kennan）的「長電報」（Long Telegram）*所定義的，促使美國的外交政策朝

* 譯註：凱南當時是美國駐蘇聯大使館的副館長，他向美國國務院發出一封長達數千字的電報，對蘇聯的內部社會和對外政策做了深入的分析，並提出美國應對蘇聯採取的長期戰略，亦即圍堵政策。

向遏制蘇聯的方向發展。中蘇兩國的聯盟立即在美國觸動了「多米諾骨牌理論」的恐慌按鈕。一九五〇年，艾森豪指出：「我們失去了亞洲……連澳洲也受到威脅，印度也不安全！[7]」

韓戰爆發的第一年似乎顯示，毛澤東統治的中國可能對美國的利益構成威脅。一九五〇年六月二十五日，意圖統一朝鮮半島的北韓軍隊發動第一波攻勢，越過三十八度線——那是一九四五年美國與蘇聯在韓國劃的分界線，北韓與蘇聯結盟，南韓與美國結盟。這一次突襲令南韓軍隊及托管南韓的美國占領軍措手不及，北韓軍隊把他們趕出漢城（現在的首爾），逼到遙遠東南角的一小塊區域（不過幾天前，美國支持的南韓統治者李承晚才剛主張對北韓發動攻擊而已，他要是早一步採取行動，韓戰也有可能是由南韓挑起的[8]。）當時麥克阿瑟將軍因成功重建日本，成為美國在東亞的溫順盟友而意氣風發。面對北韓的偷襲，他對距離漢城最近的港口仁川發動大膽的反擊。一支由一萬三千名聯合國與美國士兵所組成的聯合部隊在仁川海灘登陸，接著朝南韓的首都挺進。誠如美國記者大衛・哈伯斯坦（David Halberstam）後來所說的，這一切「不僅按照麥克阿瑟的計畫進行，最後的結果也如其所願」[9]。聯合部隊把北韓軍隊趕回三十八度線以北並恢復原狀後，麥克阿瑟認為他有權進一步推進：驅逐北韓的共產統治者，並朝中韓及蘇韓的邊防挺進。

十一月下旬，為了慶祝感恩節，數萬隻冷凍火雞被運到平壤以北約八百公里的聯合國進攻前線，此處離中韓邊境也是八百公里。那裡天寒地凍，他們解凍並烘烤火雞以犒賞部隊。大啖火雞大餐的前一天，麥克阿瑟甚至誇口說：「戰爭將在年底前結束。[10]」豈料，七十二小時後，也就是十一月二十四日，一支四十幾萬人組成的中國人民志願軍發動攻擊，把麥克阿瑟從勝利打成潰敗。一九五一年一月四日，漢城再次落入共產黨手中。

這次攻擊是一次毀滅性的打擊。中國軍隊在進攻的過程中，俘虜了約七千名美軍，他們遭到囚禁的最初幾個月處境堪憂。一九五〇到五一年的那個冬天，是有史以來最嚴酷的冬天之一。戰俘在嚴寒中長途跋涉至集中營，只獲得極少的食物、衣物以及寢具，連藥物也沒有，許多人因此喪生。然而，美國輿論更擔心戰俘受到的心理傷害，而不是身體傷害。一九五三年七月簽署停戰協定並達成遣返戰俘的協定之前，諸多媒體披露的消息在在顯示，那些戰俘已在敵人的囚禁下遭到「改造」。一個名為〈反對細菌戰〉的中文廣播，找來六名被俘的美國飛行員作證，說他們在北韓發動了細菌戰（美國一直否認這點）。其中一名飛行員坦言：「我是自願承認的，過程中我從未受到不當的對待。」[11]然而，在美國國內，民粹主義者與專家塑造出一個無情的共產中國對戰俘洗腦的畫面：剝離人類思維之後，再加以重塑。

隨著停戰談判終於出現進展，一支由一百四十九名美國戰俘所組成的先遣部隊，於一九五三年的春天獲釋，但其中二十人被隔離在加州。《生活》（*Life*）雜誌的一篇報導打出以下的標題：〈美國大兵講述洗腦經歷〉。該文詳細闡述中國的一項計畫：「掌控美國俘虜的思想，然後送他們回美國去傳播共產主義的教義。」[12]一九五三年的夏天，又有三千五百九十七名戰俘獲釋。那項協議允許戰俘在共產中國和非共產中國（亦即中華人民共和國或中華民國／國民黨所在的台灣）以及北韓和南韓之間做選擇。談判代表無疑都預期，只有東亞的戰俘才會行使選擇權（約兩萬兩千名共產軍隊的士兵拒絕遣返），但是令美國輿論震驚的是，竟然有二十三名美國人選擇中華人民共和國。這個醜聞引發了一場說服那二十三人改變主意的全美運動。人們紛紛動員成千上萬名美國學生寫信，懇求那二十三人回家，但最終僅兩人改變主意。

在中國經營的戰俘營裡待了近三年後，絕大多數選擇回國的美國戰俘並沒有馬上被送回家。他們是搭船返國，花了兩週才抵達美國。官方說法是，軍方希望提供他們「良好的膳食及充足的休息」。事實上，軍方利用那兩週進行了密集的心理分析，以偵測是否有共產主義洗腦的跡象。精神學家、間諜、偵探包圍著那些戰俘，對他們做了許多問卷。審訊——一次可能持續八個小時——不是只發生在返國的船上。聯邦調查局的特務對於蒐集到的檔案（疊起來近六十公分高）並不滿意，後續幾年仍一再地調查並計對所謂的RECAP-K（Returned and Exchanged Captured American Personnel in Korea，亦即「歸來及交換的韓戰受俘美國人」）重啟調查[13]。

在美國戰俘遭到監禁在韓國期間，亨特的著作造就了一種暗示的氛圍，讓大家一直覺得中國正在對美國洗腦。而且，亨特不止把論點局限於中國對韓戰的威脅，他認為威脅是遍及全球的。《紅色中國的洗腦》是循著他所謂的中國影響力與洗腦的「軌跡」，深入到戰後的馬來亞叢林和越南的反殖民衝突中。對亨特來說，一九四八年馬來亞共產黨為了對抗英國統治而發起「馬來亞緊急事件」，並不是一場爭取獨立的反殖民抗爭，而是「一種入侵，就像中國共產黨參與韓戰是一種侵略一樣……馬來亞游擊戰的許多領導人都是英國人和美國人在二戰期間從中國引進的*，那些人幾乎全是毛澤東的信徒。」事實上，東南亞任一國家，只要境內有許多華僑，都很容易受到「中國共產帝國主義」的影響[14]。雖然我們已經把美國政府的多米諾骨牌理論——如果一個區域中其中一個國家落入共產黨的手中，其他國家很快便會失守——與越南聯想在一起，但那些恐懼其實是始於一九四八年的馬來亞緊急事件。一九四九年，美國國務卿迪安・艾奇遜（Dean Acheson）憂心忡忡地說，萬一「共產主義席捲了」馬來亞等東南亞地區，「我們將面臨一場重大的政治潰敗，其影響將波及世界其他地區」[15]。

亨特利用大眾對中國共產主義的擴張所產生的極度焦慮。在早期的「緊急狀態」期間，駐守在馬來亞與新加坡的英美官員以及英美國內的官員無不妄下結論，認為中國介入馬來亞共產黨的行動。然而，儘管當代文獻中充斥著這種「中國介入」的臆測，但佐證卻很少，這類文獻最愛使用的語彙是「可能」、「暗示」、「看似」[16]。在一九五〇年代的英國政府檔案中，「海外華人」代表一種明顯的安全疑慮。內閣認定，他們是一股「好戰激進的力量……由於他們忠於中國政府，期待獲得中國政府的保護，他們在中國政府擁有主導地位的地區，幾乎成了中國當局的自動代理人」[17]。英國的情報機構認為，「散布在東南亞各國的大量華人，經常在暹羅、馬來亞那種有活躍共產黨的地方組織起來，形成極其危險的第五縱隊†。」[18]

---

* 譯註：英美引進那些人是為了抗日，但那些人獲得英美的訓練及物資後，卻反而反抗殖民政府。

† 譯註：指與敵方裡應外合，不擇手段意圖顛覆、破壞國家團結的團體。現泛稱隱藏在對方內部、尚未曝光的敵方間諜。

亨特提出的洗腦指控，後來發展得越來越離奇。一九五六年，他重提這個主題時，他把中國的洗腦比喻成「巫術，搭配咒語、催眠、毒品、藥劑，還帶有一種奇怪的科學感，就像巫師穿著燕尾服跳驅邪舞，手裡拿著試管，裡面裝著他特調的神奇祕方」[19]。一九五八年，他在眾議院非美活動調查委員會（Congress Committee on Un-American Activities）面前作證長達三個半小時，引起人們的關注：

> 在馬來亞的叢林中，我偶然發現從遇難的中國游擊戰士身上所取得的日記，我請人翻譯其中幾本。令我驚訝的是，我讀到的內容，跟那些逃離中國的人所告訴我的內容一模一樣……洗腦是一種新的程序，是由早期的說服流程發展出來的……那是共產主義征服世界的策略。[20]

美軍在韓戰接近尾聲時，向全國廣播：「你們，美國人民，是反對侵略的。這是大勢所趨。」[21]

洗腦的陰影長期籠罩著美國社會。亨特等人以冷戰初期史達林主義所灌輸的恐怖為基礎，勾勒出一種更強大的中國版思想控制方式。一九五六年，一些心理學家獲得特殊的權限，取得韓戰那些美軍戰俘的軍事檔案。他們研究後的結論是，洗腦並不存在，或者，至少美國戰俘經歷的思想改造並沒有什麼新意：就只是在極端的身體壓力下（嚴寒和飢餓），反覆進行說服性的脅迫而已。「洗腦過程導致的性格變化，並沒有什麼神祕之處……招供所用的技術，尤其是警察國家採用的方式，早已施行數百年了。[22]」儘管如此，美國情報當局依然決定利用這些洗腦傳聞，作為MK-Ultra的藉口。MK-Ultra是中情局在一九五〇年代與六〇年代展開的大規模心理戰爭計畫。研究刑訊逼供的歷史學家如今認為，以下三件事有直接的關聯：亨特的「洗腦」論點；中情局試圖為美國的目的，逆向打造這種洗腦技術；喬治・布希在反恐戰爭期間所使用的「強化審訊」技術[23]。

MK-Ultra在尋找方法以便了解及對抗共產黨的審訊之際，曾實驗吐真藥（主要是致幻劑，但也有一種從古斯塔夫鱷魚的膽囊提取的可疑毒素）、催眠、腦震盪、讀唇術、以無線電波震動猴子的大腦，以及一隻遙控的貓[24]。因此，對中國人洗腦的恐懼，為MK-Ultra多年來的瘋狂實驗提供了理由，兩位最頂尖的美國洗腦恐怖史家指出，那段期間，中情局在「暗黑精神病學」浥注了「多到數不清」的資金[25]。一九五〇年代初期，中情局大舉蒐購全球致幻劑，以便進行臨床實驗，研究致幻劑對多種人類及非人類受試者的影響。他們在美國頂尖大學的附屬醫院裡囤積這類藥物，每每傳出實驗的消息時，就有學生成群結隊而來，自願充當白老鼠。研究人員甚至開始帶那些藥物回家，或送給朋友，或拿到黑市販售。中情局這種放任毒品的作法，也釀成了更悲慘的後果。一九五三年十一月底，中情局的微生物學家法蘭克・歐爾森（Frank Olson）因老闆在他的君度橙酒（Cointreau）酒杯中偷偷摻入致幻劑，引發精神錯亂及精神崩潰，於十天後自盡身亡[26]。

要不是情報業深信洗腦這種完全的心智掌控是可能的，這一切都不可能發生。整個一九五〇年代，中情局持續資助麥吉爾大學（McGill University）的蘇格蘭裔加拿大籍精神科醫師艾文・卡麥隆（Ewen Cameron）。他首創以激進的方法，徹底分解患者的思維，再加以重建。卡麥隆的助理回憶道，他的老闆曾深入研究「那些韓戰士兵的洗腦狀況。我們在蒙特婁開始使用一些洗腦的技術」。其中一百多人成為卡麥隆實驗的白老鼠，每天對他們電擊十幾次，使他們連續昏迷長達八十六天，並強迫他們聆聽跟其性格有關的負面或正面訊息，而且每次一聽就是十五個小時。一名婦女在接受實驗後，完全忘了自己有三個孩子[27]。中年的憂鬱症患者在實驗過後，只喝瓶裝牛奶，忘了怎麼說話。一九五五年，卡麥隆得意洋洋地說：「過去兩年裡，有一百多人被我們以加拿大的方式成功洗腦了。」中情局對這個結果深感興趣，透過「人類生態調查協會」（Society For The Investigation Of Human Ecology）浥注大量資金以贊助他的研究——而該組織其實是個幌子，專門資助道德上有疑慮的實驗[28]。

這些研究所蒐集的知識，之後傳入軍隊的審訊防禦計畫中。其中包括SERE，即美軍在「生存（Survival）、躲避（Evasion）、抵抗（Resistance）、逃脫（Escape）」方面的訓練，是精神學家仔細分析從韓國返美的戰俘後設計而成。這種計畫是讓美軍暴露在身心方面的折磨中——隔離、受迫姿勢、聽小野洋子唱歌的錄音等——來強化他們，以做好因應共產黨「洗腦」的準備[29]。九一一恐攻事件後，中情局把SERE變成一種攻擊性武器，這種暴露治療更是轉變為審訊技巧，酷刑的使用亦成為主流——這顯然違反了《日內瓦公約》及美國起草並批准的一九八四年《禁止酷刑公約》，其中定義酷刑為「蓄意使某人在肉體或精神上遭受劇烈疼痛或痛苦的任何行為」）[30]。反恐戰爭的強化審訊——一名中情局的心理學家把這種強化審訊委婉地描述成「在特殊的地方，對特殊的人，做特殊的事情」）——便是源於SERE，而SERE則是源於一九五〇年代的洗腦實驗[31]。

由於美國普遍認為，中國的「思想改造」帶來威脅，這種想法導致戰後美國政府與社會中比較強大的反民主機構——反情報機構——獲得龐大的力量。到了二〇一〇年代，美國祕密官方組織的運作耗資高達七百五十億美元，分布在十六個情報機構中，他們都致力投入「例外狀態」（state of exception）*，亦即「為了拯救民主，而矛盾地中止民主」[32]。

英美人士對洗腦的痴迷——他們想像那是受到毛澤東的啟發，是共產主義統治世界的計畫——是因為一群不可靠的證人對中華人民共和國在世界上的影響力做了特殊的解讀。這群人不僅包括亨特等明顯的冷戰支持者，也包括一些擁有第一手專業知識的外交官，他們原本應該比其他人更了解實情才對。馬來亞緊急狀態是「中國陰謀」的這種說法，主要是來自英國的外交官及政客，他們迫切希望獲得美國的支持以遏制反殖民叛亂，而非著力在共產革命上。一九四八年二

* 譯註：一般是指一個國家或司法處於生存危急的時刻，或與重大的公共秩序有關的特殊危機時刻，因此必須暫時凍結正常憲政的司法系統，在現今法律用詞中，一般國家在遇到這種情形時，大都會宣布國家進入「緊急狀態」、「非常狀態」或「特別狀態」。

月新成立的「馬來亞聯合邦」是由英國統治，其政治組成剝奪了華人的公民權，支持占多數的馬來人，因此把華人推向華人主導的馬來亞共產黨——這個事實很容易遭到大眾的遺忘。英國成功地向美國的政策制定者傳達了他們的想法，以致一九四九年國務卿艾奇遜宣布：「目前唯一可能替代英國統治的選擇，顯然是中國的統治。不僅馬來人無法接受，我們也無法接受。」一九五一年，美國國務院在東南亞地區的領導人描述中國為一種多方面的威脅，他說：「只要中國覺得他們已經消化了中南半島與泰國，馬來亞就有可能遭到入侵。[33]」美國因此拉了英國盟友一把：儘管美國政府最終決定不派兵到馬來亞，卻為「技術援助、資訊服務、教育交流」支付了一百五十萬美元的政治獻金[34]。

為了塑造一個強大中國「洗腦」的形象，專業的說客偽裝成嚴肅的政治分析家，設想一個意識形態統一的毛主義戰線，從中國延伸到韓國及馬來亞。然而，最近的解密針對毛澤東的國際野心、中共與馬來亞及北韓共產黨人的關係、散居東南亞的大量華人、以及中共自己對「洗腦」計畫的看法，提供了一種更微妙的敘述。

毛澤東一直渴望在世界革命中扮演領先群雄的角色。一九四九年年初，亦即他鞏固中國政權近一年前，他急於在中國建立一個「亞洲情報局」（Asian Cominform），以指揮亞洲大陸的革命事業。及至一九四九年七月底（中華人民共和國成立的三個月前），毛澤東自己的馬列學院開始營運，招收亞洲共產主義的領導人參與為期一年的毛澤東革命課程，講授者都是資深的共產黨人，包括朱德、鄧小平以及毛澤東的延安祕書陳伯達。一九四九年十一月，毛澤東的副手劉少奇在史達林的鼓勵下宣布，武裝鬥爭是「毛澤東的道路，也是解放殖民地與半殖民地國家的人民的必經之路」。翌年，劉少奇更明確地重申：

> 革命成功後，中國共產黨應當用一切手段，幫亞洲被壓迫的共產黨與人民為解放而奮鬥……在全世界鞏固中國革命的勝利……我們應該為各國的共產黨與革命者提供兄弟般的支援與熱情的款待……向他們詳細介紹中國革命的經驗，並仔細回答他們的問題[35]。

一九五〇年，約四百名學員聚集在北京的學院，展開了他們的叛亂見習之旅，學成後再回各自的亞洲祖國領導革命。是年，中國共產黨在組織世界革命方面又邁出重要的一步：成立中聯部，負責協調中共和其他共產黨的互動[36]。中聯部的業務範圍廣泛：管理中共與國際共產叛亂分子的關係，為古斯曼等拉丁美洲的革命者安排爆炸物訓練，為波布預約牙醫等。

第一批學員來自越南、泰國、菲律賓、印尼、緬甸、馬來亞以及印度。其中一人是莫希特·森（Mohit Sen），他在後續幾十年成為印度共產黨的關鍵領導人。他的背景故事充分顯示，高種姓印度共產黨人所享有的教養特權。他的父親是首席法官，也是專業的長笛演奏者、拳擊手、神準的步槍手。他的母親是知名的歌手、鋼琴家兼大提琴家。他們位於加爾各答的家庭非常親英，父母堅持在家裡說英語，森不得不到其他地方學習孟加拉語。他在耶穌會學院接受良好的教育，接著像其他胸懷大志的兄長一樣，前往劍橋留學。他回憶道：「我從來沒想過要找一份工作。[37]」

森非常喜歡巴哈和貝多芬、英國及俄羅斯的文學，還有《波坦金戰艦》（*Battleship Potemkin*）、《憤怒的葡萄》（*The Grapes of Wrath*）、《相見恨晚》（*Brief Encounter*）、《亂世佳人》（*Gone With the Wind*）等電影。在劍橋，他與英國小說家E．M．佛斯特（E. M. Forster）一起享用馬芬，加入印度共產黨，並愛上傑出的數學家（兼同志）。一九五〇年，他透過布拉格的國際學生聯盟世界大會所發出的邀請（一九五〇年代與六〇年代，那是國際共產主義風行全球的眾多節點之一），設法前往中國。他搭乘火車，沿著西伯利亞鐵路，經歷漫長的相思病折磨後（他非常想念未婚妻），終於越過邊境，進入中國。沒想到一過邊界，他立刻親眼目睹中國對毛澤東的個人崇拜：一場〈東方紅〉的表演（第一句歌詞便是「東方紅，太陽升，中國出了個毛澤東」）。他評論道：「一切都非常震撼。」抵達北京時，他見到毛澤東本人。「他比我想像的還要高大魁梧。在我的印象中，他是瘦削的革命者，目光凝重，就像我在史諾那本《紅星照耀中國》的插圖中看到的那樣。」但森依然覺得他「相貌堂堂、氣勢十足」，他說：「每一場演講都會頌揚他，而且每次提到他，大家都會報以震耳欲聾的掌聲……中國人民站起來了！……數百萬人覺得這個民族是自由的。」森在中國待了兩個月後，毛澤東親自邀請他參加中國共產黨革命學院「馬列學院」的開學典禮[38]。

儘管學院名稱是馬列（馬克斯—列寧），但學院課程都跟毛澤東有關。上完中文密集班後——教材是毛澤東的文字——森穿著中共幹部的藍色棉質制服，和兩百個同學（一半是越南人，其餘是來自菲律賓、澳洲、日本、泰國和緬甸）被派往南方的廣東去見證土地改革。土地改革是一九五〇年代初期中國共產黨在農村推行的首要之務，約百分之四十三的土地重新分配給百分之六十的農業人口，很多人為此犧牲生命（估計至少有一百萬名地主遇害）[39]。森回憶道：「整個過程中，他們不斷地宣揚中國共產黨與毛主席的權力與榮耀。」最後舉行的「慶功會」是以一幅巨大的毛主席肖像為背景，周遭不停播放著永遠效忠主席的誓言以及更多版本的〈東方紅〉配樂。接著，這些毛澤東的新信徒回到他們的北京校園，該座校園是幾週內建成的，是「一個高牆包圍的巨大建築，有宿舍、演講廳、餐廳、電影院、舞蹈室」。游泳池正在興建，那些革命培訓生甚至主動幫忙挖掘。不久，建築工人便委婉地勸那些「留學生同志，好好做他們分內的工作」（亦即學習），好讓他們也做好自己分內的工作（亦即興建游泳池）。在學院建築的落成典禮上，毛主席以貴賓身分出席，敦促大家「做更好的革命者」[40]。

二〇〇三年，森回首當年，依然記得當時了解中國革命的興奮之情，以及「毛澤東的勇氣與獨創性」。學校教導他們毛澤東的「三大法寶」——「武裝鬥爭、統一戰線、黨的建設」——並進行多次自我批評，每一次都持續數週（最終導致兩名越南同志自殺）。黨也鼓勵他們跳交際舞，「以克服封建時代男女互動的壓抑」。大多數的週六，毛澤東都會出現在晚宴的舞會上。他「以前會緩緩地移動，面帶淺淺的微笑……許多女幹部都想跟他共舞。」[41]（多年後，毛澤東的醫生提到他在舞廳旁邊有個臥室，他常邀舞伴到裡面休息。）兩年後，森從馬列學院畢業，回到印度，變成職業共產黨員。

馬來亞的共產叛亂分子亦前往中國，接受毛澤東亞洲情報局的指導。陳平（Chin Peng）是早期加入毛派的分子，後來成為馬來亞共產黨的總書記，也是緊急狀態的策畫者。一九三〇年代末期，仍是青少年的他在學校圖書館的書架上發現中文版的《紅星照耀中國》。一九三八年，他花了一整個夏天研讀毛的作品。「《論持久戰》是談如何成功抗日的手冊，毛澤東在那本書中，呼籲動員人民，採取游擊戰術。[42]」陳平即將前往中國「加入毛澤東」之際，被馬來亞共產黨（MCP）招募。該黨成立於一九三〇年，是在上海共產國際遠東局（Far East Bureau of the Comintern）的指示下成立的，隸屬於中國南洋（南海）臨時委員會[43]。

日本入侵，導致他的延安朝聖之旅受阻，陳平在二戰期間成為毛派游擊隊的指揮官，帶著他的毛澤東藏書在各個叢林藏身處流轉，儼如「行動圖書館」。他致力投入東南亞的共產黨地下組織：和越南、緬甸、泰國的同志召開祕密會議，而這些會議都是由中國共產黨主持；擔任雙面間諜和三面間諜；不斷密謀反叛。後來，他為毛澤東反抗殖民主義而歡呼，尤其是毛澤東的口號「帝國主義者是紙老虎」，因為那符合他對兩種人的憎恨：日本侵略者，以及統治馬來亞的英國人「『禁止亞洲人』參與社交的態度」[44]。在日本占領馬來亞的整個過程中，陳平與英軍通力合作，率領馬來亞人民抗日軍（Malayan People's Anti-Japanese Army），英國政府因此授予他大英帝國勳章。但一九四五年八月日本投降後，他決心把毛澤東的游擊戰理論套用到馬來亞爭取獨立的抗爭中。「如今日本戰敗，輪到英國了。[45]」陳平（不久將成為馬來亞政府的頭號公敵）與馬來亞共產黨領導了數百次反抗英國人統治者的罷工，因為那些英國人在二戰後的那幾年，並未解決日本占領當地所造成的經濟危機。一九四八年六月十八日，馬來亞共產黨殺害三名白人種植園主後，英國宣布進入緊急狀態。駐紮在馬來亞叢林裡的馬來亞共產黨，以暗殺及伏擊的方式，重創了四萬多人的英軍。一九五一年，英駐馬來亞最高專員*亨利．葛尼（Henry Gurney）在某次馬來亞共產黨發動的攻擊中喪生。與此同時，新上任的英國殖民總督試圖靠切斷供給的方式，讓叛亂分子餓到投降。他建造了由帶刺鐵絲網所包圍的「新村」（New Villages），以監控並阻止平民提供食物或情報給游擊隊。

一九五五年，英軍已將游擊隊打到潰不成軍（他們的戰略將成為西方集團成功鎮壓叛亂的典範。美國在越南便是仿效這種模式；二十一世紀初，印度政府打擊東部叢林的毛派起義也是如此）。翌年，陳平從叢林中走了出來，在北部城鎮華玲（Baling）與英國人及未來的馬來統治者〔出身貴族的公僕東姑．阿布都．拉曼（Tunku Abdul Rahman）〕談和。只是陳平拒絕接受阿布都．拉曼和英國人對馬來亞共產黨提出的投降要求，再次消聲匿跡。然而，到了一九五七年，在馬來亞取得獨立（並更名為馬來西亞）後，緊急狀態的最初理由不再。馬來西亞國內對於馬來亞共產黨在結束英國統治方面所扮演的角色，依然爭論不休。馬來亞共產黨的支持者聲稱，是共產黨逼迫英國離開的；而馬來亞共產黨的反對陣營則指控共產黨的恐怖暴行為平民帶來不必要的痛苦。

陳平就像多數在地的共產黨領袖一樣，極力避免自己看起來像外國的傀儡，也刻意輕描淡寫中國的援助。他堅稱，他從中國「連一顆子彈也沒拿」[46]。「如果馬來亞共產黨從一九四八年起

* 譯註：在大英國協內，高級專員指成員國間互派的最高外交使節，職能同大使。

一直接受中國的直接援助……在武器、裝備、資金、政治方向都獲得中國的奧援，為什麼十年後它的武裝鬥爭仍一團糟呢？[47]」然而，實務上，雙方的接觸不但密切且助益良多。一九四八年年底，即使中國內戰仍在進行，罹患結核病的馬來亞共產黨幹部還是送到中國醫治[48]。一九五〇年，馬來亞共產黨員會圍在收音機旁，收聽北京電台。他們在叢林中挨餓時，詢問中國有沒有什麼方法把橡膠種子變成食物[49]。如果沒有中國共產黨提供密碼方面的訓練，馬來亞共產黨的信使不會知道如何加密彼此間的通訊。

一九五一年，馬來亞共產黨的宣傳開始強調毛澤東對共產革命的獨特理論貢獻。「我們必須……認真學習……毛澤東思想，因為那是與我們目前的革命鬥爭息息相關的一種馬列主義理論。」(某個暴躁的殖民地官員在截獲的一本書頁空白處潦草寫道：「共產黨人必須讀這些枯燥乏味的東西，想必非常沉悶……我覺得我們真的沒有方法獲得這些傢伙的青睞。[50]」) 馬來亞共產黨在引述理論時，毛澤東的名字明顯會排在史達林之前，包括驗證「善用大腦對我們很重要」之類的見解[51]。馬來亞共產黨員及其支持者是以巧妙的隱密方式來佩戴毛澤東的圖像，例如藏在女性胸針裡，胸針外面有花朵的圖案。當他們安全地身處在同志之間時，可以按一下小扣件，露出毛澤東的照片。一九五〇年代中期，英國殖民的特務攔截了「馬來亞共產黨—中國共產黨」之間的信使線路。那些通訊顯示兩黨之間有廣泛的接觸。馬來亞共黨政治局的兩名成員（一半）待在中國，他們忙著把中國共產黨的指示傳回馬來亞，好讓同志採用。據報導，中國為數百名（即使不是數千名）馬來亞的革命者提供訓練設施，並設定計畫，以便使用鴉片船把那些接受中國共產黨訓練的馬來亞華人暗中運回馬來亞[52]。馬來亞共產黨之所以停止武裝鬥爭，前往華玲與英國談判，正是因為他們接獲中國的指示：中國要求他們「偃旗息鼓」[53]。

一九六一年六月，陳平以墨鏡、假鬍子變裝，流亡中國。飛抵北京機場後，他見到中聯部的副部長劉寧一。陳平回憶道：

他們安排我住在一座大平房裡，緊鄰著極機密的北京中聯部……當時的中聯部運作非常神祕，隱藏在一堵高大的石牆後方，外面完全沒有顯示其職能的標示。中聯部的大院裡，有獨立的小屋院，隱藏在另一堵牆的後面，供中聯部人員的家屬使用。部內有嚴格的規定，禁止任何家庭成員進入辦公區。中聯部的所有事務都是以預約的方式處理。我住的平房是專為他國共產黨派駐北京的幹部所設立的住宿區，坐落在一條直通中國首都核心「天安門廣場」的寬敞大道上。

他的鄰居來自世界各地，「緬甸、暹羅、寮國、柬埔寨、印尼的同志……都在中國設置了重要的訓練設施。[54]」這是中國版的莫斯科柳克斯大廈*（Hotel Lux）。柳克斯大廈（或譯盧克斯飯

* 譯註：一家位在莫斯科的飯店，蘇聯成立後，變成共產國際總部的所在地，蘇聯早期曾有眾多流亡的共產黨領導人住在這裡。柳克斯大廈最興盛的時期，有五十幾國的共產黨人在此召開會議，接受培訓或工作。

店）前身為法國飯店，後由布爾什維克取了這個費疑猜的名稱，裡頭住著外國革命者（其中許多人後來遭到史達林的恐怖清洗），一九二〇年代和三〇年代則是特務的聚集地。

阿成是專門負責處理中共和馬共關係的局內人，也是陳平在馬來亞共產黨中最知心的戰友之一。阿成是馬來亞的第一代中國移民革命者。一九一九年出生於廣東農村，一九三〇年代赴馬來亞留學，一九三八年加入馬來亞共產黨。一九四八年，他以高階黨員的身分被送到中國接受結核病的治療，同時擔任馬共和中共之間的北京聯絡人。一九六〇年左右回到馬來西亞，改由陳平在北京擔任聯絡人。一九六五年，阿成第二次正式造訪中國，一直留到一九七二年。

由於阿成寫了五冊回憶錄以記錄他的生平，他成了一九四〇年代末期到一九七〇年代初期中共和馬共關係的重要資料來源。回憶錄的內容揭露了中共把他們的革命模式傳播給馬來亞及其他東南亞革命者的方式，以及中共與馬共互動的性質。有趣的是，阿成對中共的情感是複雜的。他對毛澤東的革命經歷充滿敬畏，也目睹毛主義執政失敗而日益幻滅。雖然英國政府的文件顯示，從一九四〇年代末期起，馬共和中共之間就有祕密的協調行動，但阿成的回憶錄所講述的，卻是一個更混亂的故事。

中聯部派出來接應阿成的第一個人是喬冠華（後來成為中國第一個駐聯合國代表，娶了毛澤東的英文教師。許多中國最信任的外交官都兼做更機密、更敏感的黨對黨工作），但在九龍一條陰暗的小巷裡，難以指認身分，所以兩人沒聯絡上。後續幾個月，阿成一直在香港試圖聯繫中聯部，但是都失敗了。最後，他憑一己之力，好不容易抵達北京。在那裡，他和約三十名東南亞革命者一起加入一個精英「學習小組」，地點就在中南海（位於北京市中心，曾是皇室所在地，一九四九年中共領導人接管後，轉而成為私人住所）。他很享受在那裡的五星級待遇：接觸高官，有留德醫生駐守，享有領導階層的膳食配給，以及如今熟悉的毛澤東課程。阿成回憶，他和他的同伴在那裡接受的中國內戰歷史課，感覺像孩童對毛澤東展現英雄崇拜。鄧小平為他們講解中國共產黨在內戰期間勇渡長江的情況時，他們大聲喊道：「太棒了！太棒了！[55]」

不過，兩黨關係依舊出現裂痕。一九五〇年代，中共對馬共同志提供非常充裕的理論支持。不過，據阿成的說法，中共的支持僅止於此而已。阿成回憶道，第一次緊急狀態期間，英國的鎮壓接近高峰之際，他曾向中共尋求物資上的支援。一名中共幹部竟一本正經地回應：「我們對兄弟黨的幫助，主要是政治或道德上的。」不滿的阿成直言不諱地指出，當時中共為北韓及北越（胡志明的越南民主共和國）的統一戰爭都提供了大量無償的物資支援[56]。

說到支持馬共，中國自身的國家利益或便利性向來是凌駕在革命理論之上。一九五六年，毛澤東和周恩來敦促馬共與英國談判，以呼應中華人民共和國的新自我定位：不干擾國際和諧。這麼做是為了在亞非運動及不結盟運動中贏得領導的聲譽。華玲談判破裂約一個月後，也就是一九五六年年初，某日深夜，阿成突然被找去與中共的最高領導人會談：毛澤東、周恩來、劉少奇、朱德、鄧小平、中聯部主任王稼祥等人都擠在一張沙發上。毛澤東首先讚揚陳平斷然拒絕了阿布都·拉曼所提出的投降要求：「我們寧可戰到只剩一兵一卒。」毛澤東稱讚陳平是「英雄……我們共產黨的字典裡找不到投降這兩字」。隨後話鋒一轉，周恩來突然為當時苦撐的馬共建議了一條令人訝異的非共產之路。「我們會幫你們創業，你何不找幾個幹部在馬來亞開個店，我們運一些商品過去讓你賣？」那次會談令阿成感到困惑又失望，中共顯然想提供他一個退出革命的策略，然而這場革命明明是他們鼓吹的，甚至是按照他們的想法設計的，只是如今不再符合他們的地緣政治野心了[57]。一九六一年七月，中共拒絕蘇聯的「和平共處」，高呼全球武裝鬥爭，以爭取世界革命的領導權，局勢再次轉向。鄧小平找回已抽離革命的陳平，並承諾他，一旦陳平此時和馬共恢復馬來西亞的武裝鬥爭，中國一定會慷慨地支持他。陳平向來溫順，應允了鄧小平。於是，一九六〇年代與八〇年代之間，馬共與數千名叛亂分子，從馬來西亞與泰國接壤的基地出發，以叢林戰、政治顛覆、縱火與暗殺等方式，對抗獨立的馬來西亞及新加坡，掀起第二次緊急狀態。十九年後，也就是一九八〇年，鄧小平又一次蠻橫地召見陳平：這次，為了改善中國與馬來西亞政府及新加坡政府的外交和經濟關係，鄧小平要求馬共停止行動[58]。鄧小平只是延續毛澤東那套日益劃清界線的政策罷了。一九七四年，在重建中馬外交關係的談判中，馬來西亞總理敦阿都·拉薩（Tun Abdul Razak）迅速提出兩國之間最敏感的問題，要求毛澤東利用他的影響力，平息泰國邊境的馬共叛亂。毛澤東回應：「這有點棘手，我們已經多年沒跟他們聯繫了。總之，他們不聽我們的。不過，別擔心，他們永遠打不贏你們的。[59]」隨著中國的支援消失，以及蘇聯集團的共產政府垮台，一九八九年十二月，馬共終於和馬來西亞政府簽署和平協定。

我在這裡詳述馬共與中共之間的歷史，是因為兩黨關係在「毛澤東的全球野心」這個冷戰敘事中，是不可或缺的一部分。我也可以聚焦在中共對緬甸共產黨（BCP）的援助上：中共在中國培訓緬共的領導人數十年，並欺騙美麗的中國婦女嫁給他們；一九六〇年代中期，中共刻意把緬甸的革命難民從半退隱的狀態中拉出來（中共本來把他們放逐到中國西南部的一家水銀工廠），送他們回緬甸製造叛亂；中共為靠近中國南部邊境的緬共基地提供電力、食物、衣物、武器；中共派所謂的「問候與感謝小組」（實際上是軍事顧問）去指揮緬共作戰。文化大革命期間，來自中國南部和西南部的狂熱紅衛兵在緬共起義中擔任步兵，許多人在起義中喪生了。緬共是以近乎奴性的虔誠來償還中共這些人情債：每天早晚，緬共黨員都會向毛澤東的肖像鞠躬；毛澤東的著作是他們早課的必備讀物；在黨會議上，緬共黨員會先祝願毛澤東長生不老，再祈願自己的黨永垂不朽。緬共迫害那些認為緬甸的脈絡情境可能與中國不同的人，並模仿文化大革命對領導高層進行血腥整肅，還在判處前同志死刑的集會上，高唱毛澤東讚歌。中共對緬共的煽動，導致緬甸陷入內戰。一九七〇年，緬甸的國家元首奈溫（Ne Win）在一場教育展上，看著現場展示的一張地圖，並以行動表現他的不滿：他在地圖上找到中國的位置，然後在上面戳了一個洞。[60]

韓國人顯然沒有加入毛澤東的革命學院——這或許象徵著史達林的宣言：蘇韓是同一掛的。不過，朝鮮勞動黨（Korean Workers' Party，簡稱ＫＷＰ）的歷史深受中國共產黨的影響。在一九二〇年代與三〇年代之間，韓國共產黨人到中國避難，以消化日本占領的不尋常壓力。許多韓國人加入中國共產黨，並負責在中韓邊境翻轉中國共產黨成為一股可靠的勢力。許多激進的韓國組織都是在中共與軍隊的支持下創立的，並在之後併入朝鮮勞動黨，其中包括朝鮮獨立同盟（Korean Independence League，簡稱ＫＩＬ）、華北朝鮮青年聯合會（North China Korean Youth Association）、朝鮮志願軍華北分會（North China Branch of the Korean Volunteer Corps）。一九四〇年代，朝鮮獨立同盟把總部設在延安，其領導人回到北韓後被稱為「延安派」，並於一九五〇年代遭到金日成（Kim Il-sung）整肅。二戰結束回韓國之前，金日成是中國共產黨的黨員，在中國以中文接受粗略的教育並發展共產黨人的職涯。「金日成」這幾個漢字是一九三五年他挑選的化名（這些漢字的韓語發音就是Kim Il-sung）。不過，一九四〇年代初期，他到蘇聯避難，變成精通俄語與蘇聯的軍事研究，贏得了蘇聯元帥拉夫連季．貝利亞（Lavrenty Beria）的信任，進而贏得史達林的信任。一九四五年他以史達林「欽定人選」的身分回到韓國時，反而是一口破韓語。

國共內戰的最後幾年，許多韓國戰士留在中國：在延邊（韓國與中國東北接壤地區），近三萬五千名韓國人為共產黨而戰，十萬多人加入民兵和警察部隊。要不是有平壤的補給辦公室（中共代表在此成了金日成的酒友），毛澤東很難在關鍵的東北戰區管理其軍隊。為了回報金日成的支援，中共為他建立了一支韓國軍隊——包括八百名訓練有素、經驗豐富的軍校畢業生——並於二戰期間在中國作戰，藉此累積經驗。兩支韓國軍團回國之前，都發電報給毛澤東，內容極盡諂媚之能事：他們盛讚，中國革命是「東方被壓迫民族的最佳典範」，也是「韓國革命勝利的堅實基礎」。一九五〇年夏天，近五萬名韓國人組成的人民解放軍官兵越過中韓邊境，進入北韓——這是一次軍力的重大提升，金日成因此得以展開冷戰的第一場激烈衝突[61]。

只是，毛澤東提供的軍事支援不是無條件的。一九四九年那一整年，倘使李承晚與南韓對三十八度線以北發動攻擊，毛澤東隨時都做好了準備、也願意幫金日成抗敵。不過，對毛澤東來說，真的發起一場新的國際衝突並沒有意義，因為他仍深陷於安內的困境，同時計畫「解放」西藏與台灣。如果金日成自己發動一場戰爭，而中國支持他，那會嚴重影響毛澤東自身統一舊中國帝國偏遠領土的大業（而且終將實現）。關注共產世界的美國觀察家堅信，韓戰是由中國—蘇聯—北韓聯盟推動的，這三國有如「唇齒相依」，他們極力想要推翻自由世界。電影《戰略迷魂》（*The Manchurian Candidate, 1962*）裡有一幕描寫這種密切合作：這群盟友聚在中國東北某處的洗腦總部，操弄那些老實美國人的思想。不過，這種「親如兄弟」的關係實際上棘手多了（而且以中國與北韓的關係來說，至今依然如此）。

一九四九年六月，美軍撤離韓國，金日成隨即積極規畫南侵。起初，蘇聯和中共的領導人都不想讓美國找到重返朝鮮半島的藉口。後來，受到蘇聯第一次核子測試成功、中共戰勝蔣介石、以及一九五〇年一月，美國國務卿艾奇遜宣布韓國不在美國「防禦邊界」之內的鼓舞，金日成極力保證「三天內打贏戰爭」，史達林因此有所動搖[62]。史達林認為，韓戰足以分散美國對歐洲的關注，而且風險也低，所以開始行動以實現這個目標。一九四九年至一九五〇年冬天，毛澤東第一次出國訪問莫斯科期間，曾在中國內戰的尾聲尋求史達林的幫助：在國民黨的最後避難所——台灣島上——擊敗國民黨，但史達林拒絕派遣蘇聯軍隊支援。在毛澤東不知情的情況下，史達林同時召見了另一個來自東亞的貴客：金日成。史達林暗中向金日成承諾，金日成要是對南韓發動攻擊，他會提供支援。不過史達林為了自保，又多加了一個先決條件：金日成必須先獲得中國的支持。一九五〇年五月十三日，百般不願意的金日成終於向中共提出這個請求。那場會議想必進行得很不順利，因為會議紀錄從未公開。我們只知道會議很晚才結束，周恩來甚至在午夜前造訪蘇聯大使館，要求馬上向史達林發出一份祕密電報。「毛澤東同志祈望菲利波夫同志*（Filippov，亦即史達林）立即針對……一事做出說明。[63]」

毛澤東對於涉入韓國的危險衝突興趣缺缺，這是可以理解的：中共的軍力此際聚集在東南海岸，以便入侵台灣。東北邊境一旦爆發冷戰戰火，中共勢必得將那些進攻部隊都轉移過去，以捍衛東北地區——那無疑是從一國的底端遷移到頂端。從檔案中翻出的電報及談話紀錄顯示，毛澤東差一點就拒絕幫助韓國了。一九五〇年秋天，蘇聯大使通報，毛澤東不想參與，因為重建中國是他的首要之務。他說：「北韓即使暫時失敗，他們將會轉變成游擊戰。[64]」直到十月一日——中華人民共和國成立一週年——徹夜召開政治局會議後，毛澤東這才說服領導高層的其他人同意他的觀點：中國應該出兵援助。由於他以亞洲革命的領袖自居，他認為出兵援助是他的職責[65]。

中國參戰一開始並不順利，因為毛澤東的指揮官首選林彪——一九四八年，中共在東北獲勝的總策畫便是林彪，而那是內戰的轉捩點——拒絕接受任務。此外，還有其他的困難。毛澤東原本指望蘇聯空中支援中國那批訓練及裝配都極其簡陋的部隊，未想史達林竟拒絕了——大概是為了針對「蘇聯介入戰爭」這種說法維持貌似可信的否認態度。但後來他的態度略有緩和，承諾在中國東北的上空提供有限的空中掩護。幾年後，毛澤東依然憎恨史達林在這些議題上所展現的狡猾多變，尤其戰時通信清楚地顯示，史達林從來沒打算白白援助中國（中國為韓戰犧牲了成千上萬條人命）。戰後，蘇聯還把他們提供的軍用物資帳單提交給中國。

因此，毛澤東捲入韓戰不是因為長期陰謀，而是因為史達林自私自利的衝動與本能，他利用毛澤東想要成為「亞洲革命領袖」的渴望。由於毛澤東與其親信已經公開承諾領導世界革命——還在北京提供培訓課程、宣稱中國與亞洲受迫人民一條心等——一旦中國不願介入韓戰，其國際革命資歷將會受創。簡言之，史達林和金日成製造了一場衝突，不僅波及中國最敏感、最複雜的邊境（北韓—蘇聯—中國邊境），也影響了毛澤東的自我形象。因此，當韓戰局勢轉向，逐漸對北韓不利時，中國只好被迫去營救金日成。

所以，韓戰非但沒有代表毛澤東、史達林、金日成之間的緊密聯盟，反而凸顯出他們關係中的斷層。金日成對於毛澤東不願協助韓國統一感到不滿——既然中國已經革命成功，韓國為什麼得再等等？——然而，在毛澤東的心中，要等台灣回歸大陸的掌控，中國的革命才算完成——為什麼金日成就不能等中國先達成這個目標呢？——毛澤東抱怨道：「他們是我們的隔壁鄰居，開戰前卻從未找我們先商量。」中國為韓戰付出巨大的代價：無論是人力上（官方資料顯示，三十六萬名中國士兵死傷），或是軍備上。一九五〇年，中共不得不放棄收復台灣的作戰計畫。儘管當時看來只是暫緩執行，但認真的軍事準備從未重新啟動。而金日成也從未特別感謝毛澤東的救援。他認為，成千上萬「為中國革命犧牲」的韓國人，與中國派去支援韓戰的數十萬軍隊「相當」[66]。

---

* 譯註：史達林在密電中的俄國化名。

韓戰的經歷為中國和北韓的關係確立了一種模式，即使一九五三年聯合國、北韓、中國簽署臨時停戰協議，這種模式依然延續了很久（後來從未出現「最終和平協議」以取代臨時停戰協議，因此韓戰變成世界上持續最久的冷戰衝突）。近七十年來，規模較小、反覆無常又粗暴無禮的北韓不知怎的，設法操弄了規模更大、實力更強、更富裕的鄰國，使中國變成支持北韓的生命線。這種動態導致朝鮮半島隨時都有可能爆發地緣政治危機。

金日成以「主體思想」（juche，亦即自給自足）告訴北韓及全世界，這個國家會走自己的路。「從蘇聯回來的人主張蘇聯的方法，從中國回來的人主張中國的方法，這是一場毫無意義的爭辯……我們正在進行朝鮮革命。[67]」金日成設法達到兩全其美：他在北韓宣揚主體思想，卻又同時吸收蘇聯與中國的援助。一九五三年以後，一百二十萬名「中國人民志願軍」續留北韓重建那個飽受戰火蹂躪的國家（戰爭結束時，平壤只剩一座殖民時代的銀行仍矗立著）：幫北韓重建家園、水壩、橋梁以及運河。金日成刻意讓這些人生活在離平壤幾哩遠的惡劣環境中；在首都的戰爭博物館裡，他也刻意輕描淡寫他們的貢獻[68]。相較之下，毛澤東因渴望獲得亞洲革命的領袖地位，雖深知北韓懷疑中國歷史上對朝鮮半島的干涉，也需要一個盟友來對抗美國在東南亞與日本的遏制行動，反而決心收買金日成的友誼。儘管中國自身窮困，一九五〇年代，毛澤東為重建北韓所提供的援助幾乎和蘇聯一樣多，包括八千八百萬米的棉布、六十萬雙鞋，還一筆勾消了北韓的貿易逆差[69]。中國在處理中韓邊界的問題上，也很慷慨大方。在一九六二年的祕密協商中，中國幾乎全盤答應了金日成提出的一切要求，包括涵蓋白頭山（亦即長白山）山脈。對韓國人來說，白頭山可是聖山，也是傳說中金正日的出生地（他其實是出生在蘇聯）[70]。

北韓雖然主張「主體思想」，但中國對金日成的革命依然有很大的影響。例如，金日成欽佩毛澤東的整風運動及個人崇拜，認為那是整頓朝鮮勞動黨及壓制異議分子的一種方式。他的「千里馬運動」便是毫無保留地抄襲大躍進的唯意志觀。一九五八年，金日成派一支北韓代表團去中國「充分學習並研究中國經驗，再把所學帶回韓國」。一九五八年啟動的「千里馬運動」具有毛澤東那套高速經濟發展計畫的所有特徵：大規模動員「志願」的工人；狂熱的工業發展；壓縮規畫目標；對於北韓超越更發達的日本經濟並達到普遍榮景，抱持極其樂觀的態度；加強政治壓迫，任何失敗都歸咎於「破壞者」或「敵對分子」。於是，北韓人開始盡責地捕殺蜘蛛、蒼蠅、老鼠（他們認為這些生物破壞糧作）；在山坡上種植橡膠樹；努力使「每個公民都成為士兵」。金日成把北韓變成一個致力抵禦外侮的堡壘國家，到了一九六〇年代末期，北韓軍隊占全民的比例已是蘇聯軍隊的四倍[71]。不了解北韓長久以來對普遍軍事化的痴迷，就很難了解這個國家當代對核武發展的執念，以及軍事開支至少占國內生產毛額（GDP）百分之二十的作法。這種軍武投入比例，連美國都相形見絀。雖然以絕對金額來看，美國的軍事開支遠高於北韓（因為美國的經濟規模是北韓的好幾倍），但美國的軍事預算「僅」占GDP的百分之三點五。

周恩來指出，中國與北韓所推行的運動有很多相似之處，「我們推出大躍進，你們是躍上千里馬。[72]」千里馬運動堅持透過政治意志，克服物質障礙——這種理念延續至今，任何建設都必須以令人目眩的速度進行。似乎每隔六個月，朝鮮民主主義人民共和國（亦即北韓，DPRK）

就會為革命建設提出一種新速度：千里馬速度、馬息嶺速度*、平壤速度，以及最近金正恩推出的萬里馬速度（萬里馬是另一種飛馬，比千里馬快十倍）†。

韓文中的「群眾路線」也是由中文直接翻譯過來的，最重要的「自力更生」原則也是來自中國（這是延安時期的關鍵口號，在大躍進與文化大革命期間又再度出現）。諷刺的是，毛式的「自力更生」變成「主體思想」的基石。主體思想是北韓及金日成主義的官方國家意識形態，金日成用來主張自己的獨創性以及獨立於中國之外，也用來推行反對「事大主義」‡的運動，亦即反對韓國長期以來對中國事物的屈從[73]。金日成在北韓推出的第一批文化干預政策之一，就是禁用漢字。一九四七年起，北韓的所有政府檔案都是以韓字（亦即朝鮮字母）書寫。反共的南韓多花了二十年的時間，才從教育體系中淘汰漢字。最重要的是，金日成培養了一種偶像崇拜的風格，這種風格最初是仿效毛澤東的領導崇拜，最終卻讓毛澤東的原創顯得謙遜許多。金日成後來變成「無與倫比的愛國者、民族英雄、無敵鐵腕英明的指揮官、國際共產運動的傑出領導人、天才思想家、民族的太陽、全球被壓迫人民心中的紅太陽，當代最偉大的領袖」。金日成崇拜（身為「首領」，亦即最高領袖）在一九六〇年代末期逐漸興起，與此同時，毛澤東崇拜在文化大革命期間達到顛峰，兩者絕非巧合。一九七二年四月，金日成慶祝六十大壽之際，北韓政權揭開一座俯瞰平壤、占地二十四萬平方公尺（約七萬兩千六百坪）的紀念碑，紀念碑的頂端是一尊二十公尺高的偉大領袖金銅雕像[74]。

一九七〇年，金日成開始與毛澤東直接競爭全球革命最高領導人的地位，他的文宣主張：

「金日成不僅是朝鮮民主主義人民共和國的偉大領袖，也能夠領導全世界。[75]」一九七〇年代與八〇年代，金日成為了爭取國際影響力而積極奔走，尤其是在非洲：他資助安哥拉的叛亂活動，在馬達加斯加蓋體育館，宴請多哥的領導人享用人參桑拿。金日成與幾內亞（奉承地宣布金日成是「第三世界領袖」）及辛巴威總統羅伯．穆加比（Robert Mugabe，曾送金日成一把槍）的關係特別融洽。一九八〇年代初期，穆加比委託北韓訓練一支精銳部隊「第五旅」，他利用這支部隊鎮壓辛巴威的反對派。如今，北韓藝術在整個非洲大陸仍享有出奇高的知名度。萬壽台創作社（Mansudae Art Studio）是北韓宣傳部為了塑造金日成神像而成立的分部，自一九七〇年代起，非洲國家便委託該單位製作許多紀念碑，不但獲利豐厚，那些紀念碑也無疑展現了「社會主義—現實主義」的風格，每尊雕像都呈現鮮明的肌肉與瀟灑的英姿：例如衣索比亞的提格拉欽紀念碑（Tiglachin Monument）、塞內加爾的非洲文藝復興紀念碑、辛巴威的國家英雄廣場、納米比亞的無名戰士雕像[76]。這些委託案可能為北韓的核武計畫提供了資金，有些則為北韓創造了數千萬美元的外匯。

---

* 譯註：朝鮮人民軍在金正恩的號召下，僅用一年多的時間，就建成北韓第一個豪華滑雪場，所以北韓借用這個詞來鼓勵朝鮮軍民進行各行各業的建設。

† 譯註：千里馬和萬里馬都是想像中的動物，前者能日行千里，後者日行萬里。

‡ 譯註：「事大」一詞來源於《孟子》的「以小事大」。朝鮮長期奉中國為大國及宗主國，所以效忠中國的政策稱為事大主義。

儘管外交上偶爾出紕漏——例如送一瓶陳年威士忌給禁酒的穆斯林領導者——金日成稱霸全球的野心看來似乎真有可能實現[77]。一名越南外交官指出：「毛澤東身為世界領導人的角色已近尾聲……金日成相對年輕，個性強悍。北韓的領導高層正在推行一項長期策略，把金日成宣傳為亞洲人民的領袖。」但是在競爭世界革命的領袖地位時，金日成只顯現出他欠了毛澤東的人情，因為全球金日成主義大多是模仿全球毛主義的技倆。而北韓為出版及討論金日成思想的國際「學習團體」不斷浥注資金，並邀請那些學習團體的代表到北韓參訪，享受國家政要等級的禮遇，而且費用全由北韓買單[78]。

一九五〇年代中期，毛澤東向阿納斯塔斯・米高揚（Anastas Mikoyan，他在史達林及赫魯雪夫執政時期的老相識）總結了他對金日成的看法：「你們提拔了金日成。他本來像棵小樹，是你們栽種的。美國人把它拔起來，我們又把它種在同一個地方，現在它變得極其繁茂。」毛澤東習慣以「小金」這個暱稱來稱呼金日成，金日成對此相當惱火[79]。整個一九五〇年代，金日成一直在謀畫著清洗周邊那些親華的「延安派」：他們一個接一個被指控為軍事失利的罪魁禍首，遭到解職、逮捕、流放、處決。一九六〇年，金日成抨擊毛澤東正密謀「把北韓變成中國的殖民地」，說他「永遠不會相信中國人，也不會再造訪中國」[80]。然而，同年（也是中國大躍進鬧饑荒最嚴重的一年），他繼續接受中國援助的資金（包括二十三萬噸的糧食）[81]。

北韓與中國之間的裂痕，在文化大革命最混亂的那幾年（1966-69）達到顛峰。金日成告訴蘇聯總統列昂尼德・布里茲聶夫（Leonid Brezhnev），毛澤東釋出紅衛兵簡直是「愚不可及」，代表「中國的邪惡」[82]。北韓的外交官與東德人交談時，猜測毛澤東是不是已經衰老糊塗了，需要靠高麗人參進補。毛澤東的紅衛兵則是以他們的報紙進行反擊，說金日成是「韓國修正主義集團中的修正主義胖子，同時也是百萬富豪、貴族、韓國的主要資產階級分子」[83]。中國的激進分子唯恐這些訊息沒傳到北韓，還在中韓邊境的沿線加裝了擴音器，大聲辱罵北韓「敬愛的領袖」（每十二小時罵一次）。後來，在邊境城市延邊，局勢發生了可怕的轉折。貨運列車從中國駛入北韓，列車上掛滿了在文革的聚眾打鬥中不幸喪命的韓國人屍體，而且屍體上還寫了一些威脅性字眼：「你們這些渺小的修正主義者，這也會是你們的下場！[84]」然而，矛盾的是，中國仍持續援助北韓：一九六七年，中國提供北韓四萬噸的砂糖。一九六八年到一九七三年期間，中國甚至延遲了在北京興建地鐵的計畫，前去平壤為北韓興建一條地鐵[85]。

中國與北韓的衝突一路從高層滲透到基層。貫穿一九五〇年代至六〇年代，數千名韓國人到中國的工廠學習產業貿易。上海是產業中心，所以是許多北韓人加入學徒方案的首選地點。上海的檔案館中，收藏了許多中國看管者撰寫的中韓不和報告。北韓人非常痛恨中國的看管者試圖灌輸他們毛澤東思想，他們會針對任何毛澤東的頌詞，提出頌讚金日成的說法來與之較量。文化大革命即將展開之際，上海的看管者更加倍宣揚毛澤東思想。北韓人面對這種變本加厲的宣傳攻勢，他們的反應是：一拿到毛澤東的徽章就扔掉，或是譏笑貼在街上的毛主席肖像。他們得知中國第一次核子測試成功的消息時，反應也很冷淡：「二十年後，北韓也會實現這個目標。」（一名惱火的中國間諜在報告中不滿地寫道：「我不知道他們有什麼證據可以這麼證明。」[86]）

洗腦的傳聞主張，中國共產黨除了透過戰爭來推翻整個國家及顛覆容易受到影響的美國人以外，無疑也控制了東南亞的華僑及其後代的忠誠。英美認為，中國大陸和希特勒統治的德國都是奉行擴張主義，虎視眈眈地盯著鄰國，以尋找生存空間（Lebensraum）。所以，對英美的保安當局來說，一九四九年後，在那些冷戰的前線地區，華僑變成一大安全隱憂。這種對海外華人的假設，不僅是多米諾骨牌理論的一個關鍵因素，也促使美國在政治與軍事上決定支持台灣作為華人效忠的替代中心，而且這項政策至今仍持續塑造東亞局勢[87]。但在一九五〇年代的多數時間裡，在毛澤東及其副手的眼中，海外華人並非「革命的種子」，而是匯款回鄉以維持中國運作的金雞母。一九五〇年到一九五七年期間，海外華人匯款回鄉的總金額估計高達十一點七億美元，幾乎抵銷了同期中國的貿易逆差（十三點八億美元）[88]。

為了盡量增加這類匯款，中國銀行在分行內設立「分局」，中國人得以在此寫信向海外的親人要求匯款，有些信簡直就像勒索信。那些信要求華僑匯款，以保護在土地改革期間遭到監禁的中國親人，幾個北美華僑收到這類信件後就自殺了。舊金山有個中國移民，代表八十一歲的老母「捐款」四千美元，卻依然無法避免她遭處死刑，因此悲憤自盡。一九五一年，美國政府估計，「光是美國華人透過香港寄往紅色中國的勒索贖金，就足以養活香港人口一年。[89]」

海外華人與中國大陸的衝突很多，從金融到兩性方面都有。緊張關係最早的來源之一，是來自中華人民共和國早期最開明的一項立法：一九五〇年的婚姻法，賦予男女平等的離婚訴訟權。許多海外華人拋棄妻子，遠走海外多年，甚至數十年，他們的妻子如今提起訴訟。儘管政府的僑務局通常比較偏袒那些丈夫（為了保護最重要的匯款），卻也默許留在中國的妻子通姦。更糟的是，一些幹部還與這些妻子有染。一份在地的報導指出，一名幹部悠遊在「十幾個」這類配偶之間，盡享齊人之福[90]。

海外華人非但不是革命的真正信徒，反而是革命的受害者。隨著土地改革在全國蔓延，海外華人的親屬在中國東南海岸建造的歐式豪宅——採用多立克柱等歐式風格——成了攻擊目標。那些住戶遭到抄家處決，他們在海外的親人因此不再匯款回鄉。共產黨眼見匯款驟降，通常會稍微收手，降低革命的熱度。例如，土地改革期間，華裔澳籍郭氏兄弟—中國第一家百貨連鎖「永安百貨」董事——的豪華郭氏宗祠遭到粗暴沒收。不過，約五年後，中國當局歸還郭氏宗祠，取消了郭家的「地主」身分，並「說服」祖村的一個親戚私下寫信給郭氏兄弟，說她在中國過得多好。但中共隨後在香港一家左派報紙上公開了那封私人信件，此舉非但沒有平息海外的疑慮，反而助長了海外華人的疑心[91]。為了迎合華僑，中共制定了一整套「優待」方案，例如設立「華僑專屬」的商店，他們可以在那裡買到其他地方很少販售的食品與商品，甚至還有「華僑新村」，一處享有資產階級生活方式的小區，這種地方在中國的多數地區已遭到根除[92]。

一九五六年以後，集體化的加速以及大躍進的動員，掃除了這些雙重標準：祖墳遭到破壞，以利灌溉與耕種；每個人——不分老少——都被迫日以繼夜地勞動。有親人在海外的家庭，都想盡辦法離開了。一九五六年初，近一千五百人逃離海南島[93]。一九五九年至一九六一年期間，中華人民共和國公開歡迎約十三萬名印尼華人前來中國（當時正值大饑荒的顛峰），宣稱中國了解他們的「苦難與艱辛」，說他們從此以後不再是「海外孤兒」[94]。然而，現實生活完全不是這麼一回事，他們在中國南部與東南部的茶園從事艱苦的體力活。

一九五〇年代，馬來亞共產黨的華人被英國人流放到中國。一九五七年的反右運動或文化大革命期間，許多流亡中國的馬共華人遭到譴責與清洗，數十年後才獲得平反。所以，中國革命不僅吞噬了他們的親戚，也吞噬了他們的孩子。也難怪一九八九年（緊急狀態發生四十多年後），陳平和馬來西亞政府協商投降協定時，許多流亡中國的馬共選擇返回馬來西亞。致力記錄馬共歷史的馬來西亞華裔作家陳劍（C. C. Chin）指出，那些流亡者「抵抗大英帝國主義時，總是充滿自信，抬頭挺胸。但他們不知道如何面對……反右運動和文化大革命的鬥爭大會……那種心理壓力比遭到監禁或肉體折磨還要痛苦。有些人不堪壓力折磨而崩潰或自殺」。一名倖存者套用毛派說法：「我們成了離水之魚。[95]」矛盾的是，在文化大革命期間——任何海外關係都是遭到懷疑的理由，而且常遭到直接起訴——中共視海外華人與他們在中國的親戚為資本主義的「第五縱隊」加以迫害；東南亞的保安當局則視東南亞的華僑為中共的「第五縱隊」加以監視並追蹤（事實上，從仰光到金邊再到新加坡，許多中國青年熱切地宣揚文化大革命的毛澤東崇拜，向當地人推銷小紅書和毛澤東徽章）[96]。

毛澤東領導的中國甚至把職業革命者也變成了懷疑論者。一九六〇年代中期，阿成回到中國，一開始對中國的現況感到困惑，接著是感到震驚：文化大革命的教條主義（有人告訴他，因為他的名字裡包含一個政治上不吉利的字*，他若是中共黨員，會遭到清洗）；紅衛兵的暴力迫害；他的直系親屬承受的政治與經濟磨難（一九四九年後，他的父親及岳父母都留在中國）。他私下去廣東探望父親時，得知一九六〇年代初期的饑荒是國家過度榨取所造成的，公社導致一般百姓陷入貧困。「我心想，馬來亞的經濟不可能那樣運作……為什麼每個人都得一窮二白呢？」他埋首研究毛澤東的作品以理解文化大革命，但最終只感到「不安與失望」，他的同志則是利用文化大革命的言詞來消滅敵人[97]。在他們位於泰國邊境的營地裡，馬共游擊隊清洗、甚至處決了那些掀起緊急狀態的老隊友，把他們當成「間諜」看待[98]。阿成在情感上仍是毛派：毛是革命元老，也是馬共的支助者。毛澤東輕易把湖南的一個廣播電台（「革命之聲」）送給馬共，讓他們向馬來西亞廣播。營地裡有宿舍、商店、診所、乒乓球桌、籃球場、羽球場、游泳池、電話交換機、理髮店、澡堂，全都以竹子圍起來，據傳是為了抵禦預期的蘇聯核武攻擊所建造的。毛澤東思想是他們每次廣播的基調。阿成坦言：「沒有毛澤東，就沒有廣播電台！」但他也看到毛澤東的統治讓中國人民付出了慘痛的代價[99]。

對美國的精神學家來說，一九五〇年代可謂豐收的一年。在「洗腦戰俘」這些報導的背景下，大家開始覺得這是「極端歷史狀況」（連講究事實查核的《紐約客》也說，中國與北韓的監禁對美國戰俘的影響是「前所未有的」），美方針對這種全新的中國心理武器所召開的焦慮研討

---

* 譯註：本名單汝洪。

會越來越熱絡[100]。然而，在這一切中，關於「洗腦」的一個重要觀點卻被忽略了。中國人自己認為他們在做什麼呢？如果美國無黨派的專業人事開始研究這個問題，他們應該會找到一些答案，那些答案會使美國原本懷疑「毛派『洗腦』世界的陰謀」變得更複雜。

美國的情報單位想取得可靠的中國情資並不容易。對美國來說，一九四九年中國成功奪取政權是一次慘敗，導致美國國務院的「中國通」遭到政治迫害，因為美國政府在國共內戰期間一直依賴他們來制定對華政策。幾乎一整個世代的中國通都被迫卸下有影響力及受人尊敬的職位，包括謝偉思（John Service）和拉鐵摩爾。他們兩人之所以受到延安及中共的吸引，至少有部分是因為史諾那些美化中共的描述。一九四九年以前負責制訂美國對華政策的核心人物中，有幾人被送到政府的小組委員會，他們的「忠誠」遭到嚴重的質疑。雖然他們都沒有入獄，但許多人因此在知識界和政治界遭到流放。對美國的中國通來說，這是沉痛的創傷階段，導致美國的分析及政策制定失衡了數十年——可以說，美國至今依然承受著這段創痛的後果。

回到一九五〇年代，具中文專業知識及人脈的人遭到國務院的排擠，甚至被視為國家叛徒。伊桑·楊（Ethan Young）自稱是第三代「紅尿布」嬰兒（亦即左傾家庭的後代），他是在一九五〇年代成長，一九六〇年代變成激進學子，我們稍後會再見到他。他回憶道：「與中國有關聯太可怕了，連那些在美國提供最理智、最清晰中國情報的人，也可能被迫離職。某種程度上，幾乎就跟兒童色情一樣。從中國出來的任何素材都會經過政府認證蓋章，蓋章基本上就表示：小心你讀到的一切，這來自敵國。[101]」拉鐵摩爾後來離開美國，前往英國的里茲大學，並創設了頂尖的東亞系。謝偉思在國務院經歷了一段永無升遷的職涯後，在柏克萊擔任圖書管理員數年。

於是，後來被徵召去審問並分析「洗腦」情資的人，往往很少或根本沒有獨立的東亞專業知識，而且通常也不懂東亞語言（「洗腦」是整個一九五〇年代關於毛派全球野心的決定性觀點）。其中有許多人是像亨特那樣，容易受到影響或投機的冷戰分子。相較之下，那些處理美國戰俘的北韓與中國審訊員的專業知識都相當亮眼：一口流利的英語（有些甚至用字遣詞極其優雅），其中幾人曾在美國大學深造。一名戰俘指出，中國那些負責再教育的工作者是「來自不同組織的教授、編輯或高階官員……他們很和善，風度翩翩」[102]。因此，當時的美國人幾乎都不知道中共自己認為他們在做什麼。

研究戰後美國的歷史學家一直批評，心理專業人士與美國的「軍工複合體」勾結，所以他們對「洗腦」一詞抱持懷疑的態度。分析師指出，那個詞是亨特等江湖騙子用來散布對共產敵人的恐懼，以便在美國境內肆無忌憚地擴張「祕密圈」，利用任何防禦或進攻手段來對抗這種「前所未有的威脅」。他們主張，「洗腦」讓我們看到冷戰時期的美國焦慮，卻對毛澤東時代的政治生活幾乎一無所知。

然而，其他人並不同意這種觀點。儘管史學家阿明達．史密斯（Aminda Smith）研究毛澤東時代的「思想改造」時，並未在一九五〇年代以後的中國文獻中發現「洗腦」一詞，卻有足夠的間接證據顯示，洗腦不是亨特擅自捏造出來的概念。那是一個在中國非正式流通的詞彙，因為它在語言上有深厚的文化根源（可追溯到古代道家的「洗心」思想），也有淺薄的政治根源（呼應毛派思想改造運動中的修辭）。此外，思想改造無論對象是誰，目的都一樣：那些對中國囚犯與（在北韓的）美國俘虜所使用的語言和技術出奇相似。不過，這種對個人的政治改造——雖然通常很殘酷又操弄人心——並不是美國冷戰分子所想像的那種無所不能的流程。

再教育是中國共產革命的基本要素。如果沒有能力說服一般民眾相信他們提出的激進變革將使大家的生活變好，中國共產黨就不可能獲得群眾的支持。那些活在中國社會底層的人必須擺脫宿命論——把悲慘生活歸咎於「命」的思維——透過「啟發覺悟」來表達對壓迫者的不滿。（這點後來演變成一九六〇年代反文化造反者的關鍵工具，包括第二波女權主義者，反對美國與西歐的體制）[103]。他們必須釐清「誰是我們的敵人？誰是我們的朋友？」（毛澤東分析中國社會的經典論述中，曾以這句名言開場）[104]。一九四九年以後，思想改造開始在全國各地推行延安整風運動期間所精進的技巧：小組討論以及批評／自我批評、個別審問、自傳和自白的書寫與改寫。

美國的洗腦恐懼是想像一群冷酷無情的中國灌輸者，但現實的體驗其實很混亂。中國共產黨取得政權時，黨甚至難以嚴密地掌控幹部的意識形態。北韓的中國政治組織可能看起來也一樣毫無準備。一名美國戰俘回憶道：「中國人剛俘虜我們時，沒有地方關押我們，也沒有食物給我們吃。[105]」無論是對中國囚犯、還是對外國俘虜，紀律都不嚴密。一九五四年，一份有關北京下層階級的思想改造報告指出，「拘留者常利用看病、取水或找食物等機會逃跑」。許多中國再教育的學員奮起抗爭。一個妓女暴露肉體以分散警衛的注意力，好讓遭到拘留的前伙伴乘機逃逸（有些人逃跑時，還會對看守者拳打腳踢）。另一些人拒絕工作或學習，「他們成天睡覺，看小說」。一份報告指出，幹部對這種怠慢也無能為力[106]。

「洗腦」事件在美國及其他歐洲國家所掀起的恐慌中，人們很容易忽視那些針對美國戰俘所設計的思想改造方案欠缺了什麼。美國戰俘覺得集中營裡的中國政委無聊得要命。一名戰俘提到，他和伙伴聽那些演講時，聽到「快抓狂」；聽「一切政治廢話」時，都必須強忍睡意。可以打混時，戰俘就打哈欠、開玩笑，虛應故事。例如，他們把〈東方紅〉的中文歌詞改成「向毛澤東扔屎的人」[107]。真正讓戰俘乖乖就範的，主要是身體的磨難，而不是精神殺害：例如天寒地凍的死亡行軍、傷口缺乏治療、食物短缺。一九五三年，選擇留在中國的美國大兵詹姆斯・溫納瑞斯（James Veneris）在一個中國訪談節目中，回憶當初是什麼因素讓他決定向中國人投降：俘虜他的軍隊給了他一支香菸。溫納瑞斯過世後，他的遺孀和女兒哭著回憶道，他想加入中國共產黨，成為中國的公民，因為中國人「救了他的命……他從未忘記這件事」[108]。

亨特指控中國的思想改造者是在玩弄心理巫術。反觀中國人，則認為自己是在「逆洗腦」（un-brainwashing）：清洗那些戰俘被資本主義洗過的腦。北韓的許多再教育工作者認為，他們的學員是美國社會的最底層，是統治者的傀儡與受害者。一名審訊員對一名囚犯說：「我們知道，你們只是資本主義遊戲裡的小棋子，所以我們要給你一次再教育的機會。[109]」另一名再教育工作者回憶道：「那很簡單，當時的西方國家，尤其是美國，對一般的勞動者來說，例如徵召入伍的士兵，根本是個可怕的地方。我們不需要採用任何特殊的方法。多數戰俘都是窮人，他們當初別無選擇，只能當兵。現在他們困在這裡，遠離家人，要說服他們相信自己遭到虧待並不難。要讓他們相信他們對抗的一般北韓人與中國人也遭到虧待，那也不難……我們試圖向他們展示，另一種世界、另一種系統是可能的。那其實是我們的主要目標。[110]」毛主義及毛派中國在一九六〇年代的大規模社會與文化反叛中所扮演的角色，證明了這個分析是正確的。美國黑人大兵克拉倫斯·亞當斯（Clarence Adams）的故事也是如此。

一九五〇年十一月二十四日，亞當斯一如其他數千名駐紮在北韓的美軍士兵，吃完了第二份感恩節火雞。「吃了那頓以後，我整整隔了三年，才再次吃到像樣的一餐。當然，對很多伙伴來說，那頓感恩節晚餐是他們這輩子的最後一餐。」他回憶道，第二天，「中國軍隊突然無處不在，山頂上、山坡上、山谷裡到處都是，成千上萬名美國士兵被團團圍住。」他所屬的軍團試圖撤退時，他連續幾天沒吃沒睡，從一片冰凍的稻田移至另一片冰凍的稻田。他那個連隊都是黑人士兵，四天後他才發現，所屬重砲連隊被用來幫助只有輕型武器的白人連隊逃脫，這直接違反了常規戰略。兩天後，他在溝裡被中國士兵俘虜。他和綁架者的最初兩次接觸，大體上是正面的。一個士兵讓他吃了一把穀物，這是他幾天以來第一次進食。另一個中國人是口譯員，衝過來對他說：「你不是剝削者！你是被剝削的人。[111]」

亞當斯在北韓差點死於囚禁。「像大豆那麼大的豬虱」吸他的血，他不得不切除長了壞疽的腳趾[112]。「我不斷地自問，誰才是這場戰爭的真正受益者？是武器製造商嗎？中國人堅稱，這是『富人的戰爭，卻由窮人出面應戰』……每當我想起自己身為黑人的年輕歲月，我很難看出民主與自由究竟對我有什麼好處。」一九三〇年代與四〇年代，亞當斯在孟菲斯成長，他已經習慣遭到警方攔截搜身、種族隔離、白人暴力。他最初從軍只是為了躲避警察的暴行，「為什麼富人有錢，窮人貧困呢？」他禁不住自問了起來，「為什麼黑人總是像動物一樣遭到粗暴對待呢？……我越想這些問題，就越相信中國人告訴我們的話有些道理。美國的批評家後來說這叫洗腦，但如果你已經知道那些人告訴你的事情千真萬確，那怎麼會是洗腦呢？[113]」

一九五三年，亞當斯成為二十一個選擇留在中國的美國大兵之一。他在中國娶了中國女子，生了兩個孩子。亞當斯之後堅稱：「中國人沒有對我洗腦，他們是幫我逆洗腦……我選擇留在中國，是因為我在尋找自由，一條擺脫貧困的路，我希望被當成人類看待，而不是低人一等的東西。我從來沒加入共產黨，沒成為中國公民，也絕對沒有背叛我的國家。[114]」他堅稱，「是國內的種族歧視，而不是中國的宣傳，促使我做出那樣的決定」[115]。

一九六六年，亞當斯決定返美時，也抱持著同樣的理性質疑態度。儘管毛澤東的中國提供他上大學、旅行、成為譯者的機會，他仍感覺自己在中國的職業選擇有限。他也想念家鄉的親人，不喜歡中國熟人之間「以群體為重、欠缺個人主義」的現象。另一個選擇留在中國的美國戰俘大衛・霍金斯（David Hawkins）也提出類似的觀點。一九五七年他返回美國之前，在中國接受了大學教育，也開過卡車。「中國人有句俗話：三思而後行。我也養成了這個習慣，質疑別人告訴我的每件事；我從來不相信任何表象……我學會變成更好的美國人。[116]」

四、世界革命

一九六六年的春天，隨著文化大革命的啟動，北京地圖出版社推出新版的世界地圖。地圖的中心是中華人民共和國，顏色是鮭魚粉色，上方印了毛澤東的名言：「社會主義制度終究要代替資本主義制度，這是一個不以人們自己的意志為轉移的客觀規律。不管反動派怎樣企圖阻止歷史車輪的前進，革命或遲或早總會發生，並且將必然取得勝利。」世界地圖的左右兩邊，列了兩句一九六三年毛澤東創作的詩句：「四海翻騰雲水怒；五洲震盪風雷激。」（那首詩最後兩句是：「要掃除一切害人蟲，全無敵。」）

那張地圖顯示，毛派革命發展最廣泛的階段所抱持的全球希望，其他的出版品也傳播類似的國際資訊。例如《北京周報》——一九六〇年代熱門的毛派政治國際文宣——報導世界各大洲對毛澤東及其革命的崇拜。該報引用一個非洲馬利工匠的話說：「毛主席屬於中國，屬於全世界。就像太陽一樣，他屬於全人類。」此時，在展現毛澤東崇拜的肖像中，毛主席幾乎總是籠罩著聖潔的光輝。一九六九年的一張海報上，他容光煥發的面孔，俯視著一群多元民族的狂熱分子：

非洲人、土耳其人、阿拉伯人、白人[1]。這種宣傳從一九五〇年代末期開始出現，到文化大革命（1966-71）的前半段及於顛峰，毛澤東被描繪成世界革命的天才救世主：對抗西方的帝國主義者、奸巧的蘇聯修正主義者、黨內的資本主義敗類。

毛主義顛峰（high Maoism）——我在這裡如此稱呼——呈現出一種特殊的國際化形式：理論上放諸四海皆準，實務上卻是偏狹的。它為毛主義通行全球提出了烏托邦式的完美論點，卻又與蘇聯進行了一些微不足道的教義之爭。爭取世界地位的同時，也摧毀了中國在世界上幾乎所有地方的外交關係。它高喊普世團結，卻又主張毛澤東的全球領導地位。它往往比較關心在國內的虛榮自尊，而不是國際的現實政治。

然而，儘管毛主義顛峰有種種的矛盾，卻深刻地造就了歷史。在中國境內，其所激發的能量和情感，讓文化大革命得以在一九六〇年代與七〇年代持續運行——文革是共產黨刻意撕裂自己的獨特例子。毛主義顛峰也是推動全球對毛主席瘋狂崇拜的動力引擎。中國利用光鮮亮麗的雜誌、色彩繽紛的海報以及紀錄片，把毛澤東包裝成世界革命的天才，藉此在非洲、亞洲、拉丁美洲播下叛亂的種子，並浥注了數十億美元的中國援助到這些地區。毛主義顛峰也激發了西歐與美國的反文化運動，並在過程中與自由戀愛及毒品文化融合在一起。毛主義顛峰也在中南半島各地引發了革命戰爭，並在一九七〇年代末期演變成民族衝突。以更長遠的觀點來看，毛澤東的世界革命計畫——令人費解地建立在中蘇的激烈競爭上——甚至加速了冷戰的結束。

如今，中蘇交惡*聽起來可能像一道跨文化的甜點†。一九六〇年代與七〇年代，毛澤東與蘇聯為了爭搶世界革命的領導權而引發的爭執，似乎既枯燥又躁進，在意識形態和幼稚行為之間莫名地變來變去（連身處在爭論核心的蘇聯領導人赫魯雪夫也常搞不清楚狀況）。然而，半個世紀以前，他們改變了全球歷史。蘇聯與中國爭奪對發展中國家的影響時，兩國的爭執把蘇聯推向帝國的過度擴張，破壞了國際社會主義聯盟，促成了一九七二年尼克森和中國令人出乎意料的和解，並在整個共產集團中助長了火爆、不服從的民族主義——尤其是在柬埔寨和越南。這是冷戰結束的開始，也掀起了如今依然存在的全球叛亂。

為了揭開這個故事，我們必須深入探究毛主義巔峰的時代：了解大躍進、文化大革命，以及推動這兩大劃時代事件的中蘇決裂。

＊

一九五七年十一月十八日這一天，對李越然來說，是壓力很大的日子。那天有一場眾所矚目的會議：全球六十四個共黨領導人史無前例地前來莫斯科參加盛會。李越然是經驗豐富的中俄口

* 譯註：中蘇交惡（Sino-Soviet Split）：或稱「中蘇決裂」。冷戰期間中華人民共和國與蘇維埃社會主義共和國聯盟發生的外交、軍事疏遠，甚至對峙衝突。

† 譯註：香蕉船（香蕉聖代）的英文是banana split。

譯員，他被派去向與會代表翻譯毛主席的講話。對毛主席與中國共產黨來說，這場會議是一舉成名的時刻——這是中國共產黨和蘇聯老大哥平起平坐的第一次國際會議。蘇聯為了表示對毛澤東的特別尊重，並未要求他提前交出書面講稿，他是唯一獲此殊榮的講者。毛澤東充分把握了這次機會，決定即席發言，所以李越然必須即時口譯。

毛澤東一開口，顯然就是來鬧事的。他一開場就說，他整場都會坐著發言。他告訴與會代表，幾年前一次「中風」使他難以站著發言。這是展現霸道肢體語言的藉口。翌年五月，北京炎夏伊始，他便投入北京北部一座水庫興建的勞動中。近十年後，他在天安門廣場的主席台上站了數個小時，觀看數百萬瘋狂的紅衛兵。毛澤東處於戰鬥狀態時——尤其是面對蘇聯時——他常一開始就裝病，以卸除對手的心防。一九六三年，他向蘇聯大使抱怨：「我常感冒，今天我只能躺在床上接待你，而且，我好像快死了。[2]」語畢，他又繼續辯論了兩個半小時。

如今，在莫斯科，毛澤東完全未顧及口譯員能否即時應變，演講中不時穿插著中國俗語、古老的歷史典故、非正統的哲理。基本上，他是在要求現場的國際同儕，接受他那套獨特的中國革命語言。

> 中國有句俗話：「蛇無頭而不行。」……中國還有一句成語：「荷花雖好，也要綠葉扶持。」你赫魯曉夫同志這朵荷花雖好，也要綠葉扶持……我們中國還有一句成語：「三個臭皮匠，合成一個諸葛亮。」

演講的內容充滿挑釁。在那場會議召開前的幾個月，毛澤東便擺出一副自己是共產世界老大的模樣，與赫魯雪夫展開一場自吹自擂的競賽，吹噓自己將率先超越西方經濟大國。毛澤東在黨內會議上問道：「難道我們不能避開蘇聯的彎路，把事情做得更快更好嗎？[3]」在莫斯科，毛澤東誇下海口，中國將在十五年內超越英國的工業。就在這一刻，毛澤東決定針對無可避免的第三次世界核子大戰，抒發他對國際權力平衡的看法——而他在私下交談中，已試探過這些想法了）。

世界上現在有兩股風：東風與西風。中國有句成語：「不是東風壓倒西風，就是西風壓倒東風。」我認為目前形勢的特點是東風壓倒西風……要設想一下，如果爆發戰爭要死多少人。全世界二十七億人口，可能損失三分之一；再多一點，可能損失一半……我說，極而言之，死掉一半人，還有一半人，帝國主義打平了，全世界社會主義化了，再過多少年，又會有二十七億，一定還要多[4]。

赫魯雪夫後來回憶道，毛澤東完成一小時的冗長演講後，現場一片死寂（他也提到宋慶齡後來嘲笑毛澤東，竟然在核子屠殺後，提到中國迅速繁衍後代這種「低俗」的說法）。米高揚——史達林派駐中國的老特使，理當很熟悉毛主席的方式——但他聽完毛澤東的演講後，也震驚地站了起來，默默地凝視著毛澤東[5]。波蘭與捷克斯洛伐克*的共黨領袖自驚訝中回神後，提出了異議。他們說，中國人口眾多，大可在核武攻擊中倖存下來，但波蘭與捷克斯洛伐克卻會遭到消滅[6]。義大利的共黨領袖帕爾米羅・陶里亞蒂（Palmiro Togliatti）也為義大利提出類似的保留意見，毛澤東聽完後平靜地回應：「但誰告訴你義大利必須生存下來？中國將剩下三億人，那便足以維持人類的生存了。[7]」毛澤東的醫生後來回憶道，毛澤東「對這次的莫斯科宣言十分滿意[8]」。

毛澤東在莫斯科的演講，目的是為了激怒蘇聯。儘管東道主蘇聯很慷慨大方，他在整個訪問過程中都表現得很糟。蘇聯派出兩架飛機來接中國代表團，並在機上供應魚子醬、炸魚薯片、三明治和伏特加，毛澤東回應：「這蘇聯菜，實在沒有吃頭，嚐不出什麼味道。」訪俄期間，他只吃自己的廚師所煮的湖南菜。赫魯雪夫安排毛澤東住在凱薩琳大帝故宮中最豪華的房間。那個宮殿有如奢華的迷宮，走廊和寬敞的接待廳掛著閃閃發光的枝形吊燈。毛澤東不屑使用套房的衛浴，而是使用自己遠從中國帶來的夜壺。毛澤東的醫生說，赫魯雪夫邀他去看《天鵝湖》（從蘇聯領袖的專用包廂觀賞），他在第二幕結束時，便起身離開，並抱怨道：「這麼個跳法，用腳尖走路，看得叫人不舒服，不能改個法子跳嗎？[9]」

毛澤東在一九五七年獲得的待遇及回應，與他在一九四九至五〇年的經歷，形成了鮮明的對比。他首度訪蘇時，史達林冷落他，又故意拖延他的時間，之後在談判桌上更是仗勢欺人。在公開場合，毛澤東只能奉承回應。如今二度訪蘇，毛澤東對赫魯雪夫的盛情款待不屑一顧：毛澤東顯然覺得，他比赫魯雪夫資深且更優越。在整個訪問過程中，他盡顯目中無人的粗魯，覺得自己比赫魯雪夫高一等，任性妄為，開口閉口都是以中國為核心的論點。這次訪問為毛澤東預想的革命及地位，劃下一個新時代的開始。基本上，他是在對現場那六十三名共黨領袖說，我主導世界革命，我愛說什麼，就說什麼。

中蘇決裂有很多原因：從個人瑣碎的因素，到地緣政治與歷史因素所在都有[10]。誠如前述，毛澤東厭惡俄羅斯的食物及衛浴。在更無限上綱的爭吵中，他告訴蘇聯人，他還打算為十九世紀沙皇奪取中國的土地算舊帳。中國認為，中蘇關係中有嚴重的不平等現象，並為此感到憤慨。那些派駐社會主義集團的蘇聯顧問都過得很好，包括那些生活在貧困中國的顧問，而且許多顧問很會利用東道主的慷慨。例如，蘇聯顧問在中國過得無憂無慮，生活費和薪水皆由中國買單，那些金額以中國在地的標準來看都是天文數字。一九五〇年代，中共在北京西部一處寧靜郊區，介於城市與大學之間，建造了「友誼賓館」。那裡有繁茂的草地，好讓專為蘇聯人畜養的白鹿吃草。還有游泳池、寬敞的公寓，公寓裡都是高級家具。友誼賓館的「友誼宮」供應早餐，還可以打撞球。相較之下，蘇聯對中國的留學生收費過高，提供的課程及生活條件卻是未達相應的水平。

---

* 譯註：捷克斯洛伐克是存在於一九一八年至一九九二年的中東歐國家。一九九二年，捷克與斯洛伐克以和平方式各自獨立成捷克共和國及斯洛伐克共和國。

不過，最重要的是，兩國之間意識形態的隔閡[11]。騷動始於一九五六年二月的蘇聯共產黨第二十次代表大會。會中，赫魯雪夫不僅譴責史達林的暴政，也提出全新的外交政策方向：與美國及其他的資本主義國家「和平共處」。兩個月後，共產黨和工人黨情報局（Cominform，接替共產國際的組織）遭到解散。「和平共處」等於是與蘇聯的過去決裂，主張共產集團不是註定非得透過暴力革命來跟資本主義抗爭，也可透過成功的典範來說服其他國家。

儘管毛澤東長期遭到史達林的冷落，一九五六年赫魯雪夫開始「去史達林化」時，毛澤東便堅決反對。他願意承認史達林犯了嚴重的錯誤，尤其是對待中國的方式（史達林在抗日戰爭和內戰期間，對毛澤東的支持一直是反覆無常：一九四四年，他曾告訴一名美國外交官，毛澤東領導的共產黨根本「人造奶油」，是一群假共產黨人）。但毛澤東對史達林專案的其他方面非常痴迷。基於顯而易見的原因，他想為個人崇拜的必要性辯護。一九三〇年代，毛澤東讀了對他產生深刻影響的《全聯盟共產黨歷史：簡明教程》後，始終深信一九二〇年代「革命史達林主義」的信條：人民，尤其是農民，可以受到威嚇，並在必要時被迫產出農業盈餘，以加速工業發展，尤其是軍事發展。毛澤東則認為，赫魯雪夫不過是個官僚，利用武裝鬥爭背棄了革命。一九五六年十一月，在赫魯雪夫向第二十次全國代表大會發表祕密演講約九個月後，毛澤東首次自創及定義了一個詞，由此促成了中蘇決裂、文化大革命的內部清洗、毛主義自信的全球擴張：「去史達林化……是修正主義。[12]」赫魯雪夫誓言竭盡所能避免第三次世界大戰；毛澤東的陣營則是宣稱，共產主義與「帝國主義」的戰爭是無可避免的——其他的觀點都是背叛了革命。

整個一九五八年，毛澤東一再刻意製造全球紛爭，擺明他就是要質疑「和平共處」這種方式，也把他自己塑造成革命鬧事的世界領袖。當年，中央委員會奉毛主席的口號「繼續革命」為圭臬——該口號的目的是為了區別毛澤東的革命不懈和蘇聯的停滯不前。一九五〇年代末期傳播的多數思想，經過充分的放大後，便定義了毛主義顛峰：「政治與群眾決定一切」（而不是專家與規畫者決定一切）；政治鬥爭必須軍事化（「每個人都應該組織民兵，每個人都應該有槍，以便實現全國武裝」）；物質現實（亦即中國的大量貧困）不是障礙——重要的是「共產精神」。毛澤東同時煽動人們對他的狂熱崇拜：「一個團隊必須崇拜它的領袖。[13]」這些年也可以看到林彪——一個情緒不穩的軍事天才，精明的奉承者——東山再起，一九五九年，他取代更嚴苛的彭德懷，擔任國防部長。（毛澤東的醫生說，林彪怕風、怕光、怕水。他根本不能喝水，只能吃妻子泡過水的饅頭來代替喝水[14]。）林彪為了討好主席，建議把毛澤東的軍事思想列為人民解放軍的核心教材。他的宣傳運動為「毛主義顛峰」奠定了基礎。毛澤東的自信暴漲及其革命的無限可能性，是一九五〇年代和六〇年代兩大運動的基礎：大躍進與文化大革命。

在這兩大運動中，毛澤東模糊了外交政策和國內政策的分野：國外革命會激發國內革命。他在國內變得激進，是為了提升自己的國際形象（使他能夠吹噓中國即將「超英趕美」）；外交政策變得激進，是為了讓中國永遠處於軍事備戰狀態。這無疑公然藐視傳統的政治智慧：一般認為，若要達成經濟與政治建設，必須先有承平的環境。毛澤東則是抱持完全相反的觀點。

一九五八年七月到八月，毛澤東竭盡所能在中蘇之間與中美之間製造衝突。七月底，赫魯雪夫赶到中國，以平息毛澤東為了聯合潛艇艦隊的提案所製造的爭端。在那次訪華行程中——那是史達林時代完全無法想像的景象，以前總是史達林要求其他共黨領袖到莫斯科——毛澤東想盡辦法激怒赫魯雪夫。首先，他安排赫魯雪夫去住一個蚊子很多又沒有空調的郊區招待所。接著，他又逼赫魯雪夫到中南海的泳池邊跟他見面。毛澤東擅長游泳，赫魯雪夫只能靠充氣臂圈勉強游一下。兩人寒暄幾句後，毛澤東就脫下浴袍，提議到水中繼續談論當前的政治局勢。毛澤東逕自跳入水裡，抛下穿著緞面泳褲，戴著泳帽和充氣救生圈的赫魯雪夫在他後頭掙扎。一名口譯員巧妙地在全球兩大共產國家的領袖之間穿梭。毛澤東樂於問複雜的問題，赫魯雪夫只能倉促回應，還因此吞了幾口池水。一個蘇聯的目擊者回憶道：「那一幕令人難忘。[15]」

搞定赫魯雪夫後，八月二十三日，毛澤東下令密集砲轟金門——數十萬次的砲彈攻擊——由此加劇中美之間的國際緊張局勢。一九五八年九月初，艾森豪總統的國務卿約翰·福斯特·杜勒斯（John Foster Dulles）暗示，可部署核武以解決危機。蘇聯因為與中國簽了戰略聯盟，必須準備好做出同樣的回應。但毛澤東其實對奪回金門那些島嶼不感興趣。對他來說，這場衝突——可能與古巴導彈危機一樣嚴重——只是一場權力遊戲，是對美國人施壓的一種方式（套用他的說法，是在美國人的脖子上套上套索[16]）。他以一場大規模的宣傳活動向中國人民解釋，砲轟金門是為了正義捍衛受害的中國主權，抵禦美國的帝國主義。同時，這也為毛澤東帶領中國人民加入大躍進的經濟激進主義，提供了合理的理由。冶煉大量鋼鐵並倉促組建公社的動力，都需要對中國人民施加軍事紀律，這可以靠人為製造的國際危機感達成。蘇聯總統布里茲聶夫後來指出，毛澤東的目的是說服人民相信，中國是一個「受困的堡壘」，他刻意製造「外部條件，以證明使用極端的道德和實際手段，來操弄工人達到超人的勤奮水準是合理的[17]」。為了實現這些目標，毛澤東情願在脆弱的國際形勢下干冒風險——即全球核戰——可謂非比尋常[18]。毛澤東向他的醫生坦言，他正在縱容一場大規模的國際大戰，不顧人類的後果。「美國最好插手進來，在福建什麼地方放一顆原子彈，炸死個一兩千萬人。[19]」

研究大躍進的歷史學家基於顯而易見的原因，會特別強調大躍進在中國境內造成駭人聽聞的傷亡。這是從破壞隱私開始做起，國家剝奪了個人為家人做飯、管理自己的土地及農作、休息的權利，甚至剝奪一些婦女勞動時穿著衣服的權利。到了一九五九年，國家顯然也不准農民進行最基本的身體功能：進食。當幹部虛構糧食大豐收的統計資料時，國家從這些虛構的收成中，取走既定的配額以供養城市，並出口海外以創造收入來支應工業發展。然而，由於官方統計數據遠遠超過實際產量，農民幾乎一無所有。中國海內外的歷史學家都追蹤到可怕的結果：數千萬人死於飢餓和營養不良的相關疾病，以及國家暴徒對人民的毆打（這些暴徒想從「囤糧」的農民手中榨取更多的糧食，所以毒打農民）。

雖然我們必須注意大躍進及隨之而來的饑荒所造成的國內恐慌，但若不指出那些驅動暴行的全球野心，就不可能了解這些浩劫。儘管毛澤東想模仿史達林在一九二〇年代末期的「大轉折」中對蘇聯集體化的美好描述，但他其實更想超越蘇聯與西方，以主張中國的全球霸主地位。這在毛澤東的言論中顯而易見：他急於搶在蘇聯之前，創造一個完全落實共產主義的社會，在經濟上超越英國、法國、美國。一九五七年，他預言，未來中國的糧食產量將增加百分之六十九，棉花的產量將增加百分之百，「我們將建立一個全球委員會，並制定全球統一計畫[20]」。一九五九年的國慶日，毛澤東最親近的副手陳毅，對想像的大躍進成果雀躍不已。他得意地說，中國的成就「對世界上所有為解放而奮鬥的被壓迫民族與人民來說，是一大鼓舞。他們從中國人民的身上，看到了自己的明天。他們覺得中國人做到的每件事，他們也應該能做到。他們從中國人民的勝利中，獲得了無限的信心與勇氣。中國人民在所有被壓迫的民族身上，看到了他們的過往。[21]」

中國這種自封為「世界糧倉」的新作法，促成了揮霍無度的國際援助政策。蔣介石領導的中華民國一直是外援的接收者，尤其是接受美國的援助。毛澤東為了宣傳他在海內外的成功——無論那有多荒誕——他決心慷慨解囊。一九六〇年至一九六一年，就在國內饑荒最嚴重的時候，毛澤東依然出手闊綽，這段期間中國提供的外援成長了百分之五十以上。一九六〇年，中國對非洲的援助大幅增加：光是援助阿爾及利亞的金額，就從前一年的六十萬人民幣，增至五千零六十萬人民幣[22]。一九六一年，儲備的外援資金是六點六億人民幣，比前十年的每年平均值多了二點六億人民幣。阿爾巴尼亞是特別的受益者：中國分兩批船運，贈與該國五分之一的糧食需求。一名阿爾巴尼亞的外交官回憶道：「中國給了我們一切。」即便身為外國人，他也可以明顯看出中國正發生饑荒，就連北京也是（城市看不到最嚴重的匱乏，政府竭盡所能對外國訪客隱瞞饑荒）。他說：「我們想要什麼，就跟中國人要……我覺得很羞愧。[23]」然而，阿爾巴尼亞人並未因此羞於乞求：在一九五〇年代與六〇年代，阿爾巴尼亞因為同時向蘇聯和中國乞討，而獲得當之無愧的乞討聲譽[24]。

一九六〇年，蘇聯的統治者收到一封來自中共一般黨員的信，那封信寫得很直白：「世界革命的中心已轉移到中國，毛澤東是當代最偉大的馬克思主義者。[25]」同年早些時候，毛澤東委任一個由五名思想家所組成的委員會提出一份宣言，主張中國是領導世界革命的人選。〈列寧主義萬歲〉這篇長文於一九六〇年四月發布，文中盛讚對抗「在亞洲、非洲、拉丁美洲的美帝國主義」的全球階級鬥爭以及毛澤東的「持久戰」戰略，並公開譴責蘇聯打算與美國「和平共處」的計畫。「現代修正主義者，從他們對現代世界形勢的荒謬論斷出發，從他們那種所謂『馬克思列寧主義的階級分析和階級鬥爭的理論已經過時』的荒謬論斷出發，企圖在暴力、戰爭、和平共處等一系列問題上，根本推翻馬克思列寧主義的基本原理。」相反的，中國共產黨中央「根據列寧的原則，在我國的條件下，創造性地給我國人民提出了建設社會主義的總路線、大躍進和人民公社的正確方針，鼓舞了全國群眾首創的革命精神，因而正在日新月異地改變著我國的面貌。」之後，一九六三年至六四年間，他們又發表了九篇辯論文章[26]，並以迅雷不及掩耳的速度傳播：北京發布最新的共產經院哲學後，阿爾及爾（Algiers）的讀者只要有心追蹤，短短五天內就能跟上最新的發展[27]。一九六〇年七月，赫魯雪夫從中國召回所有的蘇聯顧問，這多多少少是為了回應中國這些自大傲慢的行徑。由於毛澤東非常在意國際「面子」，他堅持在五年內迅速償還積欠蘇聯的債務。他若無其事地說：「延安時期那麼困難，我們吃辣椒也不死人，現在比那個時候好多了，要勒緊褲腰帶，爭取五年內把債務還清。[28]」

這場中蘇爭論後來淪為無關緊要的辱罵。毛澤東及其副手譴責蘇聯是急於安撫美國人的「修正主義者」，一逮到機會就公開抨擊蘇聯，並宣稱中國才是世界革命的真正領導者。「抨擊、輕蔑、噓聲、喊叫」成為國際共黨大會的標準配樂。曾任越南宣傳部長的軒武（Xuan Vu）回憶道：「一九六〇年，北方人開始透過街角的廣播擴音器，了解中蘇兩國的差異。每天晚上八點到八點半，擴音器會直接連線播放北京廣播電台。八點半到九點，則調頻至莫斯科電台。這兩個電台開始互相辱罵。中國人會侮辱赫魯雪夫，蘇聯人則是侮辱毛澤東。[29]」中國人把辱罵蘇聯官員的中國官員當成英雄看待。例如派出五千多名幹部去北京機場迎接中國代表，連毛澤東與周恩來也開心去接機[30]。不過，東方集團（Eastern bloc）*的多數國家依然忠於蘇聯。例如羅馬尼亞人為了阻止中國人參加一九六二年在布達佩斯舉行的共黨會議，謊稱布加勒斯特和匈牙利首都之間的所有航班都客滿了。在東柏林舉行的另一場共黨大會上，德國共產黨人關掉中國代表團的麥克風，直接把他們的謾罵噤聲[31]。

赫魯雪夫喜歡把毛澤東比喻成「老套鞋」（尤其是伏特加喝多了的時候）[32]。對此，毛澤東則是回嗆他，蘇聯的政策計畫「又臭又長」。每當中蘇關係出現稍微好轉的跡象，毛澤東總是蓄意加以破壞。一九六四年，一些邊界談判似乎進展得出奇順利，毛澤東告訴日本社會黨的代表團，他依然想針對一百年前俄羅斯占領中國領土的問題，跟蘇聯「算舊帳」，並提出中國收復（外）蒙古的問題。蘇聯代表團到中共的海濱度假勝地北戴河會談時，在一陣休息過後，雙方竟不歡而散，蘇聯代表團憤而返國。一九六五年，蘇聯總理柯西金問毛澤東是否考慮中蘇和解時，毛澤東回答，他已經發誓要譴責蘇聯一萬年了。為了做出特別的讓步，他縮短為一千年，但不可能再縮得更短了。

一九六〇年六月，周恩來向政治局報告「因歉收而鬧饑荒兩年」，導致國內政治前景「非常危險」[33]。翌年，劉少奇與鄧小平放棄大躍進。一九六二年一月，毛澤東的權威面臨挑戰：劉少奇在北京的一場會議上，對著七千名幹部大談中國經濟災難長達三個小時。中國正處於一場「人禍」之中，中央領導應該受到譴責。他私下對毛澤東說（同樣是在游泳池裡）：「餓死這麼多人！歷史要寫上你我的，人相食，要上書的！[34]」於是，毛澤東暫時收斂引退，與他比較親近的同志逐步解散公社並重新導入私人土地制度。國內經濟政策轉趨溫和，國外政策也跟著和緩：所謂的「三和一減」是主張與美國、蘇聯、印度和解，並削減革命援助。

一九六二年，中國共產黨（尤其是毛主席）面臨前所未有的國內正統性危機。當年九月，毛澤東以一場譁眾取寵的演講，成功地走出困境，重返政治核心。他鼓吹階級鬥爭長久存在的必要性，也鼓吹由他與中國來領導全世界對抗帝國主義和修正主義，尤其是在亞洲、非洲、拉丁美

* 譯註：東方集團為冷戰期間西方陣營對中歐及東歐的前社會主義國家的稱呼，其範圍大致為蘇聯及華沙公約組織的成員國。

洲[35]。在毛澤東的新口號中，中國應負起「反修防修」的神聖責任——反對海外（蘇聯）的修正主義，並在中國防止修正主義。那是在不同的戰區，為了維護革命而進行同樣的奮鬥。隨之而來的宣傳運動則是告訴中國人民——尤其是城市受眾——發動革命既是中國責任，也是全球責任。反對中國革命的罪行，變成了反對世界革命的罪行。把中國從「修正主義」的威脅中拯救出來，就是拯救世界。

一九六五年，國防部長林彪在吹捧文〈人民戰爭勝利萬歲！〉中，積極鼓勵人們把毛派革命輸出到全世界：「毛澤東思想是世界革命人民的共同財富。這就是毛澤東思想偉大的國際意義……高舉人民戰爭的正義旗幟……勝利一定屬於全世界人民！[36]」

一九六六年，林彪的吹捧又更進一步，他形容《毛語錄》是一顆「威力無比的精神原子彈」——一九六六年至一九七一年期間，《毛語錄》以數十種語言印製了逾十億冊[37]。整個一九六〇年代，那些幫毛澤東策畫文革的關鍵盟友，明確地宣傳毛澤東的理論，視其為成功發動外國革命戰爭的關鍵——尤其是在開發中國家、遭到殖民的國家、去殖民化的世界。毛澤東在文革初期曾說：「天下大亂，形勢大好。」藉此把自己塑造成世界革命的策畫者。他的同志紛紛加入奉承的行列。一九六六年，葉劍英元帥宣稱：「未來二十五年在毛澤東的領導下，我們會解放全世界。[38]」中國的文化是一種全球戰鬥文化。

毛澤東喜歡在公開場合把自己塑造成被美蘇帝國壓迫的苦難民眾的友人：他是美國黑人的朋友、越共的朋友、各地共黨叛亂分子的朋友。蘇聯顧問離開中國後，騰出了友誼賓館內的空間。

隨著毛澤東領導的中國以「反叛全球總部」自居（反殖民、反美、反對一切），友誼賓館變成了漂泊革命者的聚集中心。那裡有憂鬱的智利波麗露歌手、哥倫比亞演員、只會紙上談兵的委內瑞拉游擊隊隊員、教條主義的英國毛派邱茉莉（Elsie Fairfax-Cholmeley）。據傳一九六七年紅衛兵焚燒英國大使館時，邱茉莉在燃燒的廢墟周圍歡欣鼓舞〔北京的一個英國同鄉說：「她的英文名字完全透露了她的背景。她是小說家伍德豪斯（P. G. Wodehouse）的阿姨……如果她是蜘蛛，丈夫會被她當成早餐吃掉。」〕。那裡還有一個溫和虔誠的穆斯林民族主義革命者、他是來自尼日的阿馬杜（Amadou）。他穿著飄逸的白色長袍，拿著一個盛著聖水的銀質茶壺，在友誼賓館的餐廳裡走來走去，對用餐者喃喃地說著法語：「你好，你好！」他對共產主義沒有特別的興趣，但中國對阿馬杜有另一種吸引力。他抵達中國後，對國家廣電總局的局長說，《古蘭經》允許他娶四個妻子。他在非洲已經娶了三個，想為中國配偶預留一個位置，所以他打算在中國買一個妻子。局長告訴他，那是不可能的。阿馬杜激動抗議道，他不是要免費的施捨，他是真的願意為一個女人付錢。他平復失望的心情後，在中國教了幾年非洲語言，之後回到尼日，創立自己的運輸事業。後來，他在遊行隊伍中暗殺國王未果，遭到逮捕並處決[39]。

貫穿一九六〇年代，中國國內的宣傳活動經常提到世界革命。電影和紀錄片、歌曲和數學教科書、戲劇和桌遊充斥著中國領袖領導全球革命者的形象。一九六〇年代中期成長的那一代，特別容易接受這類宣傳內容。這些內容告訴他們，他們不需要錯過父母參與過的光榮軍事犧牲（二戰、內戰、韓戰），他們也可以在中國媒體到處製造的全球武裝鬥爭中成為革命者。陳兼是研究中國冷戰最尖銳的檔案史家之一，長期以來他一直主張，毛澤東的全球言論既是民族主義的，也是普世主義的：黨呼籲人民為了全球福祉與中國榮耀而獻身革命。黨的宣傳把世界革命變成家務事：它告訴中國人——從小學生到進出口公司的員工——世界革命與他們密切相關，一如自身的革命。中國中部某鐵路物流部門的高層告訴員工，提高貨運量「有助於世界革命」[40]。

在此提醒各位讀者，「世界革命與中國的日常生活息息相關」的訊息，在中國的城市裡隨處可見：舉凡牆上的報紙與橫幅、演講、運動比賽、小學童軍營等都可以看到。小學生高唱中越團結的歌曲：「反美帝侵越南」、「並肩前進」[41]。數學老師以革命算數題來測試學生：「毛主席發表支持美國黑人反對暴政的聲明後，十七排永遠效忠紅色中國的革命小學生與老師馬上參加了抗議示威活動，並堅決支持毛主席這項強大的聲明。平均每個排有四十五人，所以總共有多少人參加了抗議活動？[42]」在閒暇時間，這些孩子玩一種以越南游擊戰為主題的桌遊，遊戲目標是在地下隧道中毫髮無傷地移動，同時以詭雷伏擊美國士兵[43]。

各行各業都涉入其中，不管他們在戰爭中能發揮什麼職能。一張工廠海報寫道：「中國與越南的電纜工人並肩戰鬥！[44]」宣傳活動經常提到離中國受眾很遙遠的革命鬥爭地點，有些地方人們甚至連聽都沒聽過，例如剛果、多明尼加共和國、巴拿馬等。受眾一再被灌輸一個觀念：貧窮與落後都沒關係：在「革命戰爭中……推動歷史前進」的關鍵要素是「人的意志」[45]。這種講究儀式的年代，一整年都充滿了紀念外國起義與革命的慶祝活動。到了國慶日，政府會特地邀請開發中國家的代表團前來，讓那些受眾感受到他們的革命受到國際社會的尊重。一九六四年，美國和比利時介入剛果衝突後，毛澤東向剛果的游擊隊叛亂分子保證：「所有的中國人民都支持你們。[46]」美國幾乎每次宣布外交政策，都會在中國各地的城市引發一場集會抗爭。每次集會都有數百萬人參加，集會群眾無不高喊，六億五千萬中國人民支持美帝的受害者。報紙副刊與宣傳海報宣稱，「我們在世界各地都有朋友」，電台則是現場播放「亞洲、非洲、拉丁美洲人民想要解放」的歌曲[47]。但這一切始終是一種狹隘的國際主義風格，是由一種自戀的想法驅動的（自以為全世界對中國有多麼重視），而不是出於無私的團結。中國標榜自己是全球革命家族的大老。中國共產黨養成了為世界發聲的習慣，尤其是為開發中國家發聲（那些地方是美蘇相互較勁的關鍵戰場）：中國的核彈就是「亞非的炸彈」；中國在聯合國重新獲得席次後，其否決權就是「第三世界的否決權」[48]。

集會散去後，紀錄片和戲劇繼續宣揚世界革命以及中國在其中的核心地位。一九六四年普遍發行的電影《世界人民公敵》告訴觀眾，「從中南半島到剛果叢林，從加勒比海到賽普勒斯，從太平洋的日本到印度洋邊緣的桑吉巴（Zanzibar），現在全球人民的反美抗爭如洶湧的巨浪般滾滾而來，衝向美帝國主義，使它越沉越低，直到四面楚歌。[49]」一九六三年至一九六四年間，非洲崇拜者迎接周恩來外交旋風的畫面，在中國的各大城市中廣為傳播，用以宣傳中國革命在非洲大陸所獲得的喜愛及尊重。一些觀眾深受感動，甚至立下血誓，誓言支持或親自投身越戰[50]。中國那些展現國際主義的戲劇毫不掩飾其野心，但對時間、地點、行動的統一性漠不關心。例如，一部音樂劇的情節在亞洲、中東、非洲、拉丁美洲、白宮之間穿梭，最後結局是在天安門廣場舉行一場大規模的集會，宣布「毛澤東名言……凝聚世界人民的革命意志，鼓舞世界人民的革命鬥爭」[51]。

這種反叛文化的目的，是為了在一般百姓的生活中帶入革命，也說服他們相信毛澤東的全球領導地位。在描寫越南的中國戲劇中，他們刻意讓那些越南角色嚷嚷著毛澤東的口號，聲稱他們是毛派信徒。在描寫剛果內戰的戲劇中，中國演員刻意塗黑身體，與反比利時的游擊隊載歌載舞，上演聲援那些游擊隊的戲碼，同時也暗示他們的領導地位。一齣戲裡的一首歌唱道：「東風敲響戰鼓。」那些扮演游擊隊隊員的人演繹毛澤東的持久戰理論，對抗美國與比利時的壓迫，並在舞台上朗讀《毛澤東文集》[52]。「你認為我們今天的鬥爭是黑人對抗白人嗎？」塗成黑臉的中國演員問道，「你錯了！世界上所有被壓迫的人民，不分種族與膚色，都是兄弟……太陽已從東方升起，非洲人民知道如何迎接未來。[53]」

一九六六年，毛澤東對「修正主義」發起的國內與國際戰爭，使他得以利用文化大革命來攻擊國內的敵人，尤其是劉少奇與鄧小平。一九六二年，這兩人把大躍進從激進的願景中拉了回來。而毛澤東相信，或至少認為，在蘇聯接受培訓或受蘇聯影響的一批中國官員，對中國與世界革命都構成了內在思想的風險。要是讓國內的修正主義者與國外的修正主義者互相勾結，而且占了上風，中國政府中的許多人可能會轉而反對中國與國外的革命。這便是毛澤東與眾多全球信徒所鍾愛的「兩條路線鬥爭」理論：毛澤東持續的無產階級革命對上修正主義者的「資產階級反動路線」。毛澤東明確發動文化大革命，就是為了根除蘇聯在中國的影響——他利用這種恐懼來合理化兩種作法：暴力對待任何涉嫌勾結外國（蘇聯或西方）的人；把中國社會加以軍事化。毛澤東猜想：「如果赫魯雪夫就在中國，我們會怎麼做？……各省的黨委都必須抵制（中國的赫魯雪夫）……他們需要槍枝。[54]」文化大革命的關鍵矛盾就在這裡：它是追求全球團結與解放的一連串事件，卻激發了野蠻的仇外心理及威權主義。一九六六年與一九六九年間，毛澤東的紅衛兵——中學生與大學生——以「繼續革命反對資產階級與帝國主義」的名義，向任何可以貼上「老舊」或「西方」標籤的人事物宣戰。一九六九年，亦即第九次黨代表大會那年（利用法律，為文革早期的派系鬥爭勝利者賦予正式的權力），中華人民共和國從瀕臨內戰的不穩定狀態變成軍事獨裁。至少三百萬人遭到整肅，清出黨的官僚機構，還有更多人受到迫害，其中有些人（估計約五十萬人）因迫害而死。學校與大學遭到關閉，四百萬名學生被下放到農村接受再教育。文化大革命對「純粹平等主義」的痴迷一直存在大眾生活中，雖然形式上沒那麼激烈，而且持續到一九七六年毛澤東過世為止[55]。

文化大革命期間，推動全球叛亂為毛澤東帶來了效益。外人讚許的目光（認為中國發生的事件正激勵著世界各地的革命者）對那些推動革命的人來說很重要。中國媒體刊登的報導與照片，描繪了外國對毛澤東及其文化大革命的吹捧：毛澤東的信徒在坦尚尼亞、幾內亞、阿爾巴尼亞、厄瓜多、阿爾及利亞等地研讀小紅書；國際訪客長途跋涉，前往毛澤東的出生地及延安朝聖；在中國各地的航班上，國際代表團競相歌頌毛澤東，以表達他們對毛主席的敬意[56]。一名巴勒斯坦的詩人以中文盛讚：「毛澤東！東方的太陽！／你為全世界帶來了希望／你為我們的前進指明了方向／我們緊跟著毛澤東的革命／同時齊心協力除害！[57]」這類宣傳有一種最熱門的說法是，外國的佛教徒、穆斯林或基督徒都放棄了自己的宗教，皈依毛派。一個年長的穆斯林告訴駐巴基斯坦的中國大使館：「我曾經相信我已經崇拜了真神，現在我老了，我想去中國，因為我知道，真神不在別處，他在中國，在北京。我想代表家鄉的同胞去崇拜毛主席。[58]」那些比較了解實情的人——諸如負責維繫中國與海外華人關係的多語專家廖承志——表示：「非洲人記住的毛澤東作品比我還多，毛澤東思想是世界人民的紅太陽。[59]」中國對外援助再次飆升：一九七〇年至一九七七年，中國匯了十八點八二億美元到非洲；相較之下，一九五四年至一九六六年，中國匯入非洲的金額是四點二八億美元[60]。

這種國際主義的宣傳多多少少解釋了一九六六年以後，紅衛兵及其他文革分子的宗教狂熱。紅衛兵的出版品中，充斥著毛澤東與紅衛兵在全球發揮影響力的資訊及圖片。但他們也對批毛者的故事非常在意：神聖的世界革命雖然獲得那些壓迫群眾的喝采，卻也同時受到各地嫉妒的修正主義者和帝國主義者的攻擊——毛主義之所以會受到攻擊，就是因為其遍及全球的影響力。一九六九年，被冠上「中國的赫魯雪夫」這個綽號的劉少奇，以國際叛徒的罪名遭迫害致死，他是文革中權位最高的受害者。紅衛兵也以最尖刻的文字攻擊蘇聯人，一九六六年，他們在蘇聯大使館外張貼一大字報，上面寫道：「我們會剝你們的皮，抽你們的筋，焚燒你們的屍體，把你們的骨灰撒在風中！[61]」

一些長期住在中國的老外為中國的革命喝采，斷絕了他們與祖國的聯繫，卻有很多老外身陷在這股仇外的偏執狂潮裡，遭到逮捕與監禁。例如英國毛派分子邱茉莉、她的丈夫伊斯雷爾・愛潑斯坦（Israel Epstein）、牛津大學的畢業生戴乃迭（Gladys Yang）、李敦白（Sidney Rittenberg）。自一九四九年起，戴乃迭一直努力把中共認為政治正確的高級文學經典譯成英文，以提升中國的國際形象。李敦白則是非常熱切的美國毛粉，也是中年紅衛兵，文化大革命期間甚至曾坐牢九年，後來返美，變成成功的中美商業顧問。中華人民共和國的海外宣傳活動在全球大爆發。在蒙古、柬埔寨、緬甸、尼泊爾，中國官員在當地人面前揮舞著小紅書；連蒙古大使館雇用的當地泥水匠，也被關起來研讀五小時的毛澤東作品。在香港，中國共產黨支持地下毛派組織，他們策畫了反對大英帝國主義的大規模集會，並活活燒死一名反對其計策的電台主持人。一九六七年，紅衛兵獲准把英國駐北京大使館夷為平地，並對英國外交人士進行人身攻擊及性侵犯。僅一名英國大使留任，其他人都被送到中國農村腹地接受政治再教育。

一九六〇年代，中國扭曲的國際主義實體上及心理上都徹底轉變了這個國家。一九六四年，毛澤東開始主張，來自全球敵人的多邊攻擊迫在眉睫。中國東部沿海工業核心的工廠接到通知，必須把整座工廠遷到貧困的西部，以準備打一場人民戰爭。毛澤東說，除非西部發展鋼鐵廠，「否則我晚上睡不著……我得騎著驢子去開會。如果我們沒有足夠的錢，那就用我作品的版稅吧。」[62] 毛澤東領導的「三線建設」把工廠、礦場、鋼鐵廠推到了山脈警戒線後方。這條從北京延伸到海南的山脈警戒線，正好分隔了中國人口稠密的東部和較孤立的西部。為了避免工廠與車間遭到敵人轟炸，他們特意選擇偏遠的地點。投入這個專案的資金非常驚人：一九六六年至一九七年年間，三線建設幾乎吞掉了一半的國家投資[63]。一九五四年至一九八〇年間，中國動員了約五百五十萬名男女去興建八千公里的新鐵路。許多人光是去建築工地，就花了幾天徒步數百公里，還沒抬起工具或搬磚頭，就已經疲憊不堪而倒下[64]。如果遇到一座小山造成阻礙，官方便派民兵小組移除。成都與昆明之間的成昆鐵路，每鋪一公里，就有兩名工人死亡。工人吃不飽，勞累過度，也因為缺乏可靠的水源而常得痢疾[65]。與此同時，這些偏遠山區的工作難度也導致工程費用倍增：成昆鐵路的興建成本是一九五〇年代其他鐵路成本的五到六倍，而且直到一九八〇年代，為了故障維修，就花了數千萬元[66]。到那時，已有無數未完工或廢棄的專案——工廠、電廠、宿舍——在中國西部潮濕的青山中生鏽或腐朽。當初要是沒有「三線建設」，中國經濟可能會以一種截然不同的形式進入一九八〇年代。一九八八年，一名經濟史家估計，相較於把那些投資轉移到其他地方，那段期間中國的工業產出少了約百分之十至十五。[67]

一九六九年二月，毛澤東那套挑釁的外交政策，在中華人民共和國最不和睦的地區引發衝突。是月，中國軍隊對駐紮在達曼斯基島／珍寶島（Damansky/Zhenbao Island）的蘇聯士兵發動伏擊。達曼斯基島／珍寶島是一片有爭議的領土，位於冰凍的烏蘇里江（Ussuri River）中間，就在中蘇的東北邊界上。那場衝突中死了三十一個蘇聯人以及數百個中國人，事後的談判充滿了問題。柯西金試圖打電話給毛澤東，中國接線員竟咒罵他是「修正主義分子」，直接切斷他的電話[68]。同一年，蘇聯其實曾考慮用核武攻擊來消滅中國的威脅，以擺脫這個現代投機分子，後來是因為盟國拒絕支持那項計畫才作罷[69]。毛澤東後來略帶哀怨地說：「我們現在被孤立了，沒有人想和我們交朋友。[70]」

不久後，至少有一個中國公民陷入人生低谷。一九七〇年，長沙的十六歲「知青」韓少功被送到湖南農村，接受當地農民的再教育。整個過程有如一場噩夢：持續不斷的飢餓，村民顛三倒四的方言（普通話被他們解讀成完全相反的意思），他們厭惡革命劇，追求性解放，習慣把毛主席的肖像貼在馬桶上。

也許最糟糕的是農村中令人筋疲力竭的勞動。到了一九七〇年，毛澤東反覆無常的外交政策又導致外交陷入更大的困境：為了因應蘇聯的危機，每個人都必須挖防空洞，他們稱之為「備戰洞」。韓少功回憶道：「據說蘇聯要從北邊打過來了，美國要從南邊打過來了，台灣要從東邊打過來了，所有的戰備洞要在臘月以前挖好。還說一個很大很大的炸彈已經在蘇聯發射了。再過一兩天就要落到我們這裡……我們要搶在帝國主義者、修正主義者、反革命者的炸彈丟來之前，把洞子挖出來……我那一段至少挖熔了五六把鎬頭。」備戰洞裡的情況慘絕人寰：那些洞穴只夠兩個人躺下，而且只靠一盞小小的油燈照亮。「飄忽的昏燈，只照亮堵在鼻子前的泥壁，照著前面永遠無處可逃的絕境……我想起了前人關於地獄的描寫……我如同一條狗……時而跪著，時而臥著，任渾身泥土混和著汗水，在暗無天日之處氣喘吁吁地掙扎——臉上除了一雙眼睛尚可辨認，全是塵粉和吸附在鼻孔周圍的煙塵。」後來韓少功回到城市，成了知名作家，多年後他再度造訪那些洞穴時說：「世界大戰終究沒有打起來。我們挖的那一個，已經改成了薯種窖，因為潮濕，洞壁上蔓生綠苔，洞口裡透出某種爛紅薯氣味。[71]」

儘管中國與蘇聯之間的衝突只是宗派之爭，但兩者的衝突對許多人來說意義重大。對世世代代由毛主義的狼奶餵養長大的中國人，以及從小被灌輸國內外發生暴力革命理所當然的人來說，那衝突有重大的意義。對數百萬因反對國內外革命而犯罪、遭到迫害的中國人來說，那意味著暴力、甚至死亡。對蘇聯外交官來說，那也有特殊的意義。一九六七年二月，蘇聯外交官被囚禁在北京大使館，北京的街道上正燃燒著蘇聯總理的雕像[72]蘇聯政客試圖和中國駐莫斯科的臨時代辦*談判以期釋放他們時，那個臨時代辦只引用了小紅書裡的話回應對方[73]。一九六三年九月，赫魯雪夫告訴蘇聯主席團——最重要的管理機構之一——因應中國的言詞挑釁是「首要任務」[74]。蘇聯的一份情報指出，在亞洲、非洲、拉丁美洲，中國「既不會節省資金、也不會節省時間，更不會迴避最卑劣的手段——勒索、奉承、賄賂，利用分裂分子與叛徒的服務」：給蒲隆地（Burundi）的女王六萬美元、在阿爾及爾分發大量的傳單[75]。毛澤東時代的中國不斷地打著戰鼓，主張反帝國主義的革命，譴責蘇聯把第三世界出賣給白人主導的已開發國家。

在攻擊蘇聯的同時，中國人在整個一九六〇年代持續發動深具吸引力的攻勢，以獲得開發中國家的青睞。他們歡迎源源不絕的「第三世界」訪客；在亞洲、非洲、拉丁美洲以當地的語言大肆廣播及發送印刷文宣；即使中國國內的人為饑荒達到顛峰，他們依然承諾給予那些國家大方的援助。他們藉此把自己塑造成小國的捍衛者，對抗超級大國的霸權。非洲人對蘇聯說：「你們依然是白人，但中國人是黃種人，比較接近我們。[76]」他們的觸角亦伸向西方的毛派，那些西方人在一九六〇年代與七〇年代忙於建立親中的「馬列」政黨。為了回饋他們對文革的支持，中國的中聯部（ILD）承諾慷慨協助這些政治團體：訂閱了數萬份期刊；透過阿爾巴尼亞捐助了成千上萬美元[77]。只要宣稱自己是毛派分子，便可輕易獲得中國的信任。於是，荷蘭特勤局乾脆成立一個這樣的小黨作為幌子，由一個數學老師來領導，專門蒐集中國的情報。直到一九八九年荷蘭政府解散該黨為止，其手法都未遭到揭穿[78]。

蘇聯人的反擊強而有力。他們發出幾封寫給中國共產黨的公開信，以駁斥中共的「誹謗攻擊」。其中一封以三十五種語言印製了三百二十萬份，發送到八十五個國家[79]。他們傾注全力與金錢，去贊助世界各地的活動分子撰寫反中文稿，放映反中電影，發表反中演講。一九六二年末，隨著中蘇關係陷入嚴重的敵對狀態，《紐約時報》猜測赫魯雪夫現在希望建立一個「蘇美同盟對抗中國」[80]。雖然蘇聯又過了三十年才解體，然蘇聯與中共的爭執所造成的共產陣營裂痕，引發了蘇聯集團的緩慢滅亡。

與此同時，中國在海外的武力威脅，迫使蘇聯調整硬派的外交政策來競爭。蘇聯增加了對阿爾及利亞、埃及的援助，並運送武器到剛果及巴勒斯坦。一九七六年，蘇聯確立了其身為「開發中國家的主要贊助者」的地位，承諾消除「殖民壓迫制度的一切殘害」[81]，也慷慨提供口頭與實質支援至北越，以拉攏北越離開中國。因此，一九六〇年代至七〇年代，冷戰期間的激烈衝突——在越南、非洲、中東——不僅是由美蘇之間的緊張局勢造成的，也是由中蘇爭奪影響力造成

---

* 譯註：派駐在未設大使國家的外交官。

的。蘇聯與中國領導人參訪非洲時，像小孩子一樣幼稚地較勁。一九六三年至一九六四年間，周恩來以不到兩個月的時間，造訪了十個非洲國家。四個月後，赫魯雪夫也大張旗鼓，首度前往非洲，為蘇聯資助的亞斯文水壩（Aswan High Dam）第一期工程揭幕。蘇聯的黨報《消息報》（*Isvestiya*）大肆報導，赫魯雪夫在當地受到盛情款待，相較之下，中國領導人獲得的接待顯得「寒酸」[82]。一九六九年，蘇聯與中國的領導人都到北越參加胡志明的葬禮，據傳中國代表團接到嚴格的指示必須拒斥蘇方代表，一旦蘇聯人試圖與他們交談，就刻意明顯地看往相反的方向。

到了一九六〇年代後期，蘇聯無論在口頭上、還是財政上，對於在開發中國家進行革命都過度投入，尤其是在非洲與拉丁美洲。一九七六年毛澤東過世後，中國務實地退出這場競爭，轉而專注在國內經濟的重建上，讓蘇聯成為第三世界的共產主力。然而，這場勝利的代價極其高昂。表面上，隨著蘇聯支持的安哥拉、衣索比亞、阿富汗政權上台執政，一九七〇年代後半段看起來很像冷戰時期蘇聯外交政策的顛峰。實際上，蘇聯已經嚴重捉襟見肘，而且其好戰的言詞以及這些言詞讓巴勒斯坦解放組織（PLO）等激進盟友產生的預期，也危及了蘇聯與西方國家之間的緩和。一九七九年，蘇聯入侵阿富汗，這場長達十年的災難最後在一九八九年以充滿恥辱的撤軍告終。整個一九八〇年代，蘇聯的軍費開支——占國家預算的三分之一——嚴重超出國家負擔。一九六五年，蘇聯人向埃及總統納賽爾（Nasser）示好時，莫斯科電台駐開羅的一名男子對埃及的廣播同業說：「為了拯救你們，我們偷走了蘇聯人的食物。[83]」蘇聯的公民必須排隊購買日用品時，阿富汗成了蘇聯政權的公關災難，象徵著官方的誤判及徒勞。一九八一年，東德向蘇聯提出燃料需求時，蘇聯國家規畫委員會的主席回應道：「我應該減少對波蘭的石油供應嗎？越南正在挨餓……我們是否乾脆放棄東南亞？安哥拉、莫三比克、衣索比亞、葉門……這些都需要我們幫忙，而我們自己的生活水準已經非常低落了。」[84]

中國在全球展現的好戰態度以及中蘇衝突，也改變了世界各地的衝突局勢。要不是蘇聯鼓動阿拉伯聯合共和國（埃及）與巴勒斯坦追求利益——蘇聯是為了和中國競爭影響力，才會轉向反帝國主義——著實很難想像納賽爾有足夠的信心加入一九六七年六月「六日戰爭」之前的行動[85]。蘇聯被迫對全球毛主義開戰，因此放棄了一條更務實的經濟發展路線，轉向意識形態鬥爭。同年，蘇聯集團成立新的工作小組，聚焦處理「中國問題」：即中國問題國際組織（InterKit）[86]。要是沒有中蘇決裂以及中蘇在外援方面的較勁，也很難想像越戰會不斷加劇。中蘇的競爭使越戰變成全球冷戰中最激烈的衝突。雖然最初是中國的支持，鼓勵北越對抗美國。但蘇聯後來受困在自身那套「反帝國主義」的論調裡，即使私下有疑慮，也不得不公開支持越共，這也直接妨礙了與美國的和解。此外，美國對蘇聯全球干預的看法，也助長了一九八〇年代在拉丁美洲、非洲、阿富汗推行的「雷根主義」：資助任何承諾對抗蘇聯影響的第三世界盟友（包括阿富汗聖戰分子）。這個策略的影響，至今依然糾纏著我們。

但是，中蘇決裂與文化大革命所造成的後果，遠遠超出了中國的國內騷亂或蘇聯的防禦式反應。儘管一九六六年至一九六八年間，中國在外交上表現得如此離奇又挑撥離間，甚而與世界各地的政府抗爭，卻仍吸引了數百萬名叛徒和叛軍。在國內外以這種自我毀滅的方式運作的國家，似乎不可能暗藏民族主義的動機，想必是真心支持世界革命，一如其宣傳活動不斷宣揚的那樣。

一九六八年，毛澤東逐漸收斂文化大革命的過度修辭：禁止在國外發放毛澤東徽章（據傳他說：「把我的飛機還來！*」），也禁止在外交檔案中使用「毛澤東思想」一詞[87]。一九七六年九月，毛澤東過世，文化大革命的傀儡「四人幫」被捕——由毛澤東可怕的妻子江青、兩個冷酷無情的理論家姚文元與張春橋，以及俊俏卻低調的工廠工人王洪文所組成。國內的經濟實用主義取代了世界革命的抽象夢想。要不是毛主義在全球留下種種遺毒，一九六〇年代的毛主義早就消失，變成歷史的幻象。這些遺毒包括印尼殘酷的內戰；非洲為了去殖民及發展的抗爭；越南與柬埔寨的支離破碎；一九六八年西歐與美國發生的衝擊和餘波（《北京周報》等中國的外文宣傳竟然在這些地方變成著名的國際新聞來源）；印度、拉丁美洲、尼泊爾的游擊戰。有些傳播——尤其是對南亞和祕魯的傳播——在毛澤東過世後仍持續了數十年。毛主義就像潛伏的病毒，在潛伏期方面有盤據全球的頑強特質。接下來，我們將在世界各地追蹤這段傳播的歷史，探索這個特殊的現象。

---

* 譯註：這句話是引自馮客的《文化大革命》，該書提到，非法製造的徽章太多，在革命的高峰期，全中國所生產的毛澤東徽章大約是二十億到五十億枚。太多的鋁從其他工業活動被挪用來製造徽章，導致毛澤東在一九六九年插手干預：「把我的飛機還來！」

五、危險年代——印尼的關聯

二〇一二年，在蘇門答臘島北部的亞齊（Aceh），當地的驗光師阿迪（Adi）前往一名社區領袖的住所幫他驗光。伊農（Inong）是個七十歲出頭的瘦削男人，戴著卡其色的穆斯林祈禱帽，他想配老花眼鏡。按照慣例，驗光是在伊農家外面的院子裡進行。阿迪小心翼翼地在伊農憔悴的臉上，戴上一副紅色邊框的測試鏡片。「是不是比較清楚了？這比較清晰嗎？」

只是隨著驗光的進行，阿迪的話題竟轉到沒那麼平淡無奇的事情上，他對歷史有一些疑問。一九六五至一九六六年，當地的共產黨人（真實黨員和據傳的黨員）遭到暴力攻擊。當時伊農是村中一個殺人小組的組長，也是數千起謀殺案的首腦。在全國，死亡人數至少有五十萬人。印尼共產黨原本是全球第三大共產黨，卻在該次事件中慘遭摧毀*，領導人隨即遭到處決。兩天內，

* 譯註：官方名為「九三〇事件」。蘇哈托少將推翻印尼總統兼總理蘇卡諾（政治立場傾向共產陣營），隨後在全國策動反共大屠殺。除了導致大量共產黨員遭到殺害以外，大量華人也因當時印尼共產黨親中共的關係而慘遭處決。事件最終致使眾多印尼華人被迫離開印尼，僑居海外。

伊農當著整個社群的面前，虐殺了阿迪的哥哥拉姆利（Ramli）。阿迪與伊農這次相見，是在那場命案發生四十五年後，是由美國導演約書亞・奧本海默（Joshua Oppenheimer）所精心策畫，主因是奧本海默參與了一個長達十年、涵蓋兩部紀錄片的專案，以挖掘印尼人對這些創傷事件的記憶。伊農的行動摧毀了阿迪的家庭——父親身心崩潰，留下傷心欲絕的母親。儘管承受如此劇烈的創傷，阿迪在整個採訪過程中，語氣都很平靜，因為這裡是印尼，距離一九九八年的改革運動（Reformasi）——其所掀起抗議浪潮，推翻了蘇哈托（Suharto）腐敗的獨裁統治——已然過了十四年。而蘇哈托正是一九六五年那場大屠殺的策畫者。然而，數百萬在全國及地方擁有強大勢力的印尼人——從人民代表到伊農這樣的村長——之所以擁有政治與經濟影響力，都是拜他們參與（或至少合謀）一九六五年那場大屠殺所賜。那場大屠殺消滅了蘇哈托及其軍隊的多數政敵，或恫嚇他們陷入沉默。時至今日，那些事件的肇事者及受益者仍把自己塑造成英雄，他們肅清了印尼的共產黨反叛。受害者及其家人仍面臨歧視，政府也拒絕修改這起事件的官方說法。他們甚至遭到威脅，要是他們膽敢質疑軍方對這些事件的描述，可能再次遭到暴力對待。因此，阿迪不得不小心行事。

阿迪在這精心安排的過程中，未顯刻意地停了下來問道：「你的鄰居怕你嗎？」伊農回答：「怕啊，他們知道他們對我無能為力。」伊農年事已高，但依然帶有一種冷酷無情的狠勁。他的回應充滿了自信，充分展現出一九六五年那些肇事者心中的「殺人無罪」感。他毫不掩飾自己參與了大屠殺。畢竟，奧本海默準備拍攝第一部有關大屠殺的電影《殺人一舉》（*The Act of Killing*）

約一九三六年，毛澤東、周恩來在中國西北部的延安。此時，毛澤東在中國共產黨內的權威開始超越周恩來。

一九四〇年代的初期，毛澤東與他法定上的第三任（如果媒妁婚姻也算的話，這是第四任）、也是最後一任妻子江青在延安。

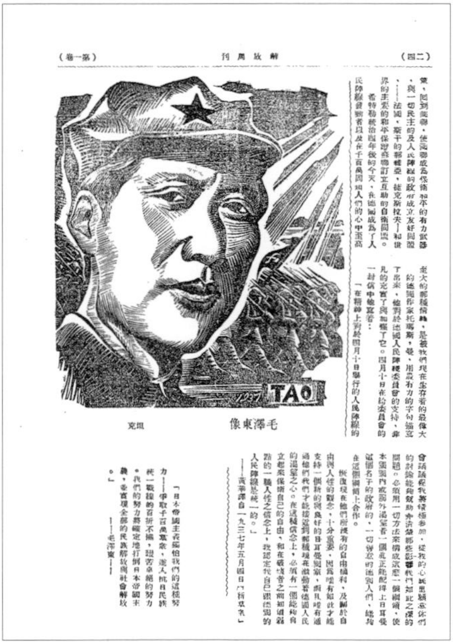

（第一卷）　解放周刊　（二四）

毛澤東像

一九三七年，第一幅毛澤東的畫像出現在中國共產黨的期刊《解放》上。注意這幅肖像的呈現：陽光把毛澤東的臉龐照得熠熠生輝，背景中行進的縱隊為肖像增添了動感及活力。

一九三三年，宋慶齡邀請了上海的上流文人和一名訪華的知名作家聚在一起。左起：史沫特萊、蕭伯納、宋慶齡、蔡元培、伊羅生、林語堂、魯迅。

一九三〇年代初期，海倫與愛德加．史諾斯剛結婚的時候。

RANDOM HOUSE PUBLISHES

RED STAR OVER CHINA

BY EDGAR SNOW

The only foreign correspondent who penetrated deep into Northwest China and returned to tell the tale, describes with first-hand detail the amazing stories of:

★ The 6000-mile "Long March" of the army of Chu Teh, "The Red Napoleon."

★ The inside story of the kidnapping of Chiang Kai-shek, and its tremendous consequences.

★ China's united front against Japan, and its war tactics and objectives.

With the only pictures ever taken behind the lines of the Chinese Red Army.

美國版《紅星照耀中國》（1938年）初版封面。

一九三六年，史諾造訪中國西北的共產中國時，與毛澤東合影。在這次訪問中，毛澤東接受了數小時的採訪，該次訪談紀錄讓史諾寫出了備受好評的《紅星照耀中國》。

在一九三七年戰火正酣的秋天，胡愈之負責翻譯《紅星照耀中國》。中文版產生了巨大的影響力，尤其對中國的愛國青年與東南亞的影響最大。許多讀者因此受到激勵，前往延安，或加入地下的共產運動。這張照片攝於一九三九年，胡愈之正要前往新加坡，從事重要的「統一戰線」工作，為中國共產黨尋求支持。

在馬來亞緊急狀態期間及之後擔任馬來亞共產黨（MCP）領導人的陳平，照片攝於一九六一年六月。陳平自己加註：「我剛到北京，穿著剛訂製的中山裝，站在歷史悠久的天安門廣場上。」陳平是由祕密的中聯部接待。他待在中國的初期，中共的領導高層要求他恢復馬來亞共產黨對馬來西亞獨立政府的武裝鬥爭。

兩名馬來亞共產黨的游擊隊隊員，攝於第一次馬來亞緊急狀態。

被捕的馬共游擊隊隊員與活動人士登上一艘蒸汽船，在一九五〇年代被遣送到中國。

一九五四年十月，
毛澤東歡迎金日成
造訪中國。

一九五〇年代，駐外記者兼中情局的特約撰稿人亨特以英語普及了「洗腦」這個概念，人們因而視其為中共統治世界的殘酷專案。

一九五三年從韓國釋放的美軍俘虜中，有二十一人選擇留在中國，亞當斯是其一。這個決定他則歸咎於在美國及韓戰中遭到的種族歧視。一九六六年，他決定舉家搬回美國。

新的中文版世界地圖於一九六六年的春天出版。地圖正上方是毛澤東的名言：「社會主義制度終究要代替資本主義制度，這是一個不以人們自己的意志為轉移的客觀規律。不管反動派怎樣企圖阻止歷史車輪的前進，革命或遲或早總會發生，並且將必然取得勝利。」世界地圖的左右兩邊，列了兩句一九六三年毛澤東創作的詩句：「四海翻騰雲水怒；五洲震盪風雷激。」（那首詩最後兩句是：「要掃除一切害人蟲，全無敵。」）

慶祝中華人民共和國成立十七周年的宣傳海報。海報中，世界各地的人揮舞著小紅書，標題是：「毛主席是我們心中的紅太陽。」

一九五九年十月，毛澤東與赫魯雪夫在中國的國慶日上一起閱兵。此時兩人的關係已開始出現公開的敵意。

一九六三年的夏天，中國共產黨的資深代表團在莫斯科與蘇聯領導人召開了幾場針鋒相對的會議，那是中蘇衝突中的里程碑。代表團返國時，受到熱烈的歡迎。鄧小平是左邊數來第一個。毛澤東過世後，鄧小平便清除了毛澤東留下的經濟遺跡，只保留毛澤東的政治正統性。戴著眼鏡的康生是前排左邊數來第三個。一九四〇年代在延安，他成為毛澤東的祕密警察局長。一九六〇年代，他成為中共中聯部的負責人，在文化大革命中扮演關鍵要角，並負責傳播毛澤東革命思想到世界各地。

「乘風破浪，各顯神通。」這張一九五八年的海報是在大躍進開始時創作的，以圖像展現毛澤東對意志觀的烏托邦信念：只要你相信你能做某事，你就能做到。注意看那個坐在導彈上看書的人：大躍進的目的，也是為了打破知識分子、技術分子、勞動分子之間的鴻溝。

「高舉毛澤東思想偉大紅旗，把無產階級文化大革命進行到底。革命無罪，造反有理。」這張文化大革命早期的海報（約一九六六年）顯現出毛主義的一大矛盾：把獨裁（對領袖的偶像崇拜）與反抗（言詞上的熱情支持）結合在一起。

時，他便答應奧本海默盡量拍攝。在那部紀錄片中，他和一個老同志前往蘇門答臘的北部，重返大屠殺的主要地點（蛇河沿岸爬滿藤蔓的地方）。他們鉅細靡遺地重演把受害者（全身脫光，只剩內褲）從軍隊卡車拖到河岸的過程。拖到河岸後，有些人遭到斬首，有些人遭到剖腹，有些人遭到刺傷，生殖器被切斷，接著又被踢進河裡。阿迪的哥哥除了沒被斬首以外，上述的一切蠻行都遇到了。

二〇一二年，在阿迪面前，伊農暢所欲言地分享他的回憶。以下內容幾乎算是一段獨白，中間未有任何提問：

不喝人血的話，我們會發瘋……有些人殺了太多人，他們都瘋了。有個人每天早上爬上棕櫚樹禱告，他殺了太多人。只有一種方法可以避免發瘋：要麼喝死者的血，要麼發瘋。一旦你喝了血，什麼事都做得出來！根據我的經驗，人血，鹹中帶甜。你切下女人的乳房，那看起來就像一個椰奶篩子，充滿了洞。有一個共產黨婦女，她和哥哥住在一起，但哥哥不是共產黨。他不想親手殺妹妹，所以把妹妹送到我這裡……如果他們是壞人，你可以砍了他們……印尼共產黨……沒有宗教信仰……他們和彼此的妻子發生性關係，所以人們說……那是他們自己說的。當我們審問他們時……穆罕默德從未殺過人，他反對殺戮，但你可以殺死敵人。

鏡頭始終聚焦在伊農的眼睛和嘴巴上，他的眼角偶爾會抽動一下，舌頭不時在唇邊顫抖——那畫面讓人不禁聯想到一隻瘦削、好鬥的叢林青蛙（伊農頭上因過度激動而緊繃的皮膚，依稀可見青筋暴露，更凸顯了這樣的畫面）。阿迪提出幾個問題，冷靜地指出伊農敘述中最明顯的矛盾，伊農聽了不禁咆哮：「你是想惹我生氣嗎？……我不喜歡太深入的問題！……我要去清真寺……過去都已經過去了，幸好我喝了血。」

在拍攝過程中，阿迪遇到幾個和其兄長喪命有牽連的兇手，過程無不充斥著危險緊張的氣氛。最明確的威脅是來自地區的議長，一個名叫貝斯朗（M. Y. Basrun）的人。他先是否認他從一九七一年以來連選連任是靠威嚇，反問阿迪：「遇難者的家屬希望殺戮再次發生嗎？不希望吧？那就要改啊！如果你一直質疑過去，那麼，殺戮肯定會再發生。」奧本海默回憶道：「當時的對立很緊張。阿迪一次又一次地提出禁忌話題，觀眾得以感受到以倖存者的身分活下來是什麼感覺，感受到恐懼所帶來的壓迫性沉默。奧本海默和其他人都認為，不去回憶這些事件的話，就不可能了解當今印尼的地方與國家權力結構：政治暴力有恃無恐的「有罪不罰」文化；美國、澳洲、英國合謀打壓任何可能破壞印尼軍方威權的社會或政治力量，印尼軍方創造了一個剝削性的盜賊統治體制，只和跨國公司往來。一個與阿迪對話的人勸他：「忘了過去吧，讓我們像軍事獨裁者教我們的那樣，好好地相處。[1]」

一九六五年的事件改變了後殖民時代印尼的發展。數十年來，大家試圖揭開這起事件時，焦點大多放在英美介入，或印尼國內的權力鬥爭上（尤其是軍隊內部）。這當然有極其合理的歷史因素，尤其英美又在其中扮演邪惡的角色：把據傳支持共產黨的名單交給印尼軍方；資助半軍事性的暗殺小組；從新加坡向印尼進行宣傳廣播，散布人們對印尼共產黨的恐懼及厭惡。澳洲、美國、英國的英語媒體要不刻意掩蓋大屠殺的報導，就是扭曲這些暴力行為是為了對抗嗜血共產黨的自衛行為。軍方以精心策畫的殘暴手段來處理這場危機，策畫了充斥著宗教不寬容和地方仇恨色彩的暴民暴力事件。

但我認為，毛澤東與他的思想也在這場悲劇中扮演了一角。印尼是中國在後蘇聯時代用來檢視其外交政策的試金石：為了對外輸出毛派模式的智慧與優越性，印尼是中國鎖定的關鍵策略目標。印尼主要的共產黨人對一九六〇年代初期毛派革命的好戰言論非常痴迷，那些言論激勵他們對抗印尼軍方——這因此給了軍方一個觸發一九六五年恐怖事件的託詞。要是沒有毛主義，難以想像一九六五年印尼會發生那種災難。

一九四五年八月，印尼在激烈的矛盾中獨立。荷蘭對印尼的殖民，為這些迥然不同的島嶼帶來了一種政治統一感，卻也帶來一種種族主義的經濟模式——致力吸取該區的自然資源去壯大一個偏遠的歐洲大國。反荷蘭的印尼民族主義在二十世紀初蓬勃發展，到了二戰期間，又因日本占領當地——建立在軍事威權主義和恐怖的基礎上——更是受到鼓舞。而其領袖，也是一九四五年至一九六五年印尼獨立初期的英雄，便是蘇卡諾（Sukarno）：充滿魅力，能言善道，沉迷女色，融合了民族主義、社會主義、伊斯蘭教、本土神靈（許多人認為，他之所以能夠安度七次暗殺，是因為他擁有一枝神奇的魔杖），為現代的印尼塑造出他的願景[2]。從他的躁動不安、反覆無常、沉迷女色中，可以看到毛澤東的影子。日本占領印尼的行徑雖是醜惡的壓迫，卻賦予蘇卡諾這種人一個發揮的平台。在日本的占領下，他穿梭在印尼的農村間，散播民族主義的思想（一九三〇年代的多數時間，他就是因為散播這些思想而遭到荷蘭人流放）。一九四三年，他發表的一場演講說明了他的合作邏輯，也可以看出其演講風格：

十五年前，我們重申一個事實：印尼的民族主義需要廣泛的方向，就像國際亞洲主義的一部分。當時我們認為，當中國龍和暹羅白象、印度聖牛、埃及人面獅身像、印尼水牛一起合作，而這樣的發展方向再加上日本的太陽進一步加持時，就可以消滅亞洲各地的帝國主義。所以，透過真主的意志與日本的智慧，亞洲所有力量的合作確實已經成為事實。日本的防禦鏈，北起滿洲國，南至印尼，西至緬甸，東至菲律賓，確實已經變成一大屏障。所以，親愛的兄弟們，別忘了我們印尼人也是那串防禦鏈上的一環[3]。

後來印尼民兵為了獨立而與荷蘭人作戰，那些民兵原是二戰期間日本人訓練來抵抗盟軍入侵的。蘇卡諾因為支持日本帝國主義而在戰爭中倖存下來。一九四五年夏天，隨著日軍失利，蘇卡諾擺脫掉日本的支持，並在更激進的民族主義者施壓下，於一九四五年八月十七日，亦即日本投降兩天後，宣布成立自由、獨立的印尼政府。其他印尼人就沒有那麼幸運了：無數人死於勞務

（romusha，日文「勞務者」的音譯），亦即日軍為了提高戰時生產力而奴役的勞工[4]。光是爪哇——印尼群島的中心島嶼——就有約兩百四十萬人死於飢餓，原因是糧食分配不足與腐敗、日本戰爭經濟陷入緊急狀態及貿易崩潰[5]。

從這段創傷歷史中所誕生的獨立印尼，是一個已經習慣暴力的國家。一九四五年至四九年的反荷蘭獨立戰爭，造成四萬五千至十萬印尼人喪生，數百萬人流離失所，同時強化了軍隊的勢力與影響範圍[6]。一九四九年荷蘭放棄對印尼的主權時，近十年的占領和戰爭早已削弱該國經濟，摧毀了人命與基礎設施。印尼的新政府是由共產黨、伊斯蘭教、自由派與民族主義的支持者共同組成，缺乏明確的政治藍圖（一九四五年六月，蘇卡諾為這種模糊狀態提出以下辯解：若要「鉅細靡遺地制訂計畫，他永遠看不到自由的印尼」[7]。）蘇卡諾希望建立一個一黨專政的國家，但是當時深具影響力的蘇丹・夏赫里爾*（Sutan Syahrir）堅持「優先考慮民主」，而且軍方領袖應排除在政治領導的高層之外[8]。雖然一九四九年至一九五七年間，印尼致力推行民主，但印尼爭取獨立的動盪歷史使夏赫里爾的想法難以實現。人們對民主報以厚望，然政治與行政能力低落，更何況印尼還必須面對外力（尤其是美國）的干擾：干預選舉，支持反政府叛軍等。此外，早在一九四八年便預示了一九六五年的暴力鬥爭。當時，共產黨試圖在東爪哇的茉莉芬（Madiun）建立權威，卻遭印尼軍方殘酷鎮壓，約兩萬四千人喪生，其中包括許多資深的共黨領導者[9]。

* 譯註：印尼民族主義者的代表人物，印尼獨立後成為首任內閣總理，九三〇事件後流亡海外，客死他鄉。

在多個政黨爭權下，印尼的民主有一大特色：經常性的推翻聯合政府。一九五〇年至一九五七年間，內閣的持續時間平均僅一年出頭。政治與官僚都有派系嚴重分化的問題，建立在恩庇侍從關係*上，充滿了腐敗和裙帶關係。政治癱瘓導致經濟停滯和惡性通膨，尤其是在一九五三年橡膠價格下跌及惡劣天候來襲之後[10]。穆赫塔爾・盧比斯（MochtarLubis）的小說《雅加達的暮光》（*Twilight In Djakarta*）是最容易讓人回想起早期印尼共和國歲月的小說之一，書中描繪雅加達這座城市的怪誕對比：「垃圾苦力」在極其污穢的環境中生活、工作，連一餐米飯和肉湯也負擔不起。盜賊開著進口豪華轎車在城市裡囂張地穿梭，靠腐敗的商業交易發大財[11]。

一九五六年，蘇卡諾當了幾年有名無實的總統後，重返權力核心，抨擊政黨的議會制度。「讓我們埋葬他們吧，埋葬他們吧，埋葬他們吧！」為了因應區域叛亂，翌年政府發布戒嚴令，蘇卡諾因而有機會與軍方的一個派系結盟，剝奪政黨制度的行政權，讓自己以總統的身分重掌權力。這次，蘇卡諾確立了他的強人統治，或者委婉稱之為「指導式民主」，禁止兩個最重要的政黨支持那些反對政府的叛亂[12]。在一九五七年至一九六五年間，印尼主要是靠這護身符似的蘇卡諾以指導式民主來駕馭這個四分五裂的國家。蘇卡諾不斷走訪印尼群島發表演講，竭盡所能地團結並鼓舞他的國家。但事實證明，進步、尤其是經濟進步，依然遙不可及。一九五五年至一九六五年間，生活水準下滑，最災難性的下滑是發生在一九六五年之前的那兩年[13]。

一九五〇年代末期，在這個不穩定的政體中，出現兩個對立的權力中心。蘇卡諾需要、也利用了這兩個中心：一個是用來動員，另一個是用來治理印尼，而且兩個互相牽制。第一個是印尼共產黨（Partai Komunis Indonesia，簡稱ＰＫＩ），第二個是軍方。印尼共產黨是一九二〇年在共產國際的協助下成立的，是舊俄羅斯帝國以外亞洲的第一個共產黨，比中國共產黨的建立甚至早一年。一九二七年，一場反抗荷蘭人的叛亂失敗後，印尼共產黨被迫轉往地下發展。一九四八年，印尼共產黨在茉莉芬起義中遭到軍方鎮壓，失去多個最高領導人。一九五〇年印尼共產黨拜其統一戰線的專業所賜而東山再起：與職業工會、婦女團體、學生團體、農會、戲劇或歌唱團等組織一起合作，以擴大其影響力。再者是軍方。印尼領土周邊的紛爭——蘇卡諾渴望從荷蘭手中奪回西新幾內亞的掌控權，他甚至想建立一個包含婆羅洲的「大印尼」——以及印尼群島各地發生的區域叛亂，使印尼在戒嚴令下，一直處於國家緊急狀態。這種狀態強化了軍方的權威，侵蝕了議會民主。因此，軍官獲得了執掌地方政府與國家政府的經驗，也獲得了金錢與權力，而且維持這種社會經濟現狀攸關其利益。與此同時，美國中情局也對印尼的軍方情有獨鍾，因為軍方是對抗蘇卡諾的主力。蘇卡諾經常針對社會主義提出熱情（雖然有些含糊）的論點，他太高調反對殖民主義，令美國反感。美國一直想要伺機為印尼引進一右派軍國主義的政府[14]。

儘管印尼共產黨與軍方之間的緊張關係常破壞國家的穩定，蘇卡諾仍支持印尼共產黨作為制衡軍方權力的唯一力量。軍方對印尼共產黨的厭惡，可追溯到一九四八年茉莉芬的共黨起義，軍方認為，共黨起義猶如在印尼抗荷期間「背後捅刀」[15]。軍方自認為是在保衛印尼共和國，避免

＊ 譯註：恩庇侍從關係（patron-client relations），意指領導者和追隨者之間，彼此各以利益換取政治上的忠誠。

國家遭到搗亂、自私自利的政黨攻擊。軍方痛斥印尼共產黨在一九四八年試圖分裂剛獨立的印尼，也指責共黨接受無神論、接受外國的意識形態以及外國勢力（蘇聯與中國）的支援、還有自革命以來對掌權精英構成的挑戰。最重要的是，印尼共產黨之所以是軍方憎恨的競爭對手，是因為它在組織和紀律方面都對軍方構成了威脅。在戒嚴令一直存在，而且蘇卡諾僅視印尼共產黨為制衡軍方的工具之下，印尼共產黨的未來充滿了不確定性。印尼共產黨主導了大眾輿論，鼓吹反對「鄉村惡魔」與「資本主義官僚」的革命口號。然共產黨在印尼國內的勢力其實很薄弱，缺乏部長級的實權及武裝力量（一九六〇年代初期以前，他們幾乎都沒有注意到毛澤東強調「槍桿子的力量」，而是主張非暴力的議會鬥爭）。尤其在「指導式民主」期間，軍方每每抓到印尼共產黨有任何可疑的違抗行為，便逮捕共產黨幹部並進行審問。印尼共產黨深知，蘇卡諾「隨時都可以判他們死刑」[16]。

蘇卡諾與印尼的民族主義伙伴尋求民族自決和現代化道路的同時，世界上有一個國家的發展模式特別吸引他們——中華人民共和國。兩者之間的相似處顯而易見：印尼與中國都擊退了殖民列強的掠奪。一九五〇年（兩國建交時）到一九六五年間，印尼的政治與社會各界——政客（尤其是蘇卡諾）、作家、藝術家、共產黨人以及軍人——無不對中國充滿了熱情（負責統籌翻譯《紅星照耀中國》的胡愈之再次做好了準備，二戰期間他在印尼待過一段時間）。

這種「中國熱」始於高層。中國駐雅加達大使館努力地迎合蘇卡諾的心思及偏好：經常把毛澤東的作品以及大使的私人廚師所製作的精美港式飲茶點心（據說是蘇卡諾的最愛）送到總統府。中國也為蘇卡諾推出做足面子的專案：六大冊的《蘇卡諾畫作集》（*Paintings from collection of Dr. Sukarno*）——即便蘇卡諾對色情藝術的興趣使這套書的出版偏離了中共保守拘謹的安適區[17]。

一九五六年，中國政府為蘇卡諾首次造訪中國安排了盛大的招待會。幾乎整個中國政府的官員都出動去機場接機。載滿鮮花的遊行隊伍護送蘇卡諾到北京市區時，道路兩旁動員了三十萬民眾歡呼，揮舞著印尼國旗。蘇卡諾的助理回憶道：「在毛主席的親自領導下，蘇卡諾一抵達中國，就被一條由人群組成的大紅毯淹沒了，他們大聲呼喊：『Hidup Bung Karno』（蘇卡諾萬歲）。」蘇卡諾感動落淚，他與毛澤東像老友一樣緊緊相擁（他們之前從未見過面）。毛澤東開始對蘇卡諾灌迷湯：「印尼人民的理想是什麼呢？獨立、和平、一個新世界。這些也正是中國人民的理想。」蘇卡諾回應，中國人是「兄弟……戰友……中國的勝利是印尼的勝利，印尼的勝利也是中國的勝利。[18]」於是，中國身為東道主，更努力奉承已經被捧得飄飄然的蘇卡諾。一九六四年，蘇卡諾再次短暫造訪上海期間，中共動員數千名兒童，站在機場與城市的道路兩旁，這些兒童都事先學會一首流行的印尼情歌，原創歌詞中以蘇卡諾的名字取代[19]。蘇卡諾稱毛澤東為「兄弟」，但他對赫魯雪夫就沒那麼熱切了。一名德國記者回憶道，赫魯雪夫侮辱了印尼的傳統手工藝品後，蘇卡諾在萬隆（Bandung）的一次群眾集會上，以爪哇語向與會者介紹這個蘇聯人時，說「這個不得體的小胖子」[20]。

蘇卡諾對中國紀律嚴明的政治領導以及群眾的熱情表現留下了深刻的印象，並針對國家建設的關鍵面向，諸如經濟發展、政治與軍方之間的恰當關係等，恭謹地向中國請教。毛澤東的元帥兼外交部長陳毅對他說：「毛主席制定了最好的領導方法。[21]」一九五六年十月，蘇卡諾造訪中國後宣稱：「一九四五年，我們推動政黨的建立時，犯了一個非常大的錯誤。[22]他呼籲印尼人「仿效中國的作法」，因為這趟中國行讓他「充滿了驚喜……我建議人民領袖協商，並決定埋葬所有的政黨」[23]。翌年，他促使印尼的體制往中國靠攏，改採「指導式民主」，給予自己最高領導權。蘇卡諾的獨裁決定，造成了行政真空，強化了軍隊，民主自此停擺了四十年[24]。毛澤東時代的中國與蘇卡諾統治的印尼之間，有許多早已存在的共同點：對社會紀律（衛生、簡單、自我批評）同樣痴迷；樂於送「動腦型的勞工」到鄉下去跟農民一起做勞務[25]。為了展現信任，蘇卡諾甚至讓中國共產黨進入他的寢室。一九六四年起，他的健康常因心臟和腎臟問題而告急。一群維也納的醫生建議他動手術，又把他們的診斷洩露給媒體。蘇卡諾一氣之下，直接開除那群醫生，換成一群診斷比較謹慎、也比較準確的中國醫生[26]。蘇卡諾以「理性效益」的觀點來解釋他對中國的喜愛：「中國人總是稱讚蘇卡諾。他們不會在世界各地讓我難堪，也不會在公開場合把我當成慣壞的孩子，要求我循規蹈矩才給糖吃……誰能怪我說『謝謝中國人總是對我友好，從來沒想要傷害我』呢？[27]」

蘇卡諾底下那些意見領袖也視毛澤東為莊嚴、仁慈、永恆的革命「長老」。一九五五年，印尼總理阿里・沙斯特羅阿米佐約（Ali Sastroamidjojo）說，毛澤東「就像我常在印尼城鎮的華人社區見到的華人大家長，不僅備受兒孫尊敬，也是在地所有華人眼中的睿智長老」。蘇卡諾的新聞部長阿諾德．莫諾努圖（Arnold Mononutu）談及他第一次見到毛主席，禁不住激動讚歎：「毛主席就站在那裡，高大、沉默、和善，像神一樣。[28]」中國主要的對外文宣——《人民畫報》與《中國建設》——在印尼各地的書店、圖書館、學校皆可免費取得。一九五四年，北京電台每週的印尼語廣播已多達一百一十六個小時[29]。一九五〇年代與六〇年代，印尼崇拜者對毛澤東統治下的中國留下了深刻的印象。他們覺得，印尼可以、也應該仿效中國的模式。那些共產黨的支持者顯然很容易受到這種渴望的影響。《雅加達的暮光》中，一個左派角色讚歎：「看看中華人民共和國，毛澤東在各個領域開創的進步有多大……如果那裡可以做到，為什麼這裡不行呢？[30]」左傾的作家阿馬贊．哈米德（Amarzan Hamid）宣稱：「短短十五年內，中國就誕生了新人類，他們有新創意、新倡議、新思維、新情感。[31]」

而毛澤東的游擊策略同樣獲得重度反共人士的讚賞，他們欣賞中國沒有罷工與勞資糾紛，阿卜杜爾．哈里斯．納蘇蒂安將軍（Abdul Haris Nasution）就是一例。支持印尼共產黨的分子曾在導致一九六五年秋天那場大屠殺的事件中，試圖綁架並殺害他。納蘇蒂安卻在他的游擊戰術手冊中寫道：「我們的領導人總是拿毛澤東的教學例子，把游擊隊比喻成魚，把人民比喻成水。中國的領導人解釋，『水』必須在自然的政治與社經環境中獲得滋養，以確保在水中『游泳』的游擊隊戰士能夠適切地發展。所以，對游擊隊隊員來說……維持對人民有利的『環境』非常重要。[32]」印尼的國會議員很佩服中國人民所展現的團結與積極向上。一九五六年，雅加達的副市長盛讚：「整個中國就像一張蜘蛛網，每個人都在談論行動，每個人都很努力……他們都在跟時間賽跑，每個人都團結在一起。[33]」中國給外界一種快樂勤奮的觀感，這與印尼迅速出現的幻滅，形成了鮮明的對比。一九五一年獨立日當天，短暫擔任印尼總理的穆罕默德・納席爾（Mohammad Natsir）感嘆道：「我們環顧四周，幾乎看不到雀躍的表情，彷彿獨立並未帶來多少好處，人們的期望似乎沒有實現。國家獨立了，卻感覺像失去了什麼……有一種失落感，理想已經消失，到處瀰漫著不滿、挫敗、絕望感。[34]」

毛澤東正沿著另一條極具影響力的路線滲入獨立的印尼：透過印尼共產黨（PKI）。一九四八年的茉莉芬起義失敗，導致數萬名共產黨員死亡或遭到監禁後，當時還很年輕、即將成為該黨領導人——因為比他資深的幾乎都死了——的迪帕・努桑塔拉・艾地（Dipa Nusantara Aidit）可能前往中國躲起來了[35]（不過，這點就像這段被政治蒙蔽的歷史一樣，毫無鐵證）。一九四九年，劉少奇宣布中國革命在亞洲的領導地位，而且影響範圍遍及印尼時，艾地就在中國。不過，一九五〇年代，在蘇聯與中國共產黨之間的印尼共產黨，其實是如履薄冰。

一九五一年，艾地二十八歲，加入印尼共產黨不過四年就當上祕書長。他以一個荷蘭字來形容自己當選的過程：kinderspel（兒戲）。他從青年時期便成為職業政客，所以除了政治以外，幾乎沒有別的興趣。他出生上流階級與商宦背景，但意識形態使他抽離了原生環境。儘管他顯然支持普通的工薪階層，但和工薪階層相處時，他又顯得「緊繃、不太友善」。他曾坦率地告訴小弟

（他是六個孩子中的老大），他們之間的唯一連結是「同樣的父母，僅此而已」[36]。一九五〇年代初期，艾地在茉莉芬事件後制定共黨新綱領。某種程度上，那套黨綱是偏向一九五〇年代的毛派革命，不過是在史達林的批准及指導下制訂的（史達林對草案做了徹底的註解，也消滅了那份黨綱模仿中國模式的程度）[37]。蘇聯的一個消息來源指出，一九五三年一月，史達林在莫斯科的一次極機密會議上，把艾地與劉少奇組隊在一起，並委託中國共產黨「接管」印尼共產黨。據傳，艾地以午夜打雪仗的方式來慶祝那次協議[38]。史達林修改印尼共產黨黨綱後，印尼被定義為「半殖民地、半封建」的毛式社會。艾地撰寫的一些政治文章，便是以印尼文改編毛澤東的文章（並奉承毛澤東，說他的作品不需要編輯或修改[39]）。但那十年間，艾地的策略往往和毛澤東的策略南轅北轍：他比較喜歡在現有的國家內運作，而不是透過武裝起義來推翻現有的國家；而他在公開場合，亦絕口不提印尼和中國革命之間的相似度[40]。

一九五〇年代，對印尼共產黨來說可謂急速成長時期；毛派戰略發揮了效用。印尼共產黨仿效毛派作法，關注基層教育：亦即關注「群眾工作」，建立與印尼共產黨直接或間接相關的支援組織（所謂的「統一戰線」），以建立正統性與支援。艾地跟毛澤東一樣重視農民，把黨的工作重點放在農民和農村上——一九五四年黨代表大會認定，印尼革命是土地革命[41]。一九五〇年代初期，印尼共產黨不僅控制了全國最大的工會聯合會，也控制了印尼最大的全國農會「印尼農民陣線」（Barisan Tani Indonesia）：印尼共產黨號召農村的勞工一起要求減租，抵抗土匪；分發種子、工具、肥料、魚卵；修建水井與學校；殺死數十萬隻田鼠。在印尼共產黨的競選活動中，文化扮演著重要的角色：在歌唱、舞蹈、拳擊開始之前，政治訊息總悄然滲入民間慶典中。印尼共產黨在全國各地經營學校，舉辦研討會、會議以及大型集會。拜這些努力所賜，印尼共產黨在一九五五年的全國選舉中贏得百分之十六的選票，接著又在一九五七年的地方選舉中提高了選票比率[42]。一九五八年，中央委員會著手規畫「下鄉」運動，要求高階幹部下鄉體驗，每一次都長達半年[43]。印尼社會中充斥著印尼共產黨的資訊。當時一般報紙的發行量不到一萬份，印尼共產黨的《人民日報》卻多達六萬份。光是一九五六年，印尼共產黨就出版了七十萬份的出版品。一九六五年，印尼共產黨的黨員數約三百五十萬人，其「統一戰線」組織的會員總數約兩千萬人，占印尼人口的五分之一[44]。

這些活動，以及全職黨工（可能多達五千名）的工資，都需要資金。到了一九六〇年代初期，印尼共產黨成為印尼最富有的政黨[45]。部分收入來自黨費，而印尼共產黨也很擅長從基層實質地拼湊收入：一九五〇年代，至少有兩次競選活動是派印尼共產黨的小組去抓青蛙及採香蕉葉來募集資金。這種狩獵採集活動的獲利，為印尼共產黨創造了實用的政黨收入[46]。中國的資金可能也有所助益：有傳言指出，如果印尼華人先「捐款」給印尼共產黨，中國銀行就會放款給他們[47]。

及至一九六〇年代，印尼共產黨在艾地的領導下，有了驚人的擴張。長期觀察該黨的唐納德．辛德利（Donald Hindley）在一九六五年的大屠殺前夕，對該黨做出以下評估：

> 黨員入黨時，大多是文盲或半文盲，幾乎沒有政治意識。幾乎所有人都獲得基本的政治教育……可說是印尼最大、最有紀律、最有效率的政黨……相反的，其他政黨的領導人大多對群眾漠不關心，只會在選舉等逼不得已的情況下，利用傳統文官與宗教權威來動員群眾支持……那些政黨都是空殼[48]。

艾地成功動員了數千萬的印尼人，因此促成共產黨與蘇卡諾的聯盟。一九六五年以前，蘇卡諾可說是印尼政壇的「國家皮影戲大師」[49]，他直言不諱地斥責那些反對把共產黨納入聯合內閣的人：「我們能將占全國人口的百分之二十、多達一千六百萬的共產黨人塞進老鼠洞，同時創造團結嗎？[50]」他辯稱：「那些反對派想要我騎馬，卻又堅持他們必須先砍掉馬的一隻腳。我無法、也不會騎三腳馬。[51]」印尼共產黨從蘇卡諾的公開支持中獲得力量，尤其是一九五〇年代晚期。艾地的計畫與宣言中，都巧妙穿插了蘇卡諾的語錄。

然而，一九五五年，美國作家鮑大可（Doak Barnett）——重要的報導文學《共產黨接管前夕的中國》（*China On The Eve Of Communist Takeover*）作者，內容描述一九四九年中國人的希望及恐懼——造訪印尼共產黨的雅加達辦事處時，卻注意到印尼共產黨的核心存在著一種難以理解的矛盾。他指出，現場展示的唯一讀物是「一本印尼語版的中國共產黨畫報」。在鮑大可的眼裡，艾地看起來既年輕又溫和，然他卻寫道：「我有一種感覺，他的溫和舉止背後，隱藏著一種強硬的特質。」艾地概略說明了他的政治計畫：激進的土地改革；企業國有化；以土地革命（最好是集體化）資助快速的工業化。鮑大可心想：「這聽起來很耳熟。」

> 大體上，那呼應了毛澤東與中共的思想總路線：兩階段革命的概念；強調訴諸民族主義、反帝國主義的情緒、農民的不滿；提出四階級聯盟；農民被描述為無產階級領導的革命「主力」；渴望終極的集體化與工業化——這些在在呼應了中共的思想路線。這讓人不禁懷疑，如果印尼共產黨自己制定計畫，不受中國經驗的影響（中國宣稱中國模式是亞洲其他國家的「典範」），他們的計畫可能有些不同。

艾地證實：「中國共產黨所做的，是印尼共產黨想在印尼落實的典範。」鮑大可結束採訪時，清楚地指出一九四九年印尼共產黨和中共的最大區別：中國共產黨擁有軍隊[52]。接下來的十年，印尼共產黨採行毛派政治，卻沒有採用毛澤東從一九二七年以來一直堅持必備的軍事後盾，最終證明是致命的。

隨著中蘇決裂拉開序幕，艾地的親中態度更加明顯，因為中共如今把自己塑造成反帝國主義的全球總部，這是印尼右派與左派民族主義者咸認同的主題。一九二〇年代以來，印尼人就不斷預言著「有色人種與白人之間」將爆發一場全球戰爭。蘇卡諾厭惡西歐與英美對印尼的影響，這點並不難理解。一九四二年日本入侵印尼之前，他曾遭到荷蘭監禁，也在國內流亡數年。一九四五年，英軍促成荷蘭人回歸印尼，開啟了印尼對抗前殖民勢力的獨立戰爭。一九五〇年代期間，西方勢力——尤其是美國——干預民主選舉，並支持可能分裂獨立印尼的地區叛亂。蘇卡諾覺得自己稱之為「世上老牌勢力」的嘲弄與破壞……「世界各地的所有麻煩，諸如越南、韓國、瓜地馬拉等地的問題，都是由美國的隱形政府挑起的」[53]。

尤其一九六二年以後，蘇卡諾、印尼共產黨、中華人民共和國齊聲反對「新殖民主義與帝國主義」——套用蘇卡諾的說法是nekolim，這個籠統的字眼同時涵蓋了荷蘭對西新幾內亞的持續占領，以及美國外交政策的厚顏無恥。一九六三年，他對東南亞的受眾指出，「殖民主義與帝國主義是這個世界的現實」，他們「操弄情勢，好讓我國永遠屈服在他們的私利之下[54]」。令印度總理尼赫魯（Nehru）*驚訝的是（他曾認定印尼的廁所不合格），蘇卡諾主辦一九五五年的萬隆會議非常成功，不但享譽國際，更進一步鞏固了他身為去殖民化世界領導人的地位。蘇卡諾積極展開「革命外交」全球之旅時，他呼籲印尼成為亞非團結起來對抗殖民主義與帝國主義的中心——對他來說，這是「國際關係中的主要問題」[55]。他特別偏好可以不同程度定義並理解的簡潔代號，諸如Nasakom代表民族主義、宗教、共產主義的混合體；MaPhilIndo代表馬來西亞、菲律賓、印尼的策略聯盟；OLDEFO代表「老牌勢力」（the old established forces）；NEFO代表「新興勢力」（the new emerging forces）。一九六二年，艾地認同蘇卡諾的觀點，

* 譯註：印度獨立後第一任總理。

指出NEFO——蘇卡諾自創的名詞，意指由印尼所開創的新國家，充滿活力的去殖民化、不結盟、典型的新國度——的敵人是「所有帝國主義的國家、所有形式的殖民主義和新殖民主義、世界上所有的反動勢力」[56]。這些聲明呼應了中國當局發出的好戰訊息：與帝國主義發生武裝衝突是無可避免的。

毛澤東與蘇卡諾都樂於製造與鄰國的衝突，以營造一種國家緊急狀態，藉此推動政治目標。蘇卡諾坦言，他「沉迷於革命的節奏」。他認為，想要解決印尼的體制與實質問題，需要精神、精力以及膽識，而不是體制或實質的解方——這無疑呼應了毛澤東的意志論。一九六三年及一九六六年間，印尼和馬來西亞之間的軍事對抗（Konfrontasi，簡稱「印馬對抗」）是蘇卡諾好戰狀態的巔峰，而且跟毛主義的挑釁精神如出一轍。其導火線包括：汶萊加入新馬來西亞的提案所引發的爭執（蘇卡諾譴責這種英國設計的新馬來西亞是新殖民主義）、英國軍隊鎮壓島上的叛亂、對「新馬來西亞是英國新殖民地」的根本反對。蘇卡諾迅速提高了印尼和馬來西亞之間的軍事緊張局勢（印尼與英馬聯軍為婆羅洲發生衝突），作為加強對抗nekolim勢力的跳板，他大喊：「摧毀馬來西亞！」

「印馬對抗」推動民眾動員及軍事化，並和一九六〇年代毛主義那套「反帝國主義、反西方」的言論產生了共鳴。一九六五年初，蘇卡諾退出聯合國，並告訴美國總統詹森「帶著你的美援去死吧」。中國為此雀躍不已，北京的《人民日報》揚言：「美帝國主義膽敢侵略印尼的話，中國人民會全力支持印尼人民。」[57]與蘇聯不同的是，中華人民共和國譴責聯合國不會有任何損失，因為中華民國在台灣於聯合國握有代表中國的席位，直到一九七一年。

印尼共產黨儘管沒有軍力，卻依循毛澤東的武裝對抗路線，朝著跟敵人武裝鬥爭的方向發展。「每個領域都必須有對抗……一隻手放在槍上，另一隻手放在犁上……帝國主義者只懂蠻力……人民應該武裝起來。」[58]艾地似乎在情感上越來越往毛澤東領導的中國靠攏。一九五九年和一九六一年，在大躍進及隨之而來的饑荒達到顛峰之際，艾地兩度造訪中國同一個模範公社。中共以全面的宣傳攻勢來款待他，讓他以為大躍進和公社創造了經濟奇蹟。艾地的中國隨行人員巧妙遮掩了公社制度的真實本質——恐懼、飢餓、人吃人的慘劇——並強化了印尼人對毛派實驗的熱情。中共內部針對艾地一九六一年的造訪，完成了如下的報告：「艾地非常滿意，他說：『你可以看到過去兩年這裡有極大的變化……我很高興……願你們未來更成功。』」中共對艾地的殷勤款待收到了不錯的成效，因為一九六三年艾地在印尼共產黨的報紙上，毫不保留地為大躍進的成果辯護[59]。寫詩是艾地為數不多的業餘嗜好之一，據傳他是為了仿效毛澤東才培養出這個興趣。可惜他寫的詩作很糟，連印尼共產黨的官方報紙（由艾地掌控）也不願刊登。他也在雅加達的河流中游泳，以模仿毛澤東一九五六年在長江游泳。艾地從小就擅長後空翻，他可能比笨拙的毛澤東更擅長跳水[60]。他很可能也想模仿毛澤東一九二七年針對湖南農民起義所做的調查，所以開始下鄉造訪爪哇農民，譴責「專制的地主、官僚的資本家、腐敗的地方官員」，並鼓勵印尼的年輕人「下鄉與上山」。毛澤東面對這種恭維，則是盛讚印尼共產黨是「東方革命史上輝煌的一頁」[61]。

艾地模仿大躍進的意志風格，開始避開一九五〇年代那種謹慎、耐心的動員。他後來發表的聲明，在在凸顯出毛主義顛峰的「精神、決心、熱情」，諸如「我們必須以實事求是的『激進新行動計畫』來取代八年計畫。」[62] 一九六三年，中國的外文出版社（Foreign Languages Press）出版艾地的小冊子，書名《放膽行動》（*Dare, Dare and Dare Again!*）不言自明[63]。民族主義和大無畏精神成了任何問題的答案——舉凡地緣政治、經濟、社會問題都是如此。向中國靠攏也強化了印尼共產黨透過階級鬥爭所驅動的土地改革來動員印尼農民的作法：印尼共產黨致力投入「耕者有其田」運動[64]。一九六三年，艾地參訪中國三個星期，返國後他對世界局勢提出一種深刻的毛派觀點：「一旦激發大無畏的精神，讓人民具備這項特質，肯定會掃除一切障礙。」沒有膽量的革命者「不再是革命者」。「我們的黨與我們的群眾組織已經抱著極度熱情，大步前進，揮舞著手臂與拳頭，更自由地對抗人民的敵人……**一手拿著槍，另一手握著鋤頭。**」艾地自信地預言一種「政治局勢……越來越往左移……**沒有勇氣落實激進的土地改革……根本是胡說八道……欺騙人民**」。艾地的革命宣言拒絕對美國做出任何妥協——美國是「世界反動的中心，帝國主義的支柱……最惡劣、最危險的全球人民公敵」——他同時譴責，和美國打交道的蘇聯，根本軟弱無能[65]。

艾地甚至在塑造「毛主義顛峰」方面軋了一角。印尼人率先把毛澤東的「農村包圍城市」概念加以全球化（藉此暗中譴責蘇聯未能推動武裝革命）。艾地宣稱，在「亞洲、非洲、拉丁美洲，有一種不斷湧現且成熟的革命局勢……亞洲、非洲、拉丁美洲是世界的鄉村，歐洲與北美是世界的城鎮」。毛澤東和林彪借用艾地這種認同毛主義的說法，來號召全球武裝革命（「人民戰爭勝利萬歲！」），那也變成世界各地非對稱戰爭的基礎文本[66]。

是中共促使艾地這麼看待局勢的。一九六三年九月，中共為東南亞革命的未來領導人展開特別培訓班，並邀請艾地前來上課，並由周恩來指導他以及來自東南亞的同志「深入農村，準備武裝鬥爭，建立大本營……中國有責任全力支援東南亞的反帝國主義鬥爭」[67]。毛澤東與他最親近的同志吹捧艾地是「傑出的馬列理論家」；他們告訴他，印尼共產黨的「盛大成果與豐富經驗」對「資本主義世界的共產黨人以及革命人民的吸引力與日俱增，尤其對亞洲、非洲、拉丁美洲國家的人來說更是如此」[68]。

毛澤東也對蘇卡諾的言詞產生了深刻的影響。蘇卡諾在一九六五年獨立日的演講中宣稱：「如果印尼共和國的武裝部隊與人民團結起來，如魚得水，他們將會是一股所向無敵的力量。切記，水沒有魚也可以存在，但魚沒有水就無法生存。[69]」中國為了對蘇卡諾展現熱情，一九六四年三月，還主動把中國銀行印尼分行——印尼共產黨的關鍵支持者——的資產轉移給蘇卡諾及其政府。一九六五年二月，隨著美國加強介入東南亞，某一中國政府的資源將印尼同時納入策略聯盟中（在此之前，越南已為中國納入該策略聯盟）：「鄭重地」宣布，「萬一英美帝國主義膽敢對印尼人民發動戰爭，中國人民絕不會坐視不管」[70]。

此時，印尼的經濟正面臨嚴重的壓力。蘇卡諾把英國以及荷蘭的投資國有化，驚動了外國資金；此外，國家預算也因國防開支增加而捉襟見肘。但在一九六〇年代人為製造的國家緊急狀態期間，軍事價值觀充斥著日常生活，軍方反而更加蓬勃發展。戒嚴及外援強化了軍方的政治勢力和技術能力。與此同時，軍方負責管理許多國有化的外國財產。組織上，一九六〇年代初期，陸軍司令部加強了對中央和地區戰鬥單位的掌控，軍方因此得以在一九六五年的全國大肅清中迅速動員起來[71]。

「印馬對抗」正熱之際，蘇卡諾聲稱，周恩來要他建立一支「第五勢力」：一支訓練有素的武裝民兵組織，有兩千一百萬人，有效地把印尼群島軍事化（表面上是為了與馬來西亞對抗，實際上則是為了挑戰軍方對暴力的壟斷）。中國共產黨確實極度支持這個概念，視其為毛澤東游擊戰術的翻版。周恩來熱中說道：「軍事化的群眾是無敵的，我是在跟各位分享我們的經驗。」這一切顯示，中國對印尼的政策出現重大轉向，原因只能以「當時中國與蘇聯正在激烈競爭」來解釋。一九六〇年至一九六三年，中國外交部曾坦承「拒絕了印尼大部分的援助請求」。反觀一九六五年，毛澤東與其他同志大方地承諾，中國將為印尼提供軍事援助。「如果你需要小型武器，我們可以協助。如果你的海軍或空軍需要任何備件，可以隨時派人到中國看看。[72]」總計，中國承諾免費提供十萬件小型武器，蘇卡諾似乎密謀不讓這些武器落入軍方的手中[73]。

一九六四年，一向風格多元的蘇卡諾借用墨索里尼（Mussolini）的一句話，作為一年一度獨立日的演講標題：危險年代。其演講模仿毛澤東的修辭，置東南亞於「世界矛盾的中心」[74]。不到一年多，這種魯莽的呼籲有如悲劇的預言。印尼共產黨在蘇卡諾和毛澤東雙方對抗式的鼓吹下，在政治上變得更激進，並在蘇卡諾的全力支援下組建第五勢力[75]。如果成功的話，這個由工人與農民組成的民兵組織，將為印尼共產黨提供一支媲美當初為中共取得政權的軍隊。一九六五年春天，艾地對他的中央委員會高喊：「點燃野牛精神！[76]」與此同時，蘇卡諾和印尼共產黨在反對軍方的言論上，變得越來越大膽魯莽，他們把軍方統稱為「穿將軍制服的白痴」[77]。

到了一九六五年夏天，印尼「權力三角」的三方，都在一種敏感又令人困惑的兩極分化氣氛中相互猜忌。第一個勢力是蘇卡諾：充滿不切實際的幻想又自私，利用個人的威望及反西方的情緒，使印尼疏離美國，往中國靠攏；他也擔心右派軍方——一個神祕的「將領委員會」——會把他趕下台。第二個勢力是軍方：獲得美國及蘇聯的實質上的訓練，蠻力優於蘇卡諾，只是威望和正統性不如蘇卡諾，而且與印尼共產黨對立。雅加達大使館的一名英國外交官後來把蘇卡諾與軍方比喻成「兩名緊緊扭抱在一起的日本相撲手。蘇卡諾一直想要扳倒對方，但那些將軍不動如山」。英國外交部沿用該比喻問道，我們應該扔餅乾給其中一方嗎？駐雅加達的外交官回應：「觀眾只能自己吃餅乾，在一旁觀戰。[78]」

第三個勢力則是印尼共產黨自身：一九五〇年代成功壯大以後，變得野心勃勃，想要進一步奪取政權，而且情感上受到中國的「人民戰爭」策略所吸引，希冀動員民間力量去對抗軍方。在農村，印尼共產黨推動激進的土地改革，大約七十萬公頃的土地重新分配給八十五萬個農民。共產黨也採用政治暴力。一名與共產黨發生衝突的學生回憶道，他「感覺到校園恐怖主義衝著我來，甚至也鎖定了我弟弟。我覺得我好像處於一種會被殺或殺人的狀態」[79]。例如在巴里島西部的珍布拉娜縣（Jembrana），一名印尼共產黨人以行徑囂張著稱，他在耳後塞了一朵木槿花，腰上配一把劍，故意向人群丟蛇並挑起爭端以恐嚇反對黨的集會，或是把劍插入以棕櫚葉編織的民屋軟質牆面上，以脅迫居民參加印尼共產黨的會議[80]。高層的分裂因此層層地往下傳遞到基層。一九六五年九月的大屠殺前夕，印尼社會已出現嚴重的分裂，一邊是在地精英、地主、宗教穆斯林的領袖，另一邊是與印尼共產黨緊密或鬆散相連的人。軍方與印尼共產黨之間的權力兩極分化，導致許多平民尋求其中一方作為靠山——如此衍生的裂痕（或者，至少是大家心裡所想的裂痕）加劇了一九六五至六六年的多數暴力。艾地對他的政黨說：「國家正處於沸點，因此各方面的革命鬥爭皆更為劇烈。[81]」

一九六五年五月，印尼外長蘇班德里約（Subandrio）取得一份據稱是英國大使安德魯・吉爾克里斯特（Andrew Gilchrist）寫的電報草稿。據傳那份草稿是在西爪哇的多雨城市茂物（Bogor）的一間美國電影代理商比爾・帕爾默（Bill Palmer）所屬平房裡發現的。曾為英國特別行動局（Special Operations Executive）*資深人員的吉爾克里斯特，毫不掩飾他厭惡蘇卡諾及其反英又反美的立場（一九六三年秋天，印尼的示威者向英國大使館投擲石塊之前，據傳他曾授權穿蘇格蘭短裙的使館人員吹著風笛，繞著大使館行進）。吉爾克里斯特在那份電報草稿中，暗指英國和美國計畫在「我們在地的軍方友人」協助下，襲擊印尼。英國與美國官員紛紛聲明，那份電報是偽造的，但蘇卡諾與艾地的圈子仍引用該草稿作為「將領委員會」密謀政變以推翻總統及接管政府的證據。一九六五年五月二十六日，蘇班德里約在印尼共產黨創立四十五週年的群眾集會上演講，宣稱有「檔案證據」顯示，一場密謀推翻蘇卡諾的反革命即將發生[82]。

一九六五年八月五日，印尼政治的關鍵人物蘇卡諾三次昏倒，其間嘔吐不止[83]。當時身在北京的艾地似乎擔心他一直以來的保護傘——避免他遭到印尼軍方殲滅——即將死亡或至少喪失能力，他覺得自己有必要做些相應措施。

一九六五年十月一日，印尼人一醒來，便聽到令人不安的十分鐘廣播。廣播是以第三人稱講述「九三〇事件」（September 30th Movement）的突發行動：某個神祕組織逮捕了「一些將軍」，因為那些將軍正打算在即將到來的十月五日軍人節（Armed Forces Day）策畫一場由美國中情局資助的「反革命政變」。為了先發制人，這個神祕組織將透過全國與地方的「革命委員會」，徹底重組印尼政府。所有的「政黨、群眾組織、報紙與期刊」都必須宣誓效忠革命委員會[84]。當天早上，雅加達街頭的民眾注意到，總統府、軍方總部、國防部所在的「獨立廣場」（Merdeka Square）出現一些尤為不尋常的軍事演習。數千名士兵聚集在蘇卡諾未完成的最後一個重要標誌——位於占地七十五公頃的廣場中心、高一百三十七公尺的國家紀念碑——周圍。（即便於一九七〇年代已在名義上完工，紀念碑依然漏水）。

但是，當天最重大的事件則發生在凌晨，七隊士兵被派去從睡床上綁架七名將軍，並帶到鱷

---

* 譯註：英國二戰期間成立的情報組織，目的是在歐洲納粹德國的占領區，以及後來東南亞的日本占領區展開間諜破壞和偵察活動以對付軸心國，並協助當地的抵抗運動。

魚洞（Lubang Buaya）——那是一片橡膠樹叢，中間有一口廢井，坐落在國家紀念碑以南十一公里的一片破碎土地上。六隊士兵順利完成任務，第七隊誤抓了一名副官，而不是國防部長納蘇蒂安將軍。其他參與這次陰謀的官員試圖找到蘇卡諾，卻遍尋不著——當時的蘇卡諾有好幾個妻子，沒人知道他在哪裡過夜。蘇卡諾一得知當晚發生的戲劇性事件後，前往距離鱷魚洞不遠的哈里姆空軍基地（Halim Air Force Base），那些策畫綁架的人便聚集在此。只是到了這個時候，七名被綁架的將領都已經遭到槍殺或刺殺，並扔進鱷魚洞的那口深井中，或藏在泥土、石頭、植被下面。軍方的宣傳後來謊稱那些將領遭到謀殺肢解，還聲稱有裸體的印尼共產黨婦女在屍體周圍跳舞[85]。

在哈里姆空軍基地，事件主要人物的三方如今各自聚集在三間彼此相隔幾百公尺的白色平房中：指揮政變的軍官；蘇卡諾和隨行人員；艾地及其助手。上午十點，蘇卡諾終於見到神祕九三〇事件的領導人，並堅決要求他們停止政變。不過，他對那幾名將領不幸喪命並未感到遺憾，他說：「這種事本來就可能會在革命中發生。」[86]然而就在此刻，事情的發展已出現戲劇性的轉折。

蘇哈托將軍（General Suharto）是倖存的最高階陸軍指揮官之一。三個小時前，他已動身前往雅加達的陸軍戰略預備役司令部（Kostrad）。九三〇事件的策畫者整體表現非常混亂，且意外地缺乏規畫及溝通。蘇哈托果斷地突破這種亂象，迅速掌控局勢，並任命自己為軍隊指揮官、排擠蘇卡諾。十二小時內，蘇哈托便清除了獨立廣場上的政變勢力，接著把殘存的政變策畫者趕出哈里姆空軍基地。到了十月二日凌晨，政變的領導人與他們的軍隊（總計約四千人）已經往四面八方逃竄[87]。蘇哈托下令忠誠的軍隊去追捕他們，但也利用這次失敗的政變來整肅任何涉嫌支持「共產黨人」的人。印尼共產黨從此遭到「粉碎」、「鎮壓」、「埋葬」、「殲滅」、「消滅」、「滅絕」、「徹底摧毀」[88]。

一年內，至少有五十萬人死於軍隊與民兵的暴力之下。有些人慘遭軍槍射殺（如巴里島，三天內就有六千人命喪槍下），但許多人是被平民以較為原始的武器——砍刀、長矛、劍——殺死的。軍隊動員了印尼共產黨的在地敵人：反共政黨或宗教團體的青年組織。在軍方的同意及指揮下，數十萬名組織成員拘留了所有與印尼共產黨有關聯的人，燒毀他們的房屋，並殺害他們[89]。美國媒體興奮地報導印尼共產黨遭到重創的消息：這是「西方多年來最好的消息」，「亞洲的一線曙光」[90]。

流血事件是由多種原因造成的：政黨的政治仇恨與競爭；經濟紛爭；穆斯林的領導人與印尼共產黨之間各個社會階層的宿怨。但這一切之所以發生，是因為軍方賦予殺人小組「有罪不罰」的豁免權。暴行有明確的模式與方法；軍方大規模的逮捕，導致拘留中心擠滿了嫌犯。到了晚上，軍方把那些嫌犯裝上卡車，運到鄉下偏遠的地方，並交給殺人小組。殺人小組刺傷、射殺或勒死他們後，再運送到亂葬坑或丟入河流。二〇〇〇年代，一個殺人小組前成員對奧本海默說，大屠殺後，「這裡沒人敢吃魚，因為那些魚是吃人肉的！[91]」還有其他形式的暴行——毆打、酷刑、終身歧視。約一百萬人在拘留營裡待過一段時間，至少一萬名囚犯被判處十年的奴役勞動：他們只能以中國製的砍刀耕種土地。政治犯獲釋後，家人（包括尚未出世的孩子）都遭到污名化，被當成「髒污」的化身[92]。

長久以來，這些混亂、難以釐清的事件遲遲無法獲得清楚的解釋，因為這起悲劇的主要人物早已過世或根本拒絕談論，或只有在印尼軍方——一個肆無忌憚地使用酷刑的組織——進行的審訊及審判中，才被記錄下來。一九六五年十一月，軍人發現艾地躲在爪哇中部一座平房牆壁之間一個狀似神父洞*的地方，隨即將他處決。負責逮捕艾地的少將命他站在一口井前，要求他「說些臨別遺言」。艾地當場「慷慨陳詞」了起來，驚慌失措的軍官迅速開槍制止了他。蘇卡諾先是遭到蘇哈托的隔離，後來遭到軟禁，一九七〇年死於腎衰竭，部分原因是醫療疏忽造成的。在他生命的最後幾年，他抱怨遭到「全面噤聲」[93]。蘇哈托則是這些事件的政治與軍事受益者，對於隨後衍生的大規模暴力事件，他都歸咎於「個人自主的行為，以及多年來極其狹隘的政治操作導致社會族群之間存在嚴重的偏見」[94]。

政變後不久，軍方隨即展開鎮壓行動，不僅逼迫多數報紙噤聲，並以軍方版本的報導填補新聞真空，即政變是印尼共產黨支援的暴力事件。一九六五年十月以後，蘇哈托因絕對的掌控政權，賦予他把暴力完全歸咎於印尼共產黨或暴徒的機會——而非陸軍司令部的精心策畫。從一九八四年到一九九八年蘇哈托下台的這段期間，每年的九月三十日，印尼都會播放一部充斥著「印尼共產黨造成流血事件」的宣傳片《印尼共產黨九三〇事件》（*Treachery of G30S/PKI*）。一九九〇年，這個版本的歷史理所當然地陳列在印尼共產黨叛國博物館（Museum of PKI Treason）——

一座設立在鱷魚洞附近的低矮建築，其中滿是印尼共產黨嗜血的立體模型，模型高度正好及於學童視線[95]。一九六五年的勝利者對大眾的記憶掌有極權式的控制：數十年來，許多人只記得，印尼共產黨「在一九六五年之前多行不義，導致眾人憎恨，所以對手才會把握住屠殺他們的機會……沒有一個特定的人或機構需要為此負責」[96]。此外，幸災樂禍的美國媒體也推了一把。一九六〇年代晚期，美國NBC公司的一次廣播中，一名厚顏無恥的當地官員告訴美國記者，暴力事件開始的前一天，印尼共產黨的成員自願投降認罪，主動「要求處決」[97]。而那些不願為冷戰時期印尼擊敗共產黨而歡呼的外國記者，直到一九六六年春天以前，始終難以接觸到印尼的基層人士。西方國家以一種高高在上的姿態來看待東方文化，並以此觀點解釋這些殺戮事件，一切皆歸因於「邪魔歪道」、「集體的歇斯底里」、「亞洲暴力」，或是像《紐約時報》的一篇社論所主張的，是一種「不尋常的馬來風格，那種內化般的狂熱嗜血欲望也成了其他語言吸收的少數馬來語單字：amok（瘋狂的）」[98]。最近十年，多虧一些致力投入建檔和口述歷史的史學家，以及一些殺人犯囂張地自吹自擂，人們才終於釐清軍方在這場大屠殺中所扮演的核心主導角色。

為了進一步促使這次嚴酷的鎮壓合法化，印尼軍方與美國國務院聲稱，九三〇事件是中國的陰謀。美國國務卿迪安．魯斯克（Dean Rusk）指出：「艾地與印尼共產黨承受著來自中共的巨大壓力，必須為中共在亞洲的利益迅速取得勝利。」當時美國駐印尼大使馬歇爾．格林（Marshall

* 譯註：十六世紀時，英格蘭許多大型天主教堂中的設施，主要作為在英格蘭天主教徒受迫害期間，神父的藏身之處。

Green）極力辯稱（即便聽來虛假不實），政變發生的時機暴露了中國的影響：政變選在九月三十日，是為了不致衝撞到中國十月一日國慶（但事件實際發生日期是在十月一日）。格林同時也以事實般的聲明來描述傳言——與印尼共產黨相關的團體擁有「兩千件中國武器」——但隨後又否認此事。十月十九日，格林向美國華府發了一份備忘錄，該內容顯示，他做出上述推論的動機並非客觀無私：「我們有絕佳的機會，把印尼的災難性事件歸咎於中共……散布中共透過祕密宣傳串謀的消息。[99]」幾十年後，他依然公開宣稱，「世界第四大國家……即將成為共產主義者，而且幾乎是成真了」[100]。（近期解密的美國國家安全委員會的檔案顯示，美國情報機構認為，中國不太可能直接參與政變，但還是把握機會妖魔化印尼共產黨不過是中國陰謀的傀儡。）格林與中情局駐印尼的同胞把握了所有機會：他們向印尼軍方的殺人小組浥注大量資金、無線電行動裝置，以及疑似左派分子的名單[101]。

印尼共產黨的印尼敵人也把握了中國陰謀論這個把柄。十月五日，在華裔人口眾多的棉蘭（Medan），蘇門答臘一名最高的軍事指揮官公開描述九三〇事件是「外國的工具」——亦即中國的工具。省政府聲稱，這起事件是「為外國顛覆分子服務」[102]。十月七日，北蘇門答臘出現煽動性海報，妖魔化印尼共產黨與中國的關聯。「印尼共產黨企圖以中國的聲明來改變一九六五年八月十七日（印尼獨立日）。艾地是傀儡大師：綁架就要以綁架來回應，支解就要以支解來回應。摧毀印尼共產黨，真主至大！[103]」一份可疑的供詞似乎是艾地遭逮後的處決前所寫的（原件隨即遭當地一名軍事指揮官燒毀），內容暗指中國和政變有關：艾地說，這次行動是有計畫的，是他在北京與中共領導人討論了蘇卡諾的健康狀況後規畫的。一旦成功，印尼將仿效中國的經濟模式。甚至有謠言指出，艾地其實沒死，他搭上中國的潛艇逃走了[104]。

蘇哈托的「新秩序」（New Order）政府為了向世世代代的學童灌輸觀念，更是製作了宣傳影片。影片中，大量提及蘇卡諾的中國醫療團隊與針灸團隊的險惡意圖，據稱他們兼任間諜與特務，又像傅滿洲（Fu Manchu）*那樣以電擊來針灸。影片中，他們告訴艾地，蘇卡諾死期將至，他不由得陷入恐慌，並發動一場圖利中國的政變。然而，實際上，失落的中國醫療團隊於一九六五年八月飛回中國，當時蘇卡諾拒絕服用他們開立的處方藥，也不願聽從醫囑減少工作量或性行為[105]。

西方學者對一九六五年印尼的流血事件（以及美國介入的勾結）感到震驚，他們對事件的解釋則採取另一種極端的面向。一九六六年，兩名當代最著名的印尼學家班納迪克·安德森（Benedict Anderson）與露絲·麥克維（Ruth McVey）完成了一份跟書一樣厚的機密報告。該報告指出，政變及其後果完全是軍方的責任，印尼共產黨完全沒有參與，更遑論中共插手了[106]。那麼，九三〇事件的背後，真相究竟是什麼？——這印尼共產黨的歷史上最決定性的時刻，也是冷戰的一大轉捩點。

---

* 譯註：英國推理小說作家薩克斯·羅默（Sax Rohmer）創作的虛構人物，是個面目陰險的角色，後來變成中國人奸詐取巧的象徵。

在二〇〇六年出版的《大屠殺的託辭》（*Pretext for Mass Murder*）一書中，美國的印尼學家約翰．魯薩（John Roosa）針對一九六五年的事件，提出目前為止最令人信服的描述。他主張，九三〇事件本身並不能作為隨後那些報復流血事件的理由：那不過是大規模屠殺的方便託辭，而不是情有可原的原因。長期渴望摧毀印尼共產黨的軍官利用該事件，造成了致命的後果。然而，魯薩雖然同情那場大屠殺的受害者，他仍把事件的部分責任追溯到一小群祕密的共產黨領導人身上，那些人深受毛主義顛峰的熱潮所影響：主要是艾地，以及一個叫夏姆（Sjam）的神祕人物，他是印尼共產黨特勤局（Special Bureau）的負責人，該組織的成立目的則是為了滲透軍方[107]。

一九六五年八月五日，透過毛澤東與艾地的一次關鍵交流，也許足以釐清中國是否參與其中。我們可能永遠不會知道他們究竟討論了什麼，因為這對中共來說仍是極其敏感的話題，直接涉及了中共在冷戰期間對其他國家的干預。僅片段對話紀錄是公開的：一家新加坡的報紙節錄自一份不可靠的印尼軍方消息，以及一名學者取得中國官方紀錄的部分資料。在這兩份資料中，艾地都清楚得知，蘇卡諾的健康堪憂。印尼的軍方消息來源顯示，毛澤東的建議顯然很無情：

毛澤東：你應該盡快行動。
艾地：我擔心軍方變成障礙。
毛澤東：那就照我的話做，一舉消滅反動的將領和軍官。軍方會變成群龍無首，轉而跟隨你。

艾地：那需要殺上百名軍官。

毛澤東：在陝北，我一次殺死兩萬名幹部[108]。

中文版的節錄片段更顯神祕莫測：

毛澤東：我認為印尼的右派決心奪取政權，你也下定決心了嗎？

艾特（點頭）：如果蘇卡諾死了，那就看誰占上風了。

毛澤東：我建議你不要經常出國[109]。

九月三十日當晚，在歡慶中國第二十六屆國慶日的前夕，數百名印尼人參加了中共在北京舉行的宴會。一名代表指出，周恩來宣布，「印尼將在我們的國慶日，為我們帶來一份大禮」[110]。

這個證據啟人疑竇，但不是確鑿的證據，政治敏感性及偏見（最重要的是，蘇哈托政權的宣傳活動把印尼共產黨與中共歸結為一個聯合的邪惡陰謀），導致有關中國直接參與的紀錄變得支離破碎又扭曲。只是毛派對這個事件的最明顯影響，或許是它的方法，或者說，是缺乏方法。一九五〇年代晚期和一九六〇年代的毛主義顛峰，對艾地與蘇卡諾產生很大的吸引力，其全球吸引力大多是來自其美化的革命熱忱：套用艾地的說法：「放膽行動！」毛澤東宣稱，相信你會贏，無論是在經濟建設、還是革命戰爭中，成功都會從天而降。一九六五年，印尼共產黨的部分領導高層打算打擊印尼軍方的敵人時，已經完全內心了這句充滿希望的格言。結果，他們連最基本的運作效率標準都忽略了。一九六七年，蘇卡諾以名義上的總統進行最後一次議會演講時，反思其政治生涯的　然而止，一針見血地指出：一九六五年，印尼共產黨的領導高層一直處於沖昏頭的狀態（keblinger）——這個說法讓人想起一九六〇年代毛主義顛峰時，那種歇斯底里的敢做精神[111]。

一九六五年的夏天，約莫是在蘇卡諾八月初健康每下愈況之後，艾地似乎決定先發制人，打擊一群親美、反印尼共產黨的軍方將領。這次襲擊將由一個「革命委員會」負責，艾地安排四十一歲的朋友夏姆負責準備工作。一九六七年，夏姆回憶道：「八月之後，我們收到艾地同志的消息，說局勢正走向緊要關頭……所有跡象都顯示，將領委員會已著手為奪取國家權力做最後的準備……我在軍隊中與支持印尼共產黨的高階軍官開會時，我說，我們究竟是攻擊、還是受襲，成敗在此一舉。」[112]

夏姆是一輩子都沒看透局勢的人。一九四二年日本侵入爪哇時，他十八歲，就讀的農業學校遭到關閉。接著，他轉到商業學校就讀，只是還沒畢業就先加入革命。他聲稱自己是一九四九年入黨，但似乎不是透過徹底的、有紀律的努力晉升到高層，而是憑著他和艾地的私交而空降高層。一九六五年八月，艾地讓他負責這項最敏感的軍事任務，但夏姆自己坦承，他只有「一點」軍事經驗，而且一九四五年起就沒參與過軍事行動了[113]。一九六四年，夏姆獲任為印尼共產黨特勤局局長，致力代表印尼共產黨在軍中培養機密聯絡管道。他的組織及權威是一種非常個人化的模式：一九六七年七月，他遭到軍方逮捕四個月後，在審訊證詞中，他宣稱他只對「黨的領導人……艾地同志」負責。他被捕後的行為，凸顯出他只求自保，心中無黨紀：他一再地披露真相以外的真相來吸引審訊者的注意，顯然是為了保命。（這段歷史更顯渾沌不清的是，印尼國內普遍認為，夏姆早在一九六五年九月三十日以前，便和軍方結盟了）。他忖度道：「身為被判死刑的人，我想盡量拖延死刑。可能的話，甚至中止死刑。一旦我感覺到自己即將遭到處決，就會再說出另一件大事，以便接受另一次審訊，這樣就無法執行判決了。」（這招確實有效：他的死刑被推延到一九八六年。）夏姆按照艾地的指示，告訴幾個親共的軍官，軍方將領正在策畫一場反對蘇卡諾的政變，外界對印尼共產黨與總統提供了巨大的支援，他們只需要「點燃導火線」——令人聯想起毛澤東「星星之火」的一個詞——剩下的自然會水到渠成[114]。

幾十年來，歷史學家直感到困惑的是，為什麼名為「九三〇運動」的事件竟發生在十月一日。最簡單的解釋是，準備不足導致延遲發動。夏姆後來透露，政變計畫是在預訂日期的前十天才起草，並在預訂日期的前二十四小時才最終敲定。策畫者大肆宣揚毛澤東關於青年反叛的口號：「我們要在年輕時革命，等年紀大了，還有什麼意義？」只要有人提及應急計畫的必要性，就有人質疑那是怯戰：「夠了，別一心只想退縮！[115]」雖然這一切可能是因為夏姆缺乏軍事經驗，以及他無法看透局勢，然這也反映出一九六〇年代初期，印尼共產黨的領導人——在中國的大力鼓吹下——逐漸推崇充滿希望的毛派「唯意志論」。

一九五〇年代和六〇年代初期，印尼對中國的仰慕，至少一定程度上解釋了蘇帕究

（Supardjo）的參與。他可能是夏姆找來參與政變的軍官中，最有能力的一人。他和許多同儕一樣，在那些年造訪了中國：對於中共戰勝美國所資助的對手並取得政權，以及中國激情的反帝國主義言論等，留下深刻的印象。九三〇事件後，印尼共產黨遭到殲滅，他回憶道：「領導高層的口號總是：『夠了，我們只要發動就好，其他的一切會水到渠成。』我們無不打從心底相信，是因為中共在毛澤東同志的領導下，證明這是可行的。他們一開始只有一個團，後來消滅了蔣介石的數十萬大軍……他們的策略是……『點燃導火線』。我們只要在雅加達點燃導火線，然後期待鞭炮在各地自行燃放就夠了。」[116]

結果，最基本的後勤問題反而遭到忽視。不同的指揮部之間沒有無線電通信，夏姆堅持使用信使來發動其他地區的叛亂。由於九月三十日的計畫是前一天才底定，加上印尼群島幅員遼闊，派往印尼群島的信使都困在公車、火車、渡輪上，以致這場運動一開始便四分五裂，印尼共產黨在各省的分支單位都不知道發生了什麼事，也不知道該如何因應。他們甚至沒安排好，如何為派往總統府守衛的士兵提供食物。餓了一天一夜後，許多士兵索性棄守。

綁架前的最後一場會議，簡直混亂不堪。蘇帕究回憶道，當時「議程滿檔，會議開到深夜，但與行動有關的暗碼竟尚未確定」。政變的軍事指揮官翁東上校（Colonel Untung）在總統府連續值了幾天夜班，早已筋疲力竭。「點燃導火線」的行動——綁架將領——並未事先演練過，行動組織也沒有明確的指揮系統。他們的計畫是擒拿那些將領，然後帶到蘇卡諾的面前，讓他們求饒（因為他們被指控謀反總統）。未想綁架小組——其中被派去綁架最重要將領的兩組人馬，竟是由軍事新手領導，而他們根本才剛學會怎麼握槍——並未收到如何關押將領的明確指示。上級只告訴他們：「抓住他們，確保他們一個也逃不掉。」

所有的行動很快就出狀況。那些將領還沒來得及在蘇卡諾的面前被迫懺悔，就已經遭到殺害。政變主導者去蘇卡諾多個妻子的住所，卻遍尋不著蘇卡諾。蘇卡諾得知政變時，拒絕支持這次的行動。當時叛變者也沒有應急計畫。將領死了——後來人們把他們血淋淋的遺體從鱷魚洞挖掘出來——而這些再再助長了軍方對印尼共產黨的妖魔化及殲滅力道。鱷魚洞的命案現場，如今仍是合理化印尼軍事統治的基石：水井上方有一座紀念碑，上面矗立著七尊遇害將領的英勇雕像；浮雕描繪著印尼共產黨人謀殺將領，並把屍體扔進井裡，一旁可見衣著暴露的印尼共產黨婦女歡欣鼓舞。附近的浮雕所描繪的，則是充滿權威又冷靜的蘇哈托下令恢復和平及秩序（包括婦女重新擔負起養兒育女的家務）。隨著反政變的軍方得勢，艾地逃往鄉間，可惜鄉間毫無組織，他們事先並未料到需要逃亡。蘇帕究後來回憶道，九月三十日晚上，有人質疑沒有應變計畫，卻被「『無論發生什麼，我們都不能回頭』的口號壓了下來……任何人提出建議與問題，都會被指為優柔寡斷」[117]。

毛澤東得知艾地死亡的消息時，執筆寫了一首精簡的短詩：

疏枝立寒窗，
笑在百花前。

奈何笑容難為久，
春來反凋殘。
殘固不堪殘，
何須自尋煩？
花落自有花開日，
蓄芳待來年。[118]

一九六六年八月，中國媒體不畏挫折，並且強調：「要取得徹底勝利，印尼革命必須走中國革命的道路，亦即把農民的武裝土地革命當成主要的鬥爭形式。[119]」中國告訴那些留在印尼的潛在革命者，不要「任憑印尼反動勢力的隨意擺布……為了生存，必須奮鬥……受到毛澤東無敵思想的鼓舞，無懼暴力，甚至不怕斬首」[120]。

印尼的歷史在這段可怕時期所呈現出來的景象、聲音、氣味可謂獨特。軍事指揮官戴著墨鏡，手持軍杖，並以「立即處決」來威脅那些反抗者，宣稱他們找到一堆謀反文件，裡面充斥著共產黨謀殺宗教團體的陰謀。蕃薯田不斷傳出嚴刑逼供的嚎叫聲[121]。從華裔商人掠奪而來的咖啡，沖煮出濃郁的香味，縈繞在街頭[122]。房屋遭到縱火燃燒，散發出刺鼻的氣味。排氣管故障的卡車隆隆作響，載運戴著鐐銬、無處可逃的囚犯[123]。軍方下令，在疑似支持中國的華人家庭門上，塗上紅色油漆，藉此鼓勵軍方支持的學生民兵攻擊他們[124]。一個孩子在一棵馥郁芬芳的雞蛋花的遮蔽下，親眼目睹鄰居被石頭砸死。橡膠樹叢間散落著無頭屍體[125]。統計數字令人震驚。一九六五年聖誕節前兩天，澳洲大使館統計，「自九月三十日以來，每天平均有一千五百起暗殺事件。[126]」在接下來的六個月裡，光是巴里島就有約八萬人遇害，亂葬崗緊鄰著觀光海灘[127]。陸軍空降突擊隊的指揮官沙沃・愛德西（SarwoEdhie）在一九八九年過世前不久簡短聲稱：「有三百萬人被殺，大多是我下令的。[128]」這話縱然可能有誇大之嫌——死亡人數最精準的估計是在五十萬到一百萬人之間——但由此可見，這名軍方局內人對這場大屠殺規模的觀感。

這場暴力事件也結束了印尼對大企業資本的抵抗。例如，印尼共產黨一直是印尼工會運動背後的關鍵組織力量。一九六五年十一月十九日，一名澳洲的外交官表示：「在工廠與其他的工作場所，軍方找來勞工，並詢問他們是否願意繼續照常工作，顯然已是常態。那些拒絕照常工作的人，會被再問一遍。除非他們改變主意，否則就當場擊斃。[129]」隨著軍方「安撫」民眾，以及反美的蘇卡諾和艾地倒台，西方與日本的資本開始流入印尼。美國NBC廣播公司報導大屠殺的餘波時，清楚提到軍隊、冷戰、全球經濟利益之間的並存關係。報導的畫面顯示，一家美國的橡膠加工廠聳立在印尼平靜的土地上，「共產黨」囚犯在這家工廠進進出出[130]。在奧本海默的分析中，一九六五年至一九六六年的大屠殺造就了蘇哈托統治的印尼：一個受到鎮壓的國家，充斥著製造工廠和血汗工廠，軍方與半軍事組織可以隨意採取行動而不受懲罰。奧本海默為他的電影蒐集素材時，覺得自己彷彿「在納粹大屠殺四十年後走進了德國，卻發現納粹依然掌權」[131]。

六、進入非洲

一個故事，兩個年代。

一九六五年，《基督科學箴言報》（*Christian Science Monitor*）的非洲特派記者約翰・庫利（John Cooley）出版了《東風席捲非洲》（*East Wind Over Africa*）一書。當時，該報是美國僅有的兩大全國性報紙之一，所以頗具影響力。該書書名引用一九五七年毛澤東在莫斯科發表的煽動性演說，書中描述共產中國席捲非洲大陸的梗概，「從開羅到開普敦，從印度洋群島越過群山與叢林到幾內亞灣」。

在非洲灌木叢的某處，一名抹著非洲紅木染料的部落男子，穿著獸皮，彎下腰，聆聽著一台電晶體收音機。北京廣播電台的主持人正以男子的母語勸勉他驅逐那些正在掠奪其國家的白人殖民者。在附近的小鎮上，一名非洲教師也在收聽一個北京廣播節目，節目以法語、英語、史瓦希利語（Swahili）*或林格拉語（Lingala）†談論政治經濟，並向他訴說，非洲人必須擺脫壟斷者與帝國主義者的統治，擺脫「主宰他們的美國」。在這名教師的課堂上，他沒有別的教材可用，所以他用北京提供的書籍和雜誌來教授英語。他有個學生剛從中國大使館收到一張前往北京的機票：他將獲得助學金，去中國學習一年。在另一處農村，一個村警赫然發現，一本游擊戰的戰略手冊夾在看來單純的牽引機修理手冊之間。在整個非洲，從卡薩布蘭卡到開普敦，這樣的場景天天出現。中國正在非洲大陸展開宣傳，其規模可能在任何地方都是史無前例的，也許只有二戰後蘇聯在東歐的宣傳可與之媲美[1]。

庫利刻意以帝國主義的色彩來美化自身論點：「只要把美國完全趕出非洲，毛派規畫者便可朝其所宣稱的目標『在世界舞台上孤立美國』大幅邁進……在非洲，一切都尚未抵定。這裡幾乎沒有明確劃分的疆界、意識形態或國家忠誠度。對中國的規畫者來說，非洲屬於不斷變遷的新世界——非亞社會（Afro-Asian society）。在一個以中國為中心的世界裡，那是一個重要的革命前哨。[2]」

接著，時間快轉到二〇一四年二月。在庫利發表那份焦慮的評估五十年後，捍衛動物權且長期住在非洲的活躍人士珍．古德（Jane Goodall）發表了〈中國是非洲的新殖民霸主〉一文，譴責中國對非洲的干預。她寫道，「在非洲，中國只不過是在做以前殖民者的勾當。他們想獲得原物料以追求經濟成長，就像以前殖民者去非洲奪取天然資源，導致當地人變得更窮一樣。[3]」

二〇〇七年，《紐約時報》的兩名記者霍華德・弗倫奇（Howard French）與莉迪亞・波格林（Lydia Polgreen）從尚比亞的首都路沙卡（Lusaka）報導了類似的故事。在一處曾經生產長達數百萬公尺彩色棉花、而如今陷入沉寂的工廠裡，一名商會領袖告訴他們：「我們又回到了原點，輸出原物料，再進口廉價的製成品，這不是進步，而是殖民主義。」這家工廠自從歸中國人所有後，只向中國的紡織廠運送未加工的棉花。「誰贏了？」一名當地政客反問道，「肯定是中國人。他們的興趣是剝削我們，就像以前來這裡的所有人一樣。他們只是取代西方，成為非洲的新殖民者罷了。」[4]

這種對於中國在非洲的發展感到焦慮的描述持續了五十年。數十年來，這類論點宣稱中國想要博取非洲的青睞。中國在毛澤東在世時，便鼓吹政治及經濟革命，並從一九八〇年代起，就承諾協助非洲發展，月一金不附帶任何條件。中國透過投資和援助、廉價的製造業、醫療、軍事、政治教育、大量贈送或銷售武器，建立起帝國。不出所料，中國政府官員是以更溫和的「雙贏」說法，把中國在非洲的足跡描述為「促進和平與發展」[5]。中國的外交部表示，二〇一七年，中國完成連接蒙巴薩（Mombasa）與奈洛比（Nairobi）的鐵路，展現出「中國速度、中國品質、中

---

* 譯註：屬於班圖語系，是非洲語言中使用人數最多的語言之一，與阿拉伯語及豪薩語並列為非洲三大語言。

† 譯註：班圖語系的其中一支，主要分布在剛果民主共和國的西北部、剛果共和國的大部以及部分的安哥拉和中非共和國。

國貢獻、中國精神，用實際行動詮釋了真實親誠對非洲的政策理念和正確的義利觀。」[6]

不可否認，一九五〇年代末期以來，中國在影響非洲方面就持續施展軟硬實力。在毛澤東時代，這是以巨額的援助預算來支持。據周恩來模糊的表述，到了一九七一年，中國國家預算的百分之五「以上」用於外援。事實上，兩年後，比例更是達到百分之六點九二。相較之下，富裕得多的英國每年為國際援助所預留的資金，占國民收入的百分之零點七（這個數字經常受到削減的威脅）。據估計，一九五〇年與一九七八年間，中國付出逾兩百四十億美元的國際援助（該數字乘以四點五左右，即可換算成當代美元），其中百分之十三至十五流向非洲。真實的數字可能要高出許多——毛澤東時代的中國在區分直接贈與和無息貸款以及規定還款時間方面，顯然都很含糊[7]。因此，我們似乎可以確定，在毛澤東時代，中國外援——含非洲——占國民收入的比例，高於美國（一九七七年約占聯邦預算的百分之一點五）或蘇聯（一九七六年占GNP的百分之零點九）[8]。在非洲，這是一個野心勃勃的故事，橫跨一處幅員遼闊、組成多元的大陸，而且中國並沒有立即性的的地緣政治衝動參與其中。中國藉此龐大的任務，從一個接受國際援助的國家，變成提供外援的國家，而中國人民為此付出龐大的代價，因為中國提供驚人的外援之際，正值國家最無力承擔的時候。如果不謹記中國在毛澤東的領導下，國家被改造成國際捐助者，我們便很難理解中國目前為何會以全球政治與經濟強國自居。

中國在非洲的故事——無論是在毛澤東生前、抑或是死後——都比西方的憤世嫉俗者或中國的盲目推崇者所說的還要複雜、有趣得多。除了其他的缺失以外，一些評論者對這個故事的過度簡化，帶有令人不安的種族歧視色彩。那些過度簡化的故事版本，視非洲人為被動、頭腦簡單的人，而且容易受到中國每個「陰謀」的影響。庫利的分析就是典型的例子，他說：「非洲，尤其是黑人非洲*，很容易受到中國人那種微妙個人外交的影響。」[9]

非洲對毛主義的接納告訴我們，在去殖民時代，中國主張的反殖民、反西方等反叛訊息充滿吸引力——當時許多新興國家正務實地尋找政治與經濟模式，以便快速晉升為現代化國家。不過，毛澤東時代的中國對非洲的影響，也是一個充斥著明顯的失敗、誤譯、誤判的故事，一個外交和陰謀既謹慎又魯莽的故事。這個故事涉及了阿爾及利亞、迦納、喀麥隆、尚比亞，還有許多其他非洲國家，但本章將聚焦在坦尚尼亞和辛巴威（南羅德西亞，直到一九八〇年）。這兩個國家在一九六〇年代末期與七〇年代特別熱中於應用各種毛派技巧。這些實驗導致坦尚尼亞陷入饑荒，辛巴威則出現一黨暴政及經濟災難，其結果與毛澤東的理念——反叛和自力更生——所展現的魅力，形成了鮮明的對比。他們顯然無法創造穩定又能及時反應的治理制度。

從非洲大陸去殖民化一開始，中共就對非洲產生象徵性的影響。肯亞的資深政治學家阿里・馬茲魯伊（Ali Mazrui）懷疑，毛澤東和茅茅起義（Mau-Mau）——促使英國讓肯亞獨立的起義——之間的諧音，或許不只是巧合，也就是說，「肯亞那場『農民起義』的名稱，會不會是從

---

* 譯註：指撒哈拉沙漠以南的非洲地區。

『毛毛』變音而來，以紀念毛澤東。」該名稱似乎在一九四八年便流行了起來，是年共產黨在中國內戰中，看來勝利在望。茅茅起義的領導人之一瓦魯休．伊托特（Waruhiu Itote）自稱是「中國將軍」（General China）[10]，這難道純粹只是巧合嗎？一九五三年，非洲民族議會黨*（African National Congress，簡稱ANC）的祕書長瓦特．西蘇魯（Walter Sisulu）造訪中國。曼德拉（一九五〇年左右獲得整套毛澤東文集）派他去「跟中國人談革命」。中共顯然回應他：「兄弟！革命是非常嚴肅的事，不是兒戲。除非你真的準備好了，否則不要冒險。」這回應雖然令人沮喪，但西蘇魯還是對中國留下深刻的印象，只除了「我從來不喜歡中國菜……我想吃英國菜」以外（不知為何，中方竟然請他吃駱駝[11]）。後來他回憶道，那次造訪中國後，他成了共產黨黨員[12]。他帶著「鼓勵返國，但沒有帶槍」[13]。

大躍進期間，中國介入非洲的程度更深了——當時毛澤東及其副手主動站出來領導非洲、亞洲、拉丁美洲。（毛澤東曾自以為是地對一群外國訪客說：「我們是第三世界。」[14]）。一九六一年春天，中國經歷了最嚴重的饑荒以後，葉劍英元帥堅稱：「世界上沒有一個國家比我們更有經驗……這個經驗對其他尚未解放的國家與民族有利。他們非常需要這種能夠幫他們粉碎帝國主義與封建主義、獲得獨立與民主的經驗……以毛澤東思想為指針。」一九六〇年代初期，中國人民解放軍的一份祕密政策檔案指出，非洲深陷在中國過去的慘痛經驗中，需要協助才能迎頭趕上：

非洲本身看起來就像（西元前五百年的）戰國七雄……那時百家爭鳴，百花齊放，等待任何人去摘採……非洲現在既是反殖民鬥爭的中心，也是東西方爭奪中間地帶控制權的中心……為了幫助他們，我們必須告訴他們……這一代共產黨人的革命經驗……在非洲，我們不傷害任何人，我們不導入任何幻想，因為我們說的都是事實[15]。

中華人民共和國啟動了一場外交攻勢：邀請非洲領導人造訪中國，並盛情款待他們。中國的熱情好客融化了他們的心，尤其是那些在非洲種族主義政權中遭到歧視的人，例如非洲民族議會黨（ANC）的代表。中國的溫暖感動了這些訪客，「霎時覺得世界站在他們那邊」[16]。有鮮花、五彩碎紙片、敲鑼打鼓、鞭炮、歡呼的人群、豪華的禮賓車隊，還可以和中國的革命英雄促膝長談。一九五〇年代初期，幾乎沒有非洲人造訪中國。但一九五七年至一九五九年間，光是比屬剛果就有八十四個代表團訪華[17]一九六〇年上半年，毛澤東接見了一百一十一名非洲代表（此前的十年間，總共也才接見一百六十三位）[18]。與此同時，毛澤東也聲援美國黑人的解放運動。這番聲援幫他贏得了重要泛非主義者——美國與非洲之間的橋梁——的青睞。著名的美國泛非主義者威廉．杜博依斯（William Du Bois）熱切地主張中非團結：「中國是你們的血肉。」毛澤東在宴會廳裡，對著滿場的實習游擊隊說，中國與非洲「是一體的」。「你們或多或少和我們一

---

* 譯註：南非目前最大的政黨。

樣。」一名中國教師對學生說，「我們不是真正的黃人，你們也不是真正的黑人。」[19]

一如既往，中共會精挑細選訪客，且對其中一名訪客的影響更是成效卓著。桑吉巴民族主義黨（Zanzibar Nationalist Party）的祕書長阿卜杜拉赫曼·穆罕默德·巴布（Abdulrahman Mohammed Babu）是個精力充沛、全能的組織者、反殖民主義者、馬克思主義者，他是首位正式獲邀造訪中華人民共和國的東非人。一個仰慕者稱巴布是「善於交際的社會主義者」，一個英國的熟識諷刺他是「切爾西區（Chelsea）雞尾酒派對及（工黨的）殖民地自由運動（Movement for Colonial Freedom）的常客」，非洲的中情局官員非常希望他被暗殺[20]。長久以來，巴布一直很崇拜毛澤東統治的中國。一九五九年訪華後，更強化了他對毛派中國的景仰。後來他回憶道：

一九五〇年代，年輕的激進分子幾乎都必須盡量閱讀中國革命及其一九四九年革命成功的相關書籍……我研究過……中國這種發展模式相較於西方模式的差異。簡言之，中國象徵著一個受盡屈辱的窮國，透過自身的努力，克服重重困難，變成競爭世界領導地位的強國。它喚起了被壓迫者的所有喜悅與希望的情緒，他們仍在艱難的處境下掙扎……與中國領導人的會晤，以及深夜與他們針對反帝國主義鬥爭的所有問題所做的討論，非常鼓舞人心，有助於塑造我的世界觀……我會見的領導人當然包括毛主席、周恩來……鄧小平等人。這些都是性格非常堅強的人物，以堅韌不拔、堅持不懈、自律過人著稱，他們把四分之一的人類從壓迫與軍閥統治中解放了出來。[21]

巴布被任命為中國官方新華社的東非與中非記者，後來變成毛派武裝革命模式的有力宣傳者，並介紹給年輕一代的桑吉巴支持者，例如傑出的革命者阿里・蘇丹・伊薩（Ali Sultan Issa）。一九六〇年，伊薩造訪中國之際（時值饑荒達到顛峰），中國安排他走一趟長征的路線。他以為他看到的一切，都是真實不虛。

> 這次參訪擴展了我的視野，放大了我的眼界。我看到共產黨人如何做出巨大的犧牲，無論走到哪裡，他們都會徵收土地，把土地發放給農民……他們帶我去到很多城市。那裡的貧窮不像印度那麼明顯；每個人都有得吃穿……蘇聯人的卓越讓我留下的印象，還不如中國人來得深刻……我可以自由地發展及測試所有的思想，看哪種模式最可行、最適合我們桑吉巴的情況。在中國，這個幅員遼闊、令人敬畏的國家，以及人民的犧牲與他們的成就，在在讓我留下深刻的印象。所以我回到桑吉巴時，完全認同巴布對中國的看法：這是我們應該依循的思想路線[22]。

在這些訪華邀請之後，中國開始透過伊薩這樣的人，向桑吉巴的學生發放獎助學金。伊薩提到：「有些學生在中國待不久，我們的孩子想擁有飲酒作樂及性愛的自由，但是在中國，每個人的眼睛都在問：『你為什麼要私通？』……不過，他們大多回到桑吉巴。我們就是這麼設法把整個島嶼政治化。[23]」一九六四年一月，叛亂分子以暴力推翻了桑吉巴的阿拉伯統治者（島上的阿拉伯人大多遇害或逃亡）。一個由溫和派和激進派社會主義者所組成的鬆散聯盟，透過「革命委員會」——巴布也在其中——接管了政府。隨後，阿貝德．卡魯姆（Abeid Karume）建立專制獨裁政權，成為第一任總統，巴布則擔任外交部長。那年，巴布接受中國國際新聞管道新華社的採訪時，巧妙地把桑吉巴納入中國的全球叛亂計畫中。「桑吉巴革命的勝利，只是非洲、亞洲、拉丁美洲革命中的一步。桑吉巴人民向毛主席致意，因為他們從他的作品中學到很多。[24]」（桑吉巴革命的某些方面，與中國的革命出奇地相似：前政治精英淪落為街頭清潔工；獨立報紙遭禁；私人商店變成運作不良的合作社；公安部隊有任意監禁及殺戮的權力。）一九六四年春天，桑吉巴與非洲大陸上最近的國家坦干伊加（Tanganyika）結為政治聯盟，組成獨立的坦尚尼亞。巴布說服坦尚尼亞的首任總統朱利葉斯．尼雷爾（Julius Nyerere）於一九六五年訪問中國。巴布甚至為此先行前往中國一趟，以確保整個行程的安排完美無瑕。那次參訪非常順利，尼雷爾驚歎道：「若有可能的話，我會把上千萬的坦尚尼亞人都帶來中國，讓他們看看你們解放後的成果。[25]」在接下來的十年間，尼雷爾變成非洲關鍵的親毛派。

中國派駐了一些最有經驗的外交官到非洲任職。文化大革命的初期，中國外交部崩解之際，世界各地的中國外交官都被召回國內，接受農民的再教育，只有在開羅擔任駐埃及大使的黃華——曾為史諾翻譯——留在崗位上，這並非巧合。然而，中國最卓越的外交武器其實是周恩來。

他在一九六四和六五年的非洲之行中，描述「一種對革命極為有利的形勢……一股強大的洪流，猛烈地衝擊著帝國主義、殖民主義、新殖民主義的統治基礎」[26]。周恩來在非洲時，吟誦毛澤東的詩詞；為當地的馬列主義政黨建議奪取權力的恰當時機；促使突尼西亞在外交上承認中華人民共和國；一邊以法語和摩洛哥國王聊天，一邊聆聽管弦樂團演奏《天鵝湖》的序曲。連憤世嫉俗的西方記者也坦言，周恩來「抱嬰兒時不像政客，握手時也不像騙子」[27]。

把毛主義推廣到非洲，風險最小、但成本高昂的一種方法，是在非洲進行鋪天蓋地的「大外宣」，一如本章一開始庫利所描述的。到了一九六〇年，中國已經超越蘇聯，每週向非洲廣播十五個小時（蘇聯僅廣播十三個半小時）[28]。新聞媒體上充斥著中非合作的畫面：中國官員與工程師跟非洲的共事者握手時咧嘴而笑，或在非洲鋪路、在懸崖上鑿洞。當然，還有非洲黑人努力閱讀毛澤東作品的照片。在馬利，據估計，當地發放了四百萬本的小紅書，居民人手一本[29]。

中國的援助和投資——信用額度、貸款、直接贈與——是魅力攻勢的主要部分。光是坦尚尼亞一國，一九六四年就獲得了四千五百五十萬美元。迦納、阿爾及利亞、肯亞、馬利、其他國家也獲得了中國的資助[30]。不過，相較於一九六五年中國出資興建的坦贊鐵路（**Tan-Zam Railway**），之前的一切慷慨資助都相形見絀。坦贊鐵路從尚比亞的銅礦場，延伸到坦尚尼亞的首都三蘭港（**Dar es Salaam**）。那不止是一個大型的基礎建設而已，更是非殖民化鬥爭整體的一部分。一旦建成，那將使尚比亞擺脫對葡屬莫三比克港口的依賴。整個鐵路興建專案是由中國提供約四點一五億美元的無息貸款[31]。中國這番慷慨的舉動令西方國家震驚不已，甚至有謠言開始流傳，說這條鐵路將以竹子興建[32]。一九五九年，剛獨立的幾內亞急需援助時，中國在翌年無償提供他們至少一萬噸的白米。〔蘇聯人的援助計畫則是一團糟，他們錯把一堆掃雪機卸在幾內亞的首都科納克里（Conakry）的碼頭上。中國人無疑對這種烏龍事件抱持幸災樂禍的心態。〕[33]整個一九六〇年代，中國的農業技術人員也散布在非洲大陸各地，種植茶樹、水稻、蔬菜、菸草、甘蔗，並鑽探水源。醫療團隊可說是中國最成功的外援形式，他們深入非洲最偏遠的地區，治療發燒、風濕並消毒傷口。一名非洲男子因中國醫生救了他兒子一命，而為孩子改名為Chinois（法語「中國的」之意）。針灸療法也普遍獲得當地人的信賴，桑吉巴人甚至建議脾氣不好的鄰居應該去找中國醫生治療[34]。

中國向非洲示好（並與蘇聯競爭）的同時，也開啟了一個中國外援計畫，這標誌著中國決心重新塑造自身為一世界強國的野心。一九六三至六四年，在周恩來到非洲展開外交訪問行程期間，他宣布中國對非洲大陸援助的「八項原則」。周恩來宣稱：「多虧了這些援助，友好的新興獨立國家才能逐步發展本國經濟，擺脫殖民統治，鞏固世界反帝國主義的力量。」中國政府「絕不附帶任何條件，絕不要求任何特權」，只想「幫助受援國逐步走上自力更生、經濟上獨立發展的道路」。此外，「中國政府派到受援國幫助建設的專家，同受援國自己的專家享受同樣的物質待遇，不容許有任何特殊要求和享受。[35]」對非洲人來說，最後一項原則別具吸引力。他們向來接觸的西方或蘇聯的技術顧問，都是穿著淺色西裝、汗流浹背的白人，無法吃苦（有搬運工幫他們搬重物，在當地住五星級飯店），只會悠哉地坐在折疊座手杖（shooting stick）*上，對當地人發號施令。

一名一九六〇年代早期駐幾內亞的外交官指出，中國的援助團和蘇聯或歐洲共產國家的援助團不同，中國「強調體力勞動，而且毫不猶豫地與幾內亞人一起完成最辛苦的勞務，例如修築道路。他們的水稻專家及工程師，和幾內亞人一樣，住在當地村莊裡……收入不比共事的幾內亞人多，吃得也不會比他們好，給人一種勤儉簡樸的感覺」[36]。中國的作法可以簡單歸納成兩大方針：「一不打，二不罵。」[37]桑吉巴的革命人士伊薩後來回憶，他接觸過的中國人與蘇聯人之間的差異：「中國人比較落後……但他們依然幫助我們……蘇聯比較先進，有人造衛星之類的發明，但他們刻薄又傲慢……我們因為有接觸中國人的經驗，所以透過中國的方式，尋找我們的發展方向。[38]」滿懷敬佩的坦尚尼亞人詢問他們的中國軍事教官：「你們為什麼那麼勤奮、那麼積極、那麼務實、那麼能幹呢？[39]」（中國人馬上把握機會，強調政治教育的重要。）有些尚比亞人曾與少數中國教官共用一處訓練營，他們甚至對軍中大廚的廚藝驚歎不已，一再盛讚那簡直是「奇蹟」[40]。來到中國本土，中國開放大學校園，讓非洲學生來就讀，並提供慷慨的獎助學金——他們的津貼相當於資深工程師的薪資[41]。

中國也捐贈了相對重防形式的援助到非洲：在中國與非洲提供軍事訓練——在毛澤東時代的尾聲，這方面的援助占中國外援計畫總預算的百分之二十（我們沒有非洲占比的確切數字）[42]。

＊ 譯註：外觀設計上如同登山杖，而上端的手柄可展開成為坐凳。

這主要有兩種形式：指導常備軍（例如在坦尚尼亞與尚比亞）；培訓「自由戰士」——亦即誓言把他們的國家從殖民或新殖民統治中解放出來的游擊隊。這類叛亂分子指控，一些獨立後的政府任殖民利益又走後門回來了，例如喀麥隆政府）。許多非洲獨立運動人士是從北京西北部的昌平或南京軍事學院的游擊訓練學校畢業的。一九六四年至一九八五年間，中國花費一點七億至二點二億美元，培訓了來自至少十九個非洲國家約兩萬名的戰士[43]。

從中國內部的紀錄來看，我們對這些外國革命者的訓練幾乎一無所知，因為這在中國內部仍是政治上非常敏感的議題。不過，非洲人的說法就沒有那麼神祕了。當時，遠赴中國的行程是保密的。兩名新進成員——一人來自莫三比克，另一人自南羅德西亞）在途中相遇，他們各自決心繼續保密，並向對方謊報了最終目的地。直到一起來到香港，才發現兩人是搭同一班火車去中國。在南京受訓的學員過得還算習慣，他們甚至不需要自己鋪床。來自英語系非洲國家的人是吃英國菜，來自法語系非洲國家的人是吃法國菜。訓練課程的官方名稱是「經濟發展」，但實際上是提供火箭筒和衝鋒槍的使用訓練。「特殊工程」是破壞的代稱，意指使用鳳梨狀的反步兵地雷。學校亦提供戰略與戰術課程，還有長達數小時的電影、戲劇、歌劇欣賞（劇情是有關地主和農民之間的衝突）。教官努力連結起中國概念和非洲的現實。例如，毛澤東的「農村包圍市」戰略和祖魯戰爭（Zulu campaigns）中包圍敵軍的戰略，兩者相提並論。他們教導學員建立「解放區」或根據地，一如毛澤東一九三〇年代的所作所為[44]。

至少從一九六〇年起，曼德拉就密切關注毛澤東的軍事戰略，他常和同志就著 umvubo（酸牛奶搭配黑麵包碎塊），便討論了起來（某個心胸寬大的同志猜測：「他可能不會烹飪，也可能是懶得煮。」）。非洲民族議會黨（ＡＮＣ）本來是以非暴力的方式，抗議南非的種族隔離政府，該年ＡＮＣ改以暴力反抗。隨著ＡＮＣ從非暴力模式轉為暴力模式，至少有六名ＡＮＣ成員前往中國研究毛澤東的游擊戰：如何製造武器，如何進行打了就跑的突襲。ＡＮＣ的領導人雷蒙・梅拉巴（Raymond Mhlaba）——他與曼德拉在同一場審判中，被判處終身監禁——回憶道，那經歷「非常有趣，也很實用」。中國人甚至為梅拉巴動了整容手術，移除他額頭上的一顆瘤，那顆瘤對南非警方來說輕易就能辨識。梅拉巴對整型結果很滿意，他離開中國時（用他自己的話說），是「一個訓練有素又帥氣的士兵」[45]。曼德拉準備讓ＡＮＣ改採武裝鬥爭時，他仔細閱讀了毛澤東談游擊戰的文章，他把南非類比成毛澤東在中國革命的里程碑，並做了數十頁的筆記[46]。ＡＮＣ的行動藍圖非常貼近他的閱讀內容。一九六二年，曼德拉被捕入獄前不久，ＡＮＣ計畫除了接受蘇聯的支援以外，也讓中國為他們的武裝部隊提供大量資金[47]。

非洲游擊隊員都會背誦毛澤東的「三大紀律，八項注意」，還會互相提醒「群眾像水，軍隊像魚」[48]。西南非洲人民組織（South West African People's Organization，簡稱ＳＷＡＰＯ）的一名創始人坦言：「我們都把毛澤東的作品當成游擊戰的實用手冊來拜讀。」[49]莫三比克革命委員會（Mozambique Revolutionary Committee）的一名成員認為，「中國軍隊的作法很適合非洲，蘇聯那一套是錯的——他們某種程度上是害怕農民的，所以才會鎮壓農民，並集中管理。中國必須在農民的堅實支持下，建立一支民族解放軍。他們告訴我們，我們必須利用非洲南部的三千萬名非洲人。」[50]毛澤東主張革命要大膽無畏，那些遭到邊緣化的反叛團體因而更有信心：那些「大膽鬥爭」的人，終將勝利[51]。非洲人根據自己的目的，改寫毛澤東的反抗口號。在非洲版的翻譯中，敵人不再是「紙老虎」，而是「閹割的紙老虎……無法掙脫被碾碎成紙漿的命運」[52]。

一九六一年，一組偷渡進入中國的喀麥隆游擊隊，學會了叛亂的基本功：如何炸毀橋梁、房屋、鐵路、坦克、卡車、發電廠、廣播電台；如何破壞機場及電信設備；如何埋伏及打心理戰。培訓中有很大一部分是灌輸政治思想，包括共產主義課程、共產主義在農村地區的應用、共產主義勢必在全球戰勝帝國主義等。打算加入喀麥隆民族解放軍（Armée de Libération Nationale Camerounaise）的畢業生帶著滿滿的行囊返鄉，行囊中裝有中文的上課筆記、詳細的政綱、望遠鏡、相機、電晶體收音機、一套制服（包括黑色丹寧褲、黑色皮製風衣、中式皮帽、綠色腰帶）。他們回喀麥隆的途中被捕，某個英國外交官因此有機會搜查他們的行囊。英國外交官不安地指出，「他們似乎打算每隔一段時間就提供其他的培訓課程，目的是持續培養一批又一批的非洲游擊隊領導人，讓他們以雙重身分返國：既是對抗當地合法政府的反叛分子，也是中國的武裝特務，目的是把冷戰帶入非洲。」

這些喀麥隆的學員是一群形形色色的漂泊者：失業的計程車司機、麵包師傅、四處推銷的業務員。二十四歲的弗朗索瓦・法盧（Francois Faleu）以前求學時，「學業成績一直很差」，但他「對中文課程極感興趣，做了詳盡的筆記，對破壞課程的熱情遠遠超過以前在校所學」。游擊學校傳授的戰術，都是冷酷無情的毛派思維。一名學員與上海的「和平委員會」對話時，在筆記本上寫道：「必須進行恐怖活動」，「消滅所有的傀儡特務及叛徒，把鬥爭帶到農村。農村可以沒有城鎮，但城鎮不能沒有農村。」該名英國外交官推斷：「中國當局提供的援助，無異於組織及訓練一支叛軍，以摧毀喀麥隆的民主政府。這麼做，無疑是為了在非洲該地區，建立中國共產黨的統治。[53]」中國在迦納與坦尚尼亞設立的訓練營中，課程也帶有濃厚的毛派思想：詳細探討人民戰爭，打造根據地，灌輸意識形態，傳授游擊戰略。這種對政治教育的重視——占了課程的四分之一——複製了解放軍的作法，當然也是宣揚毛派思想的大好機會[54]。

如果英國外交官的說法是可信的，一九六〇年代的非洲到處都是中國訓練的反叛分子，從喀麥隆、幾內亞、莫三比克，到安哥拉及南非，都有他們的蹤影。中非共和國的中國外交官印行了許多圖文並茂的小冊子，「目的是為了普及游擊戰術」。一九六六年三月，利歐波德維勒廣播電台*（Leopoldville Radio）報導，兩千名「獲得中國教官培訓的盧汪達瓦圖齊人，聚集在盧汪達與蒲隆地邊境，準備攻擊盧汪達，推翻政府，建立一個顛覆的行動基地……莫三比克的安全部隊近日從恐怖分子的手中沒收了十枝自動手槍、四枝自動步槍、三十二顆反步兵地雷，一批手榴彈——都是中國製造的」[55]。自封為非洲解放運動中心的坦尚尼亞，舉辦了游擊隊訓練營，多名教官都是中國人。迦納的第一任總統夸梅．恩克魯瑪（Kwame Nkrumah）是非洲統一的積極宣導者，也是新舊殖民主義的反對者。他後來改聘中國的軍事教官，起因是他和蘇聯顧問合作的經

---

* 譯註：利歐波德維勒：比屬剛果（後來的剛果民主共和國）的首都。

驗很糟，對方曾在酩酊大醉下，試圖勾引一名勤務兵的妻子。此外，蘇聯顧問要求迦納提供專車及無限供酒。相較之下，中國人只要求保密、食物、家具、廚師，而且馬上就開始工作了。爆破專家李先生以他從上海帶來的化學品進行示範；張先生在棕櫚樹環繞的操練場上匍匐前進，教導學員如何部署反步兵地雷。恩克魯瑪後來出版了自己的游擊戰手冊，然一名讀者表示，該手冊的「蹩腳英語」是來自中國教官。那份手稿是「以毛澤東的《軍事文選》為基礎，引用了無數毛澤東的說法」[56]。一九六八年，尚比亞的總統肯尼思．卡翁達（Kenneth Kaunda）坦言：「只有在東方的軍事營裡，他們會教非洲的年輕人使用危險武器。我們如何指望那些年輕人在不吸收意識形態的情況下，學會使用這些武器呢？他們一回來，我們預期非洲不僅會爆發種族戰爭，也會爆發意識形態戰爭。[57]」

一九六〇年代與七〇年代，非洲對中國充滿好感。一個幾內亞人說：「百分之九十的人口是農民，他們都說毛主席是他們的父親。即使多數人根本沒看過毛主席的照片，但他們都知道毛主席是誰。」一個肯亞人稱讚：「毛主席是個偉人，偉大的馬列主義者，列寧再世。他不僅是中國人民的領袖，也是非洲人民的領袖。[58]」一個喀麥隆的工會成員選擇以歌曲來表達他的欽佩之情：

希望之舟在浪花中前進，
舵輪的前方站著一個巨人，
毛澤東，他是馬克思、列寧、史達林的接班人，

新時代的舵手，
誰來領導各民族的革命？
我們願意接受您的指導，
永遠忠於你的教義。
就像向日葵追隨太陽一樣，
您的思想就是那太陽。
讓我們再次祝願毛澤東長命百歲[59]。

為中國「敞開非洲大門」的人是坦尚尼亞的首任總統朱利葉斯．尼雷爾（Julius Nyerere）[60]。他是熱中的反殖民主義者，積極主張非洲解放。他從毛澤東掌理的中國，看到一個反帝國主義、自給自足的農業發展模式，適合坦尚尼亞這樣的貧窮農業國家。坦干伊加*自身的去殖民化是平和的——由於尼雷爾擅長居中調解又能言善道，所以過程平順。他是受過高等教育的生物與英語教師，曾在愛丁堡大學研究經濟和歷史，課餘時也研究社會主義。然而，他親眼目

* 編註：坦干伊加（Tanganyika）於一九六一年宣布獨立，由尼雷爾出任總理；直到一九六四年四月，尼雷爾訪問獨立不久的尚吉巴人民共和國，兩國達成協議組成聯合共合國，即坦尚尼亞聯合共和國，由尼雷爾擔任總統，並把持政權，直到一九八五年。

睹一九六四年桑吉巴的革命，以及坦干伊加剛剛去殖民化的軍隊所發起的兵變，所以他對政治暴力並不陌生。而坦干伊加軍隊的兵變危機，是靠來自葉門的英國駐軍及航空母艦的幫助，才得以化解。所以，尼雷爾並不反對強加軍事及獨裁以做為解決方案。一九六二年，他宣布成立自己的組織：坦干伊加非洲民族聯盟（Tanganyika African National Union，簡稱TANU），為此新興獨立國家中唯一合法的政黨。不出所料，每五年，尼雷爾都在毫無對手下連任總統，直到一九八五年才把權力移交給自己挑選的繼任者。

就像毛澤東時代的中國，尼雷爾掌權下的坦尚尼亞心思總是放在國外，儘管——或者，正是因為——國內有嚴重的經濟問題，他才如此。尼雷爾宣稱：「坦尚尼亞尚未完全自由，因為非洲尚未完全自由。[61]」一九六一年，坦干伊加獨立時，非洲大部分地區依然盛行殖民主義[62]。一九六七年，周恩來對剛果共和國的總理發表演說時，也呼應了尼雷爾的觀點。他說：「中國人民為什麼會對剛果與其他的非洲朋友抱著如此深厚的友誼呢？這不僅是因為中國人民以前跟非洲人民一樣，遭受殖民主義的侵略與壓迫，如今都面臨反帝國主義鬥爭的任務；也因為篤信毛澤東偉大思想的中國人民深知，不解放世上所有被壓迫的人民與民族，中國人民是無法完全獨立的。[63]」

共同的目標——追求平等發展與反殖民的解放——以及精心策畫的中國魅力，促使尼雷爾引進毛派中國模式。他一有機會便提起中國革命的象徵，尤其是長征。他對非洲大陸的殖民前經濟關係，抱持某種理想化的看法，所以他的反殖民觀點逐漸模糊成社會主義。「我們非洲在外國人入侵與統治之前，就是貧窮的國家。非洲沒有富人，沒有人或團體擁有這塊土地的獨家所有權。

土地是全民的財產……生活很簡單……財富是屬於整個家庭的，家中每個成員都有權使用家庭的財產。沒有人利用財富來統治別人。這是我們國家想要的生活方式，我們希望全國人民像一家人一樣生活。這是社會主義的基礎。[64]」

尼雷爾更是對中國的大躍進所主張的「自力更生」——一種植根於共產主義自給自足的想法，對史諾影響深遠——大為傾心[65]。（然事實上，如果沒有蘇聯的定期施捨，中國共產黨不可能在一九三〇年代與四〇年代倖存下來；到了五〇年代，中國更是成為附庸國。）由於坦尚尼亞急欲避免捲入冷戰時期超級大國之間的衝突，自力更生對該國別具吸引力。尼雷爾引用了一句史瓦希利的諺語：「大象打架時，遭殃的是草地。[66]」自一九六〇年起，鄰國剛果的政治內爆——剛果民主共和國的陸軍參謀長蒙博托．塞塞．塞科（Mobutu Sese Seko）和與其有關的暴徒在比利時及美國的暗中支持下，推翻並謀殺了首任總理帕特里斯．盧蒙巴（Patrice Lumumba）——尼雷爾因而惶惶不安。他認為：「剛果的事件顯示，殖民勢力可能從前門離開，但同樣或不同的外部勢力可能從後門進來……我們正進入非洲的第二次爭奪戰。[67]」尼雷爾在他的文章中，不時呼籲「自力更生」。一九六六年冬天，他花六週的時間走訪坦尚尼亞各地後（坦尚尼亞的媒體稱之為他自己的「長征」），發起一場名為烏賈馬*（ujamaa）的社會與經濟革命：一場由本土的

---

* 譯註：烏賈馬是史瓦希利語，原意為村社、大家庭。這種社會主義是以非洲傳統的村社為基礎，主張把社會建設成為大家庭。

辛勤工作所推動的社會主義反貧戰爭[68]。尼雷爾對中國發展軌跡的認知，啟發了他對非洲的雄心抱負：

非洲將會自由……我們不能因為看不清未來就放棄目標，就像中共也不會因為在延安窯洞時期看不見今天的中國就放棄目標……你們（中共）支持我們的鬥爭，正如我們支持中國人民堅決捍衛自己的國家、按自己的意願建設國家一樣……信念足以移山填海……你們相信人民的創造力，相信你們的偉大領袖毛主席，相信自力更生與自我批評的精神，相信世界上被壓迫的人民是一體的[69]。

隨著坦尚尼亞的國家中央圖書館囤積大量的小紅書，毛澤東語錄開始在坦尚尼亞和非洲其他地區出現模仿現象。例如蒐集尼雷爾名言的《小綠書》；一九六五年，出現蒐集殘暴副總統阿貝德・卡魯姆（Abeid Karume）名言的《小藍書》；而在迦納，也以書籍的形式出版了《恩克魯瑪總統的格言》（*Axioms of Kwame Nkrumah*）[70]。一九七〇年代，利比亞獨裁者穆安瑪爾・格達費（Mu'ammar al-Qaddafi）也迷上毛澤東思想——他主張：「世界上流行的一切教育方法，都應該透過一場普世的文化革命加以摧毀。」——他根據毛澤東的小紅書，撰寫完成講述他的政治、社會、文化理論的《綠皮書》（*Green Book*）[71]。坦尚尼亞人亦模仿尼雷爾仿效毛澤東那般，啟動他們自己的「長征」[72]。小學生渴望獲得毛澤東的徽章，下田勞作，而不是學習代數和莎士比亞。

而青少年則仿效文化大革命，攻擊西方文化與消費主義，譴責「《花花公子》與披頭四、緊身褲以及迷你裙、化妝品和選美比賽」。尼雷爾見狀，歡喜盛讚：「你們是我們的綠衛兵。」並要求他們穿著綠色襯衫，別上印有自己與毛澤東肖像的徽章，並在全國各地遊行[73]。

一九六七年二月，尼雷爾推出他的坦尚尼亞版社會主義：烏賈馬夢想——銀行、產業、天然資源收歸國有化；分散各地的坦尚尼亞農家集中為社會主義的村莊；派遣坦尚尼亞的年輕人到農村的勞改營，並灌輸他們「全力以赴、懷疑消費、節儉與克己等美德」的必要[74]。整個烏賈馬運動瀰漫著中國的集體化精神，強調「自力更生」，並在一九七〇年代初期，從自願參與變成強制參與。他們期待，這種集體精神與勤勉刻苦終將奇蹟式地展現成功。然而，烏賈馬一如中國的先例，以失敗收場，其所造就的，唯有饑荒與貧困。幾乎在同一時間——一九七二年春天——尼雷爾未經正當程序，把親華的巴布單獨監禁在坦尚尼亞，並以他計畫在當年四月刺殺副總統卡魯姆為由，將他判處死刑。後來在國際特赦組織（Amnesty International）的積極奔走下，巴布方才獲釋。

尼雷爾的「村社化」雖不像史達林或毛澤東的集體化那般嚴格執行，但也是靠脅迫的方式而推動的。他的野心、強迫動員民眾，導致暴力升級，令人不住想起中國大躍進時期政府對農民的暴行。青年聯盟（Youth Leaguers，亦即效忠尼雷爾的年輕自衛隊）燒毀那些拒絕搬遷者的房子。「反烏賈馬」行為變成一種應受懲罰的罪行。一九七三年，全國性的報紙上刊登了一篇讀者投書報怨道：「一旦被坦尚尼亞青年聯盟的成員盯上，肯定會遭到毒打，被迫跑很長的路，還要交出一大筆錢。」就像中國一樣，烏賈馬鼓吹動員婦女，那對女性而言其實是雙重的負擔：婦女既要投入農務，也要兼顧家務。一名婦女如此描述烏賈馬的執行者：「我們住的地方，都被毀了，就在那兒！如果你不搬走，被他們發現了，他們就放火燒掉。」坦尚尼亞人只投入少許精力在集體耕作上，他們大部分的精力都留在私人土地上。他們欠缺農耕設備，只能用鋤頭和砍刀來開墾荒地。一九七六年的一份報告清楚記錄了烏賈馬的結果：「許多兒童吃不飽，甚至成人也常整天沒進食。」[75]

毛澤東與中國共產黨想在非洲達成什麼目的？英國外交部宣稱：「中國的政策無疑是一邊利用三蘭港，一邊利用布拉柴維爾*（Brazzaville），在非洲的中部進行顛覆活動。」[76]事實上，這說法稍顯啟人疑竇。毛澤東與其副手，以及那些把中國模式推廣到海外的人——軍事教官、外援人員、鐵路工程師、建築工人、醫生——看到了把非洲從數百年的殖民剝削中解放出來的機會，也看到了宣傳毛澤東偉大功績的機會。這兩個目標緊密地交織在一起，以致幾乎沒有人承認，國際理想主義和國家利益之間有任何矛盾之處。整個一九六〇年代到一九七〇年代早期，毛澤東及他最親近的下屬周恩來與林彪公開宣稱，非洲正處於「革命熱潮」，仿效毛澤東的「人民戰爭」模式。毛澤東時代，中國援助非洲的一切活動都被政治化，包括坦贊鐵路的興建時間表、幾內亞的稻米栽種、非洲留華學生的課程、藥品的分發等——每個實質行動都必須宣揚毛派世界觀的優越性。非洲人——無論是病人、學生、還是鐵路工人——都是「革命的種子」[77]想取得前往非洲行醫的資格，申請者必須具備（按優先順序）「正確的政治思想、清白的個人歷史、沒有複雜的社會關係或海外關係、良好的專業技能、身體健康」[78]。中國醫療團隊可說是傳播毛主義最有效的方式，因為他們在診所裡看的人很多，範圍也廣，診所的牆壁上貼滿毛主席肖像。這些醫生學習當地語言時，他們學會的第一句話總是：「毛主席派我來這裡。[79]」驗光師使用小紅書中的段落來測試視力。一名醫生治癒某個桑吉巴男子的腦栓塞時，中國醫生告訴他，他的康復要歸功於毛主席。這個男子為了幫後代子孫記錄自己的康復過程，偕同兒子與醫生合影留念，並把毛主席的肖像高舉在頭上[80]。

這個援非專案至少帶有一些真正的理想主義，中國是真心對非洲革命的前景充滿了希望。一九六〇年代初期，一份政策文件推測，「非洲的獨立國家中，只要有一兩個國家完成了真正的全國革命……革命浪潮將席捲整個非洲大陸，兩億或更多的非洲人將挺進世界前端。[81]」就像赫魯雪夫面對古巴革命，毛澤東覺得自己與阿爾及利亞的獨立戰爭有情感上的聯繫。他向某個民族解放陣線（National Liberation Front，簡稱ＦＬＮ）的外交官承諾：「中國提供的援助是無條件的。」中國的援助（制服、小型武器、彈藥等）透過摩洛哥、突尼西亞、阿爾巴尼亞運抵非洲[82]。一九五九年，毛澤東親自在中南海為ＦＬＮ傳授革命課程[83]。中國士兵、建築工、醫務人員、農學家在非洲的異鄉土地上辛勤勞動時，創作了許多詩歌，詩歌中洋溢著天真的理想主義。

＊　譯註：位於剛果河左岸，為剛果共和國首都。

一個創作特別豐富的農業測量員寫道：「我離鄉不遠，僅三萬公里。氣溫灼熱，逾四十三度。我正追求幸福，雖飽經風霜，日子甜美依舊。[84]」

然而，這種理想主義與民族主義的目標順利地結合在一起，甚至還結合了帝國主義的目標。世界革命與中國榮耀被毛澤東混為一談：「如果我們能拿下剛果，就能擁有整個非洲。[85]」非洲因此變成大家爭搶的順服的領土。一九五〇年代，毛澤東贈送親自撰寫的軍事論文《抗日游擊戰爭的戰略問題》（1938）給一名喀麥隆的訪客，並在扉頁上潦草寫道：「在這本書中，你可以讀到喀麥隆目前即將發生的一切。[86]」中國軍事教官對巴勒斯坦游擊隊「灌輸」人民戰爭的理論，他們回到中東後，向惱怒的埃及總統納賽爾宣揚毛澤東戰略的優點。納賽爾直言不諱地指出，中東人口不夠稠密，無法讓游擊隊以毛派風格的「如魚得水」移動；也沒有地方讓巴勒斯坦人在遠離以色列的安全地帶建立根據地。納賽爾這些符合常理的反駁論點令中國「惱火」[87]。

中國積極投入非洲，背後有一明確的自利邏輯：為了加入聯合國，非洲大陸在策略上非常重要。聯合國每年都會辯論，「兩個中國」中，哪個應該在聯合國占有一席：究竟是中共的中國，還是台灣的中華民國？最終，是那些面積不大但為數眾多的非洲國家使結果偏向中國。一九七一年，在六個非洲國家放棄對中國的反對後，中國取代台灣，獲得聯合國的席位。中國獲得的支持票中，逾三分之一是來自非洲代表，「熱烈掌聲淹沒圓形會議廳時，他們高舉雙臂在座位上跳躍」[88]。毛澤東親自為那些承認中國的非洲國家安排了援助方案，他對游擊鬥爭的情感，總是受到國家利害關係的左右。如果一個政權在外交上不承認中共，中共就會支持該國的游擊叛軍。如果中共眼看即將獲得外交承認（例如一九六五年喀麥隆的情況），對反政府游擊隊的支持就會逐漸退去[89]。非洲的領導人也玩起同樣的把戲，以支持票來要脅中國或台灣。中國或台灣眼看自己即將失去支持時，就不得不提供足夠的援助，以確保非洲國家的持續承認[90]。

一九六二年三月的某晚，北京的和平飯店（Peace Hotel）發生了一場騷動。一個名叫阿里的桑吉巴學生來到飯店的零售櫃檯買菸。店員可能是拒賣，或是拒絕販售阿里要求的數量，兩人因此起了口角。幾個飯店員工走了過來，把阿里拖到飯店外的院子痛毆一頓，打到他不醒人事。他們也以長柄痰盂蓋，打了一名懷孕的桑吉巴婦女。現場有一名北京廣播電台的主持人曾試圖干預[91]。

這起事件令身處北京的年輕迦納醫科生約翰・赫維（John Hevi）異常憤怒。為了抗議這件事，他號召在中國的非洲學生絕食靜坐，後來便中斷學業回國。之後，他執筆完成一本書，譴責中國的「中非友好」原則很虛偽。那本一九六三年出版的《非洲學生在匪區的見聞》（*An African Student in China*）對於非洲人在中國的生活毫無美言。書中批評住宿環境骯髒不堪，社交生活「沉悶得要命」[92]。然而，赫維最受不了的，是缺乏誠意：他覺得，中國把解放與種族平等講得天花亂墜，利用那些花言巧語來掩蓋中國的擴張主義以及最糟糕的殖民種族主義。他指出：「中國根本和納粹德國如出一轍。中共就像納粹一樣，虎視眈眈地盯著邊界與鄰近地區，以尋找越來越多的生存空間（Lebensraum）。[93]」

雖然這種精心設計及嚴密追蹤的中國友好機制是專為短期訪客所設計，而且對蘇卡諾這些易受左右的自負者及尼雷爾之類的支持者很有效，但是對旅居中國數年的外來客來說，就無法長期維持同樣的強度了。政治操弄（在語言課上，學會講「人民公社有如朝陽，為中國人民照亮進步的大道」，比學會講「一杯水」更重要），以及食物短缺、消費品（儘管他們獲得的消費品遠比當地民眾優渥）和性愛機會，令赫維等非洲學生對於留學中國感到厭煩[94]。赫維總結道：「上帝知道，要使非洲自由，我們還有很多事情要做。但是，面對那些使本國人民處於這種奴役狀態的人，非洲人還指望從他們手中獲得什麼樣的自由？[95]」

向非洲輸出毛主義面臨許多障礙，首先是語言和文化。一九六七年五月的三蘭港，一名敏銳的美國外交官注意到，「中共大使館正面掛的大字橫幅」上印了一句誤譯的毛主席名言。「由於東非沒有老虎，因此史瓦希利語中沒有老虎這個字，所以中文表意文字下方的譯文寫道：『帝國主義和反動派都是紙豹。』[96]」一九七二年，獅子山自由城的中國大使館舉行了一場招待會，未想最後草草收場。在理當嚴肅的演講中，現場的非洲觀眾不斷哄堂大笑，後來也提前離開[97]。非洲的中國大使館所舉辦的電影放映會通常不太成功，主要是因為現場沒有供酒助興。（相反的，美國大使館在電影放映會上貼心地提供更好的酒水餐點，放映的電影也比較有娛樂性。[98]）

西方媒體因冷戰而繃緊神經，大肆渲染中國在非洲的影響力。《經濟學人》在一篇有關中國巡迴劇團的報導中提問，「這些雜技演員的目的」是什麼。一九六五年，中國宣布興建坦贊鐵路時，美國報紙盡皆不寒而慄。《華爾街日報》的標題是〈紅衛兵號駛向非洲〉（Red Guard Line

Chugging into Africa）。報導中指出，「想到成千上萬的紅衛兵湧進已經混亂不安的非洲，這前景令西方國家膽戰心驚。」[99]《週日電訊報》（*Sunday Telegraph*）的標題，更是以英文字母大寫表達其驚恐：「中國人以坦尚尼亞作為軍武中心。」[100]英國駐奈洛比與其他非洲城市的大使館，都針對中國在非洲的活動表達了擔憂：蘇丹的中國人那麼少，為何卡土穆（Khartoum）的中國大使館官員在外活動如此「引人注目」？為什麼一個名叫穆罕默德．馬金．巴加拉利沃（Mohammed Magin Bagalalliwo）的烏干達人出發去蘇丹度假，後來卻在莫斯科的北京飯店（Peking Hotel）下榻，他顯然是「在前往中國的路上」[101]？外交人員堅持使用中國「滲透獅子山」之類的說法，而不是「中國與……的關係」這種比較貼切的說法[102]。一九六四年，中國被指控直接協助桑吉巴革命，後來卻發現，那些被當成協助革命者的「中共部隊」，其實是在島上工作數十年的華裔海參撈捕業者[103]。

英美指控尼雷爾是奴從中國，尼雷爾常因這類指控而惱火不已。一九六五年訪英時，他對於他與中國的關係所掀起的冷戰陰謀論表達不滿。他坦言，沒錯，「坦尚尼亞邀請七名中國的技術人員，來訓練我們重組後的軍隊如何使用從中國獲得的武器……中國給我們一百萬英鎊的金援，並提供我們總計上千萬英鎊的信貸。」[104]但尼雷爾補充提到，「坦尚尼亞有兩百四十六名中國人——也有一萬六千名英國人。」[105]尼雷爾指出，西方對那七名中國軍事教官所產生的外交恐慌如此強烈，彷彿他「僱用了七萬名中國教官似的」。他說，「說到實際的情況，坦尚尼亞在政府、商業、學校、一切方面都完全是西化的。」[106]坦干伊加獨立後，尼雷爾出任其總統的隔年，他出版了莎士比亞戲劇的兩個史瓦希利語譯本中的第一本《凱撒大帝》（*Julius Caesar*），之後又在一九六九年出版《威尼斯商人》（*The Merchant of Venice*）。

非洲的中國工人以勤儉著稱，可惜政治編制阻礙了他們和當地人自在地往來。一個桑吉巴的公務員回憶道，中國人「總是成群結隊地行動，你從來不會看到他們落單……我們也不太操心，因為他們不與當地人往來……我聽過偉大的毛主席及他的紅皮書，但我沒讀過。那個年代，我對中國的印象是，那是一個國家……送我們一些品質低劣的商品」[107]。一九六七年，一名中國農業顧問在坦尚尼亞被蜜蜂螫傷，傷勢嚴重，他的中國伙伴卻不讓非華裔的醫生治療他。等他們找到華裔的醫生，那名顧問已經一命嗚呼[108]。一九七〇年代初期，中國駐尚比亞的外交官及其譯者前往參觀中國建案時，不幸在交通事故中喪生。他們的遺體處置衍生了嚴重的政治問題。經過詢問後，中國鐵路工人得知，首都路沙卡（Lusaka）唯一的火葬場是由印度人經營。「為了表示我們對印度反動派的抵抗（一九六〇年代初期，中國與印度進行了一場激烈的邊境戰爭），我們自行火化遺體。」（在軍營裡，對遺體潑灑汽油，直到火焰吞噬遺體。[109]）中國人有時對其他國家的外援人員反而抱持敵對的態度：他們阻止一群美國人興建一條與坦贊鐵路平行的道路以進入沿線的土地，並圍困他們五個小時，一邊高呼著口號，一邊不斷揮舞著帶著尖頭鋼椎的杆子[110]。此外，中國的政治教育亦使得某些人的態度有所保留。象牙海岸的領導人烏弗埃—博瓦尼總統（Houphouet-Boigny）對中國的野心便感到懷疑。「在中國的南京，中國教官教導非洲人暗殺那些提防中國危險的人，好讓那些為中國敞開非洲大門的逢迎諂媚之士取代他們……中國人口太多，很快就有十億人需要養活，他們其實是在覬覦我們這塊只有三億人口的巨大大陸。如果我們沒發現這點，那我們簡直是瞎了。我們不小心的話，很快就會變成中國的俎上肉。[111]」三蘭港一個憤怒的居民聲稱，中國醫生「給病人打針」，並「附贈小紅書」[112]。（從正面來看，投入中國工程建設的當地工人發現，他們只要坐在樹下假裝讀小紅書，就可以乘機偷懶休息一下。）

文化大革命期間，中國的大外宣遽增。一九六七年三月，一本應是由新華社出版的小冊子在肯亞報紙刊登了部分內容，其標題充滿了挑釁意味──〈新任外交官將把偉大的無產階級文化大革命帶到非洲〉。中國才剛把所有的外交官召回北京，只留下一人在非洲。小冊子寫道，他們將以「新革命外交官」的身分，「回到非洲的中國大使館」，準備好「組建鬥志高昂的在地紅衛兵部隊，以淨化非洲的革命」[113]。中國官員要求意識形態的支持，此舉激怒了參與亞非團結會議的非洲國家。一名肯亞代表憤怒地表示：「吃個三明治，也有人問我對蘇聯立場的看法；喝杯茶，也有人問我對中國立場的看法，我只想好好吃個東西。[114]」一九六七年，在三蘭港舉行的一場中國外交招待會上，一名中國外交官問某個坦尚尼亞人對毛澤東的看法。對方回答：「毛澤東是中國人民的偉大領袖，就像尼雷爾是坦尚尼亞人民的偉大領袖。」外交官一聽，馬上提出更正：尼雷爾是「坦尚尼亞的領導人，但毛主席是全世界的領導人，不要誤會了」[115]。

只是，東非的政治混亂已根深柢固，中國鼓吹的一神論難以抵擋。以伊薩為例，同為桑吉巴革命分子和巴布追隨者的他，同時也酷愛爵士樂、毛主義、義大利窄管褲的裁剪。前面提過，他抱怨非洲學生在中國過得不好。然他無疑散發出一種毛派氣息。他回憶一九六四年的桑吉巴革命時表示，「有數千人死亡，大多是阿拉伯人。我說不出有多少人，革命不是茶會……毛澤東認為犧牲生命是合情合理的……沒錯，也會做同樣的事情。」[116]（在那次桑吉巴革命中，有人打開了島上監獄，並發送武器給一般罪犯。）

然而，伊薩從來就不符合毛派共產主義者那種自我犧牲、紀律嚴明的樣板。他十三歲時就偷喝椰子酒，夜裡從寄宿學校溜出去，「盡所能的找女孩私混……我的頭號消遣是跳舞並勾引女人」。他很早就從中學輟學，並坦率地告訴校長：「我想工作，這樣就可以喝酒又私通了。」[117]。性格古怪的伊薩常使得政治同志兼朋友巴布失望。某次，他和巴布約好見面，卻因某個女人帶他回父母家中飲酒作樂，而放了巴布鴿子。一九五一年，巴布和伊薩約好兩個月後在倫敦碰面，伊薩卻在整整兩年後才抵達英國。那段期間，他和一個南非妓女結婚，對方懷孕，之後兩人又透過信件離婚；他學會吉特巴舞；微妙微肖地模仿歌手法蘭克．辛納屈（Frank Sinatra）；差點就加入美軍去打韓戰。

伊薩的前四個孩子分別命名為瑞薩（Raissa，以莫斯科大劇院一名芭蕾女伶的名字來命名）、菲德拉（Fidela，以卡斯楚的名字命名）、毛祖錫（Maotushi，以毛主席命名），當然還有不言自明的史達林（Stalin）。他的妻子在中國教授史瓦希利語期間，他背著妻子外遇無數次，有一次，他甚至在烏干達與蘇丹的飛機上，與兩名英國女子私通[118]。一九六〇年代，伊薩在卡魯姆總統的獨裁政府中擔任部長時，他派遣坦尚尼亞的年輕人到鄉下營地，任他們挨餓以矯正「日益衰頹的動力」（伊薩說，其概念「來自中國人」），反觀他自己，卻經常呼大麻，為了一個倫敦交際花而拋下妻子和四個孩子。他與那個倫敦女人又生了四個孩子，後來把她遺棄在英國雷特福（Retford）的公營住宅中[119]。與此同時，他的部會同事只要看上任何女人，想跟那女人上床，就任意監禁對方的丈夫。一九八〇年代，桑吉巴對抗經濟衰退時，伊薩說服一名義大利金融家資助他在島上開設第一家海灘度假飯店。一個遊客看到他「用西文、俄文、中文，對著一臉莫名其妙的義大利飯店員工，高唱革命歌曲」[120]。

一九七一年十二月十七日，南京—上海軍區的參謀長馬法賢提前八天接獲通知，他將承擔一項新任務：前往尚比亞，並在極度保密下訓練該國的軍隊兩年。他的指揮官直截了當地告訴他：「這項任務有助於世界革命，是具體運用毛主席的革命外交。我們派你去完成這項艱巨但光榮的任務時，希望你謙虛謹慎，加強內部團結，克服一切困難，努力完成這項任務。」他受訪時指出，上級提出一個有點令人難以信服的要求：「你可以盡量發表你的觀點。」[121]

馬法賢決定把那段生命歷程公諸於世，這對一個毛派世界革命的軍事特務來說極其罕見。他退休許久後，向中國最卓越的冷戰歷史學家李丹慧講述他非洲之行的故事。他的故事揭露了毛派世界革命中那些基層特務的動機——以及他們任務的成敗。

庫利寫到中國對非洲展開中央「控制行動」時，暗示這是一場由致力對非洲大陸洗腦的革命機器人所組織的嚴密行動[122]。然而，事實並非如此。馬法賢無疑是個非常能幹又忠誠的人。在毫無非洲事務的背景或外語能力下，他前往尚比亞——一個政治複雜、經濟不確定的國家——並從頭開始打造一所軍校及軍事課程。他承受的壓力和危險都很巨大。尚比亞人把他提供的訓練列為最高機密，訓練必須在遠離人居的偏僻山林裡進行。教官與學員住在帳篷裡，生火煮食。嚴謹的馬法賢提到，當地用水採嚴格配給，「我們甚至不能每天洗腳」[123]。中國人必須隨身攜帶所有的物品：碗、筷子、剪刀。馬法賢三十多年後講述這些經歷時，依然是紀律嚴明的共黨戰士（只是囉唆了點）。「我們的宏大理想是解放人類，我們來尚比亞執行無產階級國際主義的任務。在毛主席革命外交之道的指引下，我們想要與尚比亞的軍隊團結起來，發展友誼……加速帝國主義與殖民主義的滅亡。我們的具體任務是……積極宣傳毛澤東的軍事思想。[124]」馬法賢的訓練課程是以毛澤東的軍事戰略及「人民戰爭」的概念為基礎，課程包括每二十天中，就有五天是毛派政治教育，以「擴大我們的黨、軍隊、國家對尚比亞軍隊的影響力」[125]。馬法賢致力「發展友誼」的過程中，他的學員不是只有軍人而已，連國防部長及總統卡翁達的兒子也來上課[126]。

實務上，這項任務也有人性的不完美之處。獲選執行這項任務的團隊——十一名軍事專家、五名譯者、一名廚師——是由一群不相干的人所組成，他們之前彼此都不相識。其中一名教官從一開始就是個累贅：家庭問題令他憂鬱不已——其中一個家人顯然對他為了那可預見的將來而被外派到離鄉一萬一千公里之外感到不滿）[127]。這個團隊第一次接觸尚比亞人時（一群被派來北京的先遣部隊），雙方只能微笑面對彼此，因為譯者還沒到——這對馬法賢「透過宣傳毛澤東的軍事理念來支持世界革命」的使命來說，可謂一大障礙。馬法賢臨時接獲這項任命時，對尚比亞幾乎一無所知。此後幾天，他唯一的資訊來源是軍事情報部門每天為他提供兩小時的簡報。簡報重點是以教條式的馬克思主義，對尚比亞進行政治分析。唯有在簡報後的問答時間，馬法賢與同志才能問到更多實際的問題：尚比亞的氣候是什麼樣子？尚比亞人吃什麼？中國教官應該自己帶牙膏、茶、內褲嗎？（是的！）[128]

有鑑於這項軍事任務是絕對機密，凸顯出馬法賢一行人在啟程與旅途的維安方面有多草率。若干家人竟到北京機場為他送行，在上海轉機停留五小時期間，又有十五名左右的親戚前來打招呼。在巴基斯坦的喀拉蚩（Karachi）再次轉機停留期間，他們一行人全然不知要在國際機場做什麼，也不知道他們等待飛往非洲的航班時，要在哪裡過夜。沒有人給他們任何指示，所以他們決定窩在候機室，靜觀其變。幸好，一個來自中國大使館的人出現了，問他們是不是剛從北京過來——態度也同樣是毫無警戒備[129]。

一到尚比亞的首都路沙卡（他們不在叢林營地裡指導學員時，便居住在於此），馬法賢的團隊變得更是謹慎小心。事實上，這時的保安機制，嚴格限制他們與尚比亞人交流。馬法賢和同志不准在未經許可下與非中國人接觸，連附近的鄰居也不行。他們只能在路沙卡那間住屋的方圓兩百公尺內活動，不准超過，而且只能在白天出門。他們住在路沙卡的每個夜晚，都有一人站崗當哨兵，留意可疑的活動。馬法賢回憶道：「我們的行動必須極其保密，每個人都隨身攜帶一盒火柴，以便馬上燒毀私人的文件與物品。」[130]

馬法賢對尚比亞冷淡的待客之道一直很失望。在訓練營區，尚比亞人為中國教官舉行了一場歡迎會，他們卻未準備茶水、香菸或食物，而是滿懷期待地湧進中國團隊的廚房。三十六年後，馬法賢對採訪者談及這段經歷時，驚愕之情依然顯而易見，他說：「我們什麼都沒準備！」尚比亞人違反了最基本的待客原則。「我們是客人，他們是主人耶！」馬法賢等人不得不咬著牙，默默告訴自己：「這一切都是為了友誼……但他們騙了我們。」[131]

馬法賢在尚比亞期間，相同的經歷一再重演，他覺得尚比亞人根本是在占中國的便宜：尚比亞人豪飲只在特殊場合飲用的中國碳酸飲料，不請自來加入飯局，貪得無厭地要求他們送太陽帽。（馬法賢飽受文化衝擊，他說，中國人不做這種事，「他們的行徑跟傻孩子一樣。」[132]）馬法賢等人根本無法操弄那些尚比亞人，反而經常被尚比亞人的要求弄得措手不足。營地的座位設施就是一個簡單的例子。中國教官抵達營地時，只帶了帳篷與工具來搭建居住區域。接著，他們用撿來的木頭製成俐落的小凳子，以便上課時可以坐著。馬法賢回憶道，但尚比亞人有個習慣，他們喜歡什麼，都直接開口要。不久，他們就向中國人要自製的凳子。中國教官「為了友誼」，只好送了出去。所以，上課時，總是有個教官不得不站著，和玩大風吹遊戲沒什麼兩樣[133]。

一名坦贊鐵路的中國工程師對非洲同事很愛把工資花在跳舞與喝酒上感到不解[134]。馬法賢對尚比亞學生缺乏恆毅力也感到失望。學員前三週仍充滿熱情，但很快就失去興趣。他們說，訓練三個月太久了：他們想回家。馬法賢抱怨道：「他們喜歡獲得讚賞，不太喜歡聽到批評。」他們不維護自己的裝備，也不想練習所學技能。課程開始幾週後，有些人開始遲到或乾脆蹺課[135]。馬法賢提起一件軼事：某個建案的中國工頭發現一個非洲工人在樹下偷偷午睡。工頭質問他時，他甚至大言不慚地回應：「上帝叫我休息。」[136]

儘管如此，馬法賢與他的使命確實使得毛主義在當地扎根。一個尚比亞的學員說：「以前，我們的領導人不准我們閱讀毛主席的作品，現在可以了……因為我們的軍備都來自中國，我們需要研讀……毛澤東的作品。」[137]馬法賢注意到，學員對毛澤東政治和軍事理論的興趣，遠超過實務課程：親眼目睹他們迅速應用這些理論應在尚比亞境內，馬法賢很是訝異[138]。學員愛看毛派的軍事電影，其中強調人民的力量比先進的武器重要。每當電影播放結束，學員不僅鼓掌歡呼，還留在座位上不肯離去，要求重播。一個觀眾說：「這些都是世界上最好的電影。」並進一步推斷，中國軍隊是世界上最好的[139]。一名來自中國的魔術師也獲得當地人的激賞，可惜衍生出適得其反的後果。魔術師展現的超能力，令一個膝下無子的尚比亞人歎為觀止（憑空變出魚、花、鴨、糖果）。某個晴朗的春日，他前往尚比亞的中國大使館，要求魔術師召喚出他內心的渴望：一個兒子。接下來的情況非常尷尬，中國的外交官解釋，那些都是障眼法的把戲，只是尚比亞人不願相信，也不肯離開。最後，中國大使館不得不請尚比亞的外交部派代表帶走這個人[140]。

毛澤東在非洲的冒險讓中國付出了代價。一如馬法賢的回憶錄所示，非洲國家擅長從他們的援助者中擷取最大的價值——中國與蘇聯之間以及中國與台灣之間的較量，都變成有心人士挑撥離間的工具。因此，開發中國家或游擊隊運動對毛澤東公開展現的敬意，不該完全當真。那些前往中國的政治朝聖者，盛讚毛澤東是全球革命的領袖，顯然也都別有居心。一九六五年，巴解組織（PLO）的某個代表團晉見毛主席時，一開始就以頌歌來讚揚毛主席：「我們深受鼓舞，您的軍事大作啟發了我們……您的泳姿像長江般令人驚豔……您是亞洲、非洲、拉丁美洲大解放與自由的象徵。」如此歌詠約十分鐘後，發言人終於切入重點：「我們此行的目的是來尋求支援。[141]」那些巴勒斯坦人似乎真的獲得資助了。一九七〇年代，巴解組織的領導人吹噓：「中國讓我們予取予求。[142]」

毛澤東在世期間，中國對非洲的援助究竟有多少，那是中國永遠無法精確估算的數字：有太多的呆帳，太多超出預算的專案，太多的技術人員和顧問在任務完成數年後依然留在非洲。例如，一九七二年，中國對坦贊鐵路的投資已是最初計畫的兩倍[143]。一九七〇年代，中國的國內列車減班，一名旅居中國的英國人仍記得當時官方為此提出的解釋：「火車去坦贊了。[144]」而有些人為中國的非洲革命所付出的代價，不止是物品或金錢而已：毛澤東時代，一百四十五名中國援助人士死在非洲[145]。非洲人也在中國援助的專案中喪生。毛澤東認為，「小米加步槍」比高科技武器更重要，同樣的，他也堅信，受意識形態驅使的低技能大眾比工業化更有效，因為他們可以做到「更多、更快、更好、更便宜」。但追求速度導致草率及品管缺失。隧道漏水，火車脫軌，事故激增。一九七一年，中國在非洲的專案，至少發生了一千起事故，造成八百七十人死傷；翌年發生一千八百零六起事故，造成一千七百零三人受傷，六十七人死亡。中國的技術人員覺得，他們離開非洲之前，很難把專案的管理移交給非洲的伙伴[146]。獅子山有項專案在中國的專家離開兩年內就荒廢了[147]。

儘管為了「世界革命」與「友誼」付出如此高的經費預算，受援者卻可能毫不在意、忘恩負義。馬法賢的同志在尚比亞指導學員並贈送他們座椅、碳酸飲料、香菸、餐點兩年半多後，回國時，竟沒人來為他們送行，更遑論尚比亞因此追隨中國的腳步，邁向革命。一九七四年，卡翁達總統決定透過和平談判解決尚比亞與南非及南羅德西亞的邊界問題，而非武裝鬥爭。同一時間，尚比亞媒體上開始出現反華訊息。對馬法賢來說，中國教官與尚比亞學員之間，從來沒有真正的思想交集。他後來難過地總結道，資本主義制度的人性問題在於，「他們只會對別人予取予求，但連一根寒毛也不給你。」[148]

毛澤東時代派出的「自由鬥士」大多未竟全功。一九七三年一月，惡名昭彰的軍事暴君薩伊總統蒙博托*（Mobutu）為了在外交和經濟方面與中國合作而訪問中國，毛澤東在和他的對談中出奇地坦率，一開口便說：「盧蒙巴†從來沒來過這裡。」蒙博托附和道：「他確實從來沒來過。」（全然忘了一九六一年，他處死盧蒙巴，並把他交給暴徒，讓暴徒折磨並謀殺了這位後殖民時代的民主領導人、比利時統治剛果近一百年後，接管剛果的第一位民主領導人。）「我們支持他，還有一些其他人，例如安托萬・基贊加‡（Antoine Gizenga）、皮埃爾・穆里勒§（Pierre

* 譯註：曾任剛果民主共和國總理及薩伊共和國總統。
† 譯註：剛果民主共和國的首任總理。
‡ 譯註：曾任剛果共和國總理及剛果民主共和國總理。
§ 譯註：穆里勒曾在盧蒙巴的內閣中擔任教育部長。一九六一年盧蒙巴遭暗殺，一年後，其副手基贊加被捕，穆里勒成為繼續鬥爭的盧蒙巴政府中的最高階層的人士之一。

Mulele），但沒有你！」毛澤東回想起這段往事時，不禁咯咯發笑。「我們給他們錢和武器，他們就是不會打，打不贏你啊……我覺得他們成不了大事。」蒙博托回應：「他們面對的可是蒙博托：我很堅定。」毛澤東笑著說：「你那頂帽子嚇到了他們。」他指的是蒙博托那頂招牌式的豹皮帽。向來邪惡的獨裁者蒙博托以四兩撥千金的方式來還擊毛澤東這拙劣的玩笑。「不是，是我的權威嚇到了他們。」蒙博托記憶中的開場白則截然不同，而他所回憶的，和毛澤東那令人難以預料的談話風格極其相近，所以似乎是可信的，他說：「蒙博托？真的是你嗎？你知道我花了多少錢來推翻你啊，甚至要把你幹掉。」[149]

如果說中國人在非洲的成功故事乏善可陳，辛巴威的游擊隊則可說是例外。

一九六六年四月二十八日，辛巴威民族聯盟（ZANU）的武裝分支「辛巴威非洲民族解放軍」（ZANLA）的七名成員深入現今辛巴威北部（前身是南羅德西亞），尋找要轟炸的電塔。儘管他們還來不及造成太大的破壞就遭到羅德西亞的直升機開火擊倒，那場軍事失敗迅速被神話成一場「英勇的犧牲」，並成為奇穆倫加解放戰爭*（Chimurenga）的肇始，以對抗伊恩．史密斯（Ian Smith）的白人羅德西亞政府。就某種意義上來說，他們是毛澤東派去的。那七名游擊隊員曾在中國受訓，羅德西亞的情報機構在屠殺他們之後搜查屍體，找到一本筆記本，上面記錄了一名士兵一九六五年在南京軍事學院受訓的經歷[150]。ZANU的指揮官約瑟夫．庫馬洛（Joseph Khumalo）也是從南京軍事學院結業，當初是他決定派那七個游擊隊成員深入南羅德西亞，之後他解釋那次戰略時提到：「毛澤東說：『有戰爭的地方就有犧牲……戰鬥，失敗，戰鬥，失敗，屢敗屢戰，直到成功為止。』」[151]

一九六〇年代，至少有三批ZANU所屬游擊隊前往中國受訓。一九七〇年，和馬法賢一樣的中國教官被派到坦尚尼亞南部的伊屯比（Itumbi），在一座廢棄的農場與金礦場指導ZANU的學員兩年，之後再由ZANU的南京軍校畢業生接手指導工作。這些畢業生中包括通格加拉（Josiah Tongogara），他是ZANU中，成功戰勝白人統治的南羅德西亞的軍事領導人。（他看來也學習到毛澤東在性別政治方面的分裂人格：通格加拉關心其麾下產後婦女的福利，同時，也強迫女游擊隊隊員當性奴隸，而且不讓她們避孕或墮胎）。第一個月的多數時間，他們以毛澤東的文章來教導新學員「訴苦」：分析並批評政府和社會壓制他們的手段。之後，他們開始學習偵察、破壞，以及使用火箭筒。這種持久戰策略不見得都很順利。ZANU後來的安全長約翰．馬韋馬（John Mawema）回憶道，首先，參加游擊隊訓練「是一種冒險」。「我們在電影中看到游擊隊隊員互相射擊，想成為某種牛仔。但你去受訓時，他們是教你黨的政治路線、武裝鬥爭的意識形態及目標。於是，你才發現你想的都是錯的……我接受了九個月的訓練，但是在學習毛澤東的游擊戰基本教義方面，黨對政治教育的關注更勝於軍事訓練。我們主要是學習黨的路線，而不是軍事訓練，因為營地裡的二十名中國教官認為，在你出任務之前，腦中必須先

＊ 譯註：Chimurenga，辛巴威修納語，意指非洲為建立黑人統治而進行的解放戰爭。

有成熟的政治思想……中國人非常在意這種行事作為。[152]」

一九六八年以前，ZANU對「槍桿子裡面出政權」這句毛澤東名言的解讀，或許太拘泥於字面意思了。ZANU與其對手「辛巴威人民聯盟」（Zimbabwe African People's Union，簡稱ZAPU，由蘇聯資助）重蹈覆轍一九六六年四月的失敗，把游擊隊從尚比亞趕到辛巴威，導致他們與羅德西亞的白人軍隊展開註定失敗的殊死戰。光是一九六八年，就有一百六十位戰士喪命[153]。ZANU的政委梅爾．烏林博（Mayor Urimbo）解釋道：「我們以為拿槍到辛巴威打仗很容易，但一九六六年對團隊來說非常困難，這是他們失敗的原因……大家意識到，抗爭若要成功，必須動員人民才行。尤其，通格加拉在中國學到了這點。[154]」身為ZANU關鍵成員的華裔教育家朱惠（Fay Chung），曾描述毛派軍事戰略對通格加拉的深刻影響：他「加入解放鬥爭時是低階士兵，在中國的南京軍校接受軍事訓練，永遠把中國人視為他在道德、軍事技能、戰略方面的導師。他從毛澤東的思想與實踐中學到，游擊隊必須與人民融合。他教導士兵，絕對不能虐待農民……他可能也是從中國人那裡學到消滅敵人非常重要。他看問題時是黑白分明的，他覺得那些反對或背叛辛巴威解放鬥爭的人都應該處死，他毫不畏縮地扮演劊子手的角色。[155]」一九七九年，辛巴威獨立四個月後，一輛拖車撞上他乘坐的汽車，導致他當場喪命。要不是因為車禍喪生，他本來可以成為穆加比的挑戰者。

辛巴威的官媒盛讚，毛澤東的思想是ZANU戰勝史密斯領導的白人南羅德西亞政府的關鍵。有關ZANU歷史的文章中，充斥著毛澤東的戰略及格言：「游擊隊必須在人民中活動，如魚得水。」「你要知道梨子的滋味，你就得變革梨子，親自吃一吃。」辛巴威政府的官方報紙《先驅報》（*The Herald*）寫道：「如果沒有大規模動員，解放戰爭很難進行，因為人民的支持非常重要。[156]」中國人提供的訓練一直持續到一九七九年——直到和談的前夕才結束[157]。毛派戰略讓ZANU的游擊隊感覺到大膽無畏的可能性，也教導他們接觸辛巴威基層民眾的技巧。ZANLA指揮官雷克斯·恩戈（Rex Nhongo）回憶道：「在蘇聯，他們教我們，戰爭的決定因素是武器。我去伊屯比接受中國教練的指導時，他們告訴我，戰爭的決定因素是人。[158]」

如同非洲大陸各地的毛派分子，辛巴威人是政治上的雜食者。每支游擊隊皆有其化名：從聽起來很英勇的Jekanyika（活動影響遍及辛巴威的每個角落）和聽起來很是狡獪的One O'clock* Muhondo（總在敵人享用午餐時，令他們大吃一驚），到出人意表的柴契爾（Margaret Thatcher，這是意志力堅強的女性游擊隊）。許多游擊隊也以毛澤東或周恩來的名字為化名[159]。某個辛巴威毛派分子曾擔任某指揮官的政委，該指揮官化名為詹姆斯·龐德（James Bond），兩人在一九七四年遇害，他們的同志回憶道：「他們兩人組成的團隊轟動一時。[160]」他們也善用靈媒，任靈媒建議游擊戰士避開蛇穿過的道路，克制吃特定的食物。儘管影響游擊隊的因素五花八門，ZANU的課程明顯是毛派思想。鼓吹毛派行為準則與毛派訊息的歌曲最後唱道：「這些充滿智慧的話語，是革命聖賢毛澤東傳給我們的。解放將隨著『槍桿子』而來：『唯有槍才是答案。』[161]」

---

* 譯註：One O'clock或like one o'clock有始料未及、迅雷不及掩耳之意。

一九七〇年代，通格加拉的毛派手法完全改變了ZANU的前景。ZANU依循毛澤東的民眾動員與政治教育策略，培養占農村多數的黑人對白人的統治感到不滿，說服他們相信抗爭是必要的，並在南羅德西亞的偏遠地區建立政治及補給網絡[162]。不過，就像英國軍隊對付馬來亞的「緊急狀態」，羅德西亞的反叛亂部隊建立「保護村莊」，讓游擊隊（魚）得不到水[163]。這些營地是令人絕望的地方，衛生環境惡劣，疾病肆虐，人民常遭到公務員的虐待。此外，史密斯的白人政府並不急著透過擴大民主、廣及黑人來博取民心。

相較於ZANU那種簡化卻激烈的政治教育，羅德西亞軍隊絲毫不政治化、也毫無理念化可言。戰地記者保羅．默克羅夫特（Paul Moorcroft）回憶道：「羅德西亞人模糊的保守主義和隱而不宣的種族主義」，根本比不上ZANU的「使命感」，毛澤東的作品根本已是「聖經」[164]。ZANU需要恪守毛派每一分一毫的紀律才能在叛亂中倖存下來，因為衝突中經常可見平民受虐，甚至動用生化武器。羅德西亞陸軍的特種部隊——塞盧斯偵察兵（Selous Scouts）——僱用特務向ZANLA游擊隊發送制服，上面塗了一種名為巴拉松（parathion）的毒素。他們也在鹹牛肉和果醬中注入鉈（thallium），把菸盒浸泡在有毒物質中。那些中毒者被戰友遺棄在羅德西亞的灌木叢中，孤獨又痛苦地死去[165]。不過，這些可怕的方法幾乎沒有改變抗爭的結果。到了一九七九年史密斯政府同意談判之際，ZANU已掌控南羅德西亞三分之二的農村地區——套用毛派術語，就是以農村包圍城市。一九八〇年的選舉中，正是農村選票讓穆加比上台擔任辛巴威總統，直到二〇一七年方才卸任。他的繼任者艾默森．姆南加瓦（Emmerson Mnangagwa）一九六〇年代也曾在中國受訓。他於二〇一七年的年底把穆加比趕下台後，習近平就明確稱呼他是「中國人民的老朋友」*。

針對穆加比統治下的辛巴威政治、經濟、社會恐怖，但見幾種說法。南羅德西亞殖民歷史所造成的不平等與種族主義——白人常說黑人是木頭腦袋及「浪費氧氣者」——留下了難以磨滅的印記。朱惠見證了南羅德西亞／辛巴威的數十年歷史，她指出，「以暴力作為政治工具已在當地根深柢固「尤其對窮人來說，對富人施暴是一種表達不滿的方式。戰爭期間就曾使用暴力，當時支持殖民政權的『叛徒』遭到毆打，甚至被自由鬥士處決。[166]」

穆加比的個性是另一個因素：他對權力的極度痴迷，使他在倒台時成為全球任期最久的國家元首，全國為此承擔了龐大的代價。但毛主義的印記並未幫助辛巴威。一九七〇年代，文革時代的戰略主宰ZANU的政治和軍隊，但那是一種有嚴重缺陷的政治模式。我們將在毛主義對祕魯、印度、尼泊爾輸出的過程中再次見證，「毛主義顛峰」為顛覆一個國家提供一套有效的軍事戰略，但是其執政則是問題重重。通格加拉等人在一九六〇年代學習的毛主義，為ZANU留下一個充滿陰謀、極權主義的政治模式——即黨以及黨的最高領導人永遠是對的；那些被黨定義為「人民公敵」的人是可以消滅的；軍事利益至高無上。

* 譯註：「中國人民的老朋友」是中共褒稱長期對華友好的重要外國人士的正式用語。

一九七〇年代晚期，後毛時代的中國統治者面對中國的貧困——這很大程度上是因為中國過於慷慨的外援計畫——改變了對非洲的方式：出售武器，而不是免費供應；提供商業貸款，而不是政治撥款。中國因此成功埋藏了一九六〇年代與七〇年代在非洲助長游擊隊叛亂的記憶——似乎只有辛巴威除外。穆加比對一九八〇年代中共的後起之秀趙紫陽感激說道：「中國對ZANU的幫助比任何國家還多。」[167]二〇一五年，習近平訪問辛巴威時，習近平欣然提起這段共同的歷史：「中國和津巴布韋（台譯辛巴威）雖然遠隔萬里，但連結兩國人民的傳統友誼深厚而牢固。在津巴布韋民族解放鬥爭時期，兩國人民並肩戰鬥，結下了難忘的戰友情。我聽說，許多當年在中國國內和坦桑尼亞（台譯坦尚尼亞）納欽圭阿營地（Nachingwea camp）接受中方培訓的津巴布韋自由戰士，至今仍會哼唱《三大紀律、八項注意》等歌曲，這令我非常感動。」[168]二〇一六年的某次聚會上，老兵合唱起這首歌，《先驅報》（官媒及黨的喉舌）報導：「一些同志聽得瞠目結舌，也許是因為回想起以前他們把那些格言奉為生活圭臬的日子。」[169]

這些一九六〇年代的毛主義遺風令穆加比感動——他歌頌中國，同時把辛巴威的一切經濟問題都歸咎於西方制裁——中國政府則在辛巴威的首都哈拉雷（Harare）興建了一座國家體育場及一所軍事學院，創造出國家奇觀並藉此監管群眾。在中國為穆加比政權提供的軍事、政治、心理支持中（一九八〇年至二〇一七年間，該國預期壽命減少了一半），依然可見全球毛主義遺風。

習近平願意承認這段共同的歷史，可見這是他試圖把毛澤東時代及其外交政策加以復興，以融入中國當代自我形象的方式之一。當然，如果不謹記一九六〇年代非洲國家的叛亂與中國的關聯，我們很難了解中國與辛巴威的當代關係為何如此密切。這是一種耐人尋味的外交伎倆。如今中國在非洲的投入，聚焦在穩健的經濟報酬——包括中國在辛巴威鑽石礦場的巨額股份——是故，中國關注的是非洲的政治穩定性，而不是毛澤東在一九六〇年代和七〇年代資助ＺＡＮＬＡ時所重視的那種「革命熱潮」。然而，習近平大概覺得一九七〇年代已經夠久遠了，人們早已淡忘以前促成辛巴威和中國那種「酒肉朋友」情誼的自我感覺良好因素。

一九七六年秋天，剛果人民共和國的總統馬里安．恩古瓦比（Marien Ngouabi）在該國中部的家鄉奧旺多（Owando）的森林裡，為他的「老大哥」毛澤東舉行了一場紀念儀式。當中國國內和在非洲的官員紛紛擺脫毛澤東崇拜之際，那些出席儀式的中國外交官感到不安——他們因文革的混亂而對毛澤東無感或憎恨毛澤東，因為文革逼迫多數外交人員到中國農村接受再教育——甚至對頌讚毛澤東的言辭感到噁心。「我們對前領導人的崇拜，瀰漫在這片非洲森林裡。」[170]一九七六年後，毛澤東的繼任者試圖在中國境內把「鼓吹革命的毛主義顛峰」像精靈一樣收回瓶內——就此封存。然而，在祕魯、印度、尼泊爾等地，毛澤東的精神在他過世後的數十年，仍持續廣為流傳。

七、毛澤東的骨牌？越南與柬埔寨

一九六四年，美國國防部對美軍發布一支教育短片——《紅色中國作戰計畫》（*Red Chinese Battle Plan*）。這類影片通常不以分析視角的透徹著稱，這支影片也不例外。旁白搭配著不祥的銅鈸聲沉重說道：「紅色中國的作戰計畫是世界革命的藍圖……分化與包圍，征服與奴役。」影片所示的圖像中，以巨大的箭頭標示出從中國延伸到亞洲、非洲、歐洲、南美洲、北美。那些箭頭抵達目標後，就變成一隻咆哮中的巨龍，橫跨整個世界。「毛澤東的征服藍圖正按計畫一一實現……如今中共設法傳播其全球革命理念……一個奴役世界的意識形態中心。」這支影片描述毛澤東的野心是稱霸全球，但這種恐懼主要著重在一個區域。該影片宣稱，越南是全球毛主義革命的灘頭堡：在那裡，越共正刻意複製一九四〇年代毛澤東的游擊戰[1]。萬一越南淪陷了，世界的其他地方也可能無法倖免於難。詹森在甘迺迪遇刺後，在整個一九六〇年代提高了美國對越戰的介入。一九六五年，他在一次「公開訊息」中重申：「為什麼前進越南？」

中國共產黨宣稱的信條與目的依然明確：主宰整個東南亞……主宰全世界……半個地球之外的地方成了我們的前門。要讓自由在美國的家園中存續，就應該保護南越這些地方的自由……這取決於我們……我們必須有反抗的勇氣（影片中秀出毛澤東大笑的照片）。成為大門的守護者並非我們所願，但沒有其他人能擔負此重責大任。在越南投降也不會帶來和平，因為在和德國希特勒交手的經驗中我們得知，讓對方得逞，只會助長侵略的野心[2]。

這是一九六〇年代「多米諾骨牌理論」的典型。從一九五〇年代到七〇年代，這個理論深受美國政界人士的喜愛：其中主張，越南共產化是中國造成的；越南一旦轉變，就會產生「連鎖反應」，致使「整個遠東與東南亞」都跟著轉變[3]。由於美國執著於中國的毛主義想擴及全球，由此助長了美國史上最大的外交政策和軍事災難：介入越南長達十年。美軍援越司令部（American Military Aid Command））的徽章——但見於該戰區服役的美軍上臂——便是一把劍將中國的長城劈成兩半（抑或是阻止軍隊自破口中外流）。

特別值得一提的是，詹森把「毛澤東與越南」和「希特勒與德國」相提並論。把「不在越南採取行動」類比成「姑息希特勒」是一九六〇年代美國的政治正統思維。一九六〇年代的美國國務卿迪安・魯斯克（Dean Rusk）說，低估中國的野心，將使「許多人嚴重誤判希特勒野心」的歷史再度重演[4]。對美國的領導層級來說，林彪在全球推廣毛派革命——〈人民戰爭勝利萬歲！〉——就是毛派的「《我的奮鬥》（*Emein Kampf*）*，等同於讓中國致力破壞那些脆弱的殖民國家以及新興獨立國家」。美國國防部部長勞勃．麥納馬拉（Robert McNamara）回憶道：「詹森政府——包括我在內——把那場演說解讀成好戰又具侵略性，象徵著抱持擴張主義的中國已經準備好資助世界各地的『在地』勢力……我們認為，林彪的言論清楚表達了多米諾骨牌理論的基礎。[5]」

這件事情發生很久以後，美國的作戰策畫者坦言，中國的好戰言論蒙蔽了他們，因此無法看清中國是否真有能力威脅美國的利益。三十年後，麥納馬拉回憶道：「如今回顧過往，我們可以看出一九六五年秋天的事件對中國來說是明顯的挫敗†……然而，我們也被自己的假設所蒙蔽，一心只想著一場迅速發展的戰爭即將爆發——一如多數西方領導人——依然視中國為東南亞與世界其他地區的嚴重威脅。身為歷史學家的翟強是研究毛澤東時代中國介入東南亞的先鋒。他主張，如果美國人不那麼恐懼中國在越南的影響，美國或許可以避免越戰的慘敗。「中國的行為讓美國的領導人相信，中國是國際政治中的危險賭徒，美國有必要介入越南，以破壞中國透過代理人顛覆全球的陰謀。」由此可見，冷戰中最激烈的衝突之一，是想要「遏制並孤立中共」促成的[6]。毛派中國的威脅潛力，促成了改變世界的事件：越戰及其諸多後果（一九六八年的全球抗

---

* 譯註：希特勒自傳。

† 作者註：那一年，印尼發生反共政變，中國的兩個盟友落敗，即阿爾及利亞的班．貝拉（Ben Bella）遭到推翻，還有印度在喀什米爾擊敗中國的盟友巴基斯坦。這些事件對中國企圖獲得國際勢力的抱負都不是什麼好兆頭。

議運動、水門事件、一九八〇年代美國違背良心支持流亡的赤棉叛亂）。這些事件總結起來，大幅削弱了美國在世界上的實力及威望。

隨著《紅色中國作戰計畫》裡的巨龍在各大洲蔓延，美國的政策制定者認為，中南半島的共產黨——二戰後分裂為越南、柬埔寨、寮國——將會因巨龍的進展而受到鼓舞。結果不然，中國、越南、柬埔寨各自對多米諾骨牌理論做出不同的詮釋。中國領導人確實把越南以及中南半島其他地區視為「世界革命」的骨牌，也經常霸道地說這些領土是中國自身利益的自然延伸。越南人唯恐中南半島變成中國的骨牌，柬埔寨與中國則懷疑越南有統治中南半島的野心。至少在整個一九六〇年代，西方政策制定者淡化或忽視了一個事實：縱使不是數千年來，也有數百年來，越南人一直認為中國帝國是個擴張主義的強權，並對此深感不滿。

一九七五年春天，中南半島的「骨牌」全倒向共產主義，但這絕非「反對自由世界的統一浪潮」。事實上，是「越南對中國的歷史仇恨」以及「柬埔寨對越南的歷史仇恨」，在該地區引發了兩場戰爭，並摧毀冷戰分子一度認為牢不可破的聯盟。在截至一九七二年的十年間，美國為了「中國控制越共」這個假設，投入數十萬美國人的生命及數十億美元的資金在戰爭中。然而，在接下來的幾年間，一場類似「大風吹」的聯盟遊戲接踵而至。季辛吉與尼克森因毛澤東和周恩來的邪惡緊箍咒所束縛；越共——在此前，都是以毛澤東的教義為基礎，即所謂的「明鏡」——則是迅速「去毛化」。越南和中國無不爭先恐後地與以前的死對頭美國重修舊好（根據「敵人的敵人是朋友」這種非關道德的信條，致使赤棉持續留在聯合國裡，直到一九八九年方才退出）。整個一九八〇年代，中國和越南不斷互鬥，美國與中國則是共同推動並資助赤棉對越南的戰爭——赤棉顯然是全球毛主義最極端的分支。全球毛主義在這些悲劇事件中軋了一角。

在這裡，我就不提供越戰或赤棉的簡明歷史了，那些資料大可在別處看到[7]。我也不打算只把矛頭指向一九六〇年代至八〇年代，中共在中南半島製造巨大人類悲劇的陰謀，因為柬埔寨與越南的民族主義者、蘇聯與美國的政客、法國殖民的早期罪孽，在在導致這個地區遭到無情的糟蹋。由於這場衝突反映出所有政治參與者的惡劣，某種程度上，也說明了為什麼多數歷史紀錄如此混亂，因為任一方都沒有興趣揭露這些事件。以中國來說，蘇聯解體、雷根主義成功打擊全球共產主義，以及一九八〇年代中國自行退出全球革命，都有助於模糊人們對中國在這些衝突中扮演核心要角的記憶，只是，我們仍有必要把毛澤東時代的中國角色寫回這段歷史中。在當代背景下，中國再次主張其模式適合套用在開發中國家，尤其中國再次尋求在東南亞擴張勢力，所以如今探索中國介入該地區的歷史正是時候。

我們已經看到，毛澤東與蘇聯的激進較量，導致印尼與非洲部分地區發生叛亂。中南半島的事件則顯示，毛澤東和蘇聯的競爭衍生出另一種結果：他在共產運動中提倡民族主義。毛澤東抨擊蘇聯是「大國沙文主義」，他堅持中國對馬克思主義的貢獻有民族獨特性，這些舉動都在其他共產黨之間，樹立了無所畏懼的榜樣[8]。在中國、越南、柬埔寨，毛澤東和毛主義助長了有害且充滿競爭的民族主義。一九五〇年代到七〇年代，美國擔心中南半島變成毛派叛亂的溫床，結果中南半島卻是因民族主義戰爭而分崩離析。在毛澤東掌權時期，民族利益取代了意識形態。

一九五四年，艾森豪總統打比方說：「你排了一列骨牌，只要推倒第一個，最後一個肯定會很快倒下。所以一開始可能只是崩解的開端，最後卻產生深遠的影響。[9]」儘管多米諾骨牌理論如今已經遭到推翻，但確實精準描述了中共對中南半島的野心。一九五〇年代到七〇年代，中國與越南領導人之間的互通款曲，經常提到世界革命的總體計畫。越戰之所以打得如此理所當然，套用周恩來的說法，是因為那不止是為了越南而戰，也是為了「世界革命」而戰。在中國看來，這是一塊關鍵的骨牌，一倒下，影響將遍及亞洲其他國家[10]。因此，中國向北越投入約兩百億美元的援助，在中國培訓了數千名北越的學生及幹部，並提供無數實用的物資，包括道路、子彈、制服、醬油、豬油、乒乓球、口琴[11]。

在與越南領導人討論戰略時，毛澤東不經意地把他的所有權意識投射到整個東南亞地區。例如，討論一項寮國的修路計畫時，他輕描淡寫地說：「因為我們未來要打大規模的戰役，如果我們也把道路修建到泰國更好。[12]」在一九七〇年代早期，黎筍（Le Duan）——後來他極其痛恨中國的影響，私下以「那個混蛋」來稱呼毛澤東——等越共領導人對於把革命傳播到整個東南亞，也同樣熱中。黎筍宣稱：「我們要粉碎美日聯盟，以及美日與地區的資產階級之間的聯盟。我們必須建立一個世界陣線，這個陣線一開始是由一些核心國家所組成，然後擴及非洲與拉丁美洲國家。[13]」

幾個世紀以來，中國在政治、文化、語言等方面，向來是越南的典範。事實上，在越南的歷史中，有很長一段時間，越南的部分地區是由中國直接統治。即使是不受中國管轄的地區，中國的皇帝傳統上也把那些地區視為「我們的」。越南身為中國統治的合理延伸，越共從創立一開始，就和北方的老大哥糾纏在一起。一九二四年，胡志明從莫斯科的東方勞動者共產主義大學（University of the Toilers of the East）畢業後，前往中國南方的廣州，當時那裡是中國共產革命的中心。在中國期間，胡志明成立一個越南革命黨的小組，以反抗法國的殖民統治——那是他後來領導的越南勞動黨（Vietnamese Workers' Party，簡稱VWP）的前身。中共無償協助胡志明實現其政治抱負，並在離中共廣州總部不遠處，出資為越南革命興建「特別政治所」（附設逃生暗門）。打從一開始，胡志明就和毛澤東一樣，相信農民在未來的革命中將扮演先鋒。一九三八年秋天，胡志明前往延安的中國革命總部朝聖，並尊稱中共是「越南人民的老大哥」[14]。

胡志明的中文說寫流暢，足以創作古典詩詞，偽裝成中國人輕而易舉，由此至少拯救了他的性命一次。一九三三年一月，胡志明在上海忐忑不安地度過幾週，時值蔣介石殘暴清洗共產黨人六年後，上海四處可見急於逮捕越南革命者的法國保安特務（Sûreté）。在中共地下黨員的協助下，他終於偽裝成中國富商，設法從上海繁忙的長江國際碼頭登船，經海參威前往莫斯科。一九四〇年，他在越南策畫叛亂時（並於一九五四年終結法國的殖民統治），便是以「胡志明」這個後來揚名全球的中文名字假扮成中國記者[15]。

胡志明與一九四九年後中國領導階層的友誼，可追溯到一九二〇年代。當時他和後來的中國同志都在革命中尋找出路。一九二〇年代初期，他先在巴黎認識周恩來。一九二〇年代中期，兩人在廣州重逢，二戰期間又再續前緣。一九四九年後，每當胡志明造訪中國，都免不了獲得盛情款待：人民解放軍的創始人朱德帶他去電影院；毛澤東更是逢人便稱他和胡志明是「親戚」[16]。

胡志明於一九四五年宣布成立越南民主共和國（Democratic Republic of Vietnam，簡稱DRV）之前，他不是唯一推崇毛澤東及其革命的越共。身為越共的軍事戰略長之一的武元甲（Vo Nguyen Giap），在一九三〇年代末期之所以也閱讀過毛澤東的著作，是為了運用中國游擊戰及持久戰戰略[17]。他所設計的戰略一開始導致法軍士氣低落，到了一九五〇至七〇年代又讓對抗越共軍隊的美軍潰不成軍。一九四一年開始擔任中南半島共產黨總書記的鄧春區（Dang Xuan Khu），甚至以改名的方式來表達他對中共的欽佩。他於一九三六年後的某個時間點改名為長征（越南語是Truong Chinh），這改變令中國人「深感欣慰」[18]。一名內部人士指出，越共領導人大多是「毛澤東的信徒」[19]。

中共軍隊在與國民黨的內戰中獲得了喘息的機會以後，隨即協助胡志明訓練那些加入「越南獨立同盟會」（Viet Minh）——胡志明的獨立勢力——的軍官及情報人員，以便在一九四六年展開的獨立戰爭中對抗殖民越南的法軍。長征（亦即鄧春區）為越南獨立同盟會（簡稱越盟）規畫的戰術，明顯是以毛澤東的軍事著作為藍本。一九五〇年，劉少奇對他的越南特使羅貴波說：「幫助越南人民抗爭，是我們義不容辭的國際責任。[20]」羅貴波的任務並不輕鬆。他在叢林中與越共的政治局召開了兩週的會議，暫住在以竹子和向日葵葉搭建的小屋裡。三十年後他回憶道：「熱帶的瘴氣令人難受，老鼠橫行，蜈蚣亂竄，毒蛇鑽進我的文件箱與棉被裡。夜裡巨大的飛蛾與蚊子在蚊帳的周圍盤旋，蚊子一有機會就大咬我一口。」劉少奇要求羅貴波為越共教授毛派戰略速成課，中國的軍事顧問則是為越共提供軍團和軍營等級的基本訓練[21]。

若沒有中國的援助，根本難以想像越南會在第一次印度支那戰爭（First Indochina War，或稱法越戰爭）中擊潰法軍。一九五〇年，中國甚至指派胡志明親自挑選的中國指揮官前往北越：陳賡，一名充滿書卷氣的將軍，有純正的共產血統——經歷過一九二〇年代的清洗、長征、整風以及內戰。陳賡就像在越南的其他中國顧問，大力推動毛澤東的「人民戰爭」。他告訴越盟，他們應該像中共對抗國民黨那樣，「集中兵力，透過分離敵軍來摧毀敵軍」[22]。他教導越共遵守毛派的軍事紀律：公開表揚模範人物，紀念勝利與烈士，整頓黨與軍隊（中文稱為「整風」，越南文是chinh huan）[23]武元甲也認為：「毛澤東的軍事思想非常適合套用在越南上。[24]」在軍事危機時刻，中國以自己的士兵來強化越南的前線。中國的軍事顧問在越南做的每個決定，都會立即回報給中共的領導高層；幾乎沒有什麼事情是在中國不知情下發生的。一九五〇年，在一場為了在中越邊境建立越盟基地的軍事行動中，毛澤東甚至親自指揮該軍事行動的最後階段。他在一封霸氣的電報中對中國顧問說：「如果你們能正確地解決這些問題，那就贏定了。[25]」

裴信（Bui Tin）是曾參與過越戰的越南人民軍退役上校，後來成為記者。一九七五年四月，西貢落入共軍手中之際，他正開著坦克，衝破總統府的大門。一九九〇年，卻因越共執政後腐敗的獨裁主義令他幻滅而叛逃到法國。五年後，他出版回憶錄，譴責中國對越共運動的影響。「一九五一年後，毛主義開始麻痺我們的良知，對我們造成持久的傷害，而且傷害延續至今……我們把壓制誤解成啟蒙與進步。[26]」裴信出身於富裕、親法又熱愛中國的家庭，他曾在一所精英法語言學校就讀。流亡期間，他寫道，他回想起小時候，週日有一些國際化的慣例：「整天……我們只在鋪著餐巾的桌上拿刀叉吃法國菜，不准使用碗筷。越南服裝也是被禁止的，我和哥哥都必須穿著歐式襯衫與短褲，父親也會閱讀法語詩給我們聽。[27]」他因個人悲劇（一九四八年他的母親在自家廚房裡遭到法軍射殺），而以年輕愛國者的身分，加入反殖民的共產抵抗運動。裴信認為，印度支那戰爭本來是一場反殖民的衝突，但一九五〇年後，北越開始緊黏著新成立的中華人民共和國，中山裝〔西方人稱為「毛裝」（Mao Suit）〕變成禮俗的必要裝扮，鬈髮則是資產階級和帝國主義者的象徵，令人憎惡。

來自中國的軍事與民間援助不斷增加，越盟因此鞏固了地位。但是……緊張氣氛越演越烈……大批中國顧問前來……原先那種友好、甚至和樂的氣氛，隨著大家開始討論正統階級鬥爭而消失了。馬克思主義是透過毛主義傳入越南的……共產黨是什麼？它在社會的各方面都扮演主角。共產黨是恆定的、正確的、絕對的……個人就像一粒沙那樣一文不值，被踩在腳下……中文書籍、電影、歌曲隨處可見……毛澤東的頌歌〈東方紅〉變成國歌……播放完〈東方紅〉，才播放向胡志明致敬的歌曲和〈共產國際歌〉（Internationale）*。與此同時，中央也推出一場活動，鼓勵人們閱讀中文、講中文，幹部不斷地被送到北京、上海、南京、南寧、廣東受訓……我們才剛掙脫法國奴役的漫漫長夜，如今面對堪稱典範的中國革命，那光芒令我們眼花撩亂。我們不加思索、輕率地接受一切思想，更遑論批判了。[28]

一九五一年一開始，在越南北部召開的第二次黨代表大會上，馬列主義、史達林主義、毛澤東思想正式成為「黨的基本理論」[29]。裴信回憶道：「當時，胡志明與其他領導高層的想法是，把毛澤東思想視為唯一守則。一名法國記者問胡志明，為什麼他很少寫政治文章。他回應：『我還有什麼好寫的？毛澤東已經想好並寫出我們需要的一切理論了。』」[30]

一九五三年五月，一個晴朗日子，約五千人聚集在松樹林立的沃伊山（Mount Voi）山腳下、距離河內前往中國邊境約三分之一路程之處。那些群眾以樹枝做為掩護：遮擋陽光，也躲避法國的轟炸機。然身為被告的瘦弱女子，僅著棕衣，身上並沒有這些掩護，她跪在一面紅色橫幅下，橫幅上寫著：「推翻暴虐地主阮氏南（Nguyen Thi Nam），為農民奪回土地！」在長達八個半小時的時間裡，群眾衝到阮氏南的面前咆哮、尖叫、搧耳光、口出惡言。策畫這場審判的幹部大喊：「打倒邪惡地主！打倒，打倒，打倒！」群眾齊聲附和。她的罪行包括與法國人及日本人勾結，背叛抵抗運動和越盟，剝削民眾，讓民眾挨餓，謀殺兩百五十九人。法官判決時高喊：「處決反動又邪惡的地主阮氏南！」群眾紛紛附和：「處決她！」六週後，她貼著樹幹站著，被五名士兵所組成的行刑隊槍決。在檢查屍體時，隊長只發現四個彈孔，他喃喃地說：「一槍沒擊中

---

* 譯註：原是一八七一年由法國巴黎公社的委員所創作的歌詞，意在歌頌遭鎮壓時，公社成員所表現的勇氣及其共產主義理想。後為多數共產主義者、社會主義者等傳唱。

目標。」接著，開槍打爆她的腦袋[31]。

這是北越土地改革的序曲。第二次黨代表大會啟動了土地改革，並以中國毛派的土地改革為仿效的範本，因為中共領導人要求，北越若要持續獲得中共支持其反法的抗爭，就必須推動土地改革[32]。因此，中國不僅為越共提供無數噸的物資援助，也提供一種按照中共的形象來組織越南社會的工具。中國的吉普車載著穿中山裝的土改大隊領導人下鄉，他們掌握著生死存亡的絕對權力。而這些中國吉普車發動的引擎轟鳴，構成那個時期恐懼回響的一部分[33]。

在一九五三年五月那個晴朗的日子裡，群眾完美演繹了這套中國劇本及姿態，不知情的旁觀者不會料到阮氏南案充滿爭議。阮氏南的社會經濟狀況完全符合中共的曲目：她是富商和種植園園主。而她碰巧也是個熱中的愛國者，在二戰期間為越盟的領導人提供避難所，為社區提供慷慨的饑荒救濟，也透過捐款援助胡志明的新政權，避免政權在一九四五年的金融崩解中消亡。她大可避免兩個兒子加入抗法戰爭，未想她卻鼓勵他們加入革命。然而，羅貴波仍堅持，越共一定要拿她來懲一警百，殺雞儆猴。胡志明為此臉色發白，引用了一句法國諺語：「不該碰女人，即使以玫瑰花瓣觸碰也萬萬不可……我們不能以槍殺女人來啟動這場運動，尤其她資助我們共軍，又是我們人民軍軍官的母親。」只是胡志明永遠無法拒絕羅貴波的要求。一個和中方關係密切的人士回憶道：「胡叔明知那是錯的，但連他也不敢拒絕中國的顧問……他們是天之驕子、毛澤東的特使。[34]」胡志明的默許與阮氏南遭到處決後，越共自此可以為所欲為，消滅那些他們認定的國家敵人。

這場運動如黨所願，為越共帶來政治和軍事上的效益。一九五四年的奠邊府戰役（battle of Dien Bien Phu）摧毀了法國堅守越南的決心，因土地改革而追隨越共的二十萬農民也在這場戰役中，幫共軍在全國各地運送軍需。會議、宣傳、政治教育促使數千人毅然加入戰役，前往奠邊府的山坡上戰鬥並犧牲[35]。然而，這場運動也成了大眾記憶中該黨鑄下的一個大錯：過度嚴酷且盲從的暴力，在窮人和資源短缺的人民之間造成社會極度分化。連越南經濟研究院（Vietnam Institute of Economics）等政府機構也在二〇〇二年指出，近百分之八十的「殘酷霸道地主」遭到錯誤劃分。在現今的越南，土地改革依舊是一觸即發的議題。二〇一四年九月的某個週一，一場有關這個主題的全新展覽在國家歷史博物館（National Museum of History）揭幕。然而，到了週五，展覽即關閉，因為展覽引發的輿論駁斥政府的正統觀點——該運動讓數百萬貧困農民的生活變得更好[36]。

四十年後裴信表示道：「我們沒意識到這是多大的錯誤。我們聽了數百名中國顧問根據中國經驗介紹土地改革流程後，就在越南推動土地改革……一切已成定局，不容更改。一個人即使只有十平方公尺的土地，也算是地主。所以，他是邪惡的、貪婪的、殘酷的，是帝國主義的邪惡之手……即使越南北部的土地所有權制度與中國不同，而且很少人擁有超過幾公頃的土地。[37]」土地改革造成的死亡人數，介於一萬到三萬越南人之間。那是中國顧問死搬硬套中國經驗在越南土地上所造成的後果……胡志明是罪魁禍首……但真正逼他下手的是毛澤東。[38]」土地改革開創了盲目仿效中國運動的先河。當地的標語寫道：「今日的蘇聯與中國，是明日的越南！[39]」越共派宣傳影片的製作團隊，往赴中國學習英勇社會現實主義的原則。越南政府打壓兩家呼籲言論自由的期刊，此舉呼應了中國一九五七年的反右運動。此外，胡志明和越共也小心翼翼地讓他們對赫魯雪夫的〈祕密報告〉（Secret Speech）*及「去史達林化」的回應，以符合毛澤東的回應。裴信回憶道，大躍進要求民眾在自家後院建起熔爐煉鋼，這種投入以及過度誇大的目標和成就，「幾乎變成一種生活方式。據媒體報導，每公頃的稻米產量逾一百噸，後來變成兩百噸，根本超出中國原本宣稱期待達到的產量。當然，這些統計資料在中越兩國都是不切實際的、也無法實現。然而，在越南，這一切都是為了仿效毛澤東思想」[40]。

在第一次印度支那戰爭中，中國勢力是讓這場戰爭轉為對北越有利的決定性關鍵。一九五三年五月，法國展現出奪回越南這塊殖民地的決心：他們任命才智過人的亨利．納瓦爾將軍（Henri Navarre）擔任新指揮官，他因個性冷靜且精於算計，而有「空調將軍」（air-conditioned general）之稱[41]。一如既往，中共領導高層在策畫戰役方面擔任主導人，布達精確的進攻命令。中國的計畫迫使越南在該國西北部接近寮國邊境的地方，與法國發生衝突。納瓦爾得知越盟部隊的去向後，決定在該區展開最後的決戰。他讓法軍部隊空降到山谷的村莊奠邊府。他的計策是，法軍只要掌控該村，就可以阻止越共占領西北部，進而進攻寮國。中國顧問採用毛派戰略，要求越南人專注在「分化及包圍敵人，一點一滴地消滅他們」[42]。經過六個月的艱苦圍功後，越盟擊潰法國駐軍；約一萬名法國士兵淪為戰俘[43]。

奠邊府的法國駐軍投降後，日內瓦會議登場。從多方面來看，那場會議都是中華人民共和國的外交「初登場派對」，周恩來穿梭在法國和越南的談判代表之間，以便雙方得出中共想要的結果。翌年，中國代表團再次在追求亞非團結的萬隆會議上大放異彩，然日內瓦會議才是向西方的新舊帝國勢力炫耀的機會。在幕後，聰明又忠誠的黃華（史諾的老友）身著體面的法蘭絨西裝和背心以及寬大的牛津風燈籠褲，竭盡所能地打理國際公關：主持記者會，確保關鍵人物獲得周恩來的演講內容。在黃華的規畫下，中國代表團在日內瓦承租的寬敞屋子裡，精心布置了中國古董，讓參觀者相信中共正在維護中國光榮的文化傳統。在這般寧靜又高雅的環境中，黃華向滿座的觀眾播放全新的中國電影：《梁山伯與祝英台》。外交大師周恩來當下把那部感情糾葛的戲劇直接描述成中國版的《羅密歐與茱麗葉》。言下之意是，中共不是被洗腦的機器人，他們也有感情生活。黃華後來回憶道，「現場座無虛席，晚來的人得站著，連沒有獲邀的美國記者也來了。」卓別林（住在附近的洛桑）聽到這部電影放映的消息時，也渴望一睹「新中國」的樣貌[44]。

與此同時，北越人則是充滿信心：他們想把握這次奠邊府戰役擊潰法軍的機會，乘勝追擊，統一「整個中南半島」。武元甲認為，只要美國不介入衝突，只需要花兩三年的時間就能辦到[45]。但最終，一如既往，是由中國人制定行動方案，越南人只能依此行事。在這次事件中，中國強調和平協商的必要，以免刺激美國與昔日的歐洲殖民大國組成統一戰線。中國的利益大幅影

* 譯註：一九五六年，赫魯雪夫在蘇聯共產黨第二十次代表大會中發表〈祕密報告〉，對前領導人史達林展開全面批判，披露史達林的罪行惡狀，轟動一時。任期內，他實施去史達林化政策，為大清洗中的受害者平反。

響了日內瓦協定：中國與西方國家（主要是美國和法國）在軍事上對峙四年後，中國唯恐美國直接動用軍力來干預中南半島。一旦越南人繼續公開戰鬥，中國無可避免必須加入戰局助他們一臂之力。因此，毛澤東及其副手告訴越共，暫緩他們軍事統一的雄心。一九五四年七月，出席日內瓦會議的越南代表團同意從北緯十七度把越南自南北一分為二：穿過安南山脈起伏的地形。

少了中國的幫助，北越根本毫無協商的能力。比較「越南成功反抗法國並把法國逐出北越」與「一九四七至一九五七年間，馬共在反殖民鬥爭中無法擊敗英國」，中國的物資援助是關鍵的區別因素。然而，這些幫助都是出於自利，中國才是日內瓦會議的真正贏家：周恩來樹立了溫文儒雅的國際外交家形象，日內瓦協定在東南亞為共產中國與西方勢力建立了緩衝區。儘管越南民主共和國（DRV）渴望把共黨領導的叛亂輸出到寮國與柬埔寨，以建立一個「中南半島聯邦」（Indochina Federation），但周恩來和其他的中國外交官都謹慎提防這三個國家建立一個由越南主導的軍事聯盟，並竭盡所能阻止這個想法[46]。日後，越共不時怨恨中國逼他們接受那個令人不甚滿意的結果：一個分裂的越南，因為當時他們相信，武力統一唾手可得。

不管日內瓦協定的結果如何，越南民主共和國不久便恢復攻勢，統一越南統一成為共產黨治下。中國的援助仍源源不絕，中國人為了越南「兄弟」而犧牲自我。一九五九年一月，中國除了既有的長期經濟與技術援助之外，又向北越提供三億人民幣的新貸款，而且一九六七年才需要償還。繼一九五五年八億人民幣的贈款之後，中國又直接送了一億人民幣給北越[47]。裴信回憶當時的情況：「我所有的裝備，從頭到腳，從遮陽帽到塑膠拖鞋，甚至內褲……都是中國製的。」[48]越南領導人回報毛澤東慷慨贈與的方式，是全盤接收毛澤東的「革命戰爭理論……他對農民的重視，他的『農村包圍城市』概念，以及他主張把長期武裝抗爭當成『亞洲、非洲、拉丁美洲許多共產黨的模範戰略』」[49]。胡志明天真地描述北越與中國的關係是「唇齒相依」，並講述「共產黨在中國的勝利對越南人民的特殊意義」[50]。

在這深情厚意的表像背後，這段關係在一九六〇年代的中期逐漸破裂。兩國之間的緊張關係有悠久的歷史淵源：幾千年來，越南一直是中國歷代帝國的小鄰國。即使是在一九四九年以後理當進步又平等的世界革命年代，中國領導人依然是以高高在上的口吻對越南的領導人講話。中國以「老大哥」這個暱稱來奉承蘇聯，當然也期望從越南這方獲得類似的尊重。與此同時，越南人對日內瓦協定持續感到不滿。這次妥協導致越南南部的越南勞動黨（VWP）失去百分之九十的黨員：在南越獨裁統治者吳廷琰（Ngo Dinh Diem）的統治下，七萬人遇害身亡，近一百萬人入獄（據估計，這些囚犯中有二十萬人因酷刑而造成永久的傷害。）越南勞動黨的領導人認為，要不是日內瓦協定，一九五九年到一九七五年那場導致數百萬人死亡的越南統一戰爭是可以避免的[51]。毛澤東與蘇聯的爭執也讓越南人困惑不解，而且失望。胡志明以法文寫仰慕信給史達林，以中文寫信給毛澤東。這兩大社會主義國家鬧翻令他心煩意亂，他努力想當和事佬，卻徒勞無功。他的越南同志則是因更實際的因素而心煩意亂：如果社會主義的世界忙於爭鬥，將無法集中精力和資源來幫助越南對抗強大的美國。一九六〇年代中期美國加強戰力後，北越對於中國阻止蘇聯軍援穿越中國的鐵路線和領空越來越是惱火。越南人禁不住起了疑心，中國人想在越南打持久戰是出於他們自身的戰略目的：讓越南人繼續送死，只是為了纏住美國，迫使美國分身乏術。

然而，真正撼動越南人「親中」立場的是，他們逐漸感覺到，毛澤東及其政策有缺陷。早在一九五九年，北越媒體就懷疑毛澤東的大躍進有何效益，尤其是一九五〇年代末期，在中國受訓的幹部子女寫信回家，訴說他們很難取得任何資源，要求家人寄送穀物、蔬菜、肥皂到中國[52]。隨著文化大革命的推進，越南人對毛派模式的熱情又進一步喪失：當時越南正與世界上最強大的國家進行殊死戰，若真仿效中國文革那樣清算黨員，導致紀律嚴明、運作正常的政黨分裂，那簡直是瘋了。由於越共持續依賴中國的援助，他們無法自由地發表意見，但他們與中國領導人交談時，刻意含糊其辭的回應倒是很明顯。一九六七年，周恩來為文化大革命進行了四十分鐘的演講後，范文同總理（Pham van Dong）和武元甲將軍只提出一個簡短的問題[53]。越南駐中國的資深外交官楊名易（Duong Danh Dy）回憶道：「幾乎每個越南人都馬上看出文化大革命的缺陷……胡叔在某次黨會議上問大家：『在座有誰比我更了解中國？』當然沒有人回應，接著他說：『連我都搞不懂這個『文化大革命』究竟是什麼。』[54]」

美國與西歐各地人民對美國參與越戰的反感，促使學生和其他激進分子更是接納毛派中國的優點。許多西方的叛亂者認為，越南人只是承襲及傳播林彪在〈人民戰爭勝利萬歲！〉中闡述的毛派革命的理論與實務——亦即持久戰與游擊戰等人民戰爭。這種假設大幅提升了毛澤東與中華人民共和國的形象。然而，到了一九六〇年代中期，越共已有足夠的自信，看出林彪提出的理想化毛派軍事戰略有其缺陷。在他那套說法裡，隻字未提外援——蘇聯與美國——是否協助中國軍隊打了二次大戰？[55]。如果沒有蘇聯提供大砲，越南人如何在對抗美國及美國支持的南越軍隊時取得決定性的勝利？自新春攻勢（Tet Offensive）起，越南人開始偏好進攻城市，未想周恩來譴責這是蘇聯的戰術，是對毛派延長戰略（亦即農村包圍城市）的侮辱。一九六〇年代末期冷戰的一大轉變啟動之際——中國和北越開始轉向與美國談判——中越雙方都懷疑對方向美國人妥協，並因此指責對方。最重要的是，北越認為，中國與美國的和解，將會消除那個阻止美國提升戰力的關鍵：中國干預的威脅。武元甲將軍回憶道：「中國政府告訴美國，如果美國不威脅或冒犯中國，中國就不會阻止美國對北越的攻擊。這就好像告訴美國，只要中國邊境沒受到威脅，美國就可以隨意轟炸越南……我們感覺背後被捅了一刀。[56]」

然而，就在中越友誼破裂之際，中國在中南半島卻得到另一個好友兼（期待的）忠實信徒：柬埔寨赤棉。

到了一九七五年的夏天，毛澤東已經明顯病了。他因身材高大，外表看來依然很有份量，但仔細觀察他衣服的褶皺，可以看出他年事已高，曾經強健的體格消瘦了下來，幾乎撐不起自肩縫處垂下的衣袖。肌萎縮性脊髓側索硬化症（Lou Gehrig's disease）是一種運動神經元疾病，此症狀的惡化使他的喉嚨肌肉萎縮。漸漸地，只剩他身邊幾個值得信賴的年輕女性——張玉鳳曾是其私人列車的服務員，後來變成他的情婦，之後又變成特助；唐聞生是文革時期他最喜歡的英文口譯——能夠向外界解讀他喉嚨發出的喘息及咕噥聲。到了一九七六年四月，毛澤東最後一次接見外賓紐西蘭的總理羅伯・馬爾登（Robert Muldoon）時，幾乎已經變成植物人。馬爾登回憶道，毛澤東從扶手椅上被抬起來與他握手後，「隨即癱坐回椅子上，彷彿崩塌似的。他勉強說出必要的話語時，嘴裡只發出咕噥聲及呻吟。聰慧又溫和的譯者兼看護會向一名男性口譯員（應該是講中文）解讀那些聲音，隨後該口譯員再譯成優雅的口語化英語。」[57]

不過，一九七五年六月二十一日一場長達一小時的會議，卻為這個日漸衰頹的老舵手打了一劑強心針。與會人士為柬埔寨共產黨（Communist Party of Kampuchea，簡稱CPK，俗稱赤棉）的總書記波布及外交事務最高領導人英薩利（Ieng Sary）。那是赤棉攻陷金邊（Phnom Penh）並接管柬埔寨兩個月後，他們首度出訪。那段期間，赤棉指揮部下令所有城鎮的居民都疏散到農村（光是騰空金邊的過程中，估計就有兩萬人死於倉促處決、飢餓以及疾病）；清算所有曾在革命前政府任職的人；廢除貨幣與市場；迅速推行強制集體化。

一張照片留住了毛澤東接見他們的生動場面。他們三人都穿著中山裝。下巴渾圓的英薩利在右邊咧嘴而笑，雙手抓著毛澤東細長的右手腕。波布的影像並未對焦——他喜歡營造神祕感，模糊影像正合其意——他站在毛澤東與英薩利後方幾步的地方。〔直到一九七七年，波布再次造訪中國時，迫於東道主的施壓，他才向國際社會公開，柬共在他的領導下正統治著柬埔寨。在此之前，是由不知名的「安卡」（Angkar，意為「組織」）正式掌權。〕不過，那張照片所散發的真正能量來自毛澤東。他的神情專注，有力地比著手勢，豎起兩根手指，顯然是在表達觀點。（數十年來的演講姿態，可見毛澤東喜歡豎起手指表達觀點：例如，他說史達林有『三根爛手指』，藉此表示史達林百分之七十是對的，百分之三十是錯的。又或者，他會以啃、咬或折斷敵人的手指來比喻游擊戰的戰略。）

那場會議上，毛澤東究竟說了什麼？只有片段的對話流入公開場合：即使在「毛派中國與外國政黨的關係」這個極其敏感的領域裡，毛澤東和赤棉的交流內容依然保密得滴水不漏。這導致近年來中國外交部持續否認中國與柬埔寨人民共和國（Democratic Republic of Kampuchea，簡稱DRK）——波布於一九七五年春天建立的國家——有任何牽連。儘管如此，套用中國與赤棉關係的重要分析家毛學峰（Andrew Mertha）的說法：「要不是中國的幫助，赤棉政權根本撐不到一週。[98]」然而，致力保存政治紀錄的中國史家已經洩露了一九七五年六月那場談話的部分內容。以下是其中的一些亮點。

波布（異常興奮）：我們非常高興今天能見到偉大的領導人毛主席！

毛澤東：我們認同你們！你們有很多經歷比我們好。中國沒資格批評你們……你們基本上是對的……目前（在中國），我們是一個沒有資本家的資本主義國家……

波布：……今後，我們一定會按照您的話做。我從小就讀了許多毛主席的著作，尤其是那些有關人民戰爭的作品。毛主席的作品領導了我們整個黨。[59]

波布自己帶了兩個口譯員到中國，其中一人在一九七八年的清洗中遇害，所以他對那次會談的記憶已經跟著他入土。另一個口譯員倖存下來，且於一九八〇年代逃到法國。（他是幸運者之一：一九七九年一月初，當越南和蘇聯的坦克駛向金邊時，赤棉在一片混亂中棄守金邊。他們最後的行動之一，是殺死那些他們能抓到任何中文口譯——大概是因為這些人參與絕對機密的討論，而那些討論都可能有破壞性）。一九九四年，那個倖存的口譯接受法國媒體採訪時，透露了更多毛澤東說過的話。顯然，毛澤東抱怨中國「邪惡右派勢力的阻礙」，因此他「無法充分發揮雄心壯志，無法加快共產主義的進程。幸好，他的理想可以在柬埔寨開花結果。他相信赤棉將是未來世界革命的領導者」。他對訪客說：「我們想做但沒做到的，你們正在實現。[60]」想像一下毛澤東的興奮之情：經歷了近二十年的宣傳及負擔沉重的外援後，他的革命終於在海外成功了。

八個月後，波布收到這次會面的紀念品。「四人幫」——文化大革命的指導委員會——之一的張春橋造訪柬埔寨。波布決定暫且揭開神祕的面紗，親自去接機。兩人會談的影片留存了下來，他們生硬地開心相擁，接著邁步前行——邊鼓掌，邊齜牙咧嘴而笑——兩人行走在幹部、士兵、群眾排成的兩行縱列之間，無疑只是一種制式禮儀。他們在沙發上親切地交談，舉杯言歡，笑得開懷。接著，張春橋送波布一個精緻大禮：一幅鑲著閃亮金屬框的相片，又大又重，張春橋與波布欣賞那張相片時，需要兩個階級較低的同志撐著金屬框。那張照片是前一年的夏天，波布拜會毛澤東的生動畫面[61]。

當然，我們也沒有張春橋和波布會談的完整紀錄，即便我們知道張春橋幫民主柬埔寨

（Democratic Kampuchea，簡稱民柬，也稱紅色高棉政權）起草了一部簡略的憲法，由此實務上保證柬埔寨人只有一種自由：工作[62]。但至少一名很有背景的中國歷史學家主張，張春橋之所以前往，是為了親手遞交一份中國為柬埔寨大躍進和文化大革命撰寫的藍圖——亦即清洗與集體化的計畫。幾個月後，波布在一次演講中，以文化大革命的語言侃侃而談：「革命與反革命之間是一場持續不斷、永不停歇的鬥爭。我們必須堅持一個立場：未來十年、二十年、三十年，都會有敵人出現……但如果我們持續採取斷然的措施，他們就會四分五裂。[63]」

僅僅半年後，就在庇佑者毛澤東過世不久，張春橋本人即遭到肅清；一九八〇年，張春橋以文化大革命總設計師的身分受審，被判處無期徒刑。除了少數例外，張春橋和其親近同志的政治標誌——公共暴力、群眾運動、震耳欲聾的口號、持續的肅清及追捕「革命敵人」、對農村公社的痴迷——開始從中國消失。不過，前述那位消息靈通的中國歷史學家認為：「如果『四人幫』在毛澤東死後沒遭到肅清，而是如預期般掌權了，中國可能會走上跟柬埔寨一樣的道路。」他停頓了一下，接著又說：「我看過柬埔寨的殺戮戰場（Killing Fields）。身為中國人，我覺得我有責任。」

一九七八年的聖誕節，面對民主柬埔寨（赤棉）長達三年的口號式進逼和軍事攻擊，越南民主共和國派出十五萬名士兵，越過邊境，進入柬埔寨。兩週內，越南軍隊就占領金邊，迫使赤棉的領導人撤退到泰國。一九七九年上半年，柬埔寨初來乍到的越南統治者對赤棉的領導人進行缺席審判（trial in absentia）。在越南日益高漲的反中運動裡，這個法律程序變成主軸。審判紀錄寫道，種族滅絕「體現了中國的擴張主義者以及波布／英薩利這些種族滅絕罪犯的反動本質」[64]。證詞提到一個徹頭徹尾的中國陰謀：中國密謀透過赤棉的傀儡輸出毛派革命，以謀殺柬埔寨人民並實現「世界霸權的美夢」。波布和英薩利計畫「實施種族滅絕……以關閉柬埔寨與所有外國的關係，中國除外……他們想從中國引進『文化大革命』，並強行套用在柬埔寨人民的身上」。

每個村莊都在談論波布的一個祕密決定：「他們將以數百萬名中國人取代柬埔寨人。」……屍體逐漸填滿那些到處挖掘的溝渠……波布說……中國最寶貴的援助是毛澤東思想……總之，波布／英薩利這幫人把整個國家變成了血淚交織的地獄……進一步推動了中國擴張主義與霸權主義的反動統治詭計……波布和英薩里在柬埔寨建立的邪惡社會模式，是毛主義的產物[65]。

這些聲明把民柬的中國人描繪成主權背後的勢力。但我們需要謹慎看待審判蒐集的大量檔案，因為其目的是為了合理化越南領柬埔寨的行為，以抵禦中國帝國主義的陰謀。而歷史紀錄中爭議較少的部分是否證實這種解釋呢？

沙洛特紹（Saloth Sar）——波布的真名——第一次接觸毛澤東是一九五〇年代初期，當時他在巴黎修習無線電電學課程，可惜連三年死當。共產主義的文本使他和未來的赤棉同志變得激進：那十年間，幾乎所有未來的共黨政治局的成員都是拿政府獎學金去法國留學。沙洛特紹就像一九三〇年代的毛澤東，對史達林的《全聯盟共產黨歷史：簡明教程》深深著迷，尤其該書主張對黨內敵人要持續鬥爭。沙洛特紹和同學亦深受法國大革命的故事所吸引：把知識革命者美化為人類的解放者，而且批判那些折衷的行動政策。毛澤東的吸引力在於他對殖民地或半殖民地的革命策略，以及他要求人們對共產組織要有堅定不移的忠誠。他說：「一旦你反對共產黨，你就是叛徒……凡是想反對共產黨的人，都必須做好化為灰燼的準備。如果你不想化為灰燼，最好放棄你的反對立場。[66]」

一九五三年後，沙洛特紹回到金邊，擔任高中教師，就這樣過了十幾年。在至少一個學生的記憶中，他是優秀又鼓舞人心的老師，習慣向學生吟誦法文詩句。在共產黨內部——一九五〇年代稱為高棉人民革命黨（Khmer People's Revolutionary Party），一九六〇年代以後更名為柬埔寨勞動黨（Workers' Party of Kampuchea），一九七一年變成柬埔寨共產黨（CPK）——他以微笑及隨和的態度著稱。他採用一個不激進的別名Pouk（床墊），讓人覺得他在黨內扮演柔性的角色[67]。

儘管外表舉止溫和，他其實是強硬的民族主義者〔一九五〇年代初期在巴黎當學生作家時，他的筆名是「原始高棉人」（original Khmer）〕，尤其執著於越南對柬埔寨共產主義的影響[68]。越南人認為古往今來他們一直是中國擴張主義下的受害者，而許多柬埔寨人則認為，越南對他們而言，也是類似的威脅。一九五三年，沙洛特紹在越南和柬埔寨邊界的越共營地裡度過一段時間，後來他抱怨越南指揮官「不信任我……他們不指派任何任務給我，我只能在那裡種木薯」[69]。那十年間，柬埔寨人之所以怨恨越南勞動黨，有著諸多原因。在一九五四年的日內瓦協定中，越南勞動黨沒有支持柬埔寨建立一個共產主義的國家，反而力勸柬共放棄武裝鬥爭，去遷就反覆無常又冷酷無情的國家元首西哈努克親王（Prince Sihanouk）。親王對柬埔寨共產主義運動的態度輕蔑（他創造出「赤棉」這個貶稱）又殘暴（一九六二年他折磨並謀殺了共黨領袖杜斯木（Tou Samouth））。在這種國內打壓的情況下，一九六三年，沙洛特紹與柬共多數未來領導人只好轉往地下發展，從柬埔寨的叢林發動戰爭。

一九六五年，沙洛特紹前往北越，接著前往中國，兩國在接待方面形成了鮮明的對比。胡志明的健康每況愈下後，越共總書記黎筍成為越共中最有權勢的人。在越南，黎筍勸沙洛特紹從事政治鬥爭，而不是軍事鬥爭，沙洛特紹覺得這種建議是在敷衍他。黎筍一再聲稱，柬埔寨的鬥爭與越南人相同，這說法令沙洛特紹感到威脅。越南勞動黨把柬共描繪成附屬於越共組織，這點著實令沙洛特紹憤怒。他抱怨道，越南人正計畫創建「一個統一的政黨來代表一塊統一的領土」[70]。相較之下，在中國，他目睹了文化大革命的序幕，包括林彪發布的〈人民戰爭勝利萬歲！〉，他為此興奮不已。當時他是否見到毛澤東，我們不得而知。但毛澤東未來的兩名文革盟友陳伯達和張春橋肯定親自對他傳授了毛派基本理論（「槍桿子裡面出政權」、「無產階級專政」），並為他提供物質援助。此外，他們也用上了奉承伎倆（一名觀察者評論道：「這招噁心但有效」）。北京市長稱柬埔寨人是「真正的馬列主義者」；沙洛特紹聽到這番讚美，也稱讚毛主義是「當代馬列主義」[71]。對沙洛特紹來說，親近北京有完美的策略意義。他說：「如果我們想與越南保持距離，就得依賴中國……中國的朋友給我們精神上、政治上、策略上的支持……我們不需要再懷疑我們所作所為的正確性了。[72]」一九六六年，沙洛特紹甚至依循中國路線，把政黨改名為「柬埔寨共產黨」，而不是越南風格的「柬埔寨勞動黨」。

翌年，沙洛特紹宣布展開全國叛亂，他是在給中共中央委員會的一封推崇信中宣布這項消息（這封信的寄送經過越南，在送抵河內的中國大使館之前，河內的人無疑已經讀過）。沙洛特紹寫道：「從一九六六年年底到一九六七年的年中，我們使用政治暴力及部分武裝暴力的過往經驗讓我們相信，我們的人民在組織上及意識形態上……都做好了發動人民戰爭的準備……我們已經研究過，也正在學習，並決心毫不鬆懈地繼續學習文化大革命的寶貴經驗……毛澤東是偉大的領導，帶來源源不斷的勝利。[73]」叛亂是一九六八年一月十八日從該國的東北部開始，也許是由中共從胡志明小徑*（Ho Chi Minh Trail）運來的武器所促成的[74]。到了年尾，內戰已蔓延到柬埔寨十九個省中的十二個省[75]。

* 譯註：一九五九年，胡志明下令開闢支援南方作戰的通道，繞道寮國、柬埔寨境內，可從北部榮市經過中部非軍事區通往南方戰場，故稱為「胡志明小徑」。這也導致越戰擴及寮國、柬埔寨境內。

沙洛特紹（波布）以及柬埔寨許多左派知識分子對中國的熱情不是憑空而來的。一九五八年獨立的柬埔寨與中華人民共和國建立外交關係後，金邊的中國大使館打造了一個精密又有效率的情報及勢力網絡：一個由友好協會、地上的外交關係、地下的共黨聯繫所組成的網絡（金邊委婉地稱呼中聯部駐金邊的首席代表為中國大使館的「一號顧問」）。其中有仔細的分工：一個組織負責在金邊煽動反美情緒；另一個組織負責向柬埔寨的年輕人灌輸毛派理論的美德；而另一個組織負責協調令人振奮的舞獅表演[76]。在大學裡，宣傳中華人民共和國的工作則委由當地的中國學生。他們對一名傑出華裔高棉數學系的學生影響特別大。他叫康克由（Kang Kewk Lew），是全國數學成績排名第二的學生[77]。一九七〇年，康克由加入波布（是年，沙洛特紹開始化名為「波布」）的組織；一九七五年至一九七九年間，他以典獄長杜赫（Deuch）之名，管理赤棉的安全總部吐斯廉（Tuol Sleng）。一九七九年一月，他匆促撤離那個死人般的場所時——殺死剩下的多數囚犯——越南士兵發現，裡面堆滿了高棉文的小紅書，以及囚犯被活活打死之前，被迫一再改寫的許多自傳和自我批判；數以千計的綠頭蒼蠅在血跡斑斑的地板上不停盤旋[78]。

一九五〇與六〇年代，由於中國政府對金邊有很大的影響力，金邊的許多中文學校裡瀰漫著毛主義：學生貪婪地研讀小紅書，吟唱革命歌曲。一九四九年，一名八歲的柬埔寨華裔孩童目睹身為地主的叔叔遭到處決後不久，便跟隨著父母回到中國大陸，一九五〇年代末期，更是生活在飢寒交迫中。一九六一年夏天，中國的饑荒剛過顛峰，他「悲痛又失望地回到柬埔寨……我告訴留在柬埔寨的弟弟和妹妹發生在中國的一切，他們都不願相信……金邊幾乎每一所中文學校都被共產黨暗地裡控制了，他們鼓勵華裔學生加入越共與柬共」[79]。套用一九五〇年代到七〇年代一名忠誠特務的說法，柬埔寨的中共其實是一個「國中之國」[80]。

在文化大革命的巔峰時期，金邊的中文學校裡紅旗飄揚，學生的身上別著毛澤東的徽章。他們齊聲高唱毛語錄編成的歌曲，上街遊行，高喊口號，呼籲柬埔寨人與政府抗爭，把國家統治者西哈努克的海報撕下來踐踏並焚燒。西哈努克要求周恩來停止這一切行動時，周恩來以罕見的拙劣方式回應，他僅要求西哈努克讓「柬埔寨的華人享有熱愛毛主席、共產黨的社會主義、中華人民共和國的權利」[81]。不過，這種把柬埔寨強行推入毛主義的粗糙手法根本不算什麼，真正的行動是在幕後進行。一九六七年波布正式啟動「人民戰爭」時，中國透過大使館、學校的情報人員、散布在全國各地的中國援助人員，向共黨叛軍發送自動步槍、榴彈發射器、迫擊砲等[82]。

一九五〇年代初期到一九七〇年代晚期，中國駐柬埔寨大使館中最有才華、最有活力的特務之一是周德高（Zhou Degao）。他是華裔記者，從小辛苦地半工半讀完成初等教育，後來成為金邊某大華文報社的撰稿人。他的文章使毛澤東在柬埔寨廣受歡迎；他也以記者的身分作為掩護，為中共的聯絡人進行農村調查。他透過內部人士，取得政府機密檔案，並轉交給中國大使館。他對中國的愛國心和忠誠，完全是出於一片赤誠及本性。在他的回憶錄中，周德高覺得沒必要對此特別解釋，只講述他是如何受到當地的中共基層組織所吸引。他在那裡閱讀毛澤東的作品，變成黨的忠實信徒以及中國大使館信賴的特務。大使館只有一次為他的努力支付費用；他在獨立後的柬埔寨那般危險的政治環境中工作，從未獲得任何形式的外交或個人保護。他甚至把家人也扯進這項工作：他的妻子和女兒都是赤棉與中國大使館之間的信使[83]。

及至一九六九年，毛澤東的情報局局長康生親自負責柬埔寨的任務，由此可見柬埔寨對中國的重要性。康生的情報總是超前現況。那年，他得知首相龍諾（Lon Nol）領導西哈努克政府成員的祕密計畫。他們打算在一九七〇年發動政變，推翻柬埔寨的統治者。康生召喚周德高前往北京，聽取他簡報如何因應這場即將到來的政變，包括在叢林裡建立與柬共的祕密通信線路。周德高那次前往北京的旅程，可說是一次機密又烏龍的奇妙結合。北京當局並未事先通知廣東的邊境官員，有一名重要的柬埔寨特務將通關。所以，周德高遭到徹底搜查，而且邊境人員在他的鞋底發現一張絕對機密的紙條，他被拘留了兩天，直到北京當局確認他的身分後才獲釋。他終於抵達北京時，座車在前往中南海的途中經過毛澤東的官邸，他頓時激動落淚（也許是精疲力竭）[84]。

不過，一九七五年以前，毛澤東在柬埔寨最有力的工具既不是柬共，也不是愛國的華僑，此榮耀歸於西哈努克親王——原為柬埔寨國王，並於一九四一年至一九七〇年成為國家元首。

西哈努克親王是在法國殖民印度支那晚期登基為王的。法國總督選他做為君主，對他的期望很低：他只要在皇宮這處鍍金的鳥籠裡扮好法國的傀儡就好了（維琪政府*治下的印度支那總督之妻一看到十幾歲的西哈努克，當下驚呼：「這小子好可愛！」[85]）這位年輕的國王很早就展現出花花公子的潛力：二十四歲時，已有六個公開承認的孩子，而未公開承認的可能更多。不過，歷史的意外發展使西哈努克成了另一種統治者。一九四五年，日軍在容忍了維琪政府統治印度支那五年後，突然終結了歐洲白人對柬埔寨、越南、寮國的統治，西哈努克則是嚐到了獨立的滋味後，就不想放棄。戰後的法國政府雖曾試圖恢復在柬埔寨的殖民統治（一如在越南），卻已經失去殖民的權威。一九五四年的日內瓦會議中，在越南達成去殖民化協定後，柬埔寨也取得獨立，西哈努克成為國家元首。然而，翌年，西哈努克讓位給自己的父親，搖身變成政客，在該國獨立後的大選中競選。這招在政治上簡直是天才：西哈努克擺脫了君主不得參與政府事務的規定，如今，他大可為自己積極競選，同時依然沉浸在許多柬埔寨人對他的神化崇拜中——尤其是那些教育程度低落的多數人——他們把他推崇為「親王父親」（Monseigneur-Papa）。

西哈努克身上有一些朱利安國王（King Julian）的影子——即動畫電影《馬達加斯加》（Madagascar）中那個滑稽可笑的狐猴首領：他自戀，不時尖聲發笑，對臣民（他口中的「小人物」）總是擺出一副高高在上的優越感。然西哈努克對反對派的鎮壓，可就絲毫未顯荒謬了。西哈努克的自我放縱與殘暴行徑形成了怪誕的對比：一九六〇年代晚期，隨著國內異議分子越來越多（尤其是左派），他允許武裝部隊肆無忌憚地鎮壓。那些與軍隊發生衝突的人慘遭斬首，武裝部隊便開著裝滿那些頭顱的卡車繞行金邊，以威嚇其他潛在的叛亂分子。他下令軍隊把四十名被控顛覆國家政權的教師扔下懸崖[86]。後來傳言指出，西哈努克下令以推土機碾過兩名左派批評者的頭顱，並把第三個批評者溶解在硫酸中，人們不久便信以為真，但實際上那只是謠傳[87]。

---

* 編註：二戰期間，納粹德國控制下的法國政府。

不過，去殖民化使西哈努克的政治之路變得更加複雜。他直覺認為，北越即將——也理應——戰勝法國以及美國所支持的南越，這促使他支持越共——主要是允許中國的援助轉而由胡志明小徑進入柬埔寨；同時容忍越共營地深入柬埔寨領土。這種縱容越共的行為，導致美國在一九七〇年代初期對柬埔寨展開地毯式的轟炸，破壞了該國的穩定，也促成赤棉的崛起。當時的西哈努克可說是一種矛盾難解的政治動物：他在國內斬首那些疑似共產黨的人，頭顱多到可以用卡車載運，但在國外又把胡志明、金日成、毛澤東，尤其是周恩來，視為最好的朋友。

中國對西哈努克示好始於一九五五年。當時萬隆會議的明星周恩來邀請他到下榻的印尼飯店，享用豐盛的中國大餐。一張會議上的照片顯示，蘇卡諾、西哈努克親王、陳毅（中華人民共和國的副總理，培訓中的外交部長）圍著一張黑色咖啡桌，悠閒地坐在扶手椅上。他們三人的眼睛都盯著一個人：濃眉大眼、充滿魅力的中國外交部長周恩來[88]。那次見面是擁有神一般地位的西哈努克與共黨的周恩來之間建立非凡關係的開始。

十五年後，周恩來在危急的關頭，迅速支援西哈努克。一九七〇年春天，西哈努克在局勢日益緊繃下離開柬埔寨，美國總統尼克森的飽和轟炸正在摧毀這個國家。可能有十五萬柬埔寨人在戰役中喪生，金邊充斥著飢餓、絕望的難民。西哈努克計畫先前往法國（進行年度「治療」），然後前往莫斯科與北京，並懇求兩國政府說服越共從柬埔寨撤退，從而消除美軍轟炸柬埔寨的藉口。西哈努克出國期間，他的堂兄施里．瑪達（Sirik Matak）和首相龍諾不僅發起政變推翻他，也支持柬埔寨大眾公開毀謗西哈努克，他在缺席審判下被判處死刑。一九七〇年三月，西哈努克按原定的行程抵達北京時，他一下飛機，周恩來便前往接機。周恩來還召集北京整個外交使團組成機場接待隊，並確保每一家中國新聞媒體都報導西哈努克獲得熱烈歡迎。周恩來對西哈努克說：「你仍是國家元首，唯一的元首，我們不會承認別人的。」毛澤東和越共都宣稱西哈努克是「戰友」，並承諾支持他抗爭以重新掌權[89]。

西哈努克之後一味地堅稱，中國的支持是無條件、無私的，純粹是出於個人友誼，而不是出於國家利益。但只消看一眼東南亞的地緣政治和周恩來的幕後活動，就會發現在這說法是架構在一個謊言之下的。因為西哈努克抵達北京時，另一人也正在北京，周恩來小心翼翼地對西哈努克隱瞞了這件事：波布，那年化名為波布的沙洛特紹。我們已經看到，周德高聲稱，中國早就收到龍諾會政變的情報，而周恩來確信，波布不僅確切知道會發生什麼事，甚邀他到北京，好利用這場政變所帶來的政治餘波[90]。周恩來和毛澤東只在乎利用西哈努克的危機來培植柬共。當周恩來扮演關切西哈努克的朋友時，毛澤東則是不斷稱讚西哈努克，給他灌迷湯，甚至祝賀他在金邊開設賭場。波布與周恩來則趁此機會撮合了西哈努克親王和赤棉（親王以前的死敵），讓他們組成「統一戰線」[91]。一九七〇年五月，赤棉宣布他們將與從前的死敵西哈努克聯手，此情況大致上相當於列寧在一九一四年和沙皇尼古拉二世（Tsar Nicholas）結盟。

實務上，中國不僅需要盛情款待柬埔寨的流亡政府，還要為他們提供大量的資金。而這個流亡政府是赤棉和西哈努克的聯盟，名為柬埔寨王國民族團結政府（Gouverement Royal d'Union

Nationale du Kampuchea，簡稱GRUNK*，這個縮寫的發音是這場可怕的政治糾葛中，唯一意外出現的荒謬元素），他們承諾，將和龍諾進行武裝鬥爭到底。當時西哈努克正處於高度情緒化的狀態，因為他收到政變的消息後，已經連續四天沒睡了。情緒激動似乎使他無法認真地思考協議的可行性。四月四日，他突然利用中國的廣播，指示他的臣民——他口中的「小人物」——「進入叢林，加入早已就蓄的抵抗勢力」[92]。成千上萬人聽從他的指示，他們的加入改變赤棉的戰鬥力。於是，西哈努克那令人感到安心的「皇室」政府，自此變成史上最極端共產實驗的特洛伊木馬。

一九七五年金邊落入赤棉軍隊的手中之前，中國官員一直努力讓西哈努克和柬共這兩個敵對的合作者團結起來。他們以最熱情的態度向西哈努克示好。文化大革命釀成的貧困在他的周圍肆虐時，他優雅地生活在天安門廣場以東的古老法國公使館的大樓裡。那裡有廚師隨其興致為他提供中式、柬式或法式料理；也有游泳池、網球場、電影院、高級酒窖。他的北韓朋友金日成持續為他供應鵝肝醬。西哈努克的GRUNK在友誼賓館的西北翼舒適地安頓下來，柬埔寨王室的王子們則在泳池邊悠閒度日。周恩來請一個赤棉的代表來編列預算，對方要求五百萬美元時，周恩來搖了搖頭，直接把金額加了一倍：一半用來資助北京這場表演，另一半用於資助共黨在柬埔寨的行動[93]。

一九七〇年五月十六日，西哈努克與毛澤東一起出現在俯瞰天安門廣場的主席台，面對群眾集會，兩人的熱情都讓彼此興奮不已。毛澤東高呼：「柬埔寨萬歲！西哈努克親王萬歲！」西哈努克也以他招牌式的尖聲，用中文表達了同樣的情緒：「毛主席萬歲！毛主席萬歲！[94]」稍後的那年夏天，為了歡迎西哈努克造訪平壤歸來，周恩來與毛澤東在天安門廣場上以鮮花堆起了花塔，並動員一百萬人圍著花塔載歌載舞。當晚，周恩來在人民大會堂以國宴款待數百名嘉賓。西哈努克回憶道，那是「令人陶醉」的時刻。周恩來「哼唱的聲音很大，現場的外交官都聽得到。當中國人民軍隊的管弦樂隊演奏我的音樂創作《戀戀中國》時，周恩來帶頭鼓掌許久，接著他起身，所有的賓客也跟著起身……舉起茅台酒，祝我健康。[95]」相較於美國與蘇聯對待西哈努克的方式——美國以B-52轟炸機摧毀柬埔寨，蘇聯則和龍諾的政府維持國與國的關係——中方的熱情款待有如天壤之別。

一九七三年一開始，西哈努克離開寒冷的北京街道，前往柬埔寨北部的赤棉游擊隊根據地，進行一場精心安排的參訪。整個過程都是經過精心設計的，不容出錯。西哈努克偕同妻子莫尼克（Monique），乘坐吉普車組成的車隊，沿著胡志明小徑南行。隨行的還有一百名保鏢、隨從、醫務人員，以及中國的攝影團隊，以確保西哈努克與赤棉之間的每個時刻都記錄下來，作為宣傳之用。沿途已經蓋好水電暢通的木屋，每餐都有剛烘焙出爐的法式長棍麵包。王室夫婦最終抵達了一處位於荔枝山（Mount Kulen）茂密叢林中的基地。在瀑布湍鳴奔瀉的山坡上，西哈努克與莫尼克住進一座狀似巧克力盒的高棉風高腳屋。屋外有陽台，屋簷雕刻成起伏狀，有如阿爾卑斯山

---

* 譯註：原文是法文，但字母縮寫的GRUNT在英語中剛好有耍酒瘋的意思（being grumpy and drunk）。

的小屋，兩邊擺滿了陶瓷盆栽。莫尼克在日記裡讚歎：「我們在解放區的白宮！[96]」中國攝影師為《人民畫報》（*China Pictorial*）——中國「對外宣傳」的旗艦雜誌，譯成多種語言——匯整了一期特刊，證明了統一戰線的正統性。雜誌中有的是西哈努克擁抱赤棉的成員，有的是莫妮克在吊床上放鬆。在另一組象徵性的場景中，赤棉帶著西哈努克去參觀吳哥窟——柬埔寨偉大歷史和愛國主義的象徵——以展現赤棉所謂的宗教寬容以及對過去的尊重。在整個參訪行程中，他們都避免西哈努克直接接觸到柬埔寨的一般民眾。而波布只是那次參訪周圍的背景，從未以黨內實際掌權者的身分介紹給西哈努克。

西哈努克回到中國途中，周恩來也確保他獲得一如既往的隆重接待。飛機降落的跑道是在北京東部一片半乾旱的平原上，周恩來安排了五千名身著少數民族服裝的中國人載歌載舞，歡呼雀躍，揮舞著旗幟。人群的上方有兩幅巨大的畫像：一幅是天安門那幅毛澤東肖像，另一幅則是西哈努克西裝革履的政治家形象。兩幅肖像之間拉起一條巨大的紅色橫幅，上面以白色書寫著「中柬人民偉大友誼萬歲！」西哈努克走在回程隊伍的最前面，莊嚴地揮手致意，笑容滿面。走在他後面的是神情堅定的周恩來[97]。

在熱情款待的背後，毛澤東和周恩來一心一意只有精明的戰略規畫。就在毛澤東與西哈努克在天安門廣場的主席台互祝「萬歲」的六天前，毛澤東才剛接待了越共的最高領導人黎筍。毛澤東認同黎筍所言，西哈努克被逐出柬埔寨，是柬埔寨人「反抗」的象徵。毛澤東更進一步補充：「西哈努克很難搞。你要是惹他生氣，他會罵你。但是……如果他現在離開我們，他就完了。[98]」

西哈努克面對現實時，也明白自己扮演的角色。他告訴《紐約時報》：「他們一旦贏了，就會拋棄我，像吐櫻桃籽一樣。[99]」事實上，赤棉內部形容西哈努克是「會自己脫落的痂」[100]。但周恩來的魅力攻勢已經發揮了神效：西哈努克支持聯盟，允許赤棉利用他來招募數萬名柬埔寨人。他宣稱：「為了中國的榮譽，為了周恩來閣下，他幫了柬埔寨與我本人那麼多，我必須犧牲自己。[101]」

文化大革命的後期，西哈努克在中國過著奢華的生活時，是陰沉的英薩利看顧著他，然英薩利的腦中則另有想法。一九七五年春天，他在中國待了將近四年，致力投入政治研究。他比西哈努克更常見到毛澤東，而且隨身帶著已經翻爛的毛澤東作品——當然是法語版，畢竟他是留法的知識分子。他似乎遊覽了中國各地，參觀軍事設施、公社、「五七幹校」（成立目的是透過勞動及研讀毛澤東思想來改造知識分子）、大寨村（被譽為自力更生的典範，後來被揭露是由軍隊勞動和國家補貼支撐的）、勞改營。他驚歎於毛澤東思想所創造出的奇蹟：例如，在學校，研讀毛澤東的作品治好了聾啞人。一九七五年，英薩利回到柬埔寨，當赤棉開始改造柬埔寨時，文化大革命的經歷成了他不變的參考準則[102]。

一九七五年六月，在金邊落入赤棉手中兩個月後，波布與英薩利訪問中國，革命成功令他們相當振奮。在獲勝後的二十四小時內，他們以槍口強迫柬埔寨人民離開城市，進入毫無準備的農村：這是他們實現激進平等主義願景的第一階段。與此同時，毛澤東和周恩來可以慶賀他們的使命完成：毛主義出口了！

一九七六年春天，毛澤東過世的半年前，他被告知西哈努克「卸下」國家元首的職位，柬埔寨取消君主制，赤棉接管了所有的國家職能。同年四月，民柬成立一週年時，毛澤東發了一份祝賀電文：「中國人民非常高興看到柬埔寨發生巨大又深刻的改變。我們相信，在柬埔寨革命組織的正確領導下，柬埔寨人將取得更大的勝利。」[103]因此，毛澤東在生前最後的政治行動中，為柬埔寨即將展開的文化大革命送上祝福。而柬埔寨的文革比其中國先行者，是更加地激進。

赤棉的思想與實務中，很多顯然來自毛主義。首先是語言上的借用，例如「超級大躍進」、「東風總能戰勝西風」、「人靠己力」、「有革命立場，就能做任何事」、「革命不是請客吃飯」等口號，都是一知半解地抄襲毛澤東的說法[104]。接著是赤棉對毛主義的應用：強迫奴役勞動；野心勃勃地想「把高棉人變成不消耗燃料、不消耗太多稻米的稻米生產機」；廢除所有的貨幣與薪資差別（這是毛澤東在生前最後兩年未多加思索過的概念）[105]。把城市人口疏散一空是文革時代「下鄉」的極端版本。成立公共食堂並廢除家庭共餐等措施，是複製大躍進的集體化[106]。毛澤東覺得政治正確比專業知識重要，赤棉更是把毛澤東的這項偏好發揮到極致：提拔接受思想改造的年輕人（有些人改姓毛），殺害受過教育的專業人士[107]。在重要的煉油廠所在地施亞努市（Kampong Son），多數的管理階層和員工的年齡是介於八歲到十八歲——他們稱呼三、四十歲的中國顧問為「爺爺」。這種對青少年的推崇令中國的技術人員感到緊張：一名工程師拒絕參觀吳哥窟的機會，因為派給他的飛行員年僅十七歲[108]。波布誇口說：「我們發揮創意，成功地把毛澤東思想應用到柬埔寨的現實中。對柬埔寨來說，中國最寶貴的援助是毛澤東思想。」[109]一九七七年，一名越南外交官指出，波布「百分之百支持毛澤東」[110]。（儘管文化大革命那種無政府狀態的動員對赤棉毫無用處，連北韓和北越也這麼認為。）

赤棉的物資和意識形態都是來自中國——槍枝和糧食、領導高層的薪資、看似睡衣的制服所使用的黑色布料、搭配制服的仿皮腰帶、試圖為赤棉領導人製造個人崇拜的波布肖像等。隨處可見的紅白格紋krom圍巾——一種多用途圍巾，為赤棉服裝增添唯一的色彩，可用來遮陽、當作提袋，也可以用來綁住即將處決者的雙手及眼睛——也是中國製造的[111]。一九七五年，赤棉革命成功後，中國政府立即提供赤棉一筆鉅款，那可能是中國歷史上最高額的單筆金援：兩千萬美元的直接贈款，以及九點八億美元的無息貸款。中國甚至為赤棉印製了一種貨幣，儘管赤棉拒絕使用。金邊淪陷後不久，巨大的中國船隻開始靠岸，載來稻米與武器、石油與農具、藥品與縫紉機、布料與抗瘧疾的藥物、單車與鋤頭。這些船隻往往完全卸貨後，隨即空船而返[112]。赤棉對現代化及外國影響的懷疑，並未延伸到軍事技術上：至少在這方面，他們希望最堅定的盟友能提供他們最好的裝備。一九七七年十月五日，中華人民共和國的國防部承諾向柬埔寨民主共和國提供全套武器裝備，「從對講機到噴氣戰鬥機一應俱全」[113]。柬埔寨人民共和國把空軍與海軍人員送到中國受訓，中國也派了五百名陸軍教官到柬埔寨。一九七五年至一九七八年間，共有一萬五千名中國顧問和技術人員投入柬埔寨人民共和國的建設專案[114]。（毛澤東派至柬埔寨的代表，利用他們旅居柬埔寨的機會，偷抓了數萬隻壁虎：藥名「蛤蚧」的壁虎乾在中國是珍貴的壯陽藥材，或許也是性成癮的毛澤東仍感興趣的商品。）宣傳影片的製作人在中國接受訓練，以便像西哈努克所說的，以「毛派風格」捕捉柬埔寨人民共和國的影像[115]。在杜赫的吐斯廉監獄——赤棉的集中營與集體處決中心——拍攝過數千張死囚大頭照的攝影師，便是在中國學習了攝影技術。

近兩萬人被送入吐斯廉監獄，僅七人倖存下來。這些倖存者大多是藝術家，是在波布的命令下保住了性命。波布從一九七八年起，不斷尋找畫家和雕塑家幫他塑造個人崇拜的形象。是年，三名雕刻師著手以存放在監獄裡的黃金和白銀為素材，雕塑一座七公尺高的波布雕像。一名倖存者表示，原本的計畫是摧毀首都的塔山寺（Wat Phnom Temple Complex），「為一尊類似中國毛澤東雕像的作品騰出空間」，而該計畫從未實現[116]。

毛派革命那種自立自強的民族主義，結合赤棉本身的極端愛國主義，造就出波布政權的兇殘殺戮自信，一個完全不理會任何外部權威的國家（赤棉刻意自我孤立，只准九個國家在金邊設立大使館）。赤棉信奉毛澤東的民族共產例外主義*（諷刺的是，他們完全沒有察覺，這代表一種外國模式）。早在一九七五年四月金邊的最後一戰中，波布就宣稱他的革命是自給自足的。他宣稱，他贏了一場「乾淨俐落的勝利」，「毫無外國關聯或外力參與」。這說法顯然不實。那裡有大砲，甚至可能有來自越南的整個師，還有從胡志明小徑不斷運來的中國武器[117]。在與越南的競爭中，赤棉改編了一九五〇年代末期毛澤東與赫魯雪夫較勁時自吹自擂的說法：「我們花十年完成的事情，越南需要花三十年，所以越南趕不上我們……我們可以收穫十捆稻米，越南只能收穫兩捆……他們以一年的速度行走，我們以三年的速度行走。」赤棉掌權後，領導高層甚至鄙視他們的政治前輩。一九七五年，赤棉在政治會議上宣稱：「本組織正超越毛澤東。[118]」波布的嫂子肯定地說：「我們甚至可以超越中國的兄弟。只要向前邁進一大步，我們就可以實現共產主義的目標。」赤棉的領導人先天就是狂熱的民族主義者，他們的談吐帶有一種由毛澤東原創的共產老大好勝的語氣：「我國的名字將以燙金字樣寫在世界史上，成為第一個沒有採取無用步驟就成功實現共產主義的國家。[119]」

理論上，中國對赤棉的慷慨大方，可能使他們對新的民主柬埔寨享有無限的影響力。毛澤東是不是以為，放款十億美元給柬埔寨，就能在東南亞買一個政治實驗室？表面上看來，中國的反應熱烈。一九七六年結束之際，中國記者走遍柬埔寨，離開時承諾宣傳「我們獲得的良好印象……光芒四射的民主柬埔寨正從東方崛起，有如冉冉升起的紅太陽」[120]。（毫不忌諱的與毛澤東塑造的個人形象雷同。）在赤棉垮台前不到一年，周恩來的遺孀鄧穎超造訪柬埔寨時，稱讚赤棉是「一棵屹立在高山頂峰的松樹，任何力量都無法摧毀它。在柬共的正確領導下，柬埔寨人民一定會走向光明燦爛的未來」[121]。

然而，打從一開始，柬共就證明了自己是很難以掌控的盟友。一九七五年夏天，周恩來因膀胱癌住院，只剩八個月的生命，他便提醒波布的親近同志喬森潘（Khieu Samphan），說：「社會

* 譯註：凡是認為某個國家、地區、社會、民族、組織、社會運動或歷史時期，具備特殊的性質，以致無法被一般性的理論或規則所解釋，即可稱為例外主義。

主義的道路並不平坦。中國仍在這條漫漫長路上行進……不要模仿我們大躍進的壞榜樣，慢慢來就好。」因為中共或許也擔心，赤棉的激進野心會危及中國想在東南亞獲得穩定盟友的希望。喬森潘對這個行將就木的男人露出了「懷疑又高傲的微笑」，當初是這個男人促成赤棉與西哈努克聯盟，赤棉才有機會崛起[122]。赤棉幾乎是以隨心所欲的方式對待西哈努克：軟禁他，切斷他和所有外國訪客的聯繫，包括中國的訪客，逼迫他的親人工作、讓他們餓死——毛澤東與周恩來雖是在利用西哈努克，卻是和他維持融洽的關係。赤棉唯一的讓步是，克制不把西哈努克送到人民公社去送死。至於中國外交官，則被隔離在柬埔寨的生活之外。一名外交官回憶道：「在炎熱的季節，大使館很涼爽。那裡有一個夠大的游泳池，可以運動……每週從北京空運食物過來。但我們都很緊張，也覺得生活乏味……柬埔寨政府要求我們不要出去散步，但我們還是去了。總是有一兩個士兵尾隨我們，通常走在我們後頭五十碼的地方……整整一年半，我從未見過柬埔寨人散步。」一九七六年，柬埔寨人民共和國的外交部發出一份報告，其中警告：「我們必須提防中國，它企圖讓我們成為它的衛星。[123]」隨著柬共政權的被害妄想症在一九七八年達到巔峰，連「與中國合作」都有可能變成處決各個部長的藉口[124]。

赤棉的領導高層突然決定清空城市並廢除貨幣時，他們覺得文化大革命的經驗過於溫和。波布嗤之以鼻地說：「這些中國人真的不知道該怎麼做。毛澤東停止他的文化大革命，但我們天天都有文化大革命。[125]」赤棉的宣言中充斥著民族主義的吹噓。「驅逐金邊人口是任何國家的革命中都找不到的措施……國際革命者可以從柬埔寨經驗中學習到很多……高棉革命是史無前例的，我們正在做的事情在歷史上前所未有。」[126]

柬埔寨的華人與其他族裔一樣弱勢。數十萬人（約原本四十三萬人的一半）由於遭懷疑是資本家或臺灣特務、或受過教育、或只是不夠柬埔寨，而不幸遇害。一九七九年後，許多倖存者逃離柬埔寨。到了一九八〇年代中期，柬埔寨的華裔人口只剩六萬初[127]。一九七五年四月，相較於柬埔寨的其他族裔（據估計有兩百萬人死於赤棉大屠殺），華裔受難的比例特別高，因為許多華裔是城市的生意人，理所當然地被歸類為赤棉的敵人。

中國對柬埔寨人民共和國的所作所為，也日益受到民族主義的影響。毛澤東生前的最後一年，對於毛派革命已經在柬埔寨開花結果，感到相當欣慰。不過，到了一九七七年，中國和民主柬埔寨之間的意識形態牽絆已大幅削弱。毛澤東的繼任者華國鋒在毛澤東過世後才一個月，就下令逮捕並整肅了「四人幫」——英薩利一開始對此深感恐懼（「他們是好人！」[128]）。一九七八年之後，負責中國事務的鄧小平是赤棉領導人在「四人幫」全盛時期所譴責的反革命分子。中華人民共和國與柬埔寨人民共和國之所以能夠持續聯盟直到一九八〇年代及之後，是看在國家利益的份上，或者更確切地說，是因為他們對越南都抱有敵意。

甚至在美國離開中南半島以前，中越關係及越柬關係便已破裂。一九七〇年代初期，波布整肅或殺害了所有曾在越南受訓的柬埔寨共產黨人。光是一九七四年，中越兩國的軍隊就爆發過一百次的邊境衝突。一九七五年四月，越南與柬埔寨的內戰一結束，兩國無不爭先恐後地界定他們相對於彼此及相對於中國的主權。越南奪取了南沙群島（一名中國官員回憶道，他聽到這個消息時，感到「憤恨不平」），並聲稱中國擁有西沙群島（當時由中國占領）。柬共部隊襲擊泰國灣（Gulf of Thailand）島嶼上的越南人。金邊一落入赤棉手中，英薩利就要求中國別再透過越南沿胡志明小徑運送軍事援助物資，現在可以直接運到柬埔寨的施亞努市。與此同時，波布也向柬埔寨的少數越裔宣戰，不久南越的難民營就收容了多達十五萬名來自柬埔寨的難民[129]。

一九七五年春天，中國提心吊膽地看著美國倉促離開南越，深恐越南和蘇聯在該區域的影響力死灰復燃。中國的領導人抨擊越南的勝利，聲稱是毛澤東的人民戰爭打贏了南方，而不是靠蘇聯的尖端武器。中國也告誡越南人「向赤棉學習如何革命[130]」。同年九月，黎筍訪問北京，請求中國延長援助（為此，他謙卑地對中國過去的援助表達感激之情）。毛澤東做了一件史無前例的事：他拒絕了。他對黎筍說：「今天你不是全天下最窮的人，我們最窮。[131]」上個月，中國才承諾在五年內為柬埔寨提供十億億美元的援助。遭到回絕的黎筍，做出在中國人看來是啟動外交戰爭的冒犯行為：他取消訪問北京的常規——互惠宴會。而中國人堅稱：「這對一個兄弟黨的領導人來說，是相當反常的舉動。[132]」

多年來，越南人不斷從他們的歷史紀錄排除中國的援助及影響。如今，越南人像柬埔寨人一樣，雀躍地認定他們才是全球革命的領導人，因為「越南人民的劃時代勝利，為世界力量的平衡帶來了重要的變化」。為了紀念他們對美國人的勝利，越南人找出紀念十四世紀越南驅逐中國人的詩歌：「海中不再有鯊魚，地上不再有野獸。[133]」他們的共產民族主義是歷史積怨與毛派沙文主義的混合體。儘管一九五〇年代以來，法軍和美軍先後摧毀了越南，但是在越南人的想像中，妖魔鬼怪仍然是中國人。一九七〇年代，北越隨處可見神龕裡紀念著抗中侵略的各路不分男女的軍事英雄。一九七五年，鄧小平不滿地詢問一個越南來的訪客，為什麼越南的教科書把「來自北方的威脅」當成教學「主題」[134]？時至今日，越南國家歷史博物館的展示中，為中越衝突提供的空間，遠多於為美越激戰所提供的空間。千年以來，對抗中國的獨立抗爭始終是越南的重要事件。

越南人視中國為貪婪的擴張主義強國，柬埔寨人則是以類似的仇恨觀點來看待越南——十五世紀至十八世紀，越南統治者將領土從越南北部的紅河三角洲，擴大到當代越南的最南端）。柬埔寨和越南之間的互不信任及蔑視，深深地滲透到語言中：柬埔寨人稱越南人為yuon，字面意思是野蠻人；而越南人長期以來稱柬埔寨人為「高原野蠻人」[135]。因此，一九七五年後，中國、越南、柬埔寨——三方都對自身的文化和政治優勢充滿自信——開始爭奪地區的領導地位。在二十世紀的多數時間裡，「中南半島人團結」對抗法國占領的理論，粉飾了這些惡性分歧。但隨著帝國主義在一九七〇年代初期撤退，新仇舊恨很快就出現了。及至一九七八年，各個國家無不發表猛烈抨擊——翻譯成外語並廣發世界各地——譴責對方背信棄義。

毛澤東及其同志應該都受過馬克思國際主義修辭的訓練，理當了解情同兄弟的共黨之間是平等的，然現實中，他們往往以高高在上的姿態進行談話。中國這個共產國家表面上積極地現代化，但頻繁造訪北京的越南代表團往往映照出其帝國朝貢之行的本質。中國對越南的態度混雜了社會主義共濟友誼和儒家帝國主義。中國心照不宣的假設是，如果中國不強行討論巨額貸款的償還，越南會以不同的方式回報：承認中國的政治優勢，回歸中國的「勢力範圍」。這種期望在毛澤東對越南軍事戰略的微觀管理中表露無遺（他對越南的領導人發號施令：「你應該注意你的策略。不能讓你們的主力和美軍正面交鋒，必須好好維護你們的主力。我的看法是，留得青山在，不怕沒柴燒。[136]」）從幾個領導人交談時所使用的高高在上的集合語「我們」，便足以捕捉到這三個國家之間的關係不平等。毛澤東、周恩來、鄧小平討論越南領土中由越南人出戰的戰爭時，他們隨性地使用「我們」這個字眼。越南領導人告訴柬共該做什麼時，也是如此。毛澤東曾對一個越南駐華的使節說：「北越、南越、印度支那、韓國，我們都是一家人，我們屬於同一個大家庭，相互支持。[137]」隨著越南不再順從中國，中國官員覺得有種遭到親族背叛的感覺：越南「忘恩負義的黑心」和「傲慢自大」根本是大逆不道[138]。

中國、越南、柬埔寨之間的關係，在一九七〇年代後半期持續破裂。一九七五年，波布送越南代表團一隻小鱷魚。他沒有明講那份贈禮的意思——他要傳達的是，越南人是鱷魚嗎？還是希望他們被鱷魚吃掉呢？——但誠如一名記者所言，那份禮物「充滿了可怕的象徵意義」。自一九七七年三月起，赤棉開始徹底地整肅柬埔寨的越裔人口。那年秋天，越南人帶著外國記者參觀柬埔寨邊境上一些靜得出奇的村莊，四處堆滿腐爛、殘缺不全的越裔柬埔寨人的屍體。一九七七年的最後一天，民主柬埔寨和越南斷絕往來[139]。

赤棉始終覺得越南是一大威脅，在赤棉掌權的最後一年裡，這種妄想更是加劇。他們對外敵及內敵的被害妄想症，驅動了一波又一波的整肅。中國不願放棄赤棉，甚至拒絕緩和赤棉——柬埔寨是中國對抗越南的實用堡壘——這擴大了中國與越南的裂痕。隨著邊境衝突加劇，一旦越南獲得任何勝利，都讓赤棉懷疑邊境地區充斥著叛徒[140]。與此同時，越南國內的政治權力遊戲，對境內數十萬越南華裔的生活造成嚴重的破壞。一九七八年，中國呼籲越南的華人抵制「蘇聯的影響」，而越南則開始鎮壓南部社區——許多華僑是商人及餐廳經營者的居住地。數十萬華人因此越過邊境，進入華南地區。

一九七八年七月，鄧小平決定「為越南的忘恩負義與傲慢行為，給越南一個教訓」。鄧小平之所以這麼做，是幾個原因交織的結果——越南未公開表達感謝；越南與蘇聯的關係日益密切；越南折磨華人；越南對於中國盟友「柬埔寨人民共和國」所犯下的暴行表達其可理解的反應。鄧小平對新加坡的右派總理李光耀說：「這些忘恩負義的人應該受到懲罰，我們給他們兩百億美元的援助，付出中國人的血汗，看看發生了什麼。[141]」一九七九年二月至三月，中國與越南開戰，中國軍隊猛烈攻擊越南北部邊境。這是中國軍隊最後一次嘗試他們曾在韓戰中部署的「人海戰術」——也為此折損了大量兵力。三月中旬衝突結束時，越南的邊境地區已遭摧毀——美國轟炸機因擔心觸怒中國，並未涉入該區；胡志明曾於此設立總部，並仔細思索中國的建議。記者納揚．昌達（Nayan Chanda）在戰後五個月造訪該區，他回憶道：「瓦片屋頂都掀了，中央市場的鐵梁在陰暗的天空下，像屍骨殘骸一樣孤立著。一個扭曲的消毒器、一個氧氣瓶的碎片、一個救護床的輪子從混凝土及瓦礫堆中冒出來，可見那裡曾是一家醫院。一座鐵橋……像彎曲的膝蓋一樣躺在水裡……我看到一群悲苦潦倒的民眾試圖用瓦礫中完好無損的磚塊，在廢墟中重建生活。[142]」

兩個月前的一九七九年一月七日，赤棉政府為躲避越南入侵而撤離首都幾個小時後，越南軍隊進入了金邊[143]。在這座城市裡，人類活動的時鐘似乎停止了。混凝土的基礎設施幾乎還在，但已經被自然界入侵：人行道上長出香蕉、椰子、木瓜樹，上頭滿是未摘採的水果。在長草的街道上，漫步的不是工人、購物者或閒人，而是豬、雞以及壁虎。在空蕩蕩的房子裡，老鼠以那些廢棄的桌子、沙發、床、電視、電話、衣服、唱片、樂器、相簿為家——這些是一九七五年四月十七日*民眾在槍口下被迫拋棄日常生活所留下的廢墟。

波布離開金邊前不久，釋放了軟禁的西哈努克，並派他去紐約的聯合國譴責越南對柬埔寨的侵略。西哈努克隨即試圖叛逃，無奈美國和法國都不想接納他。一九七九年二月十三日，西哈努克再次流亡中國。這時周恩來已過世三年，由遺孀鄧穎超前往機場接見他。她厚顏無恥地安慰他：「我們不是短短幾年之交，而是二十多年的朋友。我說中國人說話算話時，請相信我們。我們總是真誠地對待朋友。」西哈努克又一次軟弱無能地說道：「我完全相信你們。[145]」從此，他的餘生都依賴中國的盛情款待——有時抵抗，有時屈於壓力而再一次和赤棉聯盟。波布也因中國的慷慨大方而發展得很好。中國提供他十億美元的資金，使他的軍事與政治野心得以延續。中國醫生幫他醫好癌症。在泰國與柬埔寨邊境的一座磚房外，露台飄著蘭花香，波布在那棟屋裡指揮著軍隊，以對抗金邊那個由越南支持的政府。他也在那裡組建了家庭，翻閱法語新聞週刊《巴黎競賽畫報》（*Paris Match*）。隨著他的組織最終在其周遭崩解，波布也於一九九八年因病安詳地過世。沒有歷史學家有機會問他有關民主柬埔寨或他和中國關係的問題[146]。

中國駐柬埔寨的忠實特務周德高則是完全遭到遺棄。他被邊緣化，挨餓孤立，差點遭到赤棉處決。一九七七年，他設法來到中國，提交一份對柬共所做的深度關鍵報告。但中國官員斥責他缺乏紀律，干涉中央委員會的事務，而且還批評他們在中南半島最好的盟友。周德高因此對中國政府徹底幻滅，對於自己遭到那些無禮官僚的苛待，感到痛心疾首。他逃離中國，放棄了中國共產黨的黨籍，最後總結道：「我是個愛國的白痴。」他在香港從事卑微的工作，最終移民到美國。雖然他在學校當清潔工，無法善用學歷和經驗，但他在自傳的結尾，稱頌他在第二故鄉所體驗的「自由與安全」，他說這是一個「法治的自由國家」。然而，三十年前，卻是這個自由國家的**B-52**轟炸機摧毀了他的祖國柬埔寨[147]。

當代中國試圖成為柬埔寨最好的國際朋友：提供給柬埔寨的援助超過美國，更在柬埔寨建立一個新議會，並資助柬埔寨的學生前往中國求學。二〇一〇年，中國駐柬埔寨的大使宣稱：「中國政府從未參與或干預民主柬埔寨的政治。[148]」但吐斯廉的導遊對中國遊客的態度不太友善，不時強調赤棉執政那可怕的四年間，中國在其中扮演的角色。越南的導遊也同樣坦率地表達他們的

＊　譯註：赤棉占領金邊的日子，此後開始強迫城市人口全部遷移到鄉下並展開大屠殺。

敵意。毛澤東的外交部長陳毅的兒子無意間聽到一個越南導遊對一群講英語的遊客說：「不要看到表象就誤以為我們是中國的好友，其實中國是我們最大的敵人。」

八、「你們老了，我們還年輕，毛澤東！」美國與西歐的毛主義

新加坡人阿拉文丹．巴拉克利什曼（Aravindan Balakrishnan）生於印度喀拉拉邦（Kerala），是倫敦馬列主義毛澤東思想勞工機構（Workers' Institute of Marxism-Leninism-Mao Zedong Thought）的領導人。一九七〇年代中期，他做了一個大膽的預測：一九七七年接近尾聲之際，中國人民解放軍將以迅雷不及掩耳的行動解放世界；他們將在英美帝國主義者意識到以前，便來到他們跟前。那一年的年底到來，一切似乎都沒變，這名先知立刻躲了起來。首先，他把預言實現的時間推遲到一九八〇年。接著，他解釋道，時間本來就無關緊要，因為中國在毛澤東的領導下如此先進，他們會以一種不同的戰爭來解放我們：在我們沒意識到的情況下，就接管我們的大腦。

巴拉克利什曼的組織只是小眾中的小眾，是分裂而出的極小派別。一九七四年，「巴拉同志」（Comrade Bala）離開微不足道的「不列顛共產黨（馬列）」〔Communist Party of Britain（Marxist-

Leninist），簡稱CPE-ML，後來黨員擴增到三、四百人），創立自己的黨派[1]。巴拉同志表示，分裂是因為CPE-ML的前同志背棄了「偉大光榮又正確的中國共產黨」，轉而支持「國際法西斯資產階級」。在他影響力的巔峰期，他吸引了約二十五個忠誠的信徒，一起入住倫敦布里斯頓（Brixton）英畝巷一百四十號的毛澤東紀念中心，過著公社般的生活[2]。那是一種很緊湊的生活。每天，公社成員都會參加會議，散發傳單，看顧書店。他們總是戴著毛主席的徽章，隨時準備好站在巨幅的毛澤東旗幟下，「主張中共與毛主席是世界革命的領導人」[3]。會員的收入全數捐給該組織。該組織除了等待中國軍隊來解放以外，他們的任務是在布里斯頓及其周圍建立一個穩定的革命基地。之所以選在布里斯頓，是「因為那裡是世界上最糟的地方」[4]。他們不准與英國左派或工會（「法西斯組織」）的任何單位合作。一旦有任何違反群體思維的行為，就會遭到開除[5]。

一九七八年，公社遭到警方突襲，隨後便從人們的視野中消失。大眾唯一留下的記憶是，巴拉克利什曼的黨派啟發了一九七〇年代末期的情境喜劇《公民史密斯》（*Citizen Smith*），劇中身穿阿富汗大衣*、想要革命的無業浪人沃菲・史密斯（Wolfie Smith）密謀偷走一輛天蠍型裝甲偵察車以入侵議會大廈，最後卻只摧毀一個擺滿小矮人雕塑的郊區花園。巴拉的公社規模後來縮小，最初只剩五名女子，後來剩四名女子（第五名女子從窗戶墜落，離奇死亡）。從巴拉的第一個預言未實現以來，已然過了二十六年。他繼續前進，為毛派世界革命及人民解放軍的解放做準備。

接著，二〇一三年十月，致力協助受迫成婚女子脫困的自由慈善機構（Freedom Charity）接到一名女性的電話投訴，舉發一個令人驚駭的故事。她和另兩名女子被巴拉克利什曼及其妻子囚禁了幾十年；其中一人現年三十歲，是在囚禁中出生的。警方趁巴拉克利什曼和妻子離開房子時，救出那三名婦女，並帶到安全的地方。兩年後，皇家檢控署（Crown Prosecution Service）對巴拉克利什曼提出指控時，他數十年來的暴行終於全面曝光：十六項性侵及身體侵犯的指控，包括強暴、不當監禁、虐童等。巴拉同志透過批評或毆打有「資產階級傾向」的女性以達到心理控制，那控制的強度令人震撼。一名女性作證時指出，她已失去任何「質疑的權利……他有一種絕對的權力與掌控感」。巴拉克利什曼要求和她發生性關係後，強迫她寫下他們相遇的日記，接著他再用那本日記的內容，在自我批評會上羞辱她。「那就像他拿著鋼絲刷，刷過妳的大腦一樣。如此痛苦。沒有任何祕密。關於妳的一切，他無所不知。無時無刻，他都可能拿那些東西來羞辱並批評妳……他是領導者，他有權掌控妳的身心與思想。他會說他有讓妳呼吸的權力，因為他可以把手指放在妳的喉嚨上，讓妳死去。[6]」每當他們出門，是像赤棉那樣，排成單列行走，這樣就不需要「向右或向左看，只要跟著前人的肩膀走就好了」[7]。

這個事件概括了毛主義在西歐與美國傳播的影響力、宗派狹隘性以及恐怖。不可否認，馬列主義毛澤東思想勞工機構在這個場景中是屬於極端邊緣的例子。它對毛澤東與中國共產黨的吹

---

* 譯註：嬉皮風格的皮毛一體羊皮大衣。

捧，遠遠超出了對教義的尊重。在巴拉克利什曼及其信徒的眼中，毛澤東的中國共產黨已達到一種科學上的超自然統御力，足以駕御全世界——它開發出電子武器（名為Jackie），以防敵人的核導彈發射；它可以從遠端破壞美國的記者會。巴拉克利什曼告訴女兒，毛澤東曾用倫敦計程車跳表上的一種死光武器掃射他[8]。不過，這種瘋狂行為顯示，他和西歐及北美其他毛派政黨是程度上不同，而不是類型上不同。後者對毛澤東和中共的政策所培養而出的，大多是如宗教般的熱忱。

如同西歐的許多毛澤東崇拜者一樣，巴拉克利什曼和他的信徒都不是未受教育的農民或無產階級：他們至少都有大學學歷。布里斯頓那群崇拜者也顯示，毛主義對白人社會中的少數族裔（借用美國的說法是「內部殖民」）有著特殊的吸引力。他們之中，有超過三分之二的人是非歐洲人，主要是亞裔[9]。一九四九年，巴拉克利什曼八歲，從印度搬到新加坡，後來政治思想逐漸轉趨激進——而這一年，正值中國發生革命；馬來亞緊急狀態以及馬共與英國殖民政府之間的戰鬥達到顛峰。

西歐與北美的毛派擁護者人數，今天看來微不足道。在人均毛派擁護者最多的挪威，安全警察（POT）統計，到了一九九〇年代晚期，僅存兩萬名毛派支持者[10]。一九八四年，革命國際主義運動（Revolutionary Internationalist Movement）在法國成立（稍後詳述），在此之前，並沒有共產國際（蘇聯資助）之類的國際組織來協調毛派活動；中國也從未設立類似組織。然而，一九六〇年代及之後，毛主義在西歐與北美的影響力，比其支持者人數所顯示的影響力還大。其吸引力所及範圍相當驚人：不但吸引了學生、受壓迫的少數族裔（非裔、亞裔、拉美裔美國人）、城市恐怖分子、文化界名人、哲學家，甚至是女星莎莉．麥克琳（Shirley MacLaine）。一九七五年，麥克琳寫了一篇吹捧中國的文章，描述她為期六週的中國之旅，並在旅程中找到擺脫中年危機的方法。

一九六〇年代與七〇年代，即使文化大革命的文化與政治滲透了西方的激進主義，在那個劃時代的文化革命時刻，這現象仍是鮮為人知的故事。毛澤東及其無止境的農民革命思想吸引了左派叛軍，也吸引了民權運動者。在歐洲，毛澤東的文化大革命激發了達達主義（Dadaist）學生抗議，培育了女權主義和同性戀權利運動，並使城市游擊恐怖主義正當化。在美國，則鼓舞了廣泛的反種族歧視民權運動，以及馬列派系的成立。這種毛派激進主義大多是出於對中國的熱情，而不是因為希望獲得中國的物資援助。這些團體的最大期望，位在北京的組織可以購買幾百本他們所出版的雜誌。一名曾任雜誌編輯的活動人士回憶道：「你把雜誌裝箱，寄到那邊。他們可能是用那些雜誌來教孩子英語之類的吧，可憐的傢伙。然後，你會收到一疊現金，繼續出版你的刊物。」

史學家馮客（Frank Dikötter）主張，文化大革命在中國國內造成的一些後果是意外發生的，甚至與計畫背道而馳。（例如一九七〇年代初期，一些被中央反覆無常的命令搞到精疲力竭的農村官員，允許農民遠離中央社會主義計畫的專制統治，擁有自耕田。[11]）對於文革毛主義在西歐與北美的傳播，我們也可以提出類似的論點。毛澤東及其支持者把文化大革命想像成發起一場全球草根運動，用以摧毀「美帝主義」以及與美國結盟的政府。然而，長遠來看，對文革的熱情分裂了激進的左派，並從一九八〇年代起，為新自由主義者鞏固了勢力。一九六〇年代晚期，美國與歐洲部分地區的不穩定所衍生的一個結果是，人們的共識逐漸轉向支持秩序，以及右派的老字號政權——為雷根與柴契爾夫人的政途鋪路——此趨勢從此未出現明顯的逆轉。

然而，若主張因右派政治重振旗鼓，而抹除了文化大革命的全球遺跡，或甚至完全歸功於右派，那都是不正確的。在印度的中部與東部，目前又再起的納薩爾派運動，便是自一九六七年起，就受到文化大革命的啟發，而如今，部分人士認為，那將是政府最大的安全挑戰——我們將在第十章探討這個現象。儘管我無意抹煞文革傳播全球所釀成的悲劇、荒謬以及誤解，但我想進一步思考西歐和美國極左派政治留下的一些正面遺跡，例如鼓勵公民運動。毛主義的擴張促成了「為人民服務」、「增強意識」、「文化大革命」等概念在教育中傳播，進而對中國境外的女權主義、同性戀權利、種族平等、環保與學術運動產生了影響，這一切也許都有值得述說的。例如，在西德，毛派政黨的前武裝分子轉而投入一九八〇年代的綠色運動，深深影響了後來數十年間統一德國的政治格局。

當代德國的一些歷史學家認為，那些充斥著毛派思想的城市恐怖組織所獲得的關注，與他們的活動不成比例，例如西德紅軍派（Red Army Faction，又稱為Baader-Meinhof Gang），而且政府對西德紅軍派的反應很大，也讓大眾對它的印象更深了。然而，從以更宏觀的大局來看，這些組織似乎顯得更為重要：他們都抱著那種席捲西歐與美國的熱情，為不同國家及民族提供團結的基礎，並且在理論與實務上把西方的反政府者和世界各地的政治抗爭連結起來：非洲的黑人解放、印度支那戰爭、中東的抵抗、印度農民的反抗。如今個別來看，這些團體——例如巴拉同志的機構——看起來像冷戰的遺跡，有些甚至看起來像笑話。然而，如果我們把這一切都放在一起，彼此則會變成一種環環相扣的政治現象，並透露出許多訊息：關於激進政治、二戰後動盪的民主歷史，以及全球對中國的詮釋及誤解。

自一九六〇年代晚期，西歐與北美的毛派熱潮所吸引的人出奇地多元。一九七〇年，廣播員兼作家安德魯．瑪爾（Andrew Marr）在蘇格蘭邊境的一所私立預科學校就讀，他決定發動一場文化大革命。於是，他寫信給中國大使館，說明他的熱情，並要求大使館提供一些素材，讓他發送給同學。他在信中未提到他只有十一歲，中國大使館認為，他可能是認真又有潛力的宣傳者，便寄了一大箱小紅書給他，他再分送給同學。事實上，另一所預科學校的學生也寫信向中國大使館索取小紅書，需求多到讓大使館疲於因應。大使館不得不寫信給他們——並由校長在集會時宣讀——請求他們別再來信索書了。

在紐約，精明的購物者以每件一百三十美元的價格搶購中山裝（西方人稱為「毛裝」）——據傳女星碧姬．芭杜（Brigitte Bardot）、歌手小山米．戴維斯（Sammy Davis Jr）也在搶購之列。黑豹黨*打扮成中國農民的樣子（仍頂著黑人頭、戴墨鏡），在紐約的大街上閒逛，宣稱他

* 譯註：黑豹黨（Black Panthers）：由非裔美國人組成的黑人民族主義和社會主義政黨，宗旨是促進美國黑人的民權，他們也主張黑人應該有更積極的正當防衛權利，即使使用武力也合理。

們要「像毛澤東一樣黑」[12]。導演塞吉歐・李昂尼（Sergio Leone）在一九七一年執導的電影《革命怪客》（*A Fistful of Dynamite*）中，一開始就放了毛澤東最著名的名言（「革命不是請客吃飯，不是做文章，不是繪畫繡花，不能那樣雅緻，那樣從容不迫，文質彬彬，那樣溫良恭儉讓。革命是暴動，是一個階級推翻一個階級的暴烈行動。」），後來這一段被不安的好萊塢審查員剪掉了。

一九七二年，女星麥克琳在導遊的帶領下遊歷中國。回到美國後，她寫了一本諂媚的旅行回憶錄，題為《天涯海角任遨遊》（*You Can Get There From Here*）。她寫道，「現代的中國人民就是毛澤東理論的最佳佐證」，他們是如此的「開放，生氣勃勃」。

> 在中國，我們看到物美價廉，街上沒有犯罪及販賣毒品的現象。毛澤東是位看來頗受愛戴的領導人；民眾對未來充滿了希望；婦女對鑲褶邊的衣服與化妝品等膚淺的東西幾乎沒有需求，甚至不想要；孩子們喜歡工作……愛戀關係似乎沒有嫉妒與不忠，因為一夫一妻制是國家法律，幾乎沒有人出軌……我越來越覺得中國的道路可能是未來的道路。

她的書是以一首歌頌中國威權主義的讚歌作結。「我渴望藝術，追求個人至上。對於『個人主義有多重要』，我正改變看法……我親眼看到，以某種方式改革人類是有可能的。在這裡，他們透過一種極權主義的仁慈，培養出一種友愛的集體精神……也許個人不像群體那麼重要。」從中國返美一年後，她認為，毛澤東「為人民服務」的格言，也是一種「為自己服務」的個人指引。她在拉斯維加斯開了一家只有一個女人的踢腿舞夜總會。開幕首晚，她穿著鑲滿鋯石的桃色雪紡紗，對記者宣布：「我來這裡或許要歸功於毛澤東。」記者聽得一頭霧水[13]。

與其他人相比，歐洲人對毛主義的態度，有的沒那麼嚴肅，有的比較嚴肅一些。一九六七年的一期雜誌《他》（*Lui*）——法國本國的《花花公子》——附贈了一本名為〈小粉色書〉的中國特刊，其中有妙齡女子身穿——若她這算是穿著的話——印有毛澤東像的夾克——俏皮地擺出假文革紅衛兵的姿勢，並引用毛語錄；一名年輕女性，身上只除了步槍，一絲不掛地從一個巨大的白色蛋糕上跳出來，旁邊無可避免地配上「革命不是請客吃飯」之類的圖說。小紅書在左派書店裡大賣，光是一九六七年一月，巴黎一家左派書店就賣出四千本[14]。法國校園上貼著草寫的大字報，譴責大學治理及警察勒索敲詐。一九六八年，占領索邦大學（Sorbonne）的學生把毛主席的肖像釘在柱子和窗戶上。大學活動分子從紅衛兵身上學習到激進主義。由此，馬爾坎·布萊德貝里（Malcolm Bradbury）便在一九七五年出版的校園小說《歷史人》（*The History Man*）中大肆嘲諷，故事中有個學生養了一隻名叫小毛的狗，小毛咬了反動派講師的腳踝。

與此同時，法國那些崇尚馬克思政治的陰暗派系，則是以相對粗暴的方式擁抱毛主義。一九六〇年代，法國共產黨（French Communist Party）難以使其一般黨員符合赫魯雪夫所主張的「和平共處」概念。其中一支毛派組織脫離法國共產黨後，轉而投入非法軍事活動，主流政黨的暴徒則劫持了毛派代表作為人質，並加以施暴毆打[15]。年輕的法國毛派分子準備好為了信念，而在生活方式做出重大的犧牲：放棄法國精英階層的正規職涯路徑（很多人是來自法國卓越的高等教育機構「高等師範學院」（L'Ecole Normale Superieure）」，轉而與無產階級一起在工廠或鄉下苦幹，藉此壓抑他們的智識。他們下鄉停留的時間長短不一，有些人停留幾週或幾個月，有些人堅持了六年，極少數人終生定居下來。不過，無論時間長短，他們都比另一位著名的毛派支持者尚—保羅・沙特（Jean-Paul Sartre）待得更久。沙特光是在一個工人的家裡吃下唯一的一餐，就差點送命，因為上桌的燉兔導致他嚴重氣喘發作[16]。

暴力成了崇拜毛澤東的常見特徵。一群學生在義大利的北部建立一所「反大學」，並開設毛派革命課程，其中兩名領導者後來成立赤軍旅（Red Brigades），在一九七〇年與二〇〇三年間，犯下約一萬四千起暴行，導致七十五人死亡。一九六七年，西德一名電影製片人在製作第一部有關暴力的德國影視學院（German Film and Television Academy）短片時，應用了毛澤東的小紅書。在《主席的話》（*The Words of the Chairman*）中，一名身穿中山裝的婦女把書中的一頁折成一支箭，然後射向血跡斑斑的伊朗國王。劇中的旁白說道：「我們必須巧妙地轉換毛澤東的話。那些話在我們的手中必須變成武器。」攝影師霍爾格・邁因斯（Holger Meins）後來變成西德紅軍派的關鍵人物。他設計了一種可以藏在洋裝下的炸彈外殼，讓女性特務藉由假裝懷孕來運輸炸藥。一九六八年十月，該組織的兩名創始成員在法蘭克福接受第一次審判時，舉起小紅書揮舞。光是一九七〇年代，這個城市恐怖組織就造成三十四人死亡。一九九〇年代初期，原始運動的後繼者仍持續執行暗殺任務。

到底，西方的毛澤東熱潮究竟是來自何處，又意味著什麼？

艾比・霍夫曼（Abbie Hoffman）有著一頭深色的鬈髮，是迷幻藥的愛用者，經常投入作秀式的抗爭。一九六八年，他和六名伙伴在芝加哥的民主黨全國大會上煽動暴動。一九六九年秋天，這七人受審時（所謂的「芝加哥七人案」），霍夫曼不但說了很多話，更是動作頻頻。就那麼一天，他穿著法官的長袍，在宣誓成為證人時，用一根手指敬禮，並用意第緒語譴責法官（「你更適合去為希特勒服務」），接著又說他可以介紹「佛羅里達認識的毒販」給法官。對霍夫曼來說，這還只是低調的作秀。一九六七年十月二十一日，他曾公開發誓，他要以「橘色的正能量」讓五角大廈懸浮起來，再好好整治一番*。

談到自己及其他被告時，他以更敏銳的分析指出：「我們連午餐也無法達成共識。」他的意思是，即使他們在抗議運動中是密切合作的伙伴，但他們其實是叛逆的個人主義者，每個人各自追求自己的目標。他的話有一定的道理：一九六八年芝加哥這場關鍵抗議活動，差點因為吉祥物搞不定而失敗。青年國際黨（Youth International Party，黨員稱為Yippees）推舉一頭叫「飛豬先生」（Mr Pigasus†）的豬作為美國總統的候選人。霍夫曼和共創青年國際黨的傑瑞・魯賓（Jerry Rubin）又各自挑了一頭豬，一頭帥氣，一頭醜陋，他們差點為了要推舉哪頭豬而起爭執。儘管

* 作者註：在《時代》週刊的平實描述中，霍夫曼和同志的計畫如下：「在建築周圍圍成一圈，進行亞蘭語（Aramaic）的驅魔儀式，由此，建築就會浮起來，變成橘色並震動起來，直到驅散所有的邪惡。而越戰，也就會立即結束。」'Protest: The Banners of Dissent', *Time*, 27 October 1967。

† 譯註：Pigasus是取Pegasus（希臘神話中的飛馬）的諧音。

一九六〇年代末期的叛亂在國家、派系、意識形態、狂野的個人主義之間有分歧，但至少他們都有一個共通點：對美國參與越戰的憤怒。

一九六五年三月，密西根大學舉行第一次反越戰「座談會」：通宵達旦的講座、集會、討論，吸引了至少兩千人參加。接下來的一個月，至少有一萬五千人在激進學生組織「民主社會學生聯盟」（Students For A Democratic Society）的支持下，走上華盛頓街頭。一九六六年十二月，又有數千人走上巴黎的巴士底廣場（Place de la Bastille）抗議。到了一九六七年，美國的抗議遊行已超過十萬人，並擴延到天主教大教堂（中斷了禮拜儀式）與醫院，吸引了男女老少、黑人與白人、拉美裔與亞裔美國人、學生與知識分子、退伍軍人、猶太拉比與賀卡業者。一九六七年二月，一個自稱為「憤怒藝術」（Angry Arts）的組織在街頭傳播「憤怒集景」，他們搭著平台卡車，在紐約的格林威治村和哈林區之間巡迴演出。一名芭蕾舞演員搭配作曲家馬斯奈（Massenet）創作的《沉思曲》（*Meditation*）揮舞著雙手以示抗議[17]。四月十五日，至少有十二萬五千人走在金恩博士的後頭抗議（實際人數可能更多，警方已做好因應四十萬人的準備）。他們從中央公園走到聯合國，高喊「死也不去！」（Hell, no, we won't go）及「權力歸花兒」（Flower power）等反戰口號。點燃的徵兵卡像火把一樣傳遞，最後扔進燃燒中的咖啡罐裡。兩年半後——這段期間，兩名民權與反戰運動的領袖遇刺身亡：金恩博士與甘迺迪總統——二十五萬人在華盛頓參與精心策畫的「反死亡遊行」（March Against Death）。連串的抗議者，每個人代表越戰的一名死者，排隊走過白宮。巴黎、倫敦、斯德哥爾摩、柏林、東京、墨西哥城等其他城市也舉行了團結遊行。一九六八年二月，國際越南大會（International Vietnam Congress）在西柏林的抗議溫床「自由大學」（Freie Universität）舉行，聚集了一萬名來自西歐的抗議者。德國的學生領袖魯迪・杜契克（Rudi Dutschke）寫道：「我們要把越南大會變成一股國際團結的力量，聲援受創受苦的百姓。」[18]一九六八年四月二十六日星期五，世界各地的學生蹺課，以表達反戰意念[19]。狂熱的激進人物布魯斯・弗蘭克林（H. Bruce Franklin）是史丹佛大學聘請教授美國文學的教授，然他在課堂中所教授的毛澤東思想可能多於梅爾維爾（Melville）的作品。他總是想辦法在示威活動中上課，而不在講堂。

一九六〇年代晚期和一九七〇年代初期，馬克斯・艾爾邦（Max Elbaum）不但是美國新左派的參與者、觀察者，後來更是成為歷史學家。他闡明了「譴責美國的外交政策」與「馬克思主義日益流行」之間的直接關聯。一九六八年以降，

> 馬克思主義在六〇年代的活動分子之間廣為流傳。美國執意繼續投入越戰，是導致這種意識形態轉變的主因。儘管國內有大規模的抗議、國際上受到孤立、經濟日益困難……還有壓倒性的證據顯示勝利無望，但美國依然拒絕撤軍。除了單一的錯誤政策以外，勢必還有其他的因素在作祟。年輕的活動分子認為，那是帝國制度想捍衛其全球影響力所致[20]。

蘇珊・桑塔格（Susan Sontag）解釋：「越戰是導致人們系統化地批評美國的關鍵。」對一些

人來說，毛主義為這類批評提供了架構。首先，當人們把反叛視為反對冷戰的共識時，對共產中國的推崇，變成大家可想像的一種「最叛逆」的熱情——不僅美國如此，連畏懼紅色中國的西歐也是如此（西歐的報紙都表達了對「紅色中國」的恐懼）。與中國團結起來，符合「敵人的敵人是朋友」這樣的邏輯。從一九五六年匈牙利起義遭到鎮壓，以及一九六八年捷克斯洛伐克遭到入侵以來，蘇聯不再是取代資本主義壓迫力量的解放替代品。中華人民共和國比越南更大、比古巴更遠、比這兩個國家更激進，看起來是最好的選擇。

胡志明被尊崇為越南抵抗美國的領袖。然而，毛澤東的中國擁有更高的政治聲望，因為人們認為，越南那種「非對稱」游擊戰的成功模式，其始作俑者是中國。艾爾邦回憶道，整個一九六〇年代，中華人民共和國把握所有的公開機會，譴責蘇聯對帝國主義的反應軟弱無力，並把自己宣傳為「世界革命運動的新中心（古巴與越南的政黨沒有這麼做），以及解放全世界有色人種的卓越典範及主要倡導者」[21]。

尤其在美國，另一個政治因素促使激進分子轉而支持毛澤東。在美國的民權運動背景下，反對白人對非白人的暴力壓迫具強大的在地相關性。民權運動在反越戰運動越演越烈之前，在政治上已喚醒許多活動人士。對一九六〇年代後半開始自稱「內部殖民」的美國少數族裔來說，毛澤東的反帝國主義立場引起他們的強烈共鳴。芝加哥的伊桑．楊（從「紅尿布」嬰兒*變成學生活動分子）指出：「對黑人、拉美裔、亞裔，以及認同第三世界的白人來說，毛澤東是馬克思、列寧、史達林，不是白人。[22]」革命行動運動（Revolutionary Action Movement，簡稱ＲＡＭ）是毛派思想所啟發的，也是美國首批試圖利用城市的黑人動盪以達成革命目的的組織之一。馬克斯・史坦福（Max Stanford）是該項運動的共同創始人，他覺得毛澤東對農民的關注，聽起來很真實可靠。「我們從毛澤東學到的是……世界上的農村或農民會先行動，並包圍世界上的城市。亞洲、非洲、拉丁美洲——那就占全球的百分之九十了……不能妥協，不能和平共處……我們把自己視為包圍城市的農民，季節性受雇的黑人男性。」[23]

一九六〇年代末期，丹尼斯・奧尼爾（Dennis O'Neil）便是行動激進的學生，一九七〇年以後，則成為美國最大的毛派政黨「革命聯盟」（Revolutionary Union）的創始成員之一。他或許可以作為美國叛逆分子的演化典型：從支持民權運動，轉而投入反越戰的抗議活動，接著變成支持毛主義。他在新英格蘭的一個小鎮成長，來自衰落的中下階層家庭，對美好的事物記憶猶新（套用他的說法，這是一個「美國向下流動的精采故事」）。他拿到前往當地私立學校就讀的獎學金——那使他成為馬克思主義者。「我在那裡理解到所謂階級。你無法對我說，這個國家沒有統治階級，因為我和一群小混蛋一起上學……我們這些拿獎學金的學生，下午必須做體力勞動，以表達我們領獎學金的感激之情，每個人都看得到你在幹活……顯然，那麼做並沒有讓智商高於泥炭蘚的人萌生感恩之心。」

---

* 編註：「紅尿布」嬰兒（red diaper baby）：指父母為美國共產黨黨員，或支持該黨派的小孩。

一九六四年，他在社會學的課程上研究起東南亞。「每天，我們都會讀《紐約時報》、《華爾街日報》、《基督科學箴言報》……經過一段時間後，我得出結論：越南南方民族解放陣線（南越的共產政治與軍事組織*）是對的，也就是說，那是他們的國家，我們沒有理由留在那裡……我沒有繼續待在那所學校。」一九六七年，他接觸到毛澤東思想——先是透過小紅書，接著是在一九三〇年代與四〇年代的舊書中看到（例如史諾、貝爾登、史沫特萊的著作），後來，則是在美國校園裡湧現的油印激進刊物中看到。

我和那個年齡層的成千上萬人經歷了同樣的進化……一開始你反對越戰，因為戰爭很可怕……接著你反對戰爭，因為那是一種系統：帝國主義的系統，必然會有戰爭。因此，我們需要革命：民權運動贏了幾場戰鬥，但未能擺脫壓迫。什麼樣的革命？社會主義的革命，文化大革命正是通往那條道路的入門毒品。毛澤東說，群眾是歷史的創造者。這對我們來說很重要，因為我們是從民權運動之類的活動發跡的，那些運動正是建立在「普通民眾面對可怕的恐懼，而去登記投票」的基礎上[24]。

冷戰時期，因審查制度而發生的一起意外事件，加遽了毛派思想及實踐的影響力道。韓丁（William Hinton）是個農民作家，他的妹妹寒春†（Joan Hilton）離開曼哈頓計畫後，與中國共產黨有了聯繫。一九四五年至一九五三年，韓丁長住中國，為中國的土地改革留下了大量的筆記。

他在麥卡錫主義的顛峰期回到美國，筆記及護照隨即遭到參議院內部安全委員會沒收。美國政府把他列入黑名單，導致他無法從事任何教職。接下來的十五年，他只好回歸農場，務農為生。經過長達十年的法律抗爭，他從美國政府手中取回土改筆記，並於一九六六年出版《翻身》。書中生動地描述中國農村基層的共產革命，暢銷全球，以十種語言售出數十萬冊。在美國的所有激進運動中——女權主義者、毛派分子、恐怖分子之間——該書都是必讀書單。

在西德，文革時期的中國把自己塑造成全球反帝先鋒，這種形象也吸引了一九六〇年代的新左派。一九六四年，路迪・杜契克（Rudi Dutschke）——後來有了毛澤東的「柏林先知」的封號——傲慢地宣稱：「我們這個時代，是亞洲、非洲、拉丁美洲的民族解放時代，根據這個時代的特點來判斷，我是中國人。[25]」曾是毛派政黨領導成員的格爾德・柯能（Gerd Koenen）說，西德在一九六七年與一九七七年間發生了「小型的文化大革命」‡，並為此撰寫一本充滿諷刺意味的回憶錄。柯能指出，革命的第三世界是一九六〇年代西德抗議運動的「決定性發現」。他認為，杜契克把西德國內的暴力抗議活動視同第三世界的獨立戰爭——兩者都是推翻全球資本主義的全民計畫的一部分：他認為，游擊戰模式不僅適用於亞洲、非洲、拉丁美洲，在西德也是一體適

* 譯註：南越報章和西方習稱為「越共」（Việt Cộng），是越南戰爭期間，越南勞動黨在南越成立的反抗南越政權的統一戰線組織。

† 譯註：長年定居中國的美國人，也是核物理學家，是參與曼哈頓計畫的少數女性科學家之一。

‡ 譯註：指西德六〇年代的學生運動。

用[26]。一九六九年，一群激進的德國學生盛讚林彪的「農村包圍城市」理論，並計畫在巴伐利亞鄉下的迪斯可舞廳招募幹部，藉此把慕尼黑周圍的鄉村政治化[27]。

一九六〇年代末期，在麥爾坎・X（Malcolm X）及金恩博士遇刺後，新興黑人好戰精神掀起動盪。對美國黑人解放運動的行動分子來說，比如黑豹黨的西岸分支成員休伊・牛頓（Huey Newton）與巴比・希爾（Bobby Seale），小紅書裡的毛語錄幾乎成了這場動盪的助力。毛澤東的吸引力在於他支持反殖民武裝鬥爭，宣導游擊戰，建立先鋒黨，挑戰冷戰的兩大強權。有人問黑豹黨的艾爾德里奇・克里佛（Eldridge Cleaver），為什麼他的公寓牆上掛著毛澤東的海報，他回答：「因為毛澤東是地球上最壞的混蛋。」[28]小紅書的風格與設計，也很適合鬥爭那種艱苦卓絕的環境。它淺顯易懂（所以很適合用來傳授給那些教育程度低落的新兵），輕巧便攜，紅色膠裝又耐用。一九六七年年初，牛頓和希爾售出好多小紅書給學生，以賺取購買第一枝槍的資金。希爾回憶道，買槍後，「我們更是善用小紅書，並傳播到整個組織……書上說『中國共產黨』的地方，牛頓就說：『改成黑豹黨，把中國人改成黑人。』」[29]一個布朗克斯區的居民住在黑豹黨紐約分會總部的附近，他回憶道，他看到該組織所引用小紅書裡的句子（例如「為人民服務！」、「槍桿子裡面出政權！」）散布在整個街區，一旦開會遲到，組織成員便被迫繞著街區跑以示懲罰。

美國聯邦調查局（FBI）憂心二十一歲以下的美國黑人中，近半數對黑豹黨抱持「極大的敬意」，而白人至上主義者愛德格・胡佛*（J. Edgar Hoover）——曾詆毀金恩博士和其他黑人是「毛頭」（burrheads）——則稱黑豹黨「對國內安全無疑是最大的威脅……接受過中共領袖毛澤東的教育」[30]。這個團體公開、集體展現的囂張態度，已經變成該黨的招牌象徵：加州議會內，一副黑人城市戰士的樣子，身穿皮衣、戴黑色貝雷帽、手持槍枝。州長雷根原本和附近的三十名小學生一起野餐，一見到他們，馬上躲回辦公室[31]。

不過，第一個試圖利用黑人掀起城市動盪以達到革命目的，並與毛澤東及其革命更緊密結合的美國團體，是一個稍早便成立的組織——革命行動運動（ＲＡＭ）。ＲＡＭ是在羅伯．威廉斯（Robert F. Williams）的指導下接觸毛澤東思想，而威廉斯正是一九六〇年代民權運動中黑人激進主義的宣導者。他出生於美國南部的門羅鎮（Monroe），該鎮曾在當地警察局局長的號召下，把多達數千名三K黨（Ku Klux Klan）的黨員聚集在城鎮廣場上。威廉斯加入反對種族隔離的民權運動，曾為了兩名因親吻白人女孩而入獄的黑人男孩——甚至還不到青少年——策畫了一場著名的運動。威廉斯因堅持被壓迫的美國黑人不僅要進行言語上的抗議及公民不服從運動，也要採取行動實際捍衛自身而為人所知。他出於本能地支持古巴革命，並於一九六〇年造訪古巴，自此和卡斯楚結為朋友。一九六一年，威廉斯遭到誣陷，被控綁架。聯邦調查局發起大規模的追捕行動，他因此逃離美國，尋求庇護。卡斯楚為他提供了避難所，讓他在當地發起反對虐待美國黑人的運動。

---

* 譯註：ＦＢＩ改制後的首任局長，在第二次紅色恐慌期間有重要的影響，他同時也支持麥卡錫主義的發展，曾打壓批判過金恩博士等重要的民權人士。

毛澤東主張，為實現政治目的而使用暴力是合情合理的，強調革命應動員社會上最貧窮的群體，而且已經準備好挑戰美國——這些主張在在吸引了威廉斯。他於一九六二年開始和毛主席通信。翌年，毛澤東稱讚美國黑人的抗爭是全球革命的一部分，因此獲得了「捍衛美國黑人的人權、反抗種族歧視的美國政府」的聲譽。威廉斯和其妻梅貝爾（Mabel）以及其他黑人人權的活動人士，經常受到政治與法律機構的致命騷擾。對他們來說，毛澤東的支持意義重大[32]。麥爾坎．X總結道：「我們並不孤單。」

一九六三年九月，威廉斯和妻子首次造訪中國時，他們受到中共招待外賓的五星級奉承。受僱於共產黨的浪漫派詩人郭沫若告訴他們：「羅伯．威廉斯對中國孩子來說是耳熟能詳的名字。」[34]一九六六年，威廉斯夫婦在革命古巴遭到種族歧視，因此對古巴感到失望，帶著兩名幼子遷居北京，一心相信中國是共產世界中唯一可以讓他們擺脫「反黑人偏見」的地方。他們一家待到一九六九年才返回美國。威廉斯對毛澤東、文化大革命以及一切和美國黑人理念的相關性充滿了熱情。

> 毛主席是第一位公開表態支持非裔美國人反對種族歧視的世界領導人……一九六六年的國慶日，中國讓我以非裔美國自由鬥士的身分，對一百五十萬人的集會發言。這在漫長又艱苦的美國黑人解放抗爭史上是前所未有的。我的發言完全未經審查，這與所謂的「華盛頓大遊行」形成了鮮明的對比。當時傲慢的白人霸道地審查並塗改學生非暴力協調委員會（Student Nonviolent Coordinating Committee）的黑人領袖約翰．路易斯（John Lewis）的演

講，成功閹割了黑人的剛毅氣概[35]。

當時，威廉斯有感於來自世界各地的游擊隊隊員紛紛自從跨國的戰鬥技巧中學習，而他深深沉醉在這全球動盪的時刻裡。一九六八年，他在河內祝賀武元甲發動春節攻勢。武元甲馬上回應了他的讚許，他告訴威廉斯：「我們從底特律的經驗學到，應該進入城市。」他指的是一九六七年年底，特律為了抗議種族隔離和警察暴行而發生的黑人暴動[36]。

美國媒體旋即指控，威廉斯夫婦為中國推行「反俄與反美種族運動」，宣揚「中國紅軍宣導的全面革命政策」[37]。不過，真相並非全然如此。威廉斯從中國，設法與迦納人、古巴人、波多黎各人、美國人、馬達加斯加人、烏干達人、坦尚尼亞人、奈及利亞人、日本人、法國人，以及一個以「毛派麥克」（Maoist Mike）自居的以色列人聯繫，並從中傳達激進精神的四處擴展、對毛澤東和文化大革命的熱情，以及構成一九六〇年代全球抗議活動的理想主義及狂熱。在威廉斯收到的成捆信件中，有自製凝固汽油彈的祕訣，也有索取明信片的要求，好張貼在冰箱上。北美進步勞工運動（North American Progressive Workers’ Movement）的一名成員來信提到，他在哈林區的一個街角，聽到一個黑人退出一群兄弟時說：「他媽的！我支持毛澤東！」一個十四歲的「日本妹子」得知威廉斯生病後，來信祝他早日康復，並寫道：「我相信偉大的毛澤東和我的黃皮膚兄弟會盡力幫你的……我也會像中國的紅衛兵兄弟那樣，成為一名優秀的革命者。」一個名叫西摩．法茲（Seymour Fartz）的人，有志從事非法軍事活動，加入七人組成的社會主義古巴裔美國團體中，他在信中描述其組織的裝備——騎馬褲、戰甲、肩章、十八吋的靴子等——更是多於其所提到的政治計畫[38]。

而威廉斯確實向那些黑人人權運動的活動人士和支持者證實並傳播了毛澤東及其革命。一名記者寫道，透過威廉斯夫婦，「逾百分之九十五的非裔美國人了解並接受了中國」[39]。一九四一年出生於費城的馬克斯・史坦福（Max Stanford）是威廉斯在美國最忠誠的弟子之一。史坦福回憶道，當時，費城還不是美國白人偏見最嚴重的髒污之地——「在費城的伍爾沃斯（Woolworths），你可以坐在白人旁邊，但在華盛頓不可以。」——不過，娛樂業是種族隔離的：有三家「白人電影院」和一家「黑人電影院」。後來，其中一家白人電影院對黑人開放，只是史坦福和友人只能在週六下午前往，而且只能坐在最後一排；史坦福有時會把爆米花灑在白人小孩的頭上。身為活動分子的父親，為年幼的他取得美國有色人種協進會（National Association for the Advancement of Colored People，簡稱NAACP）的終身會員資格，該組織是歷史最悠久的黑人民權組織之一。他的父親在二戰退伍後，接受滅蟲員的培訓。小時候每到暑假，他常跟在父親身邊工作。他回憶道：「在一棟特別的房子裡，我爸叫我去一個男孩的房間噴灑殺蟲劑。那男孩的年紀跟我差不多，房間裡有一個真正的化學實驗室，幾公尺長。我消毒了那個房間。後來，我和爸爸在公園裡吃午飯。他對我說：不管那個男孩能做什麼，你都得花十倍的努力才有資格。」在那之前，史坦福的學業一直不及格，但那次之後，他當下頓悟，找到他要走的路：他跳了一個年級，進入一所更好的學校，上了大學。在大學裡，他學習到民權運動的策略。他和同學一起去參加靜坐抗議，去聆聽金恩博士的講座，參加自由乘車運動*（freedom rides）。他們在只准黑人週三進入的保齡球館前舉牌抗議，也在禁止黑人女性試穿洋裝的商店外示威。一九六〇年代初期，他發起革命行動運動。

對史坦福這類活動分子來說，共產主義的理論與實務是明顯的靈感來源，因為當初正是「世界資本主義制度」在美國創造了黑奴。資深的民權活動人士以毛澤東的三篇文章來教育史丹佛等新進成員，此即〈論文學與藝術〉、〈實踐論〉、〈矛盾論〉。

> 一九六四年，我開始研讀軍事著作——它們之所以吸引人，是因為我們相信武裝自衛。你組織人民，與人民一起工作，努力打造群眾路線。誠如毛澤東所言，人民是水，你是魚，你必須和人民合作。麥爾坎．X也深受毛澤東的影響……我們把毛澤東視為第三世界有色人種的領袖，領導大家反抗資本主義、殖民主義、帝國主義。

毛澤東的激進令人難以抗拒，「我們還年輕，以為我們可以跳過革命的資產階級階段——像胡志明、毛澤東那樣。」史坦福與其他伙伴也喜歡毛澤東的「踏實感。我們盡量讓我們做的事情

---

* 譯註：為爭取公民權利，故意乘坐黑人白人同車同船的各種交通工具前往南部各州，要求廢除車船種族隔離的示威運動。

淺顯易懂，由此，多數黑人才了解我們在說什麼。列寧是天才，但是太學術性了。」

一九六四年，RAM追隨威廉斯，不再以非暴力策略對抗白人的種族歧視，並聘請威廉斯擔任名譽主席，並為毛派的「世界黑人革命」制定計畫。一整個一九六三年的夏天，RAM在全美各地建立祕密政治組織網，設立中央委員會，也成立青年部「黑衛兵」（研究毛澤東及其紅衛兵），後來又成立一支黑人解放軍。為了動員地方社群，費盡心力：一九六三年，在費城，史坦福和十四名同志在短短三天內，挨家挨戶發送了三萬五千份政治傳單；用擴音器大聲抗議工會對當地建築工地的歧視，喊到聲音嘶啞[40]。他們的計畫是雄心勃勃地朝全球發展：麥爾坎．X負責在非洲尋找培訓幹部的地點，威廉斯「將幫助拉丁美洲與亞洲」支持抗爭[41]。黑豹黨的加州分會比較樂見動武開槍——可說是雷根的心頭大患——史丹佛抱怨道：「他們把革命視為一場巨大的槍戰。」他堅稱，RAM對毛澤東的思想有較深入的了解，渴望「在我們的社群中重建中國共產黨的組織紀律……我們把中國共產黨視為建黨的正面典範」。在這場黑人的文化大革命中，「敵人是資本主義文化。身為一個民族，我們必須經歷一場轉變：從心理上脫離資本主義。[42]」

史坦福回憶道，黑衛兵是接受中式教育。他說：「中國人有教材，我們索性以那些教材來教導黑衛兵，作為政治教育的一部分……而他們必須以自己的語言來詮釋。我們每週至少有一次政治教育，他們必須解釋那些教材內容：至少要寫一頁，之後必須傳達得像自己在授課一樣。我是從閱讀毛澤東的作品中，發展出這些政治教育的概念。」

史坦福和黑豹黨為了他們的抗爭而改編毛主席的名言。某句口號寫道：「替種族主義者去死，就比鴻毛還輕；為人民的利益而死，就比泰山還重，比大海還深。*」他們稱假同志為「紙黑豹」[43]。有時，黑人權力†（Black Power）的改編則隨性一些。例如，他們把「革命不是請客吃飯」改成「提槍桿，少廢話」[44]。

當然，一九六〇年代晚期的抗議文化，在政治上是由多種語言匯集合成的：混合了切．格瓦拉（Che Guevara）、胡志明、阿米爾卡．卡布拉爾（Amilcar Cabral）、赫伯特．馬庫色（Herbert Marcuse）、威廉．賴希（Wilhelm Reich，主張自由戀愛和性高潮的佛洛依德派先驅）的主張。（對性愛痴迷的黑豹黨人克里佛有時說：「陰唇裡面出政權。」有時又說：「陽具裡面出政權。」）然而，在這些有如大雜燴的影響中，毛主義的理論與實務散發出一種獨特的魅力。一九六〇年代晚期，毛派語言在整個義大利非常普遍，不止新法西斯主義者在佛羅倫斯的牆上塗寫文化大革命的口號，米蘭廣場上的左派學生也高喊一樣的口號——「造反有理」、「砲打司令部」[45]。

在整個西歐與美國，文化大革命的毛主義不僅代表一心一意的反帝國主義，也代表青年的反叛。在每個掀起毛主義熱潮的國家，年輕人的抗議運動都有個人與地方的理由，也有國際的理由。西歐地區的學生憎恨他們狹隘的高等教育機構，以及大學領導階層專斷的教學方法。在義大

---

* 作者註：毛澤東的原始說法出自〈為人民服務〉一文：「為人民的利益而死，就比泰山還重；替法西斯賣力，替剝削人民和壓迫人民的人去死，就比鴻毛還輕。」

† 譯註：「黑人權力」是一種政治標語，也是一種實現黑人自決的說法。黑人權力運動在一九六〇年代晚期和七〇年代初期特別盛行，強調種族自豪感，以及建立黑人政治和文化制度，以培育並促進黑人的集體利益和價值觀。

利，學生人數在六〇年代多了一倍以上，但大學設施並未隨之擴張。學生不滿地稱呼年老又專橫的教授是「男爵」。與此同時，從南部移民過來的工人陷入貧困，把義大利北部的工業中心就此成為不滿情緒的火藥桶，並於一九六九年「炎熱的秋天」引爆。在一九五〇至一九六八年間，西德的學生人數幾乎是原來的四倍；學生對納粹歷史的懷疑，加劇了他們對校方的敵意。即使是一九五九年至一九六九年擔任西德總統的海因里希・呂布克（Heinrich Lubke），也被指控共謀建造集中營[46]。文化大革命告訴不滿的人及年輕人：「造反有理」、「青年人朝氣蓬勃，好像早晨八九點鐘的太陽……世界是你們的。」一九六九年，在西柏林一次反社民黨的示威中，學生高喊改寫過的口號：「你們老了，我們還年輕，毛澤東！[47]」

文化大革命激勵了許多美國學生，因為其中呼應了他們的反當權派計畫。奧尼爾回憶道：「一九六八年的衝擊讓學生們環顧四周，尋找世界各地的驗證事件。在此之前，我們沒注意過文化大革命。[48]」伊桑・楊認為，「文化大革命被視為一種當權中的學生運動，是巴黎、柏克萊、西柏林當下進行中的運動的成功版本，改變了世界。[49]」對那些有左派背景的人來說，中國的文化大革命是取代古板蘇聯的另一種選擇：持續革命。奧尼爾回憶道，對意識形態較弱的人來說，其實這一切只是為了「在高中老師頭上扣上笨蛋帽子」[50]。所以，歐美認同一九六八年的文革目標，其實只是讓我們更了解這些毛派政治的遠方奉行者，而不是更了解真正的毛澤東政治本身。

在西德，反動的學生模仿文化大革命的政治行為，作為「震撼資產階級」（Bürgerschreck）這個更廣泛計畫的一部分。毛主義的明顯混亂正是吸引他們的原因——蘇聯的共產主義因公開的鎮壓及僵化的官僚作風而失去魅力。柯能回憶道：「縫上毛主席的紐扣，背誦毛主席語錄，或把毛主席微笑的肖像掛在牆上，當成世界革命的蒙娜麗莎，這些行為在在象徵著與『老舊』資產階級世界最激進、最鮮明的對立。」[51]學生興致勃勃地把文化大革命時期的修辭與政治戲碼，改造成無政府的「達達主義—毛主義」。他們翻譯並分發紅衛兵海報的翻譯版本：「革命者就是孫猴子，要掄大棒、顯神通、施法力，把舊世界打個天翻地覆，打個人仰馬翻，打個落花流水，打得亂亂的，越亂越好」[52]。一九六八年，另一群人成功地以一場精心設計的嘲諷戲碼，搶了內政部長演講的風頭：一名婦女搖著牛鈴，學生扔擲彩蛋，兩名穿著納粹制服的活動分子上台踏步，一個九歲男孩朗讀毛澤東語錄[53]。

迪特・庫祖曼（Dieter Kunzelmann）是西德最著名的毛派支持者之一，他和法國的情境主義派（Situationist）及荷蘭的青年無政府主義者（Provos）都有聯繫——這兩個一九五〇年代與六〇年代的藝術團體意圖透過文化挑釁來發動政治反叛[54]。一九六七年，庫祖曼與萊納・朗漢斯（Rainer Langhans）創立西德的第一個政治公社：第一公社（Kommune 1或K1）。在第一公社推出的許多宣傳噱頭中，毛語錄扮演了要角。例如描述公社的目標時，庫祖曼引用了毛澤東蔑視知識權威的觀點：「教條比牛糞還沒用，牛糞至少還可以作肥料。」[55]第一公社自得其樂地把文化大革命解釋為一種好玩的實驗。他們援引毛語錄以激起公憤，但不見得贊同，甚至未認真思考毛主席的政治綱領。在一次惡作劇中，第一公社的成員爬上西柏林破敗的威廉皇帝紀念教堂（Kaiser-Wilhelm Memorial Church）頂端——一九四一年遭到轟炸前，此處是德國統一的俗麗象徵——的頂端，對著路人狂灑數百本小紅書。（公社的男性成員碰巧也喜歡強迫性濫交：「任何人跟同一個女人睡兩次，就算是建制派了[56]。」其中一個成員聲稱，他的性高潮「比越南更有革命意義」[57]。）

法國的毛派分子也喜歡耍噱頭——最引人注目的是，從知名的高級食品店馥頌（Fauchon）「解放」約二十幾袋的魚子醬、鵝肝醬、香檳、乳酪，隨即拿到以貧窮的法裔非洲人居多的地區分發。人行道上散落著幾張告示，說明這次搶劫：「我們不是小偷，我們是毛派分子。[58]」。當歌星麥可・傑格（Mick Jagger）在巴黎打斷滾石樂團的演唱會，呼籲政府釋放一個被捕的搶劫者時，毛主義正式成為一種搖滾樂[59]。法國的毛派分子認為，中國是「世界上最自由的國家」，理解到文化大革命是一場悠長、精采又自由的嘉年華，挑戰戴高樂派法國的各種愚蠢[60]。

義大利的大報則是直接指出影響反叛學生的主要力量：他們是 i cinesi（中國人）及 Maoiti（毛派分子）。這麼做至少有部分原因是為了把抗議者抹黑成外來的黨派分子[61]。一九六七年，西柏林的市長也以「FU-Chinese」這個縮寫指涉自由大學（Freie Universität，簡稱 FU，柏林的學運中心之一）的反叛者[62]。到了一九六八年二月，米蘭的國立大學「米蘭大學」（La Statale）已經成為學生抗議運動的中心。該校及附近天主教大學的學生把校長都關起來，並「審判『反動』的講師」[63]。學生占領了大學的大樓，夜生活在大樓周邊崛起，隨處可見即興的搖滾與爵士樂表演。各大報再次明確指出，毛澤東是這場騷動的靈感來源及樣版，稱這樣的夜生活稱為「毛之夜」[64]。

毛澤東很容易被套用到另類、反文化的生活方式上。義大利的極左派報紙《持續鬥爭》

（*Lotta Continua*）有一定程度的主流影響力，甚至塑造出一種符合其目的的毛派形象：「更無政府主義的毛派，咒罵的毛派……我們的毛派是非正統的。[65]」南西和大衛・米爾頓（Nancy and David Milton）來自美國，文化大革命的初期他們在中國教書。兩人的兒子克里斯・米爾頓（Chris Milton）高中時參加過紅衛兵運動，一九六八年，他回到美國後，搖身一變成為學生運動中文化大革命的傳播者，以其精采的描述中國學生的叛亂經驗著稱。採訪他的一名記者問他對「文化大革命」來到美國有什麼看法，他以「太棒了！」做為回應[66]。成年後致力在美國建立毛派機構的奧尼爾回憶道：「聖誕節時，我會拿出一幅制式的毛主席肖像，貼在卡紙上，然後加工一下，貼點棉花，把他變成聖誕老人，戴著一頂小紅帽，留著大鬍子，再把那張卡紙放在聖誕樹上……你總得找點樂子。[67]」

在一九六〇年代晚期義大利的工業行動中，他們從文革紅衛兵的照片及報導中蒐集到各種公開羞辱的手法，再把這些手法和比較古老的公開羞辱伎倆（charivari，字面意思為「吵雜音樂」）融合在一起。在遊行或工廠的門口，民眾以遭到肢解的動物遺體代表討人厭的老闆；經理辦公室和門上被抹上糞便；一個破壞罷工的工人，口袋被塞滿人糞。一句改寫過的毛派標語寫道：「革命不是盛宴！[68]」因為這些抗議不只是為了工資與物質條件，也是為了打破工廠內那些由上而下的壓迫性規定，就像義大利學生的抗議是為了改造大學的威權組織一樣。紅衛兵在文化大革命中對「階級敵人」的暴力羞辱，似乎為他們提供了一套激進破壞的荒誕手法。

而在黑豹運動中，毛主義和性解放交織在一起——有時是人為操縱的。某天，黑豹黨總部的希爾陷入一時困惑，因為一群年輕的黑人男子來到總部，列隊討要小紅書。進一步詢問後發現，有一些黑豹黨的女黨員對追求者說：「想接近我的話，怎麼不去讀小紅書？」希爾不禁佩服地寫道：「這些姊妹直接對他們灌輸革命的意識形態。我們為了激發這些弟兄，嘗試了很久，沒想到，這些姊妹不費吹灰之力，就把他們帶進來了。」某天深夜，一名沮喪的黑豹黨女同志來向希爾徵詢意見。「如果一個男同志不知道十點綱領是什麼，我就不該給他任何機會，對吧？……我們上了床，我問他知不知道十點綱領。他說他知道，所以我坐在那裡考他，但他漏掉約十個字。」與此同時，男性黨員變得焦躁不安：「我要在黨內找一個我喜歡的女性，而且她對十點綱領的了解不能比我多，這樣我們才有一些真正的平等。」黑豹黨的男性可能對女性拋出政治正確的語言。希爾寫道：「有時你會聽到男同志罵女同志是反革命分子，女同志因此生氣了，因為男同志這麼說，一副只是因為她不想跟他上床的樣子。」[69]

多數歐美的毛派人士都受過教育，甚至是特權階級，與毛澤東的農村革命在一九二〇年代晚期鎖定的下層無產階級截然不同。法國的主要毛派分子絕大多數在巴黎；有些人甚至來自法國最富有的貴族家庭。事實上，夏爾—亨利．德．舒瓦瑟爾—普拉蘭伯爵（**Count Charles-Henri de Choiseul-Praslin**）曾在雷諾工廠（**Renault**）當過工人，後來因出售毛派出版物而鋃鐺入獄。如今七十幾歲的他仍不後悔在一九六八年放棄精英職涯：進入國家行政學院*（L'Ecole Nationale d'Administration）[70]一些義大利的「**figli di papa**」（富二代）穿著貂皮和豹皮大衣，參加毛派政黨集議和示威活動[71]。其中一些人前往中國，參加精心安排、全程掌控的旅行，而整個行程，無非都是在慶祝中國社會主義的成就。他們之中看起來比較嬉皮的人，在入境時，會被要求剪髮。他們都無意以他們批評國內社會的嚴厲態度來批評中國。一九六七年，一群法國學生造訪中國時禁不住哭了起來，如泣如訴地說「革命時期待在中國實在太美好了」。當巴黎的抗議者稱讚文化大革命是嘉年華狂歡的縮影時，那些前往中國的法國毛派分子往往是由康生（毛澤東的殘暴祕密警長）負責接待。他們滿心雀躍，未多加留意他邪惡的日常任務，以及他「毛澤東的槍手」這個稱號之下，那一長串的故事[72]。

這種對毛澤東的熱情，在很多方面都和中國毫無關係的：這些激進分子幾乎沒學過中文，或根本不在中國。如下一九六〇年代義大利毛派分子的回憶便是一例：

> 毛派中國對我們身處的社會是個挑戰：對我們的威權教育、對那些壓迫勞工的工廠，對懷柔及官僚的共產主義都是挑戰……歐洲的新左派運動以文化大革命為參考，但不太在乎文革究竟是什麼……我們對文化大革命初期的反威權與自由意志主義的性質只有模糊、一知半解的感覺……我們從事運動時，都沒注意到文化大革命在毛澤東領導的神祕中國所引發的暴力[73]。

---

* 譯註：法國著名的大學校（專業學院）之一，於一九四五年創立，其目的為訓練高級文官或行政法院法官，每年只招收一百多名學生。

一九六八年左右，義大利比薩的一個學生團體，對毛澤東抱著一種近似宗教的看法，完全脫離了他的無政府無神論：他們特別欣賞他那類似禪宗佛像的樣貌，「沒有鬍鬚，大而光滑的臉龐，半開半闔的凝視……我們禁不住思及一種世界……在那裡，對一場極其倉促的運動來說，耐心是必須潛修的課題」[74]傑拉德・米勒（Gerard Miller）——從前的法國毛派分子，如今則為精神分析師——他幾乎是以一派輕鬆的觀點，來看待一九六〇年代末期與七〇年代初期法國青年所接觸的毛主義。他說：「如果你心中設想，我們愛上的是鐵腕的概念，那你就不可能了解我這一代成千上萬名法國青少年對中國的濃厚興趣。恰恰相反的是：毛澤東吸引我們的是他的惡作劇精神，他的叛逆不服從……對我來說，一九六〇年代末期的毛派中國，比其他競爭的共產主義信仰酷炫多了……坦白講，那些年間，身在法國，沒有什麼比憤怒更好的事了。對憤怒的人來說，沒有什麼比當毛派分子更好的了。」[75]

在這個充滿理想、政治混雜的階段，德國、法國、義大利、挪威有許多激進的學生抓住了毛主義吸引人的面向——膚淺、無政府主義——反而忽略了其他面向。持平而論，他們不是第一批為了自己的目的，而把中國加以異國情調化的西方人。自從西方開始一致地朝中國拓展以來——十六世紀開始傳教——教士、商人、哲學家／知識分子直把「天朝」視為一種強大的夢幻世界，擁有近乎天堂般的機會，例如皈依基督教、經濟利益、治理經驗。因此，西方激進分子擁抱毛主義，其實是一種復古風潮，老調重彈：把充滿異國風情又遙遠的中國視為政治、社會、文化、經濟美德的寶庫。一九六〇年代及之後的文革熱潮，再次顯現西方人擅長創造出一個大致上脫離現實的虛構中國。

幾乎沒有人承認，毛澤東為農村革命而制定的戒律，幾乎不適合城市化的西方。儘管法國一些最著名的哲學家熱情地投入毛派熱潮，但那其實不是深思熟慮的決定。法國的毛主義讓沙特熱血沸騰，他以毛派口號為那些「被壓迫者」施展政治暴力的行為辯護，同時譴責「資產階級的政治暴力」是「壓迫性的」。為文學前衛雜誌《原樣》（*Tel Quel*）撰稿的激進公共知識分子認為，自身便反映在中國政治中。毛澤東的文化大革命是「我們這個時代最偉大的歷史事件」，是由像他們一樣的詩人兼哲學家所領導的：在那裡，「文藝工作者扮演領導的角色」。一九七一年秋天，該雜誌以中國可怕的群眾集會風格宣布：「打倒教條主義、經驗主義、機會主義、修正主義！……打倒腐敗的資產階級！打倒骯髒的修正主義！打倒超級強國的二元對立！革命中國萬歲！毛澤東思想萬歲。」中國的黨派色彩造成一些可疑的知識分子立場。《原樣》最資深的編輯茱莉亞・克利斯蒂娃（Julia Kristeva）*主張，纏足是女性權力的象徵——這是她為中國事物所做的全球辯解的一部分。該雜誌社的辦公室以大字報重新裝飾，編輯也穿上中山裝。一九七一年秋季刊的發行量高達兩萬五千份，是該雜誌一般發行量的兩倍多[76]。

* 譯註：她原是《原樣》的編輯，後來與該雜誌的主編結婚。

如果你喜歡上述事件的話，目前為止的描述都還算有趣。只是一九六八年後，西歐與美國的文革毛主義找到了其威權的根源。毛澤東從挑釁的丑角變成強硬的黨政人士。隨著學生運動在國家鎮壓下失去了動力或瓦解，毛澤東與中共為創建紀律嚴明、軍事化的政黨提供了一套藍圖，以便在工廠——有時在農村——展開基層革命工作，並策畫街頭抗爭。伊桑．楊評論道：「我們意識到，我們活在一個社會與政治保守主義都很根深柢固的國家。我們越努力反叛，越覺得改變人們的過程很難……為了促成想要的改變，我們到處尋找帶來改變的工具、公式、方法，也尋找模型。中國，尤其是文革時期的中國，代表特定時期的特定模式。[77]」幾乎所有因此而成立的新政黨，都承諾堅定不移地信守中國的政策。在一九六〇年代那段抗議「暴力政治極端主義」的演化過程中，他們構成了中間的階段。也是整個七〇年代左派不斷分裂的一大因素。

在西德，學生運動隨著一九六八年通過一項新的國家〈緊急法〉（Emergency Law）而逐漸消失——在納粹政權倒台二十年後，該法案允許政府在國內或國外出現緊急狀態下暫停民主權利。學生活動分子原本希望藉由抗議該法案，與工會建立聯盟。未想法案通過後，這個統一的抗議平台消失了。活動分子因為無法接觸到工會的全國會員以便繼續鼓吹騷動，只好創建更嚴密的組織形式。一些名稱看來很相似的馬列幹部政黨——亦即所謂的「共產主義團體」（K-Gruppen）——取代了第一公社，例如西德共產主義聯盟（Kommunistischer Bund Westdeutschland，簡稱ＫＢＷ）、重新組建的德國共產黨（Kommunistische Partei Deutschlands，簡稱ＫＰＤ）、德國共產黨／馬列*（Kommunistische Partei Deutschlands/Marxisten-Leninisten，簡稱ＫＰＤ／ＭＬ）。

共產主義團體內的生活，必須絕對服從黨的要求，並進行累人的自我批評會議。毛澤東思想似乎多了一種近乎宗教的色彩，提供一套完整、更優越的世界觀，並為一切問題提供答案（包括預防天災、治癒危及生命的傷害）。他們禁止化妝，婚姻成了一種「革命行為」，衣服是用不舒服的粗糙軍用斜紋布織成的，廁所沒有門。連下課的休息時間也是政治性的：玩具是集體共有的；他們也訓練孩子像紅衛兵那樣巡視階級敵人[78]。

在義大利，義大利共產黨人聯盟（馬列）〔Union of Italian Communists（Marxist-Leninist）〕可說是這類團體中最狂熱又超現實的組織之一。該聯盟成立於一九六八年十月四日，由阿爾多・布蘭迪拉利（Aldo Brandirali）領導。布蘭迪拉利的追隨者稱他是「偉大又公正的書記長同志」，是黨員崇拜的人物。二十七年後，布蘭迪拉利回憶道：「我們絕對屬於文化大革命，就像紅衛兵。[79]」在示威中，布蘭迪拉利的追隨者很自然就把他們對毛澤東的崇拜，轉移到這個政黨的領導人身上，他們高喊：「史達林！毛澤東！布蘭迪拉利！」對這個組織的成員來說，小紅書是必要配件。不過，歐洲左派運動發展到這個時點，小紅書已經不足以區分重度左派分子和那些只是普遍宣導另類生活方式的人了。從這個黨的雜誌《為人民服務》（取自毛澤東的一次經典演講。在文革期間，這句口號備受推崇），以及黨員對小紅書的痴迷，即可清楚看出這個組織對毛主義

---

* 譯註：今日已不存在的德國共產主義政黨，源於德國共產黨。一九八六年，該黨與國際馬克思主義團體合併為聯合社會黨。

的熱中。

一九七〇年代，布蘭迪拉利的政黨上演了義大利毛派最引人注目的場面：戴著紅色領巾的「先鋒隊」（黨內青年）舉行軍事遊行；遊行隊伍的上方展示著毛澤東的巨幅彩色肖像。主流媒體刻意指出，該黨的毛主義帶有宗教因素（順道一提，西德稱小紅書為「毛聖經」），說那些先鋒隊的青年是 i chierichetti di Mao（亦即毛澤東的輔祭*），或提到他們以準軍事部隊自居，稱他們是 i balilli di Mao（暗指墨索里尼的法西斯青年組織）。這些激進分子「打著毛澤東的名義」，不得不為了黨而放棄所有奢侈品：「資產階級」作家寫的書、電唱機、摩托車、吹風機、烤麵包機——這些奢侈品都必須變賣，為政治活動籌集資金。唯一政治正確的消費品，是布蘭迪拉利的石膏模型：一隻手握著拳頭舉起，另一隻手抱著一個嬰兒。從一九七三年起，該組織也監管黨員的性生活，規定「性高潮必須同時進行」，禁止手淫、肛交、口交，因為那些都是「小資產階級心態的表現」。一九七〇年代，不滿的傳言四起，並指出，布蘭迪拉利用黨員「捐贈」的金錢，為自己買了一輛紅色的愛快羅密歐（Giulia車款）及一棟高級別墅（同時強迫黨的所有支部展示他穿著綠色「毛派」制服的照片）。一九七六年，亦即他的偶像毛澤東過世那年，他被開除黨籍[80]。爾後，他皈依天主教（聲稱「耶穌對我微笑」），並在西爾維奧·貝魯斯柯尼†（Silvio Berlusconi）的政府中任職[81]。

法國也有數千名年輕的毛派分子，並在一九六八年後為自身的信念大幅犧牲原本的生活方式。奧立維·侯蘭（Olivier Rolin）是一九六八年後最大毛派政黨「無產階級左派」（Gauche

Prolétarienne，簡稱GP）的軍事領導人。他把établissement（自願選擇在一段時間從事無產階級工作）描述成一種逃離，「一如〈出埃及記〉……這是針對知識分子的危機，進行非常激進的反思所衍生的結果」[82]。法國的毛主義有一種自我厭惡、自我毀滅的特質，特別容易受到中國文革早期的反智主義和無政府主義政治的影響。多數從事無產階級工作的人‡（établis）其實完全不熟悉體力活。羅伯·林哈特（Robert Linhart）是從法國共產黨分離出來的毛派派系的領袖，也是哲學家路易·阿圖塞（Louis Althusser）的得意門生，一九六〇年代中期被譽為「高等師範學院的列寧」（Lenin of L'Ecole Normale Superieure）。十年後，他寫了一本感人的回憶錄，描述他在雪鐵龍工廠的裝配線工作時所經歷的震驚、疲憊以及惡劣環境[83]。有些去做體力活的毛派人士在工作之餘還有精力，他們會認真地向同事灌輸毛澤東思想。一個困惑的毛派人士在其黨派的出版品中記錄了工廠騷動的結果：「沒有工人想留在我們的組織裡。[83]」

參與這些政黨的人數並不多。規模最大的時候，「共產主義團體」（K-Gruppen）可能吸引了十萬到十五萬人[85]。有些人估計，一九七〇年代，革命聯盟最多有八百到一千名成員，如今可能

---

* 譯註：宗教禮儀中的輔助男童，尤見於天主教。

† 譯註：現任歐洲議會議員，數度出任義大利總理。

‡ 譯註：établissement（有人譯成「扎根」）是指左派分子剝去資產階級的背景、過程，而後走入廣大群眾中，和群眾一起生活，一起勞動，尤其是去工廠當工人，以證明自己是無產階級。établi（或翻譯為「扎根人士」。根據學者的研究，這個字是出自毛澤東的「安家落戶」，法文對應的動詞是s'établir。

還有一百五十人留在其後續的組織「革命共產黨」（Revolutionary Communist Party）中。一九七〇年代毛派運動的顛峰時期，法國的毛派分子約有七千人[86]。然而，在法國，毛派政黨掌握文化資本的比例卻出奇地高，這主要是因為他們擅長吸引有才華的作家及知識分子來參與他們的理念。好戰的GP由於深受沙特與西蒙·波娃（Simone De Beauvoir）的支持而備受關注。一九七〇年，戴高樂政府取締毛派的主要報紙《人民事業報》（*La Cause de Peuple*），沙特與波娃甚至走上巴黎街頭販售這份報紙。警方朝這兩位名人逼近時，一個激進分子竟對警察喝叱：「你們不能逮捕諾貝爾獎得主*！[87]」

許多西方的毛派政黨以近乎宗教的教條主義來詮釋中國模式，因此促成了極端的宗派主義。事實上，西歐與北美的毛派政黨幾乎都對於建立共識非常熱中，就像電影《萬世魔星》†（*The Life of Brian*）裡的猶太人民陣線（People's Front of Judaea）一樣。有人問奧尼爾是否仍是毛派分子，他的回答是肯定的：「其他的毛派分子可能覺得我不是毛派，但去他媽的。[88]」一九七〇年代，伊桑·楊在美國從事無產階級的工作，他目睹了美國毛派政黨的派系之爭。「我是在芝加哥南區的一個機械車間工作，那裡是許多團體的聚集地，大多是毛派團體……政黨名稱五花八門，多到我記不住，我需要習慣不同團體的各種作法。我常聽到有人對我說，你聽說過這些混蛋上週做了什麼嗎，看看他們散發的傳單。[89]」在美國，一九六〇年代那些左派後來分裂成五十幾個團體。他們某種程度上認同毛派思想及觀點，只是他們一味爭相從彼此的黨派中挖角，並未接觸到真正的無產階級[90]。

文化大革命所激發的激進主義，滲透到西德紅軍派（ＲＡＦ）、義大利赤軍旅（Red Brigades）等組織的恐怖主義中。這兩個組織都對他們所在的國家構成了嚴重的威脅。事實上，美國與西歐的安全部門無不視任何形式的毛派政治為威脅。例如，法國警方保存了大量毛派團體的檔案；在美國，聯邦調查局（ＦＢＩ）與中央情報局（ＣＩＡ）透過惡名昭彰且大多違法的「反諜計畫」（COINTELPRO）和混沌行動（MHCHAOS，ＭＨ是「活動遍及全球」的代稱‡，光是針對一個美籍毛派分子，他們蒐集的檔案就厚達一百八十公分），對一九六〇年代與七〇年代受到毛主義影響的激進運動發動攻勢[91]。尤其，在西德和義大利，國家的安全機構在一九七〇年代後半期順利完成組織強化，以因應那些深受毛主義啟發的政治暴力。

地下氣象組織（Weathermen）是美國最惡名昭彰的左派恐怖組織之一，他們完全臣服於毛派思想。他們的宣言指出，這個革命組織「類似中國的紅衛兵，是建立在群眾充分參與革命的基礎上；這是一個完全願意參與暴力和非法抗爭的運動」[92]。一九六八年六月，法國的內政部長在黃金時段的電視上，宣布了一個全球的毛派陰謀[93]。一九六〇年代晚期的警方檔案中，鉅細靡遺地

---

* 譯註：一九六四年沙特獲得諾貝爾文學獎，但他主動回絕該獎項。

† 譯註：由英國搞笑劇團蒙提派森（Monty Python）編劇並演出，中譯片名嘲諷了一九七三年的宗教歌舞片《萬世巨星》。電影講述與耶穌同日出生且生在隔壁羊圈的布萊恩·科恩（Brian Cohen）、後來被眾人認作彌賽亞的故事。

‡ 譯註：MHCHAOS行動，又名「混沌行動」，是中央情報局一九六七至七四年針對美國人民展開的國內間諜查緝計畫。由詹森總統建立，在尼克森總統的任內擴大，其任務是發現外國可能對國內種族、反戰、其他抗議運動的影響。

記錄了法國毛派的活動。報導指出，一個中國的「文化使團」在阿爾巴尼亞為年輕的「非裔亞洲人、南美人……法國人、義大利人、德國人、比利時人、英國人，開設政治培訓與破壞課程」。

他們被帶上……掛滿毛主席肖像的巴士……學生每天都要上一堂與毛主義思想有關的課程，課堂上是探討毛主義思想所提出的問題，那些問題免不了惡毒地批評西歐與美國生活。一群法國學生坦言……他們獲得的訓練，是為了在祖國的游擊行動中造成最大的破壞……他們在豔陽下行軍數小時，也去人跡罕至的山區展開嚴苛的夜間行軍。這種嚴格的「恐怖學校」並未忽略手榴彈和定時炸彈的製造，也沒忽視手槍與其他小型武器的使用教學……畢業後，這些年輕人都會帶著顛覆性的知識使命與大量的毛派宣傳資料，回到各自的祖國。

一九七二年二月二十五日，法國經歷了毛派暴力的關鍵時刻。二十三歲的年輕工人皮耶爾・奧維奈（Pierre Overney）在雷諾工廠的對峙中喪生，那場對峙是由無產階級左派的對抗策略策畫的。儘管他們經常宣揚「綁架老闆有理」、「革命不是請客吃飯」等激進的言論，領導者目睹這起事件所造成的流血結果時，還是崩潰了。暴亂的領導者皮耶爾・維克多（Pierre Victor）淚流滿面地離開雷諾工廠[94]。這場悲劇為激進的法國毛主義劃下了終結的開始。

一九六〇年代，西德激進分子中的毛澤東信徒同樣令媒體與政府感到不安。後兩者為了詆毀他們的抗議活動，乘機誇大了他們構成的威脅。一九六九年，德國聯邦議院（Bundestag）針對東亞勢力的明顯崛起以及國內學生反抗活動表示擔憂。德國總理基辛格（Kiesinger）回應此擔憂時，直接表示：「我只能說：中國，中國，中國。」一九六七年四月，當第一公社的成員在所謂的「布丁暗殺」（Pudding Assassination）陰謀中，密謀對來訪的美國副總統潑灑優酪乳與麵粉時，《柏林晨郵報》（*Morgenpost*）刊登了聳人聽聞的新聞頭條：「自由大學的學生用北京的炸藥製造炸彈」[95]。

毛主義與文化大革命的激進言詞，無疑影響了西德學運的成員，使他們選擇跨入暴力的地下革命。毛澤東的「持續革命」理論促使部分學運尋求更極端的立場，以便在一九六八年抗議活動失敗後繼續革命下去[96]。儘管一些人沉醉於激進又風起雲湧的「震憾資產階級」，對另一些人來說，毛主義為「暴力反抗西德的國家機器」提供了依據——學運曾譴責西德國家機器滅絕種族（透過它與美國在越南的外交政策結盟），而且很法西斯（因為它和納粹有關，且警方又對抗議的學生施暴）。幾個後來轉向恐怖主義的西德人，沉浸在六〇年代末期抗議活動的毛派情緒中——喜歡搞噱頭的庫祖曼便是其一。在他們思索城市戰爭的初期，西德紅軍派（RAF）的兩名創始成員安德烈亞斯・巴德爾（Andreas Baader）與古德倫・恩斯林（Gudrun Ensslin）——在皮衣上炫耀毛澤東的徽章——從療養院號召了約五十名年輕人加入一個激進組織，以小紅書幫他們上課。參與學運的部分學生喜歡一句朗朗上口的口號：「無盡恐怖帶來無盡樂趣。」明顯呼應了毛澤東對文革初期的評價：「天下大亂，形勢大好。」[97]

西德紅軍派的第一個宣言（關於「城市游擊概念」），以毛派名言妝點：「帝國主義與一切反動派都是紙老虎」；「捨得一身剮，敢把皇帝拉下馬」。另一篇一九七二年的文宣中主張，西德紅軍派的一切暴力行為都是「為人民服務」。因此，毛澤東的作品為西德紅軍派創造了最初的參考架構，進而幫他們吸引抗議運動中的其他參與者。提爾．邁耶（Till Meyer）後來加入另一個恐怖組織「六二運動」（2 June Movement），並參與了一九七五年綁架西柏林市長候選人彼得．洛倫茲（Peter Lorenz）的事件，由此，他們成功以人質交換了幾個遭到監禁的西德紅軍派成員。在某次示威活動中，有人塞了一份〈城市游擊概念〉的文宣給邁耶，他回憶當時接觸那份文宣的反應：「我在那本小冊子的封面看到毛語錄，接著便迫不及待、囫圇吞棗地看完整本內容，覺得很興奮。[98]」除了西德紅軍派所代表的國內威脅以外，這些組織的國際主義色彩，讓世界各地的國安單位及政府更加不安。以西德紅軍派最出名的「德國城市游擊組織」為例，他們跨入暗黑的恐怖分子領域，與伊里奇．拉米雷斯．桑切斯（Ilich Ramirez Sanchez，人稱「豺狼卡洛斯」）及巴勒斯坦組織都有聯繫*[99]。

義大利的情況也差不多。一九七〇年起，赤軍旅就向義大利的政治、經濟、司法體制宣戰，追求「人民正義」與「無產階級暴力」，反對「老闆與他們的走狗」。赤軍旅的創始人之一雷納托．庫爾喬（Renato Curcio）深深地沉浸在六〇年代末期的文革熱潮中。阿爾貝托．弗蘭切斯基尼（Alberto Franceschini）是庫爾喬在赤軍旅的親近戰友，他說庫爾喬以前會站在特倫托大學（Trento University）的外面，穿著一件印有毛主席肖像的T恤，發放小紅書[100]。弗蘭切斯基尼回憶起赤軍旅的第一次綁架，那次他們綁架了一個企業主管，並決定在他的脖子上掛一個告示：「殺後速離，無一不懲，懲一警百。」他說：「我們從毛澤東學到『殺後速離』。他曾寫道，游擊戰術的原則是殺戮後立即撤離。我們喜歡這個概念也是因為這讓人想到叢林，我們相信那可以讓敵人的腦海中浮現野獸的畫面。」[101] 在赤軍旅活動的激進圈子裡，「標語、口號、整篇講稿都是直接或間接地獻給偉大的舵手。」[102] 一九七八年三月，他們綁架了前總理阿爾多・莫羅（Aldo Moro），並要求義大利政府釋放政治犯以換取莫羅的自由。義大利政府抵死不從兩個月後，一九七八年五月十日，一名恐怖分子對莫羅開了十槍，把他的屍體扔在一輛停在羅馬市中心的汽車內。赤軍旅把毛澤東主張的「自力更生」解讀成一種祕密的存在，所以他們神出鬼沒，獨立於一般義大利人之外，然他們卻認為，自己是「以群眾的名義」施展暴力來表達群眾路線。不過，這裡必須指出的是，他們不止受到毛主義的影響，也深受其他靈感的影響，包括二戰游擊隊的英勇神話人物切・格瓦拉（Che Guevara）和烏拉圭的游擊隊圖帕馬羅斯（Tupamaros）。弗蘭切斯基尼甚至聲稱，以色列特勤局為赤軍旅提供最先進的武器。他們希望那種恐怖組織蓬勃發展後，可以分散義大利政府的注意力，讓義大利無法支持巴勒斯坦人。[103]

---

* 作者註：此處應該謹記一點，右派的暴力即使不是更大的威脅，也跟左派的威脅一樣大。一九六八年，一名新納粹主義的油漆工，對著「紅派」杜契克的頭部及胸部連開三槍，而該油漆工的公寓牆上正掛著希特勒的肖像。抗議運動也遭到可怕的國家暴力對待。一九六七年六月二日，西德警方對那些抗議伊朗國王訪問柏林的活動，做出殘暴的回應——導致抗爭者反對政府的關鍵時刻。

對未來暴力革命的認同，是一九七〇年代西歐與美國許多毛派黨團的共通點，即使他們沒有把那個信念轉變為殺戮行動，頂多只為最後的戰鬥做準備而已。一九七七年在德國，當西德共產主義聯盟（KBW）日益相信全球資本主義的末日即將來臨時，該組織開始傳播一個概念：「在資本主義制度掀起新的帝國主義世界大戰之前，決定性的武裝起義是推翻資本主義制度的唯一途徑。」他們在公園進行軍事演習，好讓幹部做好戰鬥準備。他們滿懷希望地臆測：「習慣使用現代廚房和清潔電器的家庭主婦，操作機關槍應該不會有什麼困難。[104]」

在美國，激進的「黑人權力運動」在一九六六年已做好戰鬥的準備。那年，革命行動運動（RAM）到處發送「世界黑人革命」這份末日宣言，封面是毛澤東的照片，裡面散播著一些毛主義的引文，鼓吹對白人當權派展開全面的城市游擊戰，以便把紐約與華盛頓的大部分地區「炸成碎片」。在這場即將到來的「末日戰爭中……『真主』的正義力量摧毀『魔鬼』的邪惡勢力……讓全世界　喊：『燃燒吧，寶貝，燃燒吧。』[105]」威廉斯在北京向毛澤東展示這份宣言時，似乎連偉大的舵手也認為他們「可能做得有點過火了」。

保守派知識分子——尤其是那些參與過去二十年「文化戰爭」的知識分子——總樂於宣稱，過去半世紀裡，一九六〇年代的年輕左派激進分子成功地「對體制發起一場長征」（套用杜契克的說法），以政治正確的價值觀顛覆了當權者。毛主義是「反文化」抗爭的一部分，確實侵蝕了美國與西歐的社會與文化的保守主義，而且這種自由解放的影響在如今的大眾生活中也顯而易見。

西方的毛主義推動了婦女運動、同性戀解放運動、教育改革、大眾對種族平等的渴望。「革命萬歲」（Vive la Révolution，簡稱VLR）是法國的自由意志主義毛派團體，其專刊《全部》（*Tout!*）對女權與同性戀權利等議題，做了一些早期的探索。女權主義者的「覺醒」——抱怨她們受到男同學、男老師、男友、丈夫、男同事的歧視——是以中國革命的「訴苦大會」為基礎。卡洛·漢尼施（Carol Hanisch）是激進女權團體「紅絲襪」（Redstockings）的核心人物，「個人即政治」這句口號便是由她所吹響。她說：「我們從中國的革命經驗中吸取到一些難以用言語表達的，你可以說那是靈感……希望……革命精神。[106]」不過，美國的毛主義也可能充滿陽剛的沙文氣息。例如一九六三年，RAM召開了一場「黑人先鋒會議」，「一個由全黑人、全男性參加的祕密會議，目的是草擬策略」[107]。

毛式的批評／自我批評後來漸漸隱入治療和自助的自白慣例。一九六〇年代與七〇年代那些受到文革啟發的異議，推動了中學與高等教育的改革，使教學方法和課程變得更有參與性，更有代表性，對不同的社群更有意義。那些留在教育體系、並未加入激進政黨的非裔或華裔美國活動人士（如一九七二年起，在麻州大學的約翰·布萊西（John Bracey）），則為大學中的黑人及種族研究的抗爭做出不少貢獻。

在「文革啟發的反叛」與「後結構主義的質疑」之間還有另一種關聯：米歇爾·傅柯（Michel Foucault）在一九七〇年代初期經歷了毛主義的洗禮，使得法國的監獄系統受到必要且嚴厲的批評[108]。矛盾的是，法國知識分子把文化大革命——毛澤東自身權力計畫中，極權主義的最高點——理想化，認為那是一個反叛的大眾民主時刻，後來演變成一種對人權的關注，以及對人道組織（例如國際特赦組織）的支持[109]。毛主義在後殖民研究和底層研究的興起中，同樣扮演要角。印度的納薩爾派毛主義促使南亞的知識分子投入「底層」體驗及覺醒。這種視角重塑了西方書寫歷史與文化的方式[110]。

一些法國的前毛派人士已經變成文化和政治名人。亞藍・蓋斯瑪（Alain Geismar）是激進的無產階級左派（GP）的前領導人，在一九九〇年代連續幾屆的社會黨（Socialist Party）政府中任職。一九七三年至二〇〇六年間，另一名曾任GP領導者的賽吉・朱利（Serge July）創辦並主編《解放報》（*Libération*），該報起源於有組織的毛派左翼，後來卻成為具影響力的主流大報。奧立維・侯蘭（Olivier Rolin）成為小說家，他的第七部小說《紙老虎》（*Paper Tiger*）的主角是疲乏的「六八運動」*參與者，他試圖向一個已故同志的成年女兒解釋她父親的死亡。許多西德的前毛派人士在主流政治中發展出成功的職涯，尤其是在綠色運動（Green movement）中[111]。馬里奧・卡潘納（Mario Capanna，後來成為義大利的眾議員）回憶道：「偉大的舵手對我產生的魅力是無可否認的……他令人著迷的因素之一，是他卓越的辯證力，以及措辭簡潔。我在議會中演講或後來在競選台上演講所締造的一切成果，都要歸功於他。[112]」莎莉・麥克琳在接觸毛主義後，電影生涯持續走紅。到了一九八〇年，她主演《變幻季節》（*A Change of Seasons*），劇情是發生在佛蒙特州滑雪小屋的四角關係，從此事業長紅，一帆風順。接近千禧年的時候，她預測，二十一世紀，

「我們會日益以現實的觀點，面對我們目睹外星人的事件。†」

不過，西方毛主義的成功故事可能在大眾認知中占了過多的份量，掩蓋了它所造成的個人悲劇及政治傷亡，林哈特的悲慘故事就是一例。在一九六八年五月動盪的示威活動中，他陷入精神崩潰，因此住院幾個月。一九八一年，他試圖服用大量藥品自盡，但在深度昏迷數週後恢復知覺。從此以後，他幾乎無法言語[113]。艾爾邦把當代美國左派的邊緣化歸咎於文革狂熱，他寫道，「最大的傷害是毛主義造成的」，亦即固執地堅守文革理論以及中國內外政策的迂迴曲折，不知變通。「毛主義的問題體現在文化大革命的口號中：『思想上政治上的路線正確與否是決定一切的。』各大毛派團體一再引用這句格言，儘管其中完全無視物質條件和政治力量的平衡……那不僅助長了極左派的分析與計策，也培養了一種理論純粹主義，直接導致他們激烈對抗微不足道的教義問題，以及持續不斷的組織間競爭。[114]」艾爾邦指出，經過多年的黨派鬥爭，美國左派已經筋疲力盡，無法抵抗雷根時代保守派的復興：對工會的攻擊，以及對第三世界的社會主義與共產主義政府採取的強硬路線。伊桑·楊回憶起一九七〇年代美國毛派政黨中盛行的心理：「黨派的門戶之爭留下了傷疤，經歷過黨派之爭的人非常反對組建新政黨的建議……他們記得自己曾迷

＊　譯註：在一九六〇年代中後期、一九六八年達到高峰的一系列反戰、反官僚精英的抗議活動，在全球各地由左派學生與民運分子發起。

†　譯註：她多次公開談論幽浮、外星人、轉世輪迴等爭議性的議題而遭受抨擊。

失在無止境的辯論與鬥爭中，而且最終一無所獲。有些人的生活因此支離破碎，被逐出團體，有些人自殺，而且絕對是一種士氣極其低落、幻滅、絕望的狀態。[115]」布蘭迪拉利說，一九七〇年代的義大利毛派組織「是共產主義爆裂成上千個碎片的產物……那是一場危機……或者只是危機的碎片……是結束[116]」。

無論如何，這些政黨實行的政治激進主義，是無法長久持續下去的。那不但分裂且耗時，也沒什麼資金挹注，無利可圖。到了一九七〇年代末期，第一代有志革命者已經三十幾歲，他們開始思考成家立業和退休金等事情。當那些受到左派恐怖主義嚴重影響的政府大力鎮壓這些組織以及支持他們的人時，這種激進主義也失去了動力。

一九七七年的前九個月，發生了八件西德紅軍派的謀殺案及一件綁架案〔綁架對象是實業家漢斯・馬丁・施萊爾（Hanns Martin Schleyer）〕。十月十三日，解放巴勒斯坦人民陣線（Popular Front for the Liberation of Palestine）的四名成員劫持一架載有八十六名乘客的漢莎航空飛機，並在勒索條件中加入釋放十名關押在斯圖加特（Stuttgart）史坦翰監獄（Stammheim prison）的西德紅軍派成員。這起事件使西德的困境變成國際關注的問題。西德政府透過新成立的反恐小隊，在摩加迪休機場（Mogadishu）發動外科手術式打擊（surgical strike）*，結束了這場人質危機。十月十八日，三名被監禁的西德紅軍派領導人（包括巴德爾和恩斯林）得知劫機失敗後，隨即自殺身亡。同一天，那個綁架施萊爾的西德紅軍派恐怖分子處決了他，並將他的屍體遺棄在一輛汽車的後座。

這些事件——恐怖主義暴力的不斷升級，再加上西德政府決心動員安全部隊，早先，政府唯恐動員安全部隊會讓人想起納粹威權主義，所以避而不用——使德國左派人士放棄了他們普遍抱持的觀點，即政府是一種極權敵人，以游擊暴力攻擊它是可接受的。他們重新參與主流的和平政治（通常是環境議題），而政府化解了摩加迪休危機也掀起了一波愛國熱潮。這也是西德政府與東德競爭信譽的關鍵時刻——一九八九年柏林圍牆倒塌，證實了西德的絕對勝利。[117]

至於那些所屬組織被認為對國家構成真正威脅的文革狂熱分子，也為自己的瘋狂投入，付出了慘痛的代價。「反諜計畫」（COINTELPRO）一九五六年成立的最初理由，是源於冷戰時期的意識形態衝突：亦即對被控從事親蘇間諜活動的美國共產黨，進行系統化的監視。一九六五年，隨著反越戰及黑人解放抗議活動越演越烈，胡佛把它擴大成涵蓋一個「強而有力又充滿想像的計畫……以揭露、擾亂、誤導、詆毀或抵銷民權與黑人解放組織、其領導層、發言人、成員與支持者的活動」。革命行動運動等活動都是這個計畫的目標，非法又殘酷是其主要特質。一九七四年，一名特務表示：「這個領域的成果，不是以恐懼來衡量，而是以抵銷／箝制的效果來衡量。」[118] FBI的策略很多元：勒索、竊聽、攔截郵件、把「你能想像最噁臭」的化合物潑灑在黑豹黨的印刷機上、爆破，或者，以芝加哥非暴力組織者弗雷德．漢普頓（Fred Hampton）的情

＊ 譯註：使用十分精準的巡弋飛彈或炸彈摧毀目標物，摧毀目標的效果可以達到如同外科手術切除的那樣精確乾淨，而不會傷及目標以外的物體。藉此避免大規模的地毯式轟炸所造成的大量無辜傷亡、不必要的建物損毀和武器的浪費。

況為例，FBI趁攻擊目標熟睡時，對著他的身體連開五十槍[119]。

一名前RAM活動分子遭到美國安全部門追捕多年，罪名是策畫暴亂與密謀暗殺。一九六七年，警方以暗殺指控而衝進他的公寓逮捕他時，他臥室牆上所掛的毛澤東海報，幾乎就足以構成有罪的證據。他反思政治激進主義為他的生活所帶來的影響：「六八運動後，我花了十年才擺脫法律約束……我在加州遭到襲擊，被打得不省人事……我找不到工作……半數家人都瘋了，完全疏離了。大兒子在監獄裡……孩子們覺得他們的成長過程中，我無法像其他的父親那樣養育他們……我妻子覺得毛澤東是醜陋的。」儘管如此，他覺得毛澤東對現今非裔美國人的抗爭來說，依然有借鑑的意義。「隨著年齡的增長，我們才真正了解到長期抗爭的本質，我們一輩子都是如此。當你了解這是一場曠日持久的抗爭時，你的策略與戰術就會改變。你學會撤退，這些都在毛澤東的哲學原理中……如果你的群眾路線是與人民合作，與非裔美國人的群眾及他們關心的事物合作……那將促成他們覺醒；而運動也將持續壯大。」二〇一五年，史坦福也仍在號召「一種新的文化、政治、歷史再教育的進程」，以擊敗美國的當權派：「黑人的命也是命！我們會贏的！」[120]

文化大革命的反威權言論，在中國境外啟發了諸多針對政治、文化、社會習俗所做的反抗，例如針對國內與國外政策、殖民統治、選舉代表、兩性關係、教育、電影和文學等。以一專有名詞來稱文化大革命，其影響則是文化革命這個比較廣泛（通常也是自由化）的進程的一部分，而此進程自一九六〇年代以來已經改變了社會、文化、政治，尤其是在已開發的西方國家。在被歷史、種族或社會經濟斷層深深撕裂的國家（後法西斯時代的德國與義大利、後種族隔離時代的美國、獨立後的印度），文化大革命把政治暴力加以正當化，就像燎原的星星之火——在某些情況下，這把火如今仍在燃燒。帶有種族歧視的警方暴行遭到揭露時，常震驚美國社會。對那些受到文革毛主義的啟發而投入美國黑人解放抗爭的資深反抗者來說，毛派理論與實務所建議的一些政治理念依然是相關的。美國政府透過「反諜計畫」以惡毒的方式鎮壓這些毛派理念及抗爭手段，等於承認了這些毛派想法和手段的效力。不過，文化大革命政治的修辭與實際暴力，再加上中國境外那些激進分子常以武斷又充滿門戶之見的方式來解釋事件，往往導致挫敗：對那些在毛派想法上投入大量時間和精力的個人，以及他們推動的左派理念來說，都是挫敗。

至於巴拉同志的大本營——前毛澤東紀念中心（Mao Zedong Memorial Centre）——如今已是一家阿爾及利亞餐廳，提供家常菜及精美的北非糕點，一人用餐的費用是十五英鎊。無論是出於對大樓以前用途的尊重，還是出於其他原因，店面的窗戶都掛著厚重的天鵝絨窗簾，就像天安門廣場上蓋在毛澤東遺體上的那塊布一樣紅。

九、紅日照祕魯——光明之路

一九八〇年十二月二十六日——毛澤東八十七歲冥誕——上午拍攝的一張照片裡，一名戴飛行員墨鏡的利馬警察爬上一盞路燈。在他的右邊，一個身穿格紋套裝、足蹬牛仔靴的旁觀者一臉困惑地看著他。在路燈上方約兩公尺處，一隻小狗掛在鐵絲網上，狗毛因雨水而纏糾結，嘴巴張開，身體因死亡而僵硬。牠的頭被嵌在一張海報中，海報上以大寫字母寫著「DENG XIAOPING」（鄧小平）[1]。

那天，整個利馬市裡，另有七個地方也出現同樣的駭人景象。警方原本擔心那些動物的體內塞了炸藥，但排除這種可能後，他們的任務只剩下移除這些令人驚恐的屍體。這起事件在當地媒體上引起小小的騷動，但利馬居民不久就忘了，並回歸到日常作息。

十年後，這些離奇事件再次困擾利馬人。儀式化地殺害流浪狗以譴責鄧小平——他打破了毛澤東許多重要的文革政策（集體化、動員群眾、階級隔離）——是祕魯共產黨（所謂的「光明之路」）展開毛派叛亂的象徵性開端。該黨由圓胖的哲學教授古斯曼所領導。整個一九八〇年代，這場戰爭變成獨立後的祕魯歷史上最具破壞性的衝突，因為革命暴力和野蠻的政府報復行動摧毀了農村人口。一九九〇年代初期，首都利馬籠罩在恐怖之中。到了一九九二年，「光明之路」的隨機恐怖攻擊使利馬陷入癱瘓。二月，曾公開批評光明之路暴行的非裔祕魯救濟活動人士瑪麗亞・艾蓮娜・莫亞諾（Maria Elena Moyano），先是遭到槍擊，並倖免於難，接著，在利馬東南部一個棚戶區的募款烤肉會中，在兩個兒子的面前活活被炸死。七月，一輛停在利馬商業區的汽車，載著四百公斤的炸藥，被引爆後，造成二十五人死亡，一百五十五人受傷。

光明之路從一九六九年開始活動，當時該組織在安地斯高地的一處貧窮角落有幾十名信眾。二十年後，它已經讓首都淪陷。到了一九九〇年代初期，拉美文學熱潮中所呈現的魔幻寫實主義，變成了這個國家的黑色現實。霍亂疫情在祕魯肆虐，通膨率飆破百分之一萬兩千，甚至出現一個千禧左翼毛派組織——一名鄉下的哲學教授為其所神化，而成為祕魯的「剛薩羅主席」（Chairman Gonzalo）和「世上最偉大的馬列主義者」。一九八〇年至一九九九年間，內戰導致六萬九千人死亡，扼殺了政治穩定的可能性，給了黑幫寡頭一個推倒民主的藉口。毛派組織與政府暴行導致該國城市的難民暴增到至少有六十萬人。

衝突的目擊者和受害者都難以解釋其殘暴程度。有些人把這一切歸咎於祕魯的經濟與社會狀況，尤其是數百年來對原住民（占總人口的三分之一）的忽視及剝削。然而，一名長期居住在祕魯的比利時牧師不同意這種說法，他表示：「這些可怕的情況通常不會讓受苦的人民自發地反叛，而是讓他們變得宿命、被動或聽命於宗教……只有在特定的社會條件下，再加上刻意煽動

印尼總統蘇卡諾與毛主席。一九五六年，蘇卡諾首次訪華，中國的熱情接待令他心花怒放。

一九六五年八月，毛澤東熱烈迎接印尼共產黨（PKI）的領導人艾地。他們對談的時間，距離一九六五年十月一日的「九三〇事件」不到兩個月，兩人對談的確切內容至今依舊成謎。

一九六五年十一月，在軍方奪取政權後，一群印尼反共青年在爪哇中部尋找艾地。當月稍晚，艾地被捕，並立即遭到處決。據估計，一九六五至六六年間，約五十萬名疑似共產黨人遭到軍隊及其支持者屠殺。

來自非洲與中東的熱情訪客簇擁著毛主席。為了搶蘇聯的盟友，中國發動魅力攻勢，從一九五〇年代末期起，就積極迎接來自開發中國家的訪客。

一九六五年尼雷爾與周恩來合影。尼雷爾是坦尚尼亞獨立後的首任總統，也是為中國「打開非洲大門」的人。

一九六五年北京上演的舞台劇《赤道戰鼓》（*War Drums on the Equator*）中的一幕，描述中國與剛果的游擊隊團結對抗美國和比利時支持的蒙博托勢力。中國演員把皮膚塗黑以飾演剛果人。

一九六〇年代初期，中國教官在迦納示範如何放置反步兵地雷。一九六〇年代與七〇年代，類似的教官也前往其他的非洲國家。許多人既傳授毛澤東的軍事戰略，也傳授毛澤東的政治策略。這種知識轉移對南羅德西亞的影響最大，該地區的ZANU游擊隊在內戰中成功部署了毛派戰略，結束了白人的統治。

一九六〇年代初期，中國在迦納的軍事訓練顯然是使用來自上海的爆炸化學物。

通格加拉在南羅德西亞策畫ZANU對抗史密斯政權的戰爭並獲得勝利。朱惠曾參與ZANU的戰爭，她回憶道，通格加拉「在中國接受過軍事訓練，永遠把中國人視為他在道德以及軍事技能與戰略上的導師」。

一九七五年四月十七日金邊淪陷後，興奮的赤棉游擊隊在鏡頭前擺弄姿勢。赤棉接管柬埔寨後，其領導高層立即下令把所有的城市人口都疏散到農村。據估計，光是清空金邊，就造成兩萬人死亡。

一九七九年越南入侵柬埔寨，赤棉逃離後，一名女孩揹著妹妹站在金邊。

一名越南女民兵拿槍架著一名在一九七九年二月至三月的中越戰爭中被俘的受傷中國士兵。

一九六六年的秋天，黑龍江省的省長李范伍在公共廣場眾目睽睽下，被紅衛兵剃光頭髮；他被指控長得像毛澤東。這張照片呈現出文化大革命的「群眾民主」所帶來的暴力。

« La révolution n'est pas un dîner de gala »

西方誤解毛主義的怪誕例子：這張照片是摘自一九六七年《他》雜誌的中國特刊《小粉色書》，裡面的妙齡女子近乎裸體，旁邊配上隨處可見的毛語錄：「革命不是請客吃飯。」

一九六六年左右，威廉斯在俯瞰天安門廣場的主席台上，請毛澤東為他的小紅書簽名。威廉斯在一九六〇年代美國的黑人解放運動中，是極具影響力的毛主義宣傳者。

一九六八年，學生抗議者在巴黎索邦大學外懸掛毛主席的肖像。畫像旁的橫幅引用了最熱門的毛派格言：「為人民服務。」

民眾以暴力回應的意識形態，才有可能引發暴力衝突。[2]」

這種意識形態就是毛主義。在毛澤東的冥誕那天，刻意祭出可怕的死狗噱頭，是一種忠於毛澤東的熱情宣言。對毛澤東的全球追隨者來說，鄧小平是叛徒——主導反文化大革命的政變，並在毛澤東死後主導中國資本主義的復興。把鄧小平貼上狗的標籤，是直接引用毛澤東愛用的辱罵詞，他喜歡譴責敵人（資本主義、帝國主義、封建主義等）是「走狗」。整個一九八〇年代，光明之路的成員（或稱 senderistas）以祕魯毛派革命的名義，積極地組織、歌頌、戰鬥、折磨、殺戮，進行曠日持久的游擊戰，「兩條路線的鬥爭」，反對修正主義，並清算市場、不平等、宗教與政治異見。

從一個歷史的角度來看——雷根時代新自由主義的出現，以及中國在一九八〇年代初期對文化大革命的迴避——光明之路的出現荒唐且不合時宜，也不適合祕魯。一九四〇年代，毛澤東在「半殖民、半封建」的中國推動革命的先決條件，在祕魯幾乎都不存在：一九八〇年的祕魯是民主國家，多數人住在城市且受過教育，沒有殖民侵略者需要對抗，沒有激進的社會叛亂可以利用，也沒有嚴重的土地所有權不平等。

然而，如果我們把這些事件放在一九六〇年代與七〇年代的歷史和政治邏輯的背景下來考量，適逢光明之路出現之初，這場運動的教義就不是那麼出乎意料了。因為在那個時點上，毛派叛亂的夢想和陰謀正在全球激進左派的血液中流淌。無論該組織後來看起來有多麼狂熱，在一九六〇年代與七〇年代，它的許多意識形態的基礎無疑都是相當標準的毛派。毛澤東的持續革命與政治鬥爭理念已經深入滲透到西方的主流大眾文化中，所以連英國的搞笑劇團蒙提派森（Monty Python）也編寫電影《萬世魔星》、披頭四也寫歌曲〈革命〉（Revolution）來嘲諷。與此同時，在祕魯，誇誇其談的毛派激進分子隨處可見，誠如兩名一九七〇年代在當地的荷蘭農學家所說的：「稀鬆平常。」[3] 整個一九八〇年代，當光明之路在祕魯肆虐、造成人心惶惶時，一名記者譴責一九七五年至一九八〇年擔任總統的莫拉萊斯・貝穆德斯將軍（General Morales Bermúdez）未能阻止叛亂。他坦承：「我們收到情報，說古斯曼提議展開武裝鬥爭。但是當時有七十幾個政治團體也提出同樣的主張，我們無法預見光明之路真的採取行動。」[4] 在世界上的許多地方，隨著中國自身譴責文化大革命，人們對毛主義的信心正在消退。但是在祕魯這個被嚴重的社會經濟與政治不平等傷得體無完膚的國家，又碰到圖謀不軌的有心人士，那些反叛思想可能不斷地醞釀增溫，然後以一九六〇年代挑起的那種宗派熱情，大舉捲土重來。

在毛澤東的時代，有數千個拉美人前往中國，並在回國時，對中國締造的成就充滿了欽佩之情。這些人包括總統、畫家、詩人、哲學家、農學家、勞工活動分子，古斯曼也是其一，但他屬於其中一個特殊的子集（約一千多人）。這他們到中國接受軍事訓練及盛情款待。他們興致勃勃地研究中國的「對外宣傳」，並透過旅遊書籍、小冊子、講座、讀書會、教室與集會，在整個拉丁美洲傳播毛派資訊。拉丁美洲就像許多開發中國家一樣，二戰後一直在冷戰的雙邊尋找政治及經濟模式——在改革與革命、民主與獨裁之間搖擺；與此同時，美國則是藉由支持右派的獨裁者，以遏制社會主義思想的傳播，加強對拉丁美洲的干預。中蘇決裂後，拉丁美洲的共產黨一如世界其他地區的共產黨，開始分裂成親中派與親蘇派。不過，跟世界其他地區不同的是，在祕魯、巴西、哥倫比亞、玻利維亞、巴拉圭等拉美國家，親中派的規模和親蘇派大致相同，顯示出中國革命在整個拉美大陸有強大的吸引力。

有些人之所以欽佩毛澤東統治的中國，是基於個人因素。中國熱情的接待機制，收買了許多訪客的心，例如一個墨西哥的勞工活動人士，在暴風雪中看到數百名中國人到火車站來迎接他（包括像「瓷娃娃」一樣的小學生），令他喜出望外[5]。普遍來說，整個拉美左派認為，毛澤東對革命前的中國所做的分析，讓這個充滿不平等又受到美國經濟主導的大陸特別有共鳴。毛澤東所領導的中國，被吹捧為打破對西方的依賴，透過大躍進的經濟奇蹟實現自給自足[6]。一些拉美訪客也對毛澤東本人更是傾心：他那「閃亮的高額頭」、「如此偉大又如此謙遜，如此確信世上所有人民都會戰勝壓迫者，確信大家都有必要識別障礙的存在並摧毀障礙」[7]，這些特質在在深深吸引了他們。一個玻利維亞人寫了一些輕率的情詩致參與斯達漢諾夫計畫（Stakhanovite）*的中國女人，他形容其中一個女人「在武漢那個愉快的夜晚／和我跳了那麼多舞／在我懷裡游移／有如一束百合」[8]。

---

* 譯註：蘇聯實行第二個五年計畫期間，在全國展開的社會主義勞動競賽運動。

橫跨整個拉美大陸，各地的激進分子和左派無一不吸收毛澤東的軍事格言。古斯曼絕對不是一九六〇年代夢想發起毛派「人民戰爭」的唯一拉美人。墨西哥的游擊隊隊員弗洛倫西奧·梅德拉諾·梅德羅斯（Florencio Medrano Mederos）——資深的共產主義者，積極煽動土地改革，身邊咫尺之間總是可見毛澤東的作品——計畫在墨西哥的東南部發動持久戰。[9]一九五九年，中國共產黨為拉美十二個共產黨的代表團，展開為期五個月的培訓班，公開宣揚毛澤東的革命學說：組織農民、群眾路線、武裝鬥爭。課程都是使用毛澤東的著作當教材，完全看不到馬克斯、恩格斯、列寧、史達林的作品。除了課堂教學以外，也搭配深具啟發的全國之旅。一個祕魯的學員回憶道：「多數人回來以後都深信，拉美國家一定要走上中國革命走過的路。[10]」

因此，一九六〇年代與七〇年代的拉丁美洲有許多受到中國啟發的激進分子，他們往往受過中國的訓練。不過，這個現象大致上並沒有對他們祖國的政治穩定產生具體的影響。以其中一個有志革命的人為例，這裡我姑且稱他為胡安（化名）。一九三〇年代，他出生於富裕的家庭。後來，他在大學裡，一直擔任激進學生組織的領導者，直到三十幾歲。整體來說，一九六〇年代初期很適合走訪世界各地，當個紙上談兵的游擊隊隊員。在一連串如走馬燈的國際共產主義會議中，不僅有熱鬧的娛樂活動（中蘇代表互相辱罵：「修正主義者！」「冒險主義者！」），甚至不乏一些中介者提供免費的旅行，讓人前往各種共產烏托邦，藉此吸收信徒。胡安利用這些免費的旅行，造訪了布達佩斯、布拉格、赫爾辛基、莫斯科、河內（他在那裡見到胡志明）。那不是一種謀生的方式——妻子和丈母娘必須工作養活胡安的四個孩子——而是革命。在沒有廉價機票的年代，那也是免費環遊世界的機票。

一九六四年，在歐洲的一個青年節慶上，有人邀請胡安免費造訪中國（他因而見到毛主席）。兩年後，他二度造訪中國，並參與了為期幾個月的游擊隊培訓課程。他在北京一家舒適的飯店裡待了一週，接著被送到南京的郊區，和一個中國照顧者兼口譯員在鄉下的一間房子裡住了兩個半月。這段期間，他每天吃飯、睡覺、上六個小時的毛澤東課程，身邊除了口譯員以外，沒有其他人。授課團隊是由八名和藹可親、認真又有耐心的中國教師所組成。中國人已經為他安排好計畫：「他們覺得我可以回國組建一支游擊隊，以對抗蘇聯的盟友古巴所資助的大部分游擊隊……他們灌輸我兩個主要概念：第一，我應該融入最貧窮的群眾；第二，我應該勇於戰鬥。」不過，他獲得的實務訓練有限：他只實際開過幾槍，扔過幾枚手榴彈。那些負責照顧他的中國人，確保他沒有機會和其他的革命者交流。他和其他拉美人最親近的接觸，是無意間聽到附近農舍有人講了一些西班牙語。儘管如此，這段經歷促使他成為毛澤東與中國共產黨的終身信徒。胡安的兒子回憶道，雖然胡安從未學過中文，也沒研究過其他面向的中國，他卻成了「毛派宗教的牧師」。他的兒子說：「他想運用毛澤東的思想與軍事策略，回國當總統。」

胡安回國後，加入一支游擊隊，以交流他在中國學到的一切，諸如毛澤東從農村包圍城市的戰略等。他後來坦承，這種直接套用中國模式的作法「根本錯誤」，因為「我國的情況與中國截然不同。自從發現石油後，農民放棄農作，遷往石油公司經營的地方，因為那裡的收入及生活條件比較好」。此外，他和其他游擊隊員也處得不好，他們是卡斯楚的追隨者，無法容忍毛派分子出現在他們之中，如果想活命的話，限他一週內離開。胡安在叢林游擊隊裡只待了三個月，便回到他早年的校園革命生涯。

一九六〇年代中期，安全部隊突襲大學，並把胡安當成共產主義者，將他逮捕。家人利用他們和一名部長的私交，讓他獲釋——條件是他必須流亡海外。胡安與家人先到倫敦定居，這時他幾個年紀較大的兒子快十幾歲了，他們在倫敦過得很開心，留長髮，在卡納比街（Carnaby Street）游蕩。只有胡安不開心：他沒有從事政治工作，而是不得不為家鄉的幾本雜誌撰寫一些社會專欄來謀生。他利用自己與中國的關係，獲邀到中國工作，所以全家再次遷移。近五十年後，他的一個孩子仍記得中國有多遙遠。他們轉機多次，途經巴黎、羅馬、開羅、喀拉蚩、達卡、最後才抵達上海，機上乘客越來越少。他們飛越喜馬拉雅山時，孩子在飛機空蕩蕩的走道上來回奔跑。機上除了一名瑞士外交官及一個中歐混血的女性以外，只剩他們一家人。有關當局為了不在他們的護照上留下曾經造訪中國的紀錄，只把印在活頁紙上的簽證塞給他們（一九六〇年代初期，一名南非人在中國接受祕密無線電訓練後飛往倫敦，但在飛機起飛前未銷毀那張簽證，只好在飛機上吃掉那張簽證，那舉動令鄰座的乘客困惑不解[11]）。

在中國，從一九六八年到一九七〇年，胡安與妻子為政府工作——每週修潤西班牙語的文稿六天，以便「對外宣傳」——期間經歷文化大革命最動盪的幾個階段。只是文革使他們必須與其他人員保持距離，他們對同事的任何訊息一無所知，連基本的個資也不知道。他們偶爾會被帶去參觀示範工廠和公社。他們的孩子在富麗堂皇的「外國專家」聚居區，度過一段美好的時光：友誼賓館自一九六〇年蘇聯顧問離開後，仍有四分之三閒置。白天，他們透過毛語錄學中文。下課後，就在泳池邊閒晃，在彈跳床上蹦蹦跳跳，在北京街頭飆騎單車。他們在北京地下為抵禦蘇聯核武攻擊而興建的防空洞裡，親吻了初戀女友。

但胡安再次焦躁不安了起來。他的一個孩子回憶道，酗酒成了引爆點。「在我們國家，革命者喜歡一邊喝著美酒與威士忌，一邊談論革命。我爸不喝我國的萊姆酒，但他在中國又找不到蘇格蘭威士忌或紅酒。唯一能買到那種酒的地方是外交俱樂部，而我們又不能去，除非外交官的邀請。那裡的外交官不多，但我們彼此相處得不好。有一次，我們真的獲邀，便乘機買了一大包魚子醬，約半公斤。吃到最後，我實在覺得噁心，乾脆拿去餵貓。我爸也買到蘇格蘭威士忌，但不久就喝光了。」

幸好，到了一九七〇年，他們的國家換了一個新總統——事實上，那個人還是胡安以前的教授——他宣布赦免游擊隊以及政治流亡者，他們一家人終於可以回國了。胡安向家人解釋：「中國的革命已經完成，現在我們需要在自己的國家推動革命。」回國後，胡安開了一家書店，書店裡張貼毛澤東肖像，販售中國的政治宣傳，他藉此投身叛亂。由於中國政府是免費寄送這些商品給他，他才得以達到損益兩平，賣出足夠的宣傳出版品以支付店租。「四人幫」倒台，路線改變後，中國政府不希望再繼續發送那些刊物，因為已經不符合新的「不干涉」、「不革命」的外交政策。胡安的中國贊助者以一種巧妙又簡單的方法來阻止他經營下去：他們寄了一張帳單給胡安，請他為過去六年來收到的所有免費刊物付錢。時至今日，胡安仍在書桌上放著一尊毛澤東的半身石膏像。

這個毛派分子的結局與古斯曼截然不同，這主要是因為性格差異。不過，兩者在一開始和中期的發展經歷非常相似，由此可見，一九六〇年代拉美極左派迷戀毛派模式的範圍及強度。胡安與古斯曼在中蘇決裂的巔峰期，因造訪中國而變成狂熱的毛派分子。兩人都對中國的共產主義及毛澤東的游擊戰理論產生虔誠的教義信仰。古斯曼因為抽象思考力更強又積極投入，而確切落實了那些教義信仰。如今古斯曼看似政治怪胎，然而在一九六〇年代的拉丁美洲，他是主流的一部分。

古斯曼不是一個容易勾勒的人物。身為典型的教條派共產主義者，他很努力把個人感受排除在人生故事外。二〇〇二年，祕魯的「真相與和解委員會」（Commission For Truth And Hardiliation）——成立於光明之路（祕魯共產黨）垮台，以及打擊叛亂的同時，也摧毀了祕魯人權的國家政權亦垮台之後——採訪他時，他如此總結自己的童年：「當時我並不關切政治。」[12]然而，他早年的生活並沒有那麼單純。一九三四年，他是個私生子，出生於祕魯南部海岸附近的坦博（Tambo）。父親和他同名，是喜歡到處留情的彩券中獎者；母親則是受過教育，生性低調且深情，名叫貝蕾尼斯．雷諾索（Berenice Reynoso）。十歲到十二歲期間，他不斷更換監護人，先是跟母親同住，接著跟舅舅同住，後來變成跟父親與繼母同住。即便成長在不穩定的家庭中，他還是受到很好的照顧：每個監護人都讓喜歡念書的古斯曼獲得良好的教育，繼母也很寵他。他

「無時無刻都在閱讀」，連玩捉迷藏時同樣手不釋卷[13]。不過，對書痴來說，罕見的是，他從小就對從軍很感興趣[14]。

後來，古斯曼前往祕魯的舊首都阿雷基帕市（Arequipa）的聖奧古斯丁大學（University Of San Agustin）就讀大學，師從紀律嚴明、唯我獨尊的哲學老師米格爾·安赫爾·羅德里格斯·里瓦斯（Miguel Angel Rodriguez Rivas）。里瓦斯的一個同事回憶道：「他非常有智慧，但很瘋狂……如果他的思想出現任何偏差，那可能會把他帶到世上的任何地方，而他會遵循指引，並認定自己是忠實地遵循神聖的真理。[15]」大學期間，另一個對古斯曼產生重大影響的是畫家卡洛斯·德拉里瓦（Carlos De La Riva，綽號 Carlos De La Rabia，亦即「憤怒的卡洛斯」）。德拉里瓦是熱情的毛派，一九五九年走了一趟中華人民共和國後，寫下一本深具影響力的書，內容談毛澤東的中國，書名更是不言而喻：《黎明誕生地》（*Where the Dawn is Born*）。古斯曼也徹底接受了歐洲高等文化的教育：他閱讀康德、馬克思、杜斯妥也夫斯基、伏爾泰、盧梭；聆聽巴哈、莫札特、瓦格納、布拉姆斯的作品。一九八〇年代，古斯曼把自己比喻成貝多芬合唱交響樂最後樂章的男低音獨唱（高呼著：「歡樂！歡樂！」音量甚至壓過整個交響樂團），藉此合理化人們對他的個人崇拜。到了一九六〇年，亦即中蘇決裂前不久，他加入祕魯共產黨。是年，他對阿雷基帕的貧民生活展開基層調查時，第一次瞥見農村的貧困。在這許多令人驚恐的故事中，他親眼目睹到「兩個極其貧困的家庭不僅住在同一屋簷下，而且還有一條小溪隔開兩個家庭，而小溪裡可見隔壁皮革廠排出的惡臭廢物……讀到貧困是一回事，親眼目睹又是另一回事了。[16]」

一九六一年，他完成了兩篇畢業論文：〈論康德的空間理論〉（On the Kantian Theory of Space）和〈資產階級民主國家〉（The Bourgeois Democratic State），足見他可以在極度絕望與智識抽象的世界之間穿梭自如。第一篇論文否定康德的唯心主義，推崇馬克思的唯物主義；第二篇論文譴責選舉以及資產階級對自由與平等的支持，並認為這些對「受困及遭到壓迫的群眾一無是處」[17]。尤其，從第二篇論文可以輕易看出，他對那些議題的執念及痴迷促使他接觸毛主義：奴隸制的恐怖與現代資本主義之間的平衡；半封建制度與殖民主義；主張受壓迫的社會有「不可剝奪的反叛權」[18]。於是，一種屬於千年至福的、毛派的意志主義——後來成為光明之路意識形態的基調——隱約顯現。「人民的命運掌握在人民自己的手中……清新的風吹來，堅定了所有民族堅不可摧的靈魂。人性在我們的眼前顫抖，以其無法壓制、永不認輸的姿態，朝著更好的時代邁進，催生新的社會。[19]」一名擔任其論文口試委員的教授回憶道，那場口試長達四個多小時：儘管口試小組中沒有人同意他對康德的看法，但由於他對該主題的了解及探索，他們一致通過他的論文。眼前這名訓練有素的理論家說服他們接受他的論點[20]。

同學都說，古斯曼年少時，以才智、謹慎、自信與魅力見長。一個同學回憶道：「有時他會打斷一堂課，展開冗長的哲學討論。他可以讓初次見面的人馬上對他欽佩不已。我記得他很熟悉馬列經典，而且多次嘲笑那些自認為比他更懂的人……他不喜歡開玩笑……有時他聽不懂玩笑。[21]」古斯曼年輕時常光顧一家書店，書店主回憶道：「有時他花幾個小時看書，才決定買哪一本。他喜愛哲學與政治學的書籍……我覺得他應該朋友不多，因為他總是埋首在書中。[22]」

一九六二年，阿亞庫喬（Ayacucho）的國立華曼加聖克里斯托瓦爾大學（Universidad Nacional de San Cristóbal de Huamanga）聘請他擔任哲學教授。該城是祕魯中南部同名地區的首府，後來成為光明之路起義的中心。這是祕魯最與世隔絕、也最貧困的地區之一，更遑論一九六○年代的祕魯是拉丁美洲的第二窮國。這座城市的名字是以當地的克丘亞語（Quechua）紀念絕望的暴力：在克丘亞語中，Ayacucho的意思是死亡的角落——一名印加統治者在這裡對西班牙入侵者做最後的抵抗。在這個講西班牙語的首府中，教堂隨處可見，但一九七九年，該市周圍安地斯山區居民的平均壽命僅五十一歲，是祕魯最低的。這裡幾乎沒有道路與交通[23]，任何有能力離開的人都走了——那些阿亞庫喬遷徙原住民，在歌曲中被稱之為「孤鳥」[24]。

一九六○年代末期，軍政府強制實施土地改革之前——以及之後的一段時間——不平等及剝削公然盛行。這一區充斥著種族歧視：白人及混血兒（歐洲和原住民的混血）歧視膚色較深的原住民。當地的顯貴人士（gamonales）批評「印地安人」「懶惰、可悲、貪吃」，「像野蠻人一樣」，甚至表明說：「我們西班牙人應該殺了那些印地安人[25]。」一個惡名昭彰的顯貴人士從無數印地安人的手中騙走他們的土地；要求女子嫁給他，不然就以殺死她來要脅；當主持儀式的牧師抱怨檔案不齊全時，他就把牧師打成重傷——這一切惡行都不必接受司法懲罰。一九五○年代，一本白人撰寫的回憶錄提到：「所有又苦又髒的工作都是交給印地安人做，這符合他們的天性，他們就是生來被糟蹋、虐待的。印地安人可以做任何事情：睡人腳下……死於飢寒。印地安人不會挨餓，他們已經習慣飢餓了，一兩天不吃也沒關係，因為那符合他們的天性。他們比人還低等，不是人類。[26]」安第斯山脈的地形嚴峻貧瘠，削弱了政府的存在。即使有政府存在的地方，那些代表往往是腐敗、濫權的。因此，阿亞庫喬集結了一群遭到邊緣化的民族。他們為宣揚毛主義的意識形態（激進的平等主義和粗暴的社會正義），提供了一個巨大的潛在支援基礎。

理論上，有一種方法可以擺脫貧困與剝削。社會弱勢不僅和膚色有關，也和缺乏教育有關——受過教育意味著高人一等。識字是獲得社經機會的關鍵：識字的印地安人可以晉升為顯貴人士。一九六九年，一名民族志學者採訪了該區四百九十九位農民，百分之九十一的受訪者認為「受過教育即可隨心所欲」[27]。阿亞庫喬的大學在關閉一個世紀後，於一九五九年重新招生。我們可以輕易看出這個機構的影響力與潛在破壞性：它代表貧窮沙漠中實現社會流動的唯一希望。為了讓這所大學成為成功的故事，該校特地聘請祕魯一些最傑出的知識分子來任教：兩位著名的人類學家愛德華多．瓦爾卡塞爾（Eduardo Valcarcel）與艾弗蘭．莫羅德．貝斯特（Efrain Morote Best，他的三個孩子後來都加入光明之路，兒子奧斯曼（Osman）甚至晉升為副領導人）；二十世紀祕魯最著名的小說家何塞．馬拉．阿奎達斯（Jose Marla Arguedas，其妻後來也加入光明之路）。大學提供的課程以及各種集會與娛樂的類型，挑戰了人們長久以來習慣的思維與行為。年輕的鄉下青年前來阿亞庫喬的首府接受教育，他們回到家鄉時，便質疑起老舊的階級制度和慣例。因此，這所大學的重新招生稍稍啟動了社會流動性，並掀起很大的期望。長期仰慕中國的小說家奧斯瓦爾多．雷諾索（Oswaldo Reynoso）回憶道：「在一個經濟嚴重分化的地區，地主與專業人士的孩子首度和農家之子共用教室，他們一起喝啤酒，認識彼此。這在阿亞庫喬掀起了一股革命熱潮。」[28]一九六〇年代與七〇年代之間，這所大學促使該區成為政治溫床。

古斯曼加入這所大學擔任教授後，旋即在學術上發揮影響力。他教大一學生馬克思的唯物主義，很快就吸引了一批忠實的門徒——一如德拉里瓦在阿雷基帕。學生為古斯曼取了「洗髮精」這個綽號。一名學生回憶道：「他會給你洗腦。你困惑時，他幫你釐清思緒。他會澄清問題，對每件事情都有答案。」另一名學生說：「他會在自己的周邊營造不確定性和神祕感。對他的支持者來說，他不管說什麼，都是那個議題的最後定論。他讓支持者充滿樂觀與自信，那種自信是一個朋友讓我印象最深的特質，他後來在叢林中被軍隊殺死了。」古斯曼無法容忍異見，是個「善於煽動他人的狂熱分子」[29]。任何人只要稍微思索其他的政治觀點，都會遭到他的組織排擠。古斯曼有個門徒甚至故意過馬路，朝一名大學教授吐口水，只因為有人發現那名教授和古斯曼的兩個政敵往來[30]。

年輕的祕魯人，尤其是第一代進大學的鄉下學生，在一九六〇年代與七〇年代很容易受到教條主義的影響：他們對理論非常熱中，卻不喜歡思辯那些理論。這些大學生在新的現代城市環境中感到不安，想要尋求明確的答案。結果，他們在大量的教科書中找到答案——最初是史達林時代的蘇聯出版的，後來在祕魯的大學裡廣為流傳——書中教導他們馬列主義的世界觀。他們學到透過革命及一黨專政的體制，把社會轉變成威權獨裁。一名講師回憶道，那些書變成「走向現代化的一種捷徑……讓世界大幅好轉的關鍵」。一個人類學系的畢業生回首當年時，問道：「你能想像那對一個二十五歲的青年意味著什麼嗎？那是學習使用一種祕密語言，一種讓我打開所有暗門的咒語。」中國的西語宣傳機構也吸引了一批樂於接納外來思想的大眾。中國主要的外宣機構「外文出版社」（Foreign Languages Press）在祕魯各地散發毛澤東的著作和彩色雜誌，亮面的夾頁廣告宣傳著「以農民為中心的半封建國家的革命」[31]。北京廣播電台不僅以西班牙語播放毛澤東革命的奇蹟，也以兩種原住民的語言〔克丘亞語和艾馬拉語（Aymara）〕廣播[32]。

一九七〇年代，路易．川田真部（Luis Kawata Makabe）在阿亞庫喬大學教授自然科學，他曾是古斯曼最親近的副手（他宣稱，只要學生知道毛澤東的四項原則，就可以及格）。他有一套專門用來招募新成員加入古斯曼團體的宣傳稿，長達兩小時，標題是〈物質與運動〉，涵蓋的議題從宇宙的創造到當代的祕魯社會，可說是五花八門。他也是古斯曼那個團體的常駐吉他手，每次古斯曼即將出現在派對時，川田真部所屬的「紅色天使」（Red Angels）樂團就會開始奏樂並唱道：「他來了，他來了……」這類晚會進行得更熱絡以後，他們便高唱更浪漫的經典歌曲：「吻我，深深地吻我，彷彿今晚是最後一次。」[33]

古斯曼之所以有別於一般近乎宗教狂熱的教授，且對意識形態及手段特別執著，是因為他在一九六〇年代初期接觸到毛主義。他最早接觸的是鼓吹革命的毛澤東，例如〈星星之火，可以燎原〉是他最早讀到的文章之一。但真正完全說服他投入的是中蘇決裂那索然無味的教條論據。古斯曼從他更早讀到的史達林著作中，已經學會欣賞「戰爭的轉化力」[34]。如今，他熱切地閱讀中共對蘇共拋出的激進論戰，他也更加相信全球需要革命暴力。古斯曼強調：「以武力奪取政權，用戰爭解決問題，是革命的核心任務及最高形式。」[35]古斯曼與拉美的革命人士切．格瓦拉（Che

Guevara）一樣，都崇尚武裝鬥爭；但他與格瓦拉不同的是——他鄙視格瓦拉是「合唱團女子」——他也（以越來越抽象的方式）推崇「群眾」和基層組織工作的前景[37]。一九六四年，祕魯共產黨（PCP）分裂成親蘇和親中兩個陣營之際，古斯曼選了後者，並把親中陣營改名為「祕魯共產黨—紅旗」（PCP-Bandera Roja）。

一九六五年，古斯曼親自前往中國參訪「毛主席的地盤……世界無產階級革命的中心。相較於胡安獲得的接待——他們兩人可能相遇或擦身而過，因為他們都在南京受訓——古斯曼只獲得三星級的款待。他沒有見到毛澤東，只有在招待會或集會上從遠處遙望他的機會。儘管如此，其影響依然很劇烈。近五十年後，在祕魯戒備最森嚴的監獄的牢房中，古斯曼以近乎浪漫的語言，回憶那次中國之旅：「那是我一生中最超凡脫俗、最難忘的經歷之一。」[38]古斯曼的自傳充滿了教條式的空談，僅描述中國的部分因情感洋溢而顯得特別突出：

> 工廠、人民公社、軍營、購物中心、大學、學校、醫院與診所、藝術工作室與展覽。廣場與街道上，沸騰的喧囂中洋溢著樂觀的情緒……政治主導一切……社會主義的新社會，為未來的共產主義奠定了基礎……北京，歷史悠久、充滿傳奇色彩的天安門廣場：莊嚴宏偉的深紅色紀念門和毛主席氣勢磅礴的肖像，革命博物館，人民大會堂……偉大舵手揮毫留下的金字真跡……浩瀚人海，馬克思、恩格斯、列寧、史達林、毛主席領導抗爭。印著錘子與鐮刀的紅旗、橫幅、標語林立；工人、農民、士兵、婦女、青年、中國人民，百萬人

群集，高呼：「打倒美帝！」……〈東方紅〉，歌舞讓浩大恢弘的革命抗爭再次復興……三十年過去了，我還能說什麼呢？我只能說，我得之於毛主席與毛主義太多……永遠還不了這份恩情，它成就了後來的我[39]。

「在這世上最頂尖的馬克思學府中……（中國）為他提供了精采的課程」：包括地下黨務運作、政治與暴力之間的密切關係。「我們處理精密化學品時，他們敦促我們，始終把意識形態放在首位，因為那可以讓我們完成任何事。」他結束那門爆破課程時，已經具備了超人般的能力，「他們告訴我們，任何東西都可以爆炸……我們拿起一枝筆，筆就爆炸了；我們坐下來，座位也爆炸了……只要你懂得怎麼做，任何東西都可以爆炸……那所學校對我的成長貢獻良多，我因此開始景仰毛主席。[40]」

這份恩情不單只是意識形態上的。一九六七年以前，毛澤東領導的中國一直為「祕魯共產黨──紅旗」輸送資金，或許也包括武器，以便他們在祕魯各地展開訓練。中國共產黨資助了一群拉美左派分子，有時這種資助非常漫不經比。一名中國外交官曾站在祕魯大使館外，搭訕一個行經大使館的激進左派組織成員──來自祕魯北部的印地安人）。外交官誤以為對方是祕魯華人，馬上主動表示願意支持他的理念，為他訓練數十名武裝分子幾個月。一九六五年，該組織發起一場反抗祕魯政府的游擊叛亂[41]。

一九六七年，古斯曼二度訪華（他可能一九七五年又去了中國，而且遇到波布，因為他後來貶抑波布是「偽馬克思主義者」）。儘管此行未能達成他的主要任務——說服中國恢復對祕魯共產黨—紅旗近日遭到切斷的金援——但回國後，他更懂得流暢地宣揚毛主義：「沒有調查就沒有發言權」、「捨得一身剮，敢把皇帝拉下馬」、「槍桿子裡面出政權」、「政治上的路線正確與否是決定一切的」。他強調，必須運用毛澤東那套「兩條路線鬥爭」的概念來消滅革命中的修正主義，也強調拉丁美洲作為「革命風暴區」的地位[42]。最重要的是，他經歷了「史上最偉大的群眾運動：文化大革命……那是世界無產階級革命的顛峰……粉碎了黨內的走資派」。在中國的教育下，他的世界觀變得越來越二元對立：一邊是「勇敢的群眾」，另一邊是「邪惡的帝國主義者」與「陰險的修正主義者」[43]。他目睹了中共大規模地清除不正確的書籍和人物，開始把毛主義奉為馬克思主義的「第三階段」。他進一步總結道，在中國，「主要的鬥爭形式是戰爭，主要的組織形式是軍隊……沒有人民軍，人民便一無所有」[44]。

那些專事分析光明之路（西班牙語是Sendero Luminoso）的人，建立起自己的學科：光明學（senderology）。一個光明學的學者指出，古斯曼把文化大革命的構成要素，直接套用在自己的叛亂上：尤其是對政敵展開永久的革命暴力以及摧毀所有的政治對手（包括非國家的社會救濟組織或社區的集體農場）[45]。他渴望為自己創造一個「由年輕的激進分子所組成、紀律嚴明的政黨，以小紅書中的言詞——亦即註定撼動社會的簡潔概念——來武裝」[46]。古斯曼與他未來的追隨者也學習簡化毛澤東的矛盾論——「歷史是由二元對立的衝突推動的」——並融入他們的日常生活中。他們刻意結合了「唯物主義的馬克思思想」與「偽基督教的宗教熱情」；結合了「對群眾的歌頌」與「群眾的流血犧牲」」;結合了「對古斯曼教授的偶像崇拜」與「消滅普通人的個人主義」。

古斯曼與中國的接觸,讓他在親中黨派中獲得極大的威望,也促成他在祕魯的激進政治發展。一九七〇年,他創立新派別:「祕魯共產黨—光明之路」。「光明之路」一詞引自祕魯共產黨(PCP)的創始人何塞·卡洛斯·馬里亞特吉(José Carlos Mariátegui)的著作,卻也反映了中國文革期間流行的意象。古斯曼也取了一個新的化名:剛薩羅。在新黨成立之初,光明之路有五十一名成員,其中十二人住在阿亞庫喬[47]。

如果古斯曼是其知識圈內的唯一親毛分子,這些思想的影響將極其有限。但一九七〇年代初期,毛派熱潮逐漸在其同儕之間增溫。古斯曼任教的大學中,有四分之一的教授都曾去過中國,其中包括安東尼奧·迪亞茲·馬丁內斯(Antonio Díaz Martínez),他根據一九七四年的訪華之旅,於一九七七年出版關於中國土地革命的著作,書中把公社制度及群眾領導之類的文革說法進一步理想化。他教授的課程只有一本教科書:小紅書[48]。這本毛派農業模式的偶像語錄,在中國放棄後,正巧在祕魯出版。其內容有助於說服光明之路的行動人士相信,他們正在為一個農民經營的人間天堂(「農村為主、城市為輔」)打一場正義的戰爭[49]。這本書的權威學術表象,吸引更廣泛的知識分子圈支持毛派模式。古斯曼、他的同事以及弟子不僅免費發送《北京周報》,也積極播放樣板戲及天安門廣場前紅衛兵集會的影片,為人們帶來衝擊[50]。兩個一九七〇年代晚期待在阿亞庫喬的荷蘭農學家對當時的情況感到困惑,他們記得當時剛成立的光明之路籠罩著一種奇特的氛圍。未加入黨派的同學和教授會嘲笑那些加入光明之路的人：既然他們的教條主張在農村發動人民戰爭，他們還留在大學裡做什麼[51]？

十年間，古斯曼以大學為核心著手規畫並準備武裝鬥爭（後來，西班牙文中「terroristas」與「universitarios」這兩個詞常被用來指稱「senderistas」，亦即「光明之路的激進分子」）[52]。由於農村地區未受關注，甚至沒有國家政府的存在，古斯曼大可在教育系統的多個層級灌輸他的理念。一九六〇年代，他負責大學生的核心課程——這可能是小紅書後來成為人類學與哲學指定教材的原因[53]。一九六三年，他成立一所高中，以培訓全區的農村教師。後來，他擔任大學的人事長，因此有權以他的支持者來遞補大學中的職缺，以及掌控獎學金與助學金的發放。支持光明之路的教授把他們的助教群變成毛派智庫，以指導學生研究有關「農村社群的社會政治權力結構」的論文。這類論文似乎總是以毛派對「農村的地主、富農、中農、貧農」的分析作結[54]。古斯曼針對祕魯的沉痾痼疾，提出簡單又激進的解決方案。那些解方吸引了剛受教育但缺乏就業機會的鄉下青年。雖然大學的重新招生拓展了民眾接受高等教育的機會，但畢業生的就業機會並未隨之增加。鄉下青年往往要承受很大的經濟壓力並投入很多心力讀書，才能獲得學位。但他們畢業後常發現，最好的職業選項是返回他們努力逃離的村莊擔任教職。所以，古斯曼的弟子畢業後，分散在遍布整個山區的傳播網絡中，密謀利用他們的偏遠社區作為革命的跳板。祕魯記者古斯塔沃．戈里蒂（Gustavo Gorriti）在一九八〇年代至九〇年代追蹤報導光明之路的故事，他指出：「這些人很年輕、纖瘦、認真、內向，大多來自貧困家庭……都是聽話的孩子，乖巧、安靜、勤奮……看到他們沉浸在爆炸的煙霧與令人費解的狂暴之中，對許多家庭來說，只是一個更意外的震撼的開始。[55]」古斯曼的第一任妻子奧古斯塔・拉托雷（Augusta La Torre）可說是一大助力，她美麗、熱情，善於說服貧窮的鄉下青年加入組織[56]。一九八八年，她離奇過世——最有可能的原因是，她對於自己協助發起的革命產生懷疑，為了避免丈夫的理念受到她個人動搖的影響，所以選擇自殺。

加入光明之路的高中老師會先組織其他老師，再由這些老師去組織學生。一個年輕的老師——僅高中畢業——在鄉下村莊的牆壁上以紅字塗寫：「北京萬歲！[57]」而各個農村網絡也把關鍵的資料匯集到位於阿亞庫喬市的黨中央：關於地形、社區權力結構、農民願望、武裝鬥爭想消滅的在地權貴的名字以及個資。古斯曼就是透過這些以前的學生，探索各地農村的地理與社會，最後選定以丘斯奇（Chuschi）——一處傳統的順從模式已經很微弱的地區——作為第一次武裝抗爭的地點。

光明之路以擅長吸引最聰明、最優秀的人才著稱。艾蓮娜・伊帕拉吉爾（Elena Iparraguirre）是早期加入的著名成員。一九四八年，伊帕拉吉爾生於利馬以南一個溫馨的中產階級家庭，接受良好的教育，擁有兩個碩士學位（一個在利馬取得，另一個在巴黎取得）。一九七〇年代，她嫁給一名化學工程師，過著幸福的生活，且育有二女。不過，她的性格也有極端的一面，她認為那可追溯到少女時期讀修女院學校時被灌輸的宗教信仰。二〇一二年，她回憶道：「我記得基督教的殉道者被馬戲團的獅子吃掉時，並沒有否認他們的信仰。某種程度上，我自己的故事是受到這些圖像的啟發。我從那些殉道者學到包容一切以維持純潔。」一九七〇年代初期加入光明之路後，她於一九七三年在幹部學校的一堂共產黨歷史課上，第一次見到古斯曼。她回憶道，古斯曼在那堂課上完全說服了她，因為他讓她感覺到，自己是萬中選一的精英。「雖然我們只是一小群年輕人，而且大多是年輕女性，但他覺得那不重要，他也可以在巴黎索邦大學講同樣的話。他講了好幾個小時，詳細地說明了一切。」伊帕拉吉爾在政治上和身體上都受到古斯曼的誘惑（一九八〇年代的某個時點，她成了古斯曼的伴侶）。一九七〇年代末期，她拋夫棄子，頓入地下活動中。她因擅長組織與分析，迅速在黨內竄升至領導地位[58]。

另一個備受矚目的新進成員是愛德華多．馬塔．門多薩（Eduardo Mata Mendoza）。曾經擔任醫院院長，後來放棄行醫，隱居在鄉間，披著南美風格的披風外套，穿著涼鞋，戴著草帽。他和妻子把幾個月大的孩子送人，然後一起投身革命。這些早期加入光明之路的成員，社會地位都很崇高，不僅為這場運動累積了聲譽，也促成這個黨的存續：門多薩轉入地下活動後不久就被捕了，後來在一群醫界同行積極奔走下獲釋[59]。其他加入光明之路的新成員大多是政治新手：容易受影響的農村青年男女。阿亞庫喬東部農村的一個居民回憶道，古斯曼「令那些學生深深著迷」[60]。一名比爾卡舒瓦曼（Vilcashuaman，該區一處古老的印加聚居地）的校長回憶道：「光明之路挑選最聰明的學生來灌輸思想。他們是最有能力影響同學的領導者。」接著，光明之路再派他們到農村，由他們接手課程，教導兒童及青少年高呼：「毛！毛[61]！」一名激進分子回憶道：「他們說，阿亞庫喬將在一九八五年變成解放區……一個獨立的共和國……那是讓年輕人燃起希望的一種方式，不是嗎？[62]」另一名年輕人回憶道，取得武器可能是一大誘因：光明之路的激進分子招募「那些急欲學習武器的青少年，比如機關槍。對他們來說，使用炸藥是一件大事……他們炸毀東西只是為了體驗爆炸，僅此而已。[63]」

從尼卡里奧（Nicario）的實例可以看出，一些年輕人加入光明之路的動機很隨性。尼卡里奧從阿亞庫喬的農村中學畢業後，開始擔任加工古柯葉的臨時工。一九八一年，幾名光明之路的幹部（全是學生）來到他所在的社區，其中一人邀他去參加一場會議。「我一口就答應了……因為當時……光明之路非常活躍，他們常發動襲擊……所以我們年輕人開始談論他們，我們本來就想參加了……指揮集會的軍事指揮官帶著機關槍……他全副武裝，以低沉的嗓音自我介紹：『是的，同伴。』感覺充滿了威嚴……他叫我們去某個地方，他說：『我們會在那裡等你們。』」尼卡里奧覺得，光是那樣就足以吸引他加入了：機關槍、全副武裝、低沉嗓音。他加入光明之路後，任務是「帶一兩個值得信賴的朋友，參加以後的會議，好讓團隊壯大」。於是，尼卡里奧變成全職的黨工，負責摧毀實驗農場並處決那些「說壞話的人」[64]。

一九七六年九月九日，毛澤東在北京逝世。當月稍晚，古斯曼向中國駐利馬大使館發送了一封虔敬的哀悼信（「毛主席永垂不朽！」），並在追悼會上向他的英雄致敬[65]。這是他十六年來最後一次公開露面。毛澤東過世非但沒有讓他氣餒，反而讓他更加相信，在祕魯發動人民戰爭，讓毛主義的旗幟繼續飄揚的時候到了。古斯曼後來說：「現在是捍衛革命的時刻，我們開始武裝鬥爭以捍衛革命。[66]」

> 一九八〇年五月十七日凌晨兩點，五名戴面罩的男子——四名學生及帶領他們的老師——闖入市集小鎮丘斯奇的選民登記處，捆綁了登記員，燒毀當地的民主工具：選民登記處與投票箱。這是光明之路對祕魯發動的第一次抗爭：武裝鬥爭的開始（Beginning of the Armed Struggle，簡稱ＢＡＳ；西文：Iniciacion de la Lucha Armada，簡稱ＩＬＡ）[67]。

在此之前的三個月間，光明之路密集召開了一連串的會議，為軍事鬥爭做準備，以便在毛語錄的嚴格架構下建立「正確」的政治路線，並「整肅」（亦即清洗）那些反對古斯曼的人。誠然，毛澤東不是影響古斯曼那種學究式暴力革命的唯一因素。他博覽群書，會引用莎士比亞的劇作《凱撒大帝》（*Julius Caesar*）和《馬克白》（*Macbeth*）的文句來教導學生陰謀與叛國的精妙之處。他也會從華盛頓．歐文（Washington Irving）那本少人聞問的著作《穆罕默德的一生》（*The Life of Mahomet*）節錄一些內容來分享，也許他是看上那本書對意識形態的力量所做的描述：書中把穆斯林比喻成「席捲大地與海洋的暴風雨，摧毀高大的船隻及高聳的塔樓」。艾斯奇勒斯（Aeschylus）的《普羅修斯的宿命》（*Prometheus Bound*）為「不屈不撓的反抗所能締造的成果」，提供一個深具意義的例子。他也分享一些較沒有文學性的內容，例如一九四一年納粹入侵蘇聯幾天後，史達林對蘇聯人民發表的焦土策略演講——這預示了光明之路的反叛及國家的殘酷鎮壓將對祕魯造成什麼影響。而古斯曼將直接引進這種毫不妥協的戰爭模式：在此模式下，為追求目標，付出任何人命代價都是合理的。不過，他的戰略來自毛澤東：持久戰；從農村包圍城市；以及最重要的，革命唯意志論——透過純粹的意志力，在紀律嚴明的毛派政黨的領導下，群眾得以擊敗國家。

古斯曼那套如浴血般的毛主義，在如下這段演講內容中表露無遺，其內容同時結合了抽象概念和動之以情的不安以及太平盛世即將到來的信念，值得詳盡引用。

> 讓我們開啟未來，行動是關鍵，動力是目標……歷史需要它，階級催促它，人民已做好準備、也想要它，我們必須盡職盡責，我們也應該如此。我們是發起者……我們啟動世界革命的策略攻勢。今後五十年，帝國主義的統治與所有的剝削者都將遭到殲滅……人民戰爭的士氣將與日俱增，直到舊秩序倒台……毛主席說過：「四海翻騰雲水怒，五洲震蕩風雷激。」……革命的無敵火焰將會持續燃燃，直到它變成領導，變成鋼鐵。戰爭的喧囂與永不熄滅的火焰中，將會產生光明。黑暗中將會綻放光芒，新世界終將出現……人民揭竿而起，武裝起來，奮起革命，把絞索套在帝國主義與反動派的脖子上，掐住他們的喉嚨，勒死他們……反動派的肉體將會腐爛，殘破不堪。這些黑色殘渣會沉入泥中，剩下的燒成灰燼，任風吹散……我們將把黑火變紅，把紅火變成光……同志們，我們重生了！我們學會操縱歷史、法律、矛盾……世界的進步、國家的進步、黨的進步都是同一本書的書頁……馬列毛澤東思想，國際無產階級，世界人民，工人階級，全國人民，黨及其委員會、組織與領導者：數百年來的偉大行動都在歷史的這一刻達到顛峰。承諾兌現，未來展現：一九八〇

年武裝鬥爭的開始（BAS 80）。

現場群眾高喊：「榮耀馬列主義毛澤東思想！……在剛薩羅同志的帶領下，我們開始武裝鬥爭！」[68]

一九八〇年的聖誕節前夕，門多薩醫生領導的襲擊，釀成第一次流血事件：一名六十歲的農民與其十九歲的雇工在阿亞庫喬的農場遭到游擊隊暗殺。除了宣傳或組織工作以外，游擊隊的恐怖行動現在成了光明之路的策略基石，強化了對暴力的頌揚：殺戮迅速產業化，而且是根據「配額」原則，亦即在革命烏托邦創建以前，死亡人數必須先達到某個數量。古斯曼聲稱，是毛澤東啟發這種流血行動：「馬克思、列寧，主要是毛澤東，武裝了我們。他們教導我們配額的概念，以及『為了保存而消滅』的意念。」[69]

其目的，是刺激政府不分青紅皂白地展開反擊，進而導致人民反抗政府的暴行，雖是殘酷，但事實證明，這種殘酷的手法成效著卓。政府的反應越過，祕魯的民主就越不可信，民眾對民主便越失望。古斯曼已經準備好承受萬分恐怖的死傷。他坦率地告訴幹部，「即使血流成河，也必須涉過」：「許多黨內的武裝分子將會殉難……並以最糟的方式死亡……他們將會家破人亡……在祕魯的歷史上，幾乎從未準備好面對這場終將爆發的暴力。成千上萬人將會喪命。」[70]光明之路所設想的革命，比較像是一種死亡契約。其中結合了毛澤東的樂觀概念「星星之火可以燎原」

以及類似宗教的黑暗概念「在血流成河中淨化」，催生出一種肆無忌憚的反抗精神[71]。

到了一九八三年春天，光明之路已經席捲整個阿亞庫喬大區：青少年在學校拉攏同學入黨；學生高唱黨歌，而不是國歌；農民必須向游擊隊的領袖申請出境簽證才能離開村莊。光明之路處決任何他們認為與政府勾結的人，甚至連為警察供餐的餐廳也遭殃[72]。受害者往往是一般百姓：郵務員、礦工、廚師、農民以及他們的家人——任何對於光明之路崇尚暴力的作法無法認同的人[73]。黨的懲戒也同樣殘酷。輕罪——偷一罐鮪魚罐頭和三塊餅乾、執勤時睡著——是以勒斃來懲處。一名幹部對其部門說：「我碰你的肩膀，你就不能繼續留在黨內了。」一名基層黨員回憶道：「寬恕並不存在。不忠誠，必死無疑。[74]」

然而，若不思考一九八〇年代前半段叛亂開始扎根時，祕魯政府的無能反應，就不可能了解光明之路何以成功。光明之路那些反叛者雖然一開始不過是軍事新手，但警方的無能和可笑的不當作為（侵犯人權、腐敗等），更是成了他們的助力。某個評論家指出，警察過於肥胖，根本無法爬上山追捕游擊隊[75]。雙方開戰之初，祕魯政府本應有很高的民意支持。一九八〇年，祕魯歷經十二年的軍事獨裁後，終於回歸和平。然而，事實上，基本的政治與行政失敗阻礙了民主發展。例如軍事獨裁政權把權力移交給新的民主政府時，前政府原本握有大量有關顛覆組織——包括光明之路——的資訊，卻全部離奇消失了。因此，祕魯的民主政府執政後，對國內的顛覆行動一無所知，情報部門嚴重缺乏資源（連公務車隊也被情報局局長的兒子——有抱負但沒天賦的賽車手——撞得粉碎）。一九八〇年「武裝鬥爭的開始」（BAS）之前，軍隊情報人員至少在此三年前就已經知道光明之路正在準備叛亂，但他們不以為意。在首都北部最熱門的海灘度假勝地，一群光明之路的黨員甚至公開在海灘上練習槍械[76]。

當政府終於意識到威脅時，便不分青紅皂白，一律以兇惡的方式反擊，而且種族歧視以及軍警的厭女情節更助長了這種充滿惡意的反應。於是，民主很快就動搖了。一九八二年，祕魯政府宣布阿亞庫喬進入緊急狀態，並授權軍隊採用焦土戰術來消滅叛亂[77]。國防部長路易．西斯內羅斯．維茲奎拉（Luis Cisneros Vizquera）甚至抄襲阿根廷骯髒戰爭*（Dirty War，一九七四年至一九八三年間，長達九年的「國家恐怖主義」，期間，阿根廷政府透過數萬起謀殺和失蹤案來摧毀政敵）中的計策——「如果我們殺了一百人，其中一人是顛覆分子，這一切就是值得的。[78]」士兵翻山越嶺時高唱：「可惡的恐怖分子，我們會攻入你們的小屋，吃掉你們的五臟六腑，喝下你們的鮮血，砍下你們的腦袋，刺穿你們的眼球，砸碎你們的腳踝。[79]」這場醜惡不堪的戰爭猶如安地斯山的越戰。一支軍隊的宣導影片顯示，「匕首訓練營」（Training Camp of the Dagger）中一個肌肉發達、打赤膊、穿著迷彩褲的士兵，如野獸般咆哮，衝向鏡頭前的水槽。一把大砍刀插入地下後，他依然咆哮著。接著，他跪了下來，把水槽內的深紅色黏稠液體淋在自己的身上。這些士兵正式入伍的方式是以被他們刺死的狗血淋身，或是吃下摻有火藥的燕麥片[80]。

* 譯註：阿根廷右派軍政府國家恐怖主義時期，針對異議人士與游擊隊所發動的鎮壓行動。

一名中士隨心所欲地折磨一個印地安的卡車司機，後來決定把他綁在一棵樹上，扭斷他的脖子，讓他閉嘴。他的戰友回憶道：「他沒死，後來開了兩槍才結束那個土番*的性命。這下子我們要把他藏在哪裡呢？任何地方都可以，反正高地沙漠那麼遼闊。」強姦是隨處可見的戰爭武器。一個海軍中士回憶道，「某天，他們送來一個番女，要我們處置她。太棒了，我們去哪裡做呢？我們找到一間廢棄的房子，裡面有便利設施、家具、電視……一應俱全。我們一個接一個上了那個可憐的番女……在這裡，每個人學會當混蛋……男人把她玩弄於股掌之間，糟蹋完後就把她殺了。」[81]幾乎每個會說克丘亞語的人都被懷疑涉及恐怖行動。光是阿亞庫喬大區的阿科馬爾卡（Accomarca）的一場大屠殺，就有七十一個平民死亡，其中包括二十三名兒童。一九八八年至一九九一年間，祕魯是世界上「失蹤」人口最多的國家[82]。

光明之路以更謹慎的方式展開反叛運動，而手法依舊殘酷。儘管古斯曼以華麗的詞藻修飾對光明未來的瘋狂執著，光明之路的反叛以務實的軍事術語來說，是從祕魯北部、南部、中部勤奮地創建組織結構而展開的。古斯曼是身為毛主義的優秀學生的古斯曼，致力落實游擊戰，並謹守中國人民解放軍的「三大紀律，八項注意」[83]。祕魯記者戈里蒂極其關注古斯曼在整個一九八〇年代的思想，他分析道：「他無疑擁有過人的提綱挈領能力，因此，他在整個過程中得以定義中期目標，接著再逐步勾勒出通往每個目標的詳細路線。在游擊叛亂的歷史中，極少實例是在周密計畫的支持下，靠純粹的決心扮演如此主導的角色。[84]」光明之路精心打造其軍事機器，最底層是地方游擊隊與黨委，他們可以提供資訊並控制社區。他們的上面是一支地區性的部隊，穿梭在幾個省份之間。地區性部隊中最優秀的戰士組成國家反叛軍，得以進行定點軍事行動[85]。該組織武裝其激進分子的方式，則是大規模地突襲礦場，生產出一箱又一箱的炸藥、數公里長的引信、無數的引爆雷管。整個過程平淡無奇，就只有緩慢、堅持、毫不間斷。光明之路的叛亂一開始只在彈弓上放幾根炸藥。但他們結合零星又原始的火力與堅定的毛派自信，形成一股有效反抗祕魯政府的力量。在阿亞庫喬的周遭，祕魯政府幾乎可以說根本不存在（一九七〇年代末期以來，面對身強體壯的年輕人一再抗議教育問題，警察持續撤離當地）。而叛亂初期，美國總統雷根正在夢想「星戰計畫」（Star Wars）核武戰備計畫[†]，但毛澤東的格言，「人比武器重要」證實是正確的：更有決心、組織能力更強的光明之路，勝於裝備更好的國家鎮暴軍*。

一九八一年十月，古斯曼的家鄉坦博（Tambo，位於祕魯西南部）的一所警察局遭到襲擊，這起事件顯示光明之路的實地戰略。他們充分利用警局的弱勢：警局的人手不足，大門對外開放，民眾可自由進出。近三十名游擊隊員攜帶四把機關槍、幾枝左輪手槍、一瓶硫酸，殺害警局內的三名警察和幾個平民（包括一名一歲的男孩），並打傷另外四人，然後消失在暮色中。游擊隊中僅一人受到輕傷。游擊隊缺乏經驗，也沒有全副武裝，但是對傷及無辜毫不在意[86]。

---

* 編註：原文為cholo，為帶有貶義的詞，指稱來自農村，皮膚黝黑的人。

† 譯註：亦稱戰略防禦倡議，正式名稱是戰略防衛先制（Strategic Defense Initiative, 亦稱Star Wars Program，簡稱ＳＤＩ），是美國在一九八〇年代研議的軍事戰略計畫。

政府陷入古斯曼設下的陷阱。光明之路打的算盤是，只要刺激政府展開殺戮報復，光明之路就能獲得正當性與支持，同時吸引新成員加入。這番盤算最初被證明是正確的。雖然數萬人死亡或逃離暴力，卻有很多人因此加入光明之路。二〇一〇年，伊帕拉吉爾在牢房裡坦承，一九八六年六月月，領導高層決定犧牲利馬監獄的囚犯，叫他們發動一場注定會釀成大屠殺的騷亂。他們的策略是「誘發種族滅絕」，並讓超人氣的左傾年輕總統阿蘭．加西亞（Alan García）「雙手沾滿鮮血」[87]。結果，這招奏效了。當製造騷動的囚犯與政府談判失敗後，加西亞——當時在利馬主持社會黨國際代表大會，臨時被拖去召開緊急內閣會議——授權軍方以武力重新掌控監獄。可怕的暴力事件接踵而至：至少兩百二十六名囚犯喪生，其中約一百人是光明之路的成員，軍方以冷血的法外處決方式來處置他們。此舉促使大批新人加入光明之路的反叛陣營，其中有很多是那些死者的朋友和親屬。

儘管伊帕拉吉爾和古斯曼等人對受苦的「群眾」發表關懷的言詞，但光明之路的那些理論家對農民一直抱持著一套令人不解且居高臨下的態度。他們認為自己身處在白人主導的國家，是受害者，覺得他們的社群需要從「殖民他們的機械化與功利性西方文化」中解脫出來，只是農民落後的問題更需要根除。此外，光明之路也給人一種精英知識分子絕對正確無誤的感覺。其領導階層自信地認為，他們是「抱持無產階級意識的知識分子」，因此有權指揮祕魯農村的無產階級[88]（光明之路的領導高層中並沒有無產階級[89]）。如果農民不願接受光明之路的權威，光明之路的回應是既迅速又殘酷。例如一九八三年在阿亞庫喬中部的烏渠拉凱村（Uchuraccay），農民殺了七名光明之路的成員，用以報復他們謀殺當地人。光明之路隨即在村裡展開大屠殺，全村四百七十人，死了一百三十五人。一名光明之路的幹部宣稱：「我們掃蕩了那些垃圾土番。[90]」另一場也是發生在阿亞庫喬中部的大屠殺是在盧卡納馬卡（Lucanamarca），有八十名農民遭到砍殺、焚燒或槍殺，一九八八年古斯曼冷靜說道：「施暴無妨……最重要的是讓他們明白，我們不是好惹的，我們隨時準備好做任何事，任何事。[91]」

因此，光明之路從來不是一場平等的農民戰爭，而是城市知識分子的計謀，他們在自己的指揮結構及地位中，重現了他們誓言要推翻的種族與階級制度：上層是白皮膚、講西語、受過教育的精英；底層是膚色較深、說克丘亞語的窮人。這種對「群眾」的疏忽，從光明之路施暴時牽累民眾的方式可見一斑。他們與當地社區「融合」時，卻讓民眾暴露在軍隊的懲罰性暴力之下。他們經常強迫村民目睹「壞分子」遭到懲處，甚至有時逼村民折磨及處決「壞分子」，藉此把村民牽扯到流血事件中。毛派戰術主張「敵進我退」；軍隊逼近時，光明之路就逃離，任當地民眾承受後果。村民回憶道，他們感覺自己像「晾在屋外的衣服，在風中無助地飄動，得不到地方當局或警察的保護……如果光明之路想抓你，你就完了。[92]」

這種殘酷的暴力讓光明之路進駐社區，但隨後又疏遠了社區。一個目擊者表示：「光明之路一開始帶來夢想，最終卻是帶來一場噩夢。[93]」孩子被迫成為游擊隊：「不管孩子想不想要，他們都會逼孩子接觸武器、刀、矛。你不接受的話，就死定了。[94]」他們對毛澤東的了解很少，只在早餐前閱讀一些哲學文章，僅此而已。光明之路一開始試圖禁止節慶，但後來發現村民會在酒後不小心吐露告密者：「喝酒讓他們透露他們對軍方說了什麼。我們一聽到他們吐露真言，就直接帶走他們，並在當晚稍後滅口。不會有人看到，都在黑暗峽谷中進行。[95]」他們把十二、三歲的女孩變成慰安婦或生育奴隸——他們把女孩徵召到基地，讓她們懷孕後，再放她們回去。一些痛苦的母親哭喊道，光明之路「騙了我們」[96]。在一些基地裡，自願加入的新人與徵召加入的新人一起生活，而後者，都是來自光明之路殲滅的家庭）[97]。叛逃者及持異議者都會遭到殘酷的公開處決。一九八九年十一月，光明之路屠殺亞馬遜部落的俘虜時，其中一名囚犯就被釘死在十字架上[98]。與此同時，光明之路也拓寬了政治罪的定義，連露出悲傷的表情也可能被判處死刑。老人和病患很容易遭到清算，並被譴責為「寄生蟲」（這讓人想起赤棉的格言：「放過你，沒有收穫；殺了你，沒有損失。」）軍方後來發現一大片光明之路受害者的亂葬岡——光是一個坑裡就埋了上千人[99]。一九八〇年代中期，安第斯山脈上驚恐的在地人給了光明之路一個稱號——「ñaqa」，克丘亞語文化中，一種邪惡的食肉靈[100]。

一九九〇年代初期，祕魯境內受害最深的三千五百多個村莊，紛紛組織起對抗游擊隊的自衛巡邏隊（rondas campesinas）。政府與軍方如今表示，他們不再把農民視為勾結光明之路的敵人，而是重要的盟友。一九九一年，軍方向居住在衝突區的安第斯農民發放了一萬枝溫徹斯特M1300霰彈槍（Winchester Model 1300）——「獲得牧師的祝福，彷彿是為了一場聖戰」[101]。祕魯政府打破了自西班牙征服南美以來的一大禁忌：不准印地安人擁有媲美後印加統治者的軍備。為了贏得民心，軍歌從「恐怖分子／我要是找到你／我會吃了你的頭」變成「日安／祕魯士兵向你致敬」[102]。發給農民的槍械取代了更原始的武器：砍刀、長矛、以煉乳罐及釘子製成的手榴彈等。一九九〇年，祕魯中部那些激進的農民用石頭砸死十三名疑似游擊隊隊員，並把砍下的人頭裝成滿滿一袋，送到當地的軍隊總部[103]。

試圖解釋光明之路的吸引力時，有必要先暫停下來，思考一下這場運動對女性的明顯吸引力——因為相較於世界上其他的共產叛亂，女性在光明之路中扮演更重要、更資深的角色。從一九九〇年起，政治局的五名委員中，就有兩名女性；中央委員會的十九名委員中，也有八名女性。在比較低的層級，百分之四十的武裝分子是女性。在拉丁美洲的左派游擊隊中，都可以明顯看到女性的參與度很高，在此之前，游擊隊大多較偏向陽剛的列寧主義。一份警察培訓手冊公開指出，警方畏懼這些加入游擊隊的女性，她們常負責在武裝交戰中對警察和士兵發出致命一擊：「她們比男性更堅定、更危險，她們的行動是絕對的，她們認為自己有能力執行任何任務……她們很嚴苛……擅長利用並操縱……她們衝動，敢於冒險。[104]」一九六〇年代與七〇年代的外國訪客常稱讚毛澤東領導的中國——「婦女能頂半邊天」——是落實社會主義女權的典範。祕魯的毛主義是不是也承諾落實女權，所以才吸引這麼多女性加入光明之路呢？

若說山區的社會不平等促使新人加入光明之路，女性可說是該區最弱勢的群體之一，而且在接受教育以及獲得機會方面更是墊在最底層。一九五〇年代，一名阿亞庫喬的婦女告訴她的孫女：「我的牛羊比妳還值錢。[105]」一些女性之所以加入光明之路，顯然是因為她們入黨晉升的速度比待在祕魯的傳統社會還快，尤其是那些出身更卑微、種族遭到邊緣化的女性。十九歲的弗洛（Flor）有個願望：在美國石油公司找到擔任雙語祕書的工作。當她因為膚色較深而未獲錄取時，她加入光明之路，一年內就晉升到領導職。[106]伊帕拉吉爾的獄中回憶錄聲稱，游擊隊是性別平等的避風港——其所言包括性關係混亂。「女性擔任指揮官，所做所為跟男性一樣。」[107]

然而，實務上，光明之路其實是一種非常有限的女權主義：不假思索地服從黨的命令，總是比女性賦權更重要。而且，黨的最終權威當然是落在一個男人的手中：古斯曼。他的周圍環繞著一群照顧他、保護他的女性護衛隊，有如金鐘罩。一九九〇年，在國安單位迄今為止最大的情報斬獲中，他們突襲了一個藏匿處，發現一支影片，裡面錄有古斯曼與其最親近的下屬。影片中，「剛薩羅總統」和一群女性侍從自在地相處——跳著希臘風格的左巴舞（Zorba），拍照，撫摸手臂——其他男性則神情緊繃地保持較遠的距離。一名歷史學家在監獄裡採訪過多名光明之路的女性高階幹部，他形容她們「非常強勢且堅定」，但是「對古斯曼的忠誠與崇敬，則是近乎神祕的熱情」。即使入獄二十年了，這些女性在律師來訪以前，一定會先烹煮古斯曼最愛的菜肴，然後委託律師送去給她們的「紅神」[108]。

光明之路的毛主義帶有一種宗教狂熱，那種熱度除了在毛澤東崇拜的顛峰期以外，在中國可說是未再出現。光明之路把文革的元素（神格化毛澤東）挪用到古斯曼的身上。海報上，古斯曼是個帥氣又專業的超級英雄（戴眼鏡，著深色西裝），周圍綻放著光芒，一隻強健的手臂揮舞著紅旗，另一隻手握著小紅書，站在一群皮膚黝黑的安第斯群眾的前面[109]。（情報單位對古斯曼的外型就沒那麼恭維了，還給他取了綽號：el Cachetón，意指櫻桃臉頰，因為他在藏匿期間，臉頰明顯豐腴了起來。）光明之路的成員必須簽一份「服從書」，把個人生命的掌控權交給「剛薩羅總統」：「我向世上最偉大的馬列主義／毛主義者、我們敬愛的剛薩羅總統、祕魯革命與世界無產階級革命的領袖，表達問候及全面無條件的服從……我向無產階級的科學思想表達問候及全面無條件的服從：馬列毛主義與剛薩羅思想，尤其是剛薩羅思想，是萬能、絕對正確的意識形態，照亮我們的道路，武裝我們的思想。[110]」黨的組織刻意把持有黨證的激進核心維持在小規模人數——從未超過兩千七百人——以維持這個精挑細選的宗教社群緊密團結。這不禁讓人想起伊帕拉吉爾對早期受迫害的基督徒的認同[111]。

雖然古斯曼聲稱，他對宗教從來沒有興趣，他的措詞卻不止借用毛語錄，也借用《聖經》。古斯曼認為，光明之路在歷史上的地位是〈創世紀〉的毛派：「一種更強烈的光啟發了我們的人民，那道光就是馬列主義—毛澤東思想。一開始，只有光，別無他物。那道最初的無盡光芒，矇蔽了我們雙眼……共產黨人起來了，大地撼動。隨著天搖地動，同志們前進了……於是，陰影開始退去，一去不復返。牆壁搖晃，出現裂口。隨著他們出拳，黎明破曉，黑暗變成光明……他們的靈魂充滿了喜悅，眼睛閃耀著光芒。」他喜歡那種偽科學般的共產預言：「其中一章將會說：我們需要付出極大的努力，我們流血犧牲，並在困難時刻埋葬死者，擦乾眼淚，繼續奮戰……那將成為歷史：我們正走在通往共產主義的必經之路上，達到完全、絕對的光明。倒下者的鮮血呼喚出光明、更多的光明，我們要達到共產主義！這一切終將寫下來，也是將記在歷史中的的……沒有什麼能阻止革命，那是定律，是命運。[112]」基督教的罪惡觀與毛派的自我批評交織在一起：除了古斯曼以外，每個人都有可能褻瀆政治，無法避免公開的羞辱[113]。光明之路的領導人跟世界各地的毛派一樣，並未對一九四九至一九七六年間世上唯一的毛主義國家「中國」進行深入的分析，也忽略了那段期間中國的生活經驗。光明之路的領導高層中，沒有人學習中文，也沒有人了解毛派宣傳以外的中國。

光明之路的成員對教義的狂熱信念，不僅可以幫我們了解他們的熱情投入為何可以把叛亂轉變成如此強大的力量，也可以有助於我們了解這場運動的嚴重錯誤。儘管毛澤東及古斯曼兩人的分析，和當代祕魯幾乎沒有相似之處，但其正確性卻不容質疑。在光明之路少有的文件中可見，祕魯是一個半封建、半殖民的國家，如同一九四〇年代毛澤東所定義的中國。這種對祕魯現實的意識形態解讀（正如毛主席所說的）只需要一種反應：革命暴力。古斯曼宣稱：「由於我們的國家只有封建壓迫，沒有民主，我們沒有議會或法律可用。武裝鬥爭與建立革命支援基地」是唯一的解決辦法[114]。

因此，受過教育的光明之路成員總愛自圓其說，山區幾百年來都沒有改變：那裡仍是被動奴隸的區域，在外國佬或混血莊園主人的專橫統治下，等待革命的解放。然而，事實上，一九七〇年代，山區已經偏離這種刻板印象。一九六八年軍政府掌權時——穿著睡衣的總統被捆綁塞進一架飛機，並在凌晨兩點被空運出境——祕魯一千四百萬人口中的百分 二，擁有全國百分之九十的土地。然而，政府當年頒布了土地改革計畫，八百六十萬公頃以上的土地，重新分配給三十七萬多個家庭。儘管改革最終因組織混亂和管理不善而失敗，卻改變了農村土地所有制與農奴制的現實狀況：一九六八年以後，佃農制大致上廢除（相較之下，一九四九年以前，中國百分之三十的土地是由未居住在當地的地主所有）[115]。套用毛派的說法，祕魯的土地改革儘管失敗，但改革已經浸潤了整片大草原，導致「星星之火」再也無法燎原。

在一九八〇年代的山區，有些農民如今有了一些資產——一座小農場——需要保護。即便貧窮隨處可見，對於政府的忽視及腐敗感到不滿，卻也不至於馬上掀起革命。儘管如此，光明之路依然進入社區，教唆農民侵入私人莊園，即使那些大莊園已經被十年前的土地改革分割了——光明之路的第一個受害者只有六十英畝的土地）[116]。一個困惑的婦女問道：「光明之路希望我們入侵鄰居的庭園嗎？[117]」毛澤東對半殖民判斷也不適合套用在祕魯：儘管美國一直在經濟上占主導地位，祕魯自十九世紀末期以來並未遭到外國入侵。在其他的重要面向，一九八〇年代初期的祕魯也與一九三〇年代的中國截然不同。祕魯是民主國家，三分之二的人居住在城市，四分之三的祕魯人識字（反觀一九五〇年的中國，居住在城市及識字的人口都只有十分之一[118]）。電氣工程師、農學家、人類學家、外國非政府組織、公民社會福利的活動人士都努力改善祕魯的生活。毛派理念主張，最窮的農民將成為革命的支柱。但是在祕魯，最窮的是印地安人也他們自身的權力結構，有些印地安人以暴力抵制白人或混血的光明之路成員對他們的統治。

在追求自給自足的過程中，光明之路試圖關閉社區進入週次市場的通道。一個當地人不禁就事論事問道：「那我們要去哪裡取得鹽和火柴？[119]」打從一開始，光明之路就不是走群眾路線，而是走集中化、由上而下的模式。在這種模式下，在地社區既被理想化，同時也受到支配。換句話說，古斯曼渴望毛澤東所鍾愛的「空白頁」，以便在上面自由地寫下美麗的新事物*。祕魯社會一點也不像空白頁，古斯曼大失所望之餘，導致了光明之路施展的暴行。他們的目標是摧毀任何可能取代該黨的替代方案：所以他們殺害市長與貧民窟救濟福利的保衛者；他們摧毀了農村發展專案；他們殲滅了敵對的左派組織。一份黨的文件提到：「關鍵是徹底摧毀，徹底摧毀意味著片甲不留。[120]」

卡洛斯・德格雷戈里（Carlos Degregori）是古斯曼的大學同事，後來成為祕魯最具觀點的光明學者之一。他說：「一九九二年是祕魯當代史上最糟的一年。」全國陷入動盪不安的狀態，一半的人口及三分之一的土地在軍隊的掌控下，數萬人喪生。而且，在一九九〇年代之初，光明之路即宣稱：「革命勝利將犧牲一百萬人的生命。」利馬有如拉丁美洲的貝魯特，被汽車炸彈所撼動，因停電而陷入黑暗，民眾因社區領袖公然遭到刺殺而驚駭不已[121]。

政府看起來像在逃亡。藤森謙也（Alberto Fujimori）在一九九〇年的總統大選中，意外擊敗精英當權派的候選人馬利歐・巴爾加斯・尤薩（Mario Vargas Llosa）。他上任後的首批行動之一，便是召見軍隊指揮官，並告訴他們，光明之路即將對利馬發起大規模的攻勢[122]。在首都及周邊地區，政府漸漸看起來像輸家。在一九八六年監獄大屠殺的前後，光明之路那些坐牢的成員已經在都市的監獄內建立起近乎自治的聚落，經營著一塵不染、井然有序的「光明之路側翼」。他們自行烹飪、開會、看診、吟唱政治歌曲（西文歌和中文歌），也表演戲劇（包括指導如何製造汽車炸彈）以及文革風格的舞蹈，並自由地高喊「帝國主義與反動派是紙老虎」。

他們在牆上集體繪製色彩鮮豔的古斯曼壁畫。一群囚犯在離地面六公尺的地方，塗寫了一句毛澤東的名言。一名來訪的記者問他們：「既然你們可以爬那麼高去塗塗寫寫，為什麼不逃走？」他們回答：「我們不想逃，我們想讓俘虜我們的人知道，他們是侏儒。他們為了搞清楚我們是怎麼做到的，都快瘋了。[123]」

一九九二年，一所女子監獄的光明之路聚落，為一些來自英國的電影製作人進行一場表演。數十人穿著一樣的衣服——修身黑色長褲、卡其色襯衫、紅色圍巾——一邊齊步走，一邊歌頌剛薩羅主席以及「領導長征與文化大革命的偉大先驅」。毛主義在東方閃耀的光芒，是歷經千年的壓迫與剝削之後塑造的」。這種表演在監獄內外都產生巨大的宣傳效果。在監獄內，這可以讓其他的囚犯變得激進。諷刺的是，有些學生因為被政府懷疑支持叛亂而入獄，他們反而在入獄後才被光明之路的教義所洗腦。監獄外的人士也對他們的表演印象深刻，一些利馬的木工若有所思地說：「他們在牢裡很守紀律，也許他們可以領導我們過更好的生活。[124]」就像光明之路的其他單位，監獄裡的政治紀律極其嚴密：任何有背叛嫌疑的人都會遭到身心的攻擊。有個和古斯曼鬧翻

＊　作者註：毛澤東認為，「中國六億人口的顯著特色是一窮二白……窮則思變，要幹，要革命。一張白紙，沒有負擔，好寫最新最美的文字，好畫最新最美的圖畫。」

的前領導人遭到羞辱並孤立；他獲釋時，已經變了一個人，身心殘敗不堪[125]。

政府在監獄內外盡皆喪失主權的根本原因，在於內戰的緊急狀態引發普遍的經濟災難。一九八〇年代晚期，光明之路的囚犯砸開牢房的掛鎖時，政府根本負擔不起更換掛鎖的費用，監獄當局因此失去對囚犯的控制。一九八九年，通貨膨脹率為百分之兩千七百七十五；一九九〇年，通貨膨脹率暴增至百分之七千六百五十[126]。一九九二年，美國記者兼人權活動人士蘿賓·柯克（Robin Kirk）參觀一座女子監獄時，監獄的安全長把她帶到入口處，面帶微笑地對她說：「妳進去要自己承擔風險。我不會派警衛和妳一起進去，也不會帶妳出來。[127]」

一九九二年七月十六日晚上，一輛沒有車號的紅色日系轎車緩緩行駛在利馬商業區「塔拉塔」（Tarata）一家大銀行附近的住宅街區。那輛車趨近一棟公寓大樓時，駕駛及乘客跳出行駛中的車子，潛入一輛停在附近的豐田汽車，逃離現場。不久，車內的炸藥爆炸，炸毀了直徑三百公尺的區域，造成二十五人死亡，一百五十五人受傷，三百多個家庭無家可歸，以及數百萬美元的損失。當晚的新聞鏡頭顯示，屍體上布滿白色的灰塵與紅色的血跡；一名穿著襯衫的男子，因創傷而發狂，對著在大火肆虐下僅存骨架的公寓大樓不住地呼喊一個名字。多年來，安第斯的村民持續消亡，死亡不是什麼新鮮事。但塔拉塔的爆炸案令利馬人震驚不已，因為大屠殺第一次發生在富裕的白人社區。

光明之路的策略依然堅定地奉行毛派路線。轉往地下發展的古斯曼強調，毛澤東自一九四〇年代所提出的「奪取國家」三階段軍事計畫：「戰略防禦」之後，叛亂轉向「戰略平衡」，緊接在第二階段之後的，便是勝利在望的「戰略進攻」（這個三點計畫成為尼泊爾毛派在一九九六年的內戰中奉守的聖諭。）古斯曼藉由逼近利馬，實踐毛澤東的指令「從農村包圍城市」，雖然此時農村的民兵已經把多數的光明之路成員趕出他們最初占據的阿亞庫喬腹地。

古斯曼神出鬼沒，難以捉摸，致使光明之路的叛亂顯得更加令人膽寒。他「無處不在，卻又無處可尋」。一個利馬警察回憶道：「當時大家覺得古斯曼就像雨：你看不見他從哪裡來。他就像一條蛇，神不知鬼不覺地滑過。」農民說：「啊，他一定是神。」[128]然而到了一九九〇年，祕魯政府開始更有條理地對付叛亂分子，並成立「特別情報小組」（GEIN），屬於警方內部的反恐單位，負責蒐集及分析情報，而不是殺害、強姦和焚燒。在一絲不苟的老派警察班尼迪克托·希門尼斯（Benedicto Jiménez）的指揮下，特務跟蹤那些可能是光明之路成員的人。他們臥底偽裝成冰淇淋小販，最後還讀了毛澤東的作品。GEIN很快就得出一個結論：古斯曼一定是躲在利馬。希門尼斯與他的團隊最終鎖定蘇爾基約區（Surquillo，首都內的中下階層區域）一棟外型方正的黃色房子。（不久便發現，古斯曼喜歡距離軍隊總部不遠處的中產階級地區作為避難所。）這處住所由二十八歲的芭蕾舞者瑪莉莎·加里多·雷卡（Maritza Garrido Lecca）所承租的。她來自一個小康、有文化素養的利馬家庭，與祕魯的藝文界名人多有接觸。她的叔叔是音樂家，與知名作家馬利歐·巴爾加斯·尤薩（Mario Vargas Llosa）是會閒話家常的好友。不過，一九九一年一月，警方先逮捕雷卡的姑姑內莉·艾凡絲（Nelly Evans）——曾是修女，後來成為光明之路的財務長——之後，便著手對雷卡展開調查。有幾條線索顯示，這處住所是古斯曼的藏身處：雷卡習慣購買的麵包、肉類、酒類的數量，遠遠超過她和先生所需的消耗量；那間房子只住兩個人實在太大了；垃圾桶裡出現治療牛皮癬的空藥包（古斯曼長期罹患皮膚病），以及溫斯頓香菸的菸蒂（古斯曼最愛的牌子）。最後一個露餡的線索是，雷卡購買超大號的男性內褲，那尺寸不太可能適合她那瘦削的丈夫。

一九九二年九月十二日，警察突襲那間房子。突襲小組發現古茲曼——蓄鬍，身材圓胖、戴著厚重眼鏡——和伊帕拉吉爾正在聚會並規畫會議（利馬媒體宣稱，他們正在看電視，就像老夫老妻一樣）。一名警察衝向古斯曼時，伊帕拉吉爾立刻攻擊那名警察。古斯曼動也不動，但大聲說：「冷靜下來！你們是誰？」兩名領導者在警方完全未開槍下乖乖就範。警方對古斯曼搜身時，發現一枚毛澤東的徽章，他聲稱那是毛主席親自送他的（可能是他胡謅的）。古斯曼向反恐局局長打招呼：「很高興見到你。」接著又很多餘地補充道：「我是阿維馬埃爾·古斯曼·雷諾索。」

古斯曼被捕後，不再是全球毛主義中，那令人聞風喪膽的紅花俠*，而是——套用《紐約時報》的輕蔑說法——一個「患有嚴重牛皮癬的前哲學教授……大眾上次看到他的身影，是在一段喝醉酒的希臘左巴舞影片中，毫無切·格瓦拉或年輕的卡斯楚那種帥氣英勇的革命形象」[129]。他被捕後拍下的第一張照片，破解了他的神化形象：照片中的他打赤膊，身形肥胖，戴著眼鏡。雷卡拙劣地辯稱，她不認識伊帕拉吉爾，只知道她是房客，但後來她又高呼光明之路的口號[130]。

隨著古斯曼遭捕，光明之路像紙老虎一樣崩塌了。一九九二年底，二十二名中央委員中，有十九人入獄，古斯曼被判處無期徒刑。翌年，他放棄武裝鬥爭，命殘存的門徒與政府談判。他的追隨者對這名戰神的轉變感到驚訝，指控那是國家的折磨及洗腦造成的，直到一臉好氣色的古斯曼兩度、三度上國家電視台重新呼籲追隨著與政府談判後，他們才真的相信。一九八六年，古斯曼要求那些坐牢的光明之路成員犧牲自己的生命，迫使國家做出殘酷的因應對策，藉此贏得民眾的支持並招募新血。如今，他自己身在囚籠，在自身安危堪慮下，他解散了整個反叛運動。其他的前武裝分子也屈服於現實主義：有些人變成警方的線民，另一些人做起小生意，其他人則帶著不堪回首的記憶，回歸自己的舊社群。具黑色幽默感的公車司機，沿途宣傳各種捏造的站名來娛樂乘客：「阿雷基帕、古巴、佩雷斯特羅卡†（Perestroika）、史達林主義（Estalinismo）、毛主義（Maoismo）、剛薩羅思想（Pensamiento Gonzalo）。[131]」

如今，光明之路有一個政治側翼在祕魯以「特赦和基本人權運動」（Movement for Amnesty and Fundamental Rights，簡稱MOVADEF）之名存續下去；另有某種形式的軍事抗爭是以「功名之路生生不息」（Sendero Luminoso Proseguir）之名零星出現。不過，第二個群體已經隨著時代而轉變。一九八〇年代，光明之路對任何疑似不忠於理念的人，一律以暴行處置。現在，為

---

* 編註：原文為Scarlet Pimpernel，中譯《紅花俠》，為英國奧爾奇男爵夫人（Baroness Orczy）於十九〇五年所創作的小說。其背景為法國大革命後動盪年代，時值法國內憂外患，出現了一名英雄人物紅花俠，神出鬼沒的他，在戒備森嚴的情況下拯救無數貴族，令當時的執政者相當頭痛，並認定他是法國公敵，一心想逮捕他。

† 譯註：俄語，字面意義是「重建」，這是指戈巴契夫自一九八七年六月起推行的一系列經濟改革措施。

了分紅，他們為那些透過其掌控的叢林地帶走私古柯鹼的毒梟提供保護，供應他們香蕉，邀他們一起踢足球。有時，這些新潮流派的光明之路成員會在凌晨兩點叫醒這些客人，對他們上一小時的政治課，但他們對政治教義的熱情也就僅此而已[132]。

光明之路留給後人的，顯然只有荒涼：人生的荒涼以及政治進程的荒涼。毛派叛亂以及反叛亂活動，在一九八〇年代及接下來的年代，一起挾持了祕魯的民主與國家機器。一九九二年四月，亦即藤森謙也擔任總統兩年後，他廢除了體制內的制衡機制——國會、司法、憲法——他說，這些制衡「正把國家推向恐怖主義[133]」。他將全部的立法權集中到自己手中，強行讓祕魯進入永久緊急狀態，司法系統徹底喪失原本已經很有限的獨立性——儘管當年稍後成功打擊光明之路的情報行動其實跟他掌握緊急政權無關，而是靠舊式的警察行動發揮效果。二〇〇〇年，藤森在一場爭議性的選舉「勝利」後，逃離了祕魯。他也因貪腐——多達四十億美元從國庫中「消失」——及軍方侵犯人權的行為（他的緊急立法使得軍方享有免於懲罰的特權）而遭到通緝。

雖然古斯曼與伊帕拉吉爾在獄中仍是執迷不悟的毛派（他們不讀科普書或聽古典音樂的時候，仍是毛主義的信徒），但他們的意識形態對其他民眾來說是一種創傷的代名詞，尤其對祕魯社會最貧困的地區，亦即光明之路誓言珍視的「群眾」）來說更是如此。在拉丁美洲的其他地區，受過教育的城市中產階級承受了最嚴重的政治暴力。反之，在祕魯，貧困的農村社區承受最巨大的痛苦。在混戰中陣亡的人裡，有百分之七十五是以克丘亞語為母語（儘管以克丘亞語為母語的人在一九九三年僅占總人口的百分之十六）。百分之七十九的死者是生活在城市以外的地區

（總人口中僅百分之二十九居住在城市以外）。如果祕魯其他地區承受的暴力像阿亞庫喬一樣嚴重，這場戰爭將造成一百二十萬人傷亡，其中約三十四萬人來自利馬[134]。二〇〇三年真相與和解委員會公布報告之前，已經有人估計衝突中約有兩萬五千至三萬人喪生。後來的報告顯示，死亡人數是之前估計值的兩倍多，亦即近七萬人。

光明之路的戰爭及其後果，暴露出祕魯社會的深層裂痕：城市與鄉村之間（中產階級一再表示：「我們不知道，也不想知道。」）；白人、混血、印地安人之間；克丘亞語與西班牙語之間——畢竟，真相與和解委員會的報告中，最令人震驚的資訊是：調查中發現，山區與叢林中死了四萬人，但祕魯的統治階級甚至沒注意到這麼多人死了。要是沒有這些裂痕，農村地區不會那麼容易遭到城市居民的遺忘，也不會被軍方和警方無情地摧毀，更不會到今天依然在等待賠償。這也難怪農民稱那場戰爭是一段*chaqwa*的歲月，*chaqwa*在克丘亞語中，意指「混亂與失序」。一名倖存者回憶道：「生命一文不值，我們像兔子一樣生活在洞裡……他們把我們當成動物一樣追捕。直到今天，我們還是活在人們的遺忘中。[135]」

盧吉歐．加維蘭（Lurgio Gavilán）從光明之路的成員變成士兵，後來又成為神父。二〇〇七年，他回到阿亞庫喬的農村。他在悲傷又低調的回憶錄《當雨水變成洪水》（*When Rains Became Floods*）中，描述他獨特的人生故事：「我行經這裡，腦中充滿了這個國家如何變成烏托邦的想法……二十年過去了，我回到這裡，沿著小徑尋找自己。」書中隨處可見默默預示著他的人生的意象。首先他回顧了一九八〇年代初期，他在家鄉阿亞庫喬的「山林與深谷」之間，沿著一條蜿蜒小徑旅行的經歷，小徑兩旁長著酸甜的蘭花漿果。他回憶道，當時光明之路出現了：「第一批芒果、柳丁、橘子開始成熟時，有如黃色的閃光穿過阿普里馬克河（Apurimac River）的茂密綠林。」叛亂分子像「南方的烏雲，烏雲不見得帶來即時雨，它們常淹沒田地或摧毀莊稼。光明之路就是如此偽裝成即時雨，來到我的社區。第一滴水讓我們對生活與社會正義抱持了希望，但降雨時間越來越長，恐懼出現了，因為雨水開始摧毀並清理『所有老舊的人事物』。」盧吉歐描寫了叛亂的日常結構，那是充滿希望與恐懼的矛盾混合。「無論你走到哪裡，他們都在談論社會正義。在收音機裡，我們聽到年輕人與教授談論人民戰爭。我們的父母和其他人都說：『組織已經在這裡了』或『他們說他們在那邊殺了人』。[136]」

盧吉歐和許多青少年一樣，十二歲時加入叛亂的原因和政治無關。他的哥哥魯本（Ruben）已經加入，他是典型的光明之路新血，是很認真的學生。盧吉歐與哥哥在當地河川釣魚時，哥哥常和他談論切・格瓦拉，他想跟在哥哥的身邊。盧吉歐回顧他和同儕加入光明之路的動機，他禁不住自問：「我們曾是被國家遺忘的人，必須做點什麼。只是一個生活在安第斯山脈深處、靠絲蘭、馬鈴薯乾、烤玉米過活的孩子，怎麼可能知道屬於領導階級的政治呢？……一個孩子怎麼可能知道共產主義的政策或剛薩羅的思想呢？我們一無所知。我們想要的，只是一個更公正、更平等的社會。我們這些孩子知道我們打的那場戰爭會有什麼後果嗎？[137]」

一九八三年六月，盧吉歐付出了代價。在當月的一次簡短會議上，他給弟弟一本毛澤東的《哲學五論》（*Five Essays on Philosophy*）（盧吉歐自己幾乎是文盲）。幾天後，魯本的頭骨被祕魯軍隊的手榴彈炸得粉碎，遺體埋在一處沒有標記的墳墓裡。盧吉歐繼續投身反叛運動，高唱「讓我們感覺自己像鋼鐵一樣堅不可摧」的歌曲：「我們是人民戰爭的發起者／組成分隊，採取行動／岡薩羅帶來了光明／師法馬克思、列寧、毛澤東／他鍛造了最純的鋼鐵／……推倒舊牆，黎明破曉，樂觀進取。」盧吉歐身陷飢餓邊緣之際，被軍隊俘虜並徵召入伍（他之所以逃過死刑，只是因為抓到他的士兵講西班牙語，根本聽不懂那些講克丘亞語的民兵要求那個士兵殺死他）。一九九五年，他離開軍隊，成為方濟各會的神父。他寫道：「這又是另一種生活：以和平的手段爭取平等的共產主義。[138]」

二〇〇七年的某個清晨，盧吉歐搭公車離開阿亞庫喬市時，他回憶道，同車乘客開始「回憶過往：『這裡是我哥犧牲的地方！我叔叔死在這裡！』三不五時，車掌會跳下車，在岩石間擺放鮮花。『我覺得記憶好像在吸食我的血液，像跳蚤或白色蝨子一樣。我想起以前我過著隱密的生活，走路時手裡拿著步槍，讀著毛澤東的聖經。[139]』當地人原本心胸開放，熱情好客，如今對陌生人懷有戒心。「他們上下打量你，彷彿你是敵人……他們跟以前一樣貧困……如果光明之路的承諾兌現——亦即人人平等，沒有人是富人或窮人……或者國家關心農民，就像他們競選總統時所說的……這些人肯定不會再為了生存而在這些田野間苦苦掙扎，就像我為了講述這個故事而苦苦掙扎了一輩子。一個老人走了過來，他的頭髮灰白，眼裡似乎噙著淚水。盧吉歐幻想那是他死去的哥哥。當視線轉趨清晰時，盧吉歐心想：「這個人當時肯定給了我們食物，他肯定是光明之路的支持者。」盧吉歐問他，是否親眼目睹過戰爭的恐怖。老人只回應：「我看到了。[140]」

十、中國的主席是我們的主席——印度的毛主義

二〇一一年七月，我為了討論一本著作，首度造訪印度。書中主要是探討鴉片戰爭，以及現代中國與大英帝國主義之間的重大衝突。在這之前的四年間，多數時候，我埋首研究國際體制對中國的迫害，所以我預料這次印度之行應該會接觸到中印之間盡皆受到殖民迫害的共同記憶——因為統治孟加拉的英國人強迫印度農民種植並加工鴉片，賣到中國後，為大英帝國帶來巨額的財富。然而，接受我採訪的印度人大多不認為中國是受害方。對他們來說，中國才是威脅。他們提出一連串有關當代中印關係的問題，而非追問十九世紀印度承受的苦難，著實令我大感意外：我對中國威脅印度邊境的方式有什麼看法？中國究竟是如何協助巴基斯坦的恐怖攻擊？

這種對中國的擔憂，是源於一種不安的競爭意識。國際媒體常以中國龍與印度象相互較勁的專題報導，作為雜誌封面（「兩個常年爭奪亞洲領導地位的對手」）[1]。二〇一一年，印度人明顯感受到，印度在這場競爭中落後了：如果可以選擇的話，印度寧可以其龐大的軟實力——源自寶萊塢以及講英語又充滿國際觀的上流文化——去換取中國靠著蓬勃製造業及大買美債而享有的經

濟硬實力。

但印度對中國的疑慮有更深的歷史淵源，且根植於冷戰衝突。一九五九年達賴喇嘛逃到印度後，中印關係驟然降溫，隨後一九六二年發生的邊境戰爭，更是讓雙方的關係降到冰點。中印兩國的軍隊仍經常為了加穆及喀什米爾州（Jammu and Kashmir）的軍事空間遭到侵犯而對峙。不過，毛主義可說是讓中印關係長期以來蒙上陰影的一大因素。南亞地區的毛派叛亂始於一九六七年，那是文化大革命這顆「精神原子彈」的一大區域爆炸點。歐美的文革原爆大火已在一九八〇年代撲滅，然在印度和尼泊爾，殘火仍延燒至今。二〇〇五年以來，印度政界人士把印度中部各地興起的毛派叛亂視為「我國最大的國安問題」[2]。在尼泊爾，毛派共產黨發動了長達十年的內戰，並在二〇〇六年的一場政治革命中達到顛峰，而且毛派政黨的領導人普拉查達（Prachanda）、巴布拉姆．巴特拉伊（Baburam Bhattarai）等人從此以後在尼泊爾的政壇上扮演主導的角色。印度與尼泊爾的叛亂在策略上是相連的：二〇〇一年，兩國的毛派叛亂分子參加了一場聯合大會，會中策畫了一個「緊密革命區」（Compact Revolutionary Zone）——一個毛派帝國，從尼泊爾向下延伸到印度的比哈爾邦（Bihar）、恰蒂斯加爾邦（Chhattisgarh）、賈坎德邦（Jharkhand）、奧里薩邦（Orissa）、中央邦（Madhya Pradesh），一直延伸到中南部的安得拉邦（Andhra Pradesh）。兩國的叛亂無疑相互影響，也相互鼓舞。情報分析顯示，南亞的毛派叛亂活動時起時衰：美國直到二〇一二年秋季，才把尼泊爾的毛派政黨從其全球恐怖分子名單中刪除。二〇一〇年印度的內政部長奇丹巴拉姆（P. Chidambaram）似乎認為，毛派分子的威脅比印度最大的外來威脅（來自巴基斯坦）更為嚴重。他表示：「如果你能傳播資訊並即時採取行動，聖戰恐怖活動是可以反擊的，而且通常會成功，但毛主義是更嚴重的威脅。[3]」

南亞的毛主義現象以兩大方向強化全球毛主義的形象。它提醒了我們，這些思想有驚人的傳播力，能夠跨越國界、種族、語言、社會，四處流傳。在南亞，文化大革命的理論與實務持續改變著國家與社會。在印度和尼泊爾的毛派領導層中，其社會組成是依循著一種如今我們已經很熟悉的模式。南亞毛派的領導層，跟祕魯、柬埔寨、西歐、美國一樣，都是受過教育的精英。但印度（以及隨後的尼泊爾）的毛主義也讓我們看到，這種政治計畫有著變色龍般的善變屬性。在南亞，毛主義不得不適應印度社會的種姓制度與種族分歧，誠如作家潘卡吉・米什拉（Pankaj Mishra）所言，印度社會的複雜性「讓死讀書的馬克思主義者感到絕望」[4]。一如西德，毛派政治與環保抗議活動融合在一起。然而，儘管印度毛派在冷戰後成功發起了一場由冷戰意識形態所支撐的政治運動，他們卻也證明了這個教義的弱點：印度毛派聲稱，他們要幫助貧困的農村脫離苦難，但他們執意推動正統毛派所主張的武裝鬥爭，反而導致貧困的農村承受更多的暴力。

要不是一九六〇年代的三個因素交集在一起，今天印度中東部的毛派叛亂是不可能發生的：印度共產黨（Communist Party of India，簡稱CPI）中，一個焦躁的激進派別；印度獨立後的二十年間，發生嚴重的社會經濟與政治危機；中國共產黨急於在「言詞上」支持由毛派革命策略所啟發的印度革命（「實質上」是以有限的方式支持）。

印度共產黨的激進轉變——對印度的統治者發起暴力的農村反抗——是因為他們在印度獨立以前，曾與政治上占主導地位的國大黨（Congress Party）結盟，而他們對當時的結盟深表不滿。一九四七年六月，在國大黨從英國手中取得政權的兩個月前，印度共產黨的中央委員會承諾，「與國家領導人充分合作，一起在民主基礎上，投入打造印度共和國這個光榮的任務」。這意味著勸阻工人和農民發起大規模的抗議，鼓勵他們等待政府「透過合法的管道履行承諾」。對印度共產黨黨內的一個激進派別來說，這段放棄戰鬥精神的記憶，一直是他們引以為恥的根源。熱中暴力的印度毛派創始者查魯・馬宗達（Charu Mazumdar）提醒他的子弟兵：「學會憎恨我們的過去，你才能成為優秀的革命者。」[5]

印度獨立後短短幾個月內，印度共產黨的總書記便根據教義所做出的聲明，不但宣稱，「英國的統治尚未結束，只是統治形式改變罷了」，現在資產階級「獲得一部分的國家權力，以便破壞及血洗全國的民主革命」[6]，也為後續的毛派對抗新政府的叛亂提出辯解。簡言之，印度的獨立與民主是一場騙局：這番論點促使一些人得以主張：想要達到毛澤東那種真正由無產階級統治的「新民主主義革命」，就必須採取中國模式的武裝鬥爭。

提出這個分析之後，接踵而來的，是印度共產黨隨即投入一場農村毛派革命——因為如同緬甸與馬來西亞，一九四〇年代晚期，中共在中國內戰中獲勝所掀起的熱潮，也席捲了印度的部分地區。中國共產黨戰勝國民黨後，威震國際，其影響力不容小覷。孟加拉一名資深的印共活動分子直言不諱地說：「印度共產黨無法開創出一條革命道路，但毛澤東在一九四九年做到了，所以毛澤東比我們的共產黨更了不起。」印度共產黨有個政見相左的異議派別——過往一直是蘇聯的堅定支持者——然到了一九四八年四月，該派別宣布：「我們的革命……與經典的俄國革命不同，反而很大程度上與中國革命相似。這種觀點可能不是主張總罷工和武裝起義（進而促成農村解放），而是以土地革命的形式，展開頑強的抵抗與持久的內戰，最終奪取政權……這種路線是毛澤東領導的中國解放鬥爭路線，強大的殖民與半殖民革命在實務上、政治上、理論上的領袖。[7]」這個派別將這些理論套用在印度中部的泰倫迦納邦（Telengana），一處地和與佃農之間存在著嚴重不平等的地區。

後來印度毛派運動的許多特徵都出現在這場第一次的起義中。在這場起義中，印度共產黨的成員面對海得拉巴邦*（Hyderabad State，泰倫迦納邦由海得拉巴邦管轄）軍警的暴力報復，組織了反對地主的抗爭，大規模重新分配土地，並推動農村自治。他們以毛澤東的思想訴諸印度農村那些遭到剝奪的人。一個外國觀察家評論道，泰倫迦納邦的共產游擊隊悠游在農村人口這片大海中，就像毛主義所說的，如魚得水。那些農村人口包含低階種姓及印度「表列部落」——地位比賤民還低落的少數民族[8]。一九四八年近尾聲，印度的國軍入侵海得拉巴邦，以阻止該邦脫離

---

* 譯註：海得拉巴邦（或譯海得拉巴土邦）存在於一七二四年至一九四八年間，為一君主制國家。一九四七年，印度面臨分區問題，英國給土邦三個選擇：加入印度、加入巴基斯坦、或保持獨立。其統治者希望保持海得拉巴的獨立。印度聯邦的領導者認為，國家的中心存在一個獨立的「國中國」對自身不利，遂強行併吞海得拉巴。一九四八年，海得拉巴邦併入印度。

中央〔海得拉巴邦的世襲統治者尼扎姆（Nizam）在前一年拒絕加入印度聯邦〕。印度的中央政府併入海得拉巴邦後，大力鎮壓泰倫迦納邦的叛亂，逮捕了約一萬名疑似加入共產黨的人，並殺害了四千人[9]。就像馬來亞的「緊急狀態」，平民被趕進集中營，以防他們幫助叛亂分子。這些集中營往往成為疾病的煉獄——約六十年後，更是成為印度政府因應國內毛主義的另一個標誌。刑訊逼供與處決很常見，例如有一種殘酷的軍隊審訊手法是「剝皮，把皮剝成錘子和鐮刀的圖案」[10]。

在政府鎮壓泰倫迦納邦的叛亂後，印度共產黨便由相對保守的路線所主導。一九五六年，印共的領導高層宣布，他們決定以「和平手段」把社會主義帶入印度[11]。可惜黨內激進分子的野心未曾停止，中蘇決裂為那些渴望採取更極端行動的人提供了動力。地理位置也進一步助長了他們偏向中國模式的激進傾向。一名印度的資深毛派人士回憶道：「我們閱讀馬克思、恩格斯、列寧、史達林、毛澤東的作品。毛澤東的思想顯然是最具吸引力的，因為印度與中國太像了，都是農民導向。我自己的分析是：革命有兩種，一種是蘇聯革命，另一種是中國革命。蘇聯革命適合比較發達的歐洲國家，而我們試圖從毛澤東的思想中找到我們的路線。」

印度的激進毛派興起於一九六二年，是年爆發中印邊境戰爭。兩國為了共同邊界以西及以東的國界爭論已久。而印度援助一九五九年的西藏起義，以及印度軍隊積極巡邏邊界，在在加劇了緊張局勢。一九六二年十月，中國軍隊在有爭議的兩段邊界上，擊敗了印度軍隊。這一年，印度政府由於擔心內部叛亂，囚禁了約一百五十名印度共產黨成員——因為印度政府深信，他們是煽動叛亂的親中人士，此舉反而導致反效果。印度共產黨的許多親中團體是孟加拉人，所以被關在加爾各答的杜姆杜姆監獄（Dum Dum）。他們把那處監獄變成毛派辯論社。自一九六七年起，及至二〇一〇年自殺身亡的這段期間，主要的毛派活動人士之一是卡努．桑亞爾（Kanu Sanyal），他回憶道：「那麼多的領導人都被關在同一屋簷下，杜姆杜姆監獄於是成了共產黨西孟加拉省委員會的總部。」[12]在這些遭關押的人之中，瘦削的大吉嶺共產黨人馬宗達（Charu Mazumdar）因狂熱的親中思想而引人注目。他提議：「印共的省委應該把十月一日定為監獄內的中國革命日。」[13]由於當時印度正與中國交戰，他的同志懇請大家對此提案多三思，不要躁進，但馬宗達依然挑釁地「宣稱自己是中國共產黨的一員」。即使是那些支持中國世界觀的人，也「覺得那個聲明有點過頭了」[14]。兩年後，也就是一九六四年，親中的「印度共產黨（馬克思主義）」——CPI（Marxist），簡稱「印共（馬）」——脫離印度共產黨。一九六七年，「印共（馬）」再次分裂。一九六九年，「印度共產黨（馬列）」——CPI（Marxist-Leninist），簡稱「印共（馬列）」誕生*——這是所有印度毛派分支的前身，而這些分支將在一九七〇年代及以後不斷壯大。

---

* 譯註：印共（馬列）源於印共（馬）中，日漸不滿議會政治的激進派。他們認為，印共（馬）的領導層轉向修正主義。納薩爾巴里起義後，激進派就從印共（馬）分裂出來。

共產黨的論述往往迴避個人，反而專注在教義辯論或集體因果上（馬克思堅稱，一切真理都是「階級真理」。）但是，若不仔細研究印度毛派最具影響力的領導人兼理論家馬宗達——推崇或批評他的人，都稱他是「印度毛澤東」——就不可能了解印度毛主義的動盪發展。

馬宗達的背景與體格，都跟共產主義反叛的粗暴及混亂特質極不相稱。一九一八年，他出生於一個地主家庭，長成一個身材矮小的書呆子，而不是像毛澤東那樣高大健壯的軍人。據傳，他求學時期曾先後對葡萄酒、鴉片、大麻上癮，而這些無不對他的身體造成永久的傷害[15]。約莫二十歲時，他從全日制的學校輟學，在共產主義中發現新的興趣，並在接下來的二十五年間組織農村以反抗印度政府。一九六〇年代，他全心全意投入革命，即使這麼做為他自己和家人帶來物質貧困以及身體磨難，他也毫不在意。他的兒子阿比吉特（Abhijit）回憶道：「我父親從來沒工作過，他沒賺過錢，我母親（擔任保險經紀人）包辦了一切，她照顧整個沒落的地主家庭……家裡的三個孩子及沒有收入的大人都是由她打理，包括我的姑和祖父……她也從事政治工作。她有時會離開我們，到大吉嶺的山上去組織那些茶園女工。[16]」

一九六〇年代，馬宗達因心因性氣喘，變得非常虛弱，需要靠氧氣瓶治療——馬宗達的死對頭、最後將他逮捕的孟加拉警察局局長嘲諷地說，馬宗達是『喘不過氣來的老叛軍』[17]。馬宗達在鄉間穿梭時，必須由同志揹著。到了一九六〇年代晚期，他已經歷兩次心臟病病發。在一九六七年拍攝的一張照片中，長及腳踝的纏腰布（lungi）緊緊地裹在他身上，讓人更注意到他那骨瘦如柴、近乎扁平的紙片人身材。不過，一個早期的追隨者形容他有「壓倒性的氣勢」。卡努・桑亞爾（Kanu Sanyal）——後來對馬宗達的暴力好戰深表不滿——則形容馬宗達是個聲調高昂、充滿魅力的演說家[18]。另一個同志說他「很厲害……談話讓你為之傾倒，只是情緒變化莫測」[19]。有些人把馬宗達的政治極端主義歸因於他對自身的死亡有強烈的意識。「他知道自己隨時都有可能死去。」一九六九年，加爾各答一名資深警察說：「他知道自己來日不多了，可能心想：『讓我來當主席，當印度的毛澤東吧。』他是自大狂。任何他覺得威脅到其至尊地位的人，都會被他驅逐……他一興奮起來，會開始渾身抖動，整個人及臉上的表情，看起來就像瘋子一樣，不像正常人。[20]」

馬宗達是個充滿國際觀的宗派分子。兒子阿比吉特回憶道，他成長的過程中，毛澤東的思想無處不在。他說：「我的姊姊曾經大聲朗讀毛澤東的作品，一副在對我們演講的樣子……好像中邪了」，然而，「我父親卻又非常博學，博覽群書，熱愛閱讀英國文學和世界文學、低俗小說、經濟及政治方面的書籍。他非常喜歡英國的偵探小說家阿嘉莎・克莉絲蒂（Agatha Christie），常在旅行時讀她的小說。他也喜歡英國與好萊塢的電影……從《賓漢》（*Ben-Hur*）到蘇菲亞・羅蘭（Sophia Loren），他都喜歡。他的思想非常開明……我父親不是暴力的人。[21]」其他人可不這麼想。迪利普・西蒙（Dilip Simeon）曾是毛派學生，後來成為作家和學者。他認為，馬宗達是「殺人狂」[22]。一九六〇年代印度毛派熱潮達到顛峰時，加爾各答的警察局局長說：「他崇拜迦梨（Kali），祂可是死亡女神。[23]」

文革期間的毛主義顛峰期，主張肆無忌憚地反建制。而馬宗達自我邊緣化、受過良好教育、身心皆不穩定，這些特質使他成為接受那種思想的理想對象。一九六五至六六年間，馬宗達撰寫了「歷史性八文件」（Eight Historic Documents），主張把毛澤東的路線應用在印度。（這些文件被偷偷帶進杜姆杜姆監獄，讓那些關押在裡面的共產黨領導人爭相閱讀，由此可見那段期間印度警方對共產思想的態度出奇地鬆懈。）他堅決主張：「我們應該牢記毛同志的教導。印度的馬克思主義者應該採納中國偉大領袖毛澤東同志所採取的策略……毛主席說過………毛主席說過……毛主席說過……槍桿子裡面出自由。」馬宗達呼籲大家組建「戰鬥部隊」，「永遠牢記毛澤東的教誨：『攻擊不單只是為了攻擊，攻擊只為了消滅。』」他提議根據密謀武裝起義的原則，建立一激進的共產組織，由紀律嚴明的黨幹部團來指導：「想在不動用武器下，赤手空拳地奪取政權，無異是空想。」他的戰略中充斥著毛澤東的唯意志論，並以近乎宗教的虔誠奉毛澤東為革命救世主。

表面上，政府可能看起來很強大，因為握有食物與武器。反觀人民，沒有食物，手無寸鐵。不過，粉碎一切反動的氣焰，使革命成功的，正是這些手無寸鐵的群眾團結一心與堅定不移的精神，所以毛主席說過：「一切反動派都是紙老虎。」……無論帝國主義看起來多可怕，修正主義的陷阱多醜惡，反動勢力的日子屈指可數了，馬列主義與毛澤東思想的燦爛陽光一定會趕走一切黑暗[24]。

又過了兩年，馬克思主義者所謂的「客觀條件」才證實了馬宗達的觀點。在歐洲與美國，一九六八年的文化和政治危機，以及對毛主義的迷戀，主要是由這些國家中享有最多物質特權的世代——嬰兒潮世代——推動的。在印度，一九六〇年代晚期的叛亂——由馬宗達的毛派叛亂主導——則是源於一場激烈的政治、經濟、代際危機。印度獨立二十年後，似乎距離一九四七年誓言實現的雄心壯志還很遠。許多層面都充斥著那種失敗感。最重要的是，當時的印度正在鬧饑荒：一九六七年的饑荒特別嚴重，印度政府被迫從美國進口糧食。印度總理英迪拉·甘地（Indira Gandhi）稱之為「稀缺狀態」，但孟加拉農民的感受就不是那麼委婉了[25]。加爾各答的報社充斥著和農村有關的駭人報導：農民無力養家（更遑論償還他們積欠地主的債務），殺死妻小後再自殺。（一個資深的毛派叛亂分子於一九四三年出生在孟加拉，那年也發生可怕的饑荒。一九六〇年代晚期，他說：「在成長的歲月裡，我總是很餓，那是我總是很憤怒的原因。」）

一九四七年後，政府意圖推動土地改革的力道軟弱，結果不僅失敗了，在一些地區還導致土地更加集中在富人手中。貧窮的農民債務纏身，先是抵押了土地，後來為了購買農業必需品，如化肥和灌溉等，而失去土地。印度的種姓制度對賤民、少數民族、婦女的歧視，使窮人的苦難更加根深柢固。一種當代說法如此形容：比哈爾邦（Bihar）的無家可歸者，「像動物一樣，住在不到一個人身長的棚屋裡，每天靠三到五盧比及主人的kesari（以穀物殼製成的動物飼料，人類食用會導致痛苦的皮膚病及關節炎）過活……勞工（banihar）通常是無償工作，不得穿乾淨的纏腰布；主人出現時，即使是坐在自己小屋外的吊床上也是禁忌；不能直挺挺地行走。」高種姓的男子強姦低種姓的婦女是「大家可接受的社會罪惡」[26]。

一九六七年五月下旬，套用毛澤東的說法，星星之火燎原了。兩個月前，在西孟加拉邦（West Bengal）最北端的納薩爾巴里村（Naxalbari），當地農會的一群貧困農民團結了起來，反抗利用法律漏洞累積大量土地的地主。馬宗達的基層副手桑亞爾回憶道：「武裝集會與公開會議成了日常的例行公事。[27]」當地最大的茶園為了報復農民，解雇約四十名的農工。此舉導致農工奪取收成的茶葉，並以弓箭驅趕一支派來平息叛亂的警察部隊。長達兩個月，舊有的權勢與財富結構在混亂中撤退，地主逃跑了。罪犯在資深共產黨人私設的法庭上受審。至少有兩名被判為竊賊的人，在受審當天隨即遭到處死[28]。一九六七年五月二十四日，當地的警察試圖逮捕桑亞爾時，被手持弓箭的農民包圍。一個藏文名叫索南．旺迪（Sonam Wangdi）的警察被箭射中後身亡。翌日，大批警力又來到村莊，對著活動人士的營地開火：八名婦女、兩名兒童、一名男子遭到射殺——總計十一人在這次暴動中殉難[29]。

當共產黨人轉往地下活動，並擴散到比哈爾邦和安得拉邦時，馬宗達在孟加拉農村的病床上以毛派口號煽風點火，其中最有名的口號「中國的主席是我們的主席，中國的道路是我們的道路」開始出現在孟加拉各地的牆上。納薩爾巴里村的叛亂在不滿情緒日益高漲的城市中獲得共鳴，尤其是在加爾各答的管轄區大學（Presidency College）與德里大學（Delhi University）的學生之間，這些學生可說是印度學歷最高的代表。數以千計的學生放棄了學業，走上「革命高速公路」（這是西蒙那本自傳體小說的書名，該書描寫一九六〇年代與七〇年代的激進印度，充滿了嘲諷悲傷）。他們散布在農村，宣傳毛派革命。這種鄉村與城市叛軍的組合，後來稱為「納薩爾」（Naxalites）。西蒙回憶道：「我們已經做好攻進天堂的準備。」

一九六〇年代晚期，年輕是多麼令人激動的事……世界各地的學生都受到一種激進主義的影響，那種激進主義不是來自校園，而是來自各大洲的工廠及田野，來自越南、古巴、南非、巴勒斯坦……這股風潮與印度爆發的不滿情緒不謀而合。當時（一九六七年）反國大黨的邦政府首次多人當選，共產運動也因為要求更具「革命性」的方法而四分五裂……不知何故，我們似乎別無選擇，只能加入革命，那就好像自由運動再次興起似的，彷彿年輕又堅定的印度人若不做必要的事情來改變多數同胞及婦女所陷入的可怕生活，我們就辜負了最寶貴的生命價值觀[30]。

馬宗達的文革用語也助長了年輕人對老師、考試、書籍的反抗。「打倒資產階級教育制度！」一九六三年三月馬宗達如此高喊，鼓勵學生輟學，不去考試（儘管印度國家廣播電台每天一副幸災樂禍的樣子告訴聽眾，馬宗達的妻子仍持續送三個孩子上學）[31]。一個一九五〇年代出生的紀錄片導演自嘲地回憶道，他十幾歲時，「在加爾各答的學院街（College Street）牆上繪製毛主席的版畫，並高喊『中國的主席是我們的主席』。我們根本不知道我們在喊什麼、想要什麼。當時我們認為，只要打開大門，革命就會步入正軌。」

在這場席捲印度的混亂行動中，馬宗達與桑亞爾宣稱自己是領導者，並於一九六九年成立一個名義上協調這場毛派叛亂的政黨：印度共產黨（馬列）。其黨刊《解放》（*Liberation*）在一九七〇年宣布黨綱：「我們的革命是……文化大革命的一部分……吾黨的出現……是印度革命人民的勝利，也是毛主席全能思想在印度土地上的勝利……毛主席萬歲！毛主席萬萬歲！[32]」其內容充斥著毛澤東／林彪風格的游擊戰暴力言詞，以及呼籲「消滅階級敵人」的文革號召，與年輕人的反傳統觀念融合在一起，在城市與農村製造恐慌。牆壁上經常出現毛派標語，當權者——政客、法官、教師、警察——無不面臨暗殺風險。一名下班的警察走出加爾各答電影院時遭到殺害，只因為他在黑市購票時透露了自己的職業[33]。警方認為郊區一天發生的爆炸事件不到十二起，就算「太平」了。

一九七〇年，馬宗達寫了一篇廣為流傳的游擊戰文章，有關當局旋即稱之為「謀殺手冊」：

> 組建游擊隊的方法，必須完全保密。即使在黨內政治單位的會議上，也不得露出蛛絲馬跡。這類陰謀叛亂應該是在個體之間謀畫，以個人對個人為基礎。在這方面，身為小資產階級知識分子的同志必須主動帶頭……他應該主動接近一個他認為最有革命潛力的貧苦農民，並且私下告訴他：「你不覺得消滅某某地主是好事嗎？」……在這個階段，我們不該使用任何類型的武器。游擊隊必須完全依靠砍刀、長矛、標槍、鐮刀……游擊隊應自不同方向前來，假裝自己是單純百姓，聚集在事先約定的地方，等待敵人。等到時機成熟，就撲向

敵人，殺死他……總有一天，我們的戰鬥口號會是：「手上沒沾著階級敵人鮮血的人，很難稱得上是共產黨人。」[35]

一九七〇年，一個城市的納薩爾派人士指出：「我曾看過我們的激進同志在執行任務。他們進入一個村莊，拖出地主，接著在村裡召開人民法院。當民眾投票決定處決壓迫者時，我們的同志就把地主和他全家人都交給他們。農民同志把他們大卸八塊。接著，我們的同志用流血的肉塊，把毛主席的思想塗寫在村子的牆上。我第一次看到那幅景象時，覺得有點噁心，那是我從小接受小資產階級教育造成的。那些激進的同志本身都是工人與農民，他們沒有這類多愁善感的顧慮。[36]」

一九七〇年，馬宗達為征服印度制定了革命計畫，向所有的納薩爾派成員發送一本「指導手冊」。「這場運動的目的，是藉由消滅階級敵人，在農村地區建立一個解放區……它將會擴大並增強，直到包圍城市。一九七四年，我們將會像中國同志那樣，準備好展開長征……行遍整個印度。沒有人能阻止我們……我們將解放所有人。[37]」

魯迅是二十世紀初中國文壇上最具代表性的人物之一，他在一九〇〇年代見證了中國革命的最初階段，也看到許多失敗的起義者遭到處決。其中最引人注目的是秋瑾，一個女扮男裝的反叛者，逃離媒妁之言的婚姻，在日本投入革命，回到中國後對一名清朝官員投擲炸彈，並於一九〇七年被捕並遭到處決。魯迅對秋瑾的逝世深感悲痛，他譴責其他人不負責任地鼓吹革命。他曾說，秋瑾是被革命同志「劈劈拍拍的拍手拍死」的。第一波印度毛派也是如此。數千哩外中國媒體的熱烈掌聲，說服了成千上萬名印度的城市居民相信，納薩爾巴里村的事件是一場全國性革命的開始，這場革命將在幾年內征服印度。

文化大革命的前夕，中國透過加德滿都與德里，向印度共產黨的叛軍發送政治宣傳——大量的小紅書和《北京周報》——竭盡所能地吹捧印度革命（到了一九六七年，中國的浮誇宣傳已成為印度激進分子首選的新聞管道。）中國共產黨也派遣直升機到西藏與印度邊境，投放印地語、英語、孟加拉語、尼泊爾語的小冊子[38]。中國有辦法用多種意想不到的方式吸引人們注意。阿比吉特小時候，家裡堆滿了毛派宣傳用品。他回憶道，他特別喜歡那些透過加德滿都送來他家的中文歌曲唱盤。「那些唱盤略帶粉紅色，非常柔軟，我們可以拿來把玩，也不會玩壞。印度的唱盤都很硬，但中國的有彈性。我們會拿來當玩具，也會拿來播放。」如今到了坐五望六的年紀，他仍會唱〈東方紅〉：「『東方紅，太陽升，中國出了個毛澤東。』我和姊姊以前常精神抖擻地唱這首歌，眼睛閃閃發亮……我們深受文化大革命的影響……但不知道具體政策，影響我們的是海報上的形象、紅旗、人民充滿自信的眼神、大膽、反抗權威的概念。[39]」

中國外交部如今否認，過去或現在的中國與印度的毛派叛亂有任何關聯。事實上，這甚至是一個禁忌問題，如果你在中國外交部的網站搜尋這件事，螢幕上會跳出一個綠色的官吏卡通人物，舉著「注意！」的牌子告訴你：「錯誤搜尋，你的搜尋用語包含不法詞彙！[40]」不過，在英語與孟加拉語的公開資料，以及一些限制嚴格的中文資料中，有明確的資料顯示，兩者有直接的關聯。馬宗達派到中國的第一個密使，是一個來自印度—尼泊爾邊境的農民克里希納．巴克塔．波雷爾（Krishna Bhakta Pourel）。身材矮壯的他，吃苦耐勞，信奉共產主義。那是一九六七年三月，馬宗達想把他稱頌毛派革命的作品〈歷史性八文件〉送到中國。阿比吉特回憶道：「當時，我父親和他團隊中的其他領導人都不知道如何從他們的家鄉西里古里（Siliguri，位於西孟加拉邦的西北部）前往北京，所以他請波雷爾以徒步的方式嘗試路線——他不但強壯，而且熟悉山路。」波雷爾先去納薩爾巴里的市場，以七十五盧比的價格賣掉他的二手單車，接著那筆錢全部拿去買白米。他把〈歷史性八文件〉放在一只大麻袋的底部，然後把白米倒在上面，掩蓋那些文件，然後就出發了。旅程原本一路順遂，但是到了尼泊爾和西藏的邊境附近，土匪逮住了他，把他帶回營區囚禁，並折磨了幾週。他獲釋後，繼續前進，走到西藏邊境才被人民解放軍逮捕。他既不懂藏語，也無法以中文溝通，他們當他是間諜。而就在準備好要射殺他時，他突然哭了起來，拿出一小張毛澤東的照片。人民解放軍把他從拉薩送往北京，讓他謁見一些中國共產黨的領導人。他把馬宗達的文件交給毛澤東的國安大將康生，獲得了幾個月的毛澤東思想培訓，並於深秋開始啟程返鄉。

要不是有馬宗達致力宣揚毛派原則，很難想像中國會在那麼短的時間內，便把一九六七年五月納薩爾巴里的衝突譽為全球毛主義革命的勝利。納薩爾巴里起義發生不到五週，《人民日報》就譽為「印度的春雷」。北京廣播電台稱之為「革命的前爪」，並肯定他們把毛主義戰略應用在印度革命是正確的[41]。一九六七年七月初，《人民日報》刊登了一篇讚揚納薩爾派的文章，而那篇文章無疑是刻意抄襲毛澤東一九二七年的《湖南農民運動考察報告》。「幾個月來，大吉嶺地區的農民群眾，在印度共產黨革命派的領導下，打碎現代修正主義的枷鎖，衝破一切束縛他們的羅網，向地主和種植園主奪糧、奪地、奪槍，懲治土豪劣紳，伏擊進剿的反動軍警，顯示出農民革命武裝鬥爭的巨大威力。什麼帝國主義，什麼修正主義，什麼貪官污吏、土豪劣紳，什麼反動軍隊和警察，統統都不在革命農民的眼裡，統統要把它們踢翻，打倒在地。」這篇文章再次借用毛派語彙，診斷出「帝國主義、蘇聯修正主義、封建主義、官僚買辦資本主義這幾座大山，沉重地壓在印度廣大人民，尤其是工農勞苦大眾的頭上」。

> 大吉嶺地區革命農民終於起來造反，起來進行暴力革命。這是印度全國億萬人民起來進行暴力革命的先聲。印度人民一定會推倒這幾座大山，徹底翻身。這是印度歷史的總趨向，是不可抑止，不可阻擋的……這是毛主席的道路，是中國革命所走過的勝利的道路，是一切被壓迫人民和被壓迫民族的革命勝利的必由之路……什麼「甘地主義」，什麼「議會道路」，統統都是印度統治階級麻醉印度人民的鴉片煙[42]。

一九六七年秋季，桑亞爾與三名同志循著波雷爾到中國朝聖的路線，也是途經尼泊爾，前往中國。在加德滿都，中國大使熱情地接待他們，請他們喝茶，並提供點心和盤纏，最重要的是，護送他們去中國。這趟旅程沒有蘇聯國際旅行社（Intourist）款待外國遊客的舒適用品——蘇聯航空的機位、俄羅斯香檳。而為了從尼泊爾越過邊境，進入中國控制的西藏，這四名來自孟加拉的革命者不得不在一條長達一公里的破舊木橋上，緩緩地移動一個半小時，小心翼翼地跨過缺漏的木棧板所留下的空隙，畢竟橋下可是湍急的河流。費力地爬了三座山以後，他們一行人終於遇到人民解放軍派來護送他們前往拉薩的人。在拉薩期間，他們因高山症而暈眩時，和正好從中國返鄉的波雷爾歡喜地團聚，接著便飛往北京。這次旅行並未公開：在進入拉薩以前，桑亞爾和三名同志都換上解放軍制服以偽裝身分。

在北京，他們獲得外國訪客常受到的熱情款待：遊覽城市，參觀天安門廣場主席台的貴賓樓座，造訪模範公社。中國也邀請這四個印度人留在中國，學習毛澤東革命的理論與實務。由於急著返回印度，他們答應只停留三個月。中國官方很快在離北京不遠的山上營地裡，為他們設計了一門特殊的課程。每個月有二十天專做軍事訓練，其餘時間用於政治教育。軍事訓練包括每天有八小時學習使用步槍、左輪手槍、機關槍、手榴彈。訓練的空檔則投入革命旅遊或看電影。那門課程非常耗體力：教官一開始就命令他們跑過一大片田野，桑亞爾跑一半就昏倒了。但他們確實在訓練中進步了，返鄉途中在西藏歇腳時，他們試爆了在中國自製的炸藥（中國當局允許他們帶著自製炸藥，搭上從北京飛往拉薩的民航機），爆炸的效果很好[43]。

他們造訪中國的亮點是謁見毛主席。一九六七年晚期的某天夜晚，就在他們啟程返回印度不久前，有人帶著他們穿過天安門廣場西側人民大會堂的長廊，長廊的另一端盡頭處，站著毛澤東與周恩來。這些印度人激動萬分，開始在走廊裡高喊：「毛澤東萬歲！周恩來萬歲！」（Mao Zedong zindabad, Zhou Enlai zindabad）。他們走近偶像時，發現周恩來正呼應他們的口號，以孟加拉語祝願毛澤東和他自己萬歲。桑亞爾回憶道，周恩來向毛主席介紹他們是納薩爾派的革命者時，「毛澤東立刻把我緊緊地抱在胸前……我當下感動不已，難以言喻。」[44]然而，即使是不以謙虛著稱的毛澤東，似乎也對這些印度革命者的極度忠誠感到不安。毛澤東告訴他們，他們的口號「中國的主席是我們的主席」不成熟。然而，謁見結束時，他送他們每人一支雪茄，並告訴他們，一旦他們的革命成功了，他將交出九萬平方公里的爭議領土來解決中印邊界的紛爭——中印關係中的棘手問題。毛澤東的這番說法是重申一九五九年他向訪華的印度共產黨人所提的提議。[45]

這些印度人返國途中行經西藏，護送他們回國的解放軍與他們討論，在中國與印度之間，沿著尼泊爾和不丹的邊境，建立軍事訓練營網絡的計畫。這些營地由中國人出資經營，不止提供軍事訓練，也將作為中繼站，讓中國把武器運給印度的革命者*。此外，作為離別贈禮，解放軍也告訴這群印度人，去加德滿都的中國大使館領取一萬盧比的預付款，「在拉薩建立通往中國的祕密中轉營」[46]。

中國當局在各地為這群印度革命者安排的階段性參觀行程，在他們心中留下深刻的印象，而他們似乎照單全收了那些表象。他們透過中文口譯，吸收了一套竄改過的宣傳版中國革命史，那是毛澤東親自為旗下的軍人捏造的。

我們學到任何過時的東西都可以改變……因此，我們很自然會有股衝動想要接受文化大革命的洗禮，他們的成果令我們驚歎不已……我們看到農民公社和工人公社，裡面每個人一起勞動，孩子由政府資助去上學。父母不必養活他們，政府補貼一切。這太鼓舞人心了，我們因此決定：我們的國家一旦獲得自由，也要實行這套制度……醫生與護士隨時準備觀護孩子……沒有性別不平等的現象，沒有種姓制度……印度農民聽我們講述中國的經驗時，他們常說，這些倡議（公社等）也應該在我們的國家啟動。

毛澤東願意接見印度的革命者，讓這些印度人一輩子都死心塌地地崇拜他，其中一人回憶道：「毛澤東是我們的母親，也是浪漫的詩人。我在北京見過他，雖然有人形容他是暴君，但他不可能是那種人。事實上，他是敏感、浪漫到骨子裡的人。」

中國對精挑細選的外國訪客很慷慨並精心管理，這種熱情款待帶來了不錯的效益。中共向劍橋大學的經濟學教授喬安·羅賓森（Joan Robinson）示好。一九六七年，她造訪中國後返回英國的途中，在德里發表了一場演講，談文化大革命的優點，那場演講獲得廣泛的報導。西蒙回憶起

---

* 作者註：雖然我沒找到坦承去過那裡的人，一個納薩爾派的資深革命者笑著對我說：「我沒正式去過中國，也沒在中國正式接受軍事訓練。」但後來他又自豪地告訴我，他見過毛澤東（毛澤東一生只離開中國兩次，分別是一九四九年和一九五七年訪問蘇聯）。

她那次聲明的威力：

一名劍橋大學的教授，她是聞名全球的經濟學家，去了中國，回來時戴著一頂毛帽。她前往德里經濟學院，揮著一本小紅書，宣揚文化大革命的優點，談論中國正發生一件美好的事情。有人問她：「但是文革期間那些教條思維是怎麼回事？」她引用小紅書裡的文字回應：「毛主席說，教條比牛糞還沒用。」[47]

這次布道為羅賓森增添了文化大革命權威的地位。西蒙解釋：「我們就是從那裡吸收教義的。」中國的宣傳也對多數無法造訪中國的納薩爾派發揮了效果。一個加爾各答的革命者回憶道：「我們把收音機帶到鄉間，播放北京廣播電台的節目，有印地語、烏爾都語（Urdu）、孟加拉語、泰盧固語（Telugu）可收聽。農民在它的指引下做出決策。」

在西蒙的小說《革命高速公路》（*Revolution Highway*）中，身為主角的一群學生在劇情發展到一半時，突然決定離開大學，轉往地下發展。這群新紅衛兵接受黨的密集培訓課程後（那門課程主要是收到一本小紅書），被派到孟加拉的農村，向許多困惑不解的農民宣揚毛派革命的教義，但都沒什麼效果。某個學生一拿出小紅書，對方就叫他離開；另一個學生被當地的智者當成精神病看待，因為他漫無邊際地談論中國；還有一個學生「才剛開始讀小紅書給一個下田的農民聽，就困在爛泥裡。消息很快傳開，一小群村民聚了過來，目睹他沉入泥濘中。至於那個被他當成宣傳目標的農民，臉上表情彷彿是被一隻會說話的鸚鵡搭訕似的」。後來一個農民「把一根竹竿遞給那個學生，他拚命抓住那根竹竿，從泥沼中掙脫，雙手都弄傷了。《毛主席思想》（*The Thoughts of Chairman Mao*）就這麼沉入印度大地」[48]。

到了一九七二年，印度毛主義的第一階段開始出現裂痕。馬宗達那種尖銳卻毫無組織的威權主義是原因之一。桑亞爾後來透露，他非常反對馬宗達的殲滅戰略，他挑剔地指出，儘管馬宗達信奉共產主義，但他仍是堅定的個人主義者，「急於在他的年代……留下印記」[49]。一九七二年，他們兩人被捕之前，桑亞爾與馬宗達在最後幾次政治對話中，有一次談到馬宗達希望在黨內討論中被稱為「偉大領袖」[50]。那時，印度共產黨（馬列）已經開始在語言上和實際面上打擊自己：一九七一年底，馬宗達的信徒暗殺了敵對派別的兩名成員[51]。長久以來，馬宗達把戰略焦點放在恐怖主義陰謀上，並抨擊合法政治活動的路線（例如群眾組織、公共集會、工會等）。其所造成的結果，是一個混亂、甚至根本不存在的政黨結構。西蒙憶起他轉往地下活動的經歷：「非常隨性，非常混亂……黨是走純粹的陰謀路線，禁止任何公開活動……所以我們完全不採用傳統毛派那些提高知名度以招募人才的手段。但是，除非你從事公開活動，不然你要怎麼招人？[52]」

印度共產黨（馬列）對一九七一年孟加拉戰爭所抱持的立場，也導致該黨喪失道德信譽。一九七一年春天，巴基斯坦出兵鎮壓孟加拉的叛亂。雖然那場叛亂看似完全符合林彪與毛澤東所定義的「爭取民族解放的鬥爭」，但地緣政治利益導致中國支持巴基斯坦入侵，反對印度軍隊援助孟加拉的獨立運動。印度共產黨（馬列）是依循中國處理衝突的路線，支援巴基斯坦，並攻擊印度對孟加拉的軍事援助。然而，隨著鎮壓變得越來越血腥，以及孟加拉的難民湧入西孟加拉邦，印度共產黨（馬列）的行動變得越來越荒謬。許多印度共產黨人因此脫離了這場運動，西蒙也是其一。「我們變得非常反感……狹隘的教條詮釋，使我們無法掌握這個重大事件，無法理解巴基斯坦軍隊的暴行……我們是唯一支援巴基斯坦軍隊的印度人，聲稱這是一場撕裂巴基斯坦的陰謀……我實在受不了了，難民有上千萬人，我們親眼看到他們的屍體在加爾各答和孟加拉各地的街道上腐爛……對世界革命與受苦大眾的一切承諾都化為烏有。中國為巴基斯坦軍隊提供了槍枝及炸彈。[53]」

接著，一九七二年七月十六日，馬宗達被捕，並在拘留十二天後死亡，這場運動也戛然而止。審問他的警察回憶到他們見面的情況：「他非常瘦削，身形看起來非常脆弱……身形不點也不引人注意。但令我印象深刻的是，那麼小的軀體裡，竟然有那麼旺盛的火力。他抨擊政府及談論理念時，全身洋溢著熱火。他堅信個人理念，每句話都表明他的信念、他對制度的憎恨、以及徹底改革制度的必要。那怒火到底是從哪裡來的？」但革命令他精疲力竭，馬宗達死後一直流傳著陰謀論，說他是警方殺死的，但那名警察否認了這說法。「他需要接受各種注射才能維持生命，他是在拘留期間自然死亡的。他整個人非常虛弱，任何人對此都不會有所懷疑。」

此刻，印度毛主義的第二階段即將結束。到了一九七三年，印度監獄裡關押了近三萬兩千名被指控是納薩爾派的人，有些人未經審判就被關押了近五年[54]。國際特赦組織指出，其中一所監獄裡，只有一個水龍頭，卻關押了七百名囚犯[55]。警方對他們施加的暴行非常兇殘：酷刑、單獨監禁、鎖鏈是常態*。一九七〇至七二年間，八十八名囚犯在「監獄事件」中喪生[56]。酷刑與法外處決的故事比比皆是，例如警方和納薩爾派分子「偶然」發生衝突，警方不得不自衛。警方利用這些說法來掩蓋冷血謀殺囚犯的行為。德里的漢學家斯瑞瑪蒂・查克拉芭提（Sreemati Chakrabarti）稱第一波納薩爾派是「中國成癮」（overdose of China）。她認為，那場運動留下兩個遺毒：「警方暴行」與「政治流氓」[57]，至今仍殘留在印度。

隨著一九七〇年代的消逝，馬宗達的組織分裂成至少十五個派系，每個派系都聲稱傳承了印度共產黨（馬列）的衣缽，其中包括：「中央小組」（Central Team）、「紅星」（Red Star）、「新民主」（New Democracy）、以及名稱看來相當嚴肅面對的「印度共產黨（馬列）黨統一」（CPI（Marxist-Leninist）Party Unity）。一九九〇年代在比哈爾邦，一些最嚴重的納薩爾派暴力事件，不僅發生在納薩爾派與國家支持的高種姓民兵之間，也發生在毛派的派系之間[58]。

與此同時，一些納薩爾派組織改變了策略。透過毛派武裝鬥爭奪取國家政權，仍是他們的終極目標。所有派系的傳承，都可以追溯到納薩爾巴里起義和馬宗達。但現在其他的毛派策略也漸漸受到重視了，諸如他們需要設立更貼近民意的合法掩護機構，最重要的是，第一階段叛亂的倖

---

* 作者註：一名孟加拉的革命者被毆打到身體局部癱瘓，我們會面時，他一度低頭盯著自己的手指說道：「警察把我的手指都打斷了，因為我是作家。」

存者渴望一處由黨控制的根據地，好讓幹部躲避印度政府的追殺。如今，毛主義不僅有可能為階級鬥爭帶來即時滿足感（殲滅階級敵人），為了鼓勵戰敗者，毛主義也鼓吹持久游擊戰及緩慢建設根據地的必要性。一九六七年納薩爾巴里起義之後，活動人士一直努力製造類似的叛亂：在北方邦（Uttar Pradesh）、旁遮普邦（Punjab）、奧里薩邦（Orissa）、阿薩姆邦（Assam）都有，但最成功的是比哈爾邦與安得拉邦。一九六九年七月，在中國接受培訓的幹部桑亞爾和蘇林・博斯（Sourin Bose）在安得拉邦的卡斯里加古蘭（Srikakulam）探索一處潛在的新革命根據地。毛派領導人在那裡遇到賤民及印度社會中最弱勢、被剝削最慘的群體：所謂的「部落」（tribals），或稱阿迪瓦西*（Adivasis，亦即原住民）。雖然一九四七年後的印度新政府曾誓言彌補賤民和原住民幾千年來遭受的壓迫，但實際上，政府幾乎沒有採取任何行動以減輕種姓暴力或對部落人民的剝削。桑亞爾和博斯跟這些邊緣化的族群相處了三週，竭盡心力向他們傳授革命的手段：武器操作課、炸彈製造課、馬列主義與毛澤東思想。

一些分裂出來的團體，如「印度共產黨（馬列）解放」〔CPI（Marxist-Leninist）Liberation〕選擇參加選舉，同時為了「在武裝革命中獲得決定性的勝利」做好準備[59]。相對的，最初在安得拉邦活躍的人民戰爭集團（People's War Group，簡稱PWG）則是宣稱，「以武裝土地革命為基礎的人民戰爭，是在我國實現人民民主的唯一方法」[60]。在比哈爾邦，毛主義共產中心（Maoist Communist Centre，簡稱MCC）支持毛澤東主張的「持久人民戰爭」。「印度具體的經濟與政治條件所促成的結論是，偉大領袖兼導師毛澤東所提出的路線——中國革命的路線——是解放印度人民的唯一路線。」[61] 二〇〇四年十月，印度的毛派展現出毛澤東的愛書《三國演義》開篇的智慧：「話說天下大勢，分久必合，合久必分。」人民戰爭集團（PWG）與另外兩個派別在尼泊爾毛派的鼓舞下，合組成「印度共產黨（毛主義）」〔CPI（Maoist）〕。由於這幾個組織各自在印度的不同地區活躍，新的聯盟至少理論上在印度各地廣泛地存在。如今，印度政府聲稱——或許是為了證明不斷膨脹的國安預算是合理的——印度全國六百二十六個縣中，有兩百二十五個縣（亦即全國百分之四十的縣，人口共四億）捲入毛派叛亂。理論上，那是世界上規模最大、歷史最久的持續叛亂之一[62]。

安得拉邦人民戰爭集團（PWG）的幹部與政策，推動了印度毛主義的復興。該組織最早期的領袖之一康達帕利・西薩拉馬亞（Kondapalli Seetharamiah，又稱KS）建立了幾個合法的掩護機構，其中最有效的是激進學生會（Radical Students' Union，簡稱RSU）。RSU投入精力，教導出一些懷抱理想又有才華的畢業生加入這場運動，其中一些人甚至來自印度的上流家庭[63]。最有名的例子之一是柯柏德・甘迪（Khobad Ghandy），他的父親在葛蘭素史克藥廠（Glaxo）擔任高級主管，他從小在孟買的濱海公寓及浦那市（Pune）南部山區的一棟大平房裡成長，他的兄弟擁有孟買第一家內含真正水果的冰淇淋品牌Kentucky's。甘迪在印度的頂級名校杜

＊ 譯註：涵蓋印度與尼泊爾各原住民族的概括性名詞，現代稱為表列部落。

恩公學（The Doon School）求學，與桑賈伊・甘地（Sanjiv Gandhi）*同班，後來到倫敦進修會計師課程（巧的是，桑吉巴的革命家巴布當初到倫敦，也是進修會計師課程。而兩人都是在攻讀會計師資格的過程中，轉入激進的政治領域）。一九七〇年代晚期回到印度後，甘迪先加入激進學生會，接著在一九九〇年代加入PWG的地下運作，負責在城市地區宣傳。二〇〇九年他在德里被捕一事，驚動了城市的中產階級。記者拉胡爾・潘迪塔（Rahul Pandita）多年來致力研究當代毛主義運動的叢林根源，他回憶道：「一時間，我那些城市的朋友談論起這件事，他們禁不住問道：『這個人是誰？他看起來不像恐怖分子，不像我們想像的毛派分子啊。他以前住高級的濱海別墅，父母常打橋牌……他是人生勝利組，可以坐享肥缺，而他卻選擇在叢林裡生活。』」[64] 這場運動的領導者大多是來自一九七〇年代到八〇年代的安得拉邦毛派組織：多數人畢業於安得拉邦的大學（包括最高領導人賈納帕蒂（Ganapathi）和二〇一一年遭到印度警方擊斃的游擊隊領導者基申吉（Kishenji）），他們都是就讀大學時，首度接觸激進政治。

一九八〇年以降，好戰的人民戰爭集團（PWG）開始遷徙，這場遷徙至今仍定義著印度的毛派運動。西薩拉馬亞意識到，他們需要一個真正的「印度延安」，亦即一個離國家權力當局夠遠的根據地，以確保才安全，而且又承受得住適度的匱乏，這樣才足以讓激進的社會經濟目的獲得足夠的動力。西薩拉馬亞發現，恰蒂斯加爾邦東南部的巴斯塔（Bastar）具備兩個實用的特點：森林茂密，當地幾乎不見官方機構的蹤影；外部的包商和政府官員掠奪當地的自然資源，無情地剝削當地的部落。潘迪塔回憶道：「你在裡頭走約十五公尺，就有可能迷路。那裡杳無人跡，你連續走好幾哩都看不到半個人影。[65]」當地的經濟關係極其苛刻：原住民的工資由外來的包商決定，他們辛苦工作一天，蒐集烏木柿的樹葉，為產值數十億美元的國內產業包裝比迪菸（廉價印度香菸），只能拿到五派沙†（約零點零二台幣），而且隨時都有被蛇咬傷的風險。政府官員利用原住民極度缺乏世俗化的弱勢，占盡了便宜：二〇〇一年，一名前往當地考察的作家指出，那些原住民的基本計數單位不超過二十[66]。原住民忍飢挨餓，婦女遭到政府官員的隨機性暴力[67]。潘迪塔指出，他們遭受的剝削「超越了種族歧視。他們甚至不被當人看，彷彿你強暴任何人也沒什麼大不了似的」[68]。

西薩拉馬亞派出幾個小隊去巴斯塔建立新基地，那次冒險一開始就很不順利：一個來自安得拉邦的五人小隊差點在途中餓死，因為他們在叢林中遇到的幾個很怕陌生人的原住民，一看到他們，拔腿就跑。不過，毛派分子藉由關注原住民生活中最大的不滿（經濟剝削和隨機暴力），慢慢地在當地站穩了根基。他們號召當地人加入「群眾抗爭」，以反抗那些剝削他們的人。「一名剝削女學生的收租者被納薩爾游擊隊逮到，慘遭痛毆後綁在樹上。接著，他們集結起當地的婦女，指示她們對他的臉吐口水。[69]」婦女一個接一個照做了。恰蒂斯加爾邦的原住民婦女塔拉卡（Tarakka）十幾歲時加入毛派運動，純粹是因為森林官員偷走她父親的食物又強姦她的朋友，卻

---

* 譯註：印度的政治人物，前印度總理英迪拉．甘地和政治人物費羅茲．甘地的幼子。

† 譯註：派沙（paisa）：目前在印度、尼泊爾和巴基斯坦使用的輔幣，一派沙等於零點零一盧比。

完全不必遭到懲罰，令她厭惡至極。到了二〇一〇年，她已經升任指揮官，對自己操作槍枝及製作酸辣醬的技能感到自豪。她對一名記者說：「警察不會來這裡，他們知道一來就會遭到屠殺。」[70]光是一九八五年，在恰蒂斯加爾邦西部邊界的一小塊地區，毛派分子就從政府手中奪取了兩萬英畝的土地[71]。

安得拉邦和恰蒂斯加爾邦那些倖存的納薩爾派在一九八〇年代及後來捲土重來時，他們師法毛澤東，精心地在文化上包裝他們想傳達的訊息。他們表演團之中有個明星，是「賤民」出生的歌手加達（Gaddar，「革命」的意思）。他於一九八五年轉入地下發展，加入人民戰爭集團。他蒐集泰盧固族的民謠，再以毛派訊息及口號加以改編（「納薩爾巴里萬歲……土地革命終將勝利……這地主是誰？……他憑什麼對我們作威作福？……紅色萬歲！」）[72]。他主動接觸那些遭到印度主流文化傷害特別深的群體——賤民與婦女——把毛主義的訊息加以改編，再傳播到被印度種姓撕裂的社會。他在舞台上充滿了活力，嗓音洪亮，鬈髮和鬍鬚飄逸，目光炯炯，表情生動。他認同社會上最貧窮的弱勢族群，所以表演時，總是身穿走樣的褲子、披著破爛的毯子。在叢林裡開唱時，他的左肩上掛著一個鼓，右肩上掛著一枝上膛的步槍[73]。然而，加達若是活在毛澤東那種嚴苛的文化獨裁下，究竟會過得如何呢，我們也不得而知：一九九五年，有人造訪他的住所，發現毛澤東的著作旁擺著歌手菲爾·柯林斯（Phil Collins）和英國夜總會熱門歌曲的錄音帶。一九九五年，人民戰爭集團將他除籍六個月，只因為他抽空為一部電影寫歌[74]。二〇一七年四月，他與毛派決裂，並申請印度選舉的投票權。

一九八〇年代晚期，印度毛派叛亂的復興出現了更軍事化的轉折。時值由坦米爾猛虎組織（Tamil Tigers）分裂而出的一個分支，訓練毛派幹部使用炸藥，尤其是地雷。後來他們變得更擅長以各種五花八門、甚至原始的物件來引爆地雷（包括Y形的樹枝）。由此，他們變得更大膽，開始攻擊任何象徵或代表印度政府的一切事物。一名投降的游擊隊隊員比較了他在這場運動中所接受的訓練，以及印度軍隊在動亂的東北部與西北部所接受的訓練。他說，後者「根本無法相提並論，納薩爾派有強大的動力……但你看中央那些部隊，你放個鞭炮，就可以把他們嚇得屁滾尿流」[75]。

游擊隊與政府都使用「毛派」（Maobadi）這個詞來指稱叛亂（雖然這個詞常與「納薩爾派」交替使用）。然而，這場運動仍符合這個標籤所代表的意義嗎？「印度共產黨（毛主義）」的組成確實還是明顯的毛派，認同印度是「半殖民與半封建的」這方面的分析：一個受到帝國主義及其印度同夥（「大買辦資產階級」）和封建主義宰制的國家。由於它主張印度早已喪失政治能力，這在邏輯上只能靠全面的敵對行動來解決：透過毛派持久戰來奪取國家。「這場持久的人民戰爭將從農村包圍城市，最終奪取政權……毛澤東發起並領導的文化大革命，是一場偉大的政治革命，是無產階級在社會主義下，對資產階級與其他的剝削階級所進行的反抗，目的是為了鞏固無產階級專政，防止資本主義復辟。」[76]其黨綱宣稱：「我們的革命將走中國革命的路線。」[77]印度毛派的領導人利用中國革命的神話來激勵一般黨員，組織並煽動他們使用暴力，講述他們聲稱來自中國革命的階級鬥爭故事。「遭到地主虐待的奴工覺得地主沒心沒肺，所以農民攻擊地主的房子時，奴工說，他想親手殺了自己的主人，看他的胸腔下，到底有沒有心臟。」[78]

然而，潘迪塔認為，對一般黨員及每一縱隊來說，只有一個口號是有意義的：datt kar khao, datt kar chalo（盡可能多吃，盡可能多走）。潘迪塔對這場運動做了十幾年的調查，他寫道：「要讓年輕的游擊隊員敞開心扉很難……你問他們『為什麼會加入叛亂』，就像你問村裡的原住民『想過怎樣的生活』一樣，是徒勞的……唯有花時間跟他們相處，你才會明白，那主要是因為制服給他們一種歸屬感，讓他們變成一個大團體，賦予他們某種使命。」其他人則是來來去去，不時為了微不足道的不滿而放棄鄉村生活。十六歲的科利（Kohli）之所以加入毛派，是因為他不小心打翻一小杯牛奶，就被父親賞了一巴掌。對一些人來說，加入納薩爾派是一種青春期的反叛，是逃離家人控制並體驗村外世界的一種方式[79]。蘇普麗雅．夏爾馬（Supriya Sharma）曾在恰蒂斯加爾邦擔任《印度時報》（*Times Of India*）的記者數年，她在這段期間，從未在此地遇到解毛澤東或毛主義歷史的基層幹部[80]。

如今印度毛派運動的參與者與支持者主張，他們是代表及動員那些被印度政府和當權者遺忘或荼毒的人，為那些受害者發聲（這裡的當權者，是指那些急於從印度中部叢林開採豐富礦藏的當地精英，以及本國、跨國企業）。二〇〇八年，在印度毛派合併成「印度共產黨（毛主義）」四年後，印度政府委託一群專門研究印度農村貧困與衝突的專家，前往調查足以支持在政治上解決毛派運動的方法。社會學家貝拉．巴蒂亞（Bela Bhatia）為其中一員，她造訪並撰寫那些受到毛派影響的地區已數十年。這群專家承認，那些地區的地理面與社會經濟面確實很複雜，但他們得出的結論很明確：「動盪不安導致他們走極端路線，並透過暴力手段解決問題，以挑戰國家權威。動盪的激烈程度，反映了長久以來所積累的那些懸而未決的社會及經濟問題。」[81]

二十一世紀初以來，由於印度經濟的全面變化，這些衝突越演越烈。一九九〇年代，印度政府踏上經濟自由化的路線：廢除「許可證制度」（licence raj），為企業家提供寬鬆管制的機會。這麼做帶來了效益：印度擺脫了一九九一年面臨的國家破產。只是大企業的崛起——尤其是採礦業——改變了人們對礦產資源豐富的叢林所抱持的態度，而毛派游擊隊從一九八〇年代起，便已遷到叢林裡避難。許多人認為，政府本來打算對一九八〇年代及九〇年代恰蒂斯加爾邦等地的毛派叛亂視而不見，亦即不在當地駐守，實際讓出這些地區，任由毛派分子主宰，所以毛派幹部開始在當地經營自己的地方政府。然而，二十一世紀初，政府著手授予企業利潤豐厚的採礦合約時，毛派組織的反抗活動威脅要阻礙政府從工業發展中賺取豐厚的稅收。二十一世紀一開始，印度政府就雄心勃勃想把恰蒂斯加爾邦變成一個繁忙的管線、鐵路、公路網絡，致力從那片土地攫取寶貴的鐵礦石，以及鋁土、鉑、剛玉等礦物。根據這套藍圖，電力將由巨型水壩提供，估計將淹沒許多村莊，導致居民流離失所。儘管落實這項計畫的日常工作是由民營企業承擔，但透過徵稅、出售合約等方式所創造的財富中，有很大一部分落入政府手中（二〇一〇至一一年，這些收入占國家收入近百分之二十）[82]。此外，從那些渴望商業計畫得以盡可能順利進行的民營採礦商和貿易商手中，政府的地方代表更是得以分到一杯羹。

這片土地的長期居民——那些最貧窮的原住民——再次以一種由來已久的方式遭到剝削。數百年來，外來者——柚木與羅望子的貿易商，以及現今的礦商——一直「說服」這些部落的人民以國際市價的一小部分，放棄那些寶貴的自然資源。二〇一一年，在恰蒂斯加爾邦的南部，政府執法者迫使居民以每英畝一萬一千盧比的價格出售土地——如果當地人反抗，他們就以細警棍攻擊。十四年後，隨著工業發展，那片土地的價值漲到每英畝三百萬盧比。二〇〇七年，政府策動的強姦與逮捕行動，促使印度某大跨國公司在毗鄰地區完成土地收購徵用[83]。這場採礦革命帶來了巨大的環境破壞與社會經濟衝擊：煤礦場摧毀了原始森林，曾經流淌的河流因紅色淤泥堵塞而靜止不動，鐵礦廠排放的濃重黑煙籠罩著森林上空。一份環境影響評估報告指出，在恰蒂斯加爾邦的同一地區修建許多採礦廢料傾倒場的計畫，將「破壞整個山谷的排水系統……整個民族的文化很可能遭到滅絕」[84]。

二〇〇五年以來，政府這番轉變加劇了恰蒂斯加爾邦及賈坎德邦等地的毛派游擊隊與當權者之間的衝突。是年，印度工商總會（Federation of Indian Chambers of Commerce and Industry）發表了直白的聲明：「毛派分子在礦產豐富的遼闊鄉野所展開的叛亂日益猖獗，可能很快就會損及一些工業投資計畫。正當印度需要強化工業體質以確保成長，而外國公司也前來共襄盛舉之際，納薩爾派卻和那些攸關印度長期順利發展的礦業與鋼鐵公司發生衝突。」暴力衝突升溫，當地暴徒拿槍抵住村民的太陽穴，逼他們簽下「不反對信」，藉此讓大企業取得收購鐵礦的「同意書」[85]。印度共產黨（毛主義）及其武裝側翼「人民解放游擊軍」（People's Liberation Guerrilla Army，認同毛派軍事與政治戰略）對這種高壓手段做出最有力的反抗。政府開放採礦合約，導致巴斯塔的毛派根據地變成「印度最有價值房地產」。二〇〇六年，就在政府開放採礦合約三年後，印度總理曼莫漢．辛格（Manmohan Singh，一九九一年起擔任印度的財政部長，是印度自由市場經濟的總策畫）出乎所有人的意外，直指毛派分子是「對印度政府最大的國安威脅」[86]。

印度政府已動員特種部隊，在代號「綠色狩獵」、「灰狗」、「眼鏡蛇」等行動中驅逐毛派分子——這些行動代號的設定，都是蓄意逼使毛派分子喪失人性。不過，針對毛派分子所做的最狠毒動員，是二〇〇五年在恰蒂斯加爾邦建立當地的自衛隊「和平行動」（Salwa Judum）。雖然印度政府堅持把Salwa Judum翻譯成「和平行動」（Peace March），但熟悉當地語言「貢德語」（Gondi）的專家一致認為，「清算搜捕」（Purification Hunt）是比較貼近原意的。媒體最初把它描述為一場民間自衛運動，是長期受苦的部落為了對抗毛派，而政府和警方只是隨後支持該運動以承認其「民意」的正當性。然而，事實並非如此。二〇〇〇年代初期，警方與政府組織了一些團體，利用宿怨世仇組成巡邏隊，對抗當地的毛派治理。到了二〇〇五年，這些巡邏隊——現在正式命名為「和平行動」——在國安部隊的支持下，幾乎每天集會抗議。村民受到罰款和暴力恐嚇，不得不參加集會。該組織不僅獲得八點六億盧比的政府資助，還拿到政府發放的武器[87]。

「和平行動」公然違反「反對焦土政策」的國際法，掠奪並摧毀那些被控幫助或窩藏毛派分子的村莊。他們打著「尋找毛派村莊治理者」的名義，毆打、強姦、肢解、謀殺村民。倖存者被趕到「救濟營」（一名學術單位的目擊者稱那種地方是「露天監獄」），或陷入貧困的流放生活。二〇〇六年一開始，毛派便展開報復行動，每次衝突都導致雙方數十人喪生（有時是普通村民無端受害）。「和平行動」留下了像「烤魚」一樣燒焦的屍體，以及無數的連帶傷害（年輕人、老人、病人——任何無法迅速逃離掠奪的人），村民絕望地寫信給森林外的活動人士：「和平行動一抓到人，就會殺死他，剖開屍體，割下舌頭與心臟等……我們想描述更多的實況，但已經詞窮了。[88]」這場人類悲劇的唯一贏家是工業發展。當和平行動「清空」村莊後，工業發展就可以接著展開。國安部隊及其盟友聲稱，他們只殺毛派分子，但記者和其他的目擊者證實，警察也射殺一般百姓，再給他們穿上嶄新的迷彩服，並拍照證明那些人是在「衝突」中喪生的毛派分子。

潘迪塔目睹了和平行動許多殘忍行徑，他回憶道：

和平行動的自衛隊所犯下的暴行，導致毛派運動從恰蒂斯加爾邦的一個地方傳到另一個地方，甚至到達毛派分子完全未觸及的地區。人民對於自己淪為受害者感到憤怒。有一個村莊根本沒有毛派分子存在，他們以前曾拒絕讓毛派進駐，因為他們對毛派分子的說法或革命理論毫無興趣。沒想到有一天，這些自衛隊突然來了，他們強姦、殺害、掠奪村民後，若無其事地離開……當晚，毛派游擊隊來到村子，他們說：「看吧！這就是我們一直告訴你們的。你們是想過幾年有尊嚴的生活，還是想過十年悲慘的日子？」當天，村裡約十到十五個年輕人加入毛派運動，毛派運動就是這樣從恰蒂斯加爾邦的南部傳到北部，那真是可怕的歲月[89]。

二〇一〇年初，獲獎小說家阿蘭達蒂・羅伊（Arundhati Roy）待在旅館時，有人從旅館房間的門縫底下，塞了一張打字列印的紙條進來。紙條上確認了她與「印度最嚴重的國安威脅」（套用她的諷刺用語）的會面行程。紙條上寫道：「作家應攜帶相機、蒂卡（Tika）*、椰子。特使會攜帶帽子、印地語的《展望》雜誌（*Outlook*）、香蕉。」羅伊如實地帶著指定的物品，準時抵達會合地點。

> 幾分鐘後，一個小男孩向我走來。他戴著帽子，揹著書包，指甲上有斑駁的紅色指甲油，但手上沒有印地語的《展望》，也沒有香蕉。他問我：「你就是那個要進去的人嗎？」我不知道該說什麼，他從口袋裡掏出一張濕透的紙條遞給我，上面寫著，「Outlook nahin mila.」（找不到《展望》）。
>
> 「那香蕉呢？」
>
> 「我吃掉了。」他說，「我好餓。」他還真的是安全威脅[90]。

羅伊以這段前言展開她的長篇報導〈與同志們同行〉（Walking with the Comrades）。該文描述她與印度共產黨（毛主義）相處十天的經過。在熱情洋溢的散文中，她支持印度那群最貧窮、

* 譯註：將硃砂點在中間髮分線上的叫 Tika，有庇佑保護的意思。

最沉默的族群——接連遭到大企業發展、環境惡化、綠色狩獵行動攻擊的原住民社群。羅伊認為，新自由主義的印度政府是壓制、虛偽、貪婪的機器，卻把毛派描述成一種可以取代印度政府的可靠選擇——儘管態度上帶有一絲保留[91]。

其他的民運人士也抱持支持的觀點，儘管政府以高壓手段鎮壓這些觀點。歷任印度政府都妖魔化那些與毛派理念有關聯或稍微支持毛派的人，甚至把那些人定罪。二〇一八年六月至八月，至少有十名左派活動人士因被控「與毛派有關聯」而被捕，他們大多是譴責政府攻擊公民社會的人。對某個經驗豐富的活動人士來說（此處匿名），毛主義代表當代印度的一種特殊反抗形式：「毛派藉由推進原住民對叢林地區的權利，來實現他們自己的革命：印度的社會權力轉型。」羅伊與蓋塔姆．納拉卡（Gautam Navlakha）——獲准造訪毛派地區的活動人士之一，他於二〇一八年八月被捕——等評論人士一再譴責印度的權力結構中有嚴重的結構性暴力和虛偽。納拉卡忍不住控訴：「人們哀嘆暴力，但我們卻處在世上最暴力的社會裡。」羅伊認為，印度的共和政體已經「分崩離析」，暴力在印度政府的鎮壓中很普遍，也是印度政府用來解決問題的唯一方法。納拉卡問道：「你還能用什麼方法來對抗印度政府？除非你相信這裡萬事太平，否則這裡的局勢很自然就會使人訴諸暴力。」（不過，他也譴責毛派以殘忍的私刑來對付敵人。）

同情那些被壓迫幾十年或幾百年的人，是完全可以理解的。此外，正因為政府以宣傳活動大力打壓毛派及近年來的民權分子，人們可以輕易理解，為什麼羅伊這類知識分子會想要藉由揭露政府在恰蒂斯加爾邦的暴行來反擊（二〇〇九年至一二年間，印度的英文報紙所採用的消息來源中，有百分之九十一是來自政府或警方[92]）。羅伊親身經歷而做的報導所傳達的是，駐守在叢林裡的印度毛派是以一種特別的方式，把毛澤東的模糊形象與聲望改寫成一個有「遠見」的叛軍「領袖」，以呼應他們代表窮人和惡化的環境所發起的反政府、反企業抗爭[93]。他們引用毛派好戰的經典言詞來主張，唯有暴力起義才能對抗印度政府的掠奪，因為這是一個與跨國企業結盟的假民主國家。印度共產黨（毛主義）的現任領導者賈納帕蒂表示：「問題在於，究竟要繼續忍氣吞聲或和平抗議，過著奴役屈辱的生活……或是武裝起來，徹底剷除助長各種鎮壓與壓迫的根源。[94]」

毛派剛抵達恰蒂斯加爾邦時，還沒有當地原住民語言（貢德語）的手稿。毛派分子因此努力如實地抄寫，並製作貢德語版的小紅書，當地的新血加入組織不到一年就識字了。這一區的原住民經常死於腹瀉等一般疾病，毛派透過配有「赤腳醫生」（這是指受過基本訓練的醫務人員，是文革期間流行起來的概念）的行動單位，為原住民提供醫療服務。連那些批評毛派的人，也注意到毛派對當地教育與醫療的影響。巴斯塔的毛派也提高了在地民眾的意識（所謂的「覺醒」）。曾經遭到鄙視的部落，如今自信地面對他人的目光。而毛派叛亂所引發的爭議，至少讓原住民的苦難引起了全國的關注。

羅伊公正指出一個充滿歷史諷刺意味的事實：中國已經從一個「反政府」的叛亂分子聖地，變成渴望落實新自由主義的印度政府所崇拜的經濟偶像，同時也是恰蒂斯加爾邦那些豐富礦產的貪婪消費者。但她的報導某種程度上忽略了毛派意識形態的僵化，以及毛派從共產主義的傳統暴行中汲取靈感。（儘管毛澤東在西方世界已然失去政治威望，但印度一些左派知識分子的圈子依舊推崇毛澤東。這可能導致他們忽略毛主義作為一種歷史現象與生活經驗的意義。關於毛澤東的迫害或私人醫生揭露毛澤東是個憤世嫉俗又自大的性癮者之類的回憶錄，都對西方講英語的讀者產生了很大的影響，但是在印度的出版界，這些回憶錄並未觸及一般讀者。）此外，羅伊深入叢林造訪毛派的遊記，與全球毛主義的早期傳播媒介有相似之處：史諾的《紅星照耀中國》。他們的書寫都帶著同樣令人放鬆的幽默，都帶有年輕男女的冒險精神，都對毛派造成的任何危險或威脅疑慮一笑置之，都把叛亂分子描繪成心地善良、笑容可掬的理想主義者，愛笑，也熱愛詩歌，就像如今印度其他類型的反政府分子一樣。二〇〇九年，潘迪塔獲得首次獨家訪問毛派最高領導人賈納帕蒂的機會。能夠訪問到這號與世隔絕的神祕大人物，可說是新聞上的一大成就。但他後來覺得，自己與這個巴斯塔毛派領袖的關係，就像史諾與毛澤東的關係，這點令他深感不安。

二〇〇六年左右，我讀了《紅星照耀中國》。我知道史諾的訪談；知道毛澤東會突然出現，然後消失，之後又抽著菸再度出現。賈納帕蒂也是，他讓我覺得他就是一個類似毛澤東那樣的人物……我們的對話感覺很像《紅星照耀中國》裡的場景，彷彿那個動態正影響著我們兩人，就好像我在訪問毛澤東：賈納帕蒂的言談舉止，以及他談論他引領這場革命的方式，都讓我有這種錯覺……我必須刻意抽離那種情況……任何明智的人都知道，在中國或史達林主宰的蘇聯，或任何獨裁政權中會發生什麼事。[95]

當然，羅伊的敘述中有一些令人發噱的批判性矛盾情緒。她提到她與一名游擊隊員的對話，從那段對話可以看出他們密切地追蹤她撰寫他們的內容。她也指出，哪天要是毛派真的掌握政權了，她會是他們第一個絞死的人[96]。但她筆下的叛亂分子成了有理念的人，那也掩蓋了一個令人不安的事實：毛派的領導層信奉一種偏狹的極權主義意識形態，那種意識形態堅稱，今天的印度與一九三〇年代的中國非常相似，由此導致他們把敵人及他們聲稱支持的邊緣化群體縮限在一條僵化的軌跡上。叛亂在她筆下成了「貧窮的部落」對上「掠奪成性、污染環境的政府」，完全簡化了這場運動的複雜社會以及政治組成。她未承認她這趟行程和訪問是由印度共產黨管理、調解或策畫的。她譴責印度政客的謊言與操縱，卻鮮少懷疑印度共產黨在叢林中展現的形象是否真實。她熱中地描寫基層黨員對黨的忠誠、希望與愛，並因此推論「那肯定是一支人民軍」[97]。

人類學家阿爾帕·沙阿（Alpa Shah）耗費十幾年的時間研究毛派運動及其在印度中部的脈絡。她甚至以參與者兼觀察員的身分，在毛派掌控地區的原住民社群生活了十八個月。她把這段經驗描述為一場「私密的叛亂」。毛派分子在一些地區已經生活、工作二三十年了，對當地人來說，毛派比剝削他們的政府更可靠。如同羅伊，沙阿非常支持原住民人口的利益和權利，也曾在叢林中「與同志同行」。她認同毛主義運動的平等理想，尤其是高種姓的毛派願意在日常生活中消除種姓階級制，例如和賤民分享食物）。不過，二〇一〇年以前她在賈坎德邦的研究，使捍衛位於種姓制度與種族階級底層的那些自由戰士，在羅伊的描繪下更顯複雜混亂。沙阿觀察到，即使毛派分子試圖消除種姓和種族的階層隔閡，整個毛派階級仍是由高種姓的男性主導，毛派運動複製了印度社會中根深柢固的不平等現象。它鄙視原住民社會的正面屬性——相對「性別平等」、「生物可降解」的生活方式——認為現代化必然會消除這些生存模式[98]。儘管毛派宣稱他們抱持理想主義，但他們的政治教條美化了暴力，助長了印度政府鎮壓及報復的惡性循環（印度政府強大到連游擊隊叛亂也無法挑戰其權威）。德里的發展學教授阿迪亞·尼根（Aditya Nigam）毫不留情地抨擊毛派及其高高在上的偏見。「原住民無法代表自己，他們需要有人代表他們……他們必須由國家的代理人或由革命者來代表他們，而革命者的聲音幾乎總是婆羅門／上層種姓的聲音……所以，我們有一個類似毛派的知識階層，他們利用原住民的生活來間接實現自己的革命幻想，然而實際在戰鬥中死亡的人幾乎都是原住民[99]。」或許我們從一般黨員老派地尊稱最高領導人賈納帕蒂為「GP大人」（GP sir）*即可見一斑[100]。

毛派幹部腐敗並敲詐勒索（無論規模大小）的相關指控也很普遍。二〇〇〇年至二〇一〇年間，一些礦業公司與毛派協商後，在恰蒂斯加爾邦和賈坎德邦的產量紛紛多出一倍。二〇一〇年，一家煤礦營運商估計，賈坎德邦的毛派團體每年可從實業家收取的保護費高達五億美元。他解釋道：「那就像繳稅一樣，只是另一筆商業支出。付了以後，一切就能順利運作[101]。」維基解密（WikiLeaks）揭露，在巴斯塔經營大規模鐵礦石開採業務的埃薩集團（Essar）向毛派支付了「一筆鉅款」[102]。潘迪塔解釋：「勒索錢財是龐大體制的一部分，那些錢被拿去資助戰爭……組建人民解放軍游擊隊，約一萬兩千多人。你經營這些網絡，需要錢來購買彈藥與炸藥，有些錢可能會流入個人金庫裡，卻都沒有改善原住民的生活。沒有基礎設施、教育、水，什麼都沒有！要什麼，沒什麼！」[103]毛派中也有威權主義：在巴斯塔毛派掌控的地區，村民離開村莊需要先獲得許可；賈坎德邦的婦女即使感到不滿或有更要緊的家務得處理，也會被迫參加共產黨的節慶；不服從的人就會遭到暴力對待。

一九六〇年代與七〇年代，西蒙是納薩爾派學運的先鋒，但後來目睹孟加拉戰爭所造成的難民苦難，以及中國基於自利而援助巴基斯坦（中國協助巴基斯坦殺了約三百萬名孟加拉人，可能有四十萬名孟加拉婦女遭到強姦）以後，他的信念徹底幻滅。西蒙回到學術界，把他對左派的支持轉向研究勞工史。與此同時，他激昂地批評起政治暴力，因為他從政治光譜的兩個極端都經歷過政治暴力。一九八〇年代，他被由六名年輕人所組成的右派自衛隊痛毆，只因為他在大學裡捲入一場勞資糾紛：他的左腿兩處骨折，掉了五顆牙，下巴受到永久性傷害。他花了九週休養，才終於恢復行走能力[104]。在他看來，即便只是在言詞上，繼續助長印度中部叛亂的毛主義意識形態，「以及其所支撐的觀點是荒謬的：諸如印度就像一九三〇年代的中國；印度的民主完全是一場騙局與陰謀，對數百萬民眾來說毫無意義；按照中國革命路線進行武裝鬥爭是可能的；從農村掀起暴力革命可以奪取國家政權——這一切根本都是妄想。[105]」

＊　譯註：賈納帕蒂並非本名，而是化名，GP也是化名，他還有許多其他的化名。

他承認，印度有駭人聽聞的暴力事件，卻也譴責毛派以二元對立的政治觀點來回應那些暴力事件。「印度的暴力局勢助長了這種以暴制暴的堅忍意識形態。他們認為除了暴力以外，別無選擇……如果你說，這些民主缺陷只能透過武裝推翻民主才能解決，你最終只是為這個墮落的過程推了一把……你不需要以一場暴力革命來推翻憲法，你需要非暴力的群眾運動來捍衛憲法。」西蒙在殖民晚期的政治恐怖主義（馬宗達的「謀殺手冊」）與如今印度毛派運動的罪行「歷史謀殺」（「以未來的名義殺人」）之間劃清界線[106]。

由於長期投入反映地形複雜性的人誌學研究非常困難又危險，如果毛派叛亂成功，我們也很難拼湊出他們確切的治理計畫的樣貌。從全球各地的毛派風格來看，他們很擅長從情感面呼籲叛亂，但不善於思索解決國家嚴重弊病的結構，例如，如何提高透明度；如何制衡企業與政府的權力；擬定經濟計畫以減少一九四七年以來持續存在、甚至加劇的不平等。一名資深警察談到他與毛派進行和平談判時備感挫折，因為毛派沒提出任何實質需求以利談判的進行。潘迪塔也認同這說法，他表示：「毛派的建國藍圖非常模糊。沒錯，土地將會平等分配，所有人都將為社會福祉努力工作……至於這個國家將如何運作，他們完全沒有概念。我曾問過一個資深毛派思想家這個問題，他回說：許多窮人沒有足夠的紗麗可穿，所以一旦我們掌權，會建造工廠生產紗麗，產量將會增加，婦女會有更多的紗麗可穿，這就是我們啟動整個生產活動、成為一個毛派國家的方式。[107]」

和西蒙一樣，沙阿和南迪尼．桑達（Nandini Sundar）也認為，這種恐怖狀態只有一種長期解決方案：妥善落實印度的憲政民主——「任何公民都無法逃避的困境及承諾」[108]。然而，桑達從自身痛苦的經驗知道印度民主制度的局限性。她耗費多年的時間，對「和平行動」及恰蒂斯加爾邦提出公共利益訴訟。二〇一一年七月，法官裁定桑爾及其盟友勝訴，並在一場慷慨激昂的演講中，把政府在恰蒂斯加爾邦犯下的罪行，與約瑟夫．康拉德（Joseph Conrad）在小說《黑暗之心》（Heart Of Darkness）中描述的殖民恐怖相提並論。儘管如此，此後那些在恰蒂斯加爾邦犯下強姦、謀殺或掠奪的「和平行動」分子依然很少遭到制裁，更遑論那支自衛隊的負責人了；他們的受害者都未從自身所遭遇的損失中獲得賠償；「毛派」依然在和警察或國安部門的「衝突」中喪生[109]。與此同時，潘迪塔憤怒地表示：「原住民的生活未見好轉。[110]」

桑達總結當下的困境：「活動人士堅持談論毛主義的『根源』，反觀國安專家對任何提及『根源』的說法都置之不理，堅持要求我們談論『毛派暴力』。學術界爭論暴力意味著什麼，記者關注下一則重大新聞。就這樣，人們無止盡地開研討會、開午餐會議、寫有關衝突的論文。而我再也看不到森林裡的孩子。[111]」

十一、尼泊爾——毛主義掌權？

二〇一六年八月三日的下午，普什帕．卡邁勒．達哈爾（Pushpa Kamal Dahal）坐在尼泊爾議會裡，平靜地聆聽議長宣布他獲任為總理。宣布結束後，達哈爾的同仁盡皆簇擁過來向他道賀。他們大多是中老年的男性，穿著西裝與開領襯衫，並為新總理戴上紅色、橘色、黃色、綠色的圍巾及萬壽菊花環，直到他從肩膀到耳朵都戴滿了絲綢與鮮花的裝飾。他額頭中央有一大塊蒂卡，那是傳統上用來慶祝並為重大的人生冒險帶來好運的朱紅色粉末印記。

這是一場體面的上任儀式，在一個不見得總是如此和諧的地方舉行。十八個月前，議會才剛上演激烈的全武行，議員亂扔椅子，推倒桌子，向議長扔麥克風，結果造成嚴重的瘀傷[1]。這個沉穩的上任場合，掩蓋了這場政局的結果有多麼離奇。因為達哈爾更為人所知的名字是普拉昌達（Prachanda）——意為「兇猛」或「威風凜凜」，那是他在一九九六年至二〇〇六年間領導毛派叛亂對抗尼泊爾君主制和政府時所取的化名。十多年來，普拉昌達投入大量的精力及能耐，對議會制發動戰爭。他曾以毛主義顛峰時期的風格，譴責議會制是一種應該以武裝革命消滅的

「騙局」。

普拉昌達升任總理（二〇〇八年以來第二次擔任總理）似乎代表全球毛主義的卓越勝利，因為尼泊爾的毛派是中國以外，唯一透過毛派戰略取得國家權力的團體。然而，現實遠比這個表象還要複雜。普拉昌達必須面對不穩定的政治殘局及不確定的未來。尼泊爾依然承受著長達十年的分裂暴力。向來保守、由高種姓主宰的議會制如今運作失調，毛派政治人物必須在這種議會制度中調適那個曾經界定其黨綱的激進願景。對一些觀察人士來說，尼泊爾的毛主義挑戰了社會不公，並以更包容的路線改革了國家政治。但是，對另一些人來說，則顯示毛主義理論與實務的虛偽及失敗。無論是哪種方式，尼泊爾毛主義的發展軌跡，都是當代歷史上最引人關注、也最令人費解的政治實驗之一。一種明明屬於不同國家與時代的意識形態，如何在尼泊爾不僅扎根萌芽，還締造出如此驚人的成果？套用卓越編年史家阿迪亞．阿迪卡里（Aditya Adhikari）的說法，那是因為尼泊爾毛主義的故事是「一場充滿異域風格又時代錯亂的叛亂」，發生在一個和靈修那種老調常談有關的山區王國，而且又有馬克思主義的變體助長其發展，更遑論新自由主義早該在一九八九年就消滅那種馬克思主義的變體了[2]。尼泊爾的毛主義究竟調適力有多強？那些調適是否使它根本上已經不再是毛主義了？它將在尼泊爾的未來扮演什麼角色？

毛派起義是一九九六年二月十二日的晚上十點展開。新成立的「尼泊爾共產黨（毛主義）」〔Communist Party of Nepal（Maoist），簡稱CPNM〕的三十六名成員衝進尼泊爾西北部羅爾帕

（Rolpa）的一處警察局。他們幾乎稱不上是一支精銳部隊。除了各式各樣的自製槍枝以外，他們只有一支一九八〇年代晚期傳下來的生鏽步槍。這次突襲原訂於晚上八點進行，但這群人在黑暗中穿越茂密的森林時迷路了。警方並未像游擊隊所預期的投降了，而是展開猛烈的防禦，連續好幾個小時反擊毛派的砲火。毛派在奪得一些炸藥後，又消失在夜色中[3]。

十年後，毛派已經藉由叛亂，獲得了決定性的政治影響力。他們的人民解放軍有上萬人，足以擊退尼泊爾軍警的聯合火力，而且奪取了百分之八十的國有土地。他們的武裝叛亂是二〇〇六年以後，導致尼泊爾的君主制垮台並建立聯邦共和國的主因。二〇〇六至一六年間，「尼泊爾共產黨（毛主義）」（CPNM）的兩位領導人擔任三屆的尼泊爾總理，許多黨內的高層人士也擔任過政府官員。儘管尼共並未實現最初的抱負——如同中國共產黨，奪取國家政權，對國家握有完全不受挑戰的掌控——但尼泊爾如今是世界上唯一所見，有「自詡為毛派的人」掌權的國家。

就像本書的許多故事一樣，尼泊爾毛主義的激進願景源於二十世紀的兩個偶然事件：一九四〇年代到五〇年代的激進轉變（導致南亞去殖民化、中國的共產革命、尼泊爾拉納王朝的結束）；文化大革命的狂熱以及文革在一九六〇年代晚期所掀起的餘波。如果不了解這些事件的長期影響，就不可能了解一九九六年毛派叛亂看似矛盾的爆發——七年前法蘭西斯·福山（Francis Fukuyama）宣稱，隨著資本主義徹底戰勝共產主義，人類已走到「歷史的終結」。

一九五一年，生活在尼泊爾農村的不滿人士和流亡印度的尼泊爾人所組成的聯盟，發動了一場軍事政變，推翻了拉納王朝（Rana）——一寡頭政治家族，這個自私自利、剝削人民、重視種姓階級的政權，統治了尼泊爾長達一個世紀。緊接著，尼泊爾實行了九年的政黨統治及部分民主，直到一九六〇年，沙阿王朝（Shah monarchy）復興，禁止了所有的政黨，並由潘查亞特制度*（panchayat）——亦即由選舉產生的地方議會——治理了三十年。然而，現實中，最終的權力仍掌握在國王手中。一九九一年，民眾示威迫使議會重新實行民主之前，尼泊爾一直是王室獨裁的國家，經濟變革也停滯不前。儘管尼泊爾在土地改革方面做了多種嘗試，一九九〇年，百分之五的尼泊爾人仍擁有全國百分之四十的土地[4]。即使有些較窮的農民確實擁有自己的土地，那些土地往往分割成太小的地塊，一整年的收成根本無法養活一個家庭。因此，勞力外移增加（尤其是移向印度）：從一九六一年約三十二萬八千人，增至一九九一年近六十六萬人（此外還有大量的國內勞力遷徙）[5]。從那以後，移民人數暴增，估計占總人口的百分之十四——例如二〇〇〇年的移民人數為三百二十萬[6]。

教育可說是一九五一至九一年間，尼泊爾政府最成功的政績。拉納王朝——就像在印度支那殖民的法國人——為了限制尼泊爾人質疑現狀的能力，嚴格限制民眾接受教育。一九五〇年，該國的學校不到三百三十所，全民識字率不到百分之五。到了一九九一年，有三百萬名兒童上小學，識字率上升至百分之四十[7]。不過，就像一九六〇年代至八〇年代的祕魯，民眾對政治、社會、經濟的失望，加上迅速成長的教育率，正好促成尼泊爾左派動亂的崛起。

一方面，尼泊爾的共黨運動因特別容易分裂的傾向而逐漸削弱：一九四九年尼泊爾共產黨（Communist Party of Nepa，簡稱CPN）成立以來的三十年間，至少分裂了七次，每個派系無不大力宣稱自己才是原始政黨的唯一真正繼承者。另一方面，其政治目標——平等、土地改革、縮小城鄉差距——獲得較多的民眾認同，儘管很少政客或個人知道如何落實那些目標。共產黨這些派系在農村基層受到歡迎，尤其是在該國貧困的西部地區。尼泊爾卓越的政治學家克里希納．哈切圖（Krishna Hachhethu）解釋：「在尼泊爾，共產主義作為一種標籤，有極大的吸引力。超過百分之五十的選民投票給帶有共產主義標籤的政黨。調查顯示，民眾向來以投票表示經濟平等比自由更重要。[8]」對這種目標的支持，甚至主導了尼泊爾的政治核心：一九五〇年代至八〇年代，尼泊爾大會黨（Nepali Congress Party）也提倡「整個國家『像一個大家庭』的社會主義」[9]。

中國開始對這種易受影響的環境輸送光鮮亮麗的大外宣。一九四九年中共的勝利，充分顯現出毛主義模式的成功。羅希特同志（Rohit）——生於一九三九年，一九五〇年代之後，一直是極左的政治人物——描述道，小時候「我到家鄉巴克塔普爾（Bhaktapur）的一間圖書館，並告訴館員，我想看英勇的故事。他們給了我一本小書，書名是《毛澤東的一生》（*The Life of Mao*），我從這本書中了解到毛澤東熱愛為民服務、愛國，以及他帶領中國前進的方式。[10]」毛澤東認為，一九三〇年代的中國是半殖民、半封建的，尼泊爾讀者認同他的這番看法。對尼泊爾人來說，種姓制度的農業社會是半封建制度，而印度是殖民威脅。一九四九年創立尼泊爾共產黨的普什帕．拉爾．什雷斯塔（Pushpa Lal Shrestha）認同並採納這套分析。

---

* 譯註：南亞地區的政治制度，尤其是印度、巴基斯坦、尼泊爾等國。字面意思是「鄉村五人長老會」。

在早期未臻成熟的出版市場中，中國的宣傳可能產生重大的影響。犀利的新聞評論家拉爾（C. K. Lal）擅長評論尼泊爾的社會和政治議題，他回憶起一九六〇年代他求學的時期，社會上普遍瀰漫著天真的氛圍。「新一代的識字者什麼都讀，也什麼都信。當時中國與蘇聯都免費發送讀物，例如在學校發送《人民畫報》。我在尼泊爾南部邊緣地區的特萊（Terai）求學時，創立了一個兒童圖書館，並寫信到加德滿都的幾個大使館去索取讀物。只有中國與蘇聯大使館有回應，他們寄來《人民畫報》和《蘇聯畫報》（*Soviet Union Illustrated Monthly*）等月刊。在我們的圖書館裡，只有中國與蘇聯的讀物是全新的，封面大多是紅色的。我們把那些讀物擺在最明顯的地方，儘管我們看不懂，因為都是英文的。」[11] 一九六〇年代，尼泊爾共產黨的未來領導人正在求學，文化大革命的多國語言宣傳使他們變得激進。巴布拉姆．巴特拉伊（Baburam Bhattarai）和希喜拉．雅米（Hisila Yami）這對夫妻檔是毛派內戰的資深人士。他們回憶道，當時許多毛派論文都是先透過印度以印地語傳入尼泊爾。[12] 尼泊爾共產黨人與印度共產黨人之間的物資和知識聯繫很密切：尼泊爾共產黨是一九四九年在加爾各答成立的，其黨員的意識形態是由印度同志傳授的。

隨著中國與蘇聯之間的不合越演越烈，年輕的左派尼泊爾人憑直覺站在毛澤東這邊。普拉昌達後來回憶道，一九六〇年代晚期，一個朋友看著毛主席的肖像論道：「這是中國的最高領導者，中國沒有貧富差距，不分弱者與強者，那裡人人平等。」[13] 數十年來，譯作（尼泊爾語－英語譯者）甚豐的卡根德拉．桑魯拉（Khagendra Sangroula）持續為需求旺盛的國內市場提供毛澤東的著作。他回憶道，到了一九六五年，「加德滿隨處可見毛澤東的著作，我的朋友大多立場親中。」[14]進書最齊全的親中書店是Pragati Prakashan，由以小氣出名的尼朗將・百迪亞（Niranjan Baidya）經營，他雖委託譯者把政治文章翻譯成尼泊爾語，給的酬勞卻是低於行情[15]。書店的書架上擺放著毛澤東的散文、詩歌、小紅書，以及各種中國文宣，例如《北京周報》等。中國還有一個展現軟實力的招數非常精明：發送一九四九年以前的左傾文學精華，例如知名作家魯迅的小說及散文——他和中國共產主義的關係時近時遠——以及一九四九年以後的社會現實主義精選，包括楊沫的《青春之歌》、李心田的中篇小說《閃閃的紅星》，這兩部作品無不向尼泊爾那些年輕有為的文青，宣傳毛派激進主義與理想主義的誘人願景。桑魯拉指出，「那家書店有如一部宣傳機器，小紅書、〈為人民服務〉、〈愚公移山〉、〈人的正確思想是從哪裡來的？〉、〈湖南農民運動考察報告〉是最多人閱讀與討論的作品……毛澤東是唯一用淺白方式書寫複雜議題的人，連普通的農民都看得懂。[16]」對這些讀者來說，「毛澤東像神一樣，赫魯雪夫反而像惡魔。中國出版的一切都像《聖經》、《古蘭經》，蘇聯出版的一切都很糟糕。[17]」

在尼泊爾的毛主義熱潮中，政府不僅扮演著特別包容的角色，甚至積極鼓吹。一九六〇年，馬亨德拉國王（King Mahendra）暫停議會，取締政黨，奪取政權，理由是多黨制導致腐敗及無政府狀態。在這種情況下，公眾討論及公開參與政黨政治幾乎是不可能的（公開政黨的幾名前領導人已遭到監禁）。然而，怪的是，毛澤東的作品依然唾手可得，因為馬亨德拉想培養尼泊爾的共產黨人以抗衡大會黨（Congress，一九六〇年以前是最大政黨）。桑魯拉指出：「只要不直接批評國王或潘查亞特，你可以出版任何版品。毛澤東的作品到處都看得到。[18]」由於國內政治的討論受限，成長於一九六〇年代與七〇年代的世代往往對外交事務相對了解。整個一九五〇年代和六〇年代，馬亨德拉國王與中華人民共和國的關係出奇友好，他認為，和中國交好可以有力地阻擋印度的影響。而中國面對馬亨德拉國王的示好，同樣給予善意回應：指示中國媒體為馬亨德拉國王冠上「進步國王」的標籤，並對他監禁共產黨人的行動視而不見。一九六〇年代初期，中國為了在加德滿都和西藏之間鋪設公路，投入近一千萬美元。文化大革命的前夕，百分之十六點八的中國對外援助流向尼泊爾[19]。印度一直很擔憂中國對該區的影響，尤其是一九六二年爆發邊境戰爭以後。當印度抗議中國外援使尼泊爾更容易受到毛派共產主義的影響（因而也導致印度更容易受到影響）時，馬亨德拉自信地回應道：「共產主義不會搭計程車過來*。」一九六七年，在尼泊爾工作的中國技師與工程師，開始向同事發放毛澤東的徽章及小紅書，而且，他們必須先「對毛澤東的肖像敬禮，並高呼讚美毛澤東的口號」，才能拿到工資[20]。

儘管文化大革命造成騷動，而且毛主義啟發了印度邊境的納薩爾派運動（一九七一年至一九七二年，尼泊爾的激進分子試圖在納薩爾巴里以西的查巴縣（Jhapa）如法炮製這場運動），但君主制幾乎同時為尼泊爾的知青啟動「返鄉計畫」——這是直接效仿文化大革命，把知識分子送到鄉下去接受農村群眾再教育的專案。計畫的設計者凱默・拉吉・雷格米（Khamal Raj Regmi）熱中於閱讀毛澤東的著作，而計畫的負責人維什瓦・班杜・塔帕（Vishwa Bandhu Thapa）曾造訪中國，並接受朱德與周恩來的宴請（《北京周報》對此做了詳盡的報導）[21]。大學生被迫在尼泊爾的村莊至少工作一年——大多是教書——才能畢業。他們秉持的理論很簡單：這個計畫將整合國家，縮小城鄉差距，使尼泊爾學歷最高的人為農村發展做出貢獻[22]。

然而，事情不見得如預期發展。一九六八年，當時仍是英文系學生的桑魯拉逐漸相信，接下來十年內會出現革命。到時候，他所受的資產階級教育將變得一無是處。因此，他和十幾個同志決定加入「返鄉」宣傳活動。桑魯拉回憶道，我向西走，

> 行囊裡裝了一百本小紅書，滿腦子都是夢想。晚上與清晨，我指導少年讀小紅書，以及毛澤東那些有關婦女、兒童、革命、游擊戰、持久戰的著作。「革命不是請客吃飯，槍桿子裡面出政權」等。大多數的少年是住在破敗的房子裡，耕種著貧瘠的土地，過著貧窮艱辛的生活……我對於他們將來會做什麼，毫無具體的想法。我是浪漫派的革命者，我希望我的宣傳能打動他們，促使他們走革命的路……文化大革命給了我很大的啟發，它代表教師與教授應該下鄉，理論與實務之間不該有落差，教師與教授應該被改造。那些少年非常靦腆，老師說什麼，他們就信什麼[23]。

儘管桑魯拉和其他人試圖利用返鄉計畫從事明顯的顛覆活動——桑魯拉因此多次被捕及遭到審訊——但政府直到一九七九年才取消返鄉計畫。

---

* 譯註：他講這句話是為了安撫印度對於中國開路到尼泊爾的擔憂。

桑魯拉在政府鎮壓的打擊下，回到加德滿都，結婚生子，並接受百迪亞的委託，把毛澤東作品集的〈第二卷〉、〈第三卷〉、〈第四卷〉以及一些中國小說（包括楊沫的《青春之歌》）翻譯成尼泊爾文。中國持續提供資金給百迪亞，讓他在尼泊爾籌畫翻譯事宜，但他似乎把大部分的資金占為己有，因為桑魯拉只得到六千盧比（折合新台幣約兩千兩百元）的酬勞[24]。這些譯本成為一九九六年至二〇〇六年毛派內戰的教育核心。此外，毛派幹部也聲稱，《青春之歌》是激勵他們入黨的核心文本。普拉昌達一再告訴桑魯拉：「我們是讀你的譯作長大的。」一時至今日，這名毛派領導人依然把譯者桑魯拉奉為文化大師[25]。尼泊爾的毛主義是一種文學味濃厚的現象，沉浸在文本中。我們再次看到一場照本宣科的革命，一切照著書本走[26]。尤其，小說及毛澤東的散文吸引年輕的讀者進入一個充滿政治承諾的想像世界[27]。雖然很多不識字的尼泊爾年輕人是因為那些社會改革的承諾而加入革命的西部據點，但革命的核心主要還是由受過教育、有文化修養的精英所組成。當時擔任毛派資訊部部長的蘇倫德拉・庫馬・卡爾基（Surendra Kumar Karki）是來自尼泊爾東部的資深游擊隊指揮官，二〇一六年，他回憶自是如何透過英語文本了解毛主義：「我是透過書寫中國的西方人而了解文化大革命：包括史沫特萊、史諾、韓丁、韓素音（Han Suyin）等。我讀遍了所有西方人書寫中國的書籍。[28]」希喜拉・雅米（Hisila Yami）是這場運動中最資深的女性領導人之一，她認為，她的政治覺醒可追溯到一九九〇年代初期她在新堡（Newcastle）求學那段期間，當時碩士課程讓她得以大量閱讀——包括《紅星照耀中國》，而她也為尼泊爾成立不久的毛派政黨取得好幾本[29]。

毛派的領導高層大多來自高種姓，這場運動的策畫者巴特拉伊是其中學歷最高的人之一。一九五四年，巴特拉伊出生於尼泊爾中部的鄉間廓爾喀縣（Gorkha）。當時的改革讓尼泊爾人有機會接受教育，他因此成為受益者。一九六〇年代對尼泊爾來說，就像世界上許多地方，處於一個充滿可能性和質疑的時代。許多人在學校和大學裡學到世界上其他地方的民主與革命故事，他們因此納悶，為什麼尼泊爾仍活在專制君主制中。一九七〇年巴特拉伊畢業時，由於在畢業考中榮登全國榜首而躍上新聞頭條，這項學業上的成就為他陸續打開了前往加德滿都及印度深造的大門。教育改變了這個少年的人生，他原本必須長途跋涉才能上小學，放學後還得到田裡幫忙。在接受教育的最後階段，他的博士論文標題是〈尼泊爾低度開發與地區結構的本質——馬克思主義的分析〉，這項研究讓巴特拉伊為毛派戰爭提出一套意識形態的理由。

然而，儘管尼泊爾的毛派在地域、意識形態、文學上都與中國密切相關，但他們卻沒有興趣建立直接的管道，以吸收中國生活的相關資訊。中國那些有影響力的尼泊爾文譯本（包括毛澤東、魯迅、楊沫等人的作品）都是從英語版本翻譯成尼泊爾文。最近以前，尼泊爾人學習中文的機會很少。一九六〇年與七〇年代，尼泊爾外交部中只有兩個人精通中國事務且會說中文。尼泊爾如同印度，有一群人深深著迷於中國的意識形態，卻沒什麼興趣前往中國探索毛主義的現狀。桑魯拉說：「我從來沒去過中國，甚至沒去過中國大使館。我喜歡毛澤東、中國和中國革命，但我沒興趣去那裡。[30]」

這種和毛主義濃厚的文學關係、而非實證關係，對尼泊爾毛主義留下非常特殊的影響。在西方，毛澤東離世後，隨著中國公然對毛派實驗失去信心，以及一些涉及文革的迫害及毛澤東冷酷無情的回憶錄，在一九八〇年代廣為流傳了起來，年輕的激進分子對毛主義的熱情逐漸消退。相反的，在尼泊爾，毛派對文學和意識形態文本的強烈熱情，創造出一種與毛主義的特別關係，只專注在抽象概念與理想上，而非毛派政策下的生活經驗——儘管毛澤東統治效應的證據（加德滿都山谷中的西藏難民營）近在咫尺。

在尼泊爾，中蘇之間爭執那令人不安的抽象概念依然重要，冷戰的意識形態依然存在。一九五三年，十八歲的莫漢・比克拉姆・辛格（Mohan Bikram Singh）加入尼泊爾共產黨，之後離開，在尼泊爾的西部建立一個獨立的共產黨和組織，成為毛派「人民戰爭」未來領導人的訓練基地。一如同世代及後來的多數尼泊爾左派人士，他支持毛澤東的革命模式：在農村地區成立群眾組織，準備武裝鬥爭及最終的政權奪取。他把他在尼泊爾西部皮烏坦縣（Pyuthan）設立的大本營想像成尼泊爾的延安。他的問題在於（這或許也是他的過人之處），他從來不覺得尼泊爾已經準備好進行武裝革命了。儘管拖延了一輩子都沒有革命，他對幾十年來一直信奉的意識形態始終深信不疑。如今八十幾歲的他仍是忠實的毛派，當他被問到第一次接觸毛主義的景象時，他馬上把焦點放在一九六〇年代的中蘇爭論，他眼睛閃閃發亮地說，那是「卓越的辯論」[31]。

一九八四年，世界各地殘存的毛派政黨，在經歷了一九七〇年代的分裂以及中國自身對文化大革命的否定之後，一起加入革命國際主義運動（Revolutionary Internationalist Movement，簡稱ＲＩＭ）。革命國際主義運動聯合了來自土耳其、孟加拉、海地的團體、祕魯的光明之路以及來自英國諾丁漢（Nottingham）和斯托克波特（Stockport）的共產組織。這股組織驅動力來自鮑勃·阿瓦基安（Bob Avakian）領導的美國革命共產黨（Revolutionary Communist Party）。阿瓦基安行事隱密，習慣透過官方發言人談論教條，也經常清洗他那個一百五十幾人組成的小黨。他創造了自己的毛派個人崇拜——而他最具群眾魅力的行為，便是模仿小紅書，把自己的語錄編成一本小灰書，名為《子彈》（*Bullets*）。阿瓦基安與RIM的成員對毛主義抱有一種傳福音的熱情，回歸一九六〇年代《北京周報》所傳達的那種烏托邦想像及絕對的把握。辛格即是RIM第一屆大會的創始成員之一。他回憶道：「鄧小平的崛起令全球的共產黨人焦慮不已，我們這些RIM成員認為有必要拯救毛主義。」[32]

打從一開始，RIM就針對革命意識形態進行過熱烈卻也浮誇的辯論——與一九八〇年代盛行的消費主義、雷根願景相去甚遠。在西方，阿瓦基安和他的忠實追隨者很容易受到忽視——一個遭到開除的前同志說他們是「草包」。不過，在尼泊爾，那些與毛主義有著緊密文本關係的潛在革命者，在RIM的鼓動下，朝著內戰的方向努力，RIM代表著國際對武裝革命的認可。辛格不滿地回憶道，在阿瓦基安的領導下，RIM的路線「比馬列主義更偏向無政府主義。他們認為，沒必要分析任何特殊的情況，你大可隨時發動武裝鬥爭，所以他們總是說：此時此刻，是在尼泊爾發動武裝革命的最佳時機，武裝鬥爭會創造自己的條件。」對RIM來說，光明之路是值得效仿的榜樣。

辛格向來很有耐心的辛格對RIM的論調感到懷疑，不久便和RIM決裂，但他在尼泊爾西部的下屬則是相對遲鈍，他們中了RIM的圈套。辛格表示：「RIM是武裝運動背後的主要煽動者。[33]」莫漢・拜迪亞（Mohan Baidya）的別名是基蘭同志（Comrade Kiran），他是共產主義教師的兒子，於一九八五年在尼泊爾共產黨中成立自己的黨派（官方藉口是辛格私通「資產階級」，因此不再屬於革命先鋒）[34]。一九八〇年代晚期，基蘭試圖發動武裝起義失敗後，把領導權讓給普拉昌達——也曾同為辛格的門徒。一九九一年，尼泊爾啟動多黨民主的新實驗時，公開的政治激進活動再次開放。這個自稱為「團結中心」（Unity Centre）的黨派決心發動「人民戰爭，為尼泊爾帶來一場新的民主革命」。一九九四年，該黨派為了準備戰爭，轉為地下活動。翌年，成為「尼泊爾共產黨（毛主義）」（CPNM）[35]。基蘭回憶道：「RIM沒有給我們任何物質支援，只給理論支援。[36]」不過，以尼泊爾的情況來說，這就夠了——這是點燃燎原大火的星星之火。

拉爾成為全職的政治評論家以前，曾是土木工程師。他面帶自嘲的微笑告訴我：「大家都說我是非常優秀的工程師。雖然戰爭期間大家認為我對毛派的抨擊最猛烈，其實我們之間沒有公開的仇恨，因為我協助興建了加格拉河大橋（Karnali Bridge），那座橋銜接尼泊爾的偏遠西部、毛派其中一處大本營以及尼泊爾的其他地方，讓那個地區對外開放。」身為尼泊爾工程師協會的執行委員，一九八六年拉爾參與籌辦了當年在加德滿都舉行的世界工程教育大會（World Congress of Engineering Education）。後來他回憶道，那些籌畫會議有時在茶點時間閒聊之際，會突然聊到一些奇怪的議題。「有些同仁可能不期然提到：『農村地區的派出所建在牛棚上面，那裡的警察很容易繳械投降。你知道嗎？銀行的警衛只有一把槍，而且光是裝子彈就要花十五分鐘，裝了子彈還不見得能開火，聰明人可以用棍子搶銀行。』當時我對這些話題並未多想。」

但拉爾顯然經常回想起那次交流，以及那個話題對尼泊爾毛主義的意義。

> 那些同仁之中，多數後來變成毛派運動的活動分子或領導人。一九九〇年代中期，幾乎所有最初參與毛派運動的人都是具大學學歷的中產階級專業人士：普拉昌達是農業科學家，受過教師培訓，曾為一個美國資助的專案擔任顧問一段時間。巴特拉伊是都市規畫專家兼政治經濟學家，擁有博士學位。領導軍事部門的巴達爾（Badal）以前在俄羅斯攻讀農業工程。基蘭是受過高等梵文教育的文學評論家。還有很多人是教師，他們大多是中產階級，專業人士，擁有大學學歷，認為尼泊爾的平民需要先鋒的領導。換句話說，就是經典的馬克思體制。

他懷疑道：「也許，那一直是一場高學歷中產階級的活動，是獲得權力的捷徑，而不是真正的革命……這些人都是非常聰明的政治創業家*，他們通稱為『毛派』。[37]」毛派的領導人大多

* 譯註：後面會提到他們與金錢掛勾。

是婆羅門——根據某些印度教的經文，他們是「人間的神」——刻意把自己塑造成「毛派婆羅門尚武之王」[38]。與此同時，低種姓的成員則成普通的激進分子與士兵，親上火線。普拉昌達、巴特拉伊、雅米等領導人在戰爭的多數時間並不參與戰鬥，而是躲在印度的尼泊爾社區。一九七〇年代，辛格是普拉昌達的政治導師，他回憶道：「普拉昌達充滿野心，是投機分子，對他來說，革命是個人抱負，跟思想與意識形態無關。」[39]

不過，精英抱持投機主義，還不足以解釋毛主義運動於一九九六年開始武裝鬥爭後所締造的成果。當時，其激進變革的言論在這片沃土上落地生根。儘管一九九〇年後，非政府組織的外援大量湧入新建立的民主尼泊爾，但分配不公加上腐敗，當地權貴把那些資金轉移到自肥專案。雖然民主的到了提高了人們的期望，但一九九〇年後的經濟成長卻令人失望。許多農民每年只能生產足夠養活自己與家人幾個月的糧食，食物短缺使他們不得不接受剝削性的工作條件，也迫使他們依靠高利貸來購買糧食與其他必需品。尼泊爾社會的權力階級制度加劇了這些不平等現象，造成對女性勞力的剝削、高種姓對低種姓以及賤民的經濟和社會壓迫、少數族裔的邊緣化。統計數字顯示一個令人沮喪的故事：二〇〇一年，尼泊爾的平均預期壽命是五十九歲，但在遙遠的西部，平均預期壽命僅四十二歲[40]。許多尼泊爾人因此搬離故鄉。一九九七年，逾百分之十的勞動人口搬到印度、波斯灣國家、馬來西亞、亞洲的其他地區。他們從海外匯回家鄉的資金，可能占尼泊爾GDP的四分之一。這個比例在未來二十年只會增加[41]。

尼泊爾政府不僅對這一切視而不見，還剝削人民，造成民間更是疾苦。那些掌權者幾乎都無法代表全國人口的社經和種族多元性。稅收是用來發展城市，而不是農村。與此同時，尼泊爾的民主失能，導致政府無法推行該國所需的連貫社經改革方案（至今依然如此）。一九九〇年恢復多黨政治後，透過民選產生的政府大多是不穩定的聯盟。光是一九九四年到一九九九年間，尼泊爾至少就出現了三個不同的政府（確切數字則看你如何計算而定），他們在腐敗醜聞、憤世嫉俗的黨派主義、不信任投票中起起落落。普拉昌達、巴特拉伊和其他的激進分子以令人信服的論點主張，潘查亞特制度的傀儡，自一九六〇年代以來，持續讓尼泊爾陷入貧窮與不公平的狀態，而那些傀儡已經順利進入新「民主」中掌權。換句話說，舊有的不平等現象打著「包容、自由的政治制度」的幌子又重現了。例如，一九九五年至二〇〇一年間，進一步的土地改革持續減少，僅重新分配了百分之零點四二五的尼泊爾土地。

與此同時，警察與司法體系也辜負了尼泊爾人民。二〇〇〇年，尼泊爾西部杜魯（Dullu）發生的事情，正是這種失敗的例證。據報導，這一年，當地警察局的一名警察誘騙一名當地女子並與她私奔，之後把她遺棄在附近的一處城鎮。憤怒的村民燒毀了警察局，警方因此撤離了杜魯，造成當地出現權力真空，毛派迅速乘虛而入[43]。

叛亂的核心是在尼泊爾中西部長期遭到忽視的羅爾帕縣（Rolpa）與魯庫姆縣（Rukum）。這裡的居民主要是康巴－馬嘉爾人（Kham Magar），屬尼泊爾的原住民族群之一，過著極不穩定的生活：僅百分之十的土地可耕種，而且收成只夠養活居民六個月[44]。自一九五〇年代以來，尼泊爾的共產黨人如辛格等，便在這些社群裡教書並工作。這些早期的活動分子似乎實踐了毛派「為人民服務」的精神：從一個村莊移往另一個村莊，與不同種姓或政治背景的在地人培養關係，幫他們做家務與農活。一些活動人士則是以比較激進的毛派手段來對付當地精英，以儀式來羞辱他們，例如在他們的臉上塗滿煤煙，或在他們的脖子上掛鞋子[45]。

一九九一年，普拉昌達的「團結中心」宣布，他們將「追隨毛主席的設計」，「走人民戰爭的道路，落實從農村包圍城市的戰略」[46]。一九九五年，團結中心的先驅團隊變成尼泊爾共產黨（毛主義）後，巴塔拉伊與普拉昌達動員發起「人民戰爭」。中央委員會在一次會議中宣布：「西部山區，尤其是羅爾帕縣與魯庫姆縣，那些政治覺醒的農民所發動的階級鬥爭，代表反封建、反帝國主義的革命抗爭，為尼泊爾的共產運動帶來新的元素，激勵我們日益嚴肅地投入武裝鬥爭。」這個新黨派在兩條明顯的毛派戰線上推進：一方面進行游擊戰訓練，另一方面則透過群眾集會、歌舞等形式來宣傳政治教育，以教導那些幹部與支持者「以暴力對抗『反動』的國家政權」[47]。

一九九五年十一月，政府針對毛派發起了「羅密歐行動」（Operation Romeo），並釋出約兩千兩百名警力到羅爾帕縣和魯庫姆縣，洗劫、強姦、虐待民眾，導致逾六千人逃離家園[48]。在地社群夾在毛派激進主義與政府的殘暴反應之間，變得越來越兩極分化。許多人覺得，國家正在對社會最弱勢的底層發動戰爭。一九九八年，「人民戰爭」全面展開時，尼泊爾執政的大會黨發動「基洛塞拉二號行動」（Operation Kilo Sierra Two，又稱為「搜殺」（Search and Kill））。其準則是：「如果毛派不尊重憲法，我們也不必遵守憲法。」警方不分青紅皂白地普遍施暴，導致許多人投向毛派分子[49]。二〇〇一年尼泊爾皇家軍隊（Royal Nepalese Army）加入戰鬥時，他們的行徑更是囂張，目無法紀[50]。

一九九六年二月四日，毛派對尼泊爾總理發出最後通牒：如果政府不在兩週內同意四十項要求——包括有效廢除君主制與種姓制度、結束對婦女及少數民族的歧視、成立制憲會議、徹底的土地改革——「尼泊爾共產黨（毛主義）」（CPNM）將發動持久戰。CPNM只等了九天，而政府毫無回應之際，便展開了「人民戰爭」。游擊隊攻擊羅爾帕縣和魯庫姆縣的警察哨，洗劫銀行，放火焚燒貸款合約，並對著當地人發表長篇大論的演講（主題是毛派新民主革命），之後又回到森林與丘陵裡，消聲匿跡[51]。

二〇一六年十二月的一個晴朗早晨，在加德滿都塵土飛揚的路邊，我在一個茶棚裡見到卡瑪拉同志（Comrade Kamala）。她是內戰期間的毛派指揮官，也是戰後制憲會議的部長，如今年近四十，體格強健，留著一頭閃閃發亮的長髮，氣場很強，聲音洪亮有力，講話時伴隨著豐富的手勢，常大笑露出潔白的牙齒。我請她讓我拍照時（只是作為備忘錄，跟筆記一起存檔），她小心翼翼地整理儀容，接著自信地盯著相機。她與我分享了一個非比尋常的故事。

卡瑪拉生於馬嘉爾族（Magar）的家庭，位於魯庫姆縣偏遠地區的一個村莊，該區後來則成為毛派叛亂的發源地。雖然他們一家人吃得飽，但父母（尤其是母親）對社會傳統的執著毀了她的童年：女孩低人一等，她的哥哥持續升學，她則必須畜養動物。她常帶著動物離家上山放牧，一去就是好幾天。一九九〇年，她哥哥從高中畢業上大學。那年，她年滿十一歲，家人決定她應該結婚了。她回憶道：「訂婚的前一晚，我離家出走，躲在一塊巨石邊，哭了一整晚。最後我母親帶我回家，答應延遲結婚。我告訴她：『如果妳把我嫁出去，我就自殺。』那是我第一次反抗。」

那年，一群年輕激進的共產黨人來到這個村莊，他們在一九九五年成為「尼泊爾共產黨（毛主義）」（CPNM）的一部分。他們對當地人說，當前的政府體制是一場「多黨民主的騙局。我們革命成功後，婦女將獲得權力，接受教育」。這番說法令卡瑪拉印象深刻，深受啟發。她一直想上學，但幾乎不會寫自己的名字。在一個新成立的婦女委員會支持下，她在短短兩個月內，趁放牧時熬夜自學，因此學會了讀寫。她的第一封信是寫給在城裡求學的哥哥，信裡直截了當地寫道：「為什麼人生那麼不公平？為什麼你可以去讀書，但我不行？我們不是同一個媽媽生的嗎？」卡瑪拉隨後偷偷地打零工——比如搬石頭之類的苦工——以支付入學及購買書籍和校服的費用。母親發現她時，狠狠地打了她一頓，過程中還打斷了三根棍子。卡瑪拉告訴我：「我完全沒哭，我太想上學了。」一九九四年，她的母親四十歲時死於中風，父親也只好接受女兒的抱負，讓她去上學。卡瑪拉很快就在班上名列前茅，也成為毛派青年團「戰士組」的活躍成員（戰士組為年輕人提供思想、體能、槍械方面的訓練）。她十五歲時，家人再次逼她結婚，毛派組織也幫她抵擋住這種媒妁婚姻。

一九九六年二月十三日，卡瑪拉參加尼泊爾共產黨（毛主義）首次發動的「人民戰爭」攻擊，成為三名女游擊隊員之一，也等同於參與了一段歷史。她回憶道：「山上很冷，下著大雪，我們兵分三隊，走了兩天兩夜。」儘管經歷了這些肉體上的挑戰，他們的攻擊依然進行得很順利。「我們的團隊襲擊了魯庫姆縣的一個警察局。我們午夜抵達時，發現二樓有十幾個熟睡的警察，一樓全是山羊與乳牛。警察手無寸鐵，唯一配槍的警察不在現場，他在縣總部。他們嚇得要死，立刻投降。」

對於毛派在尼泊爾締造的成就，卡瑪拉可說是引人注目的活廣告——傳統上，家庭內外的工作重擔是由農村婦女承擔，而內戰期間，人們普遍認為，對婦女施暴是常態。二十世紀末的一項研究顯示，百分之五十七的法官認為，丈夫可以毆打妻子以「糾正她的態度」[52]。時至今日，在尼泊爾西部的偏遠地區，他們依舊認為生理期的女孩與婦女是「不潔的」，經常逼她們待在冰冷又不衛生的戶外牛棚裡，每年因此死亡的人數不知凡幾。卡瑪拉身為一個因性別、種族、社會階層而處於弱勢的人，又來自尼泊爾最落後的地區，她在爭取自我實現的過程中，從毛派運動獲得了組織、意識形態、身體與精神上的支持。二〇〇五年，她被拔擢為旅長；二〇〇六年簽署和平協定後，她獲邀到加德滿都，加入臨時立法機構。在第一屆制憲會議中（二〇〇八年至二〇一二年恢復尼泊爾政治進程的政府），她透過選舉修正案，當選國會議員。該修正案根據比例代表制的配額要求，選出約一半的議員。二〇一一至二〇一三年間，她擔任部長。

毛派叛亂促成了這些成果。卡瑪拉告訴我：「我很開心，現在的情況好多了，人們學會了反抗。這場運動中，有百分之三十的成員是女性。我們現在有女總統與女議長，如今，我的家鄉有更多女孩求學了，這一切都要歸功於那場運動。」「人民戰爭」甚至為她帶來了愛情，十五六歲時，她愛上一個在一九九〇年代初帶給她政治覺醒的活動分子。「他在我最需要的時候，帶給我教育，給了我新的生活。我認為他救了我，他也對我的反抗留下深刻的印象。」他們於一九九七年的一場政黨儀式上結婚，「我們發誓永遠把黨的利益放在個人利益之上，永遠不會背叛黨。」

聆聽她的故事，我心想，即使毛派沒到她的村莊，她也可能尋找其他的方式反叛。她全身洋溢著一種身心強韌感。她告訴我：「我的日記裡沒有『不可能』這個概念。」二〇〇二年，她懷著八個半月的身孕，前往軍隊前線，負責籌備一場重要的攻擊。把受傷的同志帶到尼泊爾和印度邊境的安全地帶後，她開始分娩。十八小時後，嬰兒出生了，但胎盤並未排出，她被緊急送往印度接受手術。手術後隔天，「我帶著孩子穿越邊境，回到尼泊爾，然後日夜步行了一週才回到羅爾帕。」她為男嬰取名為阿薩德（Azaad）——意即自由。她邊笑邊提及這些往事。二〇〇六年，和平協定簽署後，她回到母校完成學業，以取得高中畢業證書。黨內同志卻是反對：內戰期間，尼泊爾共產黨（毛主義）為了說服年輕人從軍，向他們宣傳「資產階級教育」一無是處。然而卡瑪拉不顧他們的反對，毅然回去完成學業。「十年過去了，我殺了很多敵人，但我還是通過了考試，很多媒體報導了這個消息，一個令人備感欣慰的故事。我把剪報都留下來了，如今，我在攻讀學士學位。」

尼泊爾共產黨（毛主義）給了她一個角色、一份職涯，最重要的是，一個明確的意識形態，讓她因此了解革命以及她在革命中扮演的角色。在訓練過程中，毛主義無處不在：「教材總是引用他的話語。」她研究了一本毛澤東的傳記——很可能是從《紅星照耀中國》節錄的，該書在黨內被當成教材流傳。基層的運動也是沉浸在毛主義中，而且深入了解毛澤東領導的中國共產黨的文化與戰略。時至今日，早先招募的成員依然會背誦毛語錄。一個屬於賤民階級的年輕女子回想起以前背過的句子：「思想上政治上的路線正確與否是決定一切的。」一個歌舞團的成員回憶道：「槍桿子裡面出政權……政治是不流血的戰爭，戰爭是流血的政治。為了證明武裝鬥爭的必要，這句話重複了很多次……我們表演中國的樣板戲，幹部會給我們大致的劇情和背景，我們再用自己喜歡的曲調來改編。[53]」

儘管拉爾對這場運動的領導階層感到懷疑，他依然語帶欽佩地談到毛派對農村意識的影響。「毛派戰爭一啟動，民眾就不再怕警察了，因為槍械使戰場變得公平。從一個從未拿過真槍的賤民角度想一想，或是一個比他更邊緣化的人，比如賤民階級的女性。她不需要開槍，她回到以前被迫低著頭走路的村莊，突然間，那些所謂的高種姓人一看到她，即使他們不低頭，也會改變行走路線。你可以想像一下那種自信，那種力量。[54]」

內戰期間，毛派設計了他們自己的「文化大革命」：一場反對酒精與「老舊」思想（從宗教到種姓歧視）的運動。這包括消除幾個世紀以來迫害賤民的可怕歧視及偏見。毛派在鄉間奪取政權，有賴於動員賤民和少數民族參與對抗在地精英的暴力叛亂。某個賤民回憶道，毛派分子抵達其村莊時，他們問道：

你們想要什麼？我們的心與他們同在……因為他們會結束賤民這種地位……所以我受到毛主義的吸引。我的心境也變得好戰起來……我不再因為有人壓迫我而屈服……我去找富人，想挫挫他們的銳氣，我拿走他們一些錢，我「拷問了他們三次」，我「拘留了他們三次」[55]。

女性通常是很容易招募的對象。在尼泊爾西部的一個地區，毛派告訴她們，只要她們加入毛派，「就可以自己挑選丈夫……隨心所欲地唱歌跳舞……走訪全國各地，也會獲得肥皂，可以拿來洗澡……最重要的是，她們會得到一把槍，而且可以在任何地方免費吃飯。[56]」現實並沒有那麼樂觀。性別平等在理論與實務之間依然有落差，有些女孩是被強行招募或綁架的。在許多地方，她們依然承擔多數的家務重擔。某個男性毛派要員指出：「只有在階級鬥爭成功後，才能期待男女完全平等。[57]」

二〇〇五年六月六日，納馬．吉邁爾（Nama Ghimire）的六個家人——他的兒子、女兒、女婿、嫂子、兩個孫子——從馬地村（Madi，加德滿都以南約兩百公里的一處深山溪谷）搭上一輛巴士，前往婆羅多布爾（Bharatpur）的市場。那是條很受歡迎的路線，約一百人擠進巴士裡，有些人不得不坐在車頂上（還帶著兩隻山羊）。上午八點，巴士沿著一條黃色碎石路行駛時，突然彈升十二公尺高，瞬間斷成兩截。一群毛派突擊隊在巴士經過的時候，引爆了路上五公斤的炸藥。吉邁爾的六個家人都在事故中不幸罹難，至少三十二名同車乘客也在爆炸中遇難（包括四名兒童，官方媒體公布的傷亡名單是五十三人）。巴士摔落路面時，金屬側面扭曲變形。在這場駭人的事故中，山羊竟然安然無恙，好端端地拴在車頂上。吉邁爾一家的倖存者傷心欲絕。事故發生十年後，吉邁爾悲傷說道：「我太太至今還是無法回家，因為那裡太傷她的心了。」[58]

毛派的攻擊目標，是巴士上幾名尼泊爾皇家陸軍（RNA）的士兵，但傷亡者絕大多數是平民。普拉昌達旋即為這次襲擊道歉，說這是一次「錯誤」。儘管如此，人們後來依然把那次爆炸視為尼泊爾毛派肆意推崇暴力與軍事手段的象徵。因為儘管尼泊爾共產黨（毛主義）確實設法說服尼泊爾社會的一些人相信他們的理念是正義的，但高壓脅迫在他們的所取得勝利中所扮演的角色，即使沒有比正義更重要，也跟正義一樣重要。一九四九年，中國共產黨的勝利主要是靠武裝征服，而不是透過道德指令來說服群眾。到了二〇〇六年，尼泊爾共產黨（毛主義）在尼泊爾多數農村地區，都是以類似的模式發展勢力。

雖然尼泊爾共產黨（毛主義）的領導高層確實從毛澤東的政治手法中學到一招半式——如謹慎利用文化團體來「粉飾」政治訊息；打著庶民訊息的幌子來散布毛澤東的文章（「為人民服務」、「愚公移山」）——但毛澤東對尼泊爾「人民戰爭」的最深影響是在軍事上。尼泊爾的毛派認為，尼泊爾在虛假的多黨民主表像下，依然是「半封建、半殖民地」的國家，唯有武裝鬥爭才能為尼泊爾帶來「真正的」民主。在這個分析的基礎上，黨的軍事策略是採用毛澤東的持久戰思想。普拉昌達和他的戰友虔誠地引用毛澤東的教誨：「經過戰略防禦、戰略相持、戰略反攻三個階段」[59]。尼泊爾共產黨（毛主義）的檔案公開宣稱，頌揚軍隊與戰爭的毛派口號，是他們新國家的意識形態基礎：「沒有人民的軍隊，便沒有人民的一切」，「國家的主要工具是軍隊」，「在新民主革命中，主要組織形式是軍隊，主要鬥爭形式是戰爭。」[60]

「人民戰爭」一開始規模不大。一九九六年，普拉昌達從羅爾帕往東北方行進，抵達與西藏接壤的邊境地區。他在那裡取得最初的兩枝步槍[61]，其中一枝無法使用。而兩枝步槍就像普拉昌達所堅信的毛主義，都是冷戰時期的遺跡，是一九六一年美國中情局（CIA）空投給西藏叛軍的武器以協助西藏叛軍反抗中國的占領。另一個冷戰幽靈則是提供他們軍事訓練：來自印度比哈爾邦與安得拉邦的納薩爾派游擊隊，幫這些尼泊爾的戰友做好戰鬥準備。隨著局勢的發展，尼泊爾的毛派運動開始沉浸在槍枝崇拜中：一篇戰鬥報導指出，「同志們對那些以同志的鮮血奪得的武器，表現出深切的熱愛。」[62]一名士兵盛讚其所屬的四千多人行軍縱隊：「多麼有氣勢的戰士隊伍啊！這番景象與毛同志領導的中國革命長征有什麼不同呢？[63]」

如果不靠高壓脅迫，毛派擴張根本難以實現。在加德滿都西北部的德拉利（Deurali），村民猶記一九九〇年代後半期第一批毛派分子以強勢侵略的姿態抵達。當地一名女裁縫回憶道：「我們非常害怕，他們十到十二人來這裡，我必須餵飽他們。我不是自願的，是被逼的。」他們強迫村民參加會議。「你不去的話，他們會打斷你的腿。他們會利用晚上打你，這樣就不會被發現了。」另一個村民補充道：「我們不得不讓他們來家裡吃飯，有時我們自己連飯都沒得吃，誰會心甘情願加入他們呢？[64]」在西北部的朱姆拉（Jumla），一個老婦人因為受不了毛派分子老是跟她要最好的食物，如肉類、大米、乳製品等，便對他們說：「警察拿走東西還會付錢，你們總是白吃白喝。」立刻慘遭毒打[65]。在有些情況下，毛派以殘暴的原始武器（例如彎刀、錘子）把老百姓砍得不成人形。一個茶館的老闆只因為服務警察就被蒙住眼睛，連續被挨打了幾個月[66]。尼泊爾中部的一名人士回憶道：「他們不讓我們去了解其他政黨的事情。毛派說，其他政黨不能召開會議……我們說，任何政黨都應該有權召開會議……不是只有你有權這樣做。」民眾參與的背後，都隱藏著蠻力威脅。「他們以前常說：『你不去的話，我們會搞定你，殺了你』……他們的地位因此越來越高……我們只好乖乖就範。[67]」

毛派強行徵收現金並強迫勞動。村民被迫修建所謂的「烈士之路」，那是一條連接尼泊爾西部村莊的道路，長達九十一公里，也是毛派把自己塑造成「興新破舊者」的關鍵宣傳武器。懲罰性的強迫勞役是持續十天，每天工作八小時，工人就睡在路邊的帳篷裡。一個毛派監工為這項計畫提出辯駁：「母親生小孩時受苦，她在分娩之前，怎麼可能事先知道孩子出生後的喜悅呢？[68]」二〇〇四到〇六年間，隨著尼泊爾共產黨（毛主義）進入內戰的最後階段，其目標是為了一場反政府的「民眾武裝起義」，「使全體人民軍事化，並製造一種抵抗心態」。在地人——男人、女人、兒童——與馱獸都被徵召加入蜿蜒的護航隊中，為軍隊運送物資[69]。「人人皆兵」的大躍進精神在此重現，即使程度上不及中國的原版，但形式上是一樣的。

青少年被強制徵召入伍。二〇〇三年，毛派發起一場大規模的徵兵運動，口號是「一家一毛派」[70]。其中有個女孩的故事，結局還算幸運。她在軍中成了藝術家，也與一名尼泊爾人民解放軍的士兵結婚。然而，她最初是被綁架入伍的，毛派分子兇殘地毆打她的父親，導致他半聾後，硬是把她帶入軍中[71]。如果青少年逃兵，家人將承受後果。某個村民回憶道：「我女兒離家出走，他們說：『今天把她帶過來，否則我們會封鎖你的房子，而且一見到你女兒，就當場殺了她。』」任何違反毛派權威的行為都會受到懲罰，例如打斷私通者的腿[72]。一枚炸彈在某個老人的住處旁邊引爆，只因為他在一次節慶活動中違反了禁酒令[73]。家長擔心孩子言行犯規，以體罰的方式打到孩子噤聲。一個村婦坦言：「我嚇死了。我們只有恐懼，我們都嚇壞了！我們的心裡只剩恐懼！我一直很害怕！[74]」

衝突使那些童兵的心理受到嚴重的扭曲。有個女孩——訪問她的民族志學者說她名叫翠莎（Trisha）——最初是被迫入伍的新兵，但近十年後，她已經習慣了暴力。她是一九九〇年代晚期遭到毛派綁架，當時她才七歲，與其他的兩百五十人一起被關在山洞裡，幾乎沒有食物和飲用水。在站崗的空檔，她必須接受武器訓練。她回憶道：「我無法執行命令時，有時他們會搧我耳光。指揮官以前常把罪犯帶來，以穆斯林的方式懲罰他們：割斷他們的喉嚨，還有其他酷刑……以彎刀切開身體，在傷口上撒鹽和辣椒……這些事情就在我眼前發生，其實是指揮官為了訓練我更堅強而逼我看的。」她每哭一次，都會遭到懲罰，甚至虐待。沒想到，父母設法救她出去後，她發現自己歷經那些殘忍對待後，很難回歸正常的家庭生活。最終她偷偷溜出家門，重新加入毛派，變賣她從家裡偷來的珠寶以籌措旅費。她學會了如何使用衝鋒槍與其他武器。雖然失敗還是會遭到毒打，「但當時一想到將來我有能力打倒很多人，我就很興奮。」即使後來離開了那場運動，她對槍械依然痴迷，脖子上掛著一顆子彈當裝飾品。她懷舊地談到當初學習製作手榴彈的經驗（她稱手榴彈「蘋果」）：「我現在還聞得到指尖的明膠味。[75]」

既然毛派廣泛地使用這種恐怖戰術，我們該如何理解毛派在二〇〇六年國王交出權力後，於二〇〇八年表面上自由的全國選舉中獲勝這件事呢？至少在一些地方，村民似乎想盡辦法過平靜的生活。一個德拉利的婦女回憶道，在選舉之前的競選階段，「他們天天來村來宣傳：『你們要投票給我們，不然你們會受到這種懲罰，受到那種懲罰。』我們只好把票投給他們。」她和鄰居都覺得，毛派要是沒選上，他們會來屠殺村民。毛派獲勝讓她如釋重負，絲毫沒有意識形態上的欣喜。「那是好事，他們輕易獲得他們想要的……我們也得到和平與寧靜。[76]」儘管毛派強調，勝選是因為民眾支持他們，但他們是利用恐怖手段來促成政治上的順從。二〇〇五年，一名村莊的政府官員指出：「沒有人是自願成為毛派分子的。[77]」

內戰在雙方都引發了無數可怕的暴行。二〇〇一年尼泊爾皇家陸軍（RNA）加入內戰以前，原本在國際上享有嚴謹的聲譽。但在啟動反叛亂行動幾週後，原有的聲譽已蕩然無存。有時軍方會引誘民眾犯罪，他們揮著毛派旗幟，高唱毛派頌歌：任何在地人只要有回應——無論是熱情回應，還是因為害怕毛派報復而回應——都會當場遭到射殺。強姦成了一種戰爭武器，用來恐嚇平民或從疑似毛派分子的女性手中獲取資訊[78]。就像世界各地的常規軍面對游擊叛軍一樣，尼泊爾皇家陸軍多視他們遇到的平民為潛在的侵略者。軍方曾威脅一座村莊，要是他們幫助毛派，就活埋整個村子[79]。二〇〇四年三月，在離尼泊爾中部皇家陸軍與政府總部所在地貝尼市（Beni）

幾小時路程之處，一支四千多人的毛派部隊在此紮營，並為一場大規模的攻擊做計畫及訓練，然皇家陸軍對這支毛派部隊的存在一無所知，由此可見軍民之間缺乏信任和溝通[80]。

儘管軍方捲入衝突，但自二〇〇二年起，尼泊爾政府變得越來越無能，而且活動只局限在加德滿都。二〇〇一年，王儲狄潘德拉（Dipendra）因喝醉及吸食大麻而精神錯亂，進而射殺了其父親（當時的國王）和另外八名王室成員。賈南德拉（Gyanendra）後來接替更深得民心的兄長畢蘭德拉（Birendra），成功繼承了王位。新國王因應毛派危機的方式，是劫持議會制度以提高自己的權力：他任命他的政治附庸謝爾．巴哈杜爾．德烏帕（Sher Bahadur Deuba）擔任總理，後者派出尼泊爾皇家陸軍前往掃蕩叛軍，並宣布國家進入緊急狀態——由此大幅限制了憲法權。接著，二〇〇五年二月一日，國王開除了總理，正式掌握政府行政權。政黨領導人和民權活動分子盡皆遭到逮捕，皇家陸軍掌控了國家的媒體，全國網路關閉了一週，人身保護令已經失效。

不過，一九九〇年以來長達十五年的民主政體，使尼泊爾的城市——尤其是加德滿都——無法容忍這樣的鎮壓。整個二〇〇五年，反君主制的情緒在首都高漲。二〇〇六年四月六日，爆發了一場總罷工——所謂的第二次「人民運動」。在政府實施宵禁後，武裝部隊和越來越多的抗議者發生衝突，警方的暴行導致民眾的情緒更加激動。罷工開始十八天後，國王被迫恢復議會，這也代表和平進程的開始。

這場危機讓尼泊爾共產黨（毛主義）有機會為全球毛主義的歷史譜寫新的篇章。從二〇〇〇年代初期開始，毛派領袖便意識到，光靠軍事手段無法實現其終極目標：奪取國家政權（雖然黨內最激進的派別從未接受這點）。務實的普拉昌達比較想和國王（封建主義的代表）協商，然印尼共產黨的首席理論家巴塔拉伊主張，因利用君主制的危機和其他政黨談判，藉此組成反君主制的聯盟。世界各地的毛派人士看待毛主義的方式，大多是把毛派概念抽離出那些概念在中國的歷史應用，或是輕信毛澤東時代為那些歷史經驗所做的對外宣傳。他們認為，毛澤東的著作在理論與實務上都是完美的，必須嚴格遵守。巴特拉伊則是少數的例外，他同時考慮到毛主義的意識形態，也顧及毛主義的歷史。對他來說，一黨專政國家淪為專制獨裁，是二十世紀共產主義留給後人的一大教訓。他認為，新世紀的馬克思主義者應該從過去的經驗記取教訓，擁抱民主。巴塔拉伊主張成立一個新的民選制憲會議，由制憲會議限制或廢除國王的權力，並由文官來掌控軍隊[81]。

巴塔拉伊的見解備受爭議。許多其他政黨的領導人仍堅持以暴力推翻政府，也深信毛派模式絕對正確，儘管在戰場上獲勝顯然已經不可能。二十一世紀初，不僅出現軍事僵局，連國際環境也對毛派極為不利。九一一恐怖攻擊事件後，美國向尼泊爾挹注了兩千兩百萬美元，協助皇家陸軍打擊毛派。二〇〇二年一月，美國國務卿柯林．鮑爾（Colin Powell）造訪尼泊爾皇家陸軍總部時指出：「你們有一個試圖推翻政府的毛派叛亂組織，這正是我們在世界各地急欲對抗的。」[82]二〇〇三至一二年間，美國政府把尼泊爾毛派列入全球恐怖組織的清單。多年來，印度對於巴特拉伊、雅米、基蘭等資深毛派分子躲藏在印度的尼泊爾移民社群中，一直是睜一隻眼閉一隻眼。二〇〇四年初，印度改變了不插手政策，著手在印度領土上逮捕尼泊爾共產黨（毛主義）的領導人。印度政府面對印度境內重新發動的毛派叛亂，所以不能讓毛派得逞。誠如一名官員所言：「如果毛派獨裁政權是在五千哩外，我們可以與之共存，但它就在開放邊界的另一端，我們不能冒這個險。[83]」

巴塔拉伊批評史達林風格的強人領導，因此激怒了普拉昌達。二〇〇四年的年中，他們從印度北部長途跋涉回尼泊爾時，兩人幾乎不再說話了。二〇〇五年一月，在一次為期一週的政治局會議中，普拉昌達譴責巴特拉伊犯下許多對黨不利的罪行：追求權力，抱持資產階級的觀點，與印度的擴張政策密謀。巴特拉伊和妻子雅米因此被解除領導權，並遭軟禁數月[84]。巴特拉伊如今面臨一個真的有可能發生的情境：他傾其智慧支持的武裝革命，將在史達林式的清洗中吞噬他。他後來回憶道：「普拉昌達大可殺了我，其實我們已經為此做好準備了……他後來告訴我，有人想活埋我。」

排擠了巴塔拉伊後，普拉昌達為了獲得軍事勝利，做了最後一次孤注一擲的嘗試。但是，毛派對尼泊爾西部深處的軍事基地卡拉（Khara）展開大規模的攻擊，可說是嚴重的誤判。職業軍人出身的軍事分析師山姆・考恩（Sam Cowan）總結：「以大屠殺來描述那次事件，可能是最貼切的用語。機關槍掃射了一波又一波的毛派攻擊者。[85]」吃下敗仗而懊悔不已的普拉昌達現在公開承認，尼泊爾共產黨（毛主義）不可能獲得武裝勝利了。巴特拉伊從軟禁中獲釋，並被派往印度，以促成尼泊爾共產黨（毛主義）與尼泊爾的其他議會政黨之間的談判。二〇〇五年十一月二十二日，他們在德里達成十二點協定，確立了毛派對民主統治的承諾，並同意跨黨派合作，一起打擊六個月後下台的獨裁國王。二〇〇八年召開新的制憲會議，結束了兩百四十年的王朝統治。

在二〇〇八年的選舉中，毛派在五百七十五個席次中獲得了兩百二十一席。毛派對內戰和民主所下的賭注似乎都贏了：尼泊爾共產黨（毛主義）已經從農村包圍了城市。

不過，從那時起，毛派無論掌權或下台，其軌跡並非一帆風順。它在代表制、聯邦制、透明度、軍方角色、政治一貫性等議題方面走得跌跌撞撞。毛派掌權後，他們發起的運動依然遵循毛派理念嗎？如果是的話，這種形式的毛主義如何改變尼泊爾的政治？對於當今全球毛主義的潛力，又透露出什麼？

即使是激烈批評毛派的人也坦言——多數批評者人在加德滿都，來自許多政治派別——毛派加速了一種更具包容性的身分政治，也讓這種政治成為主流。這種政治的目的是讓多元的尼泊爾人民都有政治代表權。一九九八年後，尼泊爾共產黨（毛主義）在不同的民族之間組織政治陣線，喚醒了人們的權利意識。至於能否藉由幫助弱勢群體獲得權利來貫徹執行這個目標，那又是另一個問題了。毛派叛亂也加速了印度君主制的崩解——君主制是種姓制度的最終政治靠山，是排擠弱勢的關鍵來源。在二〇〇六年四月人民運動之後的和平談判中，毛派所成功推動的，是在二〇〇八年選舉中，在比例代表制內規定配額。這表示制憲會議近一半的席次（二〇四個）將保留給以前在國家政治中遭到邊緣化的群體代表——例如婦女、馬德西族（Madhesis，住在印度邊境的印度裔）、賤民、原住民、某些低度開發地區的居民。這些配額讓卡瑪拉那樣的人得以進入政府。如此衍生的結果雖然有重要的象徵意義，但效果有好有壞。（起草公關概要時，不同族群的百分比加起來達到百分之一百一十六點二，這對計畫的順利實施沒有幫助。[86]）在二〇〇八年的制憲大會中，賤民獲得百分之八的席次（在一九九四年與一九九九年的選舉後，賤民毫無代表），但這個比例仍低於賤民占尼泊爾人口的比例（約百分之十三）[87]。儘管賤民在國家政治中的地位大幅提升是值得肯定且可喜可賀的事，但二〇〇八年以後，被壓迫的種姓和族裔在政府中的代表性不足仍是常態。

如今許多尼泊爾人認為，普拉昌達和他的同志為新憲法進行曠日持久的談判過程中，背叛了他們以前支持少數民族的立場，那個談判的過程已經導致幾屆政府下台。憲法最終在二〇一五年九月完成（討論始於二〇〇八年），卻一直備受爭議：光是二〇一五年九月完成憲法以前的那六週，就有約四十五名尼泊爾人在暴力抗爭中喪生[88]。二〇一三年，傳統的執政黨——尼泊爾大會黨與抱持民族主義的「尼泊爾共產黨（聯合馬列）」〔Communist Party of Nepal（Unified Marxist-Leninist）〕——再次贏得多數選票，毛派的席次縮減到只剩八十席。因此，二〇一三至一五年間，有關新憲法的關鍵決策為高種姓所壟斷，他們大多是男性政客（他們恰好也掌控毛派政黨的領導層）。二〇一五年憲法提議的七個新地區之間的地理邊界，引發激烈的爭議：弱勢群體擔心，那種邊界劃分將把貧困少數民族高度集中的地區加以分割，導致他們四分五裂，無法挑戰高種姓群體的政治影響力。此外，憲法「也歧視婦女的公民身分與家中的自決權：有外籍丈夫或丈夫不在尼泊爾的尼泊爾婦女（這種女性非常多，因為許多男性出國工作）不能把尼泊爾的國籍傳給子女，除非丈夫變成尼泊爾籍或返回尼泊爾——這項限制不適用於尼泊爾男性。普拉昌達宣稱這是「數千名烈士與失蹤戰士的夢想實現」[89]。其他人則認為這規定「不理想」或是「保守派的逆襲」[90]。

憲法並未實現「人民戰爭」的承諾，有些人譴責普拉昌達和尼泊爾共產黨（毛主義）的同志是罪魁禍首。這麼說不見得公平。在一九九〇年後的那幾年，尼泊爾的政治文化顯然已經出現病態，因為政客把精力放在維護權力上，而不是用來解決國家嚴重的社會經濟匱乏。二〇〇二年美國大使曾抨擊：「尼泊爾就像房子著火了，政客卻仍在爭論誰有資格睡主臥房。[91]」二〇〇八年以來，尼泊爾的政治可以說已經恢復常態——毛派被捲入加德滿都政治活動中常見的政治交易，但這不能怪他們。對掌權的毛派來說，地緣政治制約一直是另一大問題。印度一直反對尼泊爾政府的毛派化，在整個和平進程中，印度一直是採取干涉的立場，持續資助那些支持印度利益的加德滿都政客。普拉昌達首度擔任總理的任期，在二〇〇九年提早結束，因為印度說服尼泊爾的其他政黨阻止他用更順從的人來取代尼泊爾陸軍的老將卡塔瓦爾將軍（General Katawal）——毛派在戰場上的宿敵。由於中國對西藏的統治出現緊張局勢，中國也試圖阻撓尼泊爾採取聯邦制及捍衛少數民族的權利[92]。

不過，由於毛派堅持武裝鬥爭的必要性，導致約一萬七千名尼泊爾人喪生，毛派以暴力實現願景的方式遭到嚴厲的究責並非毫無道理的。完成和平進程十年後，毛派的政治多元化計畫嚴重受挫，而且越來越多尼泊爾人逃離國內的經濟停滯或貧困，前往亞洲或波斯灣地區做沒前途的工作，在海外飽受歧視與剝削，許多尼泊爾人因此不禁質問：「我們打了十年的仗，就是為了這番景況嗎？[93]」

二〇一一年九月一日，在普拉昌達位於加德滿都市中心納亞巴紮爾（Naya Bazaar）的私人住所裡，這位毛派領導人要求他的最高軍事指揮官把尼泊爾最重要的一組鑰匙，交給一個獨立的監督委員會。那組鑰匙是用來打開一些聯合國查核過的灰色貨櫃。自二〇〇七年以來，貨櫃裡裝了約三千五百件屬於尼泊爾人民解放軍（NPLA）的槍枝。普拉昌達藉此解除了幫他從一名默默無聞的鄉下科學教師變成國家掌權者的武裝力量。這個舉動是針對內戰中兩個爭議最大的機構——尼泊爾人民解放軍（NPLA）與尼泊爾皇家陸軍（RNA，廢除君主制後改名為尼泊爾軍隊（Nepalese Army，簡稱NA））——的聯合命運，辛苦談判五年的結果。雙方為了放棄軍事自治權而爭論不休時，NPLA的士兵（幫助毛派領導層在國家政治中獲得軍事勝利的主角）暫時擱置了他們的生活，蟄居在二〇〇六年和平協議簽訂後所建立的營地中。二〇一一年他們終於達成協議：解散NPLA，並把數量有限的士兵併入NA（NPLA的總兵力是一九六〇二人，僅不到一千五百人加入NA）。這個過程也分裂了一個已經團結約二十年的政黨——而對毛派團體來說，能團結那麼久也相當難得。

普拉昌達與巴特拉伊跟尼泊爾的議會政黨協商的同時，許多尼泊爾毛派——包括領導層及一般成員——仍想戰鬥下去。一名旅長回憶起二〇〇五年與〇六年間日益強烈的戰鬥意識：「和平前夕是最激烈的時期，我們對敵人恨之入骨。我們說，要站在敵人的背後，朝他的頭開槍……他們啟動十二點協議時，我們仍處於全面招募新兵的態勢。我們真的很有信心……我不明白為什麼要撤軍。不久後，我們被告知：這是暫時休兵，不是停止敵對行動。當時我們正從戰略上思考如何在城市裡擴張。」二〇〇六年四月，加德滿都出現反君主制的抗爭，內政部部長宣稱，那些示威活動是毛派滲透並策畫的，但抗議者憤怒地駁斥部長的說法。然而，事實上，由於毛派軍隊就駐紮在首都周圍，尼泊爾共產黨（毛主義）派遣了數千名幹部進城去挑起對抗，導致衝突升級。一個貼近普拉昌達的特務回憶道：「如果抗議活動很弱，我們有辦法變強，必要時，甚至使抗議活動轉趨暴力。我們協調得很好，每組有兩三百人。黨的指示是，為接管加德滿都做準備。在加德滿都的郊外，就部署了一支主要的軍隊，至少有五百至一千名黨員帶著輕武器，分散在人群中。」月底國王承諾恢復議會後，抗議活動就消散了，這讓差點就能奪取國家政權的尼泊爾共產黨（毛主義）失望不已。這名幹部懊悔說道：「如果我們在加德滿都奪取政權，接下來的一切都將成為歷史。當時民心幾乎一面倒，大家都想反叛，人們迫切希望改變。如果我們堅持下去，即使是國際強權也阻止不了我們……我覺得那不會那麼血腥。」

反觀加德滿都的居民，就不是那麼確定了。隨著毛派部隊逐漸逼近首都，一些人開始隨身帶著行囊，準備逃離這座城市，因為他們擔心赤棉式的破壞即將來襲（二〇一六年，一名毛派高層認為波布是「誠實真誠的」，並暗指柬埔寨殺戮戰場那些骷髏是西方媒體為了詆毀共產主義而捏造的）[94]。那時，許多城市居民已經感受到毛派的威脅。任何有穩定工作的人——商人、教師

——已經習慣接到毛派的電話，要求他們提供貸款（但從來不還），金額是工資的四分之一，大多介於五十美元到五百美元之間。電話那一頭的人會說：「不給錢的話，你就完了。」

尼泊爾共產黨（毛主義）的領導層對於究竟要走向和平或開戰同樣立場分歧。當普拉昌達同意巴特拉伊的談判計畫時，最強烈支持持續武裝鬥爭的基蘭同志正在印度監獄裡服刑。他在和平協議後獲釋，返回尼泊爾時，禁不住抱怨起毛派將失去他們在議會政治中的「革命優勢」[95]。普拉昌達積極地取悅各方的立場：與美國官員閒聊，與印度當權者共進午餐，並向黨內的強硬派保證，他依然想透過革命取得奪取政權。

二〇〇七年，普拉昌達同意讓尼泊爾人民解放軍（NPLA）蟄居在營地內，同時計畫把他們整合到尼泊爾軍隊。二〇一二年營地最終解散時，尼泊爾人民解放軍當初所效忠的政黨已經分崩離析。普拉昌達先是把他的政黨與一個較小的團體合併，接著二〇〇九年又冒險把政黨改名為「尼泊爾聯合共產黨（毛主義）」〔Unified Communist Party of Nepal（Maoist）〕。二〇一二年，一個仍堅持武裝鬥爭有必要的派別——由資深思想家基蘭領導——獨立出來，成立「尼泊爾共產黨—毛主義」（Communist Party of Nepal–Maoist*）。另一個團體「尼泊爾共產黨」（Communist Party of Nepal）於二〇一四年在另一名「人民戰爭」老將比卜拉同志（Comrade Biplab）的領導下分裂出來。這兩個派別的共同信念是，二〇〇五年奪取國家政權是可能的，恢復武裝鬥爭是無可避免的（不過，就像笑話所說的，目前為止，戰爭就像「尼泊爾共產黨（毛主義）†」與「尼泊爾共產黨—毛主義」之間的區別一樣，僅止於括號和破折號之爭）。要不是二〇〇七年毛派武器被埋在聯合國監控的貨櫃時，比卜拉同志祕藏了NPLA三分之一的武器，以便未來找機會繼續戰鬥，這一切都只不過是類似搞笑劇的荒謬劇情罷了。加德滿都的作家蘇迪爾・夏馬（Sudheer Sharma）說：「他不認為毛主義失敗了，他只是覺得有必要完成這項任務。就像俄國的革命在一九〇五年失敗，後來一九一七年成功了。[96]」

尼泊爾共產黨（毛主義）及其後續派別對武裝鬥爭的執著，不光只是對尼泊爾的國內穩定構成威脅而已。內戰那幾年對軍事的執著，政治關注同樣付出代價：尼泊爾社會與經濟的轉型有賴謹慎的體制改革，然過於關注於軍事，反而忽略了對體制改革的關注。這樣的疏忽反映了毛派未能思辨中國和毛澤東留下的一切。那名與普拉昌達關係密切的幹部，在二〇〇六年四月，曾透過城市抗議活動，動員了數百名毛派分子，並與決心掌控國家的尼泊爾皇家軍隊發生致命的交鋒，可惜他對中國共產黨的執政成績、在尼泊爾建立毛派的國家會是什麼樣子、民主制衡的複雜性等議題只有非常粗淺的了解。「往後，尼泊爾會看起來像毛澤東時代的中國。我們是真正的毛派，

---

* 譯註：由於這個黨不像其他黨在黨名後面使用括號，而是用破折號（dash），所以又叫「破折號黨」（dash party）或「破折號毛派」（dash Maoist）。如今的黨名是「尼泊爾共產黨（革命毛主義）」〔Communist Party of Nepal (Revolutionary Maoist)〕。

† 譯註：為了與dash party對應及押韻，尼泊爾人稱「尼泊爾共產黨（毛主義）」（CPNM）是「現金黨」（cash party）或「現金毛派」（cash Maoist），意指他們常向商人勒索金錢，錢很多。「尼泊爾共產黨（毛主義）」（CPNM）於二〇〇九年改名為「尼泊爾聯合共產黨（毛主義）」，二〇一六年又改名為「尼泊爾共產黨（毛主義中心）」。

所以我們建立的國家會很像毛澤東在文化大革命前後或之後所建立的中國……我們會讓其他的政黨參與競爭，只要他們是親民的。」我問他，誰來定義什麼是「親民的政黨」。他說：「毛派政黨……我們本來可以避免文化大革命中所衍生的壞事，並做好事。」他跟我解釋這些時，我注意到他的書架上有幾本尼泊爾毛派的回憶錄，一本關於中國馬克思主義的書，還有一本勵志書：諾曼．文生．皮爾（**Norman Vincent Peale**）的《積極思考的力量》（*The Power Of Positive Think*）。

不過，或許我們不該誇大毛派思想對此運動領導人的重要性。尼泊爾最有影響力的毛派——不管是好是壞——都是實用主義者。截至二〇一六年，巴特拉伊已經不再自稱毛派，並成立一個新政黨，提倡讓「後毛派的經濟改革」配合民主。觀察人士也注意到，普拉昌達的立場反覆無常，並因此推論（主要是鬆了一口氣）他是非意識形態的實用主義者。政治學家哈切圖表示：「從二〇〇一年開始，我就定期與毛派會面，我知道他們是什麼樣的人，知道我不需要怕他們。每一次會面，普拉昌達都拋棄掉更多意識形態的包袱。[97]」立場反覆無常的普拉昌達是「現金毛派」（**cash Maoist**）*的領導人，他不是經濟清教徒，而且和鋪張浪費、貪污、裙帶資本主義有關的無數醜聞有所連結一事從未間斷。據報導，他為一張中國製造的床花了十萬盧比（約三萬七千台幣）。有人指控，他的兒子挪用政府資金去攀登珠峰。由於缺乏體制問責，我們可能永遠不會知道真相。普拉昌達——或黨的領導層）——似乎也出於不可知的目的，從尼泊爾人民解放軍（NPLA）蟄居在營地那五年間的薪資中扣留了一部分，據為己有。

或許這些人只是表面上的毛派，這讓我們回想起拉爾對他們的輕蔑評價。拉爾認為，他們是高種姓的「政治創業家」，他們之所以對意識形態感興趣，只是把它當成奪取政權的手段，而不是當成抽象的理想來實現。「他們一看到機會，立刻把握良機。所以，他們上台執政後，行為就像政客一樣，從來沒有重蹈覆轍和赤棉一樣的風險，他們不是空想家……他們非常精於算計，總是在考量成本效益。[98]」二〇一七年，議會的毛派團體（現今的名稱是「尼泊爾共產黨（毛主義中心）」〔Communist Party of Nepal（Maoist Centre）〕）與尼泊爾中間偏右派、民族主義者、反印度的「尼泊爾共產黨（聯合馬列）」〔Communist Party of Nepal（Unified Marxist–Leninist）〕合併。編年史家阿迪卡里預測：「未來毛派很可能不得不放棄對身分運動、地方自治、權力下放的一切支持。」他接著說，如果這個新合併的政黨在選舉中獲勝，「將把權力集中在該黨手中，並壟斷社會各階層。他們會努力確保公民社會並不存在，只有直接隸屬於執政黨的團體。所有侵犯民主的行為，都將打著『反印度民族主義』的幌子。這些立場將成為尼泊爾『共產主義』的典型特徵。[99]」

在現今的尼泊爾，人們對執政的毛派同時感到失望、幻滅、憤怒。相對於每個卡瑪拉，則有數百個遭到遺棄的毛派幹部與士兵。尼泊爾人民解放軍（NPLA）的戰士浪費了五年的生命，蟄居在營地裡，等待國家決定他們的命運，而他們的指揮官卻盜用了他們的薪資。其他人聽從黨

---

* 譯註：參見前註。

的命令輟學，相信革命以後「資產階級教育」將變得一無是處。一個年近三十的前毛派文化工作者感嘆道：「我這個世代的人都成了廢人，他們沒有接受教育，沒有政治人脈，也沒有錢出人頭地。他們拿起槍，冒一切風險，結果卻發現社會並沒有改變。許多人離開尼泊爾，前往波斯灣地區或馬來西亞做工。我們感到難過的是，百姓的廚房裡，什麼都沒變。我們有太多的挫折感，這個世代已經疲累到拿不起槍桿，也許下一代會吧。」

毛派內戰最明顯的體制贏家是軍隊，就像中國的文化大革命。這二十年來，拉爾對暴力的態度也轉變了。「一開始，我反對暴力，支持非暴力變革。緊接著，二〇〇二年宣布緊急狀態並動員軍隊以後，我想，也許在尼泊爾，如果不拿起槍，就不會有任何改變……獨裁政權無法以投票罷免……但後來，我花了一兩年時間才意識到，槍械其實不是追求平等的好方法，因為最終還是槍桿大的勝出。那些在社會上更有權勢的人，總是可以擁有更多、更大的槍，以及更多的人來操作那些槍枝。我們現在又回到尼泊爾原來的樣子……國家的槍枝越來越大，也越來越多。」[100]在一九九六年到二〇一六年間，軍力與警力都增了一倍。一個資深的民主活動人士也認同這說法：「我們的軍隊正在壯大。如果領導人無法讓軍隊滿意，不跟軍隊合作，就有可能威脅到他們的地位。軍隊因政治亂象而受惠，如果民主管理不善，我覺得領導人也無法駕馭軍隊。」

二〇一六年十二月，我會見了尼泊爾最堅定的毛派殘餘分子：基蘭同志。我們坐在一間以中國官場風格布置的會議室裡：牆邊排列著扶手椅與沙發，擺著漆器茶几。屋內最具中國氣息的東西是毛澤東的金色雕像，就擺在一個豔麗的紅色玻璃花瓶旁邊，瓶身可見褪色的金字，印著毛澤東的一首詩。花瓶底部有點灰塵，裡面裝滿塑膠的粉色玫瑰。這兩件紀念品是基蘭二〇〇九年首度前往中國朝聖時帶回來的。那次訪中之行肯定既奇怪又遺憾，因為在尼泊爾「人民戰爭」的大部分時間，中國共產黨的同志都在譴責尼泊爾那些模仿毛澤東的分子離經叛道，玷污了毛澤東的名聲。中國的共產黨政府支持尼泊爾君主制直到最後，同時中國國內也擁抱市場經濟的嚴重不平等。當尼泊爾共產黨（毛主義）組建政府後，兩個共產黨之間才終於展開聯繫。但中國共產黨最早私下提出的建議之一，是要求尼泊爾共產黨放棄「毛主義」這個名稱。（雅米回憶道：「他們說『普拉昌達路線』不錯，但不要講『毛主義』，他們覺得很尷尬。[101]」）基蘭得體地回憶道：「當然，我們有不同的看法。」

共產主義的意識形態已經徹底融入基蘭的生活，甚至決定了他的人生選擇。他看起來好像急於消除個人衝動的表現，並把一切決定、事件歸因於共產主義的科學智慧。因此，在他的接待室裡與他交談，感覺很像踏進一個陌生的國度，一個由政黨教義的枯燥抽象概念所主導的國家。我問他，在內戰前及內戰期間，他如何在日常生活中實踐毛主義，他回答：「我們決定落實毛澤東的路線，發展意識形態與政治立場……指導原則是『馬列主義－毛主義』和新民主。」我試著問他家人的情況，他答道：「他們都參與了這場運動。」我又問道，他對普拉昌達放棄武裝鬥爭的選擇感到不滿嗎？他平靜地回覆：「我個人沒有這種感覺，但他和他的組織背叛了革命。」我想知道，如果以他的毛主義建國，那麼，會是什麼樣的國家。他說：「我們會推動土地改革，終結官僚資本主義，每個人都會被賦予權力……我們會反對擴張主義，反對殖民與封建利益。我們會有一種科學文化……我們會是一個強大的政黨，但絕不出壞主意。」他認為，二〇〇五年奪取政權其實觸手可及，他也認為武裝鬥爭將在未來重現。「議會制度失敗了，革命是無可避免的。」我問他是否親自上過戰場。「我受過槍枝訓練，但從未戰鬥過。[102]」

基蘭畢生致力把尼泊爾人轉變為優秀的科學共產黨人，但我驅車離開他的辦公室時，加德滿都的街頭唯一可以看到的徹底改變跡象，則出現在沿途一家裁縫店的店名上：「新人：襯衫、西裝、裁縫」。不知何故，我覺得那並不是基蘭這四十年來一直努力追求的社會變革。

十二、毛派中國

二〇〇〇年的春天，一個新加坡的朋友邀我前往北京看一齣新音樂劇《切．格瓦拉》（*Che Guevara*）。劇情在阿根廷革命者的人生與二〇〇〇年代北京的場景之間切換，整齣戲和文革的二元對立美學產生了共鳴。在這種美學中，毛澤東時代的革命寓意與當代中國的精神真空形成了鮮明的對比。該劇的演員分成兩組：好人（全由男性扮演）與壞人（全由女性扮演）。每當好人試圖做好事時——例如營救溺水的孩子——壞人就會阻止他（辯稱那個孩子沒有經濟價值，所以可有可無）。一首歌唱道：「毛澤東、毛澤東，我們將在槍林彈雨中追隨你。」觀眾聽了大聲喝采[1]。音樂劇結束後的演員問答時間，三十幾歲的導演斥責自己以及跟他一樣的現代化都市人「花太少時間接觸勞動人民，真的**太少了**」。

這種新毛主義的復興——高唱愛國歌曲與口號，以及充滿文革氣息的編舞——令人印象深刻，只是當時我的心思在其他事情上。我在北京待了四個月，為一篇論文進行研究，主題是關於中國對諾貝爾文學獎的痴迷。諾貝爾文學獎的肯定，象徵著中國在後毛時代渴望獲得西方制度所給的國際「面子」。中國的諾貝爾獎情結，似乎代表中國已經跟毛派過去的價值體系徹底決裂。對我來說，《切．格瓦拉》很有意思，但也很小眾：是過去一百年來中國大都會文人對未受教育的中國貧困「大眾」一再感到內疚的後遺症。當晚我騎車穿過北京街道，回我在城市西部的大學宿舍時，路過北京最繁忙的商圈王府井大街，那裡開滿了西方設計師的旗艦店，還有無數試圖在中國民間經濟中闖出一番名堂的小企業——所謂的「小賣部」。他們——而不是毛主義的遺風——似乎才是中國發展的必然方向。

但我錯了。十八年後，中國是由毛澤東以來最強勢、最毛派的領導人所統治。習近平——毛澤東的革命同志的兒子——重新把毛派政治文化的方方面面正規化：批評／自我批評會議、毛澤東的「群眾路線」戰略、個人崇拜等。二〇一八年初，他和中央委員會廢除了一九八二年憲法規定國家主席只能連任兩屆的限制：習近平可以像毛主席那樣終身執政。與後毛時代中國在外交事務上的保守作法截然不同的是，習近平及其最親近的顧問以一種毛澤東時代以來未曾見過的活力和信心，重申中國在全球的雄心與重要性（毛澤東時代的共產黨宣稱，中國是世界革命的中心）。

當然，習近平的中國與毛澤東的中國不同（幾乎面目全非）：它與全球金融相連；其政治均衡與正統性取決於經濟表現，而不是意識形態的純正；其媒體太多樣化，所以單一的官方資訊無法說服遊歷越來越廣、雄心勃勃（且納稅）的公民。此外，習近平復興毛派政治手法也不是不分青紅皂白，全部採用，而是精挑細選過的。習近平身為一個享有威權的黨國大老，他很樂於援引毛澤東身為「執政的中國共產黨與中華人民共和國的創始人」的歷史威望，來提高自身的威權，推進自己的目標（懲戒整個黨，消除反對勢力，重新集中權力）。但他刻意掩埋了文革大規模動員社會的記憶。跟毛澤東時代的中國相比，現今中國已發生巨變。這樣的中國如何看待習近平這種選擇性地復興毛派政治手法的方式？

在當代的中國，偉大舵手的影響力是以多種離奇又不穩定的方式表現出來——一如它在世界各地流傳的方式。不妨回想一下，二〇一六年初那座巨大的毛澤東金色雕像，聳立在荒蕪的河南農村，因某個忠誠的在地人祕密資助而設立，後來在大眾抗議下又悄然被劈成碎片。或者，我們也可以回想一下，二〇一一年夏天薄熙來發起的新毛主義復興運動，目的是為了把他推進政治局；短短九個月後，薄熙來卻因被控收受三百六十萬美元的賄賂而被捕（他的妻子也因謀殺英國商人海伍德而遭到拘留，後來被判有罪，據稱她在國外洗錢的金額高達十二億美元）。然後，還有韓德強，他是評論網站《烏有之鄉》的共同創辦人，那是宣揚沙文主義毛澤東思想的典型網站。二〇一三年，他退出這個激進組織，在河北農村建立一個有機公社，同時推崇毛澤東及一種泰國佛教運動（「正道農場」），同時自豪地回憶二〇一二年他在一場反日示威遊行中毆打了一個批評毛澤東的老人。

毛派復興令人困惑的多樣性，開始顯現出毛澤東在中國所留下來的一切，是既複雜又強大——它在中國支撐著看似不容置疑的國家權威，也激發了人們對那種權威的攻擊（無論是明嘲，還是暗諷）。在中國——套用切．格瓦拉的說法*——毛派有兩種、三種、甚至有很多種。

一九五〇年代晚期，毛澤東盤據了天安門廣場的北半部分：他的六公尺長肖像懸掛在觀景台上，俯視著那些崇拜他的人群，凝視著他在人民英雄紀念碑上寫下的文字（以他的書法題刻）[2]。毛澤東死後，一九七七年，他那橘色的防腐遺體被安放在一座大陵寢中。從此以後，他併吞了天安門廣場的其餘部分（南半部）。黨的規畫者解釋，這是為了「進一步凸顯天安門廣場的政治意義」[3]。

不過，在其他方面，事情並沒有順著毛澤東的意思發展。他於一九七六年九月過世後，不到一個月，為他執行文化大革命的四人幫——他的妻子江青及三個黨羽姚文元、張春橋、王洪文——立刻遭到逮捕。儘管毛澤東的忠實門徒華國鋒（湖南省委書記）直接接替了毛澤東的位置，但沒多久他就失勢了。鄧小平可說是毛澤東第一代的革命同儕中，最強勢的在世者，他正忙著讓自己晉升到最高領導層。一九八〇年，鄧小平在黨內精英中獲得足夠的支持，把華國鋒趕下任何有意義的權勢高位。

在文化、經濟、外交政策方面，一九八〇年代最重要的敘事是去毛化。這場運動的第一個跡象出現在經濟界。早在一九七〇年代初期，一些農村的共產黨幹部或許是對中央黨內指令的反覆無常感到筋疲力竭，已允許在地的農民擺脫中央社會主義的計畫經濟。隨心所欲地從公社分割地塊，栽種一些在黑市獲利特別好的非主要作物。而回歸副業（例如飼養動物、做手工藝）的人，從一九五〇年代中期起，不斷被譴責是「資本家」。在中國南方，理當由政府壟斷的商品，開始有私人公開販售；一群又一群的創業者在沿海地區交易違禁品[4]。鄧小平與他的副手（例如趙紫陽）正式訂定了這個流程，並使其加速發展。到了一九八二年，公社（毛派經濟與政治策略的基礎）已經解散。

在文化大革命期間，毛澤東的書籍與照片向來是最安全的送禮選擇。有一個（可能是虛構的）故事寫道，一對夫婦收到一百零二本毛澤東的作品作為結婚禮物。那個年代製造的毛主席肖像多到每個人可以平均擁有三幅[5]。此外，小紅書的印行也突破十億冊[6]。如今，數十億冊毛澤東的著作堆在倉庫裡腐爛，不僅占據了後文革時期現代化書籍所需要的空間——鄧小平對於毛澤東時代晚期，中國在科學與技術上落後的程度焦躁不安——也造成八千五百多萬人民幣的呆帳，而且還需要特種部隊全天候二十四小時看守（儘管他們盡了最大努力，但由於溫度不穩定，約百分之二十的毛澤東著作裂開並發霉）。中國共產黨為此採取了激進的解決方案。一九七九年二月十二日，宣傳部下令禁止銷售小紅書，並要求在七個月內把那些庫存全部打成紙漿——僅保留少數幾本。於是，多達百分之九十的毛澤東時代政治書籍成了紙漿，包括剛發行不久的整批《毛澤東選集》第五卷[7]。

---

* 譯註：格瓦拉在玻利維亞東部的叢林裡展開反美游擊運動，並號召在拉丁美州建立「第兩個、第三個，乃至更多的越南」。

之前在全球宣傳毛主義的人，不再相信他們以前負責傳播的資訊。一九七八年，外文出版社（Foreign Languages Press，簡稱FLP）的一些作家和編輯被派往國外留學，終於有機會親眼看到西方世界。過往幾十年來，他們大量生產《北京周報》及其他「對外宣傳」的內容，他們一直深信中國即將解放西方世界。一名外文出版社的編輯曾經歷文化大革命那些令人精疲力竭的政治與社會動盪，他對澳洲小鎮的日常生活感到震驚：

> 我離開中國以前，所有的宣傳都在講資本主義國家的人民如何受苦受難，遭到壓迫——任何與資本主義有關的一切都是不好的，任何與社會主義有關的一切都是好的。但是，當我們真正走出國門，事實並非如此，文化衝擊非常強烈，一切都與中國截然不同，包括日常的文明程度及禮貌程度。每天早上，父母送孩子上學；一天結束時，再接他們回家。我心想：這些孩子真幸運，我看著哭了。我花了這麼多年在中國做對外宣傳，卻完全不知道國外的生活是什麼樣子。

清空老舊毛派書籍的倉庫與書架，如今擺滿了描述毛澤東時代的書目，內容充滿了恐懼、絕望以及蔑視。文化的解放產生了多元的風格及體裁，從半抽象的詩歌，到魔幻現實的小說與荒誕的戲劇，應有盡有，但大多是在描述他們對毛澤東時代的不滿。他們描寫個人遭到毀滅，毛澤東個人崇拜的不人道，社會主義的腐敗及浪費生命的荒謬，文化大革命的過度及勞改營的恐怖。到了一九八〇年代晚期，去毛化進入藝術領域。張宏圖在他的「物質毛」系列中，以一系列惡搞的姿勢、偽裝、色彩來刻畫毛澤東，例如披著虎紋的毛澤東，留著史達林假鬍子的毛澤東，紮著辮子的毛澤東，色迷迷地盯著民主女神雕像的毛澤東。後來，這類不敬的行徑也登上了大銀幕，所謂的「第五代導演」*打破了人們對這位中共英雄的刻板印象。一九八八年，這股風潮也傳到電視螢幕，廣受歡迎的電視紀錄片《河殤》抨擊中華人民共和國的落後，以及中國對西方民主文化不夠開放，諷刺毛澤東崇拜是落後文化的縮影[8]。儘管黨內官員盡責地為鄧小平的「四個現代化」歌功頌德，但是這些事情對文化都毫無貢獻。反抗中共的正統思想，才是一九八〇年代最顯著的文化主題。

朱文曾是電廠機組控制室的司爐，後來成為作家，而他正是輕蔑毛澤東時代的典型例子。他是文革時期出生的，一九六七年生於福建的山區，雙親都是教師，當時他們流亡到中國東南部的農村。一九八〇年代，朱文考上南京的大學。當時毛式教育制度雖已進入尾聲，學生寫作文時，還是必須開篇就引用毛澤東的名言[9]。他的小說諷刺後毛時代中國的政治、社會、文化的樣貌，筆下的主角幾乎都是態度傲慢、沒有道德意識的年輕男子，憐憫並嘲諷父母屈服於「政治統治」。那些主角要不是受到計畫經濟的折磨，就是逃離計畫經濟的奴役，包括集體宿舍、愚蠢的

＊譯註：在理論研究界，一般把中國電影發生、發展過程中湧現的導演群體，按先後時代劃分為五代。第五代是指以北京電影學院七八級（八十二屆）畢業生張藝謀、陳凱歌、吳子牛、田壯壯等為主體的導演。

官僚、乏味的終身苦役。

陳小魯是中華人民共和國開國元帥之一陳毅的兒子，他親眼目睹了中國後毛時代的轉變。一九六六年，陳毅不幸成為外交部部長，因此受到外交部內紅衛兵的攻擊，因為他們認為他在全球舞台上對資產階級投降。雖然毛澤東與周恩來雙雙避免他遭到文革最極端的暴力，他仍遭到降職，並於一九七二年病逝。與此同時，陳小魯也加入紅衛兵，批鬥他的老師。約四十年後，這段令他良心不安的記憶促使他發表一封道歉信——此舉對紅衛兵世代來說相當罕見。加入外交部後，他參與了鄧小平時代早期的去毛化，並於一九八一年被派駐倫敦。「我們抵達英國後，這才意識到我們才是受苦的人。英國的生活水準比我們高得多。事情不像我們被告知的那樣，令我們大為震驚……那使我們冷靜地反思我們的社會與價值觀……我們不能像以前那樣繼續下去了。」

儘管如此，二〇一六年，他指出，他覺得數十年的毛主義顛峰並非一無是處：

> 人難免會犯錯，國家難免會犯錯……但沒有文化大革命的話，我們就不會有改革。俗話說物極必反。沒有文化大革命的話，中國會像蘇聯一樣。沒有改革的話，我們不會有現在的中國，不然我們怎麼可能趕上世界上最先進的地方呢？……沒有文化大革命的災難，沒有當時大家說的那些空話，我們就不會有共識，不會知道那是錯的。

與此同時，毛澤東的革命外交政策就像蛻去的舊皮一樣，遭到遺棄，只留下國家利益，以及戰爭傷疤。中國轉向外交實用主義是始於一九七〇年代的初期，當時毛澤東批准下屬與美國進行謹慎的和解，並修補中國與右派開發中國家之間的嫌隙。而此舉促成了一九七二年尼克森訪華的奇景：中國人民解放軍的樂隊為這名喜歡扣人「赤色分子」帽子（red-baiter）的美國總統演奏〈山腰上的家〉（Home, Home on the Range）。毛澤東死後，欣賞新加坡現代化模式的鄧小平與李光耀建立友好關係，而且他為了取悅這位新加坡總理，還告訴中國共產黨的長期附庸陳平，中國不再資助他在馬來西亞的長期革命戰爭[10]。陳平是東南亞最早反殖民叛亂的資深老將之一，在缺乏資金及國際盟友下，他最終與馬來西亞政府簽署了和平協定。年過八旬的阿成從馬來西亞和泰國邊境的叢林中走了出來，定居在一個指定的「和平村」。在那裡，他帶著無畏的革命精神，仍然致力展現「自力更生」的毛派精神——汲取橡膠樹的汁液、養豬、種菜[11]。二〇一三年陳平在曼谷病逝時，馬來西亞政府已兩度拒絕他返回馬來西亞的請求。他死後，馬國政府也禁止任何人把他的骨灰帶回家鄉。一九八〇年代初期在緬甸，孜孜不倦的黃華促成了緬甸共產黨與緬甸軍事獨裁政權之間停火。中國以政治難民的身分接納了他們培育的緬共領導人，年輕分子覺得長輩死守政治教條，只會靠種植鴉片養活自己，早已拋棄長輩，遠走高飛。到了一九八〇年代晚期，那些老兵已遭到邊緣化，陷入貧困。他們偶爾會出現在中國南方與西方的城市裡，穿著破舊的毛式外套，腳趾從破舊的布鞋裡露出來[12]。

毛澤東時代的「革命外交」大多已成了令人尷尬的記憶，並以歐威爾小說的方式從官方紀錄中刪除。例如，中國外交部拒絕援助赤棉或封鎖印度毛派的相關報導。就像經濟「去毛化」，中國從文革的好戰心態轉變成相對穩重的治國方略，也是在毛澤東去世以前便已展開。一九六七年八月，倫敦波特蘭坊（Portland Place）中國公使館的人員衝出大樓，以斧頭和球棒對抗警察，以展現他們奉守文革精神：以暴力攻擊「資本主義」與「帝國主義」（一名外交官踩上一個棄置的警察頭盔，再用棍棒打到爛）。一九七〇年代初期，中英兩國的關係恢復融洽，中國的駐英代表與英國外交部的代表在亞伯丁郡（Aberdeenshire）像朋友一樣四處走動[13]。赤棉被越南軍隊逐出金邊後，鄧小平仍持續支持赤棉，表面上這讓人以為，中共和抱持極端毛主義的赤棉在意識形態上仍繼續聯盟。事實上，這是在軍事衝突中牽制敵國——越南——的一種自利方式。鄧小平與越南的關係，充分顯現出他寧可為了民族主義而拋棄意識形態，例如一九七三年美軍從越南撤退後，中國南部邊境的存亡威脅就消失了。這威脅一消失，鄧小平就不再把越南視為革命同志，而是地區的競爭對手。藉由資助赤棉對抗越南，中國可以拖延越南在數十年的戰爭之後經濟重建。此外，這麼做也可以耗盡越南資助者蘇聯的金庫。中國長期以來一直認為，蘇聯對其國家利益的威脅比美國還大。藉由資助並訓練西部邊境的阿富汗聖戰者，中國的目的仍是為了消耗宿敵。

不過，中國政壇從未肅清毛澤東。蘇聯即使拋棄史達林，還有列寧作為革命創始人，而中國共產黨就只有毛澤東。

關於如何處置毛澤東的爭論——無論是字面上，還是象徵意義上——在他死後幾小時便已展開。早在一九五六年，毛澤東就明確表示他死後想火化。然而，政治局在毛澤東的心腹華國鋒的領導下，於一九七六年九月九日早上告訴毛澤東那震驚不已的御醫，毛澤東的遺體將無限期地保存下來[14]。華國鋒身為毛澤東的追隨者，有人戲稱他只會採取「兩個凡是」，也就是「凡是毛主席作出的決策，我們都堅決維護；凡是毛主席的指示，我們都始終不渝地遵循」。有些人甚至惡意中傷，說他連走路、揮手、髮型都像毛澤東。在經濟策略方面，把華國鋒趕下台的鄧小平則是明顯偏離毛澤東的路線：鄧小平崇尚外國的科學、技術、投資，並不擔心它們帶來腐敗的資產階級影響。但是，基於策略與信念，鄧小平的政治和體制架構仍是根深柢固的毛派。

一九八〇年鄧小平對義大利的記者奧里亞娜・法拉奇（Oriana Fallaci）說：「留在天安門廣場的，不只是毛澤東的肖像：從我們中國人民的感情來說，我們永遠把他作為我們黨和國家的締造者來紀念……我們絕對不會像赫魯雪夫在蘇聯共產黨第二十次全國代表大會上對待史達林那樣對待毛主席！[15]」法拉奇是鄧小平接觸西方受眾的主要管道之一。鄧小平上台後，中共的中央接待室進行了一次徹底的政治大掃除，黨內元老堅持至少要保留一些毛主席的肖像，因為「我們也在那裡……如果毛主席消失了，我們的行為也會受到質疑」。

一九七九年秋天，鄧小平要求編寫一份檔案，以定義毛澤東對革命與中華人民共和國的貢獻，作為黨的正統觀點。編輯過程漫長又棘手，鄧小平硬是改了九個版本的草稿：早期的版本太嚴苛，太枯燥，太反毛了[16]。如此拖了一年以後，鄧小平召集了五千六百名幹部來開會，以聽取他們對草稿的意見。其中有許多人是最近才獲得平反，並在文化大革命後復職。那次會議很快就變成一場訴苦大會，毛澤東成了大家批鬥的目標[17]。但鄧小平本來就沒打算讓那個場合變成發洩大會，因為他已經決定毛澤東應該獲得溫和的對待。「對於毛澤東同志的錯誤，不能寫過頭。寫過頭，給毛澤東同志抹黑，也就是給我們黨、我們國家抹黑。[18]」

最終的版本於一九八一年完成並公布，題為「關於建國以來黨的若干歷史問題的決議」。在這份文件中，形容詞「偉大的」總是很貼近毛澤東的名字（例如「中國人民尊敬及愛戴的偉大領袖和導師」）。一九五九至六一年造成數千萬人死亡的饑荒，則委婉地描述為造成「嚴重的損失」，而文化大革命則辯解成只是一個「偉大的無產階級革命家」的判斷失誤。那場運動的弊病歸因於「四人幫」的陰謀，而毛澤東曾經試圖阻止他們。那份文件最後號召「在馬克思列寧主義、毛澤東思想的偉大旗幟下，全黨、全軍、全國各族人民緊密團結在黨中央周圍，繼續發揚愚公移山的精神，同時同德，排除萬難，為把我們的國家逐步建設成為現代化的、高度民主的、高度文明的社會主義強國而努力奮鬥！我們的目的一定要達到！[19]」一九九三年，鄧小平本人坦承，其中有許多說法「不是真的」，他也說那些希望對毛澤東採取更強硬路線的老幹部已經從歷史上獲得了平反[20]。但歷史正義不是這份決議的目的，反之，這份決議是建立在嚴格的毛主義模式之上，亦即一位最高領袖（在此指鄧小平）鞏固權力，詆毀對手（主要是華國鋒），克服制度挑戰，儘管黨內與國內的其他地方廣泛地存在著異議。早在一九七九年，鄧小平就確立了中國未來發展的「四項基本原則」：「我們必須堅持社會主義道路；必須堅持無產階級專政；必須堅持中國共產黨的領導；必須堅持馬克思列寧主義、毛澤東思想。[21]」反對派的記者劉賓雁說，那是黨在一九八〇年代用來痛打異議人士的「四根棍子」。相較於這些鐵律，文化上的去毛化與鄧小平戴上典型牛仔帽在德州牛仔競技場上歡樂的形象*就只是在作秀[22]。蘇聯對後毛時代的中國政府做過一份簡報，其中有一句形容頗為貼切：「泡沫已消退，啤酒依舊在。[23]」

鄧小平曾自豪地說：「不搞爭論，是我的一個發明。[24]」事實上，這是毛澤東長期以來鼓吹的一種手段：即使他表面上煽動辯論，但整體願景始終以他的為準。雖然鄧小平正式否定了毛澤東的群眾政治運動，但這類運動在一九八〇年代仍不時出現。例如清除精神污染運動†——在這場運動中，留長髮與穿喇叭褲的人遭到騷擾，小偷常立即遭到處決；又或者一九八五年與一九八七年反對資產階級自由化的運動。一九八三年，鄧小平的第二副手趙紫陽擔心，「儼然像是一場文化大革命要來的樣子」[25]。

毛澤東仍然是中國共產黨慶祝活動的核心。一九八三年是他的九十歲冥誕，所有人以書籍、電影、郵票來紀念這一天，另有一千兩百名舞者參與名為「中國革命之歌」的紀念盛會[26]。儘管鄧小平在「建設更強大的中國」這個過程中，不時在改革派與保守派之間搖擺不定，但他最終總是站在保守派那邊，回歸政治控制的「四項基本原則」。資深的中國觀察家夏偉（Orville Schell）在一九八〇年代晚期訪華時指出，中國「骨子裡仍是一個深陷在毛主席時代的國家。就像那些夏

---

* 譯註：一九七九年一月，時任中共中央副主席的鄧小平赴美訪問，其中一站來到德州休士頓，考察之餘，也去欣賞當地最著名的牛仔秀。

† 譯註：中國共產黨黨內的保守派人士所發動，主要針對文藝界與思想界。

季皮毛斑駁、一入冬就變白的北極動物一樣，中國也有突然改變政治面貌的特殊能力，然實際上的變化遠比大家所想像的還少」[27]。

關於這點，最可怕的證據出現在一九八九年六月，當時全國各地掀起抗議活動，質疑中國共產黨與鄧小平的統治，鄧小平因此暴跳如雷。趙紫陽是黨內負責處理一九八九年抗議活動的關鍵人物，他直指毛派傳統是導致鄧小平決定派遣軍隊去鎮壓學生及其他抗議者的罪魁禍首。他說：「鄧小平多年來形成以『階級鬥爭為綱』的思維模式。[28]」天安門事件期間，五月二十三日發生的一起事件，暴露了毛澤東在政治局以外不可侵犯的地位。那天，三名來自湖南的年輕人前來廣場，拉開一面橫幅，上面寫著「五千年專制到此可以告一段落」，並向毛主席的肖像投擲填滿油漆的雞蛋。幾分鐘內，學生自治聯合會（這是一個月前為了協調反政府抗議而成立的）就逮住他們，並把他們帶去召開記者會，逼迫他們聲明他們的行動與學生抗議活動無關，接著又把他們移交給公安局處理。他們後來被判處徒刑，刑期從十六年到無期徒刑不等。這三人在獄中挨餓，受盡折磨，遭到單獨禁閉，其中至少一人因此精神失常。

六月四日，中共當局對抗議活動進行殘酷的鎮壓後，政治正統的復興取代了思想異端。由於中共指責八〇年代的質疑精神是思想上的墮落，黨內鼓吹政治正確的人因此號召「反映社會主義、體現共產主義理想與社會主義時代精神的文化作品……以及可以使人充滿熱情、團結起來的文化作品」。於是，黨的打手開始大肆抨擊傑出的自由主義者，同時敦促文人宣揚文化毛主義的原始文本，亦即毛澤東於一九四二年發表的「在延安文藝座談會上的講話」[29]。一九八九年，毛主席的肖像印刷了三十七萬份。到了一九九一年，已飆升至五千萬份[30]。

接著，在一九九二年初，鄧小平為中國人民提供了一條走出這個東方冰河時代的方法。他堅信中國共產黨的生存有賴物質財富的普及，因此呼籲大家別再從意識形態煩惱經濟自由化的資本主義本質，而是應該釋放市場力量，以實現「更快、更好、更深」的經濟成長。對鄧小平來說，只要能達到「維持黨的統治」這個政治目的，採取的經濟手段究竟是資本主義、還是社會主義都無關緊要。此外，毛澤東的意義也不同以往了。一九九〇年代初期以前，人們對毛澤東的記憶一直是精英關注的問題：一個黨內高層爭執的話題，也是《人民日報》上那些社論所探討的矛盾主題。但自從鄧小平提出上述主張以後，毛澤東開始滲透到大眾宗教及大眾消費主義中，而且通常是這兩者的結合。計程車司機在後照鏡上掛著印有毛澤東形象的吊飾，有傳言指出，這麼做可以在車禍中避免傷亡。到了一九九四年，湖南有個村莊在廟裡供奉毛澤東的神像（廟方委託一名精通佛像雕刻的雕刻家來創作他的神像）。一九九五年夏天，中國共產黨以「鼓勵迷信」為由，關閉那座廟宇。在被迫關閉之前，每天都有四、五萬人前去朝拜[31]。狂熱的信徒開始在中國的山野間發現神似毛澤東的肖像[32]。早在消費匱乏的一九六〇年代和七〇年代，毛澤東崇拜已經透過各種古怪的「移情物件」表露無遺，例如小紅書、毛澤東徽章、蠟製的芒果仿製品（模仿毛澤東送芒果給口渴的紅衛兵）。毛澤東死後，隨著中國成為世界工廠，這類物質崇拜的方式倍增：毛澤東的肖像被印在護身符、吊飾、傳呼機（BB Call）的塑膠外殼上——在一九九〇年代市場導向的新中國，傳呼機已是必備的地位象徵。

一九九〇年代晚期，北京之類的城市中冒出第一批緬懷毛澤東的餐廳，打著「為人民服務」或「吃苦」之類的店名。一九九七年我開始造訪中國，看到城市街頭攤商販售的一對音樂打火機，覺得有點妙：其中一個打火機印著毛澤東的肖像，播放的音樂是〈東方紅〉；另一個打火機印著鄧小平的肖像，播放的音樂是〈給愛麗絲〉（Für Elise）。遊客到鄧永鏘創立的「上海灘」時裝店內，搶購當代復刻的文革時期鬧鐘，鬧鐘上的分針是揮舞著小紅書的紅衛兵。湯瑞仁是毛澤東的遠親，很有商業頭腦，在韶山毛澤東故居附近的一座小山上，經營一家「毛家飯店」。這裡的用餐體驗包括，客人一抵達餐廳就別上毛主席徽章，而且餐廳還會對客人施壓，要求客人點「毛主席最愛的家常菜」——正巧也是菜單上最貴的菜。毛澤東已經成了一門大生意[33]。

受過教育的都市人在適應一九九二年重新崛起的新市場改革時，把毛澤東崇拜視為一種無傷大雅的媚俗文化。只是，中國有數百萬人無法抱持這種輕鬆娛樂的觀點。一九九八年朱鎔基擔任國務院總理後，允許數千個毫無獲利的國營企業——數億中國勞工的「鐵飯碗」——出售或退場。一九九〇年代晚期與二〇〇〇年代早期，勞工因為感受到強烈的經濟痛苦，回顧毛澤東時代比較平等的日子，藉此譴責這些「精簡」國營事業的人對待他們的方式。二〇〇二年春天，數以萬計的鋼鐵廠勞工走上依然結冰的遼陽街頭抗議示威——遼陽曾是毛派經濟模式的東北心臟地帶——要求工廠給錢，讓他們養家活口並為房子供暖（有些人已經凍死了）。他們有的已經退休，有的遭到裁員、有的被工廠欠薪。他們指控腐敗的管理者把工廠資金挪用到私營公司。毛澤東的肖像在人山人海的抗議人群中浮沉。在遊行隊伍裡，一名婦女哭訴道：「毛主席不該走得那麼早！」[34]一九五五年出生的北京教授張宏良，有當代中國新毛派的「攻擊犬」或「紅色坦克手」之稱。他進入學術界以前，曾在政府的核武器部門工作。他回想起一九七〇年代晚期大學時代流行的一首充滿樂觀主義歌曲：「再過二十年，我們來相會。*」（在一個美麗的祖國，後毛時代的改革使它變得更好）。「二十多年過去了，但現實不像這首歌承諾的那樣。我們的山林已枯，水源受到污染，資源耗盡了，社會充滿了矛盾與竊賊。我小時候，我們的房子從來沒上過鎖。」

二〇〇二年的遼陽示威抗議，開啟了一個帶有毛派色彩的抗議新時代。二〇〇二年，鄧小平的繼任者江澤民因允許商界人士入黨而飽受爭議，他也關閉了兩份極左派的期刊，那是毛派辯論政治與社會議題的最後堡壘[36]。這些作為衍生了兩個後果。第一，左派人士覺得他們遭到邊緣化，也遭到市場化改革力量的攻擊。第二，極左派的現實世界平台遭到噤聲，正好和中國開始積極上網的時機不謀而合。如今，中國境外許多毛派分子無不積極擁抱這種新形式的資訊游擊戰，包括說話溫和的北京航空航天大學經濟學教授韓德強，而他也是評論網站《烏有之鄉》的共同創辦人。

這些網路上的毛派分子以憤怒的反西方民族主義著稱。打從一開始，中共對他們的態度頂多只有憂喜參半的矛盾情緒——自從一九八九年六四事件以來，中共對任何引起民眾憤怒或抗議的

---

* 譯註：歌名是〈二十年後再相會〉，這句後面接著「那時的山，那時的水，那時風光一定很美。」「那時的天，那時的地，那時祖國一定更美。」

事情都很謹慎留意。新毛派動員最早的焦點之一，是二〇〇六年哲學教授袁偉時在自由派週刊《冰點》上對教科書的批評所引發的軒然大波。袁偉時對教科書中關於義和團運動（1899-1901）的教義提出質疑。義和團運動在中國極具愛國敏感性，因為它引發了西方與日本對一個熱門宗教派別（義和團）襲擊外國人的舉動展開殘酷的報復。袁偉時未提及外國的暴行，而是指責義和團那群叛亂者的愚蠢愛國主義，批評他們「敵視現代文明和盲目排斥外國人以及外來文化的極端愚昧行為」。他說，「給國家和人民帶來莫大災難」的是義和團，而不是帝國主義的侵略[37]。網路左派分子抨擊袁偉時時，以及他明顯為西方侵略中國開脫的行為。中國政府的因應方式是，關閉《冰點》和三個最熱門、最直言不諱的左派網站[38]。政府無法容忍歷史的自由化，也無法容忍左派的恣意譴責[39]。

到了二〇〇七年，《烏有之鄉》已成為中國最知名的新毛派組織。它始於二〇〇三年，最初是一個附屬於書店的網站——位在北京大學西門附近的一家小店，而北大更是中國最負盛名的學術場所，也是中國世界主義的發源地。《烏有之鄉》在政治舞台上的重要性源自其影響力：它吸引了左派的學者（其中有些人與黨國關係密切）、國家官員、全職網民、藝術家、作家、大學裡的文化評論家。書店裡出售一般中國商業書店——如今充斥著指導積極的父母如何把孩子送進哈佛大學的自助手冊——難尋的「泛左派書籍」。《烏有之鄉》的使命宣言寫道，其目的是「創造一個小平台，在此平台上藉由追求公平優先的社會來促進社會進步……以及一個開放、理想、負責的公共精神家園」[40]。該網站為毛派提供發表部落格、文章、線上討論的空間。例如二〇〇五年，透過線上請願活動，動員大眾輿論，以聲援一個來自中國西北偏遠地區的民工*，他急需領取工資為父親治病，但雇主拒絕支付工資，他因此憤而殺死雇主[41]。

聚集在《烏有之鄉》等網站的團體及個人以「毛澤東左派」自居（有時簡稱「毛左派」）。由於他們的「根據地」一直是網路，所以很難對他們進行精確的量化：二〇一二年的調查顯示，百分之三十八點一的樣本是政治上的「左派」；二〇一四年張宏良估計：「社會底層大多是毛左派。」早在二〇〇〇年代初期，他們就開始上網抨擊後毛時代那些把市場帶回中國的改革，說那些改革是過去四十年來「修正主義者與資本家」（其中有許多人是中共黨員）「邪惡」的篡奪權力[42]。他們推崇文革時期的毛主義顛峰，認為那些「修正主義者」勾結外國的帝國主義與「漢奸」。中國社會目前經歷的所有問題——舉凡收入不平等、腐敗、環境退化等——在在證明了毛澤東的分析充滿智慧，也證明了中國有必要持續革命，藉由煽動群眾去反抗共產黨，來淨化共產黨。有些人確實很認真看待這些想法，宣稱中國需要另一場文化大革命，並擁護其「群眾民主」的理想。二〇一二年張宏良寫道：「我們高舉毛澤東思想的旗幟，尤其是毛澤東思想的兩個核心——為人民服務與造反有理。為人民服務意味著共同繁榮，造反有理意味著『群眾民主』。套用當代新毛派的說法，『群眾民主』可以透過文化大革命的『四大自由』來實現：『大鳴、大放、大辯論、大字報』。他們認為，這種『言論自由』的作法將自然而然地促成大眾掌控輿論。」[43]

---

* 譯註：又稱為農民工或外來工，是指為了工作而從農村移民到城市的人。

不過，群眾民主下的言論自由是有前提的：必須是「社會主義」且「愛國的」。《烏有之鄉》上的言論幾乎無可避免都帶有民族主義的色彩。他們把毛澤東理想化，變成一個愛國大老，對國際問題毫不妥協。網路上的毛派對外交事務抱持激進的態度，認為中國邊境上出現的每個問題──臺灣、新疆、西藏、南海、釣魚臺等──都是美國干涉的結果。由於他們認為美國致力遏制中國，一些人主張中國應該支援中東地區對美國的抵抗[44]。出於類似的原因，許多新毛派讚賞北韓對美國玩弄戰爭邊緣政策。與此同時，他們也主張對那些出賣國家的「右派自由主義者」，實行無產階級專政及愛國群眾專政。新左派（其中有許多人至少有大學學歷）對知識分子深表懷疑──這又與他們對毛澤東的崇拜有關。他們把政府內外的「知識工作者」視為「買辦叛徒與帝國主義的走狗」：「知識越多，越反動」[45]。在經濟政策上，新毛派無可避免是支持回歸集體公社農業，反對解散國有企業（毛澤東時代的經濟支柱）、反對民營化與全球化，因為他們認為這些作法讓外國與腐敗的國民竊取了國家的財富[46]。

對於任何有關毛澤東歷史紀錄的矛盾心理，這些新毛派也駁斥那是修正主義者的陰謀論。他們辯解一九五七年的反右運動「比史達林的大清洗人道多了」，並強烈駁斥任何有關「大躍進的人為錯誤造成數千萬人死亡」的說法，還說文化大革命期間迫害「階級敵人」是「完全必要的」[47]。一個北大畢業的新毛派（後來到英國名校深造）告訴我：「你不能相信那些有關文革的書，因為那些書都是知識分子寫的，他們被文革打倒了。文化大革命其實對它的敵人非常溫和，沒殺任何人。真發生的，其實只是一些知識分子自殺了，那可能是因為一些年輕人譴責了他們。

他承認，他只讀了幾本有關文化大革命的回憶錄，沒讀過歷史文獻或史書（因為那些都包含相同的偏見觀點）。新毛派指責「後毛時代」的體制利用納粹宣傳手法來抹黑「毛時代」：「謊言重複上千遍就成了真理。」[48]最後，他們對於過去與現在，以及對於歷史、經濟、社會、文化的論點和解讀，幾乎總是回到民族主義：他們指控那些攻擊毛澤東及其政策的人，是密謀破壞中國人民的自尊。二〇〇八年，張宏良主張，全球經濟危機的最大意義，在於讓「中華民族」回歸「世界中心」這個傳統地位[49]。

這種民族主義很容易模糊成暴力的侵略主義。左派網站以毛主義顛峰的風格，定期發起大規模的誹謗運動，以攻擊他們的政治對手——通常是關注人權、公民社會、民主的活動人士。他們譴責這些人是「中國叛徒」。二〇一二年底，一個名為「進步社會網」的左派網站展示了八名「西奴」的大頭照，其中包括榮獲諾貝爾和平獎的已故異議人士劉曉波、民權律師滕彪與許志永，以及著名的中共批評家余杰。他們以改圖軟體把絞刑的絞索套在他們的臉上[50]。

二〇〇七年，我又到中國待了四個月，而北京已經變了。二〇〇一年，在我觀賞《切．格瓦拉》音樂劇的隔年，北京獲得二〇〇八年奧運的主辦權。到了二〇〇七年，奧運前的準備工作摧毀了這座城市的大部分地區，以容納大批人馬及場館。從農村移居城市的民工潮已變成一股洪流。每天我都會遇到一群滿身塵埃、遭到邊緣化的底層階級，他們為北京的輝煌大改造而努力，但自己分不到一點好處。我在一棟十九層樓的公寓裡工作時，一名工人從對面街區一個未完工的屋頂繞繩下降，身上只有最少的安全裝備。來自中國東南部的小商家告訴我，他幾乎見不到兒子，因為他無法讓兒子到北京來上學。與此同時，中國經濟奇蹟對環境的衝擊則是顯而易見。那年冬天我經常騎單車，因為我租賃的公寓在東南方，而大學在西北方，但騎單車對我毫無好處。我曾經一回到家，便看到新聞報導告誡北京人不要外出，因為空氣污染很嚴重。

隨著中國經濟改革的成本與分歧增加，批評的聲浪也越來越高漲。二〇〇七年冬天，我第二次遇上中國那些憤怒的新毛派。我進入這個世界的契機，是在《烏有之鄉》北京總部的一次會議上。他們一群人聚在那裡，譴責李安的電影《色戒》。那是一個關於二戰期間日本占領上海的故事，其中充斥著性愛。劇中描寫一名抗日的愛國女性，原本應該協助暗殺一個漢奸，最後卻為了對方而犧牲自己。與會者一致認為，那部電影是「對中國人民的侮辱」，是一部「漢奸電影」，「一種性傳播的皮膚病」，套用文革說法，是一種「大毒草」*。不過，他們從民族主義的角度提出這些意料之中的譴責之後，接下來的討論出現了稍微令人驚訝的轉變。真正令他們不滿的，是中國政府對這部電影的反應如此懦弱。中國真正的問題在於內部的叛徒，而不是外部的敵人：處於黨國核心的「買辦權力集團」，那些人認同西方與日本的觀點，以為中國若是過去兩個世紀一直是殖民地，中國可以更好。經濟、文化、政治充斥著「資本主義的走狗」，而這些走狗正在把中國變成西方帝國主義的「附庸」——這是一個攸關生死存亡的威脅。

到了二〇〇七年，北京的左派分子以反對力量自居，受到當代共產黨當權派的迫害。滿懷民族主義的新毛派對執政的中國共產黨來說已經變成頭痛的問題。儘管中共仍大量使用毛澤東的形

巴拉克利什曼是在印度喀拉拉邦出生，後來成為倫敦馬列主義毛澤東思想勞工機構的領導人。二〇一五年，他被判十六項性侵與身體侵犯罪，包括強姦、虐童、非法監禁其研究機構內的女性。

伊達戈．馬基亞里尼（Idalgo Macchiarini）是義大利城市恐怖分子「赤軍旅」（受毛派影響）第一個綁架的對象。他脖子上的告示寫著：「殺後速離，無一不懲，懲一警百。」該組織的領導人弗蘭切斯基尼日後回憶道：「我們從毛澤東那裡學到『殺後速離』。他曾寫道，游擊戰戰術的原則是殺戮後立即撤離。」

祕魯共產黨「光明之路」啟動毛派叛亂的象徵。一九八〇年十二月二十六日，適逢毛澤東冥誕，光明之路的特務把死狗吊在利馬的八根燈柱上。狗頭嵌在一張海報中，海報上寫著鄧小平（他打破了毛主席許多重要的文革政策）。

古斯曼是光明之路叛亂的領導人。他最初是從祕魯阿亞庫喬的國立華曼加聖克里斯托瓦爾大學的學生及學術弟子中培養追隨者。阿亞庫喬後來成為光明之路起義的中心。

一九九〇年代初期，在利馬，光明之路的女性囚犯唱著歌，朝著他們的領袖古斯曼的巨大理想化壁畫前進。旁邊的牆上漆著「沒有什麼是不可能的」的字樣——那是光明之路對毛派意志主義的詮釋。

一個祕魯克丘亞族的悲傷母親正在尋找兒子的遺體。一九八〇至九九年間，祕魯內戰造成六萬九千人死亡。內戰雙方（政府與光明之路的部隊）都犯下無數暴行。鄉間貧困的原住民社群承受的暴力特別多。

人稱「印度毛澤東」的馬宗達（左四）與同志站在印度東北部西里古里的馬宗達住所前。馬宗達對毛派革命戰略的熱情，激發了一九六七年在印度北部展開的毛派—納薩爾派叛亂。如今印度仍持續進行的毛派叛亂可追溯到那次首度叛亂。

納薩爾巴里村的印中毛派領導人名人堂，位於一九六七年納薩爾派叛亂期間發生警察大屠殺的現場附近。

二〇〇七年，人民解放軍游擊隊的戰士在比哈爾邦的叢林裡，參加印度共產黨（毛主義）的代表大會。前一年，印度政府說，毛派叛亂是「對印度邦最大的安全威脅」。

在奧里薩邦，一名當地婦女看著大公司開採鋁土礦所製造的有毒廢水。印度政府決定在礦產資源豐富的東印度，靠採礦合約來賺取收入。這項決定往往以殘忍的方式剝奪了許多當地人的土地。印度共產黨（毛主義）對這種強硬手段做出最有力的反抗。

一九九〇年代尼泊爾的毛派領導人：左二是巴特拉伊，左三是雅米（巴特拉伊的妻子），右一是普拉昌達（意思是「兇猛者」）。

雅米與巴特拉伊和女兒瑪努希（Manushi）的全家福照片（瑪努希本身是才華洋溢、能力過人的政治活動家）。這也是一九九〇年代的照片。值得注意的是，這張照片的背景是被捕的古斯曼穿著囚衣的照片。光明之路身為後毛時代的叛亂團體，對尼泊爾共產黨（毛主義）是重要的意識形態啟發。

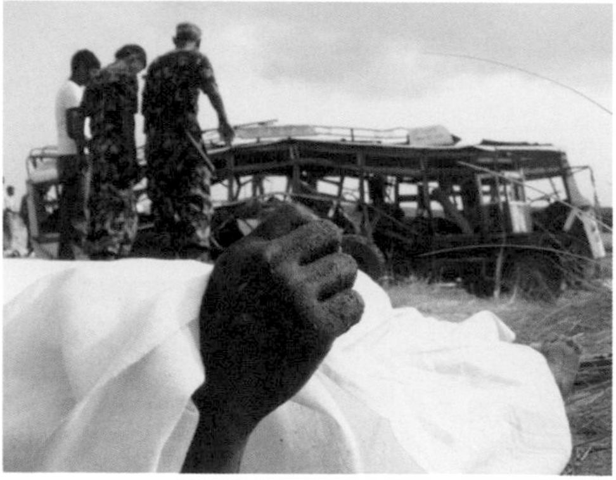

二〇〇五年，尼泊爾共產黨（毛主義）在加德滿都的南部主導了一起公車爆炸案，圖中是其中一個受害者。

二〇一六年，尼泊爾的毛派領導人基蘭同志在一尊金色的毛澤東雕像和一個刻有毛主席書法的花瓶之間留影。這兩件物件是二〇〇九年他首度訪華時帶回來的。二〇一二年，基蘭脫離了尼泊爾共產黨（毛主義），自立一個派別，誓言回歸武裝鬥爭以奪取國家政權。

二〇一三年，薄熙來因貪腐被判處無期徒刑。二〇〇七至一二年他擔任重慶市委員會書記期間，讓毛澤東再次成為政治主流中引人注目的焦點。

薄熙來的妻子谷開來在丈夫受審時作證。二〇一二年，她因謀殺英國商人海伍德而被判處死刑並緩期執行。這項醜聞摧毀了薄熙來擔任國家領導人的雄心。

中國現任國家主席習近平與毛澤東的小裝飾品並排呈列。在薄熙來營造的毛主義復興基礎上，習近平重新把毛派政治文化的一些面向重新正常化，例如批評、自我批評、群眾路線、個人崇拜。

張宏圖的「物質毛」系列的一張惡搞圖。同系列的其他圖是在毛澤東的身上畫虎紋，或顯示毛澤東色迷迷地盯著民主女神的雕像。

一座三十七公尺高的毛主席金色雕像，佇立在中國中部的河南農村。二〇一六年一月初揭幕幾天後，這座雕像就因不明原因拆除了。

象來鞏固其歷史正統性，但毛澤東的實際政策與中國共產黨自鄧小平上台以來所採取的繁榮穩定教義已相去甚遠。然而，政治鎮壓無法輕易讓新毛派噤聲，因為他們已經以毛澤東遺澤及中國共產黨的監督者自居，嗅探著任何「反共宣傳」[51]。徹底攻擊新毛派可能會引發「現在的中國共產黨背叛毛澤東」的指控。新毛派組織召開大會時，火紅的橫幅上寫著：「誰反對中國共產黨和毛主席，誰就是我們的敵人。」二〇一一年在中國西北部召開的一次會議上，他們以底下的聲明譴責那些批評毛澤東的自由派知識分子。這些立場聲明顯示，新毛派如何在效忠毛澤東與中國共產黨之間巧妙地游移：「毛澤東主席是黨與人民的領袖，是中華人民共和國與人民解放軍的開創者，所以我們無法容忍任何人對他的偉大形象肆意歪曲與誹謗……為了漢奸與賣國賊的利益而攻擊黨與人民的領袖，是黨不允許的，也是人民不允許的，更不是人類歷史允許的。[52]」觀察中國極左派的評論家任白明（Jude Blanchette）總結了中國共產黨面臨的兩難困境：「鎮壓新毛派，可能暴露出中共放棄社會主義的支持者；允許新毛派為所欲為，可能掀起民粹反抗。[53]」

二〇〇八年，新毛派分子變得更囂張，且為所欲為。那年夏天，北京奧運聖火在澳洲、歐洲、美國傳遞期間，西方媒體做了支持西藏抗議的報導，導致中國人覺得西方媒體有反華的偏見，引發普遍的不滿，這讓親毛派的民族主義與這股普遍的民憤產生了連結。二〇〇八至〇九

* 譯註：指書籍、電影、歌曲等文藝作品不符合當時的主流政治價值觀，醜化勞動人民，醜化革命戰士，宣揚封建思想，宣揚資產階級生活方式等。

年，《烏有之鄉》上的發文從一百多篇暴增為八萬四千兩百一十四篇。他們甚至籌辦了遊行及紅色旅遊，參觀革命遺址[54]。隨著他們越來越擅長利用網路來傳播觀點及動員追隨者，他們的膽量也大了起來。二〇一一年春天爆發了一場重大的抗爭，他們痛恨至極的自由派經濟學家茅于軾發表了一篇文章，內容罕見地痛批毛澤東。他指責毛澤東應該為三千多萬人死於飢餓負責，也要為他對階級鬥爭的執著使中國陷入癱瘓負責[55]。茅于軾親身經歷過毛澤東的破壞性政治。在一九五〇年代晚期的反右運動中，他在大饑荒期間被內部流放到東北地區，差點餓死——他靠吃昆蟲倖存下來。在文化大革命期間，一群四處遊蕩的紅衛兵鞭打他，並威脅要將他處決。

儘管如此，二〇一一年夏天，毛派網站提交了一份公訴狀——經一萬人連署——要求政府以「誹謗毛澤東、企圖推翻共產黨」的罪名逮捕茅于軾。「整個國家都在等待……茅于軾與其他詆毀毛澤東的反毛反動派遭到殲滅的那天到來。[56]」大量湧入的電話騷擾，迫使茅于軾關閉手機。舉著橫幅、高呼口號的左派分子占據了他家門外的院子，而公安只是站在一旁觀看。自由派知識分子同時哀嘆，新毛派勢力日益猖獗。

二〇一二年二月六日凌晨，一個樣貌極不尋常的老婦人駕車行駛了三百公里，穿過重慶與成都之間的路邊翠綠稻田。當天下午兩點三十一分，她抵達目的地：美國駐成都領事館。她之所以樣貌極不尋常，是因為她其實是五十二歲的男子王立軍，中國惡名昭彰的公安局局長之一。在此之前，他一直在霧霾瀰漫又龐大的重慶市擔任黨權執法者：他囂張得可怕，親自屍檢，並聲稱已經開發出一種創新技術，可以在死囚還活著的時候活摘器官。

而眼下他正在逃亡，因為他與重慶市委書記薄熙來鬧翻了，因為才會變裝逃到美國領事館。他有幾個美國外交官會有興趣的故事，是關於他的老闆的。透露全球洗錢以及電話竊聽等政治瀆職行為還只是熱身，接下來才是重磅消息：薄熙來的妻子谷開來（也是律師）三個月前毒死英籍的中年商人海伍德。當時，屍檢聲稱海伍德死於酒精中毒，王立軍在屍檢書上簽字，並火速將屍體火化。現在，他向美方承諾，提供海伍德心臟的血液樣本，以證明其體內有致命的毒素。

儘管領事館立即把這名不速之客送交給北京的國安部，但王立軍試圖叛逃的醜聞改變了中國的政治。他導致薄熙來下台，在這之前，薄熙來一直表現出他是中國最大膽、最無情的政治家。就在即將選入政治局核心（常委會）之前，他因腐敗而遭到免職並判處無期徒刑；他的妻子被判處死刑及緩期執行；他的前公安局局長被判處十五年有期徒刑。薄熙來與王立軍的落馬，暴露出重慶存在的不法不義已達驚人的程度：這兩人創造個人封地，任意逮捕、折磨、處決，以榨取資產供薄熙來個人使用，並資助當地奢華的發展計畫以博取個人的人氣。整起事暴露出醉心權力者縱情瀆職的醜態：這是紅二代極其腐敗的例子，他們從文革的政治清洗平順地轉變成參與貪污、公安暴行、謀殺等亂象——唯一不變的是他們的特權與自命不凡感。

不過，只記得薄熙來是失敗的流氓及中共公關心中大石的來源，則掩蓋了他對中國政治的獨特貢獻。他的貢獻不是大規模的國際洗錢、濫用司法權力、多重不忠，甚至不是謀殺，因為過去二十五年間，無數官員都有那些行為。更確切地說，他的主要創新在於，讓毛澤東再次成為政治主流中引人注目的一部分。二〇〇七年底，薄熙來剛到重慶任職時，毛澤東時代幾乎已從輿論中消失。中國官場正處於一場充滿未來感的建設狂潮中：北京為了準備二〇〇八年的奧運，歡迎所有找得到的每位明星建築師來拆除老城，推出新奇的建築，因為政府竭盡所能想打造第一世界大都市的形象。二〇〇八年八月八日奧運會開幕之際，每個人都將看到，開幕典禮上，有孔子論語與雜技演員穿著螢光綠的緊身衣表演，但完全看不到毛澤東與毛時代的內容。

不過，在這個令人眼花繚亂的表象背後，許多人在一九九二年後的中國賺錢熱潮中失敗了，社會經濟失序在他們之間盛行了起來，由此薄熙來的毛澤東復興才得以成功。薄熙來在重慶的四年間，創造出一種獨特的政治模式，與改革時代的中國其他地區截然不同。在他著名的「唱紅打黑」運動中，他的政權嚴酷地打擊腐敗（不包括他自己的人）和富商，至少把沒收的部分財富用於縮小城鄉差距，建設社會住宅和基礎設施，以及提高工資。薄熙來領導了毛派文化的復興——數以萬計的合唱團高唱革命歌曲，電視上充斥著毛時代的經典節目，公務員被迫下鄉[57]。重慶的大學城樹立起一尊二十公尺高的嶄新不鏽鋼毛澤東雕像[58]。在當時的中共總書記胡錦濤採行共識管理近十年後，薄熙來反而復興一種非常毛派的領導模式：個性化、浮誇、以復興民粹的毛派政治價值觀為核心。在薄熙來專橫領導的巔峰時期，經驗豐富的觀察家立刻就看穿了這點。當時中國最直言不諱的調查性新聞雜誌《財經》的發行人評論道：「他試圖像毛澤東在文革期間那樣動員社會，要做到這一點，通常得先給人洗腦。[59]」二〇一二年初，一個重慶人寫道：「看到薄熙來被描述成西式政治家，我覺得很有趣。薄熙來是中國政治體制的產物，就那麼簡單。他所受的教育是毛澤東崇拜，他沒有超越它，他的想法都是出自老套的腳本。[60]」

某種程度上，這對薄熙來而言，是出乎意料的人生旅程。文革期間，他的父親薄一波——毛澤東的革命同輩——被放在鐵架上，當著數萬人面前遊街，穿過北京最重要的體育場，遭到監禁、折磨、挨餓。薄熙來的母親遭紅衛兵囚禁期間，離奇死亡。青少年時期，薄熙來和兩個兄弟也遭到公開羞辱，並被送到北京北邊的思想改造營。薄熙來擺脫一九六〇年代的遭遇，並去到重慶進行他的政治實驗的不可思議歷程，等於是在告訴中共：毛澤東去世近四十年後，毛時代提供許多可以吸引大眾及提供情感支持的象徵（比如所謂的「紅歌」）。他們可以利用那些象徵，同時把毛主義實際造成的歷史創傷塵封在過去，不去觸碰。

到了二〇一一年春天，左派不分老少，都全心全意地支持薄熙來。《烏有之鄉》在網路上為他宣傳重慶的實驗（所謂「重慶模式」）。有人在《烏有之鄉》上發文表示：「這些紅歌洋溢著革命先烈的鮮血，是人們用來排除西方階級社會的遺毒與精神鴉片的精神良藥。[61]」看來他們之中終於有人要進入政治局了。韓德強雀躍說道：「三十年河東，三十年河西，現在又將迎來三十年的河東……只有薄熙來能拯救共產主義，拯救中國。[62]」

未想二〇一二年三月十五日，薄熙來被逮捕了（這算是王立軍叛逃餘波的一部分）。他的崛起與落馬在中國留下了沉重的印記。薄熙來遭到扣押，引起外國媒體深入調查中國的腐敗問題。結果發現，谷開來的親屬累積了一點二六億美元的資產，而總理溫家寶的家族也擁有二十七億美元的財產[63]。薄熙來一失勢，中共政府立即關閉了《烏有之鄉》等熱門左派中心的網站，這些網站都曾熱切地支持薄熙來的「重慶模式」。（數月後，多數網站獲准重新開放，卻也變得比較低調。）不過，薄熙來也創造出一個公開慶祝毛主義價值觀的空間，所以在薄熙來遭到整肅後，二〇一二年十一月，習近平——同屬官二代——升任中共中央總書記，也直接承接了這處空間。（外國媒體調查薄熙來醜聞時同時發現，習近平的兄弟姊妹挪用了逾十億美元。）

二〇一七年十一月十七日，中國最大的國營電視台「中央電視台」（CCTV）在七點的新聞中，編輯、製播了一則昭然若揭的要聞。當天的頭條新聞是，習近平出席一場頒獎典禮，表彰對建設「精神文明」有特殊貢獻的人士（精神文明是中國共產黨建設「中國特色社會主義」的重要目標）。主播報導頭條時，節目製作人直接對中國各地的家庭播放了一段長達四分十六秒的影片，影片中顯示習近平沿著第一排的代表前進，跟他們握手，給予他們肯定，同時現場的觀眾持續地鼓掌[64]。

四分十六秒。這種如法炮製毛主席的方式（例如，一九九六年的紀錄片顯示，毛主席在天安門廣場接見數百萬崇拜他的紅衛兵）實在太明顯了，很難看不出來。

一個月前，在北京召開的中國共產黨第十九次全國代表大會（簡稱「中共十九大」）上，官方媒體對習近平的吹捧明顯增強了。這個五年一度的會議是為了設定政策方向，並確定未來五年的黨內領導。在大會的第一天，習近平在長達三個半小時的演講中，闡述了他對中國的願景。媒體推崇他是「核心領導人」（這個詞與毛澤東和鄧小平有關）、「偉大領袖」、「新時代的探路者」、「舵手」（這以前是毛澤東的專用詞）[65]。中國官方的國際通訊社「新華社」刻意含糊其辭地稱讚他是「世界領導人」：也許是指他是有世界級高度的領導人，也許是指世界的領袖[66]。「習近平思想」被寫進憲法，作為中國共產黨領導下實現民族復興的路線圖——這是自毛澤東與鄧小平以來，黨的領導人首次獲得這般殊榮。

理論上，「中共十九大」代表習近平領導任期的中點。自從一九八〇年代鄧小平在某種程度上規範了接班程序以來，中共遵守的規矩一直是：新的黨委書記執政十年後交棒，亦即任期是兩屆。這是一九八二年立法通過的：在憲法中加入對「國家主席」這個榮譽頭銜的兩屆任期限制（自鄧小平以來，國家主席一直同時握有黨委書記一職，儘管黨委書記是更有意義的職位）。此外，二〇〇〇年代初期以來，一項非正式的規定也鼓勵黨的領導人在六十八歲退休。然而，有一段時間，許多人臆測，習近平會試圖延長這項君子協議（最高層都是男性），並像毛澤東與鄧小平一樣，試圖將任期延長到二十年，甚至是終身職。黨委書記主持的中點大會，通常是確定可能繼任者的時刻。值得注意的是，習近平新組成的七人常委會中，沒有一個人在五年後的年紀會低於非官方的退休年齡。僅四個月後，習近平就透過形同傀儡的全國人民代表大會，廢除了國家主席兩屆任期的限制，之前人們的懷疑也因此獲得證實。這項改變讓習近平取得終身執政的機會。

二〇一二年十一月習近平上台以來，他的個人崇拜不斷壯大，此刻終於達到高潮。他的周圍建立起一種類似宗教的光環，那是毛澤東時代以來未曾見過的。中國網路上充斥著歌頌他的搖滾民謠及饒舌歌：「中國出了個習大大，多大的老虎也敢打，天不怕嘿地不怕，做夢都想見到他！[67]」談論習近平時，若是「談論不當」，可能會招致嚴重後果——遭到恐嚇、開除黨籍、監禁，甚至更糟的下場。被習近平鎖定的群體成員——學者、作家、律師——甚至連提到他的名字都很緊張，深怕被指控顛覆國家政權。二〇一六年，我問一名眾所周知、經常直言不諱的有志之士有關西方媒體所描繪的習近平形象，他頓時臉色蒼白對我說：「我不能談論他，妳問這些問題，會給我添麻煩，也會給妳自己添麻煩。」

分析家試圖勾勒出習近平對中國願景的細節，尤其是他一再強調的民族復興與「中國特色社會主義」。習近平的計畫中有很多細節值得玩味再三：政府和民營企業、外國投資的關係；解決環境惡化的方法；如何重振農村經濟。不過，習近平大肆宣傳的作法幾乎是了無新意：中共從一九九〇年代以來就一直公開宣揚民族主義；二〇〇七年，中央電視台高調製作的系列節目以及軍事博物館的展覽主題也是名為《復興之路》。「中國特色社會主義」自一九九〇年代以來再次成為政治討論的主流，以前連理髮師都會打出「中國特色理髮」的廣告。不過，習近平確實有一項突出的創新：他模仿薄熙來引用毛派主題，自一九七六年毛主席去世以來，首次把毛派政治的一些象徵與作法，重新融入中國全民生活的主流中。經過約四十年的後毛時代改革後，中國在社會、經濟、文化上仍是混合的，而習近平掌控政治的戲法顯然是毛派復興。

習近平讓媒體報導充斥著他個人及獨裁的國家權力。他先設立新的中央集權職位，再指派他的盟友就任，藉此指揮經濟、政治、文化、社會、軍事改革等各方面，以及國家、網路、資訊安全[68]。習近平採取毛澤東早期的模式，培養個人權力的同時，也加強了對黨的控制。他恢復了中國共產黨作為「中國、中國人民、國家利益」的唯一合法代表的地位，而且是紀律嚴明、統一的*。這是一項艱巨的任務，因為習近平承接的中國共產黨正深陷在無恥的寡頭腐敗危機中。為了實現目標，習近平顯然引用了毛派語言及手段。上任僅五個月，他就發起「群眾路線教育運動」——這是刻意回歸一九四九年以前毛澤東提出的原始概念——他藉此邀請大眾批評官員，官員等待調查期間，將受到「端正」：這是習近平愛用的詞，也強烈呼應毛澤東及一九四二年他的第一次思想箝制。與群眾路線齊頭並進的是，黨的各個層級幾乎都在打擊貪腐。二〇一六年，央視一部關於打擊貪腐的宣傳紀錄片，題為《永遠在路上》，節目中引用了毛澤東的延安作為政治純淨與努力奮鬥的參照點[69]。習近平不止模仿毛澤東的言論，也模仿毛澤東的作法。慶祝毛澤東誕辰一百二十週年時，他誓言「永遠高舉毛澤東思想的旗幟前進」，並前往毛主席紀念堂，向毛澤東的坐像行三鞠躬禮[70]。

這場運動的最終目的，不見得是追求正義或清廉，而是為了鞏固黨的權威。紀錄片《永遠在

---

* 作者註：雖然在理論上與實務上，中國長期以來都是由黨掌權（現行憲法〈序言〉的第七段提到這個主導地位），但是在中華人民共和國建國七十年來，黨的掌控強度其實在不同時刻持續波動。毛澤東領導下的黨（尤其是一九五七年起他著手干預經濟的日常運行以後），已是中華人民共和國政府。即使文革初期毛澤東摧毀了許多中共的機構與人員，在革命委員會取代舊有的黨內官僚下，他也透過革命委員會的地方治理，鞏固了他個人的掌權。一九八〇年代，在改革派總理趙紫陽的帶領下，中共曾認真地嘗試區分黨與政府的分權，但一九八九年春天的政治鎮壓，反而強化了毛派政黨對國家的控制。

路上》採訪了幾個因貪腐而遭到整肅的黨內領導人，每個人都提出兩個關鍵點。首先，他們犯的錯都是他們自己造成的：這與政治系統對政黨權力缺乏適當的制衡無關。再者，他們的主要罪行不在於欺騙納稅的中國人民，而是欺騙了黨，他們的不守紀律辜負了黨。雖然習近平的反貪腐運動披著對「人民」負責的外衣，但實際上是把黨的權力放在首位。在二〇一三年習近平啟動反貪腐運動之前，由於網路有利社群互動，再加上新一代的律師與活動人士充滿活力及勇氣，中國發展出一個蓬勃的公民社會。未想習近平的政府嚴厲打擊這種黨外形式的監督與審查。律師許志永領導了一場要求提高官場財務透明度的基層運動。他後來入獄只是最引人注目的例子之一。反貪腐運動最重要的，是賦予中央紀律檢查委員會（Central Commission for Discipline and Inspection，簡稱「中紀委」）權力——一個隸屬於中國共產黨的調查機構，凌駕全國的法律體系，而且在完全不透明下，擁有逮捕、審判、懲罰任何違反黨紀者的絕對權力。主導這個單位的人，當然是習近平。這顯然是回歸毛澤東擔任最高領導人時，黨壟斷政治與法律權力的狀態。

與此同時，習近平也加強了黨對歷史的控制。在二〇〇〇年代，中國開放毛澤東時代的檔案，這對一個共產國家來說是史無前例之舉。中國與非中國的研究人員只需要出示護照或身分證，就可以從市、省、縣的檔案館取得大量的政府檔案，還可以閱讀並拍攝外交部的解密資料（這是第一個、也是迄今為止唯一開放檔案的中共政府部門）。即使資料的讀取僅止於一九六五年——文化大革命的前夕，對毛澤東領導的中國來說是外交政策最敏感的時期——外交事務的解密則揭開了許多以前塵封的領域，例如中國與北韓和越南的關係。研究人員首次得以取得中央對外聯絡部（簡稱中聯部，這個超級機密的機構是負責中共與外國共產黨及革命黨之間的關係）發給外交部的檔案副本。

在胡錦濤的領導下，雖然公開批評毛澤東有風險（胡錦濤執政時期，「維穩預算」每年高達一千一百一十億美元，比中華人民共和國的國防開支多出五十億美元），但是心照不宣地把毛派歷史邊緣化是有可能的[71]。二〇〇〇年代初期，新聞爆料一些教科書悄悄刪除毛澤東的內容時，在上海引起軒然大波。一名政府官員告訴我，要不是外國媒體關注這件事，引發一些資深幹部的抗議，這根本不會受到任何質疑。他指出：「你想在中國放寬任何東西，就不要公開。」然而，習近平就任領導人幾週後，就譴責大眾對毛澤東時代的矛盾情緒是「歷史虛無主義」。在習近平的模式中，毛時代與後毛時代的中國是一個不可分割的整體，為中共的正統性提供一個統一的歷史與象徵來源——改革時期不能用來批評毛時代，反之亦然[72]。這項裁示同時表示，官方會嚴格打擊大眾對一九四九年後的歷史展開嚴肅、據理的辯論。到了二〇一三年，外交部檔案館以前公開的檔案中，僅百分之十仍向研究人員開放。連地方檔案館一些無關痛癢的檔案，也被極其敏感的管理員從書架上撤下。

相較於毛澤東狂熱，大眾對習近平的崇拜顯得薄弱又毫無說服力。書店裡可見成堆的《毛澤東作品集》；而用來推崇習近平的宣傳管道——《人民日報》與中央電視台——近二十年來持續失去觀眾。中國從毛澤東時代脫胎換骨，如今是個任何一切都明訂價格的國家，即使是在左傾的媒體上也是如此——我造訪一個毛派網站，想閱讀有關意識形態的文章，但一個移動的彈出式廣告拖慢了網頁速度，那個廣告想賣我印著人民幣的毛巾，人民幣上面有毛主席的形象。二〇一四年九月，我花了一個小時在天安門南方的「紅色收藏品交流大會」上瀏覽攤位，販售著毛澤東時代的零碎雜物，其中一個攤位只賣小紅書。那裡也有一些習近平崇拜的表現形式，例如印著其肖像的大瓷盤，旁邊是印著毛澤東肖像的版本。一個小販告訴我：「歷史證明，只有毛澤東的方式是正確的，他把腐朽的舊中國變成新中國，現在我們可以靠它賺錢了。」除了對黨的絕對崇敬以外，習近平個人與毛澤東幾乎沒有什麼共通點。身為訓練有素的工程師與共產黨員，他不像毛澤東那樣自學成材，善於運用親民文學及獨樹一幟的哲學。習近平作息規律，只結過兩次婚。習近平領導下的黨，就像毛澤東以降每個領導人所領導的黨一樣，畏懼文化大革命那種由下而上的社會動員前景。

儘管毛澤東與習近平領導的中國之間有那麼大的差異，但習近平就像薄熙來一樣，早已盤算過（而且似乎算得很精準），現在與毛澤東那個糟糕時期的記憶之間，已經拉開足夠的時間距離，可以安全地使用毛澤東那個模糊的國父象徵。習近平的大計畫是「中國夢」——套用英語的說法，你也許可以稱之為「讓中國再次偉大」（Make China Great Again）——亦即讓中國恢復十九世紀以前的榮光[73]。習近平和毛澤東相同，但與其前面幾位領導人不同的是，他和他的人馬掌握了情感上的政治訊息，以支援中國共產黨的正統性。他們努力在他的政府與毛時代之間，以及「對中國昔日強盛帝國的幻想」與「對中共統治下未來國富民強的承諾」之間，創造一種自然的融合。

二〇〇七年，我與《烏有之鄉》相關人員見面，七年後的二〇一四年，我又開始在新毛派圈之間穿梭，這時我可以感覺到一種沉穩的信念取代了他們早先那些尖銳的異議。那些在學術界工作的人看起來發展得很好，他們如今是忙碌的重要人物，因為此刻是馬列主義機構的鼎盛期。我見到的城市新毛派，幾乎每個人都認同習近平，他已經變成受人景仰的毛派人物，這些新毛派對國家的反對意見幾乎消失殆盡。其中一人告訴我：「現在政府裡有一些人支持我們的觀點，那是因為我們是對的。我們這樣做是為了信仰，為了理念，為了國家，不是受到西方的賄賂。紅色文化就在我們的基因裡，我們要把它帶回來。」習近平有關民族復興的談話，激起了新毛派的愛國情操。張宏良認為，毛澤東思想是目前在世界各地傳播的聖經，不僅傳到了美國的法律體系，也傳到了西歐那些社會福利國家。他認為，中國從西方手中接下全球主導地位的時機已經成熟，目前西方正受到文化、金融、政治危機的雙重打擊。

在西方，幸福完全是物質化的。在東方，幸福是精神上的，是一種每個人同時成長的感覺。過去三十年來，中國社會依賴西式競爭，使中國人變得如狼似虎……現在人們把目光投向東方，他們意識到西方哲學是錯的……西方文明發展五百年後，已經走到了盡頭，東方文化勢必取而代之……中國才是東方文化的載體，印度不是……中華民族的復興有賴社會主義的復興，因為只有社會主義才能實現共同繁榮，只有社會主義才能把中華民族凝聚成一個強大的統一整體……因此，二十一世紀社會主義的復興是不可逆轉的趨勢。這是中國左派的根本信念，我們代表著國家的希望。

張宏良幫助設計這種精神上的社會主義復興時，卻以企業、建制派的術語來描述他的角色，聽起來有點不太協調：「我會像公司顧問那樣提供建議」，在一般人與中國共產黨之間調解。

二〇〇七年，《烏有之鄉》的韓德強參與《色戒》的批鬥會時，提出一個民族主義的哀嘆：「西方是一種動物文化，把每個人變成動物，那是一種野蠻的文明。中國是一種文明，西方是一種未開化的文明。西方只會毀滅世界的其他地區。所有的西方哲學都很幼稚。」他就像《烏有之鄉》的多數參與者一樣，為薄熙來的重慶模式喝采。二〇一二年薄熙來戲劇性落馬時，他也跟所有人一樣力言他的清白。二〇一二年夏秋兩季左派網站被迫關閉期間，韓德強不願保持沉默。二〇一二年九月十八日，在一場抗議日本宣稱擁有釣魚臺主權的示威活動中，一名八十歲老人看到有人舉著「毛主席，我們想念你」的標語，上前反駁道：「想個屁！」。韓德強對於毛主席遭辱感到憤怒，上前打了那老人耳光，就這樣一打成名*。

翌年，韓德強做出戲劇性的生活選擇。二〇〇〇年代起，中國一再飽受食安醜聞的衝擊。韓德強有感於中國的精神與物質危機日益擴大，再加上他對習近平的掌權感到放心（「他正在執行毛澤東的政策……他正在領導一場善與惡的鬥爭……我現在可以放心讓領袖繼續領導，我去做我自己的事」），他決定抽離好鬥的線上左派，在河北省一個集體有機農場上建立自己的烏托邦。那是一種混合泰國佛教與毛澤東崇拜的奇怪組合，只是韓德強覺得沒什麼矛盾之處。「毛澤東是佛陀，佛陀想解救苦難眾生，毛澤東想解放人類。」由於毛澤東崇尚政治暴力，我質疑他對毛澤東的佛教定義。他給了我一個民族主義的答案：「毛派思想有兩支，一支是暴力的階級鬥爭，另一支是為人民服務……階級鬥爭是來自西方，為人民服務是源於中國傳統。」因此，西方的不良影響腐化了毛澤東的佛性本能，導致文化大革命的殘暴。儘管韓德強好戰，他始終是黨國的狂熱擁護者，他並不認同一九六〇年代的群眾動員。他不以為然地說：「那些反對政府與黨的知識分子、編輯、記者，承襲了文化大革命的反叛精神。」

那個農場與韓德強看起來比較偏毛派，而不是佛教。儘管他經常抨擊西方的物質主義，辦公桌上卻擺著一些衝動購買的塑膠製毛澤東紀念品。另一個偏毛派的舉動是，他希望農場自力更生，但他也承認，目前為止，自製的牙膏一直很失敗。在他的願景中，農場既是一所學校，也是一項事業，主要人員是厭倦了激烈競爭的學生和二十幾歲的年輕人。這個模式是毛澤東提倡的勤工儉學，也是毛澤東堅信的：思想可以靠勞動來塑造。韓德強在宣言中指出：「我們希望能種好三塊田，種好農田，搞好有機農業；養好丹田，探索中醫奧祕；育好心田，培養一身正氣的新人。」[74]在這種情境中，韓德強似乎扮演一個舵手般的角色。他在農場裡漫步時，雙手輕輕地扣在後頭，我們遇到的每個人都尊稱他為「老師」。一個年輕女子告訴我：「毛主席可能已經離

＊　譯註：現場有網友拍照並上傳網路，引起廣泛關注。隨後有人指出，出手打人的是北京航空航天大學教授韓德強。韓德強立即回應：「今後遇到這樣的漢奸，還會出手」，「犯了法的，我認罪伏法，但絕不認錯」。

開，但老師讓我們感覺更靠近他了。」我們漫步的時候，一名攝影師跟在我們後方。韓德強想必已經習慣記錄下自己的一舉一動，好讓後世參考。他對於有人跟在身邊拍攝，完全無動於衷。

他給工人講授古典文學，但他對知識分子的看法完全出自毛澤東。「我不喜歡作家，我完全反對任何形式的專業化或職業化。」跟在我們後頭的攝影師告訴我，他以前在城市當律師，「但在這裡，我沒有太多機會運用以前的專長。」韓德強插話說：「我們不需要法律。」我猜想，農場周圍的南瓜太多，可能是韓德強懷疑專家的一個後果，整個農場似乎爬滿了藤蔓與南瓜。他承認南瓜確實產量過盛，所以他們正在實驗以南瓜製造洗髮精。我從葉子辨識出田裡栽種的胡蘿蔔，他似乎很訝異我竟然認得出來。

我想像一九四〇年代的延安可能看起來就像這樣：一個匯集知識、實務、理解的統一社群，自立自強對抗外面的亂世。一個農場工人告訴我：「這是一種新型的社會，我們正在轉變我們的價值體系。在外面，每個人只專注於自己的感受，或是為了賺錢而毒害地球。而在這裡，我們的思想與理想一起運作，我們一起做事。」毛澤東是一種常在左右、近乎神聖的靈感啟發。「我們都有毛主席的圓形徽章，我會發揚毛主席的精神。感到疲累或遇到問題時，我會想想毛主席是怎樣來到這世上的，那樣想給了我力量。唱歌也是如此，例如〈太陽最紅，毛主席最親〉。」儘管韓德強試圖把自己重塑成這片土地上的精神領袖，他依然保有強烈的民族主義。他批評北韓：「他們把領導人當成神一樣。」我說他對毛澤東也是如此，「那不一樣，毛澤東是神，他在天堂。」他指著附近的一些棚屋說，「北韓的領袖是處於這些棚子的水準。」我問他，幾年過去了，他對於在示威活動中打了那個老人，現在有什麼感想。他毫不猶豫地回答：「我很高興！我做對了！」

這些新毛派的分析與類比出奇地簡化。無論他們宣稱自己受過多好的教育或讀的書有多廣博——韓德強與張宏良都號稱他們博覽群書，包括狄更斯、雨果、巴爾扎克、左拉、塞凡提斯、歌德、海涅，以及西方哲學經典——他們都難以想像政治暴力及單一政黨或個人擁有不受約束的權力會帶來什麼影響。張宏良淡定地說：「任何革命的過程都是血腥、混亂的，但我們不能根據這個屬性來判斷革命……例如，手術很痛苦，大量失血，但結果很值得，之後你會變得更健康。同樣的，嬰兒剛出生時，渾身帶著各種髒東西，但沒有一個母親會因此拋棄孩子。」《烏有之鄉》的毛派矛盾地把他們對革命叛亂的熱愛、他們對國家的尊敬以及為國服務的熱情結合在一起。但至少我們可以這麼說，張宏良所想的「群眾民主」政府相當粗略。「毛派政府的成員將擔任技術人員，以落實群眾的想法。他們就像看病的醫生一樣，不會高高在上。他們專門匯集群眾的觀點，就像演員、音樂家、醫生、教師、足球員一樣，專司不同的工作，他們只是另一種專業。」

即使習近平上台以來，激進的《烏有之鄉》成員變得比較收斂，中共領導層對毛主義熱潮依舊感到不安。因為如今的中國仍有一些獨立的毛派分子，他們照單全收毛澤東的叛亂指導。一九四六年出生的湖南人的袁庾華，文化大革命期間便是直言不諱的反叛者。幾年前他接受日本紀錄片的採訪時，眼睛閃閃發亮地回憶道：「多年來，黨的官員因我們暢所欲言而懲罰我們。突然間，我們有了抱怨與抗議的自由。」一九七六年，隨著毛澤東死後文化大革命的結束，他被判處十五年的監禁，其中有些時間是單獨監禁。他後來獲釋，正好趕上參加一九八九年春天的抗議活動。一九九〇年代，他在鄭州成立中國最引人注目的政治組織：一個「思想沙龍」，二十年來，來自不同政治派別的辯論者齊聚一堂，討論毛澤東及其政治遺緒。在這個思想沙龍裡，一個每天工作十四個小時只掙兩百人民幣的中年民工，呼籲大家恢復毛派階級暴力；一個六十多歲的文革見證者，回憶自己十三歲時目睹兩個年輕人被毆打致死的情景[75]。袁庾華坦言：「如果毛澤東如今還在世，他不會欣賞我的反叛風格。[76]」二〇一二年，以毛派異見人士自居的李鐵，因「顛覆國家政權罪」被判處十年監禁。他主張毛澤東是民主主義者，並以毛澤東的話來佐證他捍衛的人權[77]。

七十幾歲的作家張承志可說是現今中國最奇特的毛派，一九四八年，他出生於北京，來自貧窮的回族家庭。在毛澤東對信仰的箝制下，回族不得不掩飾自己的宗教身分。學生時期，張承志積極擁抱文化大革命，甚至宣稱他在一九六六年發想出「紅衛兵」一詞*。一九六六至六八年，他積極投入暴力活動，並自願被流放到內蒙古（中國最惡劣的環境之一），他在那裡差點餓死。回到北京後，正好在後毛時代的文學解凍期扮演要角，寫下蒙古草原上的生活故事，內容既浪漫，又充滿文體實驗性。一九八七年，他開始重新尋找自己的回族根源，並皈依哲合忍耶宗（Jahriyya），那是中國伊斯蘭教的一個教派，特點是對信仰抱持苦行、不妥協的態度。兩年後，他放棄了自己與國家和黨的所有制度連結，辭去他在中國作家協會（中國共產黨的主要文學組織）的職務。此後，他逐漸成為好辯的散文家，寫作主題從文學與建築到反恐戰爭，從中國革命到南斯拉夫的解體，涵蓋廣泛。他仍是文革毛主義的熱情捍衛者、狂熱的穆斯林，也是漢文化及美國的批評者。他依然推崇毛澤東透過文字所熱切展現的不服從。「反叛精神是毛澤東思想的精髓，也是革命的精髓。」毛澤東及其文化大革命正是促使張承志周遊中國、體驗中國複雜性的原因。他目睹了中國農村邊緣地區的貧困生活，以及少數民族對漢族政府的厭惡。他寫道：「我變成一個能從社會最底層的角度看世界的知識分子。像我這樣的年輕人，對國家倡議的理論失去了信心……紅衛兵打破傳統的反叛精神與一般百姓的抗爭結合在一起，以追求精神與思想的自由。[78]」

他也因為相信一九六〇年代的毛主義，以致一輩子憎恨「帝國主義」。對張承志來說，帝國主義是解開當代地緣政治的關鍵字，促使他接受一種特殊的泛伊斯蘭主義。伊拉克戰爭就像越戰；伊拉克抗美，就相當於二戰期間中國共產黨的軍隊抗日；全球穆斯林反對美國和以色列，是現代版的反帝國主義「紅衛兵精神」。他就像中國一九六〇年代的孩子，引用毛澤東的名字作為「反叛的象徵」，以對抗當前美國主導的世界秩序：「對我這樣繼續反對新殖民主義的中國人來說，國際權力平衡使我們有必要把他視為人類尊嚴的堡壘。[79]」張承志認為，毛澤東建立的中國和全球伊斯蘭教的共通點在於：政治與文化上第三世界的身分。所以，「穆斯林必須力圖與中國文明結合。[80]」

---

* 譯註：一九六六年，十七歲的張承志與朋友一起成立紅衛兵組織，「紅衛兵」一詞便是取自他的筆名紅衛士。

張承志對麥爾坎X、穆罕默德．阿里*等一九六〇年代的反叛者讚譽有加，他們在反對美國對內與對外政策方面，明顯展現出親穆斯林的立場。他也對「阿拉伯—日本紅軍」（Arab-Japanese Red Army，簡稱AJRA）非常痴迷，那是一九七一年由日本親毛派城市游擊隊「赤軍派」（Red Army Faction）分裂出來的組織[81]。AJRA的成員逃到黎巴嫩，擁抱巴勒斯坦的理念，靠「解放巴勒斯坦人民陣線」（Popular Front for the Liberation of Palestine）提供資金與培訓。一九七二年，AJRA參與盧德國際機場（Lod）掃射事件，造成二十六人罹難（包括十七名波多黎各的朝聖者）、八十人受傷。這起事件與其他的恐怖行動使AJRA在西方、以色列、日本更是惡名昭彰[82]。但張承志認為，AJRA體現了文化大革命的跨界理想：全球與第三世界受苦受難的人民團結起來。他在談AJRA的文章中，對那些激進分子展現強烈的欽佩之情，也為自己在文革期間沒有去中東參加巴勒斯坦抵抗運動而感到內疚。

張承志的政治觀有其矛盾與令人不安之處。儘管他的著作歌頌集體主義的優點，其寫作傾向其實流露出明顯的個人主義。他是典型遭到迫害的叛逆者，形單影隻。在他的許多散文中，他都是孤獨的英雄。他的小說跟自傳差不多，主角大多跟他一樣，他幾乎不加掩飾。他以戲劇性的筆觸寫道：「我是偉大的六〇年代的一個兒子，背負著它的感動與沉重，腳上心中刺滿了荊棘。」[83]儘管他大力鼓吹支援中國社會底層，但他對中國歷史上最受壓迫的群體之一——女性——的困境卻鮮有言詞。在他的小說中，女性角色似乎只是為了被一個強大的男性主角拋棄或冷落而存在[84]。雖然張承志強調教育的重要性，並極力主張在中國設立現代穆斯林教育體系的必要，但他似乎不擔心中國穆斯林女性沒什麼機會受教育的問題。他甚至寫道，對她們來說，「好丈夫更重要」[85]。他以「紅衛兵」一詞的發明者自居，所以並不反對使用政治暴力——只要是出於正當理由就好。他說：「打人的原則沒什麼好大驚小怪的。」[86]

不過，在幾乎不允許知識分子有異議的中國，張承志確實抱持一種具爭議性的立場。例如，他把二〇〇七年的中文散文集題為《五色的異端》，那名稱充滿了挑釁的意味。書中分成五部分，每個部分以不同的顏色命名，分別代表他的熱情所在：綠色代表伊斯蘭教，黃色代表蒙古，藍色代表新疆，紅色代表毛澤東的中國共產主義，最後一種顏色是黑色，他並未多加澄清黑色的意義，雖然那似乎代表其作品的煽動性。他表示：「只要一息尚存，惟堅決反擊而已，把我黑色的文章炸彈，投向這無恥的世界。」光是把自己與這些理念連在一起，就讓他身處在當代中國的智識邊緣。然而，張承志又更進一步，他說：「即便是顏色，我不追求任何一種顏色的體制。我寧願對每一種乖順的顏色都是異端……我猜眾多的書記部長黨工作者，會對我的紅大大不以為然。正宗的原理主義者更早就反感，嫌我對綠的解說不合規格。」[87]不出所料，像張承志這種人在中國主流社會中，幾乎沒有崇拜者。他的立場是有爭議的，屬於少數派。官員對他歌頌紅

＊　編註：麥爾坎X（Malcolm X, 1925-1965），非裔美籍的伊斯蘭教教士，多以激烈、批判的言詞攻擊美國白人至上主義，雖為伊斯蘭教教士，但後因理論不合而和相關組織漸行漸遠。一九六五年，在一場演講中遭槍擊身亡。穆罕默德·阿里（Muhammad Ali, 1942-2016），原名Cassius Marcellus Clay Jr.，美國知名職業拳擊手，皈依伊斯蘭教後才改名為穆罕默德·阿里。曾因拒紀參加越戰而遭處入獄五年，但並未服刑。

衛兵的叛亂感到不安；民族主義者不喜歡他捍衛穆斯林的權利與身分；自由派人士（以及許多以前的紅衛兵）排斥他那種理直氣壯崇拜毛澤東的態度。張承志是類似喜劇演員格魯喬．馬克思（Groucho Marx）那種毛派——自成一格，不屬於任何有力的俱樂部或體制。他的毛主義把他塑造成我見過最矛盾又令人費解的人物之一。他一連串的自我改造也代表文化大革命的另一個遺緒：迫使人們為了生存而同時擁有多重人格。

張承志很懊悔，一九六〇年代毛澤東號召人們「解放世界」時，他沒有離開中國、加入全球革命。於是，在二〇一一年，他規畫了一項別出心裁的出版計畫。他決定為他最著名的著作《心靈史》——以中國穆斯林的歷史為主題的小說——出版二十週年修訂版，以個人出版，限量不到一千冊，每本售價一千五百人民幣*。他承諾這個珍藏紀念版的收益將全數捐給巴勒斯坦難民，以「實現紅衛兵時代的最初願望」[88]。（在中國當代文學的背景下，許多中國作家比西方作家更在乎預付版稅、版稅、媒體知名度。因此，這個計畫的概念可以說是相當特立獨行。）一籌措到足夠的資金，張承志便聯繫一個巴勒斯坦的非政府組織，對方安排他去參觀一處巴勒斯坦難民營，由他親手把裝有兩百美元的信封分送給數百個巴勒斯坦家庭。張承志迫切希望這筆慈善捐助是以「手遞手」的方式送出去：換句話說，是「民間」的捐助，而不是由中國或約旦的政府機構處理或批准。他這項舉動傳達了全球正義的願景，同時也是激進的、國際化的、超越國家的，刻意仿效毛澤東文革期間針對第三世界團結所提出的言論[89]。

當代的新毛主義雖有各種不同的聲音，但他們有一個共通點：當中共絕不容忍非黨派政治組織或其他政治黨派的行動主義時，中共對他們的存在相對寬容。二〇一六年接近尾聲，韓德強的農場實驗被迫結束，但壓力主要是來自韓德強那些學生勞工的父母所施加的法律壓力，他們對於自己的孩子竟然決定放棄學業及賺錢的能力，並選擇從事體力活一事，感到相當恐慌。張承志忍不住抱怨，他在中國，從文學到革命，從宗教自由到外交事務，都不能表達自己的觀點。他常在香港出版他最敏感的作品，或翻譯成日文出版。他公開表達意見的平台——例如演講和媒體報導——確實受到限制：記者指涉他是「敏感話題」。不過，由於張承志的政治異議屬於左派，目前為止似乎沒有帶來毀滅性的國家譴責，也因此，他不像那些宣揚自由民主的人遭到嚴厲的鎮壓，例如已故的諾貝爾和平獎得主劉曉波。（而自稱毛派的李鐵入獄，無疑也是因為他在阿拉伯之春期間公開擁護民主與人權）。對政府來說，鎮壓那些批評毛澤東及毛時代歷史的人，比鎮壓那些把自己塑造成信念捍衛者的新毛派容易多了。當然，在習近平領導的中國，任何人試圖質疑官方對毛澤東和毛時代的解讀，或是對中共權威構成任何挑戰，其人身安全都是堪慮的。二〇一七年一月，茅于軾是最近期被關閉社群媒體平台的自由派人士。公民社會的活動人士與律師的境遇更是雪上加霜——在習近平執政下，法外「失蹤」急劇增加[90]。新毛派左翼分子在中國共產黨外，享有稍微多一點的組織及言論自由度。他們會如何運用這點自由度，是參與當今中國政治時最耐人尋味的問題之一。

---

* 作者註：似乎沒有一家出版商敢承接這個案子，因為其內容傳達激進的宗教資訊。

二〇一六年適逢文化大革命五十週年，一些令人匪夷所思的事件紛紛上演。官方媒體發表明確的譴責（五月十七日發布），但官媒以外的公開討論一律禁止，因為「歷史已充分證明，文化大革命在理論和實踐上是完全錯誤的……完全否認文革的價值不只是黨的理解，也是整個中國社會穩定的共識。」[91]五十週年紀念在中國境外引發了各種會議、文章、書籍之類的議論；而在中國國內，學者甚至不敢在課堂上提及。習近平厭惡這個議題並不意外，因為他和家人在文革那段期間承受了很大的痛苦。他同父異母的妹妹在政治迫害中喪生，父親遭到監禁。他自己也被迫脫離北京共產黨高層的上流生活，被放逐到貧窮的西北地方從事體力活。

同年春天，身分不明的人士預訂了人民大會堂（那向來是舉辦大規模政府活動和葬禮的首選地點），準備在五月二日舉辦毛時代歌曲的音樂會——這個時間就在毛澤東下達發動文化大革命的指示（揭露中共各級的「反革命修正主義者」）近五十年後。這場音樂會對毛派文化來說是一種公開慶祝，也是在肯定毛派文化與當今中國的相關性。在舞台的背景上，毛主席與中國現任國家主席習近平的肖像熠熠生輝。女子團體「五十六朵花」——這個數字代表中國五十六個官方民族的民族團結——交替表演著崇拜毛澤東的經典歌曲（「大海航行靠舵手……幹革命靠的是毛澤東思想。」）及歌頌習近平的小曲（那些小曲把習近平描繪成關愛苦難窮人的慈祥大叔）[92]。

然而，這場音樂會一結束，爭議就開始了。社群媒體上的聲浪（包括一九六〇年代被肅清者的親屬）譴責這場活動是在頌揚文化大革命。由於會場有極度的政治正統性，可見音樂會某種程度上肯定獲得了官方的支持：五十六朵花宣稱，觀眾中有黨政軍的成員[93]。然而，音樂會的主辦者依舊成謎。官方媒體調查後公布，預訂那個會場的組織（「社會主義核心價值觀宣傳教育會」）是假的。一些觀察人士感到困惑，試圖解讀這起事件的真相，他們懷疑這是不是有人刻意安排的活動，目的是嘲諷習近平仿效毛澤東。就文化上而言，整場演出就像如今中國多數事情一樣，混雜著各種不同的元素。五十六朵花成立於二〇一五年，目的是歌頌中國共產黨與中華人民共和國，該團體是仿照日韓那些超級商業化的大型偶像團體，例如EXO，AKB48等[94]那場表演的票價在五十八美元到三百二十美元之間，是以市場經濟水準定價——這種定價決定不太可能讓毛澤東滿意，他本來希望廢除貨幣。我們可能永遠不會知道那個離奇的夜晚背後的真相：那場音樂會結束後，後續幾天，相關的宣傳照、影片、媒體文章大多從網路上消失了。但它令人困惑的結局，顯現出毛澤東的遺緒在現今中國所留下的爭議地位——夾在官方機會主義與矛盾心理之間，以及商業庸俗化與不成熟的基層情緒之間，莫衷一是。

結語

二〇一八年三月十一日，中國一年一度的議會「全國人民代表大會」以壓倒性的多數票，贊成取消憲法對國家主席只能連任兩屆的限制。《華盛頓郵報》（*Washington Post*）總結：「六十四歲的習近平基本上成了終身國家主席，這是自毛澤東以來中國首度回歸個人獨裁。習近平忘了毛澤東失敗統治的教訓，正試圖打造二十一世紀的極權模式，並為世界的其他地區樹立榜樣。」[1] 這項消息令許多中國觀察家氣餒，但他們並不意外，因為可靠的傳言已經流傳數月乃至數年，說習近平想在任期滿十年後繼續留任。然而，非專業的評論員似乎對此消息不知所措。《華盛頓郵報》的另一篇評論問道：「還記得美國與中國的接觸將讓那片共產主義的死水變得更像民主、資本主義的西方嗎？」

多年來，共和黨與民主黨政府咸認為，美國主導的國際體制、貿易流動，甚至流行文化的牽引力，將逐漸促成一個溫和的新中國，一個美國及其亞洲盟友可以更放心與之共存的新中國……我們只需要保持耐心，維持影響力，讓中國逐步發展就好……嗯，中國國家主席習近平巧妙策畫了把國家主席變成終身職的計畫……中國的當權者有自己的進程，絲毫不受美國的影響[2]。

多數人似乎認為，隨著中國在毛澤東過世後轉向商業與資本主義，這個國家會變得「更像我們」：亦即毛澤東與中國共產主義已成為歷史[3]。結果正好相反，毛澤東、他的策略及政治模式，仍是中共執政的正統性與運作的核心。幾十年來，西方的分析家太快忽視或否定毛澤東遺緒在當代中國的持續影響。在這本書中，我主張毛主義不僅是一種受到低估的中國現象，也是一種受到低估的全球現象。我試圖將其概念和經驗重新定位為最近、現在、未來的主要力量，這些力量不僅塑造了中國，也塑造了世界，而且這些力量仍持續發威。觀察毛主義在世界各地的穿梭，我們發現了哪些主題？

我們已經看到，一九四九年毛澤東的革命——適逢非殖民化的開始——在冷戰的兩極分化背景下，產生了特殊又持久的吸引力。隨著數十個新興國家（通常發展不足，主要是農業國家）脫離歐洲與日本帝國的統治，並尋找可行的國家建設模式，而其中許多國家懷疑美國的意圖，也不願接受蘇聯的歐化藍圖。相較之下，毛澤東的革命代表一種替代方案，顯然適合那些在殖民主義下受苦受難的貧窮農業國家。毛澤東擅長以簡潔的口號，向教育程度低落的新募成員傳達他的願景。他對中國「半封建、半殖民」社會的抨擊，再加上他的革命成功所帶來的聲譽，為他在去殖民與後殖民的世界中，贏得了極大的道德聲望。此外，他也博得那些受過良好教育、但不了解又厭惡歐洲帝國計畫的西方人的青睞。

對於那些殖民、壓迫或輕忽人民（或三者皆有）的國家，毛主義在情感上與現實上也吸引了那些國家的反叛者。在祕魯、尼泊爾以及印度的部分地區，毛派教義那種有組織的戰鬥精神及充滿希望的唯意志論（相信意志可以凌駕物質條件），促使意志堅定的人和不惜冒險的人，對功能失調、剝削性的政府發起令人敬畏的挑戰。

而在地球的另一端，毛澤東的思想與實務則是同時可見僵化及彈性調整的應用。一九六〇年代的毛主義充滿了刻板的願景，鼓吹由密謀的威權共產黨來主導無情的階級鬥爭。印度與祕魯的毛派試圖把一九六〇年代毛主義那套刻板的願景，強行套用在多少運作正常的民主國家上。相較之下，毛主義在西歐與美國的發展軌跡則任性多了。他們的反叛者把毛主義當成抗議的工具。文化大革命在中國是以混亂的鎮壓形式上演，但在歐美則是發展成多種反建制的活動（而且有些活動具備自己的威權傾向）。

毛澤東思想的一些解讀已經遭到完全的扭曲。例如，西方與尼泊爾的毛派支持者把毛澤東的思想解讀為「捍衛弱勢少數民族的權利」，甚至還付諸實踐，這就是一種令人費解的例子。中國的毛主義其實極端無法容忍少數民族的權利，並以暴力箝制其權利。毛澤東實施大躍進與文化大革命期間，西藏人民所承受的極大苦難就是一例。

毛主義的全球之旅也衍生出其他的矛盾與不協調。人們認為，毛澤東是首位重要的共產主義思想家，他支持貧困農村中的多數人，盡皆具備革命潛力，這種看法沒有錯。然而，無論是在中國或是其他地方，農村的窮人都是毛澤東理論與實踐的最大受害者。在中國，大躍進之後，數以千萬計的農民挨餓；在印度、尼泊爾、祕魯，毛派叛亂的多數受害者是農村居民。矛盾的是，那些叛亂的領導人多來自毛澤東最懷疑的知識階層。

毛澤東認為，有必要以暴力叛亂來掃除社會不公，他在這方面的思想，以及達成這個目標的實際策略——建黨、群眾工作、持久的游擊戰——數十年來在世界各地吸引了不滿的人民。受過教育的教唆者利用這些情緒性的想法來煽動叛亂，有時造成嚴重的流血事件。但是，除了中國以外，毛派叛亂並未轉化為穩定的政治權力（即使在中國，在大躍進的災難性後果中，以及文化大革命的頭兩年，毛派對大規模動員的喜愛至少有兩次差點推翻政權）。毛澤東承諾的「群眾民主」從未實現過：實務上，通常也只讓那些喊得最大聲或最努力抗爭及出謀策畫的人獲得勝利。一個北京的計程車司機曾在五分鐘談話中，針對毛主義八十年的政治號召力及其局限性給了我以下的結論，他說：「毛澤東領導下的中國有一個好處，那就是人人平等。不像現在，有些人會為了錢而欺負你，連乞丐也不放過你，除非你給他一百元。」我問他，他願意因此讓時光倒流，回到毛澤東時代嗎？他迅速回應：「不要，我寧可接受教育，多讀點書。」對這個計程車司機來說，身處在現今中國過勞又弱勢的經濟階層，「機會平等」比強制的「結果平等」更有吸引力。

毛主義的全球之旅也揭露了中國在全球干預的手段，那破壞了中國以前宣傳的正統觀念——而西方也普遍接受那個概念——毛澤東時代的中國不與境外世界接觸。為這本書進行研究時，我漸漸了解到，毛澤東領導下的中華人民共和國投入大量的時間、精力、金錢，在海外塑造形象及影響力。這項任務龐大又多元。中國人接待西蒙·波娃（Simone de Beauvoir）時，在飯店裡為她準備了一張黃銅雙人床及粉紅色的絲綢床單，她為此心花怒放。重要盟友柬埔寨的西哈努克親王正式訪華時，公安清空了整座城市的街道，並重新部署偽裝成一般都市居民的便衣警察。中國共產黨為非洲鐵路與醫療照護投入數十億美元，並資助世界各地的游擊隊叛亂。儘管毛澤東時代的中國經常不守國際規則，但也確實參與了國際事務。

毛主義參與全球事務，產生了不可預測的結果——反映了一九四九至七六年間中國不穩定的歷史與政治目標。在東南亞，那導致激烈的民族主義戰爭；在西德，那促成熱中小紅書與自由性愛的毛派嬉皮；在非洲，務實派的國家建設者盡興地收下中國龐大的援助，但沒什麼興趣落實毛派政治。大規模投資——例如在越南、柬埔寨、尚比亞等地——幾乎都沒有推動政治發展。相較之下，在祕魯與尼泊爾，光是散播宣傳內容及邀請幾個強硬的左派人士造訪中國，就吸引了毛粉，讓他們心甘情願地犧牲成千上萬名同胞來落實毛派革命。毛派外交政策干預的後果，如今仍困擾著全球政治，例如在印度、尼泊爾、柬埔寨（柬埔寨首相洪森是有駭人政治暴力紀錄的前赤棉指揮官，目前是世上任期最久的首相之一）。最後，卻也同樣重要的是，毛派的歷史與意識形態——關於中國在韓戰中犧牲的記憶，以及兩國共同的意識形態淵源——使中國持續支持北韓。北韓要不是有中國的支援，如今我們不會面臨潛在的核武威脅，也不會面臨北韓那些嚴重侵犯人權的問題。

未來會怎麼樣呢？有鑑於中國毛主義的過往發展及現在的部分復興，未來幾年中國局勢將如何發展？中國身為全球參與者可能出現什麼行為？我想再次強調：儘管毛澤東的中國與習近平的中國之間有某些顯著的連續性，但當代中國並沒有完全重演毛澤東時代。即使在經濟轉型的中國要完全重演毛澤東時代是可能的，但習近平想湮滅的毛時代事物很多，尤其是文化大革命混亂的群眾動員，導致他的家人吃盡苦頭。儘管如此，習近平身為致力投身黨務的人，他執政最初五年的時間，大多致力於約束並強化共產黨，他其實是沉浸在毛派傳統中的：舉凡象徵意義與偶像崇拜，神祕、不透明的政黨結構（依賴對軍力的掌控），對政治歧異的深惡痛絕，以及把中國打造為全球領導的雄心等。今日的中華人民共和國是一個黨國，一心想在二〇二四年超越蘇聯，成為史上最存在最久的共產政權，並在二〇四九年建國百年時實現「中華民族復興」，名留青史。在努力實現這些目標的過程中，人們對毛澤東的印象——身為中共創始人及一九四九年統一中國大業的締造者——永遠會是腦海中鮮明的記憶。毛澤東擅長講述故事，他把中國近代史與中國在世界上的地位揉合在一起，創造出一種感性的政治吸引力。同樣的，習近平也利用這位偉大舵手的手段，來創造領導高層的神話及神祕感，並在毛澤東逝世四十多年後，提升中國共產黨的形象。

習近平比毛澤東以後的任一領導人更強勢地推動外交政策。在國內媒體的大力宣傳下，他經常出訪。他與身邊親近的顧問是毛澤東以來第一批自信地談論中國／中共模式在國際上有何相關性的領導人[4]。而且，他們做的比說的還多。中國日益壯大的經濟、政治、軍事實力，意味著習近平與中共的計畫——儘管受到毛主義傳統的影響——將對全球政治與全球體制產生越來越重大的影響。習近平領導下的中國，是一個越來越難以包容多元性的國家。當前，這種不包容是針對那些對中國的管理抱持不同願景的個人及團體，例如民權律師、新疆的維吾爾族等。而中國的黨國也正在破壞某些國際規範，包括那些要求國家為侵犯人權負起責任的準則[5]。

當川普領導的美國把焦點轉回國內，導致全球強權真空下，習近平領導的中國擁有前所未有的機會和雄心來塑造當代世界。初步證據顯示，中國共產黨正在部署毛澤東發想的策略——所謂的統一戰線——以增加中國在海外的影響力，尤其是在澳洲與紐西蘭。打從一九三〇年代開始，「中共中央統一戰線工作部」透過一些偽裝成政治中立的個人或組織，成功爭取到國際社會對中國共產黨的好感。胡愈之——把《紅星照耀中國》傳播到華語世界的人——就是該部門最有力的特務。澳洲和紐西蘭的分析人士對於中國共產黨監視與控制學生組織的證據，以及中國共產黨與政治候選人之間的聯繫和資金來源感到不安。與此同時，習近平的「一帶一路」則倡議，在未來十年投資九千億美元在亞洲、非洲、地中海地區的基礎設施上——鐵路連線最遠可達比利時。在習近平的言詞中，我們可以看到一些說法呼應了毛澤東的國際參與方式。毛澤東一邊呼籲國際團結，一邊堅信他和中國有權領導世界，他結合兩者，卻又拒絕承認兩者之間有任何衝突。習近平經常提到一帶一路對中國以及參與的國家是「雙贏」，並駁斥這巨大計畫所引發的焦慮——亦即中國對相關領土實施經濟或政治帝國主義，以致他國淪為維護中國國家利益的工具。

不過，現實上，中國的軟實力遠遠落後於硬實力。在毛澤東的領導下，中國共產黨試圖把中國的革命與治理概念傳播到世界各地，結果卻是參差不齊：失敗的例子很多，成果難以預測。這次經驗有助於闡明當代建立全球「中共模式」可能面臨的挑戰。如今，中華人民共和國仍急於讓更廣泛的國際社會了解並肯定中國的政治、經濟、文化成就。但是，像中國這樣的大國，既有強烈的身分感，又有強烈的衝動想在國內外握有這個身分地位，它向全球受眾輸出其思想能到什麼程度呢？二〇一七年十一月，《習近平談治國理政》第二卷出版，儘管做了大規模的宣傳，但出版六個月後，英國的銷量仍不到一百冊。

面對「中共的毛主義傳統」和「當代中國的混合、全球化性質」之間的反差，中國將如何因應呢？它如何協調其擴張性的國際主義言論與偏狹的民族主義？中國目前包容矛盾的能力，也許是毛澤東留下來最顯著的遺澤——他是矛盾的忠實崇拜者。二十年來，中國共產黨巧妙地採用他們曾經認為對共產威權政體不利的手段——例如網際網路、電玩——來強化其正統性。儘管毛澤東的思想及統治在他生命的最後十年裡變得越來越教條化，但他的革命——源於戰爭——為中國留下一種應變的、「游擊化」的政策制定模式。或許這是目前中共這個政黨仍然可以統治中國的原因，即便這個政黨持續強調其「馬列主義—毛主義」傳統，同時又宣稱市場力量有其必要；即便中國如今比史上任何時刻更加複雜多樣，但中共卻又宣稱自身擁有一套「全面計畫」。或許這也解釋了為什麼中國有這麼一個領導人，在全家人因毛澤東的政策而支離破碎的五十年後，卻依然復興毛派戰略。

或許我們應該習慣毛主義的矛盾，而且看來，這些矛盾現象仍會與我們同在一段時間。

年表

日期	毛澤東與中國毛主義／中華人民共和國的歷史	全球毛主義
1893	毛澤東出生於湖南。	
1819-20	毛澤東在北京經歷新文化運動，開始撰寫激進的文章。在上海，他認識了中國共產黨的第一任領導人陳獨秀，並受到他的影響。	
1921	毛澤東是出席中國共產黨成立大會的十三名代表之一。	
1923-27	毛澤東積極參加由共產國際斡旋在國民黨與共產黨之間的「統一戰線」，並參與宣傳局及組織農會。一九二七年三月，撰寫《湖南農民運動考察報告》。	
1928		史諾抵達中國。

日期	毛澤東與中國毛主義／中華人民共和國的歷史	全球毛主義
1928-34	蔣介石清黨後，毛澤東投靠江西的一支小隊，並與軍事指揮官朱德一起建立一蘇維埃政府。一九三〇年，妻子楊開慧因拒絕譴責毛澤東，在長沙遭到國民黨指揮官槍殺。不久，他就與新伴侶賀子珍開始交往。蔣介石企圖殲滅江西的共產勢力。毛澤東發展游擊戰術，來抵抗相對優越的國民黨軍力。在一場內部叛變後，毛澤東及其支持者發起一場「反布爾什維克聯盟」的清洗運動。	
1932		史諾會見宋慶齡。
1933		史諾與海倫．福斯特（Helen Foster，又名Nym Wales）結婚，並從上海搬到北京。
1934	毛澤東加入長征，突破國民黨在江西的圍剿。在貴州遵義，毛澤東取得中國共產黨的軍事領導權。	
1935	長征的倖存者抵達中國西北部的陝西。毛澤東與競爭對手爭奪中國共產黨的政治領導權。	
1936		史諾造訪中共在中國西北部建立的共產國家。

日期	毛澤東與中國毛主義／中華人民共和國的歷史	全球毛主義
1937	蔣介石同意與中國共產黨再次組成抗日「統一戰線」。蔣介石對日宣戰。華北、華東、華中迅速淪陷在日軍手中。	史諾完成《紅星照耀中國》，中文版隨後即出版，這本書也成為全球暢銷書。史諾為這本書做研究的過程中，為他擔任口譯員的黃華成為在延安為外國訪客翻譯的傑出譯者。
1938		十幾歲的陳平（未來馬來亞共產黨的領導人）在讀了中文版的《紅星照耀中國》後，開始熱中於閱讀毛澤東作品。胡志明造訪延安。
1938-41	毛澤東成功擊敗對手，獲得中國共產黨的政治控制權。都市年輕人受到《紅星照耀中國》的啟發，前往延安加入這個共產國家。中國共產黨的黨員數從一九三七年的四萬人增加至一九四〇年的八十萬人左右。	
1940		《紅星照耀中國》中文版的編輯兼合譯者胡愈之前往新加坡，擔任中國共產黨的臥底，向有錢又有影響力的馬來亞華人宣傳共產理念的優點。
1942-43	毛澤東發起整風運動。	
1943		史諾在蘇聯擔任戰地記者，從三名年輕女游擊隊隊員口中得知，她們的團隊藉由閱讀《紅星照耀中國》來學習如何與納粹作戰。

日期	毛澤東與中國毛主義／中華人民共和國的歷史	全球毛主義
1945	日本投降。中國共產黨與國民黨之間的和平談判破裂，中國再次陷入內戰。	
1948		陳平領導的馬來亞共產黨組織襲擊及暗殺行動，英國政府因此宣布馬來亞進入「緊急狀態」。馬共從馬來亞的叢林裡對英國的殖民政府發動游擊戰。馬共領導人阿成造訪中國。印度共產黨的一個派別在泰倫迦納邦領導一場受毛派戰略啟發的起義，但遭到印度新政府的血腥鎮壓。
1949	中國共產黨在內戰中獲勝，國民黨政府逃往臺灣。毛澤東宣布成立中華人民共和國，並同意與蘇聯結盟。	中共取得中國的政權後，美國出現「誰搞丟中國？」的爭論。在麥卡錫指責共產黨的支持者後，戰時的中國專家遭到譴責並邊緣化。毛澤東及其副手在北京成立馬列學院，為國際的共產黨人（大多來自亞洲）提供政治與軍事培訓。波布前往巴黎學習無線電學，並在此接觸到毛澤東作品。
1950	毛澤東決定介入韓戰。中華人民共和國早期的兩大運動（「思想改革」與「土地改革」）啟動。	五萬名參與過中共革命的北韓官兵返回北韓。在韓戰中，約七千名美國大兵遭到中韓軍隊俘虜。中共成立中聯部，負責打理中國與外國共產黨及左派叛亂分子的關係。劉少奇派遣軍隊顧問前往北越，以協助胡志明領導的共軍。

日期	毛澤東與中國毛主義／中華人民共和國的歷史	全球毛主義
1951		亨特出版《紅色中國的洗腦》。馬共的內部宣傳文件強調起毛派戰略的重要。在胡志明的領導下，北越啟動中共式的土地改革。
1953	停戰協議使朝鮮半島停止敵對行動。	數以千計的美國戰俘在韓國獲釋，其中二十一人選擇前往中國，而不是遣返美國。美國中情局的精神控制計畫「MK-Ultra」獲准實施。非洲民族議會黨祕書長西蘇魯在曼德拉的指示下造訪中國，並尋求中國為南非的革命提供物資援助。
1954		奠邊府戰役，法軍遭到北越共軍擊潰。周恩來率領的中國代表團在日內瓦會議上達成把越南分成南北的協議。該會議也衍生出一個獨立、中立的柬埔寨，先後由國王及西哈努克親王統治。艾森豪總統在記者會上闡述東南亞的「多米諾骨牌理論」。
1955		周恩來在萬隆會議上倡議「和平共處五項原則」。西哈努克卸下柬埔寨的王位，並在首相選舉中獲勝。
1956	「百花齊放」期間是中國政治短暫開放的時期。赫魯雪夫發表祕密演講以及與西方「和平共處」的主張，導致蘇聯共產黨與中國共產黨之間出現裂痕。毛澤東把「去史達林化」稱為「修正主義」。	中共鼓勵馬共在華玲與英國殖民政府談判。北越的土地改革結束，胡志明政府為犯下的錯誤及過分的行為道歉。

日期	毛澤東與中國毛主義／中華人民共和國的歷史	全球毛主義
1957	反右運動鎮壓對政府的批評。	
1957-58	大躍進，中國企圖在幾年內趕上西方工業國家及實現共產主義的烏托邦計畫。毛澤東下令轟炸台灣。	
1958		金日成緊跟著中國的大躍進，發起千里馬運動。
1959		中國的北越學生在家書中抱怨大躍進造成的貧困。
1959-61	饑荒主要是大躍進的政策造成的，導致至少三千萬中國人死亡。	
1960		毛澤東要求一個委員會撰寫〈列寧主義萬歲〉，聲明中主張，中國在世界革命中的領導地位。桑吉巴的革命者伊薩到中國進行政治訪問。
1961		陳平前往中國，鄧小平指示他恢復武裝抗爭。在饑荒最嚴重的一年，中國的外援比過去十年的年平均值高出百分之五十。喀麥隆的游擊隊在中國受訓。
1962	劉少奇在「七千人大會」上批評大躍進，批評集體化導致社會走回頭路。	波布當選柬埔寨共產黨（當時稱柬埔寨勞動黨）的黨委書記。史坦福在美國與人共創革命行動運動（RAM）。在中印邊境戰爭期間，印度共產黨（CPI）成員遭到監禁。他們在監獄裡孜孜不倦地學習並討論毛澤東著作。

日期	毛澤東與中國毛主義／中華人民共和國的歷史	全球毛主義
1963		印尼共產黨（ＰＫＩ）的領導人艾地訪問中國，並撰寫政治文章，而這些文章深受毛澤東全球革命的意志論所影響。羅伯．威廉斯偕同妻子梅貝爾造訪中國。毛澤東宣布美國黑人解放運動是全球反帝國主義抗爭的一部分。
1964	毛澤東發起「三線建設」，把工廠從中國東部移到遙遠的西部。	桑吉巴發生革命，從中國受訓回國的學生是促成革命的部分原因。在一次非洲之行中，周恩來宣稱「整個非洲大陸是一片大好的革命形勢」。辛巴威的叛亂分子到中國接受軍事訓練。美國政府在越南部署地面部隊，更進一步地介入北越與南越之間的戰爭。史坦福開始接觸毛澤東的軍事文章。
1965	毛澤東的國防部長林彪發表〈人民戰爭勝利萬歲！〉，宣稱毛澤東思想對革命與叛亂具全球戰略意義。	艾地、印尼共產黨（ＰＫＩ）的一個派別，以及合謀的軍官，一起合作突襲印尼軍隊的領導層，但以失敗告終。蘇哈托將軍領導的軍隊控制了印尼，並屠殺全國各地疑似左派的人。獨立的坦尚尼亞的第一任總統尼雷爾造訪中國。中國出資興建連接坦尚尼亞與尚比亞的坦贊鐵路。波布前往中國，獲得熱情款待，並見證文化大革命逐步完備的過程。古斯曼身為新成立的祕魯共產黨親華派的一員而造訪中國。馬宗達在孟加拉寫下深受毛澤東影響的革命宣言〈歷史性八文件〉。

日期	毛澤東與中國毛主義／中華人民共和國的歷史	全球毛主義
1966	啟動文化大革命。毛澤東在天安門廣場會見數百萬名紅衛兵。「破四舊」運動展開。學校與大學關閉了。劉少奇和鄧小平遭到肅清，被踢出領導層。	亞當斯是韓戰結束後「選擇留在中國」的二十一名美國大兵之一，他決定返回美國。尼雷爾在坦尚尼亞進行他自己的「長征」。七名中國訓練的辛巴威非洲民族解放軍（ZANLA）戰士〔ZANLA是辛巴威民族聯盟（ZANU）的武裝分支〕發動游擊隊突襲，這場突襲日後被認為是奇穆倫加解放戰爭（對抗史密斯的白人羅德西亞政府）的開始。威廉斯遷居中國。
1967	紅衛兵開始在中國各地的組織中奪取權力。二月宣布成立「上海人民公社」。紅衛兵派別、黨組織、軍隊之間的鬥爭日趨暴力。「中國的赫魯雪夫」劉少奇被軟禁在家中。內戰迫在眉睫。	蘇聯成立中國問題國際組織（InterKit），這是一個泛蘇聯集團組織，目的是對抗中國在世界上的影響力。尼雷爾推出烏賈馬（ujamaa）計畫，這是以毛澤東的政策為藍本的集團化、國有化、農村化計畫。波布在柬埔寨宣布發動全國性的共產叛亂。在巴黎，《他》雜誌推出一本隱晦的色情副刊〈小粉色書〉，並引用毛語錄。古斯曼二度造訪中國，見證文化大革命的清洗。警方在納薩爾巴里開槍射殺平民抗議者，引發了納薩爾派的叛亂。桑亞爾和三名印度同志造訪中國，並和毛主席會面、參與培訓課程。尼泊爾政府受到毛澤東要求青年下鄉的影響，發起「返鄉」運動。中國共產黨把那些在中國學習及工作多年的緬甸共產黨領導人送回緬甸，去反抗緬甸政府。

日期	毛澤東與中國毛主義／中華人民共和國的歷史	全球毛主義
1968	中國人民解放軍鎮壓激進的叛亂。紅衛兵遭到解散，並送往農村接受「再教育」。	世界各地不約而同興起學生抗議活動。歐美許多人借用文化大革命的說詞及作法。杜契克被一個新納粹分子槍殺。
1969	黨的第九次全國代表大會確認新的文革領導人，由林彪接替毛澤東。劉少奇遭批鬥為「叛徒」，死於獄中。	在毛澤東親自批准下，中國共產黨在湖南為馬來亞共產黨（MCP）建造一廣播電台「革命之聲」。中國與蘇聯軍隊在達曼斯基島／珍寶島發生邊境衝突，數百名中國士兵喪生。尼克森下令轟炸柬埔寨，以懲罰柬埔寨縱容越共築營。馬宗達與桑亞爾創立印度共產黨（馬列）。納薩爾派叛亂的支持者在加爾各答發動的城市恐怖攻擊日益猖獗。
1970		毛澤東告訴史諾，他歡迎尼克森訪華。西哈努克遭到龍諾廢黜，毛澤東和周恩來在中國為他提供庇護。中共撮合西哈努克與波布領導的柬埔寨共產黨結為聯盟。在西德，巴德爾、邁因霍夫與其他人創立一游擊隊組織：西德紅軍派（RAF）。在義大利，卡戈爾、庫爾喬、弗蘭切斯基尼創立赤軍旅。在祕魯，古斯曼創祕魯共產黨－光明之路。他們都借用毛澤東的用語和策略。
1971	林彪似乎正在計畫發動一場推翻毛澤東的政變。陰謀失敗後，林彪試圖逃離中國時死於空難。	李昂尼在電影《革命怪客》的開場引用毛澤東的名言：「革命不是請客吃飯。」巴基斯坦在中國的支持下，派兵至孟加拉鎮壓叛亂。年輕的尼泊爾激進分子試圖在查巴縣複製納薩爾派叛亂。

日期	毛澤東與中國毛主義／中華人民共和國的歷史	全球毛主義
1972	毛澤東親自接待尼克森總統的中國行，正式確立了中美關係的和解。	史諾在日內瓦因胰臟癌過世，臨終時由一組中國醫生在身邊照顧。馬法賢抵達尚比亞，為「世界革命」訓練該國的國軍。女星麥克琳在導遊的帶領下遊歷中國六週。馬宗達被捕後不久死亡。
1973	周恩來在中共第十次全國代表大會上，揭露林彪意圖暗殺毛澤東的企圖。	毛澤東領導的中國與蒙博托統治的薩伊建立外交關係。毛澤東與蒙博托談話時坦言，多年來中國一直資助薩伊的游擊叛亂分子。美國和北越簽署巴黎和平協約。美軍終於從越南撤軍。在中共的精心策畫下，西哈努克到柬埔寨北部的赤棉游擊隊基地進行了一次備受關注的參訪。
1974	周恩來診斷出罹患膀胱癌。鄧小平回歸中央政權。	中共與越共之間的邊境衝突開始。巴拉克利什曼創立倫敦馬列主義毛澤東思想勞工機構。
1975	周恩來估計，中國的外援支出占國家預算的百分之五以上。	蔣介石在臺灣逝世。金邊落入赤棉手中，赤棉突然廢除貨幣，並把城市人口疏散到農村。西貢和南越落入越共軍隊手中。共黨巴特寮（Pathet Lao）在北越的軍事援助下接管寮國。毛澤東在北京接見波布與英薩利時，興致高昂地談論赤棉革命。中共為新成立的柬埔寨民主共和國（赤棉）提供十億美元的援助，卻拒絕進一步援助越共。西哈努克一回到柬埔寨，幾乎立即遭到軟禁。波布贈送來訪的越南代表團一隻小鱷魚。

日期	毛澤東與中國毛主義／中華人民共和國的歷史	全球毛主義
1976	周恩來於一月過世。毛澤東一過世，文化大革命的政策也正式結束。為毛澤東發動文化大革命的關鍵盟友「四人幫」遭毛澤東指定的繼任者華國鋒逮捕。	張春橋（文革策畫者之一）協助民主柬埔寨（赤棉）起草憲法。
1977		波布在造訪中國期間，首次公開宣布柬埔寨的新政府是柬埔寨共產黨，以及他是柬埔寨共產黨的領導人。在「德意志之秋」，西德的紅軍派（RAF）犯下一起綁架案及一連串的謀殺案。一巴勒斯坦團體在摩加迪休機場劫機，要求釋放RAF的囚犯。劫機挫敗後，RAF的領導人在獄中自殺。
1978	華國鋒下台，鄧小平掌權。鄧小平呼籲迅速發展經濟。	鄧小平在新加坡會見李光耀，同意停止支持馬共。
1979	中共中央宣傳部禁止銷售小紅書，並在七個月內銷毀所有現存的小紅書。建立在一九七〇年代早期非正式改革基礎上的人民公社亦遭解散。	越南入侵柬埔寨，把赤棉的領導人驅逐到泰國的游擊隊基地，並對赤棉進行缺席審判。一份越南白皮書譴責中國背叛越南。鄧小平領導的中國在邊境戰爭中「教訓」了越南。西哈努克再次流亡中國。
1980	四人幫在北京受審，四人都遭到定罪。	穆加比領導的ZANU在辛巴威掌權。祕魯共產黨－光明之路向祕魯政府及鄧小平宣戰。印度的人民戰爭集團（PWG）開始在恰蒂斯加爾邦建立基地。中國共產黨促成緬共叛亂分子與緬甸政府之間的和平協定。

日期	毛澤東與中國毛主義／中華人民共和國的歷史	全球毛主義
1981	中國共產黨發表了對文化大革命與毛澤東的官方評價，名為「關於建國以來黨的若干歷史問題的決議」。鄧小平堅持「四項基本原則」，其中包括堅持毛澤東思想。	
1983	清除精神污染運動是針對來自西方的腐敗影響。	
1984		革命國際主義運動（RIM）在法國成立，目的是「拯救」並延續全球毛主義。
1986		光明之路的領導層協調利馬監獄內的囚犯起義，釀成大規模流血事件。
1989	中國人民解放軍暴力鎮壓支持民主的示威活動。江澤民接任中華人民共和國的主席，但鄧小平繼續掌握最高權力。	馬共（MCP）與緬共（BCP）分別跟馬來西亞及緬甸政府簽署和平協定。
1991		尼泊爾的民主制度暫停三十年後，又再次恢復。尼泊爾共產黨一個激進的毛派派系決心發動一場「人民戰爭」。
1992	鄧小平呼籲中國經濟加快市場改革。	光明之路在利馬的暴行越演越烈。九月，古斯曼在警方的突襲中落網。光明之路的領導層與叛亂運動迅速崩解。
1994	中國第一個網際網路建成。湖南的村民把毛澤東當成神，供奉在廟裡。	

日期	毛澤東與中國毛主義／中華人民共和國的歷史	全球毛主義
1995		尼泊爾的毛派政黨改名為尼泊爾共產黨（毛主義）（CPNM），並在尼泊爾西部展開游擊戰訓練。政府放任警方對疑似毛派分子及被控支持毛派的平民施暴，導致地方社區兩極分化。
1996		CPNM向政府提出四十項徹底改革的要求。但CPNM中的幾個小團體在政府回應的期限還沒到，就發動「人民戰爭」的第一次游擊突擊。
1997	鄧小平逝世，江澤民繼任中共最高的領導權。香港回歸中國。	
1999	北約轟炸中國在貝爾格勒市的大使館之後，發生大規模的反美抗議活動。中國政府取締法輪功。	
2001		尼泊爾王儲狄潘德拉槍殺了九名王室成員和自己。已故國王的弟弟賈南德拉繼承王位，並以毛派叛亂為由，宣布國家進入緊急狀態。
2002	江澤民逐步把權力移交給繼任者胡錦濤，並關閉兩家極左派的印刷版雜誌。瀋陽數千名遭到資遣的工人舉著毛澤東的肖像走上街頭，抗議經濟貧困及腐敗。	

日期	毛澤東與中國毛主義／中華人民共和國的歷史	全球毛主義
2003	韓德強等人創立新毛派網站《烏有之鄉》。	印度政府放寬採礦合約的授權制度。
2005	《烏有之鄉》透過線上請願，動員輿論，以支持一名中國西北偏遠地區的民工，因他在雇主拒絕支付工資後殺了雇主。	印度政府動員地方自衛隊「和平行動」去對抗恰蒂斯加爾邦的毛派影響。這導致侵犯人權的可怕行為。毛派突擊隊炸毀一輛載有幾名尼泊爾皇家軍隊士兵的巴士，造成至少三十八人死亡。賈南德拉國王同時宣布尼泊爾進入緊急狀態，以及自己所擁有的專制權力。CPNM與反對黨同意合作，共同打擊國王的獨裁統治；毛派承諾實行民主統治。
2006		印度總理辛格直指毛派組織是「對印度政府最大的國安威脅」。經過數週的暴力抗議後，賈南德拉國王同意恢復尼泊爾議會。尼泊爾政府與毛派簽署《全面和平協議》。
2007	薄熙來獲任重慶市委書記。	尼泊爾議會廢除君主制。
2008	西藏爆發暴力抗議活動。支持藏獨的示威者干擾奧運聖火傳遞。中國的都市居民認為，西方對西藏的騷亂及聖火傳遞受擾的報導有偏見，深表不滿。極左派的民族主義者上網加入抗議的行列。約一萬兩千人在四川地震中喪生。中國主辦奧運會。	尼泊爾毛派在第一屆制憲會議選舉中大獲全勝。CPNM的領導人普拉昌達成為總理。

日期	毛澤東與中國毛主義／中華人民共和國的歷史	全球毛主義
2009	新疆爆發暴力抗議活動。中國政府判處異議人士劉曉波十三年的有期徒刑，原因是他參與起草宣揚民主的《零八憲章》。	普拉昌達因軍隊掌控權所引發的爭議，辭去總理職務。
2010	劉曉波榮獲諾貝爾和平獎。中國超越日本，成為僅次於美國的世界第二大經濟體。中國的吉尼係數達到零點六一（係數高於零點四零，意味著極端的貧富不均），這表示自一九八〇年代以來，貧富不均的程度增加了百分之百以上。	
2011	薄熙來的毛派文化復興達到顛峰，十萬人聚集在重慶的體育場合唱「紅歌」。英國商人海伍德被發現死在重慶一家旅館的房間裡。	普拉昌達同意把尼泊爾人民解放軍（NPLA）併入尼泊爾皇家陸軍（RNA）。尼泊爾共產黨的資深理論家巴特拉伊成為總理。
2012	薄熙來的公安局局長王立軍試圖叛逃到美國領事館。他揭露了大規模的政治瀆職及洗錢行為，並指控薄熙來的妻子谷開來毒死海伍德。薄熙來和谷開來被捕，隨後被判處無期徒刑。習近平獲任中共中央總書記。《烏有之鄉》被關閉。韓德強在反日示威抗議中，對一個貶抑毛澤東的老人甩了一巴掌。	一支主張武裝鬥爭的派別，脫離了普拉昌達的毛派政黨。

日期	毛澤東與中國毛主義／中華人民共和國的歷史	全球毛主義
2013	習近平推出一毛式的「群眾路線」網站，並發起一場聲勢浩大的反貪運動。他在毛澤東冥誕一百二十週年前往毛主席紀念堂。韓德強創立有機集體農場。	自由慈善機構協助三名婦女擺脫巴拉克利什曼的虐待及箝制，陳平在曼谷過世，馬來西亞政府拒絕讓他的骨灰返鄉。
2014	習近平加強對公民社會的打壓，打壓的對象包括律師、媒體言論自由、學術界。	
2015		尼泊爾議會通過憲法。
2016	毛澤東發動文化大革命五十週年，中國媒體大多保持沉默。女子團體五十六朵花在人民大會堂表演歌頌毛澤東與習近平的歌曲。	普拉昌達二度擔任尼泊爾總理。
2017	中國共產黨第十九次全國代表大會在北京召開後，習近平思想被寫進中華人民共和國的憲法。	中國媒體開始強調中國共產黨可以成為全球的政治典範。
2018	習近平與他的支持者取消了限制國家主席只能連任兩屆（十年）的限制。	

謝辭

撰寫本書期間，承蒙多人的協助。我想先提兩位非常重要的人物，他們未能看到本書的完成，令我倍感哀傷。第一位是家父William（Bill）Lovell，他總是鼓勵我做任何嘗試，並把他對語言、歷史、文學的熱情傳給了我。第二位是我的經紀人Toby Eady，他在許多想法、對話、失誤中支持我，要不是他對這本書的概念充滿信念，這本書是無法出版的。家父與Toby都經歷過書中涉及的許多歷史，我很想聽聽他們對我最後完成的作品有什麼看法。

我非常幸運能有The Bodley Head出版社的負責人Stuart Williams這麼一位支持我的專業出版商。當這本書還只是粗略的出版提案時，他花時間與我討論內容。我更感謝他及不辭辛勞的編輯Jörg Hensgen，在兩人嚴謹地指導下，促成本書出版。我也很感謝Jessica Woollard，她在Toby去世後，以其熱情和專業精神接替他，成為我的經紀人；感謝Jamie Coleman在提案階段為這本書提供了寶貴的想法並熱情支持。Katherine Fry則是敏銳又充滿建設性的文案編輯。

在資料來源與詮釋方面，為我提供建議的名單很長，在此先為我無意間遺漏的任何人致歉。

我想從那些出版前就不求回報地讀畢全部書稿或部分書稿的人感謝起。謝謝全球冷戰史的資深前輩Odd Arne Westad花時間審閱書稿。感謝以下諸位閱讀了個別的章節：Aditya Adhikari、Tom Bell、Jude Blanchett、Tania Branigan、Kerry Brown、Timothy Cheek、John Ciorciari、Robert Cribb、Ilaria Favretto、Sebastian Gehrig、David Gellner、Karl Hack、Alec Holcombe、Marcie Holmes、Stephen Lovell、Rana Mitter、Sergey Radchenko、Geoffrey Robinson、George Roberts、Matthew Rothwell、Hilary Sapire、Alpa Shah、Steve Smith、Orin Starn、Blessing-Miles Tendi、Hans van de Ven、Alex-Thai Vo、Jeffrey Wasserstrom、Robert Winstanley-Chesters, Yafeng Xia、Taomo Zhou。非常感謝Chan Koonchung（陳冠中）讓我使用他的用語「Mao-ish」，並感謝他在北京的盛情款待。

如果沒有研究助理的專業協助，部分的研究是不可能完成的，謝謝Christine Chan、Stephan Grueber、Lucy Ha、Thelma Lovell（稍後進一步介紹）、Jean Mittelstaedt、Sherzod Mminov、Quoc-Thanh Nguyen、Aiko Otsuka、Nikolaos Papadogiannis、Onon Perenlei、Nayan Pokhrel、Michael Stack、Victoria Young。謝謝Patrick French大方利用他的人脈，為我開啟了南亞口述歷史研究的可能。非常感謝Baggaley夫婦在巴黎的盛情款待，謝謝Donald與Lucy Peck在印度為我提供重要的指引——是我非常需要的。

除了上面提到的以外，底下諸位也提供了寶貴的協助與建議：Jennifer Altehenger、Sunil Amrith、Andrew Arsan、Susan Bayly、Jasper Becker、Anne-Marie Brady、Benoit Cailmail、Adam Cathcart、Jung Chang、Chen Jian、Chen Yung-fa、Cheng Yinghong、Alexander Cook、

Frank Dikotter、Max Elbaum、John Foot、Paul French、Jeremy Friedman、John Garnaut、Karl Gerth、Robert Gildea、Jeremy Goldkorn、Christopher Goscha、Jon Halliday、Tim Harper、Henrietta Harrison、Julio Jeldres、Prashant Jha、Ben Kiernan、Monica Kim、Andreas Kuhn、Barak Kushner、Marie Lecomte-Tilouine、Daniel Leese、Rachel Leow、Lorenz Luthi、Elidor Mehili、Andrew Mertha、James Miles、Pankaj Mishra、Bill Mullen、Lien-Hang Nguyen、Antonio與Victor Ochoa、Natasha Pairaudeau、Daniel Pick、Sunil Purushotham、Jessica Reinisch、Lucy Riall、Sidney Rittenberg、Jon Rognlien、Orville Schell、Michael Schoenhals、Zachary Scarlett、David Scott Palmer、Mark Selden、Philip Short、Thula Simpson、Quinn Slobodian、Christopher Tang、Patricia Thornton、Frank Trentman、Cagdas Ungor、Richard Vinen、Stephen Wertheim、Frances Wood、Judy Wu、Marilyn Young、Zheng Yangwen、Qiang Zhai。對於每一個答應接受我訪問的人，我都無比感激。我在書中直接引用了許多人的說法；另外，基於顯而易見的原因，我未提及一些人的名字。與中國的冷戰學者接觸，令我獲益匪淺。當然，這些人對我的詮釋、結論或錯誤都沒有任何責任。

兩個組織慷慨地資助長期的教職休假與研究費用，促成了這本書的研究。菲利普・萊弗爾梅獎（**Philip Leverhulme Prize**）給了我寶貴的時間閱讀並探索，讓我的思考可以超越最初的有限框架。二〇一六至一七年，這兩年度的英國國家學術院職涯中期補助金（**British Academy Mid-Career Fellowship**）給了我時間及經費，使我在最後兩次關鍵的研究旅程得以成行，並把我的研究成果寫成一本書。我非常感謝這兩個機構，它們在英國的研究中扮演如此重要的角色。

我有幸在伯貝克學院（Birkbeck College）這樣一所支持我的機構中任職，周遭都是才華橫溢、慷慨大方的同仁，其中有些人我在前面已經逐一感謝過了。我想特別感謝二〇一一年，我著手寫這本書以來，允許我暫時離開並以多種方式支持我的幾位系主任：Catharine Edwards、John Arnold、Fred Anscombe、Jan Ruger。我也要感謝執行院長Miriam Zukas與Matthew Davies的理解與鼓勵，感謝《中國季刊》（*China Quarterly*）的編輯讓我使用我在二〇一六年九月號及《Red Shadows: Memories and Legacies of the Chinese Cultural Revolution》（Cambridge University Press, 2016）中發表的〈The Cultural Revolution and Its Legacies in International Perspective〉的部分段落。感謝《亞洲研究期刊》（*Journal of Asian Studies*）的編輯讓我引用我在二〇一六年十一月號發表的文章〈From Beijing to Palestine: Zhang Chengzhi's Journeys from Red Guard Radicalism to Global Islam〉。

善解人意的外子常傾聽我訴說焦慮與挫折並提供建議，幫我化解無數的僵局，並在我外出研究時堅守我們的家園。家母給了我非常溫馨的鼓勵，以及德語與義大利語的閱讀協助。在寫書的過程中，她一直針對概念框架提供重要的見解。他們兩人都撥冗迅速讀過初稿，他們的睿智意見大幅改善了書稿。我的手足與他們的配偶以他們的關懷給予我無盡的支持。孩子大方地包容我心不在焉（連五歲的孩子放學後都學會問道：「今天你的書寫得怎樣？」），雖然他們有時也納悶，為什麼媽媽總是埋首在如此令人消沉的讀物中。公婆總是很關心我，他們和我的母親幫我陪伴孩子，讓我可以安心地工作。我的家人不僅成就了這本書的出版，也讓寫書變成一種樂趣，是他們讓一切看起來都是值得的。

註釋

註釋中使用的縮寫：

AMFA：中華人民共和國外交部的檔案館
BMA：北京市檔案館
SMA：上海市檔案館
UKNA：英國國家檔案館

前言

1. S. Bernard Thomas, *Season of High Adventure: Edgar Snow in China* (Berkeley: University of California Press, 1996), 147.
2. David Halberstam, *The Coldest Winter: America and the Korean War* (London: Pan Macmillan, 2009), 385.
3. Cagdas Ungor, 'Reaching the Distant Comrade: Chinese Communist Propaganda Abroad (1949–1976)'，未發表的博士論文，Binghamton University, 2009, 250–1.
4. Abimael Guzmán, 'Interview with Chairman Gonzalo', by Luis Arce Borja and Janet Talavera, *A World to Win* 18 (1992): 79, at http://bannedthought.net/International/RIM/AWTW/1992– 18/GonzaloInterview-1988.pdf (accessed on 15 January 2018).
5. David Scott Palmer, 'The Influence of Maoism in Peru', in Alexander C. Cook, ed., *Mao's Little Red Book: A Global History* (Cambridge: Cambridge University Press, 2014), 140.

6. Carlos Iván Degregori, *How Difficult It Is to Be God: Shining Path's Politics of War in Peru, 1980–1999*, ed. Steve J. Stern, trans. Nancy Appelbaum (Madison: University of Wisconsin Press, 2012), 25.
7. Fay Chung, *Re-living the Second Chimurenga: Memories from the Liberation Struggle in Zimbabwe* (Stockholm: Nordic Africa Institute, 2006), 124.
8. 'Murozvi: Rare Breed of Cadre', *Herald* (Zimbabwe), 11 April 2017.
9. Simbi Mubako, 'Heroes Special – General Tongogara: The Legend and Role-model', *Sunday Mail* (Zimbabwe), 10 August 2014. 這篇文章在前面的段落中提到「如魚得水」中的魚。
10. Nandini Sundar, *The Burning Forest: India's War in Bastar* (Delhi: Juggernaut, 2016), 13.
11. 再版為 *Broken Republic: Three Essays* (London: Hamish Hamilton, 2011).
12. 參見 James Miles, *China: Rising Power, Anxious State* (London: Penguin, 2012); Michael Sheridan, 'China Struck by Flood of Red Culture', *The Times* (London), 1 May 2011; Koichi Furuya, 'Mao-era Songs Make Comeback in China', *Asahi Shimbun*, 1 July 2011; 'Princelings and the Goon State', *The Economist*, 14 April 2011.
13. Sheridan, 'China Struck by Flood of Red Culture', and 'Red Culture Finds Its Way into Chinese Prisons' at http://chinascope.org/ archives/5727/109 (accessed on 19 January 2018).
14. Tania Branigan, 'Red Songs Ring Out in Chinese City's New Cultural Revolution', *Guardian*, 22 April 2011; 'Chinese City of 30m Ordered to Sing ' "Red Songs" ', *Sydney Morning Herald*, 20 April 2011.
15. 'Princelings and the Goon State', *The Economist*, 14 April 2011 (translation slightly adapted).
16. 'A Maoist Utopia Emerges Online', *South China Morning Post*, 26 June 2011.
17. Guobin Yang, 'Mao Quotations in Factional Battles and Their Afterlives: Episodes from Chongqing', in Cook, ed., *Mao's Little Red Book*, 73.
18. Jonathan Spence, *The Search for Modern China* (New York: Norton, 2013), 430.
19. Sebastian Heilmann and Elizabeth Perry, eds, *Mao's Invisible Hand: The Political Foundations of Adaptive Governance in*

China (Cambridge, MA: Harvard University Press, 2011).

20. 關於毛澤東思想對全球影響的精彩中文文集，參見程映虹的《毛主義革命：二十世紀的中國與世界》，文稿由作者提供。毛主義的全球之旅，尤其是文化大革命的全球之旅，近年來已成為學術界日益關注的焦點。關於文革毛主義對一些國家領土的影響，目前的相關記述可見如下例子：法國方面，Richard Wolin, *The Wind from the East: French Intellectuals, the Cultural Revolution and the Legacy of the 1960s* (Princeton, NJ: Princeton University Press, 2010)；義大利方面，Roberto Niccolai, *Cuando la Cina era Vicina* (Pisa: Associazione centro de documentazione de Pistoia, 1998)（順道一提，在多數的西歐國家，例如義大利、西德或挪威，還沒有關於毛主義影響的英文專著。）光是二〇一四至一五年，就出版了兩卷關於全球毛主義的論文：Alexander C. Cook, ed., *Mao's Little Red Book: A Global History* (Cambridge: Cambridge University Press, 2014) 和 *Comparative Literature Studies* 52.1 (2015). 2000年以來，Zheng Yangwen、Anne-Marie Brady、Alexander Cook、Cagdas Ungor、Matthew Johnson等中國歷史學家和政治學家開創了一種更跨國的視角，來看待中國在冷戰期間的文化外交方式。*The Cold War in Asia: The Battle for Hearts and Minds* (Zheng Yangwen, Liu Hong and Michael Szonyi, eds, Leiden, NL: Brill, 2010) 主張，亞洲戰場的重要性，尤其是毛澤東時代中國對冷戰文化和外交的影響。但是，全球毛主義這個主題，尚未得到這種地理上複雜的議題所需的比較與綜合研究。現有的文獻大多把國家個案研究當成個體來處理：例如，法國的毛主義（參見Wolin的*The Wind from the East*）、印度、西德、義大利等等。偶爾會出現同時考慮兩個案例的研究，例如Belden Fields的*Trotskyism and Maoism: Theory and Practice in France and the United States* (New York: Praeger, 1988)研究美國與法國。然而，個別的國家案例研究往往是常態。Robert J. Alexander的*International Maoism in the Developing World* (New York: Praeger, 1999)和*Maoism in the Developed World* (New York: Praeger, 2001)是兩本比較全面探討全球毛主義的著作，這兩本書都是參考書，內容為研究個別的國家案例，且每個國家的篇幅達數頁。這些書包含了實用的資訊，但形式上不適合做仔細的跨國分析。

21. Ren Xiaosi, *The Chinese Dream: What It Means for China and the Rest of the World*, 'Foreword' (no page number) (Beijing: New World Press, 2013).

22. 私下通訊。

23. Odd Arne Westad, *The Global Cold War: Third World Interventions and the Making of Our Times* (Cambridge: Cambridge University Press, 2005) and *The Cold War: A World History* (London: Allen Lane, 2017); 提到的其他史家的著作太多了，無法完整列出，但有英文版的著作包括Chen Jian, *Mao's China and the Cold War* (Chapel Hill: University of North Carolina Press, 2001); Lorenz Lüthi, *The Sino-Soviet Split: Cold War in the Communist World* (Princeton, NJ: Princeton University Press, 2010); Sergey Radchenko, *Two Suns in the Heavens: The Sino-Soviet Struggle for Supremacy*, 1962–1967 (Washington, DC: Woodrow Wilson Center, 2009); Zhihua Shen and Yafeng Xia, *A Misunderstood Friendship: Mao Zedong, Kim Il-sung and Sino-North Korean Relations, 1949–1976* (New York: Columbia University Press, 2018); Danhui Li and Yafeng Xia, *Mao and the Sino-Soviet Split*（即將出版）。遺憾的是，目前為止，楊奎松的大量優秀作品很少譯成英文；例如參見'Mao Zedong and the Indochina Wars', in Priscilla Roberts, ed., *Behind the Bamboo Curtain: China, Vietnam, and the World Beyond Asia* (Stanford, CA: Stanford University Press, 2006), 55–96. 關於他的更多中文著作，請參閱參考書目。
24. David Scott, *China Stands Up: The PRC and the International World* (London: Routledge, 2007), 53, 54, 56.
25. 例如參見*Peking Review*, 24 June 1966, 11–12.
26. Scott, *China Stands Up*, 58.
27. *Peking Review*, 6 September 1963, 10.
28. See Jeremy Friedman, *Shadow Cold War: The Sino-Soviet Competition for the Third World* (Chapel Hill: University of North Carolina Press, 2015); Gregg Brazinsky, *Winning the Third World: Sino-American Rivalry During the Cold War* (Chapel Hill: University of North Carolina Press, 2017).
29. 參見討論Zhihua Shen and Julia Lovell, 'Undesired Outcomes: China's Approach to Border Disputes During the Early Cold War', *Cold War History* 15.1 (2015): 89–111.
30. 有關這個概念的詳細說明，參見Chen Jian, *Mao's China and the Cold War*.
31. James R. Holmes, 'In Iraq, ISIS Channels Mao', *The Diplomat*, 24 June 2014; Lillian Craig Harris, 'China's Relations with the PLO', *Journal of Palestine Studies* 7.1 (Autumn 1977): 137. See also Manfred Sing, 'From Maoism to Jihadism: Some Fatah

Militants' Trajectory from the Mid 1970s to the Mid 1980s', in Rüdiger Lohlker and Tamara Abu-Hamdeh, eds, *Jihadi Thought and Ideology* (Berlin: Logos Verlag, 2014), 55–82.

32. *Profile*, BBC Radio 4, 19 November 2016; Victor Sebestyen, 'Bannon Says He's a Leninist: That Could Explain the White House's New Tactics', *Guardian*, 6 February 2017.
33. Geremie R. Barmé, 'A Monkey King's Journey to the East', *China Heritage*, 1 January 2017, at http://chinaheritage.net/journal/amonkey-kings-journey-to-the-east/ (accessed on 19 January 2018).
34. David Smith, 'How Trump's Paranoid White House Sees "Deep State" Enemies on All Sides', *Guardian*, 13 August 2017.
35. 例如，參見Dan Berger, 'Rescuing Civil Rights from Black Power: Collective Memory and Saving the State in Twenty-First-Century Prosecutions of 1960s-Era Cases', *Journal for the Study of Radicalism* 3.1 (2009): 1–27.
36. Odd Arne Westad, ed., *Brothers in Arms: The Rise and Fall of the Sino-Soviet Alliance, 1945–1963* (Stanford, CA: Stanford University Press, 2000), 2.
37. 'The Brilliance of Mao Tse-tung's Thought Illuminates the Whole World', *Peking Review*, 24 June 1966, 11.
38. Philip Short, *Pol Pot: The History of a Nightmare* (London: John Murray, 2004), 299–300.

一、何謂毛主義

1. Didi Kirsten Tatlow, 'Golden Mao Statue in China, Nearly Finished, Is Brought Down by Criticism', *New York Times*, 8 January 2016.
2. 例如，參見http://www.weibo.com/1618051664/DbADXazPf?type=comment#_rnd1506690880942、http://www.weibo.com/1699540307/DbAMMsFI5? type=comment#_rnd1506690915924、http://pinglun.sohu.com/ s9000706448.html.
3. 〈河南農村金色毛澤東雕塑已被拆除〉，http://society.people.com.cn/n1/2016/0108/c1008-28030829.html (accessed on 21 January 2018).
4. Jasper Becker, *Hungry Ghosts: China's Secret Famine* (London: John Murray, 1996), 272.

5. 參見B. Raman, 'India & China: As Seen by Maoists', at http://www.orfonline.org/research/india-china-as-seen-by-maoists-part-ii/ (accessed on 2 January 2017).
6. Lucien Bianco, *La Récidive: Révolution Russe, Révolution Chinoise* (Paris: Gallimard, 2014)以一本書來探討這個議題。參見S. A. Smith的深入評論：*Cahiers du Monde Russe* 55.3–4 (2014) at: http://journals.openedition.org/monderusse/8063 (accessed on 2 January 2017).
7. 若想更詳細了解毛澤東的思想，分析文獻相當龐雜。Stuart Schram的著作與文章是很好的起點。亦可參閱Benjamin Schwartz的書寫，例如*Chinese Communism and the Rise of Mao* (Cambridge, MA: Harvard University Press, 1951)，以及Franz Schurmann對毛澤東統治下的中國共產黨的經典描述：*Ideology and Organization in Communist China* (Berkeley: University of California Press, 1968). Timothy Cheek編輯的*A Critical Introduction to Mao* (Cambridge: Cambridge University Press, 2010) 提供絕佳的近期觀點選集。
8. 參見S. A. Smith, *A Road Is Made: Communism in Shanghai*, 1920–1927 (Honolulu: University of Hawai'i Press, 2000), 168–89; 武器的統計數據在173頁。
9. Christina Gilmartin, *Engendering the Chinese Revolution: Radical Women, Communist Politics, and Mass Movements in the 1920s* (Berkeley: University of California Press, 1995), 199.
10. Mao Zedong, 'Problems of War and Strategy', 6 November 1938, in *Mao's Road to Power: Revolutionary Writings 1912–1949* (Armonk, NY: M. E. Sharpe, 1992–), Volume 6, 552.
11. Mao, 'Letter to Xiao Xudong, Cai Linbin, and the Other Members in France', 1 December 1920, 同前, Volume 2, 9.
12. Mao, 'Report on the Affairs of the New People's Study Society (No. 2)', summer 1921, in 同前, 66–75.
13. Hans van de Ven, *From Friend to Comrade: The Founding of the Chinese Communist Party, 1920–1927* (Berkeley: University of California Press, 1991), 37.
14. 同前，99.
15. Mao, 'Problems of War and Strategy', 553.

16. Anthony Sampson, *Mandela: The Authorised Biography* (London: Harper Collins, 1999), 149.
17. 例如，參見Andrew Walder, *China Under Mao: A Revolution Derailed* (Cambridge, MA: Harvard University Press, 2015).
18. Van de Ven, *From Friend to Comrade*, 162.
19. Mao, 'Report on the Peasant Movement in Hunan', February 1927, in *Mao's Road to Power: Revolutionary Writings 1912–1949*, Volume 2, 430.
20. 同前，430–1, 434, 436.
21. 同前，447, 435.
22. 同前，435, 432; 參考原文調整譯文。
23. Philip Short, *Mao: A Life* (London: John Murray, 2004), 222.
24. 同前，222, 237, 249, 252.
25. Mao Zedong, *Report from Xunwu*, trans. and ed. Roger R. Thompson (Stanford, CA: Stanford University Press, 1990).
26. Mao, 'Oppose Bookism', May 1930, in *Mao's Road to Power: Revolutionary Writings 1912–1949*, Volume 3, 419.
27. Short, *Mao*, 381.
28. Interview by Robert Gildea with Tiennot Grumbach, Paris, 18 May 2008.
29. Mao, 'Problems of Strategy in China's Revolutionary War', December 1936, 譯文略改自*Mao's Road to Power: Revolutionary Writings 1912–1949*, Volume 5, 466–7.
30. Mao, 'How to Study the History of the Chinese Communist Party', 30 March 1942, 同前, Volume 8, 68.
31. Mao, 'Interview with Edgar Snow on the United Front', 23 September 1936, and 'Interview with Edgar Snow on Japanese Imperialism', 16 July 1936, 同前, Volume 5, 372, 272.
32. Jung Chang and Jon Halliday, *Mao: The Unknown Story* (London: Jonathan Cape, 2005), 154.
33. Gilmartin, *Engendering*, 57–9.
34. Chang and Halliday, *Mao: The Unknown Story*, 203.

35. Mao, 'The Question of Miss Zhao's Personality', 18 November 1919, in *Mao's Road to Power: Revolutionary Writings 1912–1949*, Volume 1, 423–4.
36. Mao, 'The Question of Love – Young People and Old People', 25 November 1919, and 'Smash the Matchmaker System', 27 November 1919, 同前, 439–44.
37. Delia Davin, 'Gendered Mao: Mao, Maoism and Women', in Timothy Cheek, ed., *A Critical Introduction to Mao* (Cambridge: Cambridge University Press, 2010), 210.
38. Dennis O'Neil, interview, 23 March 2015, New York.
39. Zhisui Li, *The Private Life of Chairman Mao: The Memoirs of Mao's Personal Physician*, trans. Tai Hung-chao (London: Arrow Books, 1996), 364.
40. 'An Official Fund-Raising Letter', 13 February 1929, in *Mao's Road to Power: Revolutionary Writings 1912–1949*, Volume 3, 139.
41. 馬模貞，《中國禁毒史資料》（天津：天津人民出版社，1998），1611。
42. Chen Yung-fa, 'The Blooming Poppy Under the Red Sun: The Yan'an Way and the Opium Trade', in Tony Saich and Hans van de Ven, eds, *New Perspectives on the Chinese Communist Revolution* (New York: M. E. Sharpe, 1995), 263–98.
43. Dai Qing, *Wang Shiwei* and *'Wild Lilies': Rectification and Purges in the Chinese Communist Party, 1942–1944*, ed. David E. Apter and Timothy Cheek (Armonk, NY: M. E. Sharpe, 1994), 110, 111, xxiv; Timothy Cheek, 'The Fading of Wild Lilies: Wang Shiwei and Mao Zedong's Yan'an Talks in the First CPC Rectification Movement', *Australian Journal of Chinese Affairs II* (January 1984): 46.
44. Short, *Mao*, 266–80.
45. Chang and Halliday, *Mao*, 100.
46. Merle Goldman, 'The Party and the Intellectuals', in Roderick MacFarquhar and John K. Fairbank, eds, *The Cambridge History of China, Volume 14, The People's Republic, Part 1: The Emergence of Revolutionary China, 1949–1965* (Cambridge:

Cambridge University Press, 1987), 223.

47. Dai, *Wang Shiwei*, 20, 8.

48. 關於丁玲與其作品的精采介紹，參見Tani Barlow and Gary Bjorge, eds, *I Myself Am a Woman: Selected Writings of Ding Ling* (Boston: Beacon Press, 1989).

49. Mao Zedong, 'Talks at the Yan'an Forum on Literature and Art', in Kirk A. Denton, ed., *Modern Chinese Literary Thought: Writings on Literature, 1893–1945* (Stanford, CA: Stanford University Press, 1996), 458–84.

50. Short, *Mao*, 388.

51. Dai, *Wang Shiwei*, 65.

52. 關於康生的資訊，參見David E. Apter and Tony Saich, *Revolutionary Discourse in Mao's Republic* (Cambridge, MA: Harvard University Press, 1994), 290; Dai, *Wang Shiwei*, 13; and Roger Faligot and Remi Kauffer, *The Chinese Secret Service*, trans. Christine Donougher (London: Headline, 1989).

53. Raymond Wylie, *The Emergence of Maoism: Mao Tse-tung, Ch'en Po-ta, and the Search for Chinese Theory, 1935–1945* (Stanford, CA: Stanford University Press, 1980), 163. 亦參見Mark Selden, *China in Revolution: The Yenan Way Revisited* (Armonk, NY: M. E. Sharpe, 1995), 以及Pauline B. Keating, *Two Revolutions: Village Reconstruction and the Cooperative Movement in Northern Shaanxi, 1934–1945* (Stanford, CA: Stanford University Press, 1997).

54. Apter and Saich, *Revolutionary Discourse*, 164–5.

55. 同前，166, 292.

56. Mao, 'Resolution of the Central Committee of the Chinese Communist Party Regarding Methods of Leadership', 1 June 1943, in *Mao's Road to Power: Revolutionary Writings 1912–1949*, Volume 8 (New York: Routledge), 362.

57. 關於一九四九年後，個人崇拜的精采描述，參見Daniel Leese, *Mao Cult: Rhetoric and Ritual in China's Cultural Revolution* (Cambridge: Cambridge University Press, 2011).

58. Mao, *Mao's Road to Power: Revolutionary Writings 1912–1949*, Volume 1, xvii.

59. Wylie, *The Emergence of Maoism*, 41.
60. 同前，75.
61. 同前，125.
62. 同前，155.
63. 同前，169.
64. Ministry of Foreign Affairs Archive, Mongolian People's Republic, 5-2-360, 'Note of Examined Parcels Addressed to the Chinese Embassy', 11 March 1967 (obtained and translated by Onon Perenlei).
65. Wylie, *The Emergence of Maoism*, 162.
66. 同前，191–2.
67. 同前，192.
68. Apter and Saich, *Revolutionary Discourse*, 150.
69. 同前，33。關於希臘哲學家與毛澤東之間的比較，參見*passim*——這是一本非常有趣的書，是以一九八〇年代對延安老兵／倖存者的採訪為基礎。我提到毛澤東建構哲學權威，主要是根據這本書以及前面引用的Wylie的著作。
70. 同前，146.
71. 同前，86.
72. Mao, 'The Chinese Revolution and the Chinese Communist Party', 15 December 1939, in *Mao's Road to Power: Revolutionary Writings 1912–1949*, Volume 7, 290–1. 關於這個概念的發展，亦參見 Apter and Saich, *Revolutionary Discourse*, 73.
73. Apter and Saich, *Revolutionary Discourse*, 283.
74. 同前，307.
75. Chang and Halliday, *Mao*, 256.
76. Wylie, *The Emergence of Maoism*, 215–16.
77. 同前，159.

78. 同前，206–8.
79. 同前，274–6.
80. Odd Arne Westad, *The Global Cold War: Third World Interventions and the Making of Our Times* (Cambridge: Cambridge University Press, 2007), 51.
81. S. A. Smith, 'Issues in Comintern Historiography', in S. A. Smith, ed., *The Oxford Handbook of the History of Communism* (Oxford: Oxford University Press, 2014), 199.
82. Mao Zedong, 'Talk with the American Correspondent Anna Louise Strong', August 1946, at https://www.marxists.org/reference/archive/mao/selected-works/volume-4/mswv4_13.htm (accessed on 27 August 2018).
83. Mao Zedong, 'U.S. Imperialism Is a Paper Tiger', 14 July 1956, at https://www.marxists.org/reference/archive/mao/selected-works/volume-5/mswv5_52.htm; 'All Reactionaries Are Paper Tigers', 18 November 1957, at https://www.marxists.org/reference/archive/mao/selected-works/volume-5/mswv5_70.htm (both accessed on 27 August 2018).
84. Lin Biao, 'Long Live the Victory of People's War!', 1965, at https://www.marxists.org/reference/archive/lin-biao/1965/09/peoples_war/index.htm (accessed on 13 May 2015).
85. 另一版翻譯，參見Mao Zedong, 'Reply to Comrade Guo Moruo', 17 November 1961, at https://www.marxists.org/reference/archive/mao/selected-works/poems/poems31.htm (accessed on 27 August 2018).
86. Shaorong Huang, *To Rebel Is Justified: A Rhetorical Study of China's Cultural Revolution Movement, 1966–1969* (Lanham, MD: University Press of America, 1996), 88.
87. Quinn Slobodian, *Foreign Front: Third World Politics in Sixties West Germany* (Durham, NC: Duke University Press, 2012), 176.
88. John Bryan Starr, 'Conceptual Foundations of Mao Tse-Tung's Theory of Continuous Revolution', *Asian Survey* 11.6 (June 1971): 610–28.
89. Li, *The Private Life*, 120.

90. 毛澤東與契爾年科（S. V. Chervonenko）的談話，北京，1963年2月23日（私人收藏）。
91. 毛澤東與柯西金的談話，北京，1965年2月11日（私人收藏）。
92. 毛澤東與希奧塞古的談話，北京，1971年6月3日，http://digitalarchive.wilsoncenter.org/ document/117763 (accessed on 23 January 2018). 美國駐東京大使館發的電報10353號, 'Mao-Tanaka Meeting', 28 September 1972, at http://digitalarchive.wilsoncenter.org/ document/134380 (accessed on 23 January 2018).
93. *People's Daily*, 5 August 1966; Harry Harding, 'The Chinese State in Crisis', in Roderick MacFarquhar, ed., *The Politics of China: The Eras of Mao and Deng* (Cambridge: Cambridge University Press, 1997), 221. 一般認為那句話是毛澤東說的，雖然沒有明確的書面來源，但考量到他在文化大革命一開始的其他言論，這是非常可信的。例如，參見Roderick MacFarquhar and Michael Schoenhals, *Mao's Last Revolution* (Cambridge, MA: Harvard University Press, 2009), 52.
94. Slobodian, *Foreign Front*, 177–8.
95. Sebastian Gehrig, '(Re-)Configuring Mao: Trajectories of a Culturo-political Trend in West Germany', *Transcultural Studies 2* (2011): 203.
96. Harding, 'The Chinese State in Crisis', 223.
97. Stuart Schram, 'Mao Tsetung's Thought to 1949', in John K. Fairbank, ed., *The Cambridge History of China, Volume 13, Republican China 1912–1949, Part 2* (Cambridge: Cambridge University Press, 1986), 838.
98. Mao Zedong, 'On Contradiction', August 1937, at https://www.marxists.org/reference/archive/mao/selected-works/volume-1/mswv1_17.htm (accessed on 27 August 2018). 毛澤東對矛盾與衝突的迷戀，當然不是特例或原創。至少從赫拉克利特（Heraclitus）開始，人類就很關注這些概念——參見G. S. Kirk and J. E. Raven, *The Presocratic Philosophers: A Critical History with a Selection of Texts* (Cambridge: Cambridge University Press, 1964), 195–6.
99. Christophe Bourseiller, *Les Maoïstes: La Folle Histoire des Gardes Rouges Français* (Paris: Plon, 1996), 300.

二、紅星——樣板革命

1. 細節取自Edgar Snow, *Red Star Over China* (New York: Random House, 1938), 73.
2. Jay Taylor, *The Generalissimo: Chiang Kai-shek and the Struggle for Modern China* (Cambridge, MA: Harvard University Press, 2009), 120.
3. Snow, *Red Star Over China*, 66.
4. S. Bernard Thomas, *Season of High Adventure: Edgar Snow in China* (Berkeley: University of California Press, 1996), 138.
5. Jung Chang and Jon Halliday, *Mao: The Unknown Story* (London: Jonathan Cape, 2005), 199.
6. Snow, *Red Star Over China*, 106.
7. Thomas, *Season of High Adventure*, 170–2.
8. John Maxwell Hamilton, *Edgar Snow: A Biography* (Bloomington: Indiana University Press, 1998), 94.
9. 死亡人數的估計，參見https://www.nam.ac.uk/explore/malayan-emergency。關於營地內看到的書本數量，參見Karl Hack and Jian Chen, eds, *Dialogues with Chin Peng: New Light on the Malayan Communist Party* (Singapore: Singapore University Press, 2004), 66.
10. 關於虎克軍，參見Colleen Lye, *America's Asia: Racial Form and American Literature, 1893–1945* (Princeton, NJ: Princeton University Press, 2009), 224。關於其他的參考資料，參見下面的討論，以及「中國史沫特萊—斯特朗—斯諾（3S）研究會」編輯的《西行漫記和我》（北京：國際文化出版公司，1999），*passim.*
11. Thomas, *Season of High Adventure*, 29.
12. Robert M. Farnsworth, *From Vagabond to Journalist: Edgar Snow in Asia, 1928–1941* (Columbia: University of Missouri Press, 1996), 20.
13. Thomas, *Season of High Adventure*, 48–9, 57.
14. Emily Hahn, *The Soong Sisters* (London: Robert Hale Limited, 1942), 47.

15. 陳冠任，《宋慶齡大傳》（北京：團結出版社，2003）, 227.
16. Edgar Snow, *Journey to the Beginning* (London: Victor Gollancz, 1960), 82.
17. Farnsworth, *From Vagabond to Journalist*, 131.
18. Snow, *Journey to the Beginning*, 85, 95.
19. 同前，84.
20. Taylor, *The Generalissimo*, 122.
21. Farnsworth, *From Vagabond to Journalist*, 154.
22. Helen Foster Snow, *My China Years: A Memoir* (London: Harrap, 1984), 86, 152.
23. Farnsworth, *From Vagabond to Journalist*, 154.
24. 同前，201–2.
25. 詳情參見Ruth Price, The Lives of Agnes Smedley (Oxford: Oxford University Press, 2005), 274–6.
26. Thomas, *Season of High Adventure*, 131.
27. Foster Snow, *My China Years*, 181–2.
28. 同前，197–8.
29. 關於這本書的精采解讀，參見Nicholas R. Clifford, 'White China, Red China: Lighting Out for the Territory with Edgar Snow', New England Review 18.2 (Spring 1997): 103–1.
30. Snow, *Red Star Over China*, 7, 3.
31. Thomas, *Season of High Adventure*, 133.
32. Frederic Wakeman, *Policing Shanghai*, 1927–1937 (Berkeley: University of California Press, 1996), 154–9.
33. Snow, *Red Star Over China*, 23–4.
34. 同前，26.
35. 同前，45–8, 263–5, 355, 61.

36. 同前，43.
37. 同前，258–60.
38. 同前，279.
39. 同前，291.
40. 同前，66–9.
41. 同前，72–3.
42. 同前，363.
43. 同前，71, 73.
44. 同前，80, 82.
45. 同前，187–8.
46. 同前，196, 93. 在海倫・史諾描述其延安經歷的文字中，她仔細提到毛澤東聞玫瑰花的味道。參見Nym Wales [Helen Foster Snow], *My Yenan Notebooks* (n.p., 1961), 63.
47. Snow, *Red Star Over China*, 60, 252, 106–7.
48. 同前，106.
49. David E. Apter and Tony Saich, *Revolutionary Discourse in Mao's Republic* (Cambridge, MA: Harvard University Press, 1994), 90.
50. Wales, *My Yenan Notebooks*, 165, 167, 170, 26, 168.
51. Snow, *Red Star Over China*, 365–7, 373, 390.
52. Anne-Marie Brady, *Making the Foreign Serve China* (Lanham, MD: Rowman & Littlefield, 2003), 47.
53. 同前，40–1.
54. Thomas, *Season of High Adventure*, 137.
55. Snow, *Red Star Over China*, 247.

56. Thomas, *Season of High Adventure*, 133; Snow, *Red Star Over China*, 31.
57. Taylor, *The Generalissimo*, 333–64, 359, 375; Chang and Halliday, *Mao: The Unknown Story*, 305, 242.
58. 'Memorandum from President Nixon to his Assistant for National Security Affairs (Kissinger)', 19 July 1971, at https://history.state.gov/historicaldocuments/frus1969-76v17/d147 (accessed on 29 January 2018).
59. Brady, *Making the Foreign Serve China*, 52. 亦參見Julia Lovell, 'The Uses of Foreigners in Mao-Era China: "Techniques of Hospitality" and International Image-Building in the People's Republic, 1949–1976', *Transactions of the Royal Historical Society* 25: 135–58.
60. 于友，《胡愈之》（北京：群言出版社，2011），241, 214.
61. 同前，214, 240–1, 275–6; Christopher Bayly and Tim Harper, *Forgotten Wars: The End of Britain's Asian Empire* (London: Penguin Books, 2008), 198–9.
62. Chen Jian, *Mao's China and the Cold War* (Chapel Hill: University of North Carolina Press, 2001), 42.
63. Thomas, *Season of High Adventure*, 152.
64. John K. Fairbank, *China: The People's Middle Kingdom and the USA* (Cambridge, MA: Harvard University Press, 1967), 83; Mark Selden, *The Yenan Way in Revolutionary China* (Cambridge, MA: Harvard University Press, 1971).
65. Alex Hing, interview, 26 March 2015, New York.
66. 中國史沫特萊—斯特朗—斯諾（3S）研究會，《西行漫記和我》，147–50.
67. 同前，122.
68. 同前，35.
69. Nelson Mandela, *Long Walk to Freedom* (London: Little, Brown, 2010), 260–1.
70. 中國史沫特萊—斯特朗—斯諾（3S）研究會，《西行漫記和我》，33–5, 95; Robert P. Newman, *Owen Lattimore and the 'Loss' of China* (Berkeley: University of California Press, 1992), 31–2; Jack Belden, *China Shakes the World* (New York: Harper, 1949).

71. 胡愈之，《我的回憶》（江蘇：江蘇人民出版社，1990），184–5.
72. 中國史沫特萊—斯特朗—斯諾（3S）研究會，《西行漫記和我》，90, 28–9.
73. 同前，165.
74. 同前，105–6.
75. 同前，124.
76. 同前。
77. 同前，181.
78. 同前，194, 112–13, 171–2.
79. 同前，202–5.
80. Lorenz M. Lüthi充分說明了這個概念，*The Sino-Soviet Split: Cold War in the Communist World* (Princeton, NJ: Princeton University Press, 2008), 25–6.
81. 中國史沫特萊—斯特朗—斯諾（3S）研究會，《西行漫記和我》描述了幾次。
82. Edgar Snow, *The Other Side of the River: Red China Today* (London: Victor Gollancz, 1963).
83. 參見Hamilton, *Edgar Snow*, 90; Clifford, 'White China, Red China', 103; 中國史沫特萊—斯特朗—斯諾（3S）研究會，《西行漫記和我》, 37.

三、洗腦——一九五〇年代的中國與世界

1. 參見文件Marcie Holmes, 'Edward Hunter and the Origins of "Brainwashing", at http://www.bbk.ac.uk/hiddenpersuaders/blog/hunter-origins-of-brainwashing/ (accessed on 5 March 2018).
2. 參見這個詞的討論David Seed, *Brainwashing: The Fictions of Mind Control – A Study of Novels and Films* (Kent, OH: Kent State University Press, 2004), 33.
3. Edward Hunter, *Brain-washing in Red China: The Calculated Destruction of Men's Minds* (New York: The Vanguard Press,

1951), cover and 302.

4. Edward Hunter, *Brainwashing: The Story of Men Who Defied It* (New York: Farrar, Straus, and Cudahy, 1956), 309.
5. 參見出色又清楚的敘述Hans van de Ven, *China at War: Triumph and Tragedy in the Emergence of the New China* (London: Profile, 2017), 221–55.
6. Mao Zedong, 'On the People's Democratic Dictatorship', 30 June 1949, at https://www.marxists.org/reference/archive/mao/selectedworks/volume-4/mswv4_65.htm (accessed on 4 September 2018). See Chen Jian, *Mao's China and the Cold War* (Chapel Hill: University of North Carolina Press, 2001), 38–48.
7. 引述在Odd Arne Westad, *The Cold War: A World History* (London: Allen Lane, 2017), 157–8.
8. 參見討論Bruce Cumings, *The Korean War: A History* (New York: Modern Library, 2011).
9. David Halberstam, *The Coldest Winter* (London: Pan Macmillan, 2009), 306.
10. 引述在Sheila Miyoshi Jager, *Brothers at War: The Unending Conflict in Korea* (London: Profile Books, 2013), 130. 這本書詳細記載了韓戰的國際史。
11. 'Oppose Bacteriological Warfare!', at https://www.youtube.com/watch?v=Yb3s864MmXI (accessed on 30 January 2018). 亦參見Mary Augusta Brazelton, 'Beyond Brainwashing: Propaganda, Public Health, and Chinese Allegations of Germ Warfare in Manchuria', at http://www.bbk.ac.uk/hiddenpersuaders/blog/ beyond-brainwashing/ (accessed on 30 January 2018).
12. William Brinkley, 'Valley Forge GIs Tell of Their Brainwashing Ordeal', *Life*, 25 May 1953, 107–8.
13. Charles S. Young, *Name, Rank and Serial Number: Exploiting Korean War POWs at Home and Abroad* (Oxford: Oxford University Press, 2014), 2, 143; Susan Carruthers, *Cold War Captives: Imprisonment, Escape and Brainwashing* (Berkeley: University of California Press, 2009), 302–3.
14. Hunter, *Brain-washing* (1951), 162–3.
15. 'A Report to the National Security Council by the Secretary of State on US Policy Towards Southeast Asia' (NSC 51), 1 July 1949, Digital National Security Archive, www.nsarchive.chadwyck.com/nsa/documents/PD/00145/all.pdf, cited in Andrew

Mumford, *Counterinsurgency Wars and the Anglo-American Alliance: The Special Relationship on the Rocks* (Washington, DC: Georgetown University Press, 2017), 64–5.

16. 例如參見'Relations Between the Malayan Communist Party and the Chinese Communist Party', UKNA FO 371 84479; 'Communism: Federation of Malaya and Singapore', UKNA CO 537 4246.
17. 'The Cold War in the Far East', in 'Official Committee on Communism (Overseas)', UKNA CAB 134/3.
18. 'Singapore: Chinese Communist Party Aims in South East Asia; Joint Intelligence Committee Papers', UKNA FCO 141/14420.
19. Hunter, *Brainwashing* (1956), 3–4.
20. 'Communist Psychological Warfare (Brainwashing): Consultation with Edward Hunter', Committee on Un-American Activities, 13 March 1958, at http://www.crossroad.to/Quotes/globalism/Congress.htm (accessed on 30 January 2018).
21. Nasheed Qamar Faruqi, Marcie Holmes and Daniel Pick, *David Hawkins: A Battle of the Mind*（記錄片）.
22. 參見Timothy Melley, *The Covert Sphere: Secrecy, Fiction and the National Security State* (Ithaca, NY: Cornell University Press, 2012), 237; and 'Memorandum: Brainwashing from a Psychological Viewpoint', 25 April 1956, at https://www.cia.gov/library/readingroom/docs/DOC_0000886487.pdf (accessed on 1 April 2018).
23. 例如，參見Alfred McCoy, *A Question of Torture: CIA Interrogation, from the Cold War to the War on Terror* (New York: Henry Holt & Co., 2006); Timothy Melley, 'Brain Warfare: The Covert Sphere, Terrorism, and the Legacy of the Cold War', *Grey Room* 45 (Fall 2011): 18–41; Jane Mayer, *The Dark Side: The Inside Story of How the War on Terror Turned into a War on American Ideals* (New York: Anchor Books, 2009).
24. 關於這些事情與更多的細節，參見Rebecca Lemov, *The World as Laboratory: Mice, Mazes and Men* (New York: Hill and Wang, 2005), 219; Dominic Streatfeild, *Brainwash: The Secret History of Mind Control* (London: Hodder & Stoughton, 2006); John Marks, *The Search for the 'Manchurian Candidate': The CIA and Mind Control* (London: Allen Lane, 1979).
25. Lemov, *The World as Laboratory*, 245; Melley, 'Brain Warfare', 28.
26. Marks, *The Search for the 'Manchurian Candidate'*, 73–86.

27. Lemov, *The World as Laboratory*, 215–16.
28. Streatfeild, *Brainwash*, 228, 241.
29. Mayer, *The Dark Side*, 170.
30. 同前，150.
31. Michael Welch, 'Doing Special Things to Special People in Special Places: Psychologists in the CIA Torture Program', *The Prison Journal* 97.6 (December 2017): 729–49.
32. Melley, 'Brain Warfare', 21; Melley, *The Covert Sphere*, 5.
33. 都是引述在Mumford, *Counterinsurgency Wars*, 71.
34. 引述同前，76.
35. Zhihua Shen and Yafeng Xia, 'Leadership Transfer in the Asian Revolution: Mao Zedong and the Asian Cominform', *Cold War History* 14.2 (2014): 202–3, 208.
36. 同前，205–6.
37. Mohit Sen, *A Traveller and the Road: The Journey of an Indian Communist* (New Delhi: Rupa & Co., 2003), 43.
38. 同前，83–5, 88.
39. Frederick C. Teiwes, 'The Establishment and Consolidation of the New Regime, 1949–57', in Roderick MacFarquhar, ed., *The Politics of China: The Eras of Mao and Deng* (Cambridge: Cambridge University Press, 1997), 36.
40. Sen, *A Traveller and the Road*, 99, 103.
41. 同前，106–7.
42. Chin Peng, *Alias Chin Peng – My Side of History: Recollections of a Revolutionary Leader* (Singapore: Media Masters, 2003), 47.
43. 同前，57.
44. 同前，48.

45. 同前，133.
46. Karl A. Hack and Jian Chen, eds, *Dialogues with Chin Peng: New Light on the Malayan Communist Party* (Singapore: National University of Singapore Press, 2004), 150.
47. Chin, *Alias Chin Peng*, 405.
48. 同前，254.
49. 同前，270, 278.
50. 'Functions and Activities of the Malayan Communist Party (MCP)', UKNA CO 1022/187; 'Recovered Documents of the Malayan Communist Party', UKNA CO 1022/46.
51. 'Malayan Communist Party', UKNA CO 1030/306.
52. 'Periodic Reports of Malayan Holding Centre: Interception of Post', UKNA CO 1035/7.
53. Chin, *Alias Chin Peng*, 367.
54. 同前，426–8.
55. 阿成，《我肩負的使命：馬共中央政治局委員阿成回憶錄之四》（吉隆坡，二十一世紀出版社，2007）, 21.
56. 同前，82–3.
57. 同前，105–8.
58. Chin, *Alias Chin Peng*, 429, 457.
59. 結合私下通訊及下文中的敘述：楊奎松，〈中美和解過程中的中方變奏：毛澤東「三個世界」理論提出的背景探析〉，《冷戰國際史研究》4 (Spring 2007): 23.
60. 楊美紅，《罌粟花紅：我在緬共十五年》（香港：天地圖書有限公司，2009）；亦參見Maung Aung Myoe, *In the Name of Pauk-Phaw: Myanmar's China Policy Since 1948* (Singapore: Institute of Southeast Asian Studies, 2011), 79– 83.
61. Zhihua Shen and Yafeng Xia, *A Misunderstood Friendship: Mao Zedong, Kim Il-sung and Sino-North Korean Relations, 1949–1976* (New York: Columbia University Press, 2018) (manuscript), 32– 51.

62. Miyoshi Jager, *Brothers at War*, 62.
63. Shen and Xia, *A Misunderstood Friendship*, 55. 關於北韓、中國、蘇聯之間對話的更多資訊，參閱以下網址提供的寶貴翻譯文檔集：https://digitalarchive.wilsoncenter.org/collections/4?mode=list.
64. Zhihua Shen, *Mao, Stalin and the Korean War: Trilateral Communist Relations in the 1950s*, trans. Neil Silver (London: Routledge, 2012), 152.
65. Shen and Xia, *A Misunderstood Friendship*, 69.
66. 同前，57, 113–14.
67. 同前，127.
68. 同前，167–8, 131.
69. 同前，124–5.
70. 參見討論Zhihua Shen and Julia Lovell, 'Undesired Outcomes: China's Approach to Border Disputes During the Early Cold War', *Cold War History* 15.1 (2015): 89–111.
71. Shen and Xia, *A Misunderstood Friendship*, 134, 189–90; Charles Armstrong, *The Tyranny of the Weak: North Korea and the World 1950–1992* (Ithaca, NY: Cornell University Press, 2013), 103–34.
72. Shen and Xia, *A Misunderstood Friendship*, 200.
73. Armstrong, *The Tyranny of the Weak*, 55, 110, 122.
74. Dae-Sook Suh, *Kim Il-Sung: The North Korean Leader* (New York: Columbia University Press, 1988), 316.
75. Shen and Xia, *A Misunderstood Friendship*, 348.
76. 參見Julia Lovell, 'Soviets on Safari', 1843, 23 February 2016, at https://www.1843magazine.com/culture/the-daily/soviets-on-safari (accessed on 30 January 2018).
77. Suh, *Kim Il-Sung*, 266.
78. Bernd Schaefer, 'North Korean "Adventurism" and China's Long Shadow, 1966–1972', Woodrow Wilson Center Working

Paper 44, at https://www.wilsoncenter.org/sites/default/files/ Working_Paper_442.pdf (accessed on 30 January 2018), 11, 13.
79. Shen and Xia, *A Misunderstood Friendship*, 156; Armstrong, *The Tyranny of the Weak*, 19.
80. Shen and Xia, A Misunderstood Friendship, 207–8.
81. 同前，210.
82. Schaefer, 'North Korean "Adventurism" ', 9.
83. Robert A. Scalapino and Chong-sik Lee, *Communism in Korea, Volume 1* (Berkeley: University of California Press, 1972), 641. 在韓國的專家中，Robert Scalapino的研究在冷戰方面有些爭議，但這兩卷書是非常詳細、取材豐富的學術研究。
84. Schaefer, 'North Korean "Adventurism" ', 10.
85. Shen and Xia, *A Misunderstood Friendship*, 290–1.
86. 〈朝鮮實習生情況簡報〉，24 November 1966, SMA B103-3-730. 例如，亦參見〈接待朝鮮實習生總組長梁在宜和八名實習生的工作計畫〉，SMA B103-3-729.
87. 清楚的討論請參見Glen Peterson, *Overseas Chinese in the People's Republic of China* (London: Routledge, 2013), 5.
88. Jin Li Lim, 'New China and Its Qiaowu: The Political Economy of Overseas Chinese Policy in the People's Republic of China, 1949– 1959'，未發表的博士論文，London School of Economics, 2016, 273.
89. Peterson, *Overseas Chinese*, 32–6.
90. 參見討論同前，36–43, and Lim, 'New China', 113.
91. Peterson, *Overseas Chinese*, 59–60.
92. 同前，119, and Lim, 'New China', *passim*.
93. Lim, 'New China', 185.
94. 同前，260.
95. 《激情歲月》（香港：見證出版社，2005），xi；《漫漫林海路》（香港，見證出版社，2003），47.
96. 關於緬甸，參見Hongwei Fan, 'China-Burma Geopolitical Relations in the Cold War', *Journal of Current Southeast Asian*

Affairs 31.1 (2012): 7–27. 柬埔寨的情況將在第七章討論。

97. 阿成，《一路艱辛向前走—我肩負的使命》(Johor: Hasanah Sin Bt. Abdullah, 2009), 97, 68, 87.
98. Chin, *Alias Chin Peng*, 467–9.
99. 阿成，《一路艱辛向前走—我肩負的使命》, 138–44, 154, 158.
100. Eugene Kinkead, 'A Reporter at Large: A Study of Something New in History', *New Yorker*, 26 October 1957, 102–53.
101. 訪談Ethan Young，2015年3月24日，紐約。
102. Clarence Adams, *An American Dream: The Life of an African American Soldier and POW Who Spent Twelve Years in Communist China* (Amherst: University of Massachusetts Press, 2007), 56.
103. Aminda Smith, *Thought Reform and China's Dangerous Classes: Reeducation, Resistance and the People* (Lanham, MD: Rowman & Littlefield, 2013), 96.
104. Mao Zedong, 'Analysis of the Classes in Chinese Society', March 1926, at https://www.marxists.org/reference/archive/mao/selectedworks/volume-1/mswv1_1.htm (accessed on 4 September 2018).
105. Shuibo Wang, *They Chose China*（記錄片）。
106. Smith, *Thought Reform*, 146, 92, 158.
107. Young, *Name, Rank and Serial Number*, 80, 84.
108. Wang, *They Chose China*.
109. Mike Dorner, Max Whitby and Phillip Whitehead, *Korea: The Unknown War*（迷你影集）。
110. Aminda Smith提供的採訪節選。
111. Adams, *An American Dream*, 34–40.
112. 同前，47, 51.
113. 同前，54.
114. Adam Zweiback, 'The 21 "Turncoat GIs": Non-repatriations and the Political Culture of the Korean War', *The Historian 60:2*

(Winter 1998): 358–9; Lewis Carlson, 'Preface', in Adams, *An American Dream*, xi.

115. Adams, *An American Dream*, 2.

116. Faruqi, Holmes and Pick, *David Hawkins: A Battle of the Mind*, and Chloe Hadjimatheou and Daniel Nasaw, 'The American POW who Chose China', 27 October 2011, at http://www.bbc.co.uk/news/ magazine-15453730 (accessed on 31 January 2018).

四、世界革命

1. 例如，參見https://i.pinimg.com/originals/28/34/6c/28346cf211a8177cfc2ec03334c8e645.jpg.
2. Sergey Radchenko, *Two Suns in the Heavens: The Sino-Soviet Struggle for Supremacy, 1962–1967* (Washington, DC: Woodrow Wilson Center, 2009), 212.
3. Lorenz Lüthi, *The Sino-Soviet Split: Cold War in the Communist World* (Princeton, NJ: Princeton University Press, 2010), 73.
4. 演辭全文請見：http://digitalarchive.wilsoncenter.org/document/121559 (accessed on 9 February 2018).
5. Nikita Khrushchev, *Khrushchev Remembers: The Last Testament*, Volume 2, trans. Strobe Talbott (London: Deutsch, 1974), 255; Zhihua Shen and Yafeng Xia, *Mao and the Sino-Soviet Partnership, 1945–1959: A New History* (Lanham, MD: Lexington Books, 2015), 265–6.
6. Shen and Xia, *Mao and the Sino-Soviet Partnership*, 267.
7. Martin McCauley, *The Khrushchev Era 1953–1964* (London: Routledge, 2014), 108.
8. Zhisui Li, *The Private Life of Chairman Mao: The Memoirs of Mao's Personal Physician*, trans. Tai Hung-chao (London: Arrow Books, 1996), 224.
9. 同前，220–2.
10. 關於中蘇關係的精采分析，參閱：Lüthi, *The Sino-Soviet Split*; Li Mingjiang, *Mao's China and the Sino-Soviet Split: Ideological Dilemma* (London: Routledge, 2012); Radchenko, *Two Suns in the Heavens; Shen and Xia, Mao and the Sino-Soviet Partnership*; Odd Arne Westad, ed., *Brothers in Arms: The Rise and Fall of the Sino-Soviet Alliance, 1945–1963* (Stanford, CA: Stanford University

Press, 2000). 關於聯盟日常實務中的社會經濟不平等，參見Austin Jersild, *The SinoSoviet Alliance: An International History* (Chapel Hill: University of North Carolina Press, 2014).

11. 這方面，我覺得以下這本書的說法很有說服力：Lüthi, *The Sino-Soviet Split*.
12. 同前，63.
13. 同前，82, 85, 87, 89, 83.
14. Li, *The Private Life*, 453–4.
15. 同前，94.
16. Chen Jian, *Mao's China and the Cold War* (Chapel Hill: University of North Carolina Press, 2001), 186, 189.
17. Lüthi, *The Sino-Soviet Split*, 100.
18. Chen, *Mao's China*, 185–9.
19. Li, *The Private Life*, 262.
20. Lüthi, *The Sino-Soviet Split*, 88.
21. Hong Liu, *China and the Shaping of Indonesia, 1949–1965* (Singapore: NUS Press, 2011), 186.
22. 蔣華傑，冷戰時期中國對非洲國家的援助研究 (1960–1978)，未發表的博士論文，華東師範大學，2014, 34.
23. Frank Dikötter, *Mao's Great Famine: The History of China's Most Devastating Catastrophe, 1958–1962* (London: Bloomsbury, 2010), 113.
24. 參見Elidor Mehili, *From Stalin to Mao: Albania and the Socialist World* (Ithaca, NY: Cornell University Press, 2018).
25. 張帆，〈關於中國社會問題致蘇共中央的一封信〉，刊載於宋永毅主編，《中國文化大革命文庫》（香港：香港中文大學，2013）。
26. 'Long Live Leninism!' at https://www.marxists.org/history/international/comintern/sino-soviet-split/cpc/leninism.htm (accessed on 29 August 2018); Lüthi, *The Sino-Soviet Split*, 163, 274.
27. Jeremy Friedman, *Shadow Cold War: The Sino-Soviet Competition for the Third World* (Chapel Hill: University of North

Carolina Press, 2015), 96.

28. Lüthi, *The Sino-Soviet Split*, 178.

29. Ang Cheng Guan, *Vietnamese Communists' Relations with China and the Second Indochina Conflict, 1956–1962* (London: McFarland, 1997), 162.

30. Lüthi, *The Sino-Soviet Split*, 269.

31. 同前，229–30, 235.

32. 同前，149, 162.

33. 同前，159.

34. Dikötter, *Mao's Great Famine*, 335–7.

35. Christopher Tang, 'Homeland in the Heart, Eyes on the World: Domestic Internationalism, Popular Mobilization, and the Making of China's Cultural Revolution, 1962–68', 未發表的博士論文, Cornell University, 2016, 53–7.

36. 林彪，〈人民戰爭勝利萬歲！〉，https://www.marxists.org/reference/archive/lin-biao/1965/09/peoples_war/index.htm (accessed on 13 May 2015).

37. 林彪，〈毛語錄再版前言〉，https://www.marxists.org/reference/archive/lin-biao/1966/12/16.htm (accessed on 13 May 2015).

38. 一九九六年北京化工學院紅色宣傳員戰鬥組，北京經濟學院無產階級革命團、北京市東方紅印刷廠革命造反聯絡處、化工部化學工業出版社印刷廠聯合彙編，《無產階級文化大革命資料（二）》，〈葉劍英在全軍院校文化大革命動員會上的講話〉，1996年10月，刊載於宋永毅主編，《中國文化大革命文庫》。

39. Sidney Rittenberg and Amanda Bennett, *The Man Who Stayed Behind* (Durham, NC: Duke University Press, 2001), 277，以及透過Skype的訪談，2013年2月26日。

40. 參見底下的精采討論Tang, 'Homeland in the Heart'，以及北京地質學院東方紅編輯部和武漢鋼二司編輯部，〈中央首長在武漢革命派組織的座談會上的談話紀要〉，1967年8月25日，刊載於宋永毅主編，《中國文化大革命文庫》。

41. 參見底下收錄的例子：〈堅決戰勝美帝國主義：支持越南人民抗美救國正義鬥爭歌曲選集〉（北京：音樂出版社，

1965）。
42. Tang, 'Homeland in the Heart', 70.
43. 同前，69.
44. 同前，71.
45. 同前，73.
46. 同前，125.
47. 同前，96–7.
48. Friedman, *Shadow Cold War*, 198.
49. Tang, 'Homeland in the Heart', 142.
50. 同前，171; 關於後者的現象，參見Zachary A. Scarlett, 'China After the Sino-Soviet Split: Maoist Politics, Global Narratives, and the Imagination of the World', 未發表的博士論文, Northeastern University, 2013, 115–21.
51. Tang, 'Homeland in the Heart', 192.
52. 同前，183, and Alexander C. Cook, 'Chinese Uhuru: Maoism and the Congo Crisis', 未發表論文。
53. Cook, 'Chinese Uhuru', 15, 17.
54. Li Xiangqian, 'The Economic and Political Impact of the Vietnam War on China in 1964', in Priscilla Roberts, ed., *Behind the Bamboo Curtain: China, Vietnam and the World Beyond Asia* (Stanford, CA: Stanford University Press, 2006), 186.
55. Jonathan Spence, *The Search for Modern China* (New York: Norton, 2013), 546.
56. Tang, 'Homeland in the Heart', 254, 267.
57. 同前，258.
58. 同前，277.
59. 一院大字報選編小組，〈廖承志在北京大學做關於國際形勢的報告〉，1966年12月，刊載於宋永毅主編，《中國文化大革命文庫》。

60. Friedman, *Shadow Cold War*, 198–9.
61. Radchenko, *Two Suns in the Heavens*, 178.
62. Li, 'The Economic and Political Impact', 178.
63. Barry Naughton, 'The Third Front: Defence Industrialization in the Chinese Interior', *China Quarterly* 115 (September 1988): 365.
64. Covell Meyskens, 'Third Front Railroads and Industrial Modernity in Late Maoist China', *Twentieth-Century China* 40.3 (October 2015): 240–1, 253.
65. 同前，251, 256.
66. Naughton, 'The Third Front', 376.
67. 同前，379.
68. Lüthi, *The Sino-Soviet Split*, 341–2.
69. Andrew Osborn and Peter Foster, 'USSR Planned Nuclear Attack on China in 1969', *Daily Telegraph*, 13 May 2010, at http://www.telegraph.co.uk/news/worldnews/asia/china/7720461/USSR-planned-nuclear-attack-on-China-in-1969.html (accessed on 10 February 2018).
70. Lüthi, *The Sino-Soviet Split*, 341.
71. Han Shaogong, *A Dictionary of Maqiao*, trans. Julia Lovell (New York: Columbia University Press, 2003), 301–6.
72. James Hershberg, Sergey Radchenko, Peter Vamos and David Wolff, 'The Interkit Story: A Window into the Final Decades of the Sino-Soviet Relationship', Cold War International History Project Working Paper, February 2011, 11, at https://www.wilsoncenter.org/sites/default/files/ Working_Paper_63.pdf (accessed on 8 January 2018).
73. Radchenko, *Two Suns in the Heavens*, 193.
74. Friedman, *Shadow Cold War*, 105.
75. Radchenko, *Two Suns in the Heavens*, 83.

76. Friedman, *Shadow Cold War*, 197.
77. Christophe Bourseiller, *Les Maoïstes: La Folle Histoire des Gardes Rouges Français* (Paris: Plon, 1996), 70–1.
78. Jon Henley, 'Mr Chips Turns Out to Be 007', *Guardian*, 4 December 2004.
79. Friedman, *Shadow Cold War*, 102, 105.
80. Lüthi, *The Sino-Soviet Split*, 232.
81. Friedman, *Shadow Cold War*, 211.
82. 同前，112.
83. 同前，133.
84. 同前，218–19.
85. 同前，158.
86. 參見Hershberg et al., 'The Interkit Story'.
87. Frank Dikötter, *The Cultural Revolution: A People's History, 1962– 1976* (London: Bloomsbury, 2016), 100; Friedman, *Shadow Cold War*, 176.

五、危險年代——印尼的關聯

1. Joshua Oppenheimer, *The Look of Silence*（電影）。
2. Adrian Vickers, *A History of Modern Indonesia* (Cambridge: Cambridge University Press, 2013), 144.
3. Bob Hering, *Soekarno: Founding Father of Indonesia, 1901–1945* (Leiden, NL: KITLV Press, 2002), 303.
4. 同前，314–15.
5. Vickers, *A History of Modern Indonesia*, 95.
6. 同前，105.
7. Hering, *Soekarno*, 352.

8. Vickers, *A History of Modern Indonesia*, 111.
9. 同前，114.
10. 同前，127, 138.
11. Mochtar Lubis, *Twilight in Djakarta*, trans. Claire Holt (London: Hutchinson, 1963).
12. 參見底下描述Robert Cribb and Colin Brown, Modern Indonesia: A History Since 1945 (London: Longman, 1995), 74–81.
13. Hong Liu, *China and the Shaping of Indonesia, 1949–1965* (Singapore: NUS Press, 2011), 131.
14. 參見底下更深入的討論Audrey Kahin and George Kahin, *Subversion as Foreign Policy: The Secret Eisenhower and Dulles Debacle in Indonesia* (Seattle: University of Washington Press, 1997), and Bradley R. Simpson, *Economists with Guns: Authoritarian Development and U.S.–Indonesian Relations, 1960– 1968* (Stanford, CA: Stanford University Press, 2008).
15. Cribb and Brown, *Modern Indonesia*, 55.
16. David Mozingo, *Chinese Policy Toward Indonesia, 1949–1967* (Ithaca, NY: Cornell University Press, 1976), 148.
17. Liu, *China and the Shaping of Indonesia*, 211.
18. 同前，217–18.
19. Antonie C. A. Dake, *In the Spirit of the Red Banteng: Indonesian Communists Between Moscow and Peking, 1959–1965* (The Hague: Mouton, 1973), 299.
20. 同前，78.
21. Liu, *China and the Shaping of Indonesia*, 221.
22. 同前，223.
23. 同前，223–4.
24. Vickers, *A History of Modern Indonesia*, 148.
25. Liu, *China and the Shaping of Indonesia*, 229–30.
26. Taomo Zhou, 'China and the Thirtieth of September Movement', *Indonesia 98* (October 2014): 47.

27. Sukarno, *Sukarno: An Autobiography, as Told to Cindy Adams* (Hong Kong: Gunung Agong, 1965), 5.
28. Liu, *China and the Shaping of Indonesia*, 75.
29. Hong Liu, 'The Historicity of China's Soft Power: The PRC and the Cultural Politics of Indonesia, 1945–1965', in Zheng Yangwen et al., eds, *The Cold War in Asia: The Battle for Hearts and Minds* (Leiden, NL: Brill, 2010), 162.
30. Lubis, *Twilight in Djakarta*, 57.
31. Liu, *China and the Shaping of Indonesia*, 86–7.
32. Abdul Haris Nasution, *Fundamentals of Guerrilla Warfare* (London: Pall Mall Press, 1965), 26–7.
33. Liu, *China and the Shaping of Indonesia*, 86.
34. 同前，134.
35. Ruth T. McVey, 'Indonesian Communism and China', in Tang Tsou, ed., *China in Crisis Volume 2: China's Policies in Asia and America's Alternatives* (Chicago: University of Chicago Press, 1968), 367.
36. 參見底下的生平描述 *Tempo Magazine Special Issue: Aidit and the G30S*, October 2007, 15, 24.
37. 參見Larisa M. Efimova, 'Stalin and the New Program for the Communist Party of Indonesia', *Indonesia* 91 (April 2011): 131–63.
38. Jung Chang and Jon Halliday, *Mao: The Unknown Story* (London: Jonathan Cape, 2005), 389.
39. Donald Hindley, *The Communist Party of Indonesia, 1951–1963* (Berkeley: University of California Press, 1964), 32, 42.
40. 參見Robert Cribb, 'Indonesian Marxism', in Colin Mackerras and Nick Knight, eds, *Marxism in Asia* (Sydney: Croome Helm, 1985), 251–72.
41. Hindley, *The Communist Party of Indonesia*, 162.
42. John Roosa, 'Indonesian Communism: The Perils of the Parliamentary Path', in Norman Naimark, Silvio Pons and Sophie Quinn-Judge, eds, *The Cambridge History of Communism*, Volume 2 (Cambridge: Cambridge University Press, 2017), 476.
43. Hindley, *The Communist Party of Indonesia*, 90.

44. 同前，90–4; for numbers, 參見Vickers, *A History of Modern Indonesia, 158, and Rex Mortimer, Indonesian Communism Under Sukarno: Ideology and Politics, 1959–1965* (Ithaca, NY: Cornell University Press, 1974), 366–7.
45. Hindley, *The Communist Party of Indonesia*, 110.
46. 同前，113.
47. Mozingo, *Chinese Policy*, 209.
48. Hindley, *The Communist Party of Indonesia*, 100–1.
49. Vickers, *A History of Modern Indonesia*, 156.
50. Hindley, *The Communist Party of Indonesia*, 259.
51. 同前，262.
52. Doak Barnett, 'Echoes of Mao Tse-tung in Djakarta', 21 May 1955, at http://www.icwa.org/wp-content/uploads/2015/08/ADB-79.pdf (accessed on 1 February 2018).
53. Sukarno, *Sukarno: An Autobiography*, 267, 271.
54. J. D. Legge, *Sukarno: A Political Biography* (London: Allen Lane, 1972), 344.
55. Mortimer, *Indonesian Communism*, 179.
56. 同前，186.
57. Mozingo, *Chinese Policy*, 203.
58. Mortimer, *Indonesian Communism*, 197–8.
59. 'Zhongdian waibin zaijing canguan' (The Visits of VIP Foreign Guests to Beijing), 1961, BMA 1961 102–001–00190; D. N. Aidit, 'People's Republic of China Achieves Super-Abundance in People's Commune Production', Harian Rakjat, 1 October 1963, in Joint Publications Research Service, *Translations on South and East Asia*, No. 43.
60. *Tempo Magazine Special Issue: Aidit and the G30S*, 15–18.
61. Sheldon W. Simon, *The Broken Triangle: Peking, Djakarta, and the PKI* (Baltimore: Johns Hopkins Press, 1969), 85, 101–2.

62. 'Intensify the Revolutionary Offensive on All Fronts', *Harian Rakjat*, 15 May 1965, in Joint Publications Research Service, *Translations on South and East Asia*, No. 91.
63. Mortimer, Indonesian Communism, 202, and D. N. Aidit, Dare, *Dare and Dare Again!* (Beijing: Foreign Languages Press, 1963).
64. Mortimer, *Indonesian Communism*, 276.
65. D. N. Aidit, *Set Afire the Banteng Spirit: Ever Forward, No Retreat!* (Beijing: Foreign Languages Press, 1964), 1–2, 4, 13, 29, 64, 102.
66. 同前，78, 87, 98.
67. Taomo Zhou, 'Diaspora and Diplomacy: China, Indonesia and the Cold War, 1945–1967', 未發表的博士論文, Cornell University, 2015, 191.
68. Mozingo, *Chinese Policy*, 217–18.
69. Mortimer, *Indonesian Communism*, 383–4.
70. Mozingo, *Chinese Policy*, 209, 212.
71. Ruth McVey, 'The Post-Revolutionary Transformation of the Indonesian Army: Part II', *Indonesia* 13 (April 1972): 176–7; Geoffrey Robinson, *The Killing Season: A History of the Indonesian Massacres*, 1965–66 (Princeton, NJ: Princeton University Press, 2018), 45–7. 亦參見Ulf Sundhaussen, *The Road to Power: Indonesian Military Politics 1945–1967* (Oxford: Oxford University Press, 1982).
72. Zhou, 'China': 33–7; Zhou, 'Diaspora and Diplomacy', 194.
73. Zhou, 'China': 38–9.
74. 'Southeast Asia: A World Center of Contradictions', Harian Rakjat, 26 September 1964, in Joint Publications Research Service, *Translations on South and East Asia*, No. 66.
75. Mortimer, *Indonesian Communism*, 381.

76. 'Intensify the Revolutionary Offensive on All Fronts', *Harian Rakjat*, 15 May 1965, in Joint Publications Research Service, *Translations on South and East Asia*, No. 91.

77. Simon, *The Broken Triangle*, 109.

78. 'Internal Political Situation: Attempted Coup Against Sukarno', 1965, UKNA FO 371/180324.

79. Vickers, *A History of Modern Indonesia*, 158.

80. Mary Ida Bagus, 'West Bali: Experiences and Legacies of the 1965– 66 Violence', in Douglas Kammen and Katharine McGregor, eds, *The Contours of Mass Violence in Indonesia, 1965–68* (Copenhagen: NIAS Press, 2012), 213.

81. Dake, *In the Spirit of the Red Banteng*, 364.

82. Victor Fic, *Anatomy of the Jakarta Coup, 1 October, 1965: The Collusion with China Which Destroyed the Army Command, President Sukarno and the Communist Party of Indonesia* (New Delhi: Abhinav Publications, 2004), 86–9.

83. Vickers, *A History of Modern Indonesia*, 156.

84. John Roosa, *Pretext for Mass Murder: The September 30th Movement and Suharto's Coup d'État in Indonesia* (Madison: University of Wisconsin Press, 2006), 34–5; 亦參見John Hughes, *The End of Sukarno: A Coup that Misfired, a Purge that Ran Wild* (London: Angus & Robertson, 1968), 61.

85. Benedict R. Anderson, 'How Did the Generals Die?', *Indonesia* 43 (April 1987): 109–34.

86. Roosa, *Pretext for Mass Murder*, 51.

87. 同前，46.

88. Geoffrey Robinson, ' "Down to the Very Roots": The Indonesian Army's Role in the Mass Killings of 1965–6', *Journal of Genocide Research* 19.4 (2017): 475.

89. 這些事件的精采歷史包括：同前（並看本期特刊中有關殺戮的其他文章）；Robinson, *The Killing Season*; Robert Cribb, ed., *The Indonesian Killings 1965–1966: Studies from Java and Bali* (Melbourne, Aus.: Monash University, 1990); Kammen and McGregor, eds, *The Contours; Jess Melvin, The Army and the Indonesian Genocide: Mechanics of Mass Murder* (London:

Routledge, 2018).
90. 引用於 Robinson, *The Killing Season*, 10.
91. Oppenheimer, *The Look of Silence*.
92. Taufik Ahmad, 'South Sulawesi: The Military, Prison Camps and Forced Labour', in Kammen and McGregor, eds, *The Contours*, 180, 176.
93. Legge, *Sukarno*, 404.
94. 引用於 Roosa, *Pretext for Mass Murder*, 24.
95. 同前，10.
96. 同前，24.
97. In Oppenheimer, *The Look of Silence*.
98. Roosa, *Pretext for Mass Murder*, 27.
99. Jess Melvin, 'Why Not Genocide? Anti-Chinese Violence in Aceh, 1965–1966', *Journal of Current Southeast Asian Affairs* 32.3 (2013): 71.
100. Roosa, *Pretext for Mass Murder*, 13.
101. 同前，195; Robinson, The Killing Season, 177–207; and https://nsarchive2.gwu.edu/NSAEBB/NSAEBB52/.
102. Melvin, 'Why Not Genocide?', 72.
103. 同前，74.
104. Simon, *The Broken Triangle*, 154; Hughes, *The End of Sukarno*, 168–9.
105. Zhou, 'China': 49.
106. Benedict R. Anderson and Ruth T. McVey, *A Preliminary Analysis of the October 1, 1965, Coup in Indonesia* (Ithaca, NY: Modern Indonesia Project, 1971).
107. Roosa, *Pretext for Mass Murder*.

108. Fic, *Anatomy of the Jakarta Coup*, 96.
109. Zhou, 'China': 50–1.
110. Dake, *In the Spirit of the Red Banteng*, 407.
111. Roosa, *Pretext for Mass Murder*, 159.
112. 同前，144, 250.
113. 同前，122, 259.
114. 同前，247, 137, 211.
115. 同前，251, 229, 95.
116. 同前，232–3, 96.
117. 同前，229, 217.
118. Zhou, 'China': 55.
119. Dake, *In the Spirit of the Red Banteng*, 438.
120. Simon, *The Broken Triangle*, 141.
121. 121. David Jenkins and Douglas Kammen, 'The Army Para-commando Regiment and the Reign of Terror in Central Java and Bali', 86, 88, and Vannessa Hearman, 'South Blitar and the PKI Bases: Refuge, Resistance and Repression', 199, both in Kammen and McGregor, eds, The Contours.
122. Cribb, *The Indonesian Killings*, 257.
123. Jenkins and Kammen, 'The Army Para-commando', 89, 93, and Bagus, 'West Bali', 217.
124. Melvin, 'Why Not Genocide?': 82.
125. Bagus, 'West Bali', 219, and Yen-ling Tsai and Douglas Kammen, 'Anti-communist Violence and the Ethnic Chinese in Medan, North Sumatra', in Kammen and McGregor, eds, *The Contours*, 146.
126. Jenkins and Kammen, 'The Army Para-commando', 95.

127. 同前，99, and Bagus, 'West Bali', 227.
128. Douglas Kammen and Katharine McGregor, 'Introduction: The Contours of Mass Violence in Indonesia, 1965–68', in Kammen and McGregor, eds, The Contours, 9.
129. Jenkins and Kammen, 'The Army Para-commando', 85.
130. Oppenheimer, *The Look of Silence*.
131. Adam Shatz, 'Joshua Oppenheimer Won't Go Back to Indonesia', *New York Times*, 9 July 2015

六、進入非洲

1. John Cooley, *East Wind Over Africa: Red China's African Offensive* (New York: Walker & Company, 1965), 193.
2. 同前，7.
3. Kathleen Caulderwood, 'China Is Africa's New Colonial Overlord, Says Famed Primate Researcher Jane Goodall', *International Business Times*, at http://www.ibtimes.com/china-africas-newcolonial-overlord-says-famed-primate-researcher-jane-goodall1556312 (accessed on 2 February 2018).
4. Lydia Polgreen and Howard W. French, 'China's Trade in Africa Carries a Price Tag', *New York Times*, 21 August 2007, at http://www.nytimes.com/2007/08/21/world/africa/21zambia.html (accessed on 2 February 2018).
5. 參見http://www.fmprc.gov.cn/mfa_eng/xwfw_665399/ s2510_665401/t1386961.shtml (accessed on 29 March 2018).
6. 參見http://www.fmprc.gov.cn/mfa_eng/xwfw_665399/ s2510_665401/t1467100.shtml (accessed on 29 March 2018).
7. 蔣華傑把毛澤東時代的人民幣兌美元匯率定為2：1，〈冷戰時期中國對非洲國家的援助研究（1960-1978）〉，未發表的博士論文，華東師範大學，2014年，19；http://www.usinflationcalculator.com認為，一九七五年的一美元相當於二〇一七年的四點五六美元。
8. 關於中國的數字，參見蔣華傑，〈冷戰時期中國對非洲國家的援助研究（1960-1978）〉，18–20。關於美國的數字，參見http://archive.nytimes.com/www.nytimes.com/interactive/2011/10/04/us/politics/us-foreign-aid-since-1977.html (accessed on

29 April 2018). 關於蘇聯的數字，例如參見Quintin V. S. Bach, 'A Note on Soviet Statistics on Their Economic Aid', *Soviet Studies* 37.2 (April 1985): 269.

9. Cooley, *East Wind Over Africa*, 5.

10. Ali Mazrui 'Preface', in Robert Buijtenhuijs, *Mau Mau Twenty Years After: The Myth and the Survivors* (The Hague: Mouton, 1973), 7–13. 參見John Lonsdale's rebuttal in 'Mau Maus of the Mind: Making Mau Mau and Remaking Kenya', *Journal of African History 31.3* (1990): 393. 亦參見有關茅茅起義的其他最近作品，包括：E. S. Atieno Odhiambo and John Lonsdale, eds, *Mau Mau and Nationhood: Arms, Authority and Narration* (Oxford: James Currey, 2003); S. M. Shamsul Alam, *Rethinking Mau Mau in Colonial Kenya* (New York: Palgrave Macmillan, 2007); David M. Anderson, *Histories of the Hanged: Britain's Dirty War in Kenya and the End of Empire* (London: Weidenfeld & Nicolson, 2005).

11. Elinor Sisulu, *Walter and Albertina Sisulu: In Our Lifetime* (London: Abacus, 2003), 166.

12. Walter Sisulu, *I Will Go Singing*, at http://www.sahistory.org.za/sites/default/files/ Sisulu%20bio%2C%20I%20will%20Go%20Singing%2C%20by%20George%20Houser%20and%20Herbert%20Shore.pdf (accessed on 29 March 2018), 90–3.

13. Nelson Mandela, *Long Walk to Freedom* (London: Little, Brown, 2010), 148. 關於曼德拉取得毛澤東作品的詳細資訊，參見同前，112.

14. 引用於金沖及與逄先知，《毛澤東傳 1949-1976》，第二卷（北京：中央文獻出版社，2003年），1695。毛澤東似乎在一九七四年也對尚比亞首任總統肯尼思．卡翁達（Kenneth Kaunda）說了同樣的話：參見Philip Snow, *The Star Raft: China's Encounter with Africa* (London: Weidenfeld & Nicolson, 1988), 141.

15. J. C. Cheng, ed., *The Politics of the Chinese Red Army: A Translation of the Bulletin of Activities of the People's Liberation Army* (Stanford, CA: Hoover Institution, 1966), 315–17, 484–7. 該報告最後總結：「本書供軍團等級以上的幹部學習與參考，不得對外傳播內容，不得公開引用或複製。任何情況下都不能遺失或錯置！」

16. Snow, *The Star Raft*, 73.

17. 同前，73–4.

18. 蔣華傑，〈冷戰時期中國對非洲國家的援助研究（1960-1978）〉，34.
19. Snow, *The Star Raft*, 74, 106, 120.
20. Cooley, *East Wind Over Africa*, 40.
21. G. Thomas Burgess, 'Mao in Zanzibar: Nationalism, Discipline, and the (De)Construction of Afro-Asian Solidarities', in Christopher J. Lee, ed., *Making a World After Empire: The Bandung Moment and Its Political Afterlives* (Athens: Ohio University Press, 2010), 207.
22. G. Thomas Burgess, Ali Sultan Issa and Seif Sharif Hamad, *Race, Revolution and the Struggle for Human Rights in Zanzibar: The Memoirs of Sultan Issa and Seif Sharif Hamad* (Athens: Ohio University Press, 2009), 60–1.
23. 同前，66.
24. Cooley, *East Wind Over Africa*, 41.
25. Burgess, 'Mao in Zanzibar', 224.
26. Alan Hutchison, *China's African Revolution* (London: Hutchinson, 1975), 95.
27. 同前，95, 62; Jiang, 'Lengzhan shiqi Zhongguo', 45–6; Cooley, *East Wind Over Africa*, 175, 172.
28. 'Kenya: Chinese Communist Activities in the Middle East and Africa', 1959–1962, UKNA FCO 141/7090.
29. Christopher M. Andrew and Vasili Mitrokhin, *The Mitrokhin Archive II: The KGB and the World* (London: Allen Lane, 2005), 442.
30. Priya Lal, 'Maoism in Tanzania: Material Connections and Shared Imaginaries', in Alexander C. Cook, ed., *Mao's Little Red Book: A Global History* (Cambridge: Cambridge University Press, 2014), 101.
31. Jamie Monson, *Africa's Freedom Railway: How a Chinese Development Project Changed Lives and Livelihoods in Tanzania* (Bloomington: Indiana University Press, 2009), 30.
32. 同前，7.
33. Hong Zhou and Hou Xiong, eds, *China's Foreign Aid: 60 Years in Retrospect* (Singapore: Springer, 2017), 116–17; Hutchison,

China’s African Revolution, 54.

34. Hutchison, *China’s African Revolution*, 221–2.
35. Cooley, *East Wind Over Africa*, 224–5.
36. 引用於同前，143.
37. Snow, *The Star Raft*, 160.
38. Burgess et al., *Race*, 107.
39. 李丹慧、梁志、周娜，〈非洲叢林中的新使命：馬法賢老人訪談錄（二）〉，《冷戰國際史研究》8 (2009): 317。
40. 李丹慧、陳波、樊百玉，〈非洲叢林中的新使命：馬法賢老人訪談錄（三）〉，《冷戰國際史研究》9 (2010): 265。
41. 蔣華傑，〈冷戰時期中國對非洲國家的援助研究（1960-1978）〉，174.
42. 同前，62.
43. 同前，70–1.
44. Snow, *The Star Raft*, 79–82.
45. Raymond Mhlaba, *Raymond Mhlaba’s Personal Memoirs: Reminiscing from Rwanda and Uganda* (Johannesburg: HSRC Press, 2001), 112–17.
46. Paul S. Landau, ‘The ANC, MK, and “The Turn to Violence” (1960–1962)’, *South African Historical Journal* 64.3 (2012): 556–7.
47. 同前，560.
48. Snow, *The Star Raft*, 84–5.
49. Hutchison, *China’s African Revolution*, 230.
50. 同前。
51. 同前，243.
52. Snow, *The Star Raft*, 83.

53. 'Kenya: Chinese Communist Activities in the Middle East and Africa', 1959–1962, UKNA FCO 141/7090.
54. 蔣華傑，〈冷戰時期中國對非洲國家的援助研究（1960-1978）〉，85–6.
55. 'Africa: "Chinese Activities in Africa", Communist Propaganda in Africa and IRD Work in Nigeria, Ghana … ', 1966, UKNA FO 1110/2073.
56. *Nkrumah's Subversion in Africa: Documentary Evidence of Nkrumah's Interference in the Affairs of Other African States* (Ghana: Ministry of Information, 1966), 7, 42 and *passim*.
57. Hutchison, *China's African Revolution*, 248.
58. 蔣華傑，〈冷戰時期中國對非洲國家的援助研究（1960-1978）〉，170.
59. Alaba Ogunsanwo, *China's Policy in Africa, 1958–1971* (Cambridge: Cambridge University Press, 1974), 193–4.
60. Ali Mazrui, 'Kenya: Global Africana – Kissinger and Nyerere Belonged to Two Cultures but Why Their Comparison?', *The Standard*, at http://allafrica.com/stories/200709230017.html (accessed on 4 February 2018).
61. Julius K. Nyerere, *Freedom and Socialism* (Dar es Salaam: Oxford University Press, 1968), 34.
62. South African Democracy Education Trust, *The Road to Democracy in South Africa*, Volume 5, Part 1 (Cape Town: Zebra Press, 2004), 202.
63. Hutchison, *China's African Revolution*, 5.
64. Nyerere, *Freedom and Socialism*, 137.
65. 例如，參見'The Arusha Declaration', in 同前，246.
66. Priya Lal, *African Socialism in Postcolonial Tanzania* (Cambridge: Cambridge University Press, 2015), 56.
67. 同前，62.
68. Lal, 'Maoism in Tanzania', 96.
69. Julius K. Nyerere, *Freedom and Development* (Dar es Salaam: Oxford University Press, 1973), 42–4.
70. Lal, 'Maoism in Tanzania', 108; Snow, *The Star Raft*, 102.

71. Mu'ammar al-Gaddafi, 'The Social Basis of the Third International Theory', at https://www.marxists.org/subject/africa/gaddafi/ch03.htm (accessed on 4 February 2018).
72. Lal, 'Maoism in Tanzania', 104.
73. Snow, *The Star Raft*, 101–2.
74. Burgess, 'Mao in Zanzibar', 224.
75. Lal, *African Socialism*, 100, 181, 202.
76. 'Chinese Activities in Tanzania', 1964–1966, UKNA DO 213/100.
77. 蔣華傑，〈冷戰時期中國對非洲國家的援助研究（1960-1978）〉，169.
78. 同前，210.
79. 同前，215.
80. 同前，216, 236.
81. Bruce D. Larkin, *China and Africa, 1949–1970: The Foreign Policy of the People's Republic of China* (Berkeley: University of California Press, 1971), 167–8.
82. Cooley, *East Wind Over Africa*, 156.
83. 蔣華傑，〈冷戰時期中國對非洲國家的援助研究（1960-1978）〉，30.
84. 同前，158.
85. Hutchison, *China's African Revolution*, 111.
86. Snow, *The Star Raft*, 82.
87. Mohamed Heikal, *Nasser: The Cairo Documents* (London: New English Library, 1972), 285–6.
88. Snow, *The Star Raft*, 115.
89. 同前，146; Cooley, *East Wind Over Africa*, 102.
90. Snow, *The Star Raft*, 114.

91. Emmanuel John Hevi, *An African Student in China* (London: Pall Mall Press, 1963), 162–3.
92. 同前，48, 127.
93. 同前，204.
94. 同前，119.
95. 同前，34.
96. Lal, 'Maoism in Tanzania', 112.
97. 'Chinese Relations and Activities in Sierra Leone: In Particular Technical Assistance and Military Training', 1972, UKNA FCO 65/1242.
98. Hutchison, *China's African Revolution*, 99–100.
99. 同前，105; Larkin, *China and Africa*, 102.
100. 參見剪報：'Chinese Activities', UKNA DO 213/100.
101. 'Kenya: Chinese Communist Activities', UKNA FCO 141/7090.
102. 參閱底下報導的標題UKNA FCO 65/1242.
103. Snow, *The Star Raft*, 110.
104. Nyerere, *Freedom and Socialism*, 51.
105. Hutchison, *China's African Revolution*, 94–5.
106. 'Chinese Activities', UKNA DO 213/100; Hutchison, *China's African Revolution*, 94.
107. Burgess, 'Mao in Zanzibar', 221.
108. Hutchison, *China's African Revolution*, 182–3.
109. 李丹慧，李秀芳，游覽，〈非洲叢林中的新使命：馬法賢老人訪談錄（五）〉，《冷戰國際史研究》11 (2011): 180.
110. Snow, *The Star Raft*, 165.
111. 取自Cooley, *East Wind Over Africa*, 181, and Hutchison, *China's African Revolution*, 272.

112. Lal, 'Maoism in Tanzania', 112.
113. Larkin, *China and Africa*, 136–7.
114. Snow, *The Star Raft*, 119.
115. Ogunsanwo, *China's Policy in Africa*, 193.
116. Burgess et al., *Race*, 86, 61.
117. 同前，39, 41.
118. 同前，76.
119. 同前，119, 115.
120. 同前，11.
121. 李丹慧，〈赴非洲新使命：馬法賢老人訪談錄〉，《冷戰國際史研究》7 (2008): 253.
122. Cooley, *East Wind Over Africa*, 195.
123. 李丹慧等人，〈非洲叢林中的新使命：馬法賢老人訪談錄（三）〉，262–3.
124. 李丹慧等人，〈非洲叢林中的新使命：馬法賢老人訪談錄（五）〉，171.
125. 李丹慧等人，〈非洲叢林中的新使命：馬法賢老人訪談錄（三）〉，262；李丹慧等人，〈非洲叢林中的新使命：馬法賢老人訪談錄（五）〉，151.
126. 李丹慧等人，〈非洲叢林中的新使命：馬法賢老人訪談錄（七）〉，232, 235.
127. 李丹慧，〈赴非洲新使命：馬法賢老人訪談錄〉，255.
128. 同前，256–9.
129. 李丹慧等人，〈非洲叢林中的新使命：馬法賢老人訪談錄（二）〉，305–7.
130. 同前，324–5.
131. 李丹慧、崔海智、蔣華傑，〈非洲叢林中的新使命：馬法賢老人訪談錄（四）〉，《冷戰國際史研究》10 (2010): 379, 381.

132. 李丹慧、周娜、崔海智，〈非洲叢林中的新使命：馬法賢老人訪談錄（六）〉，《冷戰國際史研究》12 (2011): 243–4.
133. 李丹慧等人，〈非洲叢林中的新使命：馬法賢老人訪談錄（三）〉，266.
134. 蔣華傑，〈冷戰時期中國對非洲國家的援助研究（1960-1978）〉，120.
135. 李丹慧等人，〈非洲叢林中的新使命：馬法賢老人訪談錄（四）〉，390, 411；李丹慧等人，〈非洲叢林中的新使命：馬法賢老人訪談錄（五）〉，168.
136. 李丹慧、周娜、崔海智，〈非洲叢林中的新使命：馬法賢老人訪談錄（八）〉，《冷戰國際史研究》14 (2012): 279.
137. 李丹慧等人，〈非洲叢林中的新使命：馬法賢老人訪談錄（四）〉396–7.
138. 同前，402–4.
139. 同前，404–5; 李丹慧等人，〈非洲叢林中的新使命：馬法賢老人訪談錄（五）〉156.
140. 李丹慧等人，〈非洲叢林中的新使命：馬法賢老人訪談錄（五）〉，198–9.
141. 毛澤東與巴解組織代表團的談話，1965年3月24日（私人收藏）。
142. Lillian Craig Harris, 'China's Relations with the PLO', *Journal of Palestine Studies* 7.1 (Autumn 1977): 137.
143. 李丹慧等人，〈非洲叢林中的新使命：馬法賢老人訪談錄（三）〉，275–6.
144. 私下通訊。
145. Snow, *The Star Raft*, 168.
146. 蔣華傑，〈冷戰時期中國對非洲國家的援助研究（1960-1978）〉，123.
147. 同前，160.
148. 同前，93–5.
149. 毛澤東與蒙博托・塞塞・塞科的對話，1973年1月13日（私人收藏）；Jung Chang and Jon Halliday, *Mao: The Unknown Story* (London: Jonathan Cape, 2005), 593.
150. David Martin and Phyllis Johnson, *The Struggle for Zimbabwe: The Chimurenga War* (London: Faber and Faber, 1981), 12.
151. Munyaradzi Huni, 'Chimurenga II Chronicles: Zanu's Uncomfortable Truth', *Sunday Mail*, 8 May 2016, at http://www.

sundaymail.co.zw/chimurenga-ii-chronicles-zanusuncomfortable-truth/ (accessed on 5 February 2018).

152. Martin and Johnson, *The Struggle for Zimbabwe*, 83–4.
153. Paul Moorcraft and Peter McLaughlin, *The Rhodesian War: Fifty Years On* (Barnsley, UK: Pen & Sword, 2015), 33.
154. 同前，11.
155. Fay Chung, *Re-living the Second Chimurenga: Memories from the Liberation Struggle in Zimbabwe* (Stockholm: Nordic Africa Institute, 2006), 130.
156. Hildegarde Manzvanzvike, 'Fighting for the People, with the People', *Herald*, 10 December 2015, at http://www.herald.co.zw/fighting-for-the-people-with-the-people/ (accessed on 5 February 2018).
157. 'Murozvi: Rare Breed of Cadre', *Herald*, 11 April 2017.
158. Moorcraft and McLaughlin, *The Rhodesian War*, 73–4.
159. Pandya Paresh, *Mao Tse-tung and Chimurenga: An Investigaton into ZANU's Strategies* (Braamfontein, South Africa: Skotaville Publishers, 1988), 82–3.
160. Snow, *The Star Raft*, 84.
161. Paresh, *Mao Tse-tung and Chimurenga*, 128–9, 136–7.
162. 同前，135.
163. Moorcraft and McLaughlin, *The Rhodesian War*, 62.
164. 同前，64–75.
165. 同前，106.
166. Chung, *Re-living the Second Chimurenga*, 264.
167. Snow, *The Star Raft*, 230.
168. 'Statement by Chinese President Xi Jinping: Let the Sino-Zim Flower Bloom with New Splendour', *Herald*, 28 November 2015.

169. Christopher Farai Charamba, 'Party Principles Found in Song', *Herald*, 12 April 2016.
170. Snow, *The Star Raft*, 136; 張奕，《破曉時分》（台北：中央日報出版社，1985）。210–11.

七、毛澤東的骨牌？越南與柬埔寨

1. *Red Chinese Battle Plan*, 1964, at https://archive.org/details/ RedChine1964 (accessed on 23 January 2018).
2. *Why Vietnam?*, 1965, at https://www.youtube.com/watch? v=v1WzxlsOsjw (accessed on 23 January 2018).
3. 引用於Fredrik Logevall, 'The Indochina Wars and the Cold War, 1945–1975', in Melvyn P. Leffler and Odd Arne Westad, eds, *The Cambridge History of the Cold War: Crises and Détente*, Volume 2 (Cambridge: Cambridge University Press, 2010), 288.
4. Bruce D. Larkin, *China and Africa, 1949–1970: The Foreign Policy of the People's Republic of China* (Berkeley: University of California Press, 1973), 196.
5. 兩句都是引用自Qiang Zhai, *China and the Vietnam War*, 1950–1975 (Chapel Hill: University of North Carolina Press, 2005), 146.
6. 同前，147–8, 201.
7. 關於越戰及印度支那戰爭的歷史文獻浩如煙海，參見參考書目中列出的Mark Bradley、Christopher Goscha、Ben Kiernan、Marilyn Young等人的作品，以及Lien-Hang T. Nguyen, *Hanoi's War: An International History of the War for Peace in Vietnam* (Chapel Hill: University of North Carolina Press, 2012); Pierre Asselin, *Hanoi's Road to the Vietnam War, 1954–1965* (Berkeley: University of California Press, 2015).
8. 參見底下的論點Sergey Radchenko, *Two Suns in the Heavens: The Sino-Soviet Struggle for Supremacy* (Washington, DC: Woodrow Wilson Center, 2009).
9. 引用於'Office of the Historian', at https://history.state.gov/ historicaldocuments/frus1952-54v13p1/d716 (accessed on 23 January 2018).
10. Odd Arne Westad, Chen Jian, Stein Tønnesson, Nguyen Vu Tungand and James G. Hershberg, '77 Conversations Between Chinese and Foreign Leaders on the Wars in Indochina, 1964– 1977', Woodrow Wilson International Center Working Paper No.

22, 91 and *passim*.

11. 同前，23, 154; Qiang, *China and the Vietnam War*, 135; Chen Jian, *Mao's China and the Cold War* (Chapel Hill: University of North Carolina Press, 2001), 227–9.
12. Westad et al., '77 Conversations', 85.
13. 同前，35.
14. William J. Duiker, *Ho Chi Minh: A Life* (New York: Hyperion, 2000), 參見 chapters 3–4, and 274, 230.
15. 同前，210, 248–9.
16. Ang Cheng Guan, *Vietnamese Communists' Relations with China and the Second Indochina Conflict, 1956–1962* (London: McFarland, 1997), 57, 66.
17. Duiker, *Ho Chi Minh*, 255.
18. Bui Tin, Following Ho Chi Minh: The Memoirs of a North Vietnamese Colonel (London: Hurst, 1995), 29.
19. Guan, *Vietnamese Communists' Relations*, 37.
20. 羅貴波，〈少奇同志派我出使越南〉，《緬懷劉少奇》（北京：中央文獻出版社，1988年），234.
21. 同前，237; Qiang, *China and the Vietnam War*, 18–19.
22. Chen, *Mao's China*, 125.
23. Qiang, *China and the Vietnam War*, 35.
24. 同前，33.
25. Chen, *Mao's China*, 127, 130.
26. Bui, *Following Ho Chi Minh*, 24.
27. 同前，7–8.
28. 同前，14–16.
29. 同前，16; Hoang Van Hoan, *A Drop in the Ocean: Hoang Van Hoan's Revolutionary Reminiscences* (Beijing: Foreign Languages

Press, 1988), 300.
30. Bui, *Following Ho Chi Minh*, 16.
31. Alex-Thai D. Vo, 'Nguyen Thi Nam and the Land Reform in North Vietnam', *Journal of Vietnamese Studies* 10.1 (Winter 2015): 30–9.
32. 這是透過以下方式傳播：同前，以及Bui, *Following Ho Chi Minh*.
33. Bui, *Following Ho Chi Minh*, 26.
34. Vo, 'Nguyen Thi Nam', 33.
35. Qiang, *China and the Vietnam War*, 230.
36. Vo, 'Nguyen Thi Nam', 1–2, 36.
37. Bui, *Following Ho Chi Minh*, 23–4.
38. 同前，28. 關於死亡人數的討論，參見Vo, 'Nguyen Thi Nam', 3–10, and Alec Holcombe, 'Socialist Transformation in the Democratic Republic of Vietnam', 未發表的博士論文, University of California, Berkeley, 2014, 2.
39. Bui, *Following Ho Chi Minh*, 35.
40. 同前，38.
41. Martin Windrow, *The Last Valley: Dien Bien Phu and the French Defeat in Vietnam* (London: Cassell, 2005), 205.
42. Chen, *Mao's China*, 134.
43. Windrow, *The Last Valley*, 624.
44. Huang Hua, *Memoirs* (Beijing: Foreign Languages Press, 2008), 149.
45. Qiang, *China and the Vietnam War*, 58.
46. 同前，61.
47. Guan, *Vietnamese Communists' Relations*, 102–3.
48. Bui, *Following Ho Chi Minh*, 52.

49. Qiang, *China and the Vietnam War*, 125.
50. Guan, *Vietnamese Communists' Relations*, 128.
51. *The Truth About Vietnam-China Relations over the Last Thirty Years* (Hanoi: Ministry of Foreign Affairs, 1979), *passim*; Luu Doan Huynh, 'Commentary: A Vietnamese Scholar's Perspective on the Communist Big Powers and Vietnam', in Priscilla Roberts, ed., *Behind the Bamboo Curtain: China, Vietnam, and the World Beyond Asia* (Stanford, CA: Stanford University Press, 2006), 443.
52. 〈越南對我黨八中全會等問題的反應〉，1959年9月16日，AMFA 106-00444-04(1).
53. Westad et al., '77 Conversations', 112–19.
54. 2015年8月5日，Lucy Ha在河內訪談楊名易。
55. Nicholas Khoo, *Collateral Damage: Sino-Soviet Rivalry and the Termination of the Sino-Vietnamese Alliance* (New York: Columbia University Press, 2011), 37–8.
56. Westad et al., '77 Conversations', 63.
57. Sergey Radchenko, 'Mao Unplugged: the 1970s', 未發表論文.
58. Dan Levin, 'China Is Urged to Confront Its Own History', *New York Times*, 30 March 2015.
59. Dan Tong,〈1960–70年代的西哈努克、波布與中國〉，作者提供的文稿。
60. 宋征，《毛澤東主義的興亡：中國革命與紅高棉革命的歷史》（美國：美國陽光出版社，2013年）555–7.
61. Rithy Panh, *The Missing Picture*（電影）。
62. Julio Jeldres, 'A Personal Reflection on Norodom Sihanouk and Zhou Enlai: An Extraordinary Friendship on the Fringes of the Cold War', *Cross-Currents: East Asian History and Culture Review 4* (September 2012): 61.
63. 引用於Philip Short, *Pol Pot: The History of a Nightmare* (London: John Murray, 2004), 357.
64. Howard J. De Nike, John Quigley and Kenneth J. Robinson, eds., *Genocide in Cambodia: Documents from the Trial of Pol Pot and Ieng Sary* (Philadelphia: University of Pennsylvania Press, 2000), 550.

65. *People's Revolutionary Tribunal Held in Phnom Penh for the Trial of the Genocide Crime of the Pol Pot–Ieng Sary Clique, August 1979: Documents* (Phnom Penh: Foreign Languages Publishing House, 1990), 268, 246, 152, 131, 267, 244, 268.
66. Short, *Pol Pot*, 66–7, 70–1.
67. 同前，190.
68. David Chandler, *Brother Number One: A Political Biography of Pol Pot* (Boulder, CO: Westview, 1999), 37.
69. Short, *Pol Pot*, 96.
70. 同前，158.
71. 周德高，《我與中共和柬共：赤色華人解祕》（香港：田園書屋），75.
72. Short, *Pol Pot*, 159–61.
73. 同前，170, and 'Lettre du Comité Permanent du CC du CPK au bureau politique du CC du CPC', 6 October 1967, Doc TLM/175 VA（Philip Short提供）。
74. Chin Peng, *Alias Chin Peng – My Side of History: Recollections of a Revolutionary Leader* (Singapore: Media Masters, 2003), 454. 然而，請注意，陳平的年表有點曖昧不明；另外，也請注意，波布對於中國駐金邊大使館把喬桑潘從西哈努克的死囚牢房裡救出來所做的評論則是引人關注，參見同前。
75. Short, *Pol Pot*, 177.
76. 宋征，《毛澤東主義的興亡：中國革命與紅高棉革命的歷史》，129, 199–200.
77. 同前，124.
78. David Chandler, *Voices from S-21: Terror and History in Pol Pot's Secret Prison* (Berkeley: University of California Press, 1999), 4.
79. 宋征，《毛澤東主義的興亡：中國革命與紅高棉革命的歷史》，199–200.
80. 周德高，《我與中共和柬共：赤色華人解祕》，72.
81. 宋征，《毛澤東主義的興亡：中國革命與紅高棉革命的歷史》，268.

82. 同前，206–7.
83. 周德高，《我與中共和柬共：赤色華人解祕》，例如78, 81–2, 92, 63.
84. 同前，88–9.
85. Nayan Chanda, *Brother Enemy: The War After the War* (San Diego, CA: Harcourt Brace Jovanovich, 1986), 41.
86. Ben Kiernan, *How Pol Pot Came to Power: A History of Communism in Kampuchea, 1930–1975* (London: Verso, 1986), 276.
87. Short, *Pol Pot*, 167–8; Milton Osborne, *Sihanouk: Prince of Light, Prince of Darkness* (Honolulu: University of Hawai'i Press, 1994), 194.
88. 參見底下收錄的圖Jeldres, 'A Personal Reflection', 55.
89. Norodom Sihanouk and Julio A. Jeldres, *Shadow Over Angkor: Volume One, Memoirs of His Majesty King Norodom Sihanouk of Cambodia* (Phnom Penh: Monument Books, 2005), 81.
90. 周德高，《我與中共和柬共：赤色華人解祕》，89–95.
91. Norodom Sihanouk and Wilfred Burchett, *My War with the CIA* (London: Penguin, 1973), 209–10.
92. Sihanouk and Jeldres, *Shadow Over Angkor*, 87.
93. Short, *Pol Pot*, 202.
94. Dan, '1960–70 niandai', 4.
95. Sihanouk and Jeldres, *Shadow Over Angkor*, 155.
96. Short, *Pol Pot*, 243–4.
97. 〈西哈努克親王視察柬埔寨解放區專輯〉，《人民畫報》，1973年6月。
98. Dan,〈1960–70年代的西哈努克、波布與中國〉，5.
99. Short, *Pol Pot*, 240.
100. 翻譯略有更動：Ben Kiernan, *The Pol Pot Regime: Race, Power and Genocide in Cambodia under the Khmer Rouge* (New Haven, CT: Yale University Press, 2014), 326.

101. Harish C. Mehta, *Warrior Prince: Norodom Ranariddh, Son of King Sihanouk of Cambodia* (Singapore: Graham Brash, 2001), 54;類似的版本參見Sophie Richardson, China, *Cambodia and the Five Principles of Peaceful Coexistence* (New York: Columbia University Press, 2010), 87–8:一九七五年他宣稱:「基於對中國與周恩來閣下的考量,我必須犧牲自己的觀點,因為他們為柬埔寨和我做了那麼多。」
102. 例如,參見宋征,《毛澤東主義的興亡:中國革命與紅高棉革命的歷史》,489, 634.
103. Dan,〈1960–70年代的西哈努克、波布與中國〉,9.
104. 參見Henri Locard, *Pol Pot's Little Red Book: The Sayings of Angkar* (Chiang Mai, Thailand: Silkworm, 2004), 72, 69, 78, 97, 156; 也參見底下的討論Ben Kiernan, 'External and Indigenous Sources of Khmer Rouge Ideology', in Odd Arne Westad and Sophie QuinnJudge, eds, *The Third Indochina War: Conflict Between China, Vietnam and Cambodia, 1972–1979* (London: Routledge, 2006), 187–206.
105. De Nike et al., eds, *Genocide in Cambodia*, 292.
106. 參見Dan,〈1960–70年代的西哈努克、波布與中國〉,7, 9,可以看到一名從退役軍人轉變成研究毛澤東時代的史家表達這個觀點:「在毛澤東與其他中國領導人的認可及鼓勵下,波布推出比中國文化大革命更激進的政策。他對經濟受到重創的柬埔寨推行一種社會主義路線,根除階級與城鄉之間的差別,沒有貨幣,沒有交易;消滅富人,追求平等;消滅城市,把居民移到農村當農民;摧毀所有的「奢侈品」,如家具、電視、冰箱、汽車;改革街道名稱;拆散家庭;建立強迫勞動組織,實行性別隔離;改造知識分子;消滅那些不願被改造的人……中國大躍進的悲劇在柬埔寨重演。」
107. Haing Ngor with Roger Warner, *Survival in the Killing Fields* (London: Robinson, 2003), 3.
108. Andrew Mertha, *Brothers in Arms: Chinese Aid to the Khmer Rouge, 1975–1979* (Ithaca, NY: Cornell University Press, 2014), 99.
109. De Nike et al., eds, *Genocide in Cambodia*, 545.
110. Chanda, *Brother Enemy*, 85.

111. 宋征，《毛澤東主義的興亡：中國革命與紅高棉革命的歷史》，481, 483, 551, 699.
112. Kiernan, *The Pol Pot Regime*, 129–30.
113. Chanda, *Brother Enemy*, 200.
114. Kiernan, *The Pol Pot Regime*, 133, 379.
115. Norodom Sihanouk, *Prisonnier des Khmers Rouges* (Paris: Hachette, 1986), 216.
116. De Nike et al., eds, *Genocide in Cambodia*, 81.
117. Kiernan, *The Pol Pot Regime*, 102.
118. 同前，108, 111, 148.
119. Chanda, *Brother Enemy*, 42, 44.
120. Kiernan, *The Pol Pot Regime*, 139.
121. 同前，380.
122. Dan,〈1960–70年代的西哈努克、波布與中國〉，8; Chanda, *Brother Enemy*, 43; 宋征，《毛澤東主義的興亡：中國革命與紅高棉革命的歷史》，638; Norodom Sihanouk, *War and Hope: The Case for Cambodia, trans. Mary Feeney* (London: Sidgwick & Jackson, 1980), 86.
123. Kiernan, *The Pol Pot Regime*, 135.
124. Mertha, *Brothers in Arms*, 55.
125. 宋征，《毛澤東主義的興亡：中國革命與紅高棉革命的歷史》，636, 641. See also Kiernan, The Pol Pot Regime, 152–3.
126. David P. Chandler, *The Tragedy of Cambodian History: Politics, War and Revolution Since 1945* (New Haven, CT: Yale University Press, 1991), 240; 徐焰，〈波爾布特：「左禍」的一面鏡子〉，《百年潮》3 (2001): 69.
127. Kiernan, *The Pol Pot Regime*, 295; 宋征，《毛澤東主義的興亡：中國革命與紅高棉革命的歷史》，650.
128. Kiernan, *The Pol Pot Regime*, 155.
129. Chanda, *Brother Enemy*, 11–22.

130. 同前，23, 17.
131. Westad et al., '77 Conversations', 192.
132. Chanda, *Brother Enemy*, 28.
133. 同前，24.
134. Xiaoming Zhang, *Deng Xiaoping's Long War: The Military Conflict Between China and Vietnam, 1979–1991* (Chapel Hill: University of North Carolina Press, 2015), 36; 同一概念，略為不同的翻譯，參見Westad et al., '77 Conversations', 192.
135. Chanda, *Brother Enemy*, 52–3.
136. Westad et al., '77 Conversations', 74.
137. 同前，182.
138. Chanda, *Brother Enemy*, 134.
139. 同前，34, 86, 194, 207–8.
140. 同前，213.
141. 同前，261, 325.
142. 同前，356–8, 361.
143. Short, *Pol Pot*, 396–7.
144. 參見底下的描述Evan Gottesman, Cambodia After the Khmer Rouge: Inside the Politics of Nation Building (New Haven, CT: Yale University Press, 2004), 11, 50.
145. Dan,〈1960-70年代的西哈努克、波布與中國〉，10.
146. Short, *Pol Pot*, 421–3, 435, 442.
147. 周德高，《我與中共和柬共：赤色華人解祕》，216, 229.
148. 引用於Mertha, *Brothers in Arms*, 1.

八、「你們老了，我們還年輕，毛澤東！」美國與西歐的毛主義

1. Robert J. Alexander, *Maoism in the Developed World* (London: Praeger, 2001), 94.
2. Stephen Frank Rayner, 'The Classification and Dynamics of Sectarian Forms of Organisation: Grid/Group Perspectives on the Far-left in Britain', 未發表的博士論文, University College London, 1979, 141.
3. Robert Booth, 'Maoist Sect Leader Forced Woman into Sex Acts, Court Hears', *Guardian*, 16 November 2015.
4. Rayner, 'The Classification', 141–3.
5. 同前，143, 145.
6. Booth, 'Maoist Sect Leader Forced Woman into Sex Acts, Court Hears'.
7. Robert Booth, 'Cult Leader Comrade Bala's Daughter: 30 Years as a "Non-Person"', *Guardian*, 4 December 2015.
8. Robert Booth, 'The Brixton Sect Where Paranoia and Cruelty Reigned', *Guardian*, 4 December 2015.
9. Rayner, 'The Classification', 170.
10. Hans Petter Sjøli, 'Maoism in Norway: And How the AKP (m-l) Made Norway More Norwegian', *Scandinavian Journal of History* 33.4 (December 2008): 479.
11. 參見Frank Dikötter, *The Cultural Revolution: A People's History, 1962–1976* (London: Bloomsbury, 2016).
12. Robin D. G. Kelley and Betsy Esch, 'Black Like Mao: Red China and Black Revolution', *Souls: Critical Journal of Black Politics and Culture 1.4* (Fall 1999): 7.
13. Shirley MacLaine, *You Can Get There From Here* (London: George Prior, 1975), 206, 213, 183–4, 223–4, 245, 247–8.
14. Christophe Bourseiller, *Les Maoïstes: La Folle Histoire des Gardes Rouges Français* (Paris: Plon, 1996), 64, 74.
15. 同前，73–8.
16. 同前，159.
17. 'Artists to Exhibit as Protest Against War', *New York Times*, 26 January 1967; Clive Barnes, 'Dance: "Angry Arts" at Hunter

College', New York Times, 3 February 1967.

18. Jeremi Suri, 'Ostpolitik as Domestic Containment: The Cultural Contradictions of the Cold War and the West German State Response', in Belinda Davis, Wilfried Mausbach, Martin Klimke and Carlo MacDougall, eds, Changing the World, *Changing Oneself: Political Protest and Collective Identities in West Germany and the US in the 1960s and 1970s* (Oxford: Berghahn Books, 2013), 141.
19. Mark Kurlansky, *1968: The Year That Rocked the World* (London: Jonathan Cape, 2004), 202.
20. Max Elbaum, *Revolution in the Air: Sixties Radicals Turn to Lenin, Mao and Che* (London: Verso, 2006), 42–3.
21. 同前，45.
22. 訪談Ethan Young，2015年3月24日，紐約。
23. 訪談Muhammad Ahmad，2015年3月25日，費城
24. 訪談Dennis O'Neil，2015年3月23日，紐約。
25. Sebastian Gehrig, '(Re-)Configuring Mao: Trajectories of a Culturo-political Trend in West Germany', *Transcultural Studies* 2 (2011): 204; Quinn Slobodian, *Foreign Front: Third World Politics in Sixties West Germany* (Durham, NC: Duke University Press, 2012), 173.
26. Gerd Koenen, *Das Rote Jahrzehnt: Unsere kleine Deutsche Kulturrevolution 1967–1977* (Cologne: Kiepenheuer & Witsch, 2001), 46–7, 49.
27. Slobodian, *Foreign Front*, 194.
28. Aaron J. Leonard and Conor A. Gallagher, *Heavy Radicals: The FBI's Secret War on America's Maoists: The Revolutionary Union/Revolutionary Communist Party 1968–1980* (Winchester, UK: Zero Books, 2014), 25.
29. Bobby Seale, *Seize the Time: Story of the Black Panther Party and Huey P. Newton* (Baltimore: Black Classic Press, 1991), 82–3.
30. Muhammad Ahmad, *We Will Return in the Whirlwind: Black Radical Organizations 1960–1975* (Chicago: Charles H. Kerr,

2007), 292; see also 'Black Panther Greatest Threat to U.S. Security', *Desert Sun*, 16 July 1969, at https://cdnc.ucr.edu/cgi-bin/cdnc?a=d&d=DS19690716.2.89 (accessed on 10 May 2018).

31. Joshua Bloom and Waldo E. Martin, *Black Against Empire: The History and Politics of the Black Panther Party* (Berkeley: University of California Press, 2013), 60.
32. Kelley and Esch, 'Black Like Mao', 6.
33. Robeson Taj Frazier, *The East Is Black: Cold War China in the Black Radical Imagination* (Durham, NC: Duke University Press, 2015), 136.
34. 同前，136.
35. 'The Papers of Robert F. Williams', microfilm edn, University Publication of America, 2002.
36. Maxwell C. Stanford, 'Revolutionary Action Movement (RAM): A Case Study of an Urban Revolutionary Movement in Western Capitalist Society', 未發表的碩士論文, University of Georgia, 1986, 72.
37. Frazier, *The East Is Black*, 146.
38. 參見'The Papers of Robert F. Williams', *passim*.
39. Frazier, *The East Is Black*, 183.
40. Stanford, 'Revolutionary Action Movement', 80, 83–4.
41. 同前，103.
42. 訪談Ahmad.
43. Huey P. Newton, *To Die for the People* (San Francisco: City Lights Books, 2009), 234; Seale, *Seize the Time*, 113.
44. Seale, *Seize the Time*, 64.
45. Roberto Niccolai, *Quando la Cina era Vicina: La Rivoluzione Culturale e la sinistra extraparlamentare Italiana negli anni '60 e '70* (Pisa: Associazione centro de documentazione de Pistoia, 1998), 70.
46. Kurlansky, *1968*, 145.

47. Koenen, *Das Rote Jahrzehnt*, 148.
48. 訪談O'Neil。
49. 訪談Young。
50. 訪談O'Neil。
51. Slobodian, *Foreign Front*, 178.
52. 同前，176.
53. Quinn Slobodian, 'The Meanings of Western Maoism in the Global 1960s', in Chen Jian et al., eds, *The Routledge Handbook of the Global Sixties* (London: Routledge, 2018), 72.
54. Gehrig, '(Re-)Configuring Mao', 201–2, 220.
55. Slobodian, *Foreign Front*, 176.
56. Uta G. Poiger, 'Generations: The "Revolutions" of the 1960s', in Helmut Walser Smith, ed., *The Oxford Handbook of Modern German History* (Oxford: Oxford University Press, 2011), 648.
57. Tony Judt, *Postwar: A History of Europe Since 1945* (London: Pimlico, 2007), 419.
58. Bourseiller, *Les Maoïstes*, 126.
59. Richard Wolin, *The Wind from the East: French Intellectuals, the Cultural Revolution and the Legacy of the 1960s* (Princeton, NJ: Princeton University Press, 2010), 4.
60. Bourseiller, *Les Maoïstes*, 65.
61. Niccolai, *Quando la Cina*, 146; Robert Lumley, *States of Emergency: Cultures of Revolt in Italy from 1968 to 1978* (London: Verso, 1990), 73.
62. Slobodian, *Foreign Front*, 185–6.
63. Lumley, *States of Emergency*, 87–8.
64. 同前，88；亦參見121.

65. Niccolai, *Quando la Cina*, 237.
66. 'Interview on the Cultural Revolution with Chris Milton, a Participant', at https://www.marxists.org/history/erol/1960-1970/milton.pdf (accessed on 7 February 2018), 7.
67. 訪談O'Neil。
68. 參見Ilaria Favretto, 'Rough Music and Factory Protest in Post-1945 Italy', Past and Present 228 (August 2015): 207–47; Ilaria Favretto and Marco Fincardi, 'Carnivalesque and Charivari Repertories in 1960s and 1970s Italian Protest', in Ilaria Favretto and Xabier Itçaina, eds, *Protest, Popular Culture and Tradition in Modern and Contemporary Western Europe* (London: Palgrave, 2017), 149–84.
69. Seale, *Seize the Time*, 395–401.
70. Jean Delavaud, 'De Choiseul-Praslin: de l'Ena … À l'usine', at http://www.nantes.maville.com/actu/actudet_-De-Choiseul-Praslinde-l-Ena … -a-l-usine-_-625516_actu.htm (accessed on 7 February 2018).
71. Niccolai, *Quando la Cina*, 237.
72. Bourseiller, *Les Maoïstes*, 81, 49, 69.
73. Lisa Foa, 'Perché fummo maoisti: la Cina è un giallo', *Limes* (1995): 237–8. 挪威的毛主義學者Jon Rognlien證實了這個觀點，作者透過Skype訪談，2014年2月3日。
74. Niccolai, *Quando la Cina*, 150–1.
75. Gerard Miller, *Minoritaire* (Paris: Seuil, 2001), 76, 80, 97.
76. Wolin, *The Wind from the East*, 207, 270–2, 274.
77. 訪談Young。
78. 參見Andreas Kühn, *Stalins Enkel, Maos Söhne: Die Lebenswelt der K-Gruppen in der Bundesrepublik der 70er Jahre* (Frankfurt: Campus Verlag, 2005).
79. Niccolai, *Quando la Cina*, 116.

80. 同前，120–5.
81. 'Aldo Brandirali, storia di una conversione', at http://www.genteveneta.it/public/articolo.php?id=5553 (accessed on 10 May 2018).
82. Donald Reid, 'Etablissement: Working in the Factory to Make Revolution in France', *Radical History Review* 88 (2004): 86.
83. 英文翻譯參見Robert Linhart, *The Assembly Line*, trans. Margaret Crosland (London: Calder, 1981).
84. 'International Institute for Research and Education Archives', International Institute of Social History, Amsterdam.
85. Gehrig, '(Re-)Configuring Mao', 210.
86. Bourseiller, *Les Maoïstes*, 18.
87. 同前，154.
88. 訪談O'Neil。
89. 訪談Young。
90. 這些派系的圖解指南，參見http://freedomroad.org/2000/02/family-tree-introduction/ 。有一個「基本的」和一個「巨型」的族譜；該網站提醒造訪者，瀏覽器可能會因為巨型族譜太複雜而難以顯示。關於法國的派系，參見Bourseiller, *Les Maoïstes*, 331.
91. Leonard and Gallagher, *Heavy Radicals*, 249.
92. 'You Don't Need a Weatherman to Know Which Way the Wind Blows', 1969, at https://archive.org/details/YouDontNeedAWeathermanToKnowWhichWayTheWindBlows_925 (accessed on 7 February 2018), 28.
93. Bourseiller, *Les Maoïstes*, 99.
94. Wolin, *The Wind from the East*, 32.
95. Slobodian, *Foreign Front*, 185–6.
96. Sebastian Gehrig, ' "Zwischen uns und dem Feind einen klaren Trennungsstrich ziehen": Linksterroristische Gruppe und maoistische Ideologie in der Bundesrepublik der 1960er und 1970er Jahre', in Sebastian Gehrig, Barbara Mittler and Felix

Wemheuer, eds, *Kulturrevolution als Vorbild? Maoismen im deutschsprachigen Raum* (Frankfurt: Peter Lang, 2008), 156.

97. Koenen, *Das Rote Jahrzehnt*, 174.

98. J. Smith and André Moncourt, *The Red Army Faction, a Documentary History: Volume 1, Projectiles for the People* (Oakland, CA: PM Press, 2009) 83–105, 122–59; Gehrig, ' "Zwischen uns und dem Feind einen klaren Trennungsstrich ziehen" ', 158.

99. Koenen, *Das Rote Jahrzehnt*, 367.

100. Alberto Franceschini, *Mara Renato e Io: Storia des Fondatori delle BR* (Milan: Arnoldo Mondadori, 1988), 19.

101. 同前，62–3.

102. Niccolai, *Quando la Cina*, 68.

103. Franceschini, *Mara Renato e Io*, 74–5.

104. Koenen, *Das Rote Jahrzehnt*, 453–4.

105. Akbar M. Ahmed, 'The World Black Revolution', 18, 26, at https://antiimperialism.files.wordpress.com/2012/10/ahmad-s.pdf (accessed on 7 February 2018).

106. Carol Hanisch, 'Impact of the Chinese Cultural Revolution on the Women's Liberation Movement', at http://www.carolhanisch.org/Speeches/ChinaWLMSpeech/ChinaWLspeech.html (accessed on 7 February 2018).

107. Stanford, 'Revolutionary Action Movement', 87; Ahmad, *We Will Return*, xvii.

108. Wang Ning, 'Introduction: Global Maoism and Cultural Revolutions in the Global Context', *Comparative Literature Studies* 52.1 (2015), 2–3.

109. 關於傅柯與法國的毛主義，Wolin, *The Wind from the East*, 343, and 288–349 *passim*.

110. Sanjay Seth, 'From Maoism to Postcolonialism? The Indian "Sixties", and Beyond', *Inter-Asia Cultural Studies* 7.4 (2006): 602.

111. Kühn, Stalins Enkel, 288. 關於西歐的毛派與環保運動之間的重疊，詳請參見 Andrew S. Tompkins, ' "BETTER ACTIVE TODAY THAN RADIOACTIVE TOMORROW!" Transnational Opposition to Nuclear Energy in France and West Germany, 1968–1981', 未發表的博士論文, University of Oxford, 2013.

112. Niccolai, *Quando la Cina*, 146.
113. Virginie Linhart, *Le jour où mon père s'est tu* (Paris: Éditions du Seuil, 2008).
114. Elbaum, *Revolution in the Air*, 321–3.
115. 訪談Young。
116. Niccolai, *Quando la Cina*, 236.
117. 例如，參見Karrin Hanshew, *Terror and Democracy in West Germany* (Cambridge: Cambridge University Press, 2012), 237. 義大利司法單位對於左派的恐怖主義，發表過類似的言論，參見Lumley, *States of Emergency*, 337–8.
118. Ward Churchill, ' "To Disrupt, Discredit and Destroy": The FBI's Secret War Against the Black Panther Party', in Kathleen Cleaver and George Katsiaficas, eds, *Liberation, Imagination and the Black Panther Party: A New Look at the Panthers and Their Legacy* (New York: Routledge, 2001), 81.
119. 同前，86.
120. Muhammad Ahmad (Max Stanford), 'The Deeper Roots of the Black Activist Tradition "Know Your Local History" ', at http://black2067.rssing.com/chan-6349830/all_p89.html (accessed on 7 February 2018)

九、紅日照祕魯——光明之路

1. 參見https://www.opensocietyfoundations.org/moving-walls/8/yuyanapaq-remember.
2. Carlos Basombrío Iglesias, 'Sendero Luminoso and Human Rights: A Perverse Logic that Captured the Country', in Steve J. Stern, ed., *Shining and Other Paths: War and Society in Peru, 1980–1995* (Durham, NC: Duke University Press, 1998), 429.
3. Ton de Wit and Vera Gianotten, 'The Center's Multiple Failures', in David Scott Palmer, ed., *The Shining Path of Peru* (London: Hurst, 1992), 45.
4. Santiago Roncagliolo, *La cuarta espada: la historia de Abimael Guzmán y Sendero Luminoso* (Barcelona: Random House Mondadori, 2007), 82.

5. Matthew D. Rothwell, *Transpacific Revolutionaries: The Chinese Revolution in Latin America* (New York: Routledge, 2013), 30.
6. 例如，參見同前，76–80. 這是關於中華人民共和國與拉丁美洲關係的最佳英文書籍。
7. 同前，32–3.
8. 同前，81.
9. 同前，45.
10. 同前，53; Ernesto Toledo Brückmann, ⋯ *Y llegó Mao: Síntesis histórica de la llegada del Pensamiento Mao TseTung al Perú* (1928– 1964) (Lima: Grupo Editorial Arteidea, 2016), 137–8.
11. Nandha Naidoo, 'The "Indian Chap": Recollections of a South African Underground Trainee in Mao's China', *South African Historical Journal* 64.3: 718.
12. Roncagliolo, *La cuarta espada*, 17.
13. Abimael Guzmán Reinoso and Elena Iparraguirre, *Memorias desde Némesis 1993–2000* (2014), 11, at http://bvk.bnp.gob.pe/admin/ files/libros/801_digitalizacion.pdf (accessed on 14 January 2018); Roncagliolo, La cuarta espada, 33.
14. Guzmán Reinoso and Iparraguirre, *Memorias*, 17.
15. Gustavo Gorriti, 'Shining Path's Stalin and Trotsky', in Scott Palmer, ed., *The Shining Path of Peru*, 152.
16. Simon Strong, *Shining Path: The World's Deadliest Revolutionary Force* (London: Fontana, 1993), 25–6.
17. 同前，26–7.
18. 同前，26.
19. 同前，27.
20. Gustavo Gorriti, 'Documenting the Peruvian Insurrection', Reel 2 (microfilm collection, Princeton University).
21. 同前。
22. 同前。

23. Cynthia McClintock, 'Peru's Sendero Luminoso Rebellion: Origins and Trajectory', in Susan Eckstein and Manuel Antonio Garretón Merino, eds, *Power and Popular Protest: Latin American Social Movements* (Berkeley: University of California Press, 2001), 66.
24. Carlos Iván Degregori, *El Surgimiento de Sendero Luminoso: Ayacucho 1969–1979* (Lima: Instituto de Estudios Peruanos, 2010), 29, 33.
25. Jaymie Heilman, *Before the Shining Path: Politics in Rural Ayacucho, 1895–1980* (Stanford, CA: Stanford University Press, 2010), 12.
26. Degregori, *El Surgimiento*, 34.
27. 同前，36.
28. Roncagliolo, *La cuarta espada*, 48.
29. Strong, *Shining Path*, 31.
30. Roncagliolo, *La cuarta espada*, 56.
31. Carlos Iván Degregori, *How Difficult It Is to Be God: Shining Path's Politics of War in Peru, 1980–1999*, ed. Steve J. Stern, trans. Nancy Appelbaum (Madison: University of Wisconsin Press, 2012), 104, 108, 106.
32. Rothwell, *Transpacific Revolutionaries*, 27.
33. Gorriti, 'Shining Path's Stalin', 160–1.
34. Strong, *Shining Path*, 33.
35. 回憶錄參見Guzmán Reinoso and Iparraguirre, *Memorias*, 48–50.
36. Strong, *Shining Path*, 33.
37. Guzmán Reinoso and Iparraguirre, *Memorias*, 32.
38. 同前，83, 82.
39. 同前，84–5.

40. Abimael Guzmán, 'Interview with Chairman Gonzalo', interview by Luis Arce Borja and Janet Talavera, *A World to Win 18* (1992): 79, at http://bannedthought.net/International/RIM/AWTW/1992-18/ GonzaloInterview-1988.pdf (accessed on 15 January 2018), 79.
41. Toledo Brückmann, … *Y llegó Mao*, 153.
42. Guzmán Reinoso and Iparraguirre, *Memorias*, 258, 220, 209, 193, 90; Antonio Zapata, 'Elena Yparraguirre: La Mirada de la Número Tres', 未發表的論文 given at the conference 'The Shining Path: Maoism and Violence in Peru', Stanford University, February 2016, 7.
43. Miguel La Serna and Orin Starn, *The Shining Path: Love, Madness, and Revolution in the Andes* (manuscript copy; forthcoming New York: Norton, 2019), 67.
44. Guzmán Reinoso and Iparraguirre, *Memorias*, 85, 98–9, 177, 169.
45. Michael L. Smith, 'Taking the High Ground: Shining Path and the Andes', in Scott Palmer, ed., *The Shining Path of Peru*, 27.
46. Zapata, 'Elena Yparraguirre', 10.
47. Degregori, *How Difficult It Is to Be God*, 22.
48. Rothwell, *Transpacific Revolutionaries*, 60. 亦參見Colin Harding, 'Antonio Díaz Martínez and the Ideology of Sendero Luminoso', *Bulletin of Latin American Research 7.1* (1988): 65–73.
49. La Serna and Starn, *The Shining Path*, 78.
50. Rothwell, *Transpacific Revolutionaries*, 61–2.
51. de Wit and Gianotten, 'The Center's Multiple Failures', 45.
52. Ronald H. Berg, 'Peasant Responses to Shining Path in Andahuaylas', in Scott Palmer, ed., *The Shining Path of Peru*, 98.
53. Rothwell, *Transpacific Revolutionaries*, 7.
54. de Wit and Gianotten, 'The Center's Multiple Failures', 46.
55. Gustavo Gorriti, *The Shining Path: A History of the Millenarian War in Peru*, trans. Robin Kirk (Chapel Hill: University of

North Carolina Press, 1999), 91.
56. La Serna and Starn, *The Shining Path*, 71.
57. Heilman, *Before the Shining Path*, 182.
58. Zapata, 'Elena Yparraguirre', 7, 5 and *passim*.
59. Gorriti, *The Shining Path*, 63.
60. Heilman, *Before the Shining Path*, 180.
61. 同前，184.
62. Degregori, *How Difficult It Is to Be God*, 116, 136.
63. 同前，116.
64. 同前，125–31.
65. Guzmán Reinoso and Iparraguirre, *Memorias*, 408–9.
66. Abimael Guzmán Reinoso and Elena Iparraguirre, interview with the Commission for Truth and Reconciliation, 29 October 2002 (Cassette BN 29/X/02 – AGR –EI), available at http://grancomboclub.com/wp-content/uploads/2012/07/ABIMAEL-GUZMAN-REYNOSO-y-ELENAIPARRAGUIRRE.pdf (accessed on 15 January 2018).
67. Gorriti, *The Shining Path*, 17–18, 65.
68. 同前，17–35.
69. 同前，76, 98.
70. 同前，104–5.
71. 同前，106.
72. 同前，223.
73. 同前，250–4.
74. Lurgio Gavilán Sánchez, *When Rains Became Floods: A Child Soldier's Story*, trans. Margaret Randall (Durham, NC: Duke

University Press, 2017), 19–20.

75. Gorriti, *The Shining Path*, 117.
76. 同前，40–2, 202, 48.
77. Strong, *Shining Path*, 104.
78. Robin Kirk, *Grabado en piedra: las mujeres de Sendero Luminoso*, trans. Enrique Bossio (Lima: Instituto de Estudios Peruanos, 1993), 39–40.
79. José Luis Rénique, *La Voluntad Encarcelada: Las 'Luminosas trincheras de combate' de Sendero Luminoso del Perú* (Lima: Instituto de Estudios Peruanos, 2003), 58.
80. *State of Fear: The Truth About Terrorism*（紀錄片），at https://www.youtube.com/watch?v=WC1hAJOi6BE (accessed on 18 January 2018); Gavilán Sánchez, When Rains Became Floods, 55.
81. Orin Starn, Carlos Iván Degregori and Robin Kirk, eds, *The Peru Reader: History, Culture, Politics* (Durham, NC: Duke University Press, 2009), 358, 361.
82. Orin Starn, 'Villagers at Arms: War and Counterrevolution in the Central-South Andes', in Stern, ed., *Shining and Other Paths*, 237.
83. Gorriti, *The Shining Path*, 110.
84. 同前，108.
85. 同前，69.
86. 同前，132–7.
87. Zapata, 'Elena Yparraguirre', 22–3.
88. Marisol de la Cadena, 'From Race to Class: Insurgent Intellectuals de provincia in Peru, 1910–1970', in Stern, ed., *Shining and Other Paths*, 52–3.
89. La Serna and Starn, *The Shining Path*, 311.

90. James R. Mensch, 'Violence and Blindness: The Case of Uchuraccay', at https://www.opendemocracy.net/article/violenceand-blindness-the-case-of-uchuraccay (accessed on 18 January 2018); Ponciano del Pino H., 'Family, Culture, and "Revolution": Everyday Life with Sendero Luminoso', in Stern, ed., *Shining and Other Paths*, 163.
91. Combination of translations from Carlos Iván Degregori, 'Harvesting Storms: Peasant Rondas and the Defeat of Sendero Luminoso in Ayacucho', in Stern, ed., *Shining and Other Paths*, 143, and Guzmán, 'Interview with Chairman Gonzalo', 56.
92. Lewis Taylor, *Shining Path: Guerrilla War in Peru's Northern Highlands, 1980–1997* (Liverpool: Liverpool University Press, 2006), 106.
93. 同前，166.
94. Del Pino H., 'Family', 171.
95. Gavilán Sánchez, *When Rains Became Floods*, 15.
96. Del Pino H., 'Family', 181, 171.
97. 例如，參見Edilberto Jiménez Quispe, 'Chungui: Ethnographic Drawings of Violence and Traces of Memory', in Cynthia E. Milton, ed., *Art from a Fractured Past: Memory and Truth Telling in Post-Shining Path Peru* (Durham, NC: Duke University Press, 2014), 87.
98. Nelson Manrique, 'The War for the Central Sierra', in Stern, ed., *Shining and Other Paths*, 214.
99. Del Pino H., 'Family', 186–7.
100. Billie Jean Isbell, 'Shining Path and Peasant Responses in Rural Ayacucho', in Scott Palmer, ed., *The Shining Path of Peru*, 74.
101. Starn, 'Villagers at Arms', 232.
102. Gavilán Sánchez, *When Rains Became Floods*, 61.
103. Starn, 'Villagers at Arms', 244.
104. Kirk, *Grabado en piedra*, 14, 18.
105. Heilman, *Before the Shining Path*, 101.

106. Kirk, *Grabado en piedra*, 70.
107. Zapata, 'Elena Yparraguirre', 21.
108. 同前，20.
109. 例如，參見https://www.google.co.uk/search? hl=en&biw=1275&bih=854&tbm=isch&sa=1&q=sendero+luminoso+poster&oq=sendero+luminoso+poster&gs_l=psyab.12 … 70920.71418.0.73655.7.6.0.0.0.0.127.406.3j2.5.0 … .0 … 1.1.64.psy-ab..2.2.160 … 0j0i30k1j0i8i30k1.X0WlUH5tTnw#imgrc=Hpeq0YK-AhU17M:
110. Starn et al., eds, *The Peru Reader*, 351.
111. Degregori, *How Difficult It Is to Be God*, 22.
112. 參見討論：同前，77–81.
113. Gorriti, *The Shining Path*, 29–31.
114. 同前，127.
115. Cynthia McClintock, 'Theories of Revolution and the Case of Peru', in Scott Palmer, ed., *The Shining Path of Peru*, 232.
116. La Serna and Starn, *The Shining Path*, 92.
117. de Wit and Gianotten, 'The Center's Multiple Failures', 46.
118. McClintock, 'Theories', 232.
119. Isbell, 'Shining Path', 66.
120. Gorriti, *The Shining Path*, 188.
121. Degregori, *How Difficult It Is to Be God*, 24–5.
122. *State of Fear*.
123. Rénique, *La Voluntad Encarcelada*, 77.
124. 參見*People of the Shining Path* at https://www.youtube.com/watch?v=-HnH-MguElU (accessed on 19 January 2018) and *State of Fear* 裡的圖像與訪談。

125. Gorriti, 'Shining Path's Stalin', 167.
126. Gabriela Tarazona-Sevillano, 'The Organization of Shining Path', in Scott Palmer, ed., *The Shining Path of Peru*, 179.
127. Kirk, *Grabado en piedra*, 58.
128. *State of Fear*.
129. Nathaniel C. Nash, 'Blow to Rebels in Peru: An Elusive Aura Is Lost', *New York Times*, 14 September 1992.
130. 關於這些事件的描述，參見*Caretas*, 17 September 1992.
131. Robin Kirk, *The Monkey's Paw: New Chronicles from Peru* (Amherst: University of Massachusetts Press, 1997), 207.
132. 參見*People & Power – The New Shining Path*, at https://www.youtube.com/watch?v=0eyyENWusv0 (accessed on 19 January 2018).
133. 魯道夫・羅伯斯將軍（General Rodolfo）轉述藤森的說法，*State of Fear*（影片五十三分的位置）。
134. Degregori, *How Difficult It Is to Be God*, 45–6.
135. Jiménez Quispe, 'Chungui', 88–9.
136. Gavilán Sánchez, *When Rains Became Floods*, 87, 3–6.
137. 同前，18, 119. 1.
138. 同前，18, 36, 26, 39, 67.
139. 同前，88, 90.
140. 同前，93–7.

十、中國的主席是我們的主席——印度的毛主義

1. 例如，參見https://www.bricsmagazine.com/en/articles/thedragon-vs-the-elephant.
2. 例如，參見'Naxalism Biggest Threat to Internal Security: Manmohan', *The Hindu*, 24 May 2010, at http://www.thehindu.com/news/national/naxalism-biggest-threat-to- internal-security-manmohan/article436781.ece (accessed on 9 January 2018).

3. 'Indian Minister: Maoists Are a Greater Threat Than Islamic Terrorists', *Foreign Policy* 12, March 2010, at http://foreignpolicy.com/2010/03/12/indian-minister-maoists-are-agreater-threat-than-islamic-terrorists/ (accessed on 9 January 2018).
4. 私下通訊。
5. Sumanta Banerjee, *India's Simmering Revolution: The Naxalite Uprising* (London: Zed Books, 1984), 61.
6. 同前，62.
7. Jonathan Kennedy and Sunil Purushotham, 'Beyond Naxalbari: A Comparative Analysis of Maoist Insurgency and Counterinsurgency in Independent India', *Comparative Studies in Society and History* 54.4 (2012): 835–6.
8. Banerjee, *India's Simmering Revolution*, 22.
9. 同前，19.
10. 同前，23.
11. 同前，71.
12. Bappaditya Paul, *The First Naxal: An Authorised Biography of Kanu Sanyal* (Los Angeles: Sage, 2014), 80.
13. 同前。
14. 同前。
15. Ashoke Kumar Mukhopadhyay, *The Naxalites Through the Eyes of the Police: Select Notifications from the Calcutta Police Gazette* (1967–1975) (Kolkata: Dey's Publishing, 2007), 175.
16. 訪談Abhijit Mazumdar，2016年12月4日，西里古里。
17. Arun Mukherjee, *Maoist Spring Thunder: The Naxalite Movement 1967–1972* (Kolkata: K. P. Bagchi & Co., 2007), 11.
18. Henrike Donner, 'The Significance of Naxalbari: Accounts of Personal Involvement and Politics in West Bengal', Occasional Paper, Centre of South Asian Studies, University of Cambridge, 2004, 9; Paul, *The First Naxal*, 37–8.
19. Alan Truscott, 'The Naxalites, Whose Extremism Knows No Extremes, Are Indian Revolutionaries with a Chinese Accent', *New York Times*, 8 November 1970, at http://www.nytimes.com/1970/11/08/archives/the-naxalites-whose-extremism-knows-no-

extremesare-indian-indian.html (accessed on 9 January 2018).

20. 同前。
21. 訪談Mazumdar。
22. 訪談Dilip Simeon，2016年12月3日，德里。
23. Truscott, 'The Naxalites'.
24. Charu Mazumdar, 'Eight Historic Documents', at https://ajadhind.wordpress.com/historic-documents-charumazumdar/ (accessed on 9 January 2018); Paul, *The First Naxal*, 85.
25. Banerjee, *India's Simmering Revolution*, 1–2.
26. Bela Bhatia, 'The Naxalite Movement in Central Bihar', 未發表的博士論文, University of Cambridge, 2000, 20– 2.
27. Paul, *The First Naxal*, 96.
28. 同前，98.
29. 同前，98–103.
30. Dilip Simeon, 'Rebellion to Reconciliation', in B. G. Verghese, ed., *Tomorrow's India: Another Tryst with Destiny* (New Delhi: Penguin India, 2006) (manuscript copy obtained from author).
31. Paul, *The First Naxal*, 144.
32. *Liberation*, 3.7–9 (May–July 1970), 18, 20, 25, at http://www.bannedthought.net/India/CPI(ML)-Orig/Liberation/ 1970-MayJul/Liberation-v3n7-9-70MayJul.pdf (accessed on 9 January 2018).
33. Mukhopadhyay, *The Naxalites*, 87.
34. Truscott, 'The Naxalites'.
35. Dilip Simeon, 'Permanent Spring,' at http://www.india- seminar.com/2010/607/607_dilip_simeon.htm (accessed on 9 January 2018).
36. Truscott, 'The Naxalites'.

37. 同前。
38. Sreemati Chakrabarti, *China and the Naxalites* (London: Sangam, 1990), 61.
39. 訪談Mazumdar。
40. 我是二〇一七年一十八日搜尋的。
41. 'Spring Thunder Over India', *Peking Review*, 14 July 1967, 22–3.
42. 同前。
43. Paul, *The First Naxal*, 130.
44. 同前，129.
45. 毛主席與印度共產黨代表團的談話紀錄，1967年12月13日，從私人檔案收藏取得。
46. Paul, *The First Naxal*, 131.
47. 訪談Simeon。
48. Dilip Simeon, *Revolution Highway* (New Delhi: Penguin Books India, 2010), 154–60.
49. Paul, *The First Naxal*, 160.
50. 同前，148.
51. Banerjee, *India's Simmering Revolution*, 257.
52. 訪談Simeon。
53. 同前。
54. Paul, *The First Naxal*, 161; Amnesty International, *Short Report on Detention Conditions in West Bengal Jails*, September 1974, 3.
55. Amnesty International, *Short Report*, 4.
56. 同前，6–7.
57. Chakrabarti, *China and the Naxalites*, 107.
58. Bidyut Chakravarty and Rajat Kumar Kujur, *Maoism in India: Reincarnation of Ultra-Left-Wing Extremism in the Twenty-first*

Century (London: Routledge, 2009), 50.

59. 同前，48.
60. 同前，49.
61. 同前，53.
62. Supriya Sharma, 'Guns and Protests: Media Coverage of the Conflicts in the Indian State of Chhattisgarh', Reuters Institute Fellowship Paper, University of Oxford, 2012, 17, at https://reutersinstitute.politics.ox.ac.uk/sites/default/files/ Guns%20and%20Protests%20Media%20coverage%20of%20the%20conflicts%20in%20the%20Indian%20state%20of%20Chhattisgarh.pdf (accessed on 9 January 2018).
63. Rahul Pandita, *Hello Bastar: The Untold Story of India's Maoist Movement* (Chennai: Tranquebar, 2011), 39.
64. 訪談Rahul Pandita，2016年12月3日，德里。
65. 同前。
66. Satnam, *Jangalnama: Travels in a Maoist Guerilla Zone*, trans. Vishav Bharti (New Delhi: Penguin India, 2010), 93.
67. Pandita, *Hello Bastar*, 53–6.
68. 訪談Pandita。
69. Pandita, *Hello Bastar*, 62–4.
70. 'The Lady Naxals', at http://naxalrevolution.blogspot.co.uk/2010/ 09/lady-naxals-open-magazine.html (accessed on 9 January 2018).
71. Pandita, *Hello Bastar*, 67.
72. P. Kesava Kumar, 'Popular Culture and Ideology: The Phenomenon of Gaddar', at http://untouchablespring.blogspot.co.uk/2006/11/ song-of-gaddar.html (accessed on 9 January 2018).
73. Syed Amin Jafri, 'India's Subalterns Too Have a Poet', 2 September 2005, at https://www.countercurrents.org/india-jafri020905.htm (accessed on 9 January 2018).

74. Ajith Pillai, 'Songs of a Revolution', *Outlook*, 29 November 1995, at http://www.outlookindia.com/magazine/story/songs-of-arevolution/200309 (accessed on 9 January 2018).
75. Pandita, *Hello Bastar*, 127.
76. 印度共產黨（毛主義）的組成，http://www.bannedthought.net/ India/CPI-Maoist-Docs/#Founding_Documents (accessed on 9 January 2018).
77. 印度共產黨（毛主義）黨中央委員會綱，26, at http://www.bannedthought.net/India/CPI-Maoist-Docs/Founding/ Programme-pamphlet.pdf (accessed on 9 January 2018).
78. Pandita, *Hello Bastar*, 134.
79. 同前，123; 參見 Alpa Shah, Nightmarch: Among India's Revolutionary Guerrillas (London: Hurst, 2018).
80. 訪問 Supriya Sharma，2016年12月2日，德里。
81. 'Development Challenges in Extremist Affected Areas: Report of an Expert Group to Planning Commission', at http://planningcommission.nic.in/reports/publications/rep_dce.pdf (accessed on 9 January 2018).
82. Nandini Sundar, *The Burning Forest: India's War in Bastar* (Delhi: Juggernaut, 2016), 354.
83. 同前，28.
84. 同前，32–3.
85. 同前，33.
86. 同前，13.
87. 同前，102–3.
88. 同前，108–17.
89. 訪談 Pandita。
90. Arundhati Roy, *Broken Republic: Three Essays* (London: Hamish Hamilton, 2012), 37, 50.
91. 文章都收錄在 *Broken Republic: Three Essays.*

92. Sundar, *The Burning Forest*, 303.
93. Roy, *Broken Republic*, 134.
94. Ganapathi, 'Open Reply to Independent Citizens' Initiative on Dantewada', *Economic and Political Weekly*, 6 January 2007, 71.
95. Pandita訪談。
96. Roy, *Broken Republic*, 208–9.
97. 同前，93, 117.
98. 沙阿在這個主題上寫下很多精采的文章，樣本可參閱Nightmarch，以及參考書目中列出的文章。
99. Aditya Nigam, 'The Rumour of Maoism', Seminar #607, March 2010, at http://www.india-seminar.com/2010/607/ 607_aditya_nigam.htm (accessed on 9 January 2018).
100. Pandita, *Hello Bastar*, 115.
101. Jason Miklian and Scott Carney, 'Fire in the Hole: How India's Economic Rise Turned an Obscure Communist Revolt into a Raging Resource War', *Foreign Policy*, September/October 2010, 110.
102. Sundar, *The Burning Forest*, 65.
103. Pandita訪談。
104. Simeon, 'Rebellion to Reconciliation'.
105. Simeon訪談。
106. 同前。
107. Pandita訪談。
108. Sundar, *The Burning Forest*, 45.
109. 例如，參見*The Burning Forest*, 343.
110. Pandita訪談。
111. Sundar, *The Burning Forest*, 257.

十一、尼泊爾——毛主義掌權？

1. 參見Binaj Gurubacharya, 'Opposition Turns Violent Inside Nepal Parliament, on Streets', at https://www.dailystar.com.lb/News/World/2015/Jan-20/284700-opposition-turns-violent-inside-nepalparliament-on-streets.ashx.
2. Aditya Adhikari, *The Bullet and the Ballot Box: The Story of Nepal's Maoist Revolution* (London: Verso, 2014), 91.
3. 同前，37–8.
4. John Whelpton, *A History of Nepal* (Cambridge: Cambridge University Press, 2005), 142; Laxman Kumar Regmi, 'An Overview of Population Growth Trends of Nepal', *Journal of Institute of Science and Technology* 19.1 (2014): 61.
5. Jeevan Raj Sharma and Sanjay Sharma, 'Enumerating Migration in Nepal: A Review', 32 and 46, at https://www.ceslam.org/files/ Eumerating%20Migration%20in%20Nepal.pdf (accessed on 10 January 2018).
6. 'Labour Migration for Employment: A Status Report for Nepal, 2014–15', 1, at http://www.ilo.org/wcmsp5/groups/public/-asia/-robangkok/-ilo-kathmandu/documents/publication/wcms_500311.pdf (accessed on 15 May 2018).
7. Whelpton, *A History of Nepal*, 165, 137.
8. 訪談Krishna Hachhethu，2016年12月13日，加德滿都。
9. Whelpton, *A History of Nepal*, 176.
10. 訪談Comrade Rohit，2016年12月11日，加德滿都。
11. 訪談C. K. Lal，2016年12月9日，加德滿都。
12. 訪談Baburam Bhattarai與Hisila Yami，2016年12月9日，加德滿都。
13. Adhikari, *The Bullet and the Ballot Box*, 4–5.
14. 訪談Khagendra Sangroula，2016年12月9日，加德滿都。
15. Michael Hutt, 'Ganga Bahadur's Books: Landmark Proletarian Novels and the Nepali Communist Movement', *Inter-Asia Cultural Studies* 17.3 (2016): 365.

16. 訪談Sangroula。
17. 17. Hutt, 'Ganga Bahadur's Books', 365.
18. 同前，363.
19. Adhikari, *The Bullet and the Ballot Box, 1; Sanjay Upadhya, Nepal and the Geo-strategic Rivalry Between China and India* (London: Routledge, 2012), 87.
20. Adhikari, *The Bullet and the Ballot Box*, 1.
21. 參見*Peking Review*, 1 November 1963, 4.
22. Nanda R. Shrestha, *Historical Dictionary of Nepal* (Lanham, MD: Rowman & Littlefield, 2017), 63.
23. 訪談Sangroula。
24. Hutt, 'Ganga Bahadur's Books', 365.
25. Prashant Jha, *Battles of the New Republic: A Contemporary History of Nepal* (London: Hurst, 2014), 25.
26. Hutt, 'Ganga Bahadur's Books'. 關於高爾基（Gorky）的《Mother》在尼泊爾的重要性的第一次分析，參見David Gellner and Mrigendra Bahadur Karki, 'The Sociology of Activism in Nepal: Some Preliminary Considerations', in H. Ishii, David Gellner and K. Nawa, eds, *Political and Social Transformations in North India and Nepal (Social Dynamics in Northern South Asia), volume 2* (Delhi: Manohar, 2007), 361–97.
27. 關於這個想法的說明，參見Benedict Anderson, *Imagined Communities: Reflections on the Origins and Spread of Nationalism* (London: Verso, 1991). 我這個觀點是源自Ina Zharkevich, 'Learning in a Guerrilla Community of Practice: Literacy Practices, Situated Learning and Youth in Nepal's Maoist Movement', *European Bulletin of Himalayan Research* 42 (2013): 116.
28. 訪問Surendra Kumar Karki，2016年12月10日，尼泊爾。
29. 訪談Yami。
30. 訪談Sangroula。
31. 訪談Mohan Bikram Singh，2016年12月12日，加德滿都。關於莫漢・比克拉姆・辛格的精采生平分析，參見Benoît

Cailmail, 'A History of Nepalese Maoism since Its Foundation by Mohan Bikram Singh', *European Bulletin of Himalayan Research 33–34* (2008–2009): 11–38; 'Le Mouvement Maoiste au Nepal, 1949–2008: La tentation de la révolution internationale', 未發表的博士論文, Panthéon-Sorbonne University – Paris 1, 2015.

32. 訪談Singh。
33. Cailmail, 'A History of Nepalese Maoism', 30.
34. 同前，25.
35. Deepak Thapa with Bandita Sijapati, *A Kingdom Under Siege: Nepal's Maoist Insurgency, 1996 to 2003* (London: Zed Books, 2004), 43–5.
36. 訪談Kiran，2016年12月13日，加德滿都。
37. 訪談Lal。
38. Marie Lecomte-Tilouine, *Hindu Kingship, Ethnic Revival and Maoist Rebellion in Nepal* (Oxford: Oxford University Press, 2009), 219, 230.
39. 訪談Singh。
40. Thapa and Sijapati, *A Kingdom Under Siege*, 59.
41. David Seddon, Ganesh Gurung and Jagannath Adhikari, 'Foreign Labour Migration and the Remittance Economy of Nepal', *Himalaya, the Journal of the Association for Nepal and Himalayan Studies* 18.2 (1998): 5, at http://digitalcommons.macalester.edu/cgi/ viewcontent.cgi?article=1598&context=himalaya (accessed on 10 January 2018).
42. Adhikari, T*he Bullet and the Ballot Box*, 20–1.
43. 同前，141.
44. 同前，29.
45. 同前，32.
46. 同前，33.

47. 同前，34–5.
48. 同前，35.
49. Thapa and Sijapati, *A Kingdom Under Siege*, 91–2.
50. 舉一個令人震驚的例子，參見國際特赦組織針對少女梅娜．蘇努娃（Maina Sunuwar）的死亡所留下的檔案，例如 https://www.amnesty.org.uk/press-releases/nepal-authorities-mustprovide-justice-torture-and-murder-15-year-old-girl-maina (accessed on 6 March 2018).
51. Thapa and Sijapati, *A Kingdom Under Siege*, 49. 5
52. Mandira Sharma and Dinesh Prasain, 'Gender Dimensions of the People's War: Some Reflections on the Experiences of Rural Women', in Michael Hutt, ed., *Himalayan 'People's War': Nepal's Maoist Revolution* (London: Hurst, 2004), 157.
53. 訪談，2016年12月10–11日，加德滿都。
54. 訪談Lal。
55. Marie Lecomte-Tilouine, 'Maoist Despite Themselves: Amid the People's War in a Maoist Model Village, Northern Gulmi', in Marie Lecomte-Tilouine, ed., *Revolution in Nepal: An Anthropological and Historical Approach to the People's War* (New Delhi: Oxford University Press, 2013), 226.
56. Satya Shrestha-Schipper, 'Women's Participation in the People's War in Jumla', *European Bulletin of Himalayan Research 33–34* (2008–2009): 108.
57. Sharma and Prasain, 'Gender Dimensions', 163.
58. Michelle J. Lee, 'Nine Years Later, Still in Shock,' *Nepali Times*, 27 June–3 July 2014, at http://nepalitimes.com/article/nation/madibus-bomb-blast-nine-years-later,1474 (accessed on 12 January 2018).
59. 參見Sudheer Sharma's analysis in 'The Maoist Movement: An Evolutionary Perspective', in Hutt, ed., *Himalayan 'People's War'*, 51–3.
60. 'One Year of the People's War in Nepal', in Arjun Karki and David Seddon, eds, *The People's War in Nepal: Left Perspectives*

(Delhi: Adroit Publishers, 2003), 220.

61. Jha, Battles, 27; Thapa and Sijapati, *A Kingdom Under Siege*, 98.
62. Lecomte-Tilouine, Hindu Kingship, 226.
63. Adhikari, *The Bullet and the Ballot Box*, 108.
64. Lecomte-Tilouine, 'Maoist Despite Themselves', 224–5, 233.
65. Satya Shrestha-Schipper, 'The Political Context and the Influence of the People's War in Jumla', in Lecomte-Tilouine, ed., *Revolution in Nepal*, 273.
66. Adhikari, *The Bullet and the Ballot Box*, 43–4.
67. Lecomte-Tilouine, 'Maoist Despite Themselves', 232–3.
68. Adhikari, *The Bullet and the Ballot Box*, 126.
69. 同前，106–7.
70. Shrestha-Schipper, 'Women's Participation': 107.
71. Lecomte-Tilouine, 'Maoist Despite Themselves', 235–6.
72. 同前，236–7.
73. Kiyoko Ogura, 'Maoist People's Governments 2001–2005: The Power in Wartime', in David N. Gellner and Krishna Hachhethu, eds., *Local Democracy in South Asia: Microprocesses of Democratization in Nepal and Its Neighbours*, Volume 1 (New Delhi: Sage, 2008), 212.
74. Judith Pettigrew, *Maoists at the Hearth: Everyday Life in Nepal's Civil War* (Philadelphia: University of Pennsylvania Press, 2013), 78, 82.
75. Carine Jaquet, ' "One Should Not Cut the Blossom in the Bud": Voices of Nepalese Child Soldiers', *European Bulletin of Himalayan Research 33–34* (2008–2009): 175–85.
76. Lecomte-Tilouine, 'Maoist Despite Themselves', 247–8.

77. Ogura, 'Maoist People's Governments', 210.
78. Pustak Ghimire, 'The Maoists in Eastern Nepal: The Example of Khotang', in Lecomte-Tilouine, ed., *Revolution in Nepal*, 125.
79. Adhikari, *The Bullet and the Ballot Box*, 149.
80. 同前，112. 亦參見Kiyoko Ogura, 'Reality and Images of Nepal's Maoists After the Attack on Beni', *European Bulletin of Himalayan Research 27* (September 2004): 67–25.
81. Adhikari, *The Bullet and the Ballot Box*, 73–6.
82. 同前，69–70.
83. Jha, *Battles*, 144.
84. Adhikari, *The Bullet and the Ballot Box*, 168–9.
85. Adhikari, *The Bullet and the Ballot Box*, 175.
86. Kåre Vollan, 'Group Representation and the System of Representation in the Constituent Assembly and Future Parliaments of Nepal', at http://www.follesdal.net/projects/ratify/nepal/Vollan2011-The-development-of-an-electoral-system.pdf, 8 (accessed on 16 February 2018).
87. Mahendra Lawoti, 'Ethnic Politics and the Building of an Inclusive State', and Catinca Slavu, 'The 2008 Constituent Assembly Election: Social Inclusion for Peace', both in Sebastian von Einsiedel and David M. Malone, eds, *Nepal in Transition: From People's War to Fragile Peace* (Cambridge: Cambridge University Press, 2012), 139, 244, 249.
88. Human Rights Watch, ' "Like We Are Not Nepali": Protest and Police Crackdown in the Terai Region of Nepal', at https://www.hrw.org/report/2015/10/16/we-are-not-nepali/protestand-police-crackdown-terai-region-nepal (accessed on 16 February 2018).
89. Charles Haviland, 'Why Is Nepal's New Constitution Controversial?', 19 September 2015, at http://www.bbc.co.uk/news/world-asia-34280015 (accessed on 12 January 2018).
90. Bhadra Sharma and Nida Najar, 'Amid Protests, Nepal Adopts Constitution', *New York Times*, 20 September 2015, at https://www.nytimes.com/2015/09/21/world/asia/amid-protests-nepal-adopts-constitution.html?action=click&contentCollection=As

ia%20Pacific&module=RelatedCoverage&region=EndOfArticle&pgtype=article (accessed on 12 January 2018).

91. Thomas Bell, *Kathmandu* (London: Haus, 2016), 63.
92. 例如，參見Kamal Dev Bhattarai, 'The Geopolitics of Nepal's Federal Structure', *The Diplomat*, 27 October 2014, at https://thediplomat.com/2014/10/the-geopolitics-of-nepals-federalstructure/ (accessed on 12 January 2018).
93. 關於這說法的一個版本，參見Jha, *Battles*, 277。
94. 私下通訊。
95. Adhikari, *The Bullet and the Ballot Box*, 229.
96. 訪談Sudheer Sharma，2016年12月13日，加德滿都。
97. 訪談Hachhethu。
98. 訪談Lal。
99. Aditya Adhikari, 'The Communist Dream', *Kathmandu Post*, 18 October 2017, at http://kathmandupost.ekantipur.com/news/2017-10-18/the-communist-dream.html (accessed on 31 July 2018).
100. 訪談Lal。
101. 訪談Yami。
102. 訪談Kiran。

十二、毛派中國

1. Ruru Li, 'Sino the Times: Three Spoken Drama Productions on the Beijing Stage', *Drama Review* 45.2 (Summer 2001): 137–40.
2. Wu Hung, *Remaking Beijing: Tiananmen Square and the Creation of a Political Space* (Chicago: University of Chicago Press, 2005), 34.
3. 《江蘇學報》4 (1977), 4.
4. 參見Frank Dikötter, *The Cultural Revolution: A People's History*, 1962–1976 (London: Bloomsbury, 2016), 276.

5. Geremie R. Barmé, *Shades of Mao: The Posthumous Cult of the Great Leader* (New York: M. E. Sharpe, 1996), 5.
6. Alexander C. Cook, ed., *Mao's Little Red Book: A Global History* (Cambridge: Cambridge University Press, 2014), xiii.
7. Barmé, *Shades of Mao*, 6–11.
8. Richard Bodman, 'From History to Allegory to Art: A Personal Search for Interpretation', in *Deathsong of the River: A Reader's Guide to the Chinese TV Series Heshang*, trans. and eds. Richard W. Bodman and Pin P. Wan (Ithaca, NY: Cornell University, 1991), 34.
9. John Pomfret, *Chinese Lessons: Five Classmates and the Story of New China* (New York: Henry Holt, 2006), 66.
10. 參見底下對話Lee Kuan Yew, *From Third World to First: Singapore and the Asian Economic Boom* (New York: Harper, 2011), 599–600; Chin Peng, *Alias Chin Peng–My Side of History: Recollections of a Revolutionary Leader* (Singapore: Media Masters, 2003), 458–9.
11. 阿成，《一路艱辛向前走：我肩負的使命（續）》（Johor: Hasanah Sin Bt. Abdullah, 2009), 300.
12. 楊美紅，《罌粟花紅：我在緬共十五年》（香港：天地圖書有限公司，2009），276–8.
13. 私下通訊。
14. Zhisui Li, *The Private Life of Chairman Mao: The Memoirs of Mao's Personal Physician, trans. Tai Hung-chao* (London: Arrow Books, 1996), 17.
15. Oriana Fallaci, 'Deng: Cleaning Up Mao's "Feudal Mistakes" ', *Washington Post*, 31 August 1980. Cited in Jude Blanchette, *Under the Red Flag: The Battle for the Soul of the Communist Party in a Reforming China* (Oxford: Oxford University Press, forthcoming), Chapter One.
16. Blanchette, *Under the Red Flag*, Chapter One; Robert Suettinger, 'Negotiating History: The Chinese Communist Party's 1981', 11, at http://www.project2049.net/documents/ Negotiating%20History%20CCP_Suettinger%202049%20Institute.pdf (accessed on 8 January 2018).
17. Suettinger, 'Negotiating History', 13.

18. 同前，13.
19. 'Resolution on Certain Questions in the History of Our Party Since the Founding of the People's Republic of China', at https://www.marxists.org/subject/china/documents/cpc/history/ 01.htm (accessed on 8 January 2018).
20. Suettinger, 'Negotiating History,' 17.
21. Blanchette, *Under the Red Flag*, Chapter One.
22. 同前。
23. James Hershberg, Sergey Radchenko, Peter Vamos and David Wolff, 'The Interkit Story: A Window into the Final Decades of the Sino-Soviet Relationship', Cold War International History Project Working Paper, February 2011, 27, at https://www.wilsoncenter.org/sites/default/files/ Working_Paper_63.pdf (accessed on 8 January 2018).
24. Barry Naughton, 'Deng Xiaoping: The Economist', China Quarterly 135: 491–514. 引用於 Blanchette, *Under the Red Flag*, Chapter Two.
25. Zhao Ziyang, *Prisoner of the State: The Secret Journal of Chinese Premier Zhao Ziyang* (London: Pocket Books, 2010), 163.
26. Christopher S. Wren, 'China Honors Mao with Selective Fanfare', *New York Times*, 25 December 1983, at http://www.nytimes.com/1983/12/25/world/china-honors-mao-with-selective-fanfare.html (accessed on 8 January 2018). 亦參見Blanchette, *Under the Red* Flag, Chapter Two.
27. Orville Schell, *Discos and Democracy: China in the Throes of Reform* (New York: Pantheon Books, 1988), 14.
28. Zhao, *Prisoner of the State*, 11.
29. 關於這些及進一步的細節，參見底下描述Geremie R. Barmé, *In the Red: On Contemporary Chinese Culture* (New York: Columbia University Press, 1997), 20–37.
30. Barmé, *Shades of Mao*, 9.
31. 同前，23.
32. 同前，25.

33. 同前，37.
34. Ching Kwan Lee, 'What Was Socialism to Chinese Workers? Collective Memories and Labor Politics in an Age of Reform', in Ching Kwan Lee and Guobin Yang, eds, *Re-envisioning the Chinese Revolution: The Politics and Poetics of Collective Memories in Reform China* (Stanford, CA: Stanford University Press, 2007), 158; Philip Pan, *Out of Mao's Shadow: The Struggle for the Soul of a New China* (London: Picador, 2008), 120–46.
35. 私下通訊。
36. Blanchette, *Under the Red Flag*.
37. Andy Yinan Hu, 'Swimming Against the Tide: Tracing and Locating Chinese Leftism Online', unpublished MA dissertation, Simon Fraser University, 2006, 80–1.
38. 同前，81.
39. 關於二〇〇三年，後毛主義的流行，我只找到一篇碩士論文，由此可見這是多敏感的議題：崔金珂，〈當代「毛澤東左派」思想分析—以烏有之鄉網站為例〉，未發表的碩士論文，北京大學，2013。感謝Daniel Leese寄這篇給我。
40. Hu, 'Swimming Against the Tide', 161.
41. 同前，130.
42. 崔金珂，〈當代「毛澤東左派」思想分析—以烏有之鄉網站為例〉, 11.
43. 同前，13.
44. 同前，14.
45. 同前。
46. 同前，15–20.
47. 同前，24, 21.
48. 同前，20.
49. 同前，18.

50. Oiwan Lam, 'China: Hang the Slaves of the West', 30 November 2010, at https://globalvoices.org/2010/11/30/china-hang-the-slavesof-the-west/ (accessed on 8 January 2018).
51. David Bandurski, 'Heckled by the Left, Again', 26 April 2013, at http://cmp.hku.hk/2013/04/26/heckled-by-the-left-again/ (accessed on 8 January 2018).
52. David Bandurski, 'Forum Denounces Economist Mao Yushi', 30 May 2011, at http://cmp.hku.hk/2011/05/30/forum-denounceseconomist-mao-yushi/ (accessed on 8 January 2018).
53. Jude Blanchette, 'Still Holding High Mao's Banner', *China Economic Quarterly*, June 2017, 51.
54. 崔金珂，〈當代「毛澤東左派」思想分析—以烏有之鄉網站為例〉，32, 9.
55. David Bandurski, 'Rare Essay Humbles Mao Zedong', 28 April 2011, at http://cmp.hku.hk/2011/04/28/chairman-mao-humbled-inrare-essay/ (accessed on 8 January 2018).
56. 'Boundlessly Loyal to the Great Monster', *The Economist*, 26 May 2011, at http://www.economist.com/node/18744533?story_id=18744533 (accessed on 8 January 2018).
57. John Garnaut, *The Rise and Fall of the House of Bo: How a Murder Exposed the Cracks in China's Leadership* (Beijing: Penguin China, 2012), loc 577.
58. 'Biggest Mao Zedong Statue Unveiled in China: Report', at http://www.sinodaily.com/reports/ Biggest_Mao_Zedong_statue_unveiled_in_China_report_999.html (accessed on 23 July 2018).
59. Garnaut, *The Rise and Fall of the House of Bo*, loc 602.
60. Xujun Eberlein, 'On Bo Xilai's "Chongqing Model" ', 20 March 2012, at https://insideoutchina.blogspot.co.uk/2012/03/bo-xilaischongqing-model.html (accessed on 8 January 2018).
61. Kathrin Hille and Jamil Anderlini, 'China: Mao and the Next Generation', *Financial Times*, 7 July 2011, at http://www.ftchinese.com/story/001039457/en?page=2 (accessed on 8 January 2018).
62. John Garnaut, 'Profound Shift as China Marches Back to Mao', *Sydney Morning Herald*, 9 October 2011, at http://www.smh.

com.au/world/profound-shift-as-china-marchesback-to-mao-20111008-1lewz.html (accessed on 8 January 2018).

63. 'Understanding Chinese President Xi's Anti-corruption Campaign', *The Conversation*, 27 October 2017, at http:// theconversation.com/ understanding-chinese-president-xis-anti-corruption-campaign86396; 'China Murder Suspect's Sisters Ran $126 Million Business Empire', Bloomberg, 14 April 2012, at https://www.bloomberg.com/news/articles/2012-04-13/ chinamurder-suspect-s-sisters-ran-126-million-business-empire (accessed on 8 January 2018).

64. 參見https://www.youtube.com/watch?v=6AcSEaOBrng&t=131s (accessed on 8 January 2018).

65. Tom Phillips, 'Xi Jinping Becomes Most Powerful Leader Since Mao with China's Change to Constitution', at https://www.theguardian.com/world/2017/oct/24/xi-jinping-maothought-on-socialism-china-constitution; https://twitter.com/ xinwenxiaojie/status/929705310230478848; 'Xi Jinping: Xinshidai de lingluren' (Xi Jinping: Pathfinder for the New Era), at http://www.xinhuanet.com/2017-11/17/c_1121968350.htm (all accessed on 16 May 2018).

66. 參見https://twitter.com/XHNews/status/931333019020951552.

67. 參見Tom Phillips, 'Singing Xi's Praises: Chorus of Chinese Pop Songs Celebrate President', at https://www.theguardian.com/world/ 2016/mar/30/xi-jinping-chorus-of-chinese-pop-songs-celebratepresident (accessed on 8 January 2018).

68. Sangkuk Li, 'An Institutional Analysis of Xi Jinping's Centralization of Power', *Journal of Contemporary China* 26.105 (2017): 325–36.

69. 《永遠在路上》，https://www.youtube.com/watch?v=qbgsWn5gMDs (accessed on 8 January 2018).

70. 'Xi: Holding High Banner of Mao "Forever",' *Xinhua*, 26 December 2013, at http://www.china.org.cn/china/2013-12/26/content_31015643.htm (accessed on 29 July 2018).

71. Kerry Brown, *The New Emperors: Power and the Princelings in China* (London: I. B. Tauris, 2014), 134.

72. David Bandurski, 'China's Political Discourse in 2013', 6 January 2014, at http://chinamediaproject.org/2014/01/06/chinas-politicaldiscourse-in-2013/ (accessed on 8 January 2018).

73. Damien Ma, 'Can China's Xi Pivot From Disrupter-in-Chief to Reformer-in-Chief?', *World Politics Review*, 15 November

2016, at http://www.worldpoliticsreview.com/articles/20460/can-china-s-xipivot-from-disrupter-in-chief-to-reformer-in-chief (accessed on 8 January 2018).

74. 〈韓德強創辦的正道農場正式宣告：到年底停辦〉，2016年8月26日，http://www.szhgh.com/Article/health/ food/2016-08-26/120019.html (accessed on 8 January 2018).

75. 參見https://www.youtube.com/watch?v=cm5w3bCpbQg.

76. 陳宜中，〈永遠的造反派—袁庚華先生訪談錄〉，http://www.wengewang.org/read.php?tid=30237 (accessed on 8 January 2018).

77. Kerry Brown and Simone van Nieuwenhuizen, *China and the New Maoists* (London: Zed Books, 2016), 66.

78. 張承志，《紅衛兵的時代》（紅衛兵の時代），小島晉治，田所竹彥翻譯（東京：岩波新書，1992），70, 188, 193.

79. Barmé, Shades of Mao, 274.

80. 張承志，〈伊斯蘭要努力與中國文明結合〉，2005, at http://history.sina.com.cn/idea/rw/2014-03-17/104185358.shtml (accessed on 26 January 2016).

81. 張承志，《五色的異端》（香港：大風出版社，2007）223–30；張承志，《敬重與惜別：致日本》（上海：上海文藝出版社，2015）, 107–53.

82. William R. Farrell, *Blood and Rage: The Story of the Japanese Red Army* (Lexington, MA: Lexington Books, 1990).

83. 海鵬飛，〈張承志：走不出烏托邦〉，《南方人物周刊》，2014年6月30日，http://www.nfpeople.com/story_view.php?id=5532 (accessed on 26 January 2016).

84. 例如，參見張承志，《金牧場》（北京：作家出版社，1987）；張承志，《北方的河》（北京：作家出版社，2000）。

85. 張承志，《五色的異端》，53.

86. 張承志，《紅衛兵的時代》，102.

87. 張承志，《五色的異端》，281–2.

88. 張承志，〈文學與正義：在中國人民大學文學院的演講〉，《當代文壇》6 (2013): 6.

89. 詳情參見Julia Lovell, 'From Beijing to Palestine: Zhang Chengzhi's Journeys from Red Guard Radicalism to Global Islam', *Journal of Asian Studies* 75.4 (November 2016): 891–911.

90. Lucy Hornby and Tom Hancock, 'China Cracks Down on Mao Critics', *Financial Times*, 22 January 2017; Raymond Li, 'Liberal Economist Mao Yushi Warns of a "Leftist Revival" in China', *South China Morning Post*, 26 May 2013.

91. Tom Phillips, 'China Breaks Official Silence on Cultural Revolution's "Decade of Calamity" ', *Guardian*, 17 May 2016.

92. Nectar Gan, ' "Whole World Should Unite to Defeat the American Invaders and Their Lackeys": Controversy Sparked Online by "Red Songs" at Concert in Beijing', *South China Morning Post*, 6 May 2016, at http://www.scmp.com/news/china/policies-politics/article/ 1941686/whole-world-should-unite-defeat-american-invaders-and (accessed on 9 January 2018).

93. Chun Han Wong, 'Maoist Overtones in Beijing Concert Raise Red Flags', *Wall Street Journal*, 8 May 2016, at https://blogs.wsj.com/ chinarealtime/2016/05/08/maoist-overtones-in-beijing-concertraise-red-flags/ (accessed on 9 January 2018).

94. Zheping Huang, 'Introducing China's Totally Wholesome 56- Member Patriotic Girl Pop Group', *Quartz*, 3 July 2015, at https://qz.com/444680/introducing-chinas-totally-wholesome-56-member-patriotic-girl-pop-group/ (accessed on 9 January 2018).

結語

1. 'A New Form of Totalitarianism Takes Root in China', *Washington Post*, 26 February 2018.

2. Charles Lane, 'We Got China Wrong. Now What?', *Washington Post*, 28 February 2018.

3. 其中最常被引用的說法是二〇〇〇年柯林頓一場談中國加入世貿組織（ＷＴＯ）的演講，例如，參見https://archive.nytimes.com/www.nytimes.com/library/world/asia/ 030900clinton-china-text.html?mcubz=2 (accessed on 30 July 2018).

4. 例如，參見王小鴻，〈2018兩會——改革新征程〉新型政黨制度為世界政黨政治發展貢獻中國智慧，http://news.cri.cn/20180308/962b9850-3a41-45ac-57c0-a4afdaa2d9e4.html (accessed on 15 March 2018).

5. 例如，參見https://hrichina.us9.list-manage.com/track/click?u=be71fffd3e2fea33689a7d0d8&id=a94125227e&e=1bd184054a.

參考文獻

檔案

中國

外交部檔案館
北京市檔案館
上海市檔案館
華東師範大學當代文獻史料中心

英國

國家檔案館
英中了解協會（Society for Anglo-Chinese Understanding），奧多市（Oundle）
亞非學院（School of Oriental and African Studies）特輯。

美國

Robert F. Williams的論文，密西根大學（查閱微卷）

〈Documenting the Peruvian Insurrection〉，普林斯頓大學（查閱微卷）

塔米蒙圖書館與華格納檔案館（Tamiment Library and Robert F. Wagner Archives），紐約

聯合出版研究服務處（Joint Publications Research Service Reports）（查閱資料庫）

中央情報局外國廣播資訊處（Foreign Broadcast Information Service）（查閱資料庫）

歐陸

社會史國際中心（International Institute of Social History），阿姆斯特丹

APO-Archiv，柏林

當代國際文獻館（Bibliothèque de Documentation Internationale Contemporaine），巴黎

國家檔案館，巴黎

蒙古

外交部檔案館

祕魯

Defensía del Pueblo，利馬

其他參考資料

Adams, Clarence, *An American Dream: The Life of an African American Soldier and POW Who Spent Twelve Years in Communist China*, Amherst: University of Massachusetts Press, 2007.

Adhikari, Aditya, *The Bullet and the Ballot Box: The Story of Nepal's Maoist Revolution*, London: Verso, 2014.

阿　成，《我肩負的使命：馬共中央政治局委員阿成回憶錄之四》，吉隆坡，二十一世紀出版社，2007。

______，《一路艱辛向前走——我肩負的使命（續）》，Johor: Hasanah Sin Bt. Abdullah, 2009.

Ahmad, Muhammad, *We Will Return in the Whirlwind: Black Radical Organizations 1960–1975*, Chicago: Charles H. Kerr, 2007.

Ahmad, Taufik, 'South Sulawesi: The Military, Prison Camps and Forced Labour', in Douglas Kammen and Katharine McGregor, eds, *The Contours of Mass Violence in Indonesia, 1965–68*, 156–81, Copenhagen: NIAS Press, 2012.

Aidit, D. N., *Dare, Dare and Dare Again!*, Beijing: Foreign Languages Press, 1963.

______, *Set Afire the Banteng Spirit: Ever Forward, No Retreat!*, Beijing: Foreign Languages Press, 1964.

Alexander, Robert J., *International Maoism in the Developing World*, New York: Praeger, 1999.

______, *Maoism in the Developed World*, New York: Praeger, 2001.

Anderson, Benedict, 'How Did the Generals Die?', *Indonesia* 43 (April 1987): 109–34.

______, *Imagined Communities: Reflections on the Origins and Spread of Nationalism*, London: Verso, 1991.

Anderson, Benedict R., and Ruth T. McVey, *A Preliminary Analysis of the October 1, 1965 Coup in Indonesia*, Ithaca: Modern Indonesia Project, 1971.

Anderson, David M., *Histories of the Hanged: Britain's Dirty War in Kenya and the End of Empire*, London: Weidenfeld & Nicolson, 2005.

Andrew, Christopher M., and Vasili Mitrokhin, *The Mitrokhin Archive II: The KGB and the World*, London: Allen Lane, 2005.

Apter, David E., and Tony Saich, *Revolutionary Discourse in Mao's Republic*, Cambridge, MA: Harvard University Press, 1994.

Armstrong, Charles, *The Tyranny of the Weak: North Korea and the World 1950–1992*, Ithaca: Cornell University Press, 2013.

Asselin, Pierre, *Hanoi's Road to the Vietnam War, 1954–1965*, Berkeley: University of California Press, 2015.

Aust, Stefan, *The Baader–Meinhof Complex*, trans. Anthea Bell, London: Bodley Head, 2008.

Bach, Quintin V. S., 'A Note on Soviet Statistics on Their Economic Aid', *Soviet Studies* 37.2 (April 1985): 269–75.

Badiou, Alain, 'The Cultural Revolution: The Last Revolution?', *positions* 13.3 (winter 2005): 481–514.

Bagus, Mary Ida, 'West Bali: Experiences and Legacies of the 1965–66 Violence', in Douglas Kammen and Katharine McGregor, eds, *The Contours of Mass Violence in Indonesia, 1965–68*, 208–33, Copenhagen: NIAS Press, 2012.

Banerjee, Sumanta, *India's Simmering Revolution: The Naxalite Uprising*, London: Zed Books, 1984.

Barlow, Tani, and Gary Bjorge, eds, *I Myself Am a Woman: Selected Writings of Ding Ling*, Boston: Beacon Press, 1989.

Barmé, Geremie R., *Shades of Mao: The Posthumous Cult of the Great Leader*, New York: M. E. Sharpe, 1996.

______ , *In the Red: On Contemporary Chinese Culture*, New York: Columbia University Press, 1997.

Basombrío Iglesias, Carlos, 'Sendero Luminoso and Human Rights: A Perverse Logic that Captured the Country', in Steve J. Stern, ed., *Shining and Other Paths: War and Society in Peru, 1980–1995*, 426–46, Durham, NC: Duke University Press, 1998.

Bayly, Christopher, and Tim Harper, *Forgotten Wars: The End of Britain's Asian Empire*, London: Penguin Books, 2008.

Becker, Jasper, *Hungry Ghosts: China's Secret Famine*, London: John Murray, 1996.

______ , *Rogue Regime: Kim Jong Il and the Looming Threat of North Korea*, New York: Oxford University Press, 2005.

Belden, Jack, *China Shakes the World*, New York: Harper, 1949. Bell, Thomas, *Kathmandu*, London: Haus, 2016.

Berg, Ronald H., 'Peasant Responses to Shining Path in Andahuaylas', in David Scott Palmer, ed., *The Shining Path of Peru*, 83–104, London: Hurst, 1992.

Berger, Dan, 'Rescuing Civil Rights from Black Power: Collective Memory and Saving the State in Twenty-First-Century Prosecutions of 1960s-Era Cases', *Journal for the Study of Radicalism* 3.1 (2009): 1–27.

Bhatia, Bela, 'The Naxalite Movement in Central Bihar', unpublished PhD dissertation, University of Cambridge, 2000.

Bianco, Lucien, *La Recidive: Revolution Russe, Revolution Chinoise*, Paris: Gallimard, 2014.

Bodman, Richard W., and Pin P. Wan, trans. and eds, *Deathsong of the River: A Reader's Guide to the Chinese TV Series Heshang*, Ithaca: Cornell University, 1991.

Bourseiller, Christophe, *Les Maoïstes: La Folle Histoïre des Gardes Rouges Francais*, Paris: Plon, 1996.

Bradley, Mark Philip, *Vietnam at War*, Oxford: Oxford University Press, 2009.

Brady, Anne-Marie, *The Friend of China: The Myth of Rewi Alley*, Abingdon: Routledge, 2002.

______ , *Making the Foreign Serve China: Managing Foreigners in the People's Republic*, Lanham: Rowman & Littlefield, 2003.

Brazinsky, Gregg, *Winning the Third World: Sino-American Rivalry During the Cold War*, Chapel Hill: University of North Carolina Press, 2017.

Brown, Archie, *The Rise and Fall of Communism*, London: Vintage, 2010.

Brown, Kerry, *The New Emperors: Power and the Princelings in China*, London: I. B. Tauris, 2014.

______ , *CEO China: The Rise of Xi Jinping*, London: I. B. Tauris, 2017.

______ , *The World According to Xi*, London: I. B. Tauris, 2018.

______ , and Simone van Nieuwenhuizen, *China and the New Maoists*, London: Zed Books, 2016.

Buchanan, Tom, *East Wind: China and the British Left, 1925–1976*, Oxford: Oxford University Press, 2012.

Bui, Tin, *Following Ho Chi Minh: The Memoirs of a North Vietnamese Colonel*, London: Hurst, 1995.

Buijtenhuijs, Robert, *Mau Mau Twenty Years After: The Myth and the Survivors*, The Hague: Mouton, 1973.

Burgess, G. Thomas, 'Mao in Zanzibar: Nationalism, Discipline, and the (De) Construction of Afro-Asian Solidarities', in Christopher J. Lee, ed., *Making a World After Empire: The Bandung Moment and Its Political Afterlives*, 263–91, Athens: Ohio University Press, 2010.

______ , Ali Sultan Issa and Seif Sharif Hamad, *Race, Revolution and the Struggle for Human Rights in Zanzibar: The Memoirs of Sultan Issa and Seif Sharif Hamad*, Athens: Ohio University Press, 2009.

Cailmail, Benolt, 'A History of Nepalese Maoism since its Foundation by Mohan Bikram Singh', *European Bulletin of Himalayan Research* 33–34 (2008–2009): 11–38.

______ , 'Le Mouvement Maoiste au Nepal, 1949–2008: La tentation de la revolution internationale', unpublished PhD dissertation, Pantheon-Sorbonne University – Paris 1, 2015.

Carruthers, Susan, *Cold War Captives: Imprisonment, Escape and Brainwashing*, Berkeley: University of California Press, 2009.

Chakrabarti, Sreemati, *China and the Naxalites*, London: Sangam, 1990.

Chakravarty, Bidyut, and Rajat Kumar Kujur, *Maoism in India: Reincarnation of Ultra-Leftwing Extremism in the Twenty-first Century*, Abingdon: Routledge, 2009.

Chanda, Nayan, *Brother Enemy: The War after the War*, San Diego: Harcourt Brace Jovanovich, 1986.

Chandler, David, *The Tragedy of Cambodian History: Politics, War and Revolution Since 1945*, New Haven: Yale University Press, 1991.

______ , *Voices from S-21: Terror and History in Pol Pot's Secret Prison*, Berkeley: University of California Press, 1999.

______ , *Brother Number One: A Political Biography of Pol Pot*, Boulder: Westview, 1999.

______ , Ben Kiernan and Chanthou Boua, trans. and eds, *Pol Pot Plans the Future: Confidential Leadership Documents from Democratic Kampuchea, 1976–1977*, New Haven: Yale Center for International and Area Studies, 1988.

Chang, Jung and Jon Halliday, *Mao: The Unknown Story*, London: Jonathan Cape, 2005.

Cheek, Timothy, 'The Fading of Wild Lilies: Wang Shiwei and Mao Zedong's Yan'an Talks in the First CPC Rectification Movement', *Australian Journal of Chinese Affairs* 11 (January 1984): 25–58.

______ , *The Intellectual in Modern Chinese History*, Cambridge: Cambridge University Press, 2015.

______ , ed., *A Critical Introduction to Mao*, Cambridge: Cambridge University Press, 2010.

陳冠任，《宋慶齡大傳》，北京：團結出版社，2003。

Chen Jian, *Mao's China and the Cold War*, Chapel Hill: University of North Carolina Press, 2001.

______ , et al., eds, *The Routledge Handbook of the Global Sixties*, Abingdon: Routledge, 2018.

Chen Yung-fa, 'The Blooming Poppy under the Red Sun: The Yan'an Way and the Opium Trade', in Tony Saich and Hans van de Ven, eds, *New Perspectives on the Chinese Communist Revolution*, 263–98, New York: M. E. Sharpe, 1995.

Cheng, J. C., ed., *The Politics of the Chinese Red Army: A Translation of the Bulletin of Activities of the People's Liberation Army*, Stanford: Hoover Institution, 1966.

程映虹，《毛主義革命：二十世紀的中國與世界》，香港：田園書屋，2008。

______ , 'Beyond Moscow-Centric Interpretation: An Examination of the China Connection in Eastern Europe and North Vietnam during the Era of De-Stalinization', *Journal of World History* 15.4 (December 2004): 487–518.

Chin Peng, *Alias Chin Peng – My Side of History: Recollections of a Revolutionary Leader*, Singapore: Media Masters, 2003.

Chung, Fay, *Re-living the Second Chimurenga: Memories from the Liberation Struggle in Zimbabwe*, Stockholm: Nordic Africa Institute, 2006.

Churchill, Ward, '"To Disrupt, Descredit and Destroy": The FBI's Secret War against the Black Panther Party', in Kathleen Cleaver and George Katsiaficas, eds, *Liberation, Imagination and the Black Panther Party: A New Look at the Panthers and their Legacy*, 78–117, New York: Routledge, 2001.

Cleaver, Kathleen, and George Katsiaficas, eds, *Liberation, Imagination and the Black Panther Party: A New Look at the Panthers and their Legacy*, New York: Routledge, 2001.

Clifford, Nicholas R., 'White China, Red China: Lighting out for the Territory with Edgar Snow', *New England Review* 18.2 (Spring 1997): 103–11.

Cook, Alexander C., 'Chinese Uhuru: Maoism and the Congo Crisis', unpublished paper.

______ , ed., *Mao's Little Red Book: A Global History*, Cambridge: Cambridge University Press, 2014.

Cooley, John, *East Wind Over Africa: Red China's African Offensive*, New York: Walker & Company, 1965.

Craig Harris, Lilian, 'China's Relations with the PLO', *Journal of Palestine Studies* 7.1 (Autumn 1977): 123–54.

Cribb, Robert, 'Indonesian Marxism', in Colin Mackerras and Nick Knight, eds, *Marxism in Asia*, 251–72, Sydney: Croome Helm, 1985.

______ , ed., *The Indonesian Killings 1965–1966: Studies from Java and Bali*, Clayton: Monash University, 1990.

______ , and Colin Brown, *Modern Indonesia: A History Since 1945*, London: Longman, 1995.

崔金珂，〈當代「毛澤東左派」思想分析——以烏有之鄉網站為例〉，未發表的碩士論文，北京大學，2013。

Cumings, Bruce, *The Korean War: A History*, New York: Modern Library, 2011.

Dai Qing, *Wang Shiwei and 'Wild Lilies': Rectification and Purges in the Chinese Communist Party, 1942–1944*, ed. David E. Apter and Timothy Cheek, New York: Armonk, 1994.

Dake, Antonie C. A., *In the Spirit of the Red Banteng: Indonesian Communists between Moscow and Peking, 1959–1965*, The Hague: Mouton, 1973.

Degregori, Carlos Ivan, 'Harvesting Storms: Peasant *Rondas* and the Defeat of Sendero Luminoso in Ayacucho', in Steve J. Stern, ed., *Shining and Other Paths: War and Society in Peru, 1980–1995*, 129–57, Durham, NC: Duke University Press, 1998.

______ , *El Surgimiento de Sendero Luminoso: Ayacucho 1969–1979*, Lima: Instituto de Estudios Peruanos, 2010.

______ , *How Difficult It Is to Be God: Shining Path's Politics of War in Peru, 1980–1999*, ed. Steve J. Stern, trans. Nancy Appelbaum, Madison: University of Wisconsin Press, 2012.

del Pino H., Ponciano, 'Family, Culture and "Revolution": Everyday Life with Sendero Luminoso', in Steve J. Stern, ed., *Shining and Other Paths: War and Society in Peru, 1980–1995*, 158–92, Durham, NC: Duke University Press, 1998.

De Nike, Howard J., John Quigley and Kenneth J. Robinson, eds, *Genocide in Cambodia: Documents from the Trial of Pol Pot and Ieng Sary*, Philadelphia: University of Pennsylvania Press, 2000.

Denton, Kirk A., ed., *Modern Chinese Literary Thought: Writings on Literature, 1893–1945*, Stanford: Stanford University Press, 1996.

de Sales, Anne, 'Thabang: The Crucible of Revolution', in Marie Lecomte-Tilouine, ed., *Revolution in Nepal: An Anthropological and Historical Approach to the People's War*, 165–206, New Delhi: Oxford University Press, 2013.

de Wit, Ton, and Vera Gianotten, 'The Center's Multiple Failures', in David Scott Palmer, ed., *The Shining Path of Peru*, 45–57, London: Hurst, 1992.

Dikötter, Frank, *Mao's Great Famine: The History of China's Most Devastating Catastrophe, 1958–1962*, London: Bloomsbury, 2010.

______ , *The Cultural Revolution: A People's History, 1962–1976*, London: Bloomsbury, 2016.

Donner, Henrike, 'The Significance of Naxalbari: Accounts of Personal Involvement and Politics in West Bengal', occasional paper, Centre of South Asian Studies, University of Cambridge, 2004.

Duiker, William J., *Ho Chi Minh: A Life*, New York: Hyperion, 2000.

Efimova, Larisa M., 'Stalin and the New Program for the Communist Party of Indonesia', *Indonesia* 91 (April 2011): 131–63.

Elbaum, Max, *Revolution in the Air: Sixties Radicals Turn to Lenin, Mao and Che*, London: Verso, 2006.

Fairbank, John K., *China: The People's Middle Kingdom and the USA*, Cambridge, MA: Harvard University Press, 1967.

Faligot, Roger, and Remi Kauffer, *The Chinese Secret Service*, trans. Christine Donougher, London: Headline, 1989.

Fan, Hongwei, 'China–Burma Geopolitical Relations in the Cold War', *Journal of Current Southeast Asian Affairs* 31.1 (2012): 7–27.

Farnsworth, Robert M., *From Vagabond to Journalist: Edgar Snow in Asia, 1928–1941*, Columbia, MO: University of Missouri Press, 1996.

Farrell, William R., *Blood and Rage: The Story of the Japanese Red Army*, Lexington, MA: Lexington Books, 1990.

Favretto, Ilaria, 'Rough Music and Factory Protest in Post-1945 Italy', *Past and Present* 228 (August 2015): 207–47.

______ , and Marco Fincardi, 'Carnivalesque and Charivari Repertories in 1960s and 1970s Italian Protest', in Ilaria Favretto and Xabier Itcaina, eds, *Protest, Popular Culture and Tradition in Modern and Contemporary Western Europe*, 149–84, London: Palgrave, 2017.

費孝通，夏衍編，《胡愈之印象記》，北京：中國友誼出版社，1996。

Fic, Victor, *Anatomy of the Jakarta Coup, 1 October, 1965: The Collusion with China which Destroyed the Army Command, President Sukarno and the Communist Party of Indonesia*, New Delhi: Abhinav Publications, 2004.

Fields, A. Belden, *Trotskyism and Maoism: Theory and Practice in France and the United States*, New York: Praeger, 1988.

Foster Snow, Helen (see also Nym Wales), *My China Years: A Memoir*, London: Harrap, 1984.

Franceschini, Alberto, *Mara Renato e Io: Storia des Fondatori delle BR*, Milan: Arnoldo Mondadori, 1988.

Frazier, Robeson Taj, *The East is Black: Cold War China in the Black Radical Imagination*, Durham, NC: Duke University Press, 2015.

Friedman, Jeremy, *Shadow Cold War: The Sino-Soviet Competition for the Third World*, Chapel Hill: University of North Carolina Press, 2015.

Garnaut, John, *The Rise and Fall of the House of Bo: How a Murder Exposed the Cracks in China's Leadership*, Beijing: Penguin China, 2012.

Garver, John, *China's Quest: The History of the Foreign Relations of the People's Republic of China*, Oxford: Oxford University Press, 2016.

Gavilan Sanchez, Lurgio, *When Rains Became Floods: A Child Soldier's Story*, trans. Margaret Randall, Durham, NC: Duke University Press, 2017.

Gehrig, Sebastian, '"Zwischen uns und dem Feind einen klaren Trennungsstrich ziehen": Linksterroristische Gruppen und maoistische Ideologie in der Bundesrepublik der 1960er und 1970er Jahre', in Sebastian Gehrig, Barbara Mittler and Felix Wemheuer, eds, *Kulturrevolution als Vorbild? Maoismen im deutschsprachigen Raum*, 153–77, Frankfurt: Peter Lang, 2008.

______, '(Re-)Configuring Mao: Trajectories of a Culturo-Political Trend in West Germany', *Transcultural Studies* 2 (2011): 189–231.

Gellner, David, and Mrigendra Bahadur Karki, 'The Sociology of Activism in Nepal: Some Preliminary Considerations', in H.

Ishii, David Gellner and K. Nawa, eds, *Political and Social Transformations in North India and Nepal (Social Dynamics in Northern South Asia, Vol. 2)*, 361–97, Delhi: Manohar, 2007.

Gildea, Robert, James Mark and Anette Warring, eds, *Europe's 1968: Voices of Revolt*, Oxford: Oxford University Press, 2013.

Gilmartin, Christina, *Engendering the Chinese Revolution: Radical Women, Communist Politics, and Mass Movements in the 1920s*, Berkeley: University of California Press, 1995.

Goldman, Merle, 'The Party and the Intellectuals', in Roderick MacFarquhar and John K. Fairbank, eds, *The Cambridge History of China, Volume 14, The People's Republic, Part 1: The Emergence of Revolutionary China, 1949–1965*, 218–58, Cambridge: Cambridge University Press, 1987.

Gorriti, Gustavo, 'Shining Path's Stalin and Trotsky', in David Scott Palmer, ed., *The Shining Path of Peru*, 149–70, London: Hurst, 1992.

______, *The Shining Path: A History of the Millenarian War in Peru*, trans. Robin Kirk, Chapel Hill: University of North Carolina Press, 1999.

Goscha, Christopher, *The Penguin History of Modern Vietnam*, London: Penguin, 2017.

Gottesman, Evan, *Cambodia After the Khmer Rouge: Inside the Politics of Nation Building*, New Haven: Yale University Press, 2004.

Guan, Ang Cheng, *Vietnamese Communists' Relations with China and the Second Indochina Conflict, 1956–1962*, London: McFarland, 1997.

Guzman Reinoso, Abimael, and Elena Iparraguirre, *Memorias desde Nemesis 1993–2000* (2014), http://bvk.bnp.gob.pe/admin/files/libros/801_digitalizacion.pdf.

Hack, Karl, and Jian Chen, eds, *Dialogues with Chin Peng: New Light on the Malayan Communist Party*, Singapore: Singapore University Press, 2004.

Hahn, Emily, *The Soong Sisters*, London: Robert Hale Limited, 1942.

Halberstam, David, *The Coldest Winter: America and the Korean War*, London: Pan Macmillan, 2009.

Hamilton, John Maxwell, *Edgar Snow: A Biography*, Bloomington: Indiana University Press, 1998.

Han Shaogong, *A Dictionary of Maqiao*, trans. Julia Lovell, New York: Columbia University Press, 2003.

Hanshew, Karrin, *Terror and Democracy in West Germany*, Cambridge: Cambridge University Press, 2012.

He Jingxu 等人編著，《緬懷劉少奇》，北京：中央文獻出版社，1988。

Hearman, Vanessa, 'South Blitar and the PKI Bases: Refuge, Resistance and Repression', in Douglas Kammen and Katharine McGregor, eds, *The Contours of Mass Violence in Indonesia, 1965–68*, 182–207, Copenhagen: NIAS Press, 2012.

Heikal, Mohamed, *Nasser: The Cairo Documents*, London: New English Library, 1972.

Heilman, Jaymie, *Before the Shining Path: Politics in Rural Ayacucho, 1895–1980*, Stanford: Stanford University Press, 2010.

Heilmann, Sebastian, and Elizabeth Perry, eds, *Mao's Invisible Hand: The Political Foundations of Adaptive Governance in China*, Cambridge, MA: Harvard University Press, 2011.

Hering, Bob, *Soekarno: Founding Father of Indonesia, 1901–1945*, Leiden: KITLV Press, 2002.

Hershberg, James, Sergey Radchenko, Peter Vamos and David Wolff, 'The Interkit Story: A Window into the Final Decades of the Sino-Soviet Relationship', Cold War International History Project Working Paper, February 2011.

Hevi, Emmanuel John, *An African Student in China*, London: Pall Mall Press, 1963.

Hindley, Donald, *The Communist Party of Indonesia, 1951–1963*, Berkeley: University of California Press, 1964.

Hoang Van Hoan, *A Drop in the Ocean: Hoang Van Hoan's Revolutionary Reminiscences*, Beijing: Foreign Languages Press, 1988.

Holcombe, Alec, 'Socialist Transformation in the Democratic Republic of Vietnam', unpublished PhD dissertation, University of California, Berkeley, 2014.

Hollander, Paul, *Political Pilgrims: Western Intellectuals in Search of the Good Society*, Oxford: Oxford University Press, 1981.

Hong Zhou and Hou Xiong, eds, *China's Foreign Aid: 60 Years in Retrospect*, Singapore: Springer, 2017.

Hu, Andy Yinan, 'Swimming Against the Tide: Tracing and Locating Chinese Leftism Online', unpublished MA dissertation,

Simon Fraser University, 2006.

胡愈之，《我的回憶》，江蘇：江蘇人民出版社，1990。

Huang Hua, *Memoirs*, Beijing: Foreign Languages Press, 2008.

Huang, Shaorong, *To Rebel Is Justified: A Rhetorical Study of China's Cultural Revolution Movement, 1966–1969*, Lanham: University Press of America, 1996.

Hughes, John, *The End of Sukarno: A Coup that Misfired, a Purge that Ran Wild*, London: Angus & Robertson, 1968.

Hunter, Edward, *Brain-washing in Red China: The Calculated Destruction of Men's Minds*, New York: The Vanguard Press, 1951.

______ , *Brainwashing: The Story of Men Who Defied It*, New York: Farrar, Straus, and Cudahy, 1956.

Hutchison, Alan, *China's African Revolution*, London: Hutchinson, 1975.

Hutt, Michael, 'Reading Nepali Maoist Memoirs', *Studies in Nepali History and Society* 17.1 (June 2012): 107–42.

______ , 'Ganga Bahadur's Books: Landmark Proletarian Novels and the Nepali Communist Movement', *Inter-Asia Cultural Studies* 17.3 (2016): 357–74.

______ , ed., *Himalayan 'People's War': Nepal's Maoist Revolution*, London: Hurst, 2004.

Isbell, Billie Jean, 'Shining Path and Peasant Responses in Rural Ayacucho', in David Scott Palmer, ed., *The Shining Path of Peru*, 59–81, London: Hurst, 1992.

Jaquet, Carine, '"One Should Not Cut the Blossom in the Bud": Voices of Nepalese Child Soldiers', *European Bulletin of Himalayan Research* 33–34 (2008–2009): 171–90.

Jeldres, Julio, 'A Personal Reflection on Norodom Sihanouk and Zhou Enlai: An Extraordinary Friendship on the Fringes of the Cold War', *Cross-Currents: East Asian History and Culture Review* 4 (September 2012): 52–64.

Jenkins, David, and Douglas Kammen, 'The Army Para-commando Regiment and the Reign of Terror in Central Java and Bali', in Douglas Kammen and Katharine McGregor, eds, *The Contours of Mass Violence in Indonesia, 1965–68*, 75–103, Copenhagen: NIAS Press, 2012.

Jersild, Austin, *The Sino-Soviet Alliance: An International History*, Chapel Hill: University of North Carolina Press, 2014.

Jha, Prashant, *Battles of the New Republic: A Contemporary History of Nepal*, London: Hurst, 2014.

蔣華傑，冷戰時期中國對非洲國家的援助研究（1960–1978），未發表的博士論文，華東師範大學，2014。

〈堅決戰勝美帝國主義：支持越南人民抗美救國正義鬥爭歌曲選集〉，北京：音樂出版社，1965。

Jiménez Quispe, Edilberto, 'Chungui: Ethnographic Drawings of Violence and Traces of Memory', in Cynthia E. Milton, ed., *Art from a Fractured Past: Memory and Truth Telling in Post-Shining Path Peru*, 75–102, Durham, NC: Duke University Press, 2014.

金沖及主編，《毛澤東傳（1893-1949）》，北京：中共中央文獻研究室，2004。

金沖及、逄先知主編，《毛澤東傳（1949-1976）》，北京：中共中央文獻研究室，2003。

《激情歲月》，香港：見證出版社，2005。

Johnson, Cecil, *Communist China and Latin America 1959–1967*, New York: Columbia University Press, 1970.

Johnson, Matthew, 'From Peace to the Panthers: PRC Engagement with African-American Transnational Networks, 1949–1979', *Past and Present* 218 (special supplement) (January 2013): 233–57.

Joiner, Lynne, *Honorable Survivor: Mao's China, McCarthy's America, and the Persecution of John S. Service*, Maryland: Naval Institute Press, 2009.

Judt, Tony, *Postwar: A History of Europe Since 1945*, London: Pimlico, 2007.

Kahin, Audrey, and George Kahin, *Subversion as Foreign Policy: The Secret Eisenhower and Dulles Debacle in Indonesia*, Seattle: University of Washington Press, 1997.

Kammen, Douglas, and Katharine McGregor, eds, *The Contours of Mass Violence in Indonesia, 1965–68*, Copenhagen: NIAS Press, 2012.

______ , 'Introduction: The Contours of Mass Violence in Indonesia, 1965–68', in Douglas Kammen and Katharine McGregor, eds, *The Contours of Mass Violence in Indonesia, 1965–68*, 1–24, Copenhagen: NIAS Press, 2012.

Karki, Arjun, and David Seddon, eds, *The People's War in Nepal: Left Perspectives*, Delhi: Adroit Publishers, 2003.

Keating, Pauline B., *Two Revolutions: Village Reconstruction and the Cooperative Movement in Northern Shaanxi, 1934–1945*, Stanford: Stanford University Press, 1997.

Kelley, Robert D. G., and Betsy Esch, 'Black Like Mao: Red China and Black Revolution', *Souls: Critical Journal of Black Politics and Culture* 1.4 (Fall 1999): 6–41.

Kennedy, Jonathan, and Sunil Purushotham, 'Beyond Naxalbari: A Comparative Analysis of Maoist Insurgency and Counterinsurgency in Independent India', *Comparative Studies in Society and History* 54.4 (2012): 832–62.

Khoo, Nicholas, *Collateral Damage: Sino-Soviet Rivalry and the Termination of the Sino-Vietnamese Alliance*, New York: Columbia University Press, 2011.

Khrushchev, Nikita, *Khrushchev Remembers: The Last Testament*, Volume 2, trans. Strobe Talbott, London: Deutsch, 1974.

Kiernan, Ben, *How Pol Pot Came to Power: A History of Communism in Kampuchea, 1930–1975*, London: Verso, 1986.

______ , 'External and Indigenous Sources of Khmer Rouge Ideology', in Odd Arne Westad and Sophie Quinn-Judge, eds, *The Third Indochina War: Conflict Between China, Vietnam and Cambodia, 1972–1979*, 187–206, London: Routledge, 2006.

______ , *The Pol Pot Regime: Race, Power, and Genocide in Cambodia under the Khmer Rouge, 1975–79*, New Haven: Yale University Press, 2008.

Kirk, G. S., and J. E. Raven, *The Presocratic Philosophers: A Critical History with a Selection of Texts*, Cambridge: Cambridge University Press, 1964.

Kirk, Robin, *Grabado en piedra: las mujeres de Sendero Luminoso*, trans. Enrique Bossio, Lima: Instituto de Estudios Peruanos, 1993.

______ , *The Monkey's Paw: New Chronicles from Peru*, Amherst: University of Massachusetts Press, 1997.

Koenen, Gerd, *Das Rote Jahrzehnt: Unsere kleine Deutsche Kulturrevolution 1967–1977*, Cologne: Kiepenheuer & Witsch, 2001.

Kühn, Andreas, *Stalins Enkel, Maos Sohne: Die Lebenswelt der K-Gruppen in der Bundesrepublik der 70er Jahre*, Frankfurt:

Campus Verlag, 2005.

Kurlansky, Mark, *1968: The Year that Rocked the World*, London: Jonathan Cape, 2004.

Lal, Priya, 'Maoism in Tanzania: Material Connections and Shared Imaginaries', in Alexander C. Cook, ed., *Mao's Little Red Book: A Global History*, 96–116, Cambridge: Cambridge University Press, 2014.

______, *African Socialism in Postcolonial Tanzania*, Cambridge: Cambridge University Press, 2015.

Landau, Paul S., 'The ANC, MK, and "The Turn to Violence" (1960–1962)', *South African Historical Journal* 64.3 (2012): 538–63.

Larkin, Bruce D., *China and Africa, 1949–1970: The Foreign Policy of the People's Republic of China*, Berkeley: University of California Press, 1971.

La Serna, Miguel, *The Corner of the Living: Ayacucho on the Eve of the Shining Path Insurgency*, Chapel Hill: University of North Carolina Press, 2012.

______, and Orin Starn, *The Shining Path: Love, Madness, and Revolution in the Andes* (manuscript copy consulted), New York: Norton, 2019.

Lawoti, Mahendra, 'Ethnic Politics and the Building of an Inclusive State', in Sebastian von Einsiedel and David M. Malone, eds, *Nepal in Transition: From People's War to Fragile Peace*, 129–52, Cambridge: Cambridge University Press, 2012.

Lecomte-Tilouine, Marie, *Hindu Kingship, Ethnic Revival and Maoist Rebellion in Nepal*, New Delhi: Oxford University Press, 2009.

______, ed., *Revolution in Nepal: An Anthropological and Historical Approach to the People's War*, New Delhi: Oxford University Press, 2013.

______, 'Maoist Despite Themselves: Amid the People's War in a Maoist Model Village, Northern Gulmi', in Marie Lecomte-Tilouine, ed., *Revolution in Nepal: An Anthropological and Historical Approach to the People's War*, 213–53, New Delhi: Oxford University Press, 2013.

Lee, Ching Kuan, and Guobin Yang, eds, *Re-envisioning the Chinese Revolution: The Politics and Poetics of Collective Memories in Reform China*, Stanford: Stanford University Press, 2007.

Lee Kuan Yew, *From Third World to First: Singapore and the Asian Economic Boom*, New York: Harper, 2011.

Leese, Daniel, *Mao Cult: Rhetoric and Ritual in China's Cultural Revolution*, Cambridge: Cambridge University Press, 2011.

Legge, J. D., *Sukarno: A Political Biography*, London: Allen Lane, 1972.

Lemov, Rebecca, *The World as Laboratory: Mice, Mazes and Men*, New York: Hill and Wang, 2005.

Leonard, Aaron J., and Conor A. Gallagher, *Heavy Radicals: The FBI's Secret War on America's Maoists: The Revolutionary Union/Revolutionary Communist Party 1968–1980*, Winchester: Zero Books, 2014.

李丹慧，〈赴非洲新使命：馬法賢老人訪談錄〉，《冷戰國際史研究》7 (2008)。

______，梁志、周娜，〈非洲叢林中的新使命：馬法賢老人訪談錄（二）〉，《冷戰國際史研究》8 (2009)。

______，陳波、樊百玉，〈非洲叢林中的新使命：馬法賢老人訪談錄（三）〉，《冷戰國際史研究》9 (2010)。

______，崔海智、蔣華傑，〈非洲叢林中的新使命：馬法賢老人訪談錄（四）〉，《冷戰國際史研究》10 (2010)。

______，李秀芳、游覽，〈非洲叢林中的新使命：馬法賢老人訪談錄（五）〉，《冷戰國際史研究》11 (2011)。

______，周娜、崔海智，〈非洲叢林中的新使命：馬法賢老人訪談錄（六）〉，《冷戰國際史研究》12 (2011)。

______，〈非洲叢林中的新使命：馬法賢老人訪談錄（七）〉，《冷戰國際史研究》13 (2012)。

______，〈非洲叢林中的新使命：馬法賢老人訪談錄（八）〉，《冷戰國際史研究》14 (2012)。

Li Ruru, 'Sino the Times: Three Spoken Drama Productions on the Beijing stage', *Drama Review* 45.2 (Summer 2001): 129–44.

Li, Sangkuk, 'An Institutional Analysis of Xi Jinping's Centralization of Power', *Journal of Contemporary China* 26.105 (2017): 325–36.

Li, Zhisui, *The Private Life of Chairman Mao: The Memoirs of Mao's Personal Physician*, trans. Tai Hung-chao, London: Arrow Books, 1996.

Lim, Jin Li, 'New China and its Qiaowu: The Political Economy of Overseas Chinese Policy in the People's Republic of China,

1949–1959', unpublished PhD dissertation, London School of Economics, 2016.

Linhart, Robert, *The Assembly Line*, trans. Margaret Crosland, London: Calder, 1981.

Linhart, Virginie, *Le jour où mon père s'est tu*, Paris: Éditions du Seuil, 2008.

Liu, Hong, 'The Historicity of China's Soft Power: The PRC and the Cultural Politics of Indonesia, 1945–1965', in Zheng Yangwen, Hong Liu and Michael Szonyi, eds, *The Cold War in Asia: The Battle for Hearts and Minds*, 147–82, Brill: Leiden, 2010.

______, *China and the Shaping of Indonesia, 1949–1965*, Singapore: NUS Press, 2011.

Locard, Henri, *Pol Pot's Little Red Book: The Sayings of Angkar*, Chiang Mai: Silkworm, 2004.

Logevall, Fredrik, 'The Indochina Wars and the Cold War, 1945–1975', in Melvyn P. Leffler and Odd Arne Westad, eds, *The Cambridge History of the Cold War: Crises and Detente*, Volume 2, 281–304, Cambridge: Cambridge University Press, 2010.

Lonsdale, John, 'Mau Maus of the Mind: Making Mau Mau and Remaking Kenya', *Journal of African History* 31.3 (1990): 393–421.

Lovell, Julia, 'The Uses of Foreigners in Mao-Era China: "Techniques of Hospitality" and International Image-Building in the People's Republic, 1949–1976', *Transactions of the Royal Historical Society*, 25 (2015): 135–58.

______, 'The Cultural Revolution and Its Legacies in International Perspective', *China Quarterly* 227 (September 2016): 632–52.

______, 'From Beijing to Palestine: Zhang Chengzhi's Journeys from Red Guard Radicalism to Global Islam', *Journal of Asian Studies* 75.4 (November 2016): 891–911.

Lubis, Mochtar, *Twilight in Djakarta*, trans. Claire Holt, London: Hutchinson, 1963.

Lumley, Robert, *States of Emergency: Cultures of Revolt in Italy from 1968 to 1978*, London: Verso, 1990.

Lüthi, Lorenz, *The Sino-Soviet Split: Cold War in the Communist World*, Princeton: Princeton University Press, 2010.

Luu Doan Huynh, 'Commentary: A Vietnamese Scholar's Perspective on the Communist Big Powers and Vietnam', in Priscilla Roberts, ed., *Behind the Bamboo Curtain: China, Vietnam, and the World Beyond Asia*, 433–49, Stanford: Stanford University

Press, 2006. Lye, Colleen, *America's Asia: Racial Form and American Literature, 1893–1945*, Princeton: Princeton University Press, 2009.

馬模貞，《中國禁毒史資料》，天津：天津人民出版社，1998。

McCauley, Martin, *The Khrushchev Era 1953–1964*, London: Routledge, 2014. McClintock, Cynthia, 'Theories of Revolution and the Case of Peru', in David Scott Palmer, ed., *The Shining Path of Peru*, 225–40, London: Hurst, 1992.

______ , *Revolutionary Movements in Latin America: El Salvador's FMLN and Peru's Shining Path*, Washington: United States Institute of Peace Press, 1998.

______ , 'Peru's Sendero Luminoso Rebellion: Origins and Trajectory', in Susan Eckstein and Manuel Antonio Garreton Merino, eds, *Power and Popular Protest: Latin American Social Movements*, 61–101, Berkeley: University of California Press, 2001.

McCoy, Alfred, *A Question of Torture: CIA Interrogation, from the Cold War to the War on Terror*, New York: Henry Holt & Co., 2006.

MacFarquhar, Roderick, ed., *The Politics of China: The Eras of Mao and Deng*, Cambridge: Cambridge University Press, 1997.

______ , and Michael Schoenhals, *Mao's Last Revolution*, Cambridge, MA: Harvard University Press, 2009.

MacLaine, Shirley, *You Can Get There From Here*, London: George Prior, 1975.

McVey, Ruth T., *The Rise of Indonesian Communism*, Ithaca: Cornell University Press, 1965.

______ , 'Indonesian Communism and China', in Tang Tsou, ed., *China in Crisis Volume 2: China's Policies in Asia and America's Alternatives*, 357–94, Chicago: University of Chicago Press, 1968.

______ , 'The Post-Revolutionary Transformation of the Indonesian Army: Part II', *Indonesia* 13 (April 1972): 147–81.

Mandela, Nelson, *Long Walk to Freedom*, London: Little, Brown, 2010.

《漫漫林海路》，香港，見證出版社，2003。

Manrique, Nelson, 'The War for the Central Sierra', in Steve J. Stern, ed., *Shining and Other Paths: War and Society in Peru, 1980–1995*, 194–223, Durham, NC: Duke University Press, 1998.

Mao Zedong, *Report from Xunwu*, trans. and ed. Roger R. Thompson, Stanford: Stanford University Press, 1990.

______, *Mao's Road to Power: Revolutionary Writings 1912–1949* (eight volumes), ed. Stephen C. Averill, Timothy Cheek, Nancy Jane Hodes, Stuart Schram and Lyman Van Slyke, New York: Armonk, 1992–.Marks, John, *The Search for the 'Manchurian Candidate': The CIA and Mind Control*, London: Allen Lane, 1979.

Martin, David, and Phyllis Johnson, *The Struggle for Zimbabwe: The Chimurenga War*, London: Faber and Faber, 1981.

Mayer, Jane, *The Dark Side: The Inside Story of How the War on Terror Turned into a War on American Ideals*, New York: Anchor Books, 2009.

Mehili, Elidor, *From Stalin to Mao: Albania and the Socialist World*, Ithaca: Cornell University Press, 2018.

Mehta, Harish C., *Warrior Prince: Norodom Ranariddh, Son of King Sihanouk of Cambodia*, Singapore: Graham Brash, 2001.

Melley, Timothy, 'Brain Warfare: The Covert Sphere, Terrorism, and the Legacy of the Cold War', *Grey Room* 45 (Fall 2011): 18–41.

______, *The Covert Sphere: Secrecy, Fiction and the National Security State*, Ithaca: Cornell University Press, 2012.

Melvin, Jess, 'Why Not Genocide? Anti-Chinese Violence in Aceh, 1965–1966', *Journal of Current Southeast Asian Affairs* 32.3 (2013): 63–91.

______, *The Army and the Indonesian Genocide: Mechanics of Mass Murder*, Abingdon: Routledge, 2018.

Mertha, Andrew, *Brothers in Arms: Chinese Aid to the Khmer Rouge, 1975–1979*, Ithaca: Cornell University Press, 2014.

Meyskens, Covell, 'Third Front Railroads and Industrial Modernity in Late Maoist China', *Twentieth-Century China* 40.3 (October 2015): 238–60.

Mhlaba, Raymond, *Raymond Mhlaba's Personal Memoirs: Reminiscing from Rwanda and Uganda*, Johannesburg: HSRC Press, 2001.

Miles, James, *China: Rising Power, Anxious State*, London: Penguin, 2012.

Miller, Gerard, *Minoritaire*, Paris: Seuil, 2001.

Milton, Cynthia E., ed., *Art from a Fractured Past: Memory and Truth Telling in Post-Shining Path Peru*, Durham, NC: Duke University Press, 2014.

Miyoshi Jager, Sheila, *Brothers at War: The Unending Conflict in Korea*, London: Profile Books, 2013.

Monson, Jamie, *Africa's Freedom Railway: How a Chinese Development Project Changed Lives and Livelihoods in Tanzania*, Bloomington: Indiana University Press, 2009.

Moorcraft, Paul, and Peter McLaughlin, *The Rhodesian War: Fifty Years On*, Barnsley: Pen & Sword, 2015.

Mortimer, Rex, *Indonesian Communism Under Sukarno: Ideology and Politics, 1959–1965*, Ithaca: Cornell University Press, 1974.

Mozingo, David, *Chinese Policy Toward Indonesia, 1949–1967*, Ithaca: Cornell University Press, 1976.

Mukherjee, Arun, *Maoist Spring Thunder: The Naxalite Movement 1967–1972*, Kolkata: K. P. Bagchi & Co., 2007.

Mukhopadhyay, Ashoke Kumar, *The Naxalites Through the Eyes of the Police: Select Notifications from the Calcutta Police Gazette (1967–1975)*, Kolkata: Dey's Publishing, 2007.

Mumford, Andrew, *Counterinsurgency Wars and the Anglo-American Alliance: The Special Relationship on the Rocks*, Washington DC: Georgetown University Press, 2017.

Myoe, Maung Aung, *In the Name of Pauk-Phaw: Myanmar's China Policy Since 1948*, Singapore: Institute of Southeast Asian Studies, 2011.

Naidoo, Nandha, 'The "Indian Chap": Recollections of a South African Underground Trainee in Mao's China', *South African Historical Journal* 64.3: 707–36.

Naughton, Barry, 'The Third Front: Defence Industrialization in the Chinese Interior', *China Quarterly* 115 (September 1988): 351–86.

Newman, Robert P., *Owen Lattimore and the 'Loss' of China*, Berkeley: University of California Press, 1992.

Newton, Huey P., *To Die For the People*, San Francisco: City Lights Books, 2009.

Ngor, Haing, with Roger Warner, *Survival in the Killing Fields*, London: Robinson, 2003.

Nguyen, Lien-Hang T., *Hanoi's War: An International History of the War for Peace in Vietnam,* Chapel Hill: University of North Carolina Press, 2012.

Niccolai, Roberto, *Cuando la Cina era Vicina*, Pisa: Associazione centro de documentazione de Pistoia, 1998.

Nkrumah's Subversion in Africa: Documentary Evidence of Nkrumah's Interference in the Affairs of Other African States, Ghana: Ministry of Information, 1966.

Nyerere, Julius K., *Freedom and Socialism*, Dar es Salaam: Oxford University Press, 1968.

______, *Freedom and Development*, Dar es Salaam: Oxford University Press, 1973.

Odhiambo, E. S. Atieno, and John Lonsdale, eds, *Mau Mau and Nationhood: Arms, Authority and Narration*, Oxford: James Currey, 2003.

Ogunsanwo, Alaba, *China's Policy in Africa, 1958–1971*, Cambridge: Cambridge University Press, 1974.

Ogura, Kiyoko, 'Reality and Images of Nepal's Maoists After the Attack on Beni', *European Bulletin of Himalayan Research* 27 (September 2004): 67–125.

______, 'Maoist People's Governments 2001–2005: The Power in Wartime', in David N. Gellner and Krishna Hachhethu, eds, *Local Democracy in South Asia: Microprocesses of Democratization in Nepal and Its Neighbours*, Volume 1, 175–231, New Delhi: Sage, 2008.

______, *Seeking State Power: The Communist Party of Nepal (Maoist)*, Berlin: Berghof, 2008.

Osborne, Milton, *Sihanouk: Prince of Light, Prince of Darkness*, Honolulu: University of Hawai'i Press, 1994.

Pan, Philip, *Out of Mao's Shadow: The Struggle for the Soul of a New China*, London: Picador, 2008.

Pandita, Rahul, *Hello Bastar: The Untold Story of India's Maoist Movement*, Chennai: Tranquebar, 2011.

Paresh, Pandya, *Mao Tse-tung and Chimurenga: An Investigation into ZANU's Strategies*, Braamfontein: Skotaville Publishers, 1988.

Passin, Herbert, *China's Cultural Diplomacy*, New York: Praeger, 1962.

Paul, Bappaditya, *The First Naxal: An Authorised Biography of Kanu Sanyal*, Los Angeles: Sage, 2014.

People's Revolutionary Tribunal Held in Phnom Penh for the Trial of the Genocide Crime of the Pol Pot–Ieng Sary Clique, August 1979: Documents, Phnom Penh: Foreign Languages Publishing House, 1990.

Peterson, Glen, *Overseas Chinese in the People's Republic of China*, London: Routledge, 2013.

Pettigrew, Judith, *Maoists at the Hearth: Everyday Life in Nepal's Civil War*, Philadelphia: University of Pennsylvania Press, 2013.

Poiger, Uta G., 'Generations: The "Revolutions" of the 1960s', in Helmut Walser Smith, ed., *The Oxford Handbook of Modern German History*, 640–62, Oxford: Oxford University Press, 2011.

Pomfret, John, *Chinese Lessons: Five Classmates and the Story of New China*, New York: Henry Holt & Co., 2006.

Price, Ruth, *The Lives of Agnes Smedley*, Oxford: Oxford University Press, 2005.

Priestland, Robert, *The Red Flag: A History of Communism*, London: Penguin, 2010.

Radchenko, Sergey, *Two Suns in the Heavens: The Sino-Soviet Struggle for Supremacy, 1962–1967*, Washington: Woodrow Wilson Center, 2009.

Rayner, Stephen Frank, 'The Classification and Dynamics of Sectarian Forms of Organisation: Grid/Group Perspectives on the Far-left in Britain', unpublished PhD dissertation, University College London, 1979.

Regmi, Laxman Kumar, 'An Overview of Population Growth Trends of Nepal', *Journal of Institute of Science and Technology* 19.1 (2014): 57–61.

Reid, Donald, 'Etablissement: Working in the Factory to Make Revolution in France', *Radical History Review* 88 (2004): 83–111.

Ren Xiaosi, *The Chinese Dream: What It Means for China and the Rest of the World*, Beijing: New World Press, 2013.

Rénique, Jose Luis, *La Voluntad Encarcelada: Las 'Luminosas trincheras de combate' de Sendero Luminoso del Peru*, Lima: Instituto de Estudios Peruanos, 2003.

Richardson, Sophie, *China, Cambodia and the Five Principles of Peaceful Coexistence*, New York: Columbia University Press, 2010.

Rittenberg, Sidney, and Amanda Bennett, *The Man Who Stayed Behind*, Durham, NC: Duke University Press, 2001.

Roberts, Priscilla, ed., *Behind the Bamboo Curtain: China, Vietnam, and the World Beyond Asia*, Stanford: Stanford University Press, 2006.

Robinson, Geoffrey, '"Down to the Very Roots": The Indonesian Army's Role in the Mass Killings of 1965–6', *Journal of Genocide Research* 19.4 (2017): 465–86.

______ , *The Killing Season: A History of the Indonesian Massacres, 1965–66*, Princeton: Princeton University Press, 2018.

Roncagliolo, Santiago, *La cuarta espada: la historia de Abimael Guzmán y Sendero Luminoso*, Barcelona: Random House Mondadori, 2007.

Roosa, John, *Pretext for Mass Murder: The September 30th Movement and Suharto's Coup d'Etat in Indonesia*, Madison, WI: University of Wisconsin Press, 2006.

______ , 'Indonesian Communism: The Perils of the Parliamentary Path', in Norman Naimark, Silvio Pons and Sophie Quinn-Judge, eds, *The Cambridge History of Communism*, Volume 2, 441–66, Cambridge: Cambridge University Press, 2017.

Rothwell, Matthew D., *Transpacific Revolutionaries: The Chinese Revolution in Latin America*, New York: Routledge, 2013.

Roy, Arundati, *Broken Republic: Three Essays*, London: Hamish Hamilton, 2011.

Sampson, Anthony, *Mandela: The Authorised Biography*, London: Harper Collins, 1999.

Satnam, *Jangalnama: Travels in a Maoist Guerilla Zone*, trans. Vishav Bharti, New Delhi: Penguin India, 2010.

Scalapino, Robert A., and Chong-sik Lee, *Communism in Korea*, 2 volumes, Berkeley: University of California Press, 1972.

Scarlett, Zachary A., 'China after the Sino-Soviet Split: Maoist Politics, Global Narratives, and the Imagination of the World', unpublished PhD dissertation, Northeastern University, 2013.

Schell, Orville, *Discos and Democracy: China in the Throes of Reform*, New York: Pantheon Books, 1988.

Schram, Stuart, *The Thought of Mao Tse-Tung*, Cambridge: Cambridge University Press, 1989.

Schurmann, Franz, *Ideology and Organization in Communist China*, Berkeley: University of California Press, 1968.

Schwartz, Benjamin, *Chinese Communism and the Rise of Mao*, Cambridge, MA: Harvard University Press, 1951.

Scott Palmer, David, ed., *The Shining Path of Peru*, London: Hurst, 1992.

______ , 'The Influence of Maoism in Peru', in Alexander C. Cook, ed., *Mao's Little Red Book: A Global History*, 130–46, Cambridge: Cambridge University Press, 2014.

Seale, Bobby, *Seize the Time: Story of the Black Panther Party and Huey P. Newton*, Baltimore: Black Classic Press, 1991.

Seed, David, *Brainwashing: The Fictions of Mind Control – A Study of Novels and Films*, Kent, OH: Kent State University Press, 2004.

Selden, Mark, *The Yenan Way in Revolutionary China*, Cambridge, MA: Harvard University Press, 1971.

______ , *China in Revolution: The Yenan Way Revisited*, New York: Armonk, 1995.

Sen, Mohit, *A Traveller and the Road: The Journey of an Indian Communist*, New Delhi: Rupa & Co., 2003.

Service, Robert, *Comrades: Communism – A World History*, London: Pan, 2008.

Seth, Sanjay, 'From Maoism to Postcolonialism? The Indian "Sixties", and Beyond', *Inter-Asia Cultural Studies* 7.4 (2006): 589–605.

Shah, Alpa, *In the Shadows of the State: Indigenous Politics, Environmentalism and Insurgency in Jharkhand, India*, Durham, NC: Duke University Press, 2010.

______ , 'The Intimacy of Insurgency: Beyond Coercion, Greed, or Grievance in Maoist India', *Economy and Society* 42.3 (2013): 480–506.

______ , 'The Agrarian Question in a Maoist Guerrilla Zone: Land, Labour and Capital in the Forests and Hills of Jharkhand, India', *Journal of Agrarian Change* 13.3 (2013): 424–50.

______ , '"The Muck of the Past": Revolution, Social Transformation, and the Maoists in India', *Journal of the Royal Anthropological Institute* 20 (2014): 337–56.

______ , *Nightmarch: Among India's Revolutionary Guerrillas*, London: Hurst, 2018.

______ , and Judith Pettigrew, eds, *Windows Into a Revolution: Ethnographies of Maoism in India and Nepal*, New Delhi: Social Science Press, 2012.

Shamsul Alam, S. M., *Rethinking Mau Mau in Colonial Kenya*, Basingstoke: Palgrave Macmillan, 2007.

Sharma, Mandira, and Dinesh Prasain, 'Gender Dimensions of the People's War: Some Reflections on the Experiences of Rural Women', in Michael Hutt, ed., *Himalayan 'People's War': Nepal's Maoist Revolution*, 152–65, London: Hurst, 2004.

Sharma, Sudheer, 'The Maoist Movement: An Evolutionary Perspective', in Michael Hutt, ed., *Himalayan 'People's War': Nepal's Maoist Revolution*, 38–57, London: Hurst, 2004.

Shen Zhihua（沈志華）, *Mao, Stalin and the Korean War: Trilateral Communist Relations in the 1950s*, trans. Neil Silver, Abingdon: Routledge, 2012.

______ ,《蘇聯專家在中國（1948-1960）》，北京：社會科學文獻出版社，2015。

______ , and Danhui Li, *After Leaning to One Side: China and Its Allies in the Cold War*, Washington: Woodrow Wilson Center, 2011.

______ , and Julia Lovell, 'Undesired Outcomes: China's Approach to Border Disputes during the Early Cold War', *Cold War History* 15.1 (2015): 89–111.

______ , and Yafeng Xia, 'Leadership Transfer in the Asian Revolution: Mao Zedong and the Asian Cominform', *Cold War History* 14.2 (2014): 195–213.

______ , and Yafeng Xia, *Mao and the Sino-Soviet Partnership, 1945–1959: A New History*, Lanham: Lexington Books, 2015.

______ , and Yafeng Xia, *A Misunderstood Friendship: Mao Zedong, Kim Il-sung and Sino-North Korean Relations, 1949–1976*, New York: Columbia University Press, 2018.

Short, Philip, *Mao: A Life*, London: John Murray, 2004.

______ , *Pol Pot: The History of a Nightmare*, London: John Murray, 2004.

Shrestha-Schipper, Satya, 'Women's Participation in the People's War in Jumla', *European Bulletin of Himalayan Research* 33–34

(2008–2009): 105–122.

______ , 'The Political Context and the Influence of the People's War in Jumla', in Marie Lecomte-Tilouine, ed., *Revolution in Nepal: An Anthropological and Historical Approach to the People's War*, 259–92, New Delhi: Oxford University Press, 2013.

Sihanouk, Norodom, *War and Hope: The Case for Cambodia*, trans. Mary Feeney, London: Sidgwick & Jackson, 1980.

______ , and Wilfred Burchett, *My War with the CIA*, London: Penguin 1973.

______ , and Julio A. Jeldres, *Shadow Over Angkor: Volume One, Memoirs of His Majesty King Norodom Sihanouk of Cambodia*, Phnom Penh: Monument Books, 2005.

Simeon, Dilip, 'Rebellion to Reconciliation', in B. G. Verghese, ed., *Tomorrow's India: Another Tryst with Destiny*, New Delhi: Penguin India, 2006 (manuscript copy obtained from author).

______ , *Revolution Highway*, New Delhi: Penguin Books India, 2010.

Simon, Sheldon W., *The Broken Triangle: Peking, Djakarta, and the PKI*, Baltimore: Johns Hopkins Press, 1969.

Simpson, Bradley R., *Economists with Guns: Authoritarian Development and US-Indonesian Relations, 1960–1968*, Stanford: Stanford University Press, 2008.

Sing, Manfred, 'From Maoism to Jihadism: Some Fatah Militants' Trajectory from the Mid 1970s to the Mid 1980s', in Rudiger Lohlker and Tamara Abu-Hamdeh, eds, *Jihadi Thought and Ideology*, 55–82, Berlin: Logos Verlag, 2014.

Sisulu, Elinor, *Walter and Albertina Sisulu: In Our Lifetime*, London: Abacus, 2003.

Sjøli, Hans Petter, 'Maoism in Norway: And How the AKP (m-l) Made Norway More Norwegian', *Scandinavian Journal of History* 33.4 (December 2008): 478–90.

Slavu, Catinca, 'The 2008 Constituent Assembly Election: Social Inclusion for Peace', in Sebastian von Einsiedel and David M. Malone, eds, *Nepal in Transition: From People's War to Fragile Peace*, 232–64, Cambridge: Cambridge University Press, 2012.

Slobodian, Quinn, *Foreign Front: Third World Politics in Sixties West Germany*, Durham, NC: Duke University Press, 2012.

______, 'The Meanings of Western Maoism in the Global 1960s', in Chen Jian et al., eds, *The Routledge Handbook of the Global Sixties*, 67–78. Abingdon: Routledge, 2018.

Smith, Aminda, *Thought Reform and China's Dangerous Classes: Reeducation, Resistance and the People*, Lanham: Rowman & Littlefield, 2013.

Smith, J., and Andre Moncourt, *The Red Army Faction, a Documentary History: Volume 1, Projectiles for the People*, Oakland: PM, 2009.

Smith, Michael L., 'Taking the High Ground: Shining Path and the Andes', in David Scott Palmer, ed., *The Shining Path of Peru*, 15–32, London: Hurst, 1992.

Smith, S. A., *A Road Is Made: Communism in Shanghai, 1920–1927*, Honolulu University of Hawai'i Press, 2000.

______, ed., *The Oxford Handbook of the History of Communism*, Oxford: Oxford University Press, 2014.

Snow, Edgar, *Red Star Over China*, New York: Random House, 1938.

______, *Journey to the Beginning*, London: Victor Gollancz, 1960.

______, *The Other Side of the River: Red China Today*, London: Victor Gollancz, 1963.

______, *The Long Revolution*, London: Hutchinson, 1973.

Snow, Philip, *The Star Raft: China's Encounter with Africa*, London: Weidenfeld & Nicolson, 1988.

宋永毅主編，《中國文化大革命文庫》，香港：中文大學出版社，2013。

宋征，《毛澤東主義的興亡：中國革命與紅高棉革命的歷史》，美國：美國陽光出版社，2013。

South African Democracy Education Trust, *The Road to Democracy in South Africa*, Volume 5, Part 1, Cape Town: Zebra Press, 2004.

Spence, Jonathan, *The Search for Modern China*, New York: Norton, 2013.

Stanford, Maxwell C., 'Revolutionary Action Movement (RAM): A Case Study of an Urban Revolutionary Movement in Western Capitalist Society', unpublished MA dissertation, University of Georgia, 1986.

Starn, Orin, 'Harvesting Storms: Peasant *Rondas* and the Defeat of Sendero Luminoso in Ayacucho', in Steve J. Stern, ed., *Shining and Other Paths: War and Society in Peru, 1980–1995*, 225–57, Durham, NC: Duke University Press, 1998.

______, *Nightwatch: The Politics of Protest in the Andes*, Durham, NC: Duke University Press, 1999.

______, Carlos Ivan Degregori and Robin Kirk, eds, *The Peru Reader: History, Culture, Politics*, Durham, NC: Duke University Press, 2009.

Starr, John Bryan, 'Conceptual Foundations of Mao Tse-Tung's Theory of Continuous Revolution', *Asian Survey* 11.6 (June 1971): 610–28.

Stern, Steve J., ed., *Shining and Other Paths: War and Society in Peru, 1980–1995*, Durham, NC: Duke University Press, 1998.

Streatfeild, Dominic, *Brainwash: The Secret History of Mind Control*, London: Hodder & Stoughton, 2006.

Strong, Simon, *Shining Path: The World's Deadliest Revolutionary Force*, London: Fontana, 1993.

Suh, Dae-Sook, *Kim Il-Sung: The North Korean Leader*, New York: Columbia University Press, 1988.

Sukarno, *Sukarno: An Autobiography, as Told to Cindy Adams*, Hong Kong: Gunung Agong, 1965.

Sundar, Nandini, *The Burning Forest: India's War in Bastar*, Delhi: Juggernaut, 2016.

Sundhaussen, Ulf, *The Road to Power: Indonesian Military Politics 1945–1967*, Oxford: Oxford University Press, 1982.

Suri, Jeremi, *Power and Protest: Global Revolution and the Rise of Detente*, Cambridge, MA: Harvard University Press, 2003.

______, '*Ostpolitik* as Domestic Containment: The Cultural Contradictions of the Cold War and the West German State Response', in Belinda Davis, Wilfried Mausbach, Martin Klimke and Carlo MacDougall, eds, *Changing the World, Changing Oneself: Political Protest and Collective Identities in West Germany and the US in the 1960s and 1970s*, 133–52, Oxford: Berghahn Books, 2013.

Tang, Christopher, 'Homeland in the Heart, Eyes on the World: Domestic Internationalism, Popular Mobilization, and the Making of China's Cultural Revolution, 1962–68', unpublished PhD dissertation, Cornell University, 2016.

Tarazona-Sevillano, Gabriela, 'The Organization of Shining Path', in David Scott Palmer, ed., *The Shining Path of Peru*, 171–90,

London: Hurst, 1992.

Taylor, Jay, *The Generalissimo: Chiang Kai-shek and the Struggle for Modern China*, Cambridge, MA: Harvard University Press, 2009.

Taylor, Lewis, *Shining Path: Guerrilla War in Peru's Northern Highlands, 1980–1997*, Liverpool: Liverpool University Press, 2006.

Thapa, Deepak, with Bandita Sijapati, *A Kingdom Under Siege: Nepal's Maoist Insurgency, 1996 to 2003*, London: Zed Books, 2004.

Thomas, S. Bernard, *Season of High Adventure: Edgar Snow in China*, Berkeley: University of California Press, 1996.

Toledo Bruckmann, Ernesto, *. . . Y llego Mao: Sintesis histórica de la llegada del Pensamiento Mao TseTung al Peru (1928–1964)*, Lima: Grupo Editorial Arteidea, 2016.

Tompkins, Andrew S., '"BETTER ACTIVE TODAY THAN RADIOACTIVE TOMORROW!" Transnational Opposition to Nuclear Energy in France and West Germany, 1968–1981', unpublished PhD dissertation, University of Oxford, 2013.

The Truth about Vietnam–China Relations over the Last Thirty Years, Hanoi: Ministry of Foreign Affairs, 1979.

Tsai, Yen-ling, and Douglas Kammen, 'Anti-communist Violence and the Ethnic Chinese in Medan', in Douglas Kammen and Katharine McGregor, eds, *The Contours of Mass Violence in Indonesia, 1965–68*, 131–55, Copenhagen: NIAS Press, 2012.

Ungor, Cagdas, 'Reaching the Distant Comrade: Chinese Communist Propaganda Abroad (1949–1976)', unpublished PhD dissertation, Binghamton University, 2009.

Upadhya, Sanjay, *Nepal and the Geo-strategic Rivalry Between China and India*, Abingdon: Routledge, 2012.

van de Ven, Hans, *From Friend to Comrade: The Founding of the Chinese Communist Party, 1920–1927*, Berkeley: University of California Press, 1991.

______, *China at War: Triumph and Tragedy in the Emergence of the New China*, London: Profile, 2017.

Van Ness, Peter, *Revolution and Chinese Foreign Policy: Peking's Support for Wars of National Liberation*, Berkeley: University of California Press, 1970.

Varon, Jeremy, *Bringing the War Home: The Weather Underground, the Red Army Faction, and Revolutionary Violence in the Sixties*, Berkeley: University of California Press, 2004.

Vickers, Adrian, *A History of Modern Indonesia*, Cambridge: Cambridge University Press, 2013.

Vo, Alex-Thai D., 'Nguyen Thi Nam and the Land Reform in North Vietnam', *Journal of Vietnamese Studies* 10.1 (Winter 2015): 1–62.

von Einsiedel, Sebastian, and David M. Malone, eds, *Nepal in Transition: From People's War to Fragile Peace*, Cambridge: Cambridge University Press, 2012.

Wakeman, Frederic, *Policing Shanghai, 1927–1937*, Berkeley: University of California Press, 1996.

Walder, Andrew, *China Under Mao: A Revolution Derailed*, Cambridge, MA: Harvard University Press, 2015.

Wales, Nym (see also Helen Foster Snow), *My Yenan Notebooks*, n.p., 1961.

王家瑞編，《中國共產黨對外交往90年》，北京：當代世界出版社，2013。

Wang Ning, 'Introduction: Global Maoism and Cultural Revolutions in the Global Context', *Comparative Literature Studies* 52.1 (2015): 1–11.

王之春，《清朝柔遠記》，北京：中華書局，1989。

Welch, Michael, 'Doing Special Things to Special People in Special Places: Psychologists in the CIA Torture Program', *The Prison Journal* 97.6 (December 2017): 729–49.

Westad, Odd Arne, *The Global Cold War: Third World Interventions and the Making of Our Times*, Cambridge: Cambridge University Press, 2005.

______, *The Cold War: A World History*, London: Allen Lane, 2017.

______, ed., *Brothers in Arms: The Rise and Fall of the Sino-Soviet Alliance, 1945–1963*, Stanford: Stanford University Press, 2000.

______, Chen Jian, Stein Tønnesson, Nguyen Vu Tungand and James G. Hershberg, '77 Conversations Between Chinese and Foreign Leaders on the Wars in Indochina, 1964–1977', Woodrow Wilson International Center Working Paper No. 22.

______, and Sophie Quinn-Judge, eds, *The Third Indochina War: Conflict Between China, Vietnam and Cambodia, 1972–1979*, London: Routledge, 2006.

Whelpton, John, *A History of Nepal*, Cambridge: Cambridge University Press, 2005.

Windrow, Martin, *The Last Valley: Dien Bien Phu and the French Defeat in Vietnam*, London: Cassell, 2005.

Wolin, Richard, *The Wind from the East: French Intellectuals, the Cultural Revolution and the Legacy of the 1960s*, Princeton: Princeton University Press, 2010.

Wu, Hung, *Remaking Beijing: Tiananmen Square and the Creation of a Political Space*, Chicago: University of Chicago Press, 2005.

Wylie, Raymond, *The Emergence of Maoism: Mao Tse-tung, Ch'en Po-ta, and the Search for Chinese Theory, 1935–1945*, Stanford: Stanford University Press, 1980.

Yang, Guobin, 'Mao Quotations in Factional Battles and Their Afterlives: Episodes from Chongqing', in Alexander C. Cook, ed., *Mao's Little Red Book: A Global History*, 61–75, Cambridge: Cambridge University Press, 2014.

楊奎松，《毛澤東與莫斯科的恩恩怨怨》，南昌：江西人民出版社，2002。

______, 'Mao Zedong and the Indochina Wars', in Priscilla Roberts, ed., *Behind the Bamboo Curtain: China, Vietnam, and the World Beyond Asia*, 55–96, Stanford: Stanford University Press, 2006.

______，〈中美和解過程中的中方變奏：毛澤東「三個世界」理論提出的背景探析〉，《冷戰國際史研究》4 (Spring 2007): 1-24。

______，《中華人民共和國建國史研究》，南昌：江西人民出版社，2009。

楊美紅，《罌粟花紅：我在緬共十五年》，香港：天地圖書有限公司，2009。

Young, Charles S., *Name, Rank and Serial Number: Exploiting Korean War POWs at Home and Abroad*, Oxford: Oxford

University Press, 2014.

Young, Marilyn, *The Vietnam Wars, 1945–1990*, New York: HarperPerennial, 1991.

于友，《胡愈之》，北京：群言出版社，2011。

Zapata, Antonio, *La Guerra Senderista: Hablan los Enemigos*, Lima: Taurus, 2017.

Zhai, Qiang, *China and the Vietnam War, 1950–1975*, Chapel Hill: University of North Carolina Press, 2005.

______, 'China and the Cambodian Conflict, 1970–1975', in Priscilla Roberts, ed., *Behind the Bamboo Curtain: China, Vietnam, and the World Beyond Asia*, 369–404, Stanford: Stanford University Press, 2006.

張承志，《金牧場》，北京：作家出版社，1987。

______，《紅衛兵的時代》（紅衛兵の時代），小島晋治、田所竹翻譯，東京：岩波新書，1992。

______，《北方的河》，北京：作家出版社，2000。

______，《五色的異端》，香港：大風出版社，2007。

______，〈文學與正義：在中國人民大學文學院的演講〉，《當代文壇》6 (2013)：4-11。

______，《敬重與惜別：致日本》，上海：上海文藝出版社，2015。

Zhang, Xiaoming, *Deng Xiaoping's Long War: The Military Conflict between China and Vietnam, 1979–1991*, Chapel Hill: University of North Carolina Press, 2015.

張奕，《破曉時分》，台北：中央日報出版社，198。

Zhao Ziyang, *Prisoner of the State: The Secret Journal of Chinese Premier Zhao Ziyang*, London: Pocket Books, 2010.

Zharkevich, Ina, 'Learning in a Guerrilla Community of Practice: Literacy Practices, Situated Learning and Youth in Nepal's Maoist Movement', *European Bulletin of Himalayan Research* 42 (2013): 104–32.

Zheng Yangwen, Hong Liu and Michael Szonyi, eds, *The Cold War in Asia: The Battle for Hearts and Minds*, Brill: Leiden, 2010.

Zhongguo Shimotelai-Sitelang-Sinuo yanjiuhui (Chinese Smedley-Strong-Snow Society) ed., *Xixingmanji he wo* (*Red Star Over China* and Me), Beijing: Guoji wenhua chuban gongsi 1999.

中國史沫特萊—斯特朗—斯諾（3S）研究會編輯，《西行漫記和我》，北京：國際文化出版公司，1999。

周德高，《我與中共和柬共：赤色華人解祕》香港：田園書屋，2007。

Zhou, Taomo, 'China and the Thirtieth of September Movement', *Indonesia* 98 (October 2014): 29–58.

______, 'Diaspora and Diplomacy: China, Indonesia and the Cold War, 1945-1967', unpublished PhD dissertation, Cornell University, 2015.

Zweiback, Adam, 'The 21 "Turncoat GIs": Non-repatriations and the Political Culture of the Korean War', *The Historian* 60:2 (Winter 1998): 345–62.

照片來源

第一部分

毛澤東與周恩來在延安，約一九三六年（History／akg-images）。

毛澤東與江青（轉載自Gunther Stein的《The Challenge of Red China》，倫敦，一九四五年）。

毛澤東版畫（上海圖書館提供）。

史沫特萊、蕭伯納、宋慶齡、蔡元培、伊羅生、林語堂、魯迅（Gloria Davies轉載自《Lu Xun's Revolution》，哈佛大學出版社，麻州劍橋市，二〇一三年）。

海倫與愛德加．史諾（楊百翰大學提供）。

《紅星照耀中國》的初版封面（Random House，一九三八年）。

史諾與毛澤東在中國西北部的合影，一九三六年十月（History／akg-images）。

胡愈之前往新加坡（轉載自胡愈之的《我的回憶》，江蘇人民出版社，江蘇，一九九〇年）。

陳平（轉載自陳平的《My Side of History》，Media Masters，新加坡，二〇〇三年）。

兩名馬共游擊隊隊員（Roy Follows與Norman W. Doctor提供）。

被捕的馬共游擊隊隊員與地下活動人士登上一艘蒸汽船，在一九五〇年代晚期被遣送到中國（C.C. Chin提供）。

毛澤東歡迎金日成，一九五四年十月（Sovfoto／UIG／Getty Images）。

亨特（美聯社圖片）。

亞當斯（Della Adams提供）。

世界地圖（地圖出版社，一九六六年）

海報上顯示世界各地的人揮舞著小紅書（Dong Zhongchao提供）。

毛澤東與赫魯雪夫在天安門廣場（《人民日報》／劍橋大學圖書館）。

康生與鄧小平從蘇聯回國（《中國畫報》／劍橋大學圖書館）。

「乘風破浪，各顯神通。」（IISH/Stefan R. Landsberger Collections提供；chineseposters.net）。

「高舉毛澤東思想偉大紅旗，把無產階級文化大革命進行到底。革命無罪，造反有理。」（IISH/Stefan R. Landsberger Collections提供；chineseposters.net）。

第二部分

蘇卡諾與毛澤東（轉載自〈蘇加諾總統訪華，中華人民共和國駐印尼大使館〉，雅加達，一九五六年）。

毛澤東與艾地（《中國畫報》／劍橋大學圖書館）。

一九六五年，一群印尼反共青年幫軍隊尋找共產黨的領導人艾地（Getty Images ／ Bettman）。

毛澤東與來自非洲與中東的訪客（作者收藏）。

尼雷爾與周恩來（《中國畫報》／劍橋大學圖書館）。

舞台劇《赤道戰鼓》中的一幕（《中國畫報》／劍橋大學圖書館）。

中國教官在迦納示範如何放置反步兵地雷（轉載自《Nkrumah's Subversion in Africa: Documentary Evidence of Nkrumah's Interference in the Affairs of Other African States》，資訊部，阿克拉—特馬，迦納，一九六六年）

中國在迦納的軍事訓練是使用來自上海的爆炸化學物（轉載自《Nkrumah's Subversion in Africa: Documentary Evidence of Nkrumah's Interference in the Affairs of Other African States》，資訊部，阿克拉—特馬，迦納，一九六六年）

通格加拉（轉載自朱惠，《Re-living the Second Chimurenga: Memories from the Liberation Struggle in Zimbabwe》，北歐非洲研究所，斯德哥爾摩，二〇〇六年）

胡志明與周恩來（《中國畫報》／劍橋大學圖書館）。

反美桌遊（IISH/Stefan R. Landsberger Collections 提供；chineseposters.net）。

周恩來、蘇卡諾、西哈努克親王、陳毅在萬隆會議的十週年紀念（Julio Jeldres 提供）。

一九七三年四月二十五日，周恩來去北京機場迎接西哈努克（Keystone／Hulton Library／Getty Images）。

一九七五年六月，毛澤東在北京會見波布與英薩利（API／Gamma-Rapho／Getty Images）。

一九七五年四月十七日金邊淪陷後，與高采烈的赤棉游擊隊在鏡頭前擺姿勢（Roland Neveu／LightRocket／Getty Images）。

金邊人去樓空（柬埔寨檔案館文獻中心提供）。

越南女民兵拿槍架著被俘的中國士兵（轉載自Nayan Chanda，《Brother Enemy: The War After the War》，Harcourt Brace Jovanovich，聖地牙哥、紐約與倫敦，一九八六年）。

李范伍因長得像毛澤東而受罰（Li Zhensheng／Contact Press Images；取自《Red Color News Soldier》，Phaidon，二〇〇三年）。

「革命不是請客吃飯」，《他》雜誌，一九六七年，Frank Gitty攝影（Francis Giacobetti）。

毛澤東與威廉斯（Robert F. Williams論文；班特利歷史圖書館，密西根大學）。

一九六八年五月，巴黎索邦大學的毛澤東肖像（AFP／Getty Images）。

第三部分

巴拉克利什曼（倫敦大都會警察局）。

一九七二年三月三日，馬基亞里尼被赤軍旅綁架（Archivo Mondadori；轉載自Alberto Franceschini、

Pier Vittorio Buffa、Franco Giustolisi,，《Mara Renato e 10: Storia dei fondatori delle BR》，Arnoldo Mondadori Editore，米蘭，一九九一年）。

光明之路的激進分子把死狗吊在利馬的燈柱上（Carlos Bendez，《Caretas》雜誌；祕魯真相與和解委員會提供）。

古斯曼的照片，可能攝於一九六〇年代（Archivo Baldomero Alejos）。

光明之路的女性囚犯唱著歌，朝著他們的領袖古斯曼的巨大壁畫前進（取得攝影師Oscar Medrano的許可）。

祕魯克丘亞族的悲傷母親尋找兒子的遺體（取得攝影師Oscar Medrano的許可）。

馬宗達與同志（轉載自Ashoke Kumar Mukhopadhyay編輯，《The Naxalites: Through the Eyes of the Police – Select Notifications from the Calcutta Police Gazette, 1967–1975》，Dey's Publishing，加爾各答，二〇〇六年）。

納薩爾巴里村的共產黨名人堂（作者拍攝）。

現今叢林裡的納薩爾派（印度共產黨（毛派）；轉載自Rahul Pandita，《Hello Bastar: The Untold Story of India's Maoist Movement》，Tranquebar，清奈，二〇一一年）。

奧里薩邦的環境破壞（經Sanjay Kak許可轉載）。

一九九〇年代尼泊爾的毛派領導人（經Kunda Dixit的許可，轉載自《A People War: Images of the

Nepal Conflict 1996–2006》，Publication Nepalaya，加德滿都，二〇〇六年）。

雅米與巴特拉伊和女兒瑪努希站在古斯曼的照片前面（經 Manushi Bhattarai-Yami 許可轉載）

毛派巴士爆炸事件的受害者（經 Kunda Dixit 的許可，轉載自《A People War: Images of the Nepal Conflict 1996–2006》，Publication Nepalaya，加德滿都，二〇〇六年）。

基蘭同志（作者拍攝）。

二〇一三年九月二十二日，薄熙來受審（Feng Li／Getty Images）。

二〇一三年八月二十三日，薄熙來的妻子谷開來在薄熙來受審時作證（Mark Ralston／AFP／Getty Images）。

習近平與毛澤東的小裝飾品（路透社／Thomas Peter）。

毛澤東紮辮子，張宏圖的《毛主席》細節，一九八九年（經藝術家同意轉載）。

二〇一六年一月，河南省朱石崗村正在興建的巨型毛主席雕像（STR／AFP／Getty Images）。

國家圖書館出版品預行編目資料

毛主義：紅星照耀全世界，一部完整解讀毛澤東思想的全球史／藍詩玲（Julia Lovell）著；洪慧芳譯. -- 初版. -- 臺北市：麥田出版：英屬蓋曼群島商家庭傳媒股份有限公司城邦分公司發行，2022.01
面； 公分
譯自：Maoism : a global history.
ISBN 978-626-310-151-7（平裝）
1. 毛澤東 2. 學術思想 3. 共產主義
549.4211 110019314

毛主義

紅星照耀全世界，一部完整解讀毛澤東思想的全球史

Maoism: A Global History

作　　者／藍詩玲（Julia Lovell）
譯　　者／洪慧芳
特約編輯／劉懷興
主　　編／林怡君

國際版權／吳玲緯
行　　銷／何維民　吳宇軒　陳欣岑　林欣平
業　　務／李再星　陳紫晴　陳美燕　葉晉源
編輯總監／劉麗真
總 經 理／陳逸瑛
發 行 人／凃玉雲
出　　版／麥田出版
10483臺北市民生東路二段141號5樓
電話：(886)2-2500-7696　傳真：(886)2-2500-1967
發　　行／英屬蓋曼群島商家庭傳媒股份有限公司城邦分公司
10483臺北市民生東路二段141號11樓
客服服務專線：(886) 2-2500-7718、2500-7719
24小時傳真服務：(886) 2-2500-1990、2500-1991
服務時間：週一至週五09:30-12:00．13:30-17:00
郵撥帳號：19863813　戶名：書虫股份有限公司
讀者服務信箱E-mail：service@readingclub.com.tw
麥田網址／https://www.facebook.com/RyeField.Cite/
香港發行所／城邦（香港）出版集團有限公司
香港灣仔駱克道193號東超商業中心1/F
電話：(852)2508-6231　傳真：(852)2578-9337
馬新發行所／城邦（馬新）出版集團Cite (M) Sdn Bhd.
41-3, Jalan Radin Anum, Bandar Baru Sri Petaling, 57000 Kuala Lumpur, Malaysia.
電話：(603)9056-3833　傳真：(603)9057-6622
讀者服務信箱：services@cite.my

封面設計／兒日設計
印　　刷／前進彩藝有限公司

■2022年3月31日　初版一刷

定價：850元

ISBN 978-626-310-151-7